时 习 文 库

荀子

杨柳桥 译注

齐鲁书社
·济南·

图书在版编目（CIP）数据

荀子 / 杨柳桥译注. -- 济南：齐鲁书社，2025.
5. -- ISBN 978-7-5333-5150-2

Ⅰ.B222.6

中国国家版本馆CIP数据核字第2025JQ6539号

出品人：王　路
项目统筹：张　丽
责任编辑：孔　帅
装帧设计：亓旭欣

荀子
XUNZI

杨柳桥　译注

主管单位	山东出版传媒股份有限公司
出版发行	齐鲁书社
社　　址	济南市市中区舜耕路517号
邮　　编	250003
网　　址	www.qlss.cn
电子邮箱	qilupress@126.com
营销中心	（0531）82098521　82098519　82098517
印　　刷	山东临沂新华印刷物流集团有限责任公司
开　　本	710mm×1000mm　1/16
印　　张	45
插　　页	2
字　　数	539千
版　　次	2025年5月第1版
印　　次	2025年5月第1次印刷
标准书号	ISBN 978-7-5333-5150-2
定　　价	149.00元

《时习文库》专家委员会

主　　任：杜泽逊
成　　员：（以姓氏笔画为序）
　　　　　王承略　韦　力　方笑一　杨朝明
　　　　　张志清　罗剑波　周绚隆　徐　俊
　　　　　程章灿　廖可斌

《时习文库》
出版委员会

主　　任：王　路
副 主 任：赵发国　吴拥军　张　丽　刘玉林
成　　员：（以姓氏笔画为序）
　　　　　于　航　王江源　亓旭欣　孔　帅
　　　　　史全超　刘　强　刘海军　许允龙
　　　　　孙本民　李　珂　李军宏　张　涵
　　　　　张敏敏　周　磊　赵自环　曹新月
　　　　　裴继祥　谭玉贵

出版说明

文化乃国本所系，国运所依；文化兴盛则国家昌盛，民族强大。在源远流长的中华文化长河中，经典古籍宛如熠熠星辰，承载着先辈们的智慧、思想与情感，是中华民族精神内核的深厚积淀。

2017年以来，中共中央办公厅、国务院办公厅相继出台《关于实施中华优秀传统文化传承发展工程的意见》及《关于推进新时代古籍工作的意见》等重要文件，有力推动了大众对中华优秀传统文化的关注与重视，古籍事业亦借此良好契机，迎来了前所未有的跨越发展，步入了一个崭新的黄金时代。齐鲁书社作为文化传承的重要阵地，始终秉持对中华优秀传统文化的敬畏之心，肩负守正创新之使命，积建社四十余年之精华，汇国内学界群贤之伟力，隆重推出中华经典名著普及丛书——《时习文库》。

"学而时习之，不亦说乎？"文库之名，正是源自《论语》的这句经典语录。"时习"不仅是对知识的反复学习与实践，更是一种对中华优秀传统文化持续探索、深入理解的态度。文库共分为文化类和文学类两大辑，囊括了经史子集、诗词歌赋、戏曲小说等诸多经典，旨在为读者搭建一座通往中国古代文化瑰宝的坚实桥梁。文库的编纂宗旨在于，引导读者在阅读经典著作的过程中，将学习与思考深度融合，不断从古人的智慧海洋中汲取营养，从而得到心灵的润泽与智慧的启迪。通过对经史子集、诗词歌赋、戏曲小说等多元内容的系统整理与精良审校，让中华古籍真正成为可亲、可读、可传的"活的文化"。

为了确保文库的品质，我们除升级广受好评的原有经典版本作为开发基础外，亦精选其他优质底本，以确保版本选择的卓越性；文库会聚文史学界权威，如高亨、陆侃如、王仲荦、来新夏等学界大家，群贤毕至，各方咸集；文库延聘名家成立专家委员会，严格把控丛书质量，确保学术水准；文库针对不同层次读者，精心设计文化类与文学类品种：前者左原文右译文下注释，后者文中加简注评析，实用性强；文库采用纸面布脊精装，正文小四号字，双色印刷，装帧精美，版面舒朗，典雅大方，方便易读。

在习近平文化思想指导下，《时习文库》的出版是对中华优秀传统文化"两创""两个结合"的一次重要尝试。我们希望通过这套文库，让更多的人了解和喜爱中国古代典籍，让中华优秀传统文化在新时代焕发出新的生机与活力。同时，我们也期待广大读者在阅读文库的过程中，能够与古圣先贤进行跨越时空的对话，汲取智慧，启迪心灵，不断提升自我的文化素养和精神境界。让我们一起在经典的海洋中遨游，感受中华文化的博大精深，共同书写中华优秀传统文化传承与发展的新篇章。

齐鲁书社

2025 年 3 月

前　言

我国战国时期，在上层建筑领域中，曾经出现过一次盛极一时的"百家争鸣"的辉煌局面。荀子就是这个时期孔门儒家学派中的一位"青出于蓝"的英儒和俊士。他不愧为我国先秦时期的一位先进的思想家、政治家和文学家。

荀子，姓荀，名况，字卿，战国末期赵国人。古来，"荀""孙"二字声音相近，所以有的也称他为孙卿或孙卿子（或以为汉代避宣帝讳"询"，改"荀"为"孙"，颜师古说）。因为有关荀子的史料非常缺乏，所以他的生卒年不易确定。

我们根据荀子批评过孟子而孟子没有反驳过荀子这一线索，认为荀子可能比孟子（约前372—前289）出世晚一些，可以大致推定他出生于赵武灵王（？—前295）初年。

荀子所处的时代，正当齐、楚、燕、韩、赵、魏、秦七国争雄最炽烈的时代，是我国封建社会逐步趋向深化而进入高级阶段的急剧变革的动荡时代。当时的七国，齐国最为强盛，而楚国也日益壮大。荀子曾经长期游学在齐国。这时的齐国，已经不是原来周朝分封的姜姓齐国，而是由田姓取代之的齐国了。为了扩大政治上的影响，齐宣王（？—前301）在齐桓公午所建稷下学宫的基础上继续扩建，并招聘天下"文学游说之士"（《史记·田敬仲完世家》）

到这里来讲学。当时，像和孟子同时的宋钘、淳于髡、邹衍、邹奭、田骈、慎到、环渊、接子这些人，都到过这里。荀子比他们晚一些，到齐襄王（？—前265）时代，荀子才来到稷下。和孟子同时的那老一辈学者，大都死去了。荀子在这个学宫里，便"最为老师"，并且曾经"三为祭酒"（《史记·荀卿列传》），也就是三次被推选为学宫的主讲。

在本国，荀子曾经同楚国大将临武君在赵孝成王（？—前245）面前议论过军事。

荀子打破了以往"孔子西行不入秦"的常规，曾经谒见秦昭王（前324—前251），和秦国首相范雎议论过国家大事。

荀子在齐国讲学期间，有人在齐襄公面前说他的坏话，他为了避免意外，不得不离开齐国而到楚国去游说。在楚国期间，荀子曾经当过几年的兰陵令。此后，他就在兰陵定居，度过了晚年。他在世时间比较长，可能见到了秦始皇二十六年（前221）统一六国的局面。如果根据《盐铁论·毁学》篇"方李斯之相秦也，始皇任之，人臣无二，然而荀卿谓之不食，睹其罹不测之祸也"这些话和《史记》秦始皇三十四年（前213）李斯才称为"相"的记载，荀子在这个时期还活着。最后，他死葬在了兰陵。

荀子一生，有两个著名的门徒，后来都被称为法家：一个是秦始皇的丞相李斯，一个是《韩非子》的作者韩非。

我国史学家从来就这样认为，荀子的学说渊源于儒家。荀子确实也是以继承孔子的学说自居的，但是，他又站在"大儒""雅儒"的立场上来批判所谓子夏、子游、子思、孟轲这些"俗儒""贱儒""散儒""沟瞀儒"（"腐儒"）。就这一点来说，他同一般的后儒自以为是是有所不同的。

荀子在他的著作《荀子》第一篇《劝学》篇中，开门见山地提出："君子曰，学不可以已。青，取于蓝而青于蓝；冰，生于水而寒于水。"这就是说，学者的著书立说决不应停在一个固定的阶段上，而是要逐步向前发展、推陈出新的。

在荀子看来，人对于世间一切事物发展规律的认识，是永远没有止境的。他曾经洞察入微地说："凡知人之性也，可以知物之理也；以可以知人之性，求可以知物之理，而无所凝止，则没世穷年，不能遍也；其所以贯理焉，虽亿万，已不足以浃万物之变，与愚者若一。"（《解蔽》篇）他的意思是说：凡是能够认识人的本质的人，是可以认识一切事物的条理的；用可以认识人的本质去寻求可以认识一切事物的条理，而永远无所休止，就是穷年累月，也不可能把一切事物的条理完全理解；他所借以从事整理的事物，纵然有亿万件的经验，终究不可能完全掌握一切事物千变万化的规律，而仍然和傻子一样。所以，在荀子看来，人对于一切事物的认识，是由于积累而逐步提高的。他这样打比喻说："故不积跬步，无以至千里；不积小流，无以成江海。骐骥一跃，不能十步；驽马十驾，功在不舍。"（《劝学》篇）又说："人积耨耕而为农夫，积斫削而为工匠，积反货而为商贾，积礼义而为君子。……居楚而楚，居越而越，居夏而夏，是非天性也，积靡使然也。"（《儒效》篇）荀子这种积累实践经验的认识论，无疑是属于唯物主义的范畴的，是比较符合客观真理的。

由于荀子不断地积累实践经验，不断地扩大认识领域，因而他的学说能够"青，取于蓝而青于蓝"，能够由尊周复古的旧传统，而跨进应时变革的新思想，成为促进社会历史发展的铮铮佼佼的先进学者，也就毫不足怪了。

具体到政治方面，荀子的政治思想是在孔子的"道之以政，齐之以刑，民免而无耻；道之以德，齐之以礼，有耻且格"（《论语·为政》）的基础上发展起来的，他是批判地继承了孔子侧重于"礼治"主张而发展为"礼治"与"法治"并重的主张的。正是由于这一点，我国历代儒家的"卫道士"总认为荀子是"杂而不纯"的儒徒，例如，唐代韩愈就说他是"大醇而小疵"，因而荀子也就永远没有被历代的封建统治阶级纳入孔子"配享从祀"的行列。当然，在现在来看，这并不是荀子的不幸，而是荀子的可贵。

荀子的少年时代，正是处在赵国具有革新政治思想头脑的赵武灵王统治时代。赵武灵王为了发愤图强，立于不败之地，他摆脱了"尊周攘夷"或"用夏变夷"的桎梏，而准备推行他所提倡的"胡服、骑射，以教百姓"（《战国策·赵策二》《史记·赵世家》）的政治革新，曾经同当时的守旧派进行过一番激烈而艰巨的政治思想斗争。

荀子在启蒙时期，虽然学习了不少孔孟之学，他可能受到了赵武灵王这位革新人物的强烈影响，再由于他自己在这个动荡不息的社会演变洪流中，逐步掌握了某些朴素的历史唯物主义观点，因而由儒家的侧重"礼治"的主张进而发展为"礼治"与"法治"并重的主张，这也是完全可以理解的。

我们看，赵武灵王在政治革新的一场论战中，曾经对他的臣子斩钉截铁地说："古今不同俗，何古之法？帝王不相袭，何礼之循？……观时而制法，因事而制礼，法度制令，各顺其宜；衣服器械，各便其用。故礼世不必一道，便国不必法古。圣人之兴也，不相袭而王；夏殷之衰也，不易礼而灭。然则反古未可非，而循礼未足多也。……谚曰：'以书为御者，不尽于马之情；以古制今者，不达于事之变。'故循法之功，不足以高世；法古之学，不足以制今。"（《战国策·赵策二》）

赵武灵王的这番政论，完全是继承于秦孝公首相法家人物商鞅

的。商鞅就这样说过:"圣人苟可以强国,不法其故;苟可以利民,不循其礼。……三代不同礼而王,五霸不同法而霸。故知者作法,而愚者制焉;圣人更礼,而不肖者拘焉。拘礼之人,不足与言事;制法之人,不足与论变。……前世不同教,何古之法?帝王不相复,何礼之循?……各当时而立法,因事而制礼。礼法以时而定,制令各顺其宜,兵甲器备各便其用。臣故曰:'治世不一道,便国不必法古。'汤、武之王也,不循古而兴;殷夏之灭也,不易礼而亡。然则反古者未必可非,循礼者未足多是也。"(《商君书·更法》篇)两两相对,如出一人之口。

看来,法家盛称"各当时而立法,因事而制礼。礼法以时而定,制令各顺其宜",他们把"立法"同"制礼"对称,甚至把"礼"和"法"这两个单一概念归并成为"礼法"这一个复合概念。足见当时的法家并不是只要"法治",而是"法治"与"礼治"并行不悖的。我国早期具有法家思想倾向的管仲就曾经说过"法出于礼,礼出于治"(《管子·枢言》篇)的话。荀子也说:"礼者,法之大分、类之纲纪也。"(《劝学》篇)这种观点,我认为是符合朴素的历史唯物主义的。荀子正是批判地继承了这种思想传统的。

治国之道,"礼法"并重,是无可非议的。汉代政治思想家贾谊说:"礼者,禁于将然之前;而法者,禁于已然之后。"(《汉书·贾谊传》)礼是法的前提,而法是礼的后盾;只有礼和法相辅为用,才能够取得治国御民的殊途同归的实效。

为了证明"礼法"并重的政论符合社会发展规律,荀子曾经一反孟子的"性善"说,而树立起了自己的"性恶"说。他说:"古者圣王以人之性恶,以为偏险而不正,悖乱而不治,是以为之起礼义,制法度,以矫饰人之情性而正之,以扰化人之情性而导之也,使皆出于治、合于道者也。"又说:"圣人积思索,习伪故,以生礼义而起法度,然则礼义法度者,是生于圣人之伪,非故生于人之性也。……故圣人化性而起伪,伪起而生礼义,礼义生而制法度。然则礼义法度者,是圣人之所生也。"(《性恶》篇)

在荀子看来,"礼法"或"礼义法度",是古代圣人由于人性本恶而后人为地制定出来的;而且,"起礼义"是政治的消极的一方面,而"制法度"是积极的一方面;两方面相辅而行,不可偏废,才能起到民归于治的作用。

在这里,我们还有必要明确一个问题。历来一般研究我国哲学思想史的学者,大都认为"性恶"说出自荀子,实际上这是一种误会。孟子在当时曾经说过这样的话:"天下之言性也,则故而已矣。故者以利为本。"(《孟子·离娄下》)这两句话究竟是什么意思,历来经学家或史学家都没有解释清楚。《说文》:"故,使为之也。""使为之",即"行事"。《孟子》下文"行其所无事",正是说的"故"的反面。古义"故"训"为"、训"事",都是它的本义。孟子所说的这个"故",同荀子所说的"人之性恶,其善者伪也"的"伪",明显是一个意思。孟子的意思是说,现今天下谈论人的本性的人,大都是从人的行为上着眼,人的行为当然是把有利于自己作为出发点的。言外之意,从人的行为的趋利避害来说,人就不是"性善"的,而是"性恶"的。由此看来,孟子在当时所倡导的"性善"说,本来是有针对性的。孟子批评告子的人性"无分于善不善"(《孟子·告子上》)即其证。因此,我们可以断定,我国古代的所谓"性恶"说,并非荀子所创始,而只是他有所继承、有所发展而已。

当然,无论是孟子所倡明的"性善"说,还是荀子所阐发的"性恶"说,穷根究柢,都是属于先验论——唯心主义的认识论的。

好像是"性善"说接近于侧重礼义,"性恶"说接近于侧重法度,实际上是不应该有所轩轾的。

在荀子的政论中,同他的"礼法"并重的观点具有有机联系的,我认为是他的既"法先王"又"法后王"的政治主张。这是他的政治学说的精髓。在这里,他继承了前期儒家思想,又接受了前期法家思想,还渗透了道家哲学思想,在这些思想基础上,发展起来了这种符合历史发展规律的极为纯正的政治主张。

可是,自从别有用心的人把荀子武断为法家之后,于是有些研究荀子政治学说的人,大都片面地强调他的"法后王"思想,认为他的"法先王"思想只不过是孔孟以来政治主张的残余,不足称道,只有"法后王"思想才是荀子政治主张的主流,而把他的这种极端可贵的"法先王"思想学说置于附庸地位,甚至避而不谈。在这个问题上,我始终认为他们是由于没有搞清荀子"法先王"的基本实质和他的"法先王"与"法后王"两者的相互关系而造成的错误认识。

在《荀子》全书中,"先王"这个概念一共出现过49次,而"后王"这个概念一共出现过16次,看来荀子对于"先王"的重视是远远超过"后王"的。并且,荀子在《儒效》篇中,明明说"大儒"是"法先王"的,而"雅儒"是"法后王"的。"大儒"高于"雅儒"。"大儒"和"雅儒"都是荀子所肯定的政治人物。实际上,荀子不只是以"雅儒"自居,而是毫无愧色地以"大儒"自居的。那么,我们有什么理由只看重他的"法后王"思想,而看轻他的"法先王"思想呢?为什么甚至把这种"法先王"思想同"法后王"思想弄得矛盾百出呢?

要想解决荀子既"法先王"又"法后王"的精神实质和两者的相互关系,我们只有根据历史唯物主义的基本原则,在荀子自己的一切言论中去缜密、反复地探索、推敲，才有可能理出一个有条不紊的头绪。

我们首先应该指出，同"法先王"相类似的主张，孔子、孟子在前一个时期都是曾经提出过的。例如，在《论语·学而》篇中，曾经记载着孔子这样的话："礼之用，和为贵。先王之道，斯为美，小大由之。"在《孟子·离娄上》篇中，曾经记载着孟子这样的话："今有仁心仁闻，而民不被其泽，不可法于后世者，不行先王之道也。故曰：徒善不足以为政，徒法不能以自行。《诗》云：'不愆不忘，率由旧章。'遵先王之法而过者，未之有也。……为政不因先王之道，可谓智乎？"而荀子也明明说过这些话："不登高山，不知天之高也；不临深溪，不知地之厚也；不闻先王之遗言，不知学问之大也。"（《劝学》篇）甚至还这样说过："孔子仁知且不蔽，故学乱术，足以为先王者也。一家得周道，举而用之，不蔽于成积也。故德与周公齐，名与三王并，此不蔽之福也。"（《解蔽》篇）足见荀子的"法先王"同孔孟的"法先王"是一脉相承的，而不是有所区别的。

但是，孔孟一贯主张的"由先王之道""行先王之道""遵先王之法""因先王之道"，总而言之是"法先王"，发展到战国末期，究竟同荀子的"法先王"有什么不同呢？发生了什么样的变化呢？荀子把子思、孟子这般"俗儒"、"沟瞀儒"（"腐儒"）的"法先王"，说成是"略法先王，而不知其统"（《非十二子》篇），"略法先王，而足乱世术……呼先王以欺愚者"（《儒效》篇）。所谓"略法先王"，当然是说他们对先王的政治措施效法得粗率、不精密，没有抓住它的精神实质。我们只是这样去理解，显然还是囫囵吞枣，并没有说出个所以然来。

在这里，我们必须根据荀子的这些话，要一个字一个字地去抠，究竟他所说的先王的"统"或"世术"指的是什么，搞它个水落石出，才有可能解决这种既"法先王"又"法后王"之中是否存在着矛盾的问题。

我们根据历史唯物主义的思想方法去分析，荀子所谓先王的"统"，就是自古以来统治帝王在政治上传"统"不变的合理措施，也就是先王政治措施中可以批判继承的合理部分。所谓"世术"，也就是历代帝王流传不断的政治方术或政治纲领。

关于这个问题，我认为必须从荀子的所谓"道贯"说谈起。

荀子在《天论》篇中，有这么一段极为精辟的话，应该引起我们足够的重视。荀子说："百王之无变，足以为道贯。一废一起，应之以贯。理贯，不乱；不知贯，不知应变。贯之大体，未尝亡也。乱生其差，治尽其详。故道之所善，中则可从，畸则不可为，匿则大惑。"

"百王"，就是指历代帝王，包括"先王"和"后王"。"贯"的本义是穿钱的绳索，引申为维系或纲领的意思。（皇侃《论语》疏："贯，犹统也。"孔颖达《礼记》疏："贯，经也。"）荀子所说的"道贯"，就是指的历代帝王的政治措施中合理的基本纲领或优良的传统措施，也就是《非十二子》篇中所说的"略法先王，而不知其统"的那个"统"。荀子这段话的意思是说，历代帝王（先王和后王）所恒常不变的政治内容，足以作为现代政治实施的基本纲领或传统措施。一个朝代灭亡了，一个朝代兴起了，都必然要适应这个纲领或传统。把这个纲领或传统掌握得有条有理，国家就不会发生混乱，不懂得这个纲领或传统，就不懂得适应客观社会的发展变化。这个纲领或传统的主体内容，它是不会亡佚的。违反了它，国家就会发生混乱；明通了它，国家就会获得平治。所以，认为政治措施是好的，适合客观现实的，就按照它去做；不适合客观现实的，就不可以按照它去做；执行错了，就会迷失方向。这里所说的"道贯"，就相当于我们现在所说的政治措施的合理部分。荀子曾经旗帜鲜明地说过，"循其旧法，择其善者而明用之"（《王霸》篇）。"旧法"的"善者"，便是这种"道贯"，便是先王的"统"。荀子对于这种"道贯"说的阐发，在《荀子》全书中贯彻得是非常明朗的。

荀子的"天道"观，就是为他的既"法先王"又"法后王"的政治主张的"道贯"说服务的。

荀子在他的《天论》篇中，一开始便明确地揭示自己的观点说："天道有常。不为尧存，不为桀亡。应之以治，则吉；应之以乱，则凶。……循道而不贰，则天不能祸……倍道而妄行，则天不能使之吉。""天道"这个哲学基本概念，在《荀子》一书中，还见于《乐论》篇。在《儒效》篇中，也出现过"天之道"这个语汇。足见"天道"一词是《荀子》一书中的一个基本概念。"天道"，相当于我们现在所说的自然法则或自然发展规律；"常"，就是永恒不变。荀子在《解蔽》篇中说："夫道者，体常而尽变，一隅不足以举之。"这便是荀子给"道"所下的定义。"常"与"变"，是两个对立观念。在荀子看来，自然界的运动或发展变化的法则或规律的本身是永恒不变的，而它的作用却是彻底表现了宇宙间万事万物是变化无穷的。这个"道"并不因为好的统治者而存在，也不因为坏的统治者而消亡；谁要用正确的政治措施来适应它，天下就太平；谁要用不正确的政治措施贯彻它，天下就大乱。……遵循着这个"道"而不发生偏差，"天"就不能降下灾祸；违反了这个"道"而胡作非为，"天"就不能降下吉祥。荀子所说的这个"道"，在自然界中指的是现在所谓法则或规律，在历史范畴中指的是现在所谓政治措施。

荀子这种"天道有常"或"天有常道"的思想认识，并不是他个人的创见，而是有所继承、有所发展的。例如，道家老子就认为宇宙之间是存在着一种所谓"常道"的。《老子》第一章开宗明义地说："道，可道，非常道。"老子的意思是说，只有宇宙间的"常道"，才是他所意识到的真正的"道"。《老子》第十六章又说："夫物芸芸，各归其根。归根曰静，静曰复命。复命曰常，知常曰明。不知常，妄作凶。"这里所说的"常"，就是指的"天道"之"常"，也就是指的"常道"。在老子看来，懂得这种"常道"的人，是最明智的人；不懂得这种"常道"而任意妄为的人，是必然要遭到灾凶的。这种"常道"，在政治措施上来说，实际上也就是荀子所说的"道贯"。"常道"或"道贯"，是古人在自然界或人类社会的一切生活斗争中所总结出来的用以推动历史前进的抽象观念。这一类的抽象观念，是人类在社会生活斗争中所积累起来的极端重要和宝贵的理论财富。

我们再向前追究一步，这种"天道有常"或"天有常道"的认识论，也并非创始于老子，它的渊源是相当远的。《左传·襄公六年》援引《夏书》说："惟彼陶唐，师彼天常。"《左传·文公十八年》也载有"傲很明德，以乱天常"这样的话。所谓"天常"，即"天道"之"常"，也就是"天"之"常道"。由此可见，我国古代比较高明的帝王，在政治措施上都遵循这种"常道"或"道贯"。不遵循这种"常道"，就叫作"乱天常"，就叫作"妄作"，就"天不能使之吉"。这种"常道"或"道贯"，也就是"百王"——"先王"与"后王"所传之久远而不废的"统"。

由此看来，荀子的"法先王"与"法后王"，并不是两相对立的，而是贯通的。弄清了荀子的"道贯"说，"法先王"与"法后王"的问题是可以迎刃而解的。

为什么说荀子所说的"大儒"的"法先王"与"雅儒"的"法后王"不但不相矛盾,而且基本上是一回事呢?在荀子看来,"法后王"比"法先王"更容易理会、更容易掌握。简而言之,"法后王"是"法先王"的一种捷径。

荀子在《不苟》篇中说:"君子……所听视者近,而所闻见者远。……故千人万人之情,一人之情是也;天地始者,今日是也;百王之道,后王是也。君子审后王之道而论于百王之前……"在《非相》篇中说:"欲观圣王之迹,则于其粲然者矣,后王是也。彼后王者,天下之君也。舍后王而道上古,譬之是犹舍己之君而事人之君也。故曰:欲观千岁,则数今日;欲知亿万,则审一二;欲知上世,则审周道;欲知周道,则审其人,所贵君子。故曰:'以近知远,以一知万,以微知明。'此之谓也。"又说:"五帝之外无传人,非无贤人也,久故也;五帝之中无传政,非无善政也,久故也;禹、汤有传政,而不若周之察也,非无善政也,久故也。传者久,则俞略;近,则俞详。"这三段话的大意是说,历代百王中,可以援用或借鉴的典章制度,先王的年代遥远,规模隐微,难以模拟,后王的年代短近,典型俱在,容易仿效。这便是荀子所主张的"大儒"要"法先王",而"雅儒"要"法后王"的全部内容。司马迁《史记·六国年表》在谈到"法后王"的时候说:"以其近己而俗变相类,议卑而易行也。"也是这个意思。

荀子的这种政论,是完全符合历史唯物主义的。从历史观点来看,先王和后王的一切政治措施,并非完全出自臆造,而是一代一代地传授、继承下来的,因而,"法后王"实际上也等于"法先王"。这便是荀子所倡明的"大儒"所以"法先王","雅儒"所以

"法后王",实际上是殊途同归、并行不悖地符合历史发展规律的政治学说。

齐鲁书社的编辑同志不惮烦劳,对本书提出了不少宝贵的意见,使我改正了一些不应有的疏忽、错误,在此我表示衷心的谢意和敬意。

凡　例

一、本书分为注释和译文两部分。注释是为译文服务的，但是它也可以完全独立。

二、本书每篇仍旧分为若干章，但是断章的具体情形，并不一定和前人完全相同。

三、注释部分，包括古音、字义、校订、叶韵等内容。

四、在解释字义时，不只力求在训诂上有根有据，还力求训诂要服从于文法与逻辑。

五、在援引前人注解时，文字力求精简，因而有时有所删节，但一般都不加删节号。

六、在各家不同或一家数解中，一般只采取一种解释，很少兼备二说。

七、对于一半正确、一半不正确的注解，只断取其正确的一半。

八、为了不使注释部分陷于烦琐，对于各家不足取的注解，概不涉及，所以没有任何驳难之辞。

九、对于前人正确的但是不甚习见或不甚显明的注解，为了体现它的正确程度，有时不得不列举数家基本相同的解说，或由笔者加以引申补充。

十、对于少数没有彻底解决或根本没有解决的字义，为了做到信而有征，笔者有时不得不详加考证，或列举基本相同的两三说。

十一、前人的"某字音某字"，有时实际就是"某字借为某字"，一般不再作解释。

十二、古字通假多变，读音随时而异，本书为了不把古字僵化，一般不作注音。

十三、朱骏声《说文通训定声》一书，对于文字的假借，有很多精辟的解释；但是，这些解释大都分散在各有关文字之下，不相连贯；因而，在援引这些解释时，笔者稍加整理，故有的引文和原文并不完全相同。

十四、援引前人注解，一律列举姓名。笔者所撰拟的注解，一律冠以"按"字，以示区别。

十五、把虚字解释妥善，是解释古代汉语的一个重要环节。本书在解释虚字时，多依重于《助字辨略》《经传释词》《经传释词补》《经词衍释》《词诠》《古书虚字集释》等。在援引时，大都只引首先揭释的一种。

十六、我国一般古籍，后世辗转相传，讹误过多；在校订时，或改字，或补字，或删字，或移动，等等，有的是遵从成说，有的是别抒己见，都经过相当斟酌；但是，笔者并不完全满意，还有待于及时纠正。

十七、在译文部分，为了忠实原文，尽量采取直译，很少采取意译，只在不能直译时，才采取意译，或变更它的语序。

十八、关于古人的专门术语或基本概念，都照录原文，不作新译，但是，在必要时，在后面用括号加以注解。

十九、古文有的过于简略，在译成现代汉语时，非增加一部分词语，不能够表达出原来的意思，在这种地方，大都把增加的成分用括号区别开来。至于古文的习惯省略或本书就包含这种意思或语气时，虽然在译文中增加了一部分词语，但不再予以区别。

二十、本书是在极端困难的条件下完成的。其注释部分，多依据王先谦的《荀子集解》（王本有明显错误处，径改之）。笔者新解，如果与未得征引的诸家创说相雷同，自属偶合，决非掠美。

目录
CONTENTS

001	前　言
001	凡　例
001	劝学篇第一
017	修身篇第二
032	不苟篇第三
047	荣辱篇第四
068	非相篇第五
086	非十二子篇第六
100	仲尼篇第七
109	儒效篇第八
141	王制篇第九
173	富国篇第十
205	王霸篇第十一
240	君道篇第十二
270	臣道篇第十三
283	致士篇第十四
291	议兵篇第十五
322	强国篇第十六
344	天论篇第十七

359	正论篇第十八
393	礼论篇第十九
430	乐论篇第二十
444	解蔽篇第二十一
473	正名篇第二十二
498	性恶篇第二十三
520	君子篇第二十四
527	成相篇第二十五
554	赋篇第二十六
568	大略篇第二十七
632	宥坐篇第二十八
646	子道篇第二十九
655	法行篇第三十
661	哀公篇第三十一
673	尧问篇第三十二

683	附　录

劝学① 篇第一

【原文】

君子曰：学不可以已。

青，取于蓝②而青③于蓝；冰，生于水④而寒于水。

木直中绳，鞣⑤以为轮，其曲中规，虽有槁暴⑥，不复挺⑦者，鞣使之然也。

故木受绳则直，金就砺⑧则利，君子博学而日参省乎己⑨，则知明而行无过矣。

故不登高山，不知天之高也；不临深溪，不知地之厚也；不闻先王之遗言，不知学问之大也。

干⑩、越、夷、貉⑪之子，生而同声，长而异俗，教使之然也。

《诗》曰："嗟尔君子，

【译文】

君子说：学习是不可以停顿不前的。

青色是从蓝草中取出来的，可是它比蓝草精美得多；冰凌是从水中产生出来的，可是它比水寒凉得多。

木材的直度像墨线打的一样，把它烩成车轮，它的弯度就像圆规画的一样，虽然经过火烤、日晒，再也不能够伸直，这是由于烤它而这样的。

所以，木材经受到墨线的比量，就可以取直；金属接触到磨石的磨砺，就可以锐利；君子广博学习，而且天天考察自己，就会智慧精明，而且行动不犯过错。

所以，不登高山，就不知道天的高度；不临深溪，就不知道地的厚度；没有听到过先王的遗言，就不知道学问的渊博。

干、越、夷、貉不同国家的孩子，生下来他们的声调是相同的，长大之后，他们的习俗就各不相同了，这是由于教化而使他们这样的。

《诗经》中说："你们这些君子啊，

无恒安息。靖共尔位,好是正直。神之听之,介尔景福⑫。"

不要总是贪图安逸。要好好地守定自己的职位,喜爱那些正直的人。如果上帝知道了你,也会帮助你享受洪福的。"

注释

❶按:《说文》:"劝,勉也。"本篇自首章下至"瓠巴鼓瑟"章,均互见《大戴礼记·劝学》篇,但文字略有出入。 ❷按:青取于蓝,本作"青取之于蓝",《大戴礼记》同。"之"字当系衍文。《艺文类聚·草部》上、《太平御览·百卉部》三、《意林》、《埤雅》引此并作"青出于蓝",无"之"字,是也,今据正。 ❸按:青,与下文"寒"对文,当为"精"之误字或借字。李贤《后汉书》注:"精,粹美也。"精,抑或借作"菁"。 ❹按:冰生于水,本作"冰水为之",《大戴礼记》作"水则为冰",均未洽。《艺文类聚》《太平御览》《事类赋注》引此并作"冰生于水",是也,今据正。 ❺杨倞:揉,屈也。按:輮、揉,古通字,《说文》作"煣",云:"煣,屈伸木也。"郑玄《考工记》注:"揉,谓以火槁之。" ❻按:槁,借为"熇"。《说文》:"熇,火热也。"今所谓烤也。《说文》:"暴,晞也。"《小尔雅》:"暴,晒也。" ❼杨倞:挺,直也。 ❽按:郭璞《山海经》注:"砥砺,磨石也。精为砥,粗为砺也。" ❾按:司马贞《史记索隐》:"参,验也。"《尔雅》:"省,察也。" ❿俞樾:干,国名,本作"邗"。 ⓫杨倞:貉,东北夷。 ⑫杨倞:《诗经·小雅·小明》之篇。介,助也。景,大也。引以喻勤学也。

【原文】

神莫大于化道①,福莫长于无祸。

吾尝终日而思矣,不如须臾②之所学也;吾尝跂③

【译文】

神智没有比遵从"道"(自然规律)再高明的,幸福没有比没有灾祸再持久的。

我经常整天在思索,可是不如一旦间所学习的踏实;我经常提起脚跟在瞭望,

而望矣，不如登高之博见也。登高而招，臂非加长也，而见者远；顺风而呼，声非加疾④也，而闻者彰。假舆马者，非利足也，而致千里；假舟楫⑤者，非能水也，而绝江海⑥。君子生⑦非异也，善假于物也。

可是不如登高远望所见到的开阔。登到高处招手，胳膊并没有加长，可是人们所看到的格外遥远；顺着风呼唤，声音并没有加高，可是人们所听到的格外清楚。凭借着车马出门的，并不是由于脚步快，可是能够一日千里；凭借着船舶出游的，并不是由于善游水，可是能够渡过江海。君子的天性和一般人并非两样，他只是善于凭借物类来帮助自己。

注释

❶ 按：此章"神""福"与上章"神之听之，介尔景福"之"神""福"不相属。神，谓神智。道，即今所谓自然与社会之法则或发展规律。　❷ 按：李善《文选》注："须臾，少时也。"　❸ 杨倞：跂，举足也。　❹ 按：皇侃《论语》疏："疾，高急也。"　❺ 按：楫，即"楫"字。《说文》："楫，舟櫂也。"櫂，即今"棹"字。　❻ 按：《广雅》："绝，渡也。"海，本作"河"。王念孙："江河"本作"江海"，"海"与"里"为韵。《文选·海赋》注引此正作"绝江海"，《大戴礼记·劝学》篇、《说苑·谈丛》篇并同。　❼ 王念孙：生，读为"性"，《大戴礼记》作"性"。

【原文】

南方有鸟焉，名曰蒙鸠，以羽为巢而编之以发，系之苇苕①，风至苕折，卵破子死。巢非不完也，所系者然也。

【译文】

南方有一种鸟，名字叫作蒙鸠，它用羽毛搭窝，还用毛发编织起来，系在芦苇穗上头。风一吹，芦苇穗被刮断了，窝里的蛋也破了，雏儿也死了。这并不是由于它的窝不完善，而是由于它悬系的所在而这样的。

西方有中焉，名曰射干，茎长四寸，生于高山之上而临百仞之渊②，中茎非能长也，所立者然也。

蓬生麻中，不扶而直；白沙在涅，与之俱黑③。

兰槐之根是为芷，其渐之滫④，君子不近，庶人不服⑤。其质非不美也，所渐者然也。

故君子居必择乡，游必就士，所以防邪僻而近中正也。

西方有一种草，名字叫作射干，它的茎子只有四寸长。它生长在高山上，下面临着百丈的深渊。这并不是由于它的茎子能够长得这样高，而是由于它站立的所在而这样的。

蓬蒿生长在大麻中间，它用不着扶就是挺直的；把白沙和黑土放在一起，它就和黑土变成一样的黑。

兰槐的根就是白芷，如果它沾染上尿水，君子都不再接近它，百姓都不再去拿它。它的本质并不是不美好，而是由于它受到沾染而这样的。

所以，君子居住必定要选择乡里，出游必定要就教儒士，这是由于他要防止邪僻而接近中正的缘故。

注 释

❶ 杨倞：蒙鸠，鹪鹩也。苕，苇之秀也。今巧妇鸟之巢至精密，多系于苇竹之上是也。❷ 按：中，本作"木"。木称干，草称茎；木，当系传写者误"草"为"茻"。中，古借为"草"字，今以意改。古谓七尺曰仞。伸臂之长度为一仞，与人身之高或七八尺相埒。仞之为言人也，谓一人之高度也。❸ 按：本无"白沙在涅，与之俱黑"二句。汉、唐人所见《荀子》，皆有此二句。《说文》："涅，黑土在水中也。" ❹ 杨倞：兰槐，香草，其根是为芷也。渐，渍也，染也。滫，溺（尿）也。 ❺ 按：韦昭《国语》注："服，执也。"

【原文】

物类之起，必有所始；

【译文】

物类的兴起，必定有个开始；荣辱的

荣辱之来，必象①其德。肉腐出虫，木枯生蠹②。怠慢忘身，祸灾乃作。强自取柱③，柔自取束。邪秽在身，怨④之所构。

施薪若一，火就燥也；平地若一，水就湿也；草木畴⑤生，禽兽群居⑥。物各从其类也。

是故质的⑦张而弓矢至焉，林木茂而斧斤⑧至焉，树成荫而众鸟息焉，醯酸而蚋⑨聚焉。

故言有召祸也，行有招⑩辱也。君子慎其所立乎！

到来，必定随从着自己的行为。肉类臭烂了，就要生蛆；木头干枯了，就要生虫；行为怠慢，忘掉自己，就要闯祸。凡是强硬的东西，就招致人们把它当作支柱；凡是柔软的东西，就招致人们把它当作缠带。身上满带着一些邪僻、肮脏，就成为被人憎恶的根源。

柴草施放得一样，火总是向着干燥的一边延伸；地面平整得一样，水总是朝着潮湿的一边流去。花草和树木总是丛聚地生长，飞鸟和走兽总是成群地居住。万物就是这样各自和它们的同类相互依从。

所以，靶子一张设，弓箭就都向那里去发射；森林一繁茂，斧头就都到那里去砍伐；林木一成荫，百鸟就都到那里去休息；醋一酸，蚋虫就都到那里去聚会。

所以，说话有时要招惹灾祸，行事有时要遭到凌辱。君子要慎重自己所居处的地位啊！

注释

❶按：高诱《淮南子》注："象，犹随也。" ❷按："木"本作"鱼"，今从《意林》引改作"木"。《说文》："蠹，木中虫。" ❸按：柱，用作支柱也。 ❹按：高诱《淮南子》注："怨，亦憎也。" ❺杨倞：畴，与"俦"同，类也。 ❻按：居，本作"焉"。 ❼杨倞：质，射侯；的，正鹄也。 ❽按：《说文》："斤，斫木斧也。" ❾按：皇侃《论语》疏："醯，酢（醋）酒也。"《说文》："秦、晋谓之蚋，楚谓之蚊。"蚋，亦作"蜹"。《通俗文》："小蚊曰蚋。"《列子·天瑞》篇："醯鸡生乎酒。"司马彪《庄子》注："醯鸡，若酒上蠛蠓也。"醯蚋，即醯鸡。鸡、蚋叠韵。 ❿按：王逸《楚辞》注："以手曰

招，以言曰召。"

【原文】

积土成山，风雨兴焉；积水成渊，蛟龙生焉。积善成德，而神明自得，圣心备焉。

故不积跬步①，无以至千里；不积小流，无以成江海。骐骥②一跃，不能十步；驽马十驾③，功在不舍。锲④而舍之，朽木不折；锲而不舍，金石可镂⑤。螾⑥无爪牙之利、筋骨之强，上食埃土，下饮黄泉，用心一也。蟹八跪而二螯⑦，非蛇蟮⑧之穴无可寄托者，用心躁也。

【译文】

积聚起土来成为高山，风雨就在这里发作起来了；积聚起水来成为深渊，蛟龙就在这里生长出来了。积聚起善良来成为德行，而且神智从容，圣人的心志就具备了。

所以，不半步半步地积聚起来，就不可能达到千里；不一沟一沟地积聚起来，就不可能汇成江海。良马一跳，并不能超出十步；笨马跑十天，也可以赶上良马，成功就在于不停步。雕刻如果半途而废，糟木头也弄不断；雕刻起来没个完，金属和石头也刻得动。蚯蚓没有锐利的爪牙、强劲的筋骨，在地上层吃土壤，在地下层喝泉水，它的用心是纯一的。螃蟹八只脚、两个螯，没有鲇鱼、鳝鱼的窝，它就无处藏身，它的用心是浮躁的。

注 释

❶杨倞：半步曰跬，跬与"䟸"同。 ❷按：李颐《庄子》注："骐骥，骏马也。" ❸按：王逸《楚辞》注："驽，钝马也。"刘台拱：十驾，十日之程也。旦而受驾，至暮脱之，故以一日所行为一驾。 ❹杨倞：锲，刻也。 ❺按：杜预《左传》注："镂，刻也。" ❻杨倞：螾，与"蚓"同，蚯蚓也。 ❼按：八，本作"六"。卢文弨：《说文》："蟹有二螯八足。"《大戴礼记》亦

同。"六"疑"八"字之讹。　❽按：蛇，"鮀"之误字或借字。《说文》："鮀，鲇也。"王先谦：蟺，同"鳝"。蟺、鳝，今作"鳝"。鮀、鳝均在泥土中作穴以居。

【原　文】

　　是故无冥冥之志者，无昭昭之明；无惛惛之事者，无赫赫之功①。行衢道②者不至，事两君者不容。目不能两视而明，耳不能两听而聪。螣③蛇无足而飞，鼫鼠五技而穷④。

　　《诗》曰："尸鸠在桑，其子七兮。淑人君子，其仪一兮。其仪一兮，心如结兮⑤。"故君子结于一也。

【译　文】

　　所以，没有沉默的意志的，就没有光明的智慧；没有隐微的行为的，就没有显著的功勋。走入歧途的，到达不了目的地；侍奉两个君主的，在道义上不可以宽容。眼睛不能同时看两处，都看得分明；耳朵不能同时听两处，都听得清晰。螣蛇没有脚，可是能够飞上天；鼫鼠有五种技能，但最终受到困窘。

　　《诗经》中说："布谷落在桑枝上，领着七个雏儿飞。善人君子，他的仪表始终是纯一的。仪表是纯一的，因而他的心志就如同受到约束一样。"所以君子要把心志收束在纯一之上。

注　释

　　❶杨倞：冥冥、惛惛，皆专默精诚之谓也。　❷杨倞：衢道，两道也。　❸按：《说文》："螣，神蛇也。"　❹按：鼫鼠，本作"梧鼠"。杨倞：梧鼠，当为"鼫鼠"。盖本误为"鼯"字，传写者又误为"梧"耳。五技，谓能飞不能上屋，能缘不能穷木，能游不能渡谷，能穴不能掩身，能走不能先人。　❺杨倞：《诗经·曹风·尸鸠》之篇。毛云："尸鸠，鹊鹁也。"按：陆机《诗》疏："今梁、宋之间谓布谷为鹊鹁，一名桑鸠。"《释名》："结，束也。"

【原文】

昔者瓠巴鼓瑟①而沈②鱼出听，伯牙鼓琴③而六马仰秣④。

故声无小而不闻，行无隐而不形。玉在山而草木润，渊生珠而崖不枯。为善不积邪，安有不闻者乎？

【译文】

在古代，瓠巴弹瑟，水底下的鱼都浮出水面来听；伯牙弹琴，驾着车的马都仰起头来听。

所以，声音无论多么微小，都能被人听见；行为无论多么隐秘，都能被人看见。山底下蕴藏着宝玉，树木就显得润泽；渊池里生了珍珠，崖岸就显得不干枯。只做好事，不做坏事，哪有不闻名于世的呢？

注释

❶ 杨倞：瓠巴，古之善鼓瑟者。 ❷ 按：沈，本作"流"。王先谦："流鱼"，《大戴礼记》作"沈鱼"，是也。《韩诗外传》作"潜鱼"，潜亦沈也。 ❸ 杨倞：伯牙，古之善鼓琴者。 ❹ 杨倞：六马，天子路车之马也。按：六马，谓驾车之马也。高诱《淮南子》注："仰秣，仰头吹吐，谓马笑也。"秣，当借为"末"。《说文》："木上曰末。"高诱《吕氏春秋》注："末，首也。"仰末，谓仰首而听也。

【原文】

学恶乎始？恶乎终？曰：其数①则始乎诵《书》②，终乎读《礼》；其义则始乎为士，终乎为圣人。

真积力久③则入，学至

【译文】

学习，从哪里开始呢？到哪里终结呢？回答说：按它的顺序来说，就是从读《尚书》开始，到读《礼经》终结；按它的意义来说，就是从成为学士开始，到成为圣人终结。

诚心积累，功夫持久，就钻得进去；必须学到老死，这才算是尽头。所以，从

乎没而后止也。故学数有终，若其义则不可须臾舍也。为之，人也；舍之，禽兽也。

学习的顺序上说，是有终结的；至于从学习的意义上说，是不可以半刻停顿的。做到这样，就成为人；不这样做，就成为禽兽。

注释

❶ 按：数，谓顺序也。　❷ 按：书，本作"经"，应为"书"字之误。下文提出三经，首言"书"，中言"诗"，末言"礼"，正其义也。　❸ 杨倞：真，诚也。按：谓诚心。贾谊《新书·道术》篇："志操精果谓之诚。"

【原文】

故书者，政事之纪也；诗者，中声①之所止也；礼者，法之大分②、类③之纲纪也，故学至乎礼而止矣。夫是之谓道德之极。

《礼》之敬文④也，《乐》之中和也，《诗》《书》之博也，《春秋》之微也，在天地之间者毕矣。

【译文】

所以，史书是政事的记载；诗歌是心声的归结，礼仪是法制的前提、事物的规范。所以，学习到礼仪就算达到尽头了。这就叫作道德的顶峰。

《礼经》的慎守节文，《乐经》的中正和乐，《诗经》《尚书》的见闻广博，《春秋》的寓意隐微，天地间的一切道理可以说是完全具备了。

注释

❶ 按：中声，犹言心声也。高诱《淮南子》注："中，心也。"　❷ 按：大

分，即大节，犹今言前提。谓法制以礼义为前提也。郑玄《礼记》注："分，犹部曲也。"李善《文选》注："分，犹节也。" ❸ 按：赵岐《孟子》注："类，事也。"谓礼乃事物之纲纪也。 ❹ 按：郑玄《毛诗》笺："敬，慎也。"敬文，谓慎守礼文也。

【原文】

君子之学也，入乎耳，箸乎心①，布乎四体，形乎动静。端而言，蠕而动②，一③可以为法则。小人之学也，入乎耳，出乎口。口耳之间则④四寸耳，曷足以美七尺之躯哉？

古之学者为己，今之学者为人。君子之学也，以美其身；小人之学也，以为禽犊。

故不问而告谓之傲⑤，问一而告二谓之囋⑥。傲，非也；囋，非也；君子如向⑦矣。

【译文】

君子的学习，进入到耳朵，明通在内心，灌注在全身，表现在行动。端端庄庄地说话，和和缓缓地行动，都可以作为别人的表率。小人的学习，进入到耳朵，放出在嘴巴。嘴巴和耳朵之间的距离，只不过四寸而已，怎么能够美化这七尺之躯呢？

古来学者的学习是为了自己，现今学者的学习是为了别人。君子的学习，是用来修整自己的身心；小人的学习，是用来卖弄和哗众取宠。

所以，人家没有问到自己，自己就去告诉人家，这就叫作謷放。人家问一个问题，自己却告诉人家两个答案，这就叫作烦啧。謷放是不对的，烦啧也是不对的；君子对于人家的问答，就如同回声应和本声一样。

注 释

❶ 按：箸，通"著"。本书《王霸》篇杨倞注："箸，明也。" ❷ 按："端

而言，蠕而动"，《臣道》篇作"喘而言，膶而动"。喘，为误字；蠕、膶，皆借为"懦"。《说文》："懦，驽弱也。" ❸杨倞：一，皆也。 ❹按：《古书虚字集释》："则，犹裁也。" ❺郝懿行：傲，与"謷"同。《说文》："謷，不省人言也。"与此义合。按：简文《庄子》注："謷，放也。"王逸《楚辞》注："謷謷，不听话言而妄语也。" ❻按：嚾，当为"喷"字之误。本书《正名》篇："喷然而不类。"杨倞：喷，争言也。《左传·定公四年》："喷有烦言。"是其义。 ❼杨倞：向，与"响"同。如响应声。

【原文】

学莫便乎近其人。《礼》《乐》法而不说①。《诗》《书》故而不切，《春秋》约而不速②。方其人之习君子之说，则尊以遍矣，周于世矣③。故曰：学莫便乎近其人。

学之经④莫速乎好其人，隆礼次之。上不能好其人，下不能隆礼，安⑤特将学杂志⑥，顺《诗》《书》⑦而已耳，则末世穷年，不免为陋儒而已。

【译文】

学习，没有比接近教授自己的人再便利的。《礼经》《乐经》有法度而不疏略，《诗经》《尚书》古老而不切近，《春秋》简约而不严谨。当这个人学习君子的学说的时候，这种学习就得到尊重和普及，因而也就周流于世界了。所以说，学习没有比接近教授自己的人再便利的。

学习的途径，没有比爱好教授自己的人再成功迅速的，隆重的礼节，还在其次。在上，不能爱好教授自己的人；在下，不能用隆重的礼节，那只是要学习一些烦琐的知识，解释解释《诗经》《尚书》，归根到底，也不免做一个陋儒而已。

注释

❶按：说，通"脱"，犹疏略也。言礼乐有法度而不疏略也。 ❷按：约而

不速,犹言约而不密也。速,当借为"数",与"数"可借为"速"同,叠韵通假字。 ❸ 郝懿行:方,依傍,言亲近其人。 ❹ 王念孙:经,即下文所谓"蹊径"。 ❺ 杨倞:安,语助,犹言抑也。或作"安",或作"案",荀子多用此字。 ❻ 按:学杂志,本作"学杂识志"。 ❼ 高亨:顺,借为"训"。按:《广雅》:"训,顺也。"

【原文】

将①原先王,本仁义,则礼正其经纬蹊径也。若挈裘领,诎五指而顿②之,顺者不可胜数也。

不道礼宪③,以《诗》《书》为之,譬之犹以指测河也,以戈舂黍也,以锥飡壶④也,不可以得之矣。

故隆礼,虽未明,法士也;不隆礼,虽察辩,散⑤儒也。

【译文】

而且,推原先王的教化,根据仁义的道术,那礼文正是通向左右逢源的途径;就如同提起皮衣的领子,屈着五个手指头去条顺它的毛儿一样,那顺过来的毛儿就数不清了。

不遵守礼法,而仅仅学习《诗经》《尚书》,那就如同用手指头测量河水,用兵戈舂捣黍谷,用铁锥向壶里投掷一样,是得不到任何功绩的。

所以,隆重礼文,虽然学习得不够明确,还不失为一个端正的学士;如果不隆重礼文,虽然学习得精审、明辨,那也只是一个散漫的儒者。

注释

❶ 按:《广雅》:"将,且也。" ❷ 王念孙:顿者,引也。言挈裘领者诎五指而引之,则全裘之毛皆顺也。《广雅》:"扽,引也。"曹宪音"顿"。古无"扽"字,借"顿"为之。按:顿、引叠韵,古或借"顿"为"引"。 ❸ 按:《尔雅》:"宪,法也。" ❹ 按:以锥飡壶,即以锥投壶也。古者投壶之戏,以矢投向壶中,中者为胜;以锥,则壶毁矣。飡,即"餐"字。 ❺ 杨倞:散,

谓不自检束。

【原文】

问楛①者，勿告也；告楛者，勿问也；说楛者，勿听也；有争气者，勿与辩也。

故必由其道至，然后接之；非其道，则避之。

故礼恭而后可与言道之方，辞顺而后可与言道之理，色从而后可与言道之致②。

【译文】

怀着恶意发问的，不要告诉他；怀着恶意告诉的，不要追问他；怀着恶意讲说的，不要听取他；怀着争强的气势的，不要同他辩论。

所以，他必须是顺从理性而来的，然后才接近他；如果不合乎理性，就要躲避他。

所以，持礼恭敬，然后才和他谈论道义的方向；言辞和顺，然后才和他谈论道义的条理；面色从容，然后才和他谈论道义的精义。

注 释

❶杨倞：楛，与"苦"同，恶也。 ❷按：郑玄《礼记》注："致，致密也。"

【原文】

故未可与言而言谓之傲①，可与言而不言谓之隐，不观气色而言谓之瞽。故君子不傲、不隐、

【译文】

所以，不可以和他谈论而和他谈论，这就叫作浮躁；可以和他谈论而不和他谈论，这就叫作隐秘；不观察面色就和他谈论，这就叫作眼瞎。所以，君子不浮躁、不隐秘、

不瞽,谨顺其身。

《诗》曰:"匪交匪舒,天子所予。"② 此之谓也。

不眼瞎,谨慎地顺随着对方的行动表现。

《诗经》中说:"对人不急躁,不怠慢,这是天子所赞许的。"就是说的这样的人。

注 释

❶ 杨倞:《论语》曰:"言未及而言谓之躁。"按:陆德明《论语音义》:"鲁读'躁'为'傲'。"荀子此文应借为"躁"。又《广雅》:"傲,妄也。"义亦可通。 ❷ 杨倞:《诗经·小雅·采菽》之篇。按:交,通"绞"。绞,急也。匪交匪舒,言不绞急、不舒怠也。

【原文】

百发失一,不足谓善射;千里跬步不至,不足谓善御;伦类①不通,仁义不一,不足谓善学。学也者,固学一之也。一出焉,一入焉,涂巷之人也。其善者少,不善者多,桀、纣、盗跖②也。全之,尽之,然后学者也。

【译文】

发出了一百支箭,有一支没有射中,就不足以叫作善于射箭;走出了一千里的路程,有半步没有赶到,就不足以叫作善于驾车;事理不通达,仁义不能始终坚持如一,就不能叫作善于学习。我们所说的学习,就是要学习到始终坚持如一。一半学不进,一半学得进,这便是乡里的普通人。他的好行为少,坏行为多,这便是夏桀、殷纣、盗跖一类的人。能够具备这些道理,能够穷尽这些道理,然后才称得上是一个学者。

注 释

❶ 按:伦类,犹事理也。杨倞《解蔽》篇注:"伦,物理也。" ❷ 按:盗

跖之名，始见于《孟子·尽心》篇："鸡鸣而起，孳孳为利者，跖之徒也。"

【原 文】

君子知夫不全不粹之不足以为美也，故诵数①以贯②之，思索以通之，为其人以处之③，除其害者以持养之，使目非是无欲见也，使耳非是无欲闻也，使口非是无欲言也，使心非是无欲虑也。及至其致好之也，目好之五色，耳好之五声，口好之五味，心利之④有天下。

【译 文】

君子知道不具备、不精纯这些道理不足以叫作美好，所以就用诵读和解说来复习它，用思考和探索来明通它，用设身处地的方法来处理它，用排除有害的事物来培养它，使眼睛不是正确的事物就不愿意去看它，使耳朵不是正确的事物就不愿意去听它，使嘴不是正确的事物就不愿意去说它，使心不是正确的事物就不愿意去想它。到了极其爱好正确事物的境地，眼睛爱好于五色，耳朵爱好于五声，嘴爱好于五味，心志有利于保有天下。

注 释

❶俞樾：诵数，犹诵说也。《毛诗传》："说，数也。"《礼记正义》曰："数，说也。" ❷按：《尔雅》："贯，习也。" ❸郭嵩焘：为其人以处之，犹言设身处地，取古人所已行者为之程式，而得其所处之方也。 ❹俞樾：古"之"字、"于"字通用。四"之"字，并犹"于"也。

【原 文】

是故，权利不能倾也，群众不能移也，天下不能荡①也。生

【译 文】

所以，权利不能倾倒他，群众不能变移他，天下不能摇动他。活

乎由是，死乎由是，夫是之谓德操②。

德操，然后能定；能定，然后能应。能定，能应，夫是之谓成人。

天见其明，地见其光③，君子贵其全也。

着是这样做，临死是这样做，这就叫作品德操守。

品德操守得住，然后才能够静定；静定，然后才能够应付。能够静定，能够应付，这就叫作有成就的人。

天表现着它的光明，地表现着它的广阔，君子就贵乎做一个纯全的人。

注 释

❶ 杨倞：荡，动也。　❷ 郝懿行：德操，谓有德而能操持也。　❸ 刘台拱：光、广，古通用。

修身篇第二

【原文】

见善，修然必以自存①也；见不善，愀然必以自省也。善在身，介然必以自好也；不善在身，菑然②必以自恶也。

故非我而当者，吾师也；是我而当者，吾友也；谄谀我者，吾贼也。故君子隆师而亲友，以致恶其贼。好善无厌，受谏而能诫，虽欲无进，得乎哉？

【译文】

见到善良的行为，必定端端正正地反问自己；见到不善良的行为，必定兢兢业业地检讨自己；善良的行为在身上，就牢牢固固地爱好自己；不善良的行为在身上，就如同受到灾害似的痛恨自己。

所以，责备我责备得正确的，就是我的导师；赞同我赞同得正确的，就是我的朋友；谄媚我的，就是我的贼寇。所以，君子要尊崇导师而亲近朋友，还要痛恨自己的贼寇。爱好善良的行为没有厌倦，受到劝告能够警惕。虽然不愿意取得进步，做得到吗？

注释

❶ 杨倞：修然，整饬貌。王念孙：《尔雅》："存，察也。" ❷ 杨倞：愀然，忧惧貌。介然，坚固貌。菑，读为"灾"。灾然，灾害在身之貌。

【原文】

小人反是。致①乱，而恶人之非己也；致不肖，而欲人之贤己也；心如虎狼，行如禽兽，而又恶人之贼己也。谄谀者亲，谏争者疏；修正为笑，至忠为贼。虽欲无灭亡，得乎哉？

《诗》曰："噏噏呰呰，亦孔之哀；谋之其臧，则具是违；谋之不臧，则具是依。②"此之谓也。

【译文】

小人就和君子相反。做尽昏乱的事情，却憎恶别人责备；做尽丑恶的事情，却希望别人称道；心地如同虎狼，行为如同禽兽，而又憎恶别人妨害自己；谄媚自己的就表示亲近，劝说自己的就表示疏远；把正经当作笑柄，把忠诚当作贼寇。虽然不愿意遭到失败，能做得到吗？

《诗经》中说："一点好事都不做，这种人也太可怜了；计划着做好事，他就完全违反；计划着做坏事，他就完全依从。"就是说的这样的小人。

注 释

❶ 按：郑玄《礼记》注："致，行之至也。" ❷ 杨倞：《诗经·小雅·小旻》之篇。○按：《尔雅》："翕翕訾訾，莫供职也。"《毛诗传》："噏噏然患其上，呰呰然思不称乎上。"《韩诗外传》："潝潝訾訾，不善之貌。"翕訾、噏呰、潝訾，并同。

【原文】

扁善①之度：以治气、养生，则后②彭祖；以修身自名③，则配尧禹。宜于时通④，利以处穷，礼、信是也。

凡用血气、志意、知虑，

【译文】

遵循善行的标准：用善行来理气、养生，就可以追踪彭祖；用善行来洁身自好，就可以比拟尧禹。宜于处守顺境，利于处守困境，就是由于讲礼守信。

凡是在动用血气、意志、思虑上，

由礼，则治⑤通；不由礼，则勃乱、提僈⑥。食饮、衣服、居处、动静，由礼，则和节；不由礼，则触陷生疾。容貌、态度、进退、趋行，由礼，则雅；不由礼，则夷、固⑦、僻违⑧、庸众而野。

故人无礼则不生，事无礼则不成，国家无礼则不宁。

《诗》曰："礼仪卒度，笑语卒获⑨。"此之谓也。

顺从礼文，就表现得整饬、通达；不顺从礼文，就表现得悖乱、怠慢。在饮食、衣服、居处、动静上，顺从礼文，就表现得中和、适节；不顺从礼文，就表现得触犯危险、发生疾困。在容貌、态度、进退、趋向上，顺从礼文，就表现得温雅可亲；不顺从礼文，就表现得傲慢、固陋、邪僻、庸俗而粗野。

所以，做人不讲礼文，就不能生存；做事不讲礼文，就没有成就；国家不讲礼文，就不得安宁。

《诗经》中说："礼文失掉法度，笑话终必百出。"就是说的这样的人。

注释

❶ 按：扁善，谓遵循善行也。扁，应读为"遍"。《尔雅》："循，遍也。"是"遍"有循义。　❷ 按：后，谓继其后也。韦昭《国语》注："后，后嗣也。"《尔雅》："嗣，继也。"　❸ 按：自名，自明也，自洁也。名，通"明"。《释名》："名，明也。"郑玄《礼记》注："明，犹洁也。"　❹ 按：时通，与"处穷"对文。时，亦处也。时，读为"峙"，字亦作"跱"。《广雅》："跱，止也。"　❺ 按：郑玄《礼记》注："治，犹正也。"　❻ 杨倞：提，舒缓也。○郝懿行：僈，与"慢"同。勃，与"悖"同。○按：下文："难进曰偍。"提，通"偍"。　❼ 杨倞：夷，倨也。固，陋也。　❽ 按：郑玄《礼记》注："违，犹僻也。"韦昭《国语》注："违，邪也。"　❾ 杨倞：《诗经·小雅·楚茨》之篇。卒，尽也。

【原文】

以善先人者，谓之教；

【译文】

用善良领导人的，叫作教诲；用善良

以善和人者，谓之顺①。以不善先人者，谓之谄；以不善和人者，谓之谀②。

是是、非非，谓之知；非是、是非，谓之愚。

伤良曰谗，害良曰贼。是谓是，非谓非，曰真。窃货曰盗，匿行曰诈，易言曰诞。

趣舍③无定，谓之无常；保利弃义，谓之至贼。

多闻曰博，少闻曰浅；多见曰闲④，少见曰陋。难进曰偍⑤，易忘曰漏。少而理曰治，多而乱曰秏⑥。

同人共事的，叫作顺理。用不善良领导人的，叫作谄媚；用不善良同人共事的，叫作阿谀。

以是为是、以非为非，叫作明智；以非为是、以是为非，叫作愚蠢。

中伤善良，叫作谗谮；陷害善良，叫作贼害。是的就说是，非的就说非，叫作真实。偷窃财物，叫作贼盗；隐匿行动，叫作奸诈；信口开河，叫作妄诞。

取舍没有一定，叫作无常；保守利益，放弃正义，叫作大贼。

听到的多，叫作渊博；听到的少，叫作肤浅。见到的多，叫作宽闲；见到的少，叫作鄙陋。难于进步，叫作废弛；容易忘记，叫作漏失。知道的多，可是有条理，叫作辩治；知道的多，可是很混乱，叫作秏乱。

注释

❶ 按：《说文》："顺，理也。"郑玄《毛诗》笺："顺，谓与己和顺。" ❷ 杨倞：谄之言陷也。○按：尹知章《管子》注："谀，悦顺貌。" ❸ 按：趣舍，读"取舍"。 ❹ 按：闲，犹博也。《庄子·齐物论》篇："大知闲闲。"简文注："闲闲，广博之貌。" ❺ 杨倞：偍，与"提""媞"皆同，谓弛缓也。 ❻ 按：高诱《淮南子》注："秏，乱也。"颜师古《汉书》注："秏，不明也，读与'眊'同。"

【原文】

治气养心之术：血气刚强，则柔之以调和；知虑渐深①，则一之以易②良；勇胆猛戾，则辅之以道顺；齐给便利③，则节之以动止；狭隘褊小，则廓之以广大；卑湿④、重迟、贪利，则抗⑤之以高志；庸众、驽⑥散，则劫之以师友；怠慢、僄弃，则炤之以祸灾⑦；愚款、端悫⑧，则合之以礼乐，通之以思索。凡治气养心之术，莫径由礼，莫要得师，莫神一好。夫是之谓治气养心之术也。

【译文】

理气养心的方术：血气刚强的人，就用心平气和来柔化他；深思熟虑的人，就用平易善良来纠正他；勇猛乖张的人，就用顺情合理来辅助他；性急嘴快的人，就用举止安详来节制他；气量狭隘窄小的人，就用宽宏大量来开导他；卑鄙、迟钝、贪利的人，就用志向高尚来抵制他；庸俗、散漫的人，就用良师益友来强迫他；怠慢、暴弃的人，就用招灾惹祸来晓谕他；愚鲁、拘谨的人，就用礼文乐歌来调剂他，用善于思索来导通他。大凡理气养心的方术，没有比顺从礼文再直接的，没有比得到导师再重要的，没有比纯一爱好再神速的。这就叫作理气养心的方术。

注释

❶郝懿行：渐，与"潜"古字通。《韩诗外传》二作"潜"，是。 ❷按：一，犹正也。高诱《淮南子》注："一，齐也。"《毛诗传》："齐，正也。"陆绩《周易》注："易，平易也。" ❸杨倞：《尔雅》："齐，疾也。"齐给便利，皆捷速也。 ❹杨倞：湿，亦谓自卑下如地之下湿然也。〇按：《方言》："湿，忧也……凡志而不得，欲而不获，高而有坠，得而中亡谓之湿。"郭璞注："湿者，失意潜沮之名。" ❺按：李贤《后汉书》注："抗，进也。" ❻杨倞：驽，谓材下如驽马者也。 ❼杨倞：僄，轻也。〇于省吾：炤，应读为"昭"。郑玄《礼记》注："昭，晓也。" ❽杨倞：款，诚款也。〇按：《说

文》："悫，谨也。"

【原文】

志意修，则骄富贵；道义重，则轻王公。内省，而①外物轻矣。传曰②："君子役物，小人役于物。"此之谓矣。

身劳而心安，为之；利少而义多，为之。事乱君而通，不如事穷君而顺焉。

故良农不为水旱不耕，良贾③不为折阅不市④，士君子不为贫穷怠乎道。

【译文】

意志整饬，就可以骄傲富贵；道义隆重，就可以轻贱王公。内心修省，就感到外物轻微了。古书说："君子役使外物，小人被外物所役使。"就是说的这个道理。

身体操劳，而内心安适，就去作；利益少，而道义多，就去作。侍奉昏乱的国君而官运亨通，不如侍奉穷危的国君而事务顺利。

所以，好的农民不因为旱涝而不耕种，好的商人不因为赔本而不做贸易，学士和君子不因为贫穷而懒怠学习道义。

注释

❶ 按：而，与上文"则"对文。而，犹则也。见《经传释词》。 ❷ 杨倞：凡言"传曰"，皆旧所传闻之言也。 ❸ 按：郑玄《周礼》注："行曰商，处曰贾。" ❹ 杨倞：折，损也。〇按：《广雅》："阅，数也。"折阅，谓赔本也。《史记集解》引张晏："市，贸易也。"

【原文】

体恭敬而心忠信，术礼

【译文】

体貌恭敬，而内心忠信；行动遵从

义而情爱人①；横②行天下，虽困四夷，人莫不贵。劳苦之事，则争先；饶乐之事，则能让；端悫诚信，拘守而详③；横行天下，虽困四夷，人莫不任。

体倨固，而心执诈④；术顺墨⑤，而情⑥杂污；横行天下，虽达四方，人莫不贱。劳苦之事，则偷儒转脱⑦；饶乐之事，则佞兑⑧而不曲；辟违⑨而不悫，程役而不录⑩；横行天下，虽达四方，人莫不弃。

礼义，而情感仁民爱物；这样的人走遍天下，虽然困顿在远方，人们没有不尊贵他的。遇到劳苦的事情，就争先恐后；遇到快乐的事情，就让给别人；端谨、诚信，拘守身心，而举止善良；这样的人走遍天下，虽然困顿在远方，人们没有不信任他的。

体貌骄傲、固执，而内心虚伪奸诈；行动柔顺、晦暗，而情感纷杂、污秽；这样的人走遍天下，虽然显达在四方，人们没有不轻贱他的。遇到劳苦的事情，就退缩偷懒；遇到快乐的事情，就不顾体面地向前直冲；邪僻而不谨慎，轻贱而不善良；这样的人走遍天下，虽然是显达在四方，人们没有不抛弃他的。

注 释

❶ 王引之：人，读为"仁"。爱仁，犹言仁爱。○按：术，犹行为也。 ❷ 王引之：横，读为"广"。《尧典》"光被四表"，今文《尚书》作"横被"。 ❸ 按：详，通"祥"。高诱《淮南子》注："详，善也。" ❹ 按：高诱《淮南子》注："执，蛰也。"蛰伏，伪诈之意。 ❺ 按：《释名》："墨，晦也。"《左传·昭公十四年》："贪以败官为墨。"顺墨，谓柔顺而晦暗。 ❻ "情"本作"精"。○杨倞：精，当为"情"。○按："精杂污"与上文"情爱人"对文，精，当作"情"。 ❼ 杨倞：偷，谓苟避于事；儒，亦谓懦弱畏事。皆懒惰之义。转脱者，谓偷儒之人苟求免于事之义。 ❽ 杨倞：兑，悦也。○按：《庄子·渔父》篇："莫之顾而进之谓之佞。"佞兑，谓悦之不顾也。 ❾ 杨倞：辟，读为"僻"。○王念孙：僻、违，皆邪也。韦昭《国语》注："违，邪也。" ❿ 按：

王逸《楚辞》注："役，贱也。"程，疑借为"轻"。"呈""巠"，皆从"壬"得声，故可通借。轻，亦贱也。录，应读作"禄"。《白虎通·京师》篇："禄者，录也。"《广雅》："禄，善也。"

【原文】

行而供冀①，非渍淖也；行而俯项，非击戾②也；偶视而先俯，非恐惧也。然夫③士欲独修其身，不以得罪于比④俗之人也。

【译文】

走路恭恭敬敬，并不是由于怕沾染泥淖；走路低头俯视，并不是由于累得弯腰驼背；同人对视，而先低下头，并不是由于恐惧对方。那么，学士就是愿意修饬自己的身心，而不去得罪世俗之人。

注释

❶ 杨倞：供，恭也。冀，当为"翼"。〇按：《尔雅·释诂》："翼，敬也。" ❷ 按：击，当读为"憨"。《说文》："憨，憪也。戾，曲也。"《通俗文》："疲极曰憨。"憪，即"憪"字。憨戾，谓疲极而曲背也。 ❸ 按：然夫，犹然则也。 ❹ 按：郑玄《礼记》注："比，犹同也。"

【原文】

夫骥一日而千里，驽马十驾，则亦及之矣；将①以穷②无穷、逐无极与③？其④折骨绝筋，终身不可以相及也；将有所止之，则千里虽远，亦或迟或速、

【译文】

那良马日行千里，驽马走十天，就可以赶得上；如果驽马用起力来没个完，追赶起来没个完吧？就会筋骨折断，一辈子也不可能赶上；如果有所节制，就是千里虽然远，也有个或慢或快、或早或晚，为什

或先或后，胡为乎其不可以相及也？不识步⑤道者，将以穷无穷、逐无极与？意亦有所止之与？

么不能赶得上呢？不知道那走路的人，自己是应该用起力来没个完、追赶起来没个完呢还是应该有所节制呢？

注 释

❶ 按：《经传释词补》："将，犹如也。" ❷ 按：穷，谓尽力。 ❸ 按：与，通"欤"。《古书虚字集释》："欤，犹焉也。" ❹ 按："其"，与下"则"对文。《古书虚字集释》："其，犹则也。" ❺ 杨倞：步，行。

【原 文】

夫"坚白""同异""有厚无厚"之察①，非不察也，然而君子不辩之②也；倚魁③之行，非不难④也，然而君子不行之也。故学曰⑤迟，彼止而待我，我行而就之，则亦或迟或速，或先或后，胡为乎其不可以同至也？

【译 文】

那些"坚白""同异""有厚无厚"的辩论，对事理的观察，并不是不明审，然而君子并不和它去争辩；奇异孤僻之人的行为，并不是没有节度，然而君子并不按照他们去行动。所以，学习得如果迟缓，对方停顿下来等待着我，我行动着趋向对方，就也有个或快或慢、或早或晚，为什么不能一同到达目的地呢？

注 释

❶ 杨倞：此言公孙龙、惠施之曲说异理，不可为法也。坚白，谓离坚白也，公孙有《坚白论》。同异，谓使异者同、同者异；或曰：即《庄子》所谓"大同而与小同异，此之谓小同异；万物毕同毕异，此之谓大同异"。 ❷ 按："辩"

之""行之",两"之"上本有"止"字,"止"与"之"篆文略同,涉上文"止之"而误衍,今以意删。 ❸ 杨倞:倚,奇也。○郝懿行:"倚"与"奇","魁"与"傀",俱声近假借字。奇傀,言其事谲觚不常也。 ❹ 按:难,读为"傩"。郑玄《周礼》注:"故书'难'或为'傩'。"是其证。《说文》:"傩,行有节也。"《毛诗传》:"难然,盛貌。" ❺ 按:《古书虚字集释》:"曰,犹若也。"

【原文】

故蹞步而不休,跛鳖千里;累土而不辍,丘山崇成。厌①其源,开其渎,江河可竭。一进一退,一左一右,六骥②不致。彼人之才性之相县也,岂若跛鳖之与六骥足哉?然而跛鳖致之,六骥不致,是无他故焉,或为之,或不为尔。

【译文】

所以,半步半步地走个不休,瘸腿的龟鳖也能够走一千里;土累积起来没个完,山丘也能够堆成。塞住它的水源,给它开通沟渠,江河也可以泄干。一会儿前进,一会儿后退,一会儿向左,一会儿向右,良马也跑不到目的地。一般人的本质相互不同,哪能够像瘸腿的龟鳖和驾车的良马一样呢?然而,瘸腿的龟鳖能够到达,驾车的走马不能够到达,这并没有别的缘故,一个是去做,一个是不做啊。

注 释

❶ 杨倞:厌,塞也。 ❷ 按:六骥,与"六马"同义,谓驾车之良马也。

【原文】

道虽迩,不行不至;事

【译文】

道路虽然近,如果不去走,就走不

虽小，不为不成。其为人也多暇日者，其出人①不远矣。

好法②而行，士也；笃志而体③，君子也；齐明而不竭④，圣人也。

到；事情虽然小，如果不去做，就做不成。那种天天空闲无事的人，他是不可能超过别人的。

遵守法度，而且见之于行动，就是学士；意志坚强，而且见之于实践，就是君子；中正、明智，而且力行不歇，就是圣人。

【注释】

❶"出人"本作"出入"。○王念孙："出入"当为"出人"。《韩诗外传》正作"出人不远"。 ❷按：好法，谓遵守法度也。 ❸按：《尔雅》："笃，固也。"高诱《淮南子》注："体，行也。" ❹按：《诗经·小雅·小宛》篇："人之齐圣。"毛传："齐，正也。"《左传·文公十八年》："齐圣广渊。"杜预注："齐，中也。"孔颖达《诗》疏："中正谓齐。"竭，犹歇也。《尔雅》："歇，竭也。"

【原文】

人无法，则伥伥然①；有法而无志②其义，则渠渠然③；依乎法而又深其类，然后温温然。

【译文】

人没有法度，行动就狂妄；有法度，而没有见识，心情就惶窘不安；依从法度，而又深明事类，然后才态度温和可亲。

【注释】

❶按：《说文》："伥，狂也。"今作"猖"。 ❷杨倞：志，识也。 ❸杨倞：渠，读为"遽"，古字渠、遽通。○按：《说文》："遽，窘也。"颜师古

《汉书》注："遽，惶也。"

【原文】

礼者，所以正身也；师者，所以正礼也。无礼，何以正身？无师，吾安知礼之为是也？礼然而然，则是情安礼也；师云而云，则是知若①师也。情安礼，知若师，则是圣人也。

故非礼，是无法也；非师，是无师也。不是②师法而好自用，譬之是犹以盲辨色、以聋辨声也，舍乱妄无为③也。

故学也者，礼法也。夫师，以身为正仪而贵自安者也。

《诗》云："不识不知，顺帝之则。"④此之谓也。

【译文】

礼文，是端正身心的；导师，是正确阐释礼文的。没有礼文，怎么能够端正身心呢？没有导师，我们怎么知道礼文是正确的呢？礼文如此就如此，这就是情感安于礼文；导师怎样说就怎样说，这就是理智顺从导师。情感安于礼文，理智顺从导师，这就是圣人。

所以，不讲究礼文，就是没有法度；不遵从导师，就是没有导师。不效法导师的法度，而喜好自以为是，就如同用瞎子来分辨颜色，用聋子来分辨声音，除昏乱狂妄之人外，是没有这样做的。

所以，学习就是学习礼文和法度。那导师就是要以身作则，而且要贵乎安分守己。

《诗经》中说："不知道这，也不懂得那，只是顺从着上帝的法则。"就是说的这样的人。

注释

❶ 按：知，读为"智"。《尔雅》："若，顺也。" ❷ 按：《尔雅》："是，则也。" ❸ 王念孙：舍乱妄无为，言所为皆乱妄耳。 ❹ 杨倞：《诗经·大雅·皇矣》之篇。引此以喻师法暗合天道，如文王虽未知，已顺天之法则也。

【原文】

端悫顺弟①，则可谓善少者矣；加好学、逊敏、有钧、无上②焉，则③可以为君子者矣。偷儒④惮事，无廉耻，而嗜乎饮食，则可谓恶少者矣；加惕⑤悍而不顺，险贼而不弟焉，则可谓不详⑥少者矣。虽陷刑戮，可也！

老老⑦，而壮者归焉；不穷穷而通者积焉，行乎冥冥而施乎无报，而贤不肖一焉。人有此三行，虽有大过，天其不遂⑧乎？

【译文】

端正、谨慎、顺从长者，就可以叫作好青年；再加上好学、恭逊、敏捷、心平气和、不高人一头，就可以成为君子。懦弱怕事，没有廉耻，而且好吃好喝，就可以叫作坏青年；再加上放荡、凶悍，而不顺情理，险恶害人，而不尊敬长者，就可以叫作不吉祥的青年。这样的人虽然遭到杀戮，也毫不足惜！

尊敬老年人，因而壮年人也就归顺来了；不威胁穷苦人，因而明通事理的人也就凑聚来了；在暗地里做好事，而且不希望报酬，因而贤明之人和不肖之人也都同化了。如果人有这三种行为，虽然是有大祸临头，上天能够不成全他吗？

注 释

❶ 杨倞：弟，与"悌"同。　❷ 杨倞：有钧平之心，而无上人之意。　❸ 按："焉""则"二字本在"有钧无上"之上，今依上下文意乙转。　❹ 杨倞：偷儒，谓懦弱怠惰。○按：儒，通"懦"。本书《礼论》篇杨注："懦，读为'儒'。"　❺ 按：《说文》："惕，放也。"经传多作"荡"。　❻ 杨倞：详，当为"祥"。　❼ 按：《孟子·梁惠王上》篇："老吾老。"赵岐注："老，犹敬也。"　❽ 俞樾：过，当为"祸"。遂，成也。言虽有大祸，天必不成之也。

【原文】

君子之求利也略，其远害也早，其避辱也惧①，其行道理也勇。

君子贫穷而志广，富贵而体恭，安燕而血气不惰，劳勌②而容貌不枯；怒不过夺，喜不过予。

君子贫穷而志广，隆仁也；富贵而体恭，杀埶③也；安燕而血气不惰，柬④理也；劳勌而容貌不枯，好文⑤也；怒不过夺，喜不过予，是法胜私也。

《书》曰："无有作好，遵王之道；无有作恶，遵王之路⑥。"此言君子之能以公义胜私欲也。

【译文】

君子希求财利的心情是疏淡的，他排除灾害的心情是及时的，他避免侮辱的心情是怯懦的，他遵行道理的心情是勇敢的。

君子虽然遭受贫穷，可是心志是宽敞的；虽然得到富贵，可是体貌是谦恭的；虽然居处安闲，可是血气并不怠惰；虽然身体劳累，可是容貌并不枯竭；恼怒了，并不过于夺取别人，欢喜了，并不过于给予别人。

君子虽然遭受贫穷，可是心志是宽敞的，这是由于他尊重仁德；虽然得到富贵，可是体貌是谦恭的，这是由于他压缩自己的权势；虽然居处安闲，可是血气并不怠惰，这是由于他明通道理；虽然身体劳累，可是容貌并不枯竭，这是由于他爱好礼文；愤怒并不过于夺取，欢喜并不过于给予，这是由于他的法度胜过私欲。

《尚书》中说："不要有所偏好，只有遵循先王的大道；不要有所偏恶，只有遵循先王的大路。"这就是说的君子能够用公理战胜私欲。

注释

❶ 王引之：惧者，怯也，故与"勇"对文。《吕氏春秋·知度》篇"工拙、愚智、勇惧"，亦以"惧"对"勇"。○按：颜师古《汉书》注："惧，读曰'瞿'。瞿然，失守貌。"与"怯"义近。 ❷ 按：勌，古"倦"字。 ❸ 杨倞：杀埶，减权埶之威。○按：埶，古"势"字。 ❹ 杨倞：柬，与"简"同。○按：颜师古《汉书》注："简，明也。"卢辩《大戴礼记》注："简，通也。"

❺"文"本作"交"。〇王念孙:"交",当为"文",相似而误。上言"秉理",下言"好文",《礼论》篇:"贵本之谓文,亲用之谓理。"　❻杨倞:《书·洪范》之辞也。

不苟篇第三

【原文】

君子行不贵苟难，说不贵苟察，名不贵苟传，唯其当①之为贵。

故负石②而赴河，是行之难为者也，而申徒狄能之③；然而君子不贵者，非礼义之中也。

"山渊平，天地比④，齐秦袭⑤。入乎耳，出乎口⑥。钩有须⑦，卵有毛⑧。"是说之难持者也，而惠施、邓析⑨能之；然而君子不贵者，非礼义之中也。

盗跖吟口⑩，名声若日月，与舜、禹俱传而不息；然而君子不贵者，非礼义之中也。

【译文】

君子的行为，不以虚假的难能为可贵；学说，不以虚假的明察为可贵；名声，不以虚假的流传为可贵，只有以它的真实为可贵。

所以，抱着石头而投河自杀，这是一般行为所难以做到的，可是申徒狄就能够这样做；然而君子并不贵重他的，因为他不是礼义的适中。

"山和水一般平，天和地一般高，齐国和秦国是合在一起的。人的语言是从外界进入耳朵里，然后才从嘴里说出来。妇人有胡须，鸟蛋里头有羽毛。"这是学说中难以把握的问题，可是惠施、邓析就能够这样说；然而君子并不贵重它的，因为它不是礼义的适中。

盗跖出口成章，名声如同日月那样高明，他和虞舜、夏禹一同流传无穷；然而君子并不贵重他的，因为他不是礼义的适中。

注 释

❶ 按：郑玄《仪礼》注："苟，假也。"高诱《吕氏春秋》注："当，犹实也。"　❷ "负石"本作"怀负石"。○刘师培："怀"，疑后人旁注之字，以"怀"释"负"，非正文有"怀"字也。《御览》《事类赋注》引此并无"怀"字，《韩诗外传》亦无"怀"字。　❸ 杨倞：申徒狄恨道不行，发愤而负石自沉于河。《庄子音义》曰："殷时人。"　❹ 杨倞：比，谓齐等也。《庄子》曰："天与地卑，山与泽平。"　❺ 杨倞：袭，合也。齐在东，秦在西，相去甚远。若以天地之大包之，则曾无隔异，亦可合为一国也。　❻ 按：《论衡·书说》篇云："出口为言。"《大戴礼记·四代》篇云："发志为言。"《法言·问神》篇云："言，心声也。"惠施、邓析之徒盖谓：出乎口者，语言也；语言者，心之声也。语言非人心之所有，乃源于自然之音声者也。语言之形成，必其入乎耳，方能出乎口也。　❼ 俞樾：钩，疑"姁"之假字。《说文》："姁，妪也。"妪无须，而谓之有须也。　❽ 按：卵有毛，亦见《庄子·天下》篇。　❾ 杨倞：惠施，梁相，与庄子同时。邓析，郑大夫，数难子产为政。　❿ 按：吟口，吟咏之口，所谓出口成章也。《庄子·盗跖》篇称其"辩足以饰非"是也。

【原 文】

　　故曰：君子行不贵苟难，说不贵苟察，名不贵苟传，唯其当之为贵。

　　《诗》曰："物其有矣，唯其时矣①。"此之谓也。

【译 文】

　　所以说，君子的行为，不以虚假的难能为可贵；学说，不以虚假的明察为可贵；名声，不以虚假的流传为可贵，只有以它的真实为可贵。

　　《诗经》中说："事物是无所不有的，但是要实事求是。"就是说的这个道理。

注 释

❶ 杨倞：《诗经·小雅·鱼丽》之篇。言虽有物，亦须得其时，以喻当之为

贵也。○按：张湛《列子》注："有，犹富也。"《尔雅》："时，是也。"

【原文】

君子易知①而难狎，易惧而难胁；畏患而不避义死，欲利而不为所非；交，亲而不比②；言，辩而不辞③；荡荡乎，其有以殊于世④也。

【译文】

君子容易接近，而不容易亵狎；容易恐惧，而不容易胁迫；惧怕危患，而不逃避为正义而死；希求利益，而不做自己所认为错误的事情；同人相交，亲近而不私密；同人谈话，辩论而不争讼；平平常常的，可是和世俗有所不同。

注释

❶俞樾：《墨经》曰："知，接也。"古谓相交接曰知。故《后汉书·宋弘传》"贫贱之交"，《群书治要》作"贫贱之知"。　❷按：韦昭《国语》注："密，比也。"又："比，阿党也。"《说文》："比，密也；二人为'从'，反'从'为'比'。"　❸潘重规：言辩而不辞，即下文"辩而不争"之意。《说文》："辞，讼也。讼，争也。"辞，即争也。《荣辱》篇："辩而不说者，争也。"义可互证。　❹按：高诱《吕氏春秋》注："荡荡，平易也。"《古书虚字集释》："其，犹而也。"

【原文】

君子能亦好，不能亦好；小人能亦丑，不能亦丑。

君子能，则宽容易直以开道①人；不能，则恭敬繜绌②

【译文】

君子有才能也是美好的，没有才能也是美好的；小人有才能是丑恶的，没有才能也是丑恶的。

君子有才能，就宽宏、平直，而开导别人；没有才能，就恭敬、谦逊，而

以畏事人。小人能，则倨傲僻违以骄溢③人；不能，则妒嫉怨诽以倾覆人。

故曰：君子能，则人荣学焉；不能，则人乐告之。小人能，则人贱学焉；不能，则人羞告之。是君子小人之分也。

听从别人。小人有才能，就骄慢、僻邪，而轻视别人；没有才能，就嫉妒、诽谤，而倾覆别人。

所以说，君子有才能，人们就以向他学习为光荣；没有才能，人们就乐于告知他。小人有才能，人们就以向他学习为鄙贱；没有才能，人们就不愿意告知他。这就是君子和小人的区别。

注释

❶ 杨倞：道，与"导"同。 ❷ 杨倞：縛，与"撙"同；绌，与"黜"同。谓自撙节贬损。 ❸ 杨倞：溢，满。

【原文】

君子宽而不僈①，廉而不刿②，辩而不争，察而不激，寡立③而不胜，坚强而不暴，柔从而不流④，恭敬谨慎而容⑤。夫是之谓至文⑥。

《诗》曰："温温恭人，惟德之基⑦。"此之谓矣。

【译文】

君子宽宏而不怠慢，方正而不伤人，辩论而不争讼，明察而不过激，独立而不胜人，坚强而不粗暴，柔从而不邪移，恭敬、谨慎而有威仪。这就叫作最大的礼义。

《诗经》中说："温和恭逊的人，他就具备了道德的基础。"就是说的这样的人。

注释

❶ 杨倞：僈，与"慢"同。 ❷ 杨倞：廉，棱也。《说文》云："刿，利伤

也。"但有廉隅，不至于刃伤也。 ❸按：《广雅》："寡，独也。"寡立，犹独立也。 ❹杨倞：《君子》篇注：流，邪移也。 ❺按：郑玄《礼记》注："容，威仪也。" ❻按：本书《非相》篇杨注："文，礼文。"《礼记·乐记》篇："礼由外作，故文。"至文，礼文大备也。 ❼杨倞：《诗经·大雅·抑》之篇。温温，宽柔貌。○按：《玉篇》："惟，为也。"

【原文】

君子崇人之德，扬人之美，非谄谀也；正义直指，举人之过，非毁疵也；言己之光美，拟于舜禹，参于天地，非夸诞也；与时屈伸，柔从若蒲苇，非慑怯也；刚强猛毅，靡所不信①，非骄暴也。以义变应，知当曲直故也。

《诗》曰："左之左之，君子宜之；右之右之，君子有之。②"此言君子能以义屈信变应故也。

【译文】

君子尊崇别人的德行，赞扬别人的优点，并不是出于谄媚；依据正义，直接举出别人的过失，并不是出于诽谤；称说自己的美好，和舜禹相比拟，和天地相参同，并不是出于夸诞；随着时势伸缩，柔顺得如同蒲苇一样，并不是出于怯懦；刚强猛毅，总是挺直不屈，并不是出于骄暴。这是由于依据正义、随机应变，知道因时而或曲或直的缘故。

《诗经》中说："站在左的一方，君子适应得好；站在右的一方，君子保持得好。"这就是说的君子由于能够依据正义，时曲时直而随机应变的缘故。

【注释】

❶杨倞：信，读为"伸"，下同，古通字。 ❷杨倞：《诗经·小雅·裳裳者华》之篇。以能应变，故左右无不得宜也。

【原文】

君子，小人之反也。

君子：大心，则则天而道①；小心，则畏②义而节。知，则明通而类③；愚，则端悫而法。见由④，则恭而止⑤；见闭⑥，则敬而齐⑦。喜，则和而治⑧；忧，则静而理。通，则文而明；穷，则约而详。

【译文】

君子，是小人的反面。

君子，在心志开朗的时候，就效法上天，而顺从事理；在心志微弱的时候，就服从正义，而有所节制。在明智的时候，就通理而善良；在憨厚的时候，就端谨而正义。在被任用的时候，就恭敬而有礼；在被拒绝的时候，就警惕而庄严。在欢喜的时候，就和蔼而平顺；在忧愁的时候，就恬静而合理。在显达的时候，就文采而彰明；在穷困的时候，就简约而安详。

注释

❶按："则则天而道"本作"则天而道"，疑传写者漏一"则"字。《韩诗外传》此句作"即敬天而道"，即其证，但义逊。《管子·君臣》篇："顺理而不失之谓道。" ❷按：郑玄《礼记》注："心服曰畏。" ❸按：《尔雅》："类，善也。" ❹按：《小尔雅》："由，用也。" ❺杨倞：止，礼也。 ❻按：王冰《素问》注："闭，绝也。" ❼按：《释名》："敬，警也。"齐，读为"斋"。《毛诗传》："斋，庄也。" ❽"治"本作"理"。○卢文弨：《韩诗外传》四作"喜即和而治"，此作"和而理"，避时讳。刘台拱说同。

【原文】

小人则不然：大心，则慢而暴；小心，则淫①而倾。知，则攫盗而渐②；

【译文】

小人就不是这样：在心志开朗的时候，就怠慢而粗暴；在心志微弱的时候，就淫邪而偏倾。在明智的时候，就盗取而

愚，则毒贼而乱。见由，则兑③而佸；见闭，则怨而险。喜，则轻而翾④；忧，则挫而慑。通，则骄而偏；穷，则弃而儑⑤。

传曰："君子两进，小人两废⑥。"此之谓也。

虚伪；在憨厚的时候，就恶毒而昏乱。在被任用的时候，就喜悦而倨傲；在被拒绝的时候，就怨恨而阴险。在欢喜的时候，就骄矜而偏邪；在穷困的时候，就自暴自弃而意志沮丧。

古书上说："君子在两方面都是前进的，小人在两方面都是废止的。"就是说的这个道理。

注 释

❶按：韦昭《国语》注："淫，邪也。" ❷按：渐，借为"僭"，与借为"潜"同例。僭，伪也。郑玄《诗》笺："僭，不信也。"《说文》："僭，假也。" ❸杨倞：兑，说也。 ❹杨倞：翾，与"儇"同。《说文》云："儇，急也。" ❺杨倞：弃，自弃也。儑，当为"溼"。《方言》云："溼，忧也。"○按：郭璞《方言》注："溼者，失意潜沮之名。" ❻按：《尔雅》："废，止也。"

【原 文】

君子治治①，非治乱也。曷谓邪？曰：礼义之谓治，非礼义之谓乱也。故君子者，治礼义者也，非治非礼义者也。

然则国乱将弗治与？曰：国乱而治之者，非案②乱而治之之谓也，去乱而被③之

【译 文】

君子整顿安定的国家，并不是整顿紊乱的国家。这是什么意思呢？回答说：符合礼义，就叫作安定；不符合礼义，就叫作紊乱。所以，君子是整顿符合礼义的国家，而不是整顿不符合礼义的国家。

那么，国家紊乱了，就不去整顿它吗？回答说：国家紊乱了，就去整顿它，并不是按照原有的紊乱去整顿它的意思，而是要除去原有的紊乱而加上安定。人

以治。人污而修之者，非案污而修④之之谓也，去污而易之以修。故去乱而非治乱也，去污而非修污也。治之为名，犹曰君子为治而不为乱，为修而不为污也。

身体肮脏了，就去清洁它，并不是根据原有的肮脏而清洁它的意思，而是要除去原有的肮脏而换上清洁。所以，除去紊乱，并不是平治紊乱；除去肮脏，并不是清洁肮脏。平治这个概念的意思，如同说君子处理平治而不是处理紊乱，处理清洁而不是处理肮脏。

注 释

❶ 按：上"治"字，理也，犹言整顿。下"治"字，平治也。高诱《淮南子》注："平，治也。"谓安定。 ❷ 杨倞：案，据也。 ❸ 按：《广雅》："被，加也。" ❹ 俞樾：修，当读为"涤"。郑玄《周礼》注曰："修，读为'涤濯'之'涤'。"荀子书每以"修"与"污"对文，并当读为"涤"。○按：涤，谓清洁。《礼记》篇："水曰清涤。"何休《公羊传》注："涤者，取其荡涤洁清。"是其义。

【原文】

君子洁其身①，而同焉者合矣；善其言，而类焉者应矣。故马鸣而马应之，牛鸣而牛应之②，非知也，其埶③然也。

故新浴者振其衣，新沐④者弹其冠，人之情也。其谁能以己之潐潐，受人之掝掝⑤者哉？

【译文】

君子整洁自己的身心，因而和自己同道的人就来互相合会；修好自己的言论，因而和自己同类的人就来互相应和。所以，马叫唤，就有马来应和；牛叫唤，就有牛来应和；这并不是由于它们有智慧，而是由于形势就是如此。

所以，新洗了身体的人，总要抖抖自己的衣服；新洗了头发的人，总要弹弹自己的帽子。这是人之常情。谁肯以自己的明察，而接受别人的昏乱呢？

注 释

❶"身"本作"辩"。○杨倞:洁,修整也。○卢文弨:《韩诗外传》一"辩"作"身"。○王先谦:"作'身'是也。"洁其身,善其言,对文。 ❷按:各本无"牛鸣则牛应之"六字,于义不完,今依《韩诗外传》补。 ❸按:埶,古"势"字。郑玄《周礼》注:"埶,谓形埶。" ❹按:《说文》:"浴,洒身也。沐,濯发也。" ❺杨倞:潐潐,明察之貌。諓,当为"惑"。諓諓,惛也。《楚辞》曰:"安能以身之察察,受物之汶汶者乎?"

【原 文】

君子养心,莫善于诚①。致②诚,则无它事矣,唯仁之为守,唯义之为行。

诚心守仁则形,形则神,神则能化矣。诚心行义则理,理则明,明则能变矣。变化代兴,谓之天德③。

天不言,而人推高焉;地不言,而人推厚焉;四时不言,而百姓期④焉;夫此有常,以至其诚⑤者也。

【译 文】

君子养心,没有比真诚更好的。做到真诚,就没有其他可做的了,只有用仁爱守身,只有用正义做事。

诚心执守仁爱,仁爱就表现于外;仁爱表现于外,就显得神明;神明,就能够使人转化。诚心施行正义,正义就能够做到;正义能够做到,就显得光明;光明,就能够使人改变。转化和改变交相为用,这就叫作天德(德同于天)。

天并不说话,可是人们都认为它最高;地并不说话,可是人们都认为它最厚;四时并不说话,可是人们都领会它的顺序。这就是由于它们有永恒的规律,因而达到了它们的真诚(真实)。

注 释

❶按:赵岐《孟子》注:"诚者,实也。" ❷按:郑玄《礼记》注:"致,

行之至也。" ❸杨倞：驯至于善，谓之化；改其旧质，谓之变；言始于化，终于变也。犹天道阴阳运行则为化，春生冬落则为变也。 ❹杨倞：期，谓知其时候。 ❺按：本书《非十二子》篇杨注："诚，实也。"

【原文】

君子至德，嘿然①而喻，未施而亲，不怒而威；夫此顺命，以慎其独者也。

善之②为道者，不诚，则不独；不独，则不形；不形，则虽作于心，见于色，出于言，民犹若未从也；虽从，必疑。

【译文】

君子怀着大德（诚），不用说话，就通晓事物；不用行动，就令人可亲；不发愤怒，就显得威严；这就是由于他顺从天命，因而能够戒慎于独处之中。

善于行"道"的人，不真诚，就不能独处；不能独处，就不能把"道"表现于外；不能把"道"表现于外，就虽然是发自内心，见于颜色，见于语言，人们依然不会随从他；纵然随从他，也必然怀疑他。

注释

❶杨倞：嘿然不言。○按：嘿，即"默"字。 ❷按：《古书虚字集释》："之，犹于也。"

【原文】

天地为大矣，不诚，则不能化万物；圣人为知矣，不诚，则不能化万民；父子为亲矣，不诚则疏，君上为

【译文】

天地是最大的了，不真诚，就不能够感化万物；圣人是明智的了，不真诚，就不能够感化万民；父子是亲近的了，不真诚，就会相互疏远；君上是尊贵的了，不真诚，就会受到臣下的鄙视。

尊矣，不诚则卑。

夫诚者，君子之所守也，而政事之本也；唯所居，以其类至；操之，则得之；舍之，则失之。操而得之，则轻；轻，则独行；独行而不舍，则济矣；济而材尽，长迁而不反其初，则化矣。

这种真诚，是君子所要执守的，而且是政事的基础；要依据自己的地位，把它推行到一切事类上。操持着它，就得到它；放弃了它，就丢掉它。操持着它而且得到它，就轻松愉快；轻松愉快就可以独自行动；独自行动，而且不放弃它，就能够成事；能够成事，而自尽其材，永远前进，而不返还本始，万民就受到感化了。

【原文】

君子位尊而志恭，心小而道大；所听视者近，而所闻见者远。是何邪？则操术然也。

故千人万人之情，一人之情是也；天地始者，今日是也；百王之道，后王是也。君子审后王之道而论于百王之前，若端拜①而议。推礼义之统，分是非之分，总天下之要，治海内之众，若使一人。

故操弥约而事弥大。五寸之矩②，尽天下之方也。故君子不下室堂而海内之情举③积此者，则操术然也。

【译文】

君子地位崇高，而意志恭逊；心怀细小，而道义广大；所听视者临近，而所闻见者遥远。这是什么原因呢？就是由于他操持的方术而如此的。

所以，千万个人的情实，就是一个人的情实；天地的开始，就和今天一样；先王之道，就和后王一样。君子审察后王之道，而把它和百王之前相比，就如同端容拱手一样从容不迫。推广礼义的统绪，分析是非的等次，总揽天下的纲要，平治天下的人民，就如同指使一个人一样。

所以，操持得越简约，而事业就越广阔。勾股五寸长的曲尺，就可以穷尽天下的方形。所以，君子不离开内室，可是天下的情实都集聚在这里了。这就是由于操持的方术而如此的。

注 释

❶ "拝"本作"拜"。○杨倞：端拜，犹言端拱。君子审后王所宜施行之道，而以百王之前比之，言其从容不劳也。○王念孙：拜，当为"拝"，今"拱"字也。"拝"形与"拜"相似，因讹为"拜"。按：端，犹言端容拱手，言从容不迫也。○按：杨训"论"为"比"，谓读为"伦"。本书《性恶》篇"少言则径而省，论而法"杨注，《礼记·王制》篇"必即天论"郑注："论，或为'伦'。"是其证。郑玄《礼记·中庸》篇注："伦，犹比也。" ❷ 杨倞：矩，正方之器也。○按：谓矩之勾、股各五寸也，其弦为七。 ❸ 杨倞：举，皆也。

【原文】

有通士者，有公士者，有直士者，有悫士者①，有小人者。

上则能尊君，下则能爱民，物至而应，事起而辨②，若是，则可谓通士矣。

不下比以暗上，不上同以疾③下，分争于中，不以私害之，若是，则可谓公士矣。

身之所长，上虽不知，不以悖君；身之所短，上虽不知，不以取赏；长短不饰，以情自竭④，若是，则可谓直士矣。

庸言必信之，庸行必慎之，

【译文】

有通达之士，有公正之士，有爽直之士，有端谨之士，有小人。

在上能够尊敬君王，在下能够抚爱人民，事物到来就能够应付，事故起来就能够处理，像这样的人，就可以叫作通达之士。

不和臣民合谋去愚昧君上，不和君上合谋去苦害臣民，在纷争之中，不以私害公，像这样的人，就可以叫作公正之士。

本身有长处，君上虽然不知道，并不违反君上；本身有短处，君上虽然不知道，并不在君上面前讨赏；长处和短处，都不加掩饰，用实情来表明自己，像这样的人，就可以叫作爽直之士。

日常说话，必有信用；日常行动，必知慎重；不敢效法流俗，不敢施展自

畏法流俗，而不敢以其所独甚⑤，若是，则可谓悫士矣。

言无常信，行无常贞，唯利所在，无所不倾，若是，则可谓小人矣。

己所独特的爱好；像这样的人，就可以叫作端谨之士。

说话经常没有信用，行为经常不端正，唯利是图，没有做不坏的事情，像这样的人，就可以叫作小人。

【注释】

❶ 按：本书《非十二子》篇杨注："悫，谨敬。"《说文》："悫，谨也。" ❷ 王念孙：《说文》："辨，治也。" ❸ 按：李贤《后汉书》注："疾，害也。" ❹ 郝懿行：情，实也。竭，举也。言短长皆以实称说，不加文饰。 ❺ 按：《公羊传·桓公十四年》："以者，行其意也。"甚，犹乐也，谓爱好也。《说文》："甚，尤安乐也。"经传多借用"湛"字。

【原文】

公生明，偏生暗；端悫生通，诈伪生塞；诚信生神，夸诞生惑①。此六生者，君子慎之，而禹、桀所以分也。

【译文】

公正，就产生光明；偏私，就产生黑暗；端庄，就产生通达；诈伪，就产生蔽塞；诚信，就产生神明；夸诞，就产生惑乱。这六种"产生"，君子是慎重对待的，这便是禹王和桀王区别之所在。

【注释】

❶ 按：《广雅》："惑，乱也。"杨倞《礼论》篇注："惑，谓惑乱过礼也。"

【原文】

欲恶，取舍之权：见其可欲也，则必前后虑其可恶也者；见其可利也，则必前后虑其可害也者；而兼权之，孰计之①，然后定其欲恶、取舍。如是，则常不失陷矣。

凡人之患，偏伤之也：见其可欲也，则不虑其可恶也者；见其可利也，则不顾其可害也者；是以动则必陷，为则必辱。是偏伤之患也。

【译文】

对于贪图和厌恶、取求和舍弃的衡量：见到可以贪图的事物，就必须前前后后考虑一下它可以厌恶的一方面；见到可以取利的事物，就必须前前后后考虑一下它可以受害的一方面；要从两方面衡量一下，熟练地去计算一下，然后再决定自己的贪图和厌恶、取求和舍弃。这样做，就经常不会遭到失败。

凡是人们所担心的，就是由于失之于偏邪：见到可以贪图的事物，就不去考虑一下它可以厌恶的一方面；见到可以取利的事物，就不去考虑一下它可以受害的一方面；所以，一举动就必然遭到失败，一施行就必然遭到耻辱。这便是失之于偏邪的危害。

注释

❶杨倞：权，所以平轻重者。孰，甚也。○按：郑玄《礼记》注："权，称也。称锤曰权。"孰，古"熟"字。

【原文】

人之所恶者，吾亦恶之。夫①富贵者，则类②傲之；夫贫贱者，则求③柔之；是非

【译文】

别人所厌恶的，我也要厌恶它。对于那些富贵之人，就统统地蔑视他们；对于那些贫贱之人，就统统地安抚他们；这并不是人之常情，这是奸邪

人④之情也，是奸人将以盗名于晻⑤世者也。险⑥莫大焉。

故⑦曰："盗名，不如盗货。"田仲、史䲡不如盗也！⑧

之人将要在昏暗世界上盗取美名。险恶没有比这个再大的了。

古书上说："盗取声名的人，远不如盗取财物的人。"田仲、史䲡，连贼盗还不如啊！

注 释

❶ 王先谦：荀书用"夫"字，俱训"彼"，它篇并同。 ❷ 按：李贤《后汉书》注："类，皆也。" ❸ 按：求，与"类"对文。《尔雅》："求，终也。"赵岐《孟子》注："终者，竟也。"颜师古《汉书》注："竟，周遍也。"是求有周遍之义。 ❹ "人"上本有"仁"字。○俞樾："仁"字衍。上文泛言人，此不当言仁人。 ❺ 杨倞：晻，与"暗"同。 ❻ 按：杜预《左传》注："险，犹恶也。" ❼ 按：杜预《左传》注："故，旧典。" ❽ 杨倞：田仲，齐人，处於陵，不食兄禄，辞富贵，为人灌园，号曰於陵仲子。史䲡，卫大夫，字子鱼，卖直也。○按：卫灵公不用蘧伯玉，而任弥子瑕，史死以尸谏。孔子称之为直。

荣辱篇第四

【原文】

憍泄①者，人之殃也；恭俭②者，偋③五兵④也。虽有戈矛之刺⑤，不如恭俭之利也。

故与人善言，暖于布帛；伤人之言，深于矛戟⑥。

故薄薄之地，不得履之，非地不安也；危足无所履者，凡在言⑦也。

巨涂则让，小涂则殆⑧。虽欲不谨，若云不使⑨。

【译文】

傲慢，是人的灾祸；谦恭，可以抵挡一切兵器。虽然有长矛的锋芒，也不如谦恭的锋芒锐利。

所以，和人说善良的话，如同穿着棉衣那样温暖；用说话来伤害人，比长矛刺得还深。

所以，广阔的大地，脚不敢在上面走，并不是由于地面不安稳；抬起脚来不敢走路，都是由于说话的关系。

在大路上，人们就互相谦让；在小路上，人们就互相警惕。虽然不愿意做到谦恭，好像是有什么强制他们似的。

注释

❶杨倞：泄，与"媟"同，嫚也。〇按：憍，即"骄"之异文。 ❷按：杨倞《非十二子》篇注："俭然，自卑谦之貌。"《左传·庄公二十四年》："俭，德之共（恭）也。"共、俭，同义。 ❸杨倞：偋，当为"屏"，却也。 ❹按：《国语·越语》云："兵者，凶器也。"五兵，五种兵器，解见《儒效》篇。 ❺按：高诱《淮南子》注："刺，锋也。" ❻王念孙：《艺文类聚·人部》三、《太平御览·兵部》八四引此并作"伤人以言"。〇按：之，犹以也。

说详《古书虚字集释》。不烦改字。 ❼ 杨倞：薄薄，谓旁薄广大之貌。危足，侧足也。凡，皆也。 ❽ 按：高诱《淮南子》注："殆，畏也。"谓互相警惧也。 ❾ 杨倞：虽欲为不谨敬，若有物制而不使之者。《儒行》曰："道涂不争险易之利。"○按：《广雅》："云，有也。"

【原文】

快快而亡者，怒也①；察察而残者，忮②也；博而穷者，訾也；清之而俞浊者，口也③；豢之而俞瘠者，交也④；辩而不说者，争也⑤；直立而不见知者，胜也⑥；廉而不见贵者，刿也⑦；勇而不见惮者，贪也⑧；信而不见敬者，好剸⑨行也。此小人之所务，而君子之所不为也。

【译文】

任情快乐而遭到死亡的，这是由于愤怒；认识明察而遭到残害的，这是由于忌恨；学问渊博而遭到穷窘的，这是由于毁谤；越求得清白而越加混浊的，这是由于口舌；越精心喂养而越加瘠瘦的，这是由于以利相交；只同人辩论而不加解释的，这是由于争讼；为人正直而不被人称道的，这是由于好胜；为人方正而不被人尊贵的，这是由于好伤害人；为人勇敢而不被人畏惧的，这是由于好贪私利；为人有信用而不被人敬爱的，这是由于好独断专行。这都是小人所做的，而不是君子所做的。

注释

❶ 杨倞：肆其快意而亡，由于忿怒也。 ❷ 按：颜师古《汉书》注："忮，恨也。" ❸ 杨倞：洁其身则自清也，但能口说，斯俞浊也。俞，读为"愈"。 ❹ 王先谦：以利交者，利尽则绝，故曰豢养之而愈瘠也。此言小人之交，故下文以小人总结之。 ❺ 俞樾：《淮南子·俶真》篇："辩者不能说也。"高诱注曰："说，释也。"辩而不说，谓辩而人不能说，由其好与人争，而不能委曲以晓人也。 ❻ 杨倞：胜，谓好胜人也。 ❼ 王念孙：廉而刿，谓有廉隅而伤

人也。如此，则人不贵之矣。《不苟》篇注云："廉，棱也。刿，利伤也。"
❽ 杨倞：贪利则委曲求人，故虽勇而不见惮。　❾ 杨倞：剸，与"专"同。
○ 刘师培：《御览》四九三引"剸"作"专"。

【原文】

斗者，忘其身者也，忘其亲者也①，忘其君者也。

行其少顷之怒，而丧终身之躯，然且为之，是忘其身也；室家立残，亲戚不免乎刑戮，然且为之，是忘其亲也，君上之所恶也，刑法之所大禁也，然且为之，是忘其君也。下②忘其身，内③忘其亲，上忘其君，是刑法之所不舍也，圣王之所不畜④也。

乳彘触虎，乳狗不远游⑤，不忘其亲也；人也，下忘其身，内忘其亲，上忘其君，则是人也，而曾狗彘之不若也。

【译文】

斗殴的人，是忘掉自己的身体的，是忘掉自己的父母的，是忘掉自己的君上的。

发作一时的愤怒，因而丧失了一生的身躯，然而他还是去干，这便是忘掉自己的身躯。家庭立时受到摧残，父母不免受到刑法，然而他还是去干，这便是忘掉自己的父母；君上所厌恶的，刑法所严厉禁止的，然而他还是去干，这便是忘掉自己的君上。在下，忘掉自己的身体；在中间，忘掉自己的父母；在上，忘掉自己的君上；这是刑法所不饶恕的，这是圣王所不容许的。

母猪冲撞老虎，母狗不远处游逛，这是不肯忘掉自己的亲生；作为一个人，在下忘掉自己的身躯，在中间忘掉自己的父母，在上忘掉自己的君上，这个人就还不如猪狗了呢。

【注释】

❶ 按：郑玄《礼记》注："亲，父母也。"下文"亲戚"，戚，亲也；亦谓父

母。❷"下"本作"忧",下同。〇杨倞:忧,当为"下"。"下"误为"夏",又"夏"转为"忧"字耳。❸按:《汉书》注引如谆:"内,中也。"❹按:杜预《左传》注:"畜,犹容也。"❺王先谦:触虎者,盖卫其子。〇潘重规:《公羊传·庄公十二年》何注:"犹乳犬攫虎,伏鸡搏狸,精诚之至也。"《文子·上德》篇:"乳犬之噬虎,伏鸡之搏狸,恩之所加,不量其力。"皆与此文义近。〇按:猗,即"狗"之异文。

【原文】

凡斗者,必自以为是,而以人为非也。己诚是也,人诚非也,则是己君子而人小人也,以君子与小人相贼害也。下以忘其身,内以忘其亲,上以忘其君,岂不过甚矣哉?是人也,所谓以狐父之戈钃牛矢①也。将以为智邪,则愚莫大焉;将以为利邪,则害莫大焉;将以为荣邪,则辱莫大焉;将以为安邪,则危莫大焉。

人之有斗,何哉?我欲属之狂惑疾病邪,则不可,圣王又诛②之;我欲属之鸟鼠禽兽邪,则不可,其形体又人,而好恶多同。人之有斗,何哉?我甚丑③之。

【译文】

凡是斗殴的人,必定以为自己对,而别人不对。自己真的对,别人真的不对,那就自己是君子,别人是小人了;这就是以君子和小人互相残害了。在下而忘掉自己的身躯,在中间而忘掉自己的父母,在上而忘掉自己的君上,岂不是太过分了吗?这样的人,就所谓用名贵的戈矛去刺牛粪。如果以为他是明智吧,那就再也没有这么愚蠢的了;如果以为他有利吧,那就再也没有这么有害的了;如果以为他光荣吧,那就再也没有这么可耻的了;如果以为他安全吧,那就再也没有这么危险的了。

人们有斗殴的行为,这是为了什么呢?我想把他们归于有精神病吧,这不可以,圣王又要责罚这种人;我想把他归于鸟鼠禽兽吧,这不可以,他的形体又是人,而且爱好和憎恶都和人相同。人们有斗殴的行为,这是为了什么呢?我感觉到这种人非常可耻。

注 释

❶ 杨倞：狐父，地名，盖其地出名戈。钃，刺也。○按：钃，即"斸"之或体。《说文》："斸，斫也。" ❷ 按：郑玄《礼记》注："诛，罚也。" ❸ 按：高诱《吕氏春秋》注："丑，犹耻也。"

【原文】

有狗彘之勇者，有贾盗之勇者①，有小人之勇者，有士君子之勇者。

争饮食，无廉耻，不知是非，不辟②死伤，不畏众强，恈恈③然唯饮食④之见，是狗彘之勇也。

为事利，争货财，无辞让，果敢而很⑤，猛贪而戾⑥，恈恈然唯利之见，是贾盗之勇也。

轻死而暴，是小人之勇也。

义之所在，不倾于权，不顾于利；举国而与之，不为改视；重死，持义而不桡，是士君子之勇也。

【译文】

有狗和猪的勇敢，有商贾和贼盗的勇敢，有小人的勇敢，有士君子的勇敢。

争吃争喝，没有廉耻，不懂是非，不避死伤，不怕群众的威力，眼巴巴地只见到吃喝，这便是猪和狗的勇敢。

做事图利，争夺财物，没有辞让，果敢而凶狠，猛贪而背理，眼巴巴地只见到财利，这便是商贾和盗贼的勇敢。

轻于死亡，性情残暴，这便是小人的勇敢。

处处站在正义上，不为威权所倾倒，不顾及自己的利益；把整个国家给了他，也面不改色；看重死亡，坚持正义，而不弯曲；这便是士君子的勇敢。

注 释

❶ 杨倞：狗彘勇于求食，贾盗勇于求财。 ❷ 杨倞：辟，读为"避"。 ❸ 杨

倞：悻悻，爱欲之貌。　❹"饮食"上本有"利"字。○王引之："饮食"上本无"利"字。"唯饮食之见"，与下文"唯利之见"同例。"利"字涉下文"利"字而衍。　❺"很"本作"振"。○王引之：振，当为"很"，字之误也。"果敢而很，猛贪而戾"，二句一意相承。故《广雅》云："戾，很也。"若"振"，则非其类矣。　❻杨倞：戾，乖背也。

【原文】

鯈鰰者，浮阳之鱼也①；胠②于沙而思水，则无逮③矣。挂④于患而欲谨，则无益矣。

自知者，不怨人；知命者，不怨天。怨人者穷，怨天者无志。失之己，反⑤之人，岂不迂⑥乎哉？

【译文】

白鱼，是一种好浮在水面感受阳光的鱼；它被困迫在沙地上，而想着见到水，那就来不及了。〔比方到人，〕遭到灾患，而再想谨慎处事，那就无济于事了。

认识自己的人，不埋怨别人；认识命运的人，不埋怨上天。埋怨别人的人，穷极无聊；埋怨上天的人，没有志气。错误在自己身上，归因到别人身上，岂不是绕远了吗？

注释

❶杨倞：鯈鰰，鱼名。浮阳，谓此鱼好浮于水上就阳也。庄子与惠子游于濠梁之上，鯈鱼出游，是亦浮阳之义。○按：李颐《庄子》注："鯈，白鱼也。"鰰，音"乔"，各本误作"鰰"，非；应从"本"（音"叨"），为"鱎"之或体。《正字通》谓："鰰，阳鱎也。"阳鱎，见《说苑·政治》篇。《玉篇》："鱎，白鱼也。"《广雅》："鲌，鱎。"鲌，即白鱼也。盖白鱼名鯈，亦名鱎也。阳鱎，正符浮阳之义。　❷按：胠，应读为"劫"。《说文》："人欲去，以力胁止曰劫。"杨倞《解蔽》篇注："劫，迫也。"劫，经传多借"胁"为之。《广雅》："胠，胁也。"高诱《淮南子》注："胁，迫也。"　❸按：《尔雅》："逮，及也。"　❹按：《广雅》："挂，止也。"　❺按：赵岐《孟子》注："反，归

也。" ❻按：《广雅》："迁，远也。"

【原文】

荣辱之大分，安危、利害之常体：先义而后利者荣，先利而后义者辱；荣者常通，辱者常穷；通者常制人，穷者常制于人：是荣辱之大分也。

朴①悫者常安利，荡悍者常危害；安利者常乐易②，危害者常忧险；乐易者常寿长，忧险者常夭折：是安危利害之常体也。

【译文】

光荣、耻辱的最大界限，安危、利害的正常情况：正义在先而私利在后的，光荣；私利在先而正义在后的，耻辱。光荣的，经常通达；耻辱的，经常穷困。通达的，经常统治人；穷困的，经常被人统治：这便是光荣耻辱的最大界限。

朴素谨慎的，经常得到安全；放荡凶悍的，经常受到危害。安全的，经常表现和乐；危害的，经常表现忧难。和乐的，经常获得长寿；忧难的，经常遭到夭亡：这便是安危、利害的正常情况。

注 释

❶"朴"本作"材"。○汪中："材"，疑当作"朴"，字之误也。"朴悫"与"荡悍"等，皆对文。 ❷按：乐易，犹和乐也。郑玄《礼记》注："易，和悦也。"

【原文】

夫天生蒸民①，有所以取之。

志意致修，德行致厚，智虑致明，是天子之所以取天

【译文】

上天生下广大的人类，都各有他们取得所应取得的道术。

意志要做到整饬，德行要做到敦厚，智虑要做到英明，这就是天子所

下也。

政令法，举措时，听断公，上则能顺天子之命，下则能保百姓，是诸侯之所以取国家也。

志行修，临官治，上则能顺上，下则能保其职，是士大夫之所以取田邑也。

循法则、度量、刑辟、图籍②，不知其义，谨守其数，慎不敢损益也；父子相传，以持③王公，是故三代虽亡，治法犹存，是官人④百吏之所以取禄秩⑤也。

孝弟、原悫、輶录、疾力⑥，以敦比⑦其事业而不敢怠傲，是庶人之所以取暖衣饱食、长生久视⑧、以免于刑戮也。

以能取得天下的道术。

政令合法，措施及时，判决公正，在上能顺从天子的命令，在下能保护百姓的安全，这便是诸侯所以能取得国家的道术。

意志和行为都很修整，为官能治理人民，在上能顺从君命，在下能恪守自己的职责，这便是士大夫所以能取得田邑的道术。

遵循着法则、度量、刑法、地图、户籍去行事，虽然不懂它的意义，却谨守着它的数量，谨慎地不敢加以减损或增补；代代相传，来为王公效力，所以，三代虽然过去了，可是它们的法制还依然存在，这便是一般官吏所以能取得俸禄的道术。

孝悌、敬慎、拘谨、努力，来治理自己的事业，而不敢怠惰傲慢，这便是一般百姓所以能取得丰衣足食、长久生存、免于刑罚的道术。

注 释

❶ 杨倞：言天生众民，其君臣、上下、职业，皆有取之之道。（据卢文弨说，补一"之"字。）❷ 杨倞：度，尺丈；量，斗斛。刑辟，刑法之书。图，模写土地之形；籍，谓书其户口之数也。❸ 按：杨倞《解蔽》篇注："持，扶翼也。"❹ 按：杨倞《正论》注："官人，守职事之官也。"❺ 按：杨倞《强国》篇注："禄、秩，皆谓廩食也。"❻ 杨倞：輶，与"拘"同；拘录，谓自检束也。疾力，谓速力而作也。❼ 王引之：敦、比，皆治也。郑玄《毛诗》笺："敦，治也。"比，读为"庀"。杜预《左传》注、韦昭《国语》注并云：

"庇，治也。"敦比其事业，犹云治其事业耳。《强国》篇"敦比于小事"，义与此同。 ❽ 按：高诱《吕氏春秋》注："视，活也。"

【原文】

饰邪说，文奸言，为倚事，陶诞突盗①，惕悍憍暴，以偷生反侧②于乱世之间，是奸人之所以取危辱死刑也。其虑之不深，其择之不谨，其定取舍楛③僈，是其所以危也。

【译文】

粉饰异端邪说，搬弄花言巧语，行为诡诈不实，传闲话，耍滑头，图私利，放荡、凶悍、骄矜、粗暴，用这些来苟且偷生，反复无常于乱世之间，这便是奸邪之人之所以能取得危辱死刑的道术。这种奸邪之人的谋虑不深远，选择不谨慎，决定取舍粗疏而漫不经心，这便是他们所以遭到危亡的原因。

注 释

❶ 按：陶，当读为"謟"，《说文》："謟，往来言也。"即今所谓传闲言也。《说文》："突，滑也。"《广雅》："突，欺也。"颜师古《汉书》注："盗，犹私也。" ❷ 按：郑玄《周礼》注："反侧，犹违背法度也。"李贤《后汉书》注："反侧，不安也。" ❸ 按：杨倞《天论》篇注："楛耕，谓粗恶不精。"颜师古《汉书》注："苦，犹粗也。"

【原文】

材性知能，君子小人一也。好荣恶辱，好利恶害，是君子小人之所同也；若其

【译文】

本性、智能，君子和小人是一样的。爱好光荣和憎恶耻辱，爱好利益和憎恶危害，君子和小人是相同的；至于他们之所

所以求之之道，则异矣。

小人也者，疾①为诞，而欲人之信己也；疾为诈，而欲人之亲己也；禽兽之行，而欲人之善己也。虑之难知也②，行之难安也，持之难立也；成③则必不得其所好，必遇其所恶焉。

以求得的方式，却是不相同的。

小人做尽妄诞的事情，可是还要别人相信自己；做尽虚诈的事情，可是还要别人亲近自己；行为如同禽兽，可是还要别人赞扬自己。他们所考虑的，是难以做到的；他们所行动的，是难以获得安全的；他们所持守的，是难以获得成功的；结果，必然得不到自己所喜好的，而必然遇到自己所憎恶的。

注 释

❶ 王念孙：高诱《淮南子》注："疾，力也。" ❷ 按：高诱《吕氏春秋》注："知，犹为也。" ❸ 俞樾：郑玄《尚书》注："成，犹终也。"

【原 文】

故①君子者，信矣，而亦欲人之信己也；忠矣，而亦欲人之亲己也；修正治辨矣，而亦欲人之善己也。虑之易知也，行之易安也，持之易立也；成则必得其所好，必不遇其所恶焉。

是故穷则不隐，通则大明，身死而名弥白②。小人莫不延颈举踵而愿曰："知

【译 文】

至于君子，对人信实，可是也希望别人相信自己；对人忠诚，可是也希望别人亲近自己；身心修整，事务完成，可是也希望别人赞扬自己。他所考虑的，是容易令人知晓的；他所行动的，是容易获得安全的；他所持守的，是容易获得成功的；结果，就必然得到自己所喜好的，就必然遇不到自己所憎恶的。

所以，〔君子〕在穷困的时候，就毫不隐讳；在通达的时候，就大放光明；逝世之后，声名越加彰著。小人没有不伸着脖子，踮起脚跟羡慕地说："〔君子的〕

【原文】

虑材性，固有以贤人③矣！"夫不知其与己无以异也。则君子注错④之当，而小人注错之过也。

【译文】

知虑、本性，原来就是比别人贤明啊！"其实，他们不知道君子是没有什么两样的。这就是由于君子的行动是适当的，小人的行动是错误的。

注释

❶按：《古书虚字集释》："故，犹若也。" ❷杨倞：白，彰明也。 ❸杨倞：愿，犹慕也。贤人，谓贤过于人也。 ❹杨倞：注错，与"措置"义同。○王念孙：《广雅》："措、鈼，置也。"措鈼，即注错。○按：注，借为"侸"。《说文》："侸，立也。"侸，即今"住"之本字。

【原文】

故孰察小人之知能，足以知其有余，可以为君子之所为也。譬之越人安越，楚人安楚，君子安雅①：是非知能材性然也，是注错习俗②之节异也。

【译文】

所以，精密地考察小人的智能，足以知道他们是精力充沛的，他们是可以做君子所做的一切的。譬如说，越国人习惯于越国，楚国人习惯于楚国，君子习惯于正气。可见并不是智能、本性如此，而是行动和习惯的节制有所不同。

注释

❶杨倞：雅，正也。○按：高诱《淮南子》注："安，习也。" ❷王念孙：习、俗，双声字。俗，即习。《说文》："俗，习也。"

【原文】

仁义德行,常安之术也,然而未必不危也;污僈突盗,常危之术也,然而未必不安也。故君子道其常,而小人道其怪①。

【译文】

仁义德行,这是经常得到安全的道术,然而未必不发生危困;污秽、怠慢、滑头、营私,这是经常遭受危困的道术,然而未必得不到安全。所以,君子修行正常的道术,小人修行诡异的道术。

注 释

❶ 按:《尔雅》:"道,行也。"○杨倞:怪,谓非常之事。

【原文】

凡人有所一同。饥而欲食,寒而欲暖,劳而欲息,好利而恶害,是人之所生而有也,是无待而然者也,是禹、桀之所同也。目辨白黑美恶,耳辨音声清浊,口辨酸咸甘苦,鼻辨芬芳腥臊,骨体肤理辨寒暑疾养①,是又人所生②而有也,是无待而然者也,是禹、桀之所同也。可以为尧、禹,可以为桀、跖,可以为工匠,可以为农贾,在注错习俗③之所积耳④。

【译文】

大凡人都有同一的地方。饿了就想吃东西,冷了就想找温暖,劳累了就想休息,好求利益,而憎恶灾害,这是人们生来就有的习性,是无须等待别人的教导就如此的,这是禹王和桀王所相同的。眼睛辨别黑白美恶,耳朵辨别声音清浊,嘴辨别酸咸甘苦,鼻子辨别香臭腥臊,骨体皮肤辨别冷热痛痒,这又是人们生来就有的习性,是无须等待别人教导就如此的,这是禹王和桀王所相同的。可以做帝尧、禹王,可以做桀王、盗跖,可以做工匠、农民和商人,就在于行动和习惯的积累。

注释

❶ 杨惊：养，与"痒"同。 ❷ "生"上本有"常"字。王先谦：上下文"所生而有"并无"常"字，此"常"字缘上下文而衍。 ❸ "注错"上本有"埶"字。○王先谦："埶"字无义。以上文言"注错习俗"证之，则"埶"字为衍文。○按：王说是也，今据删。 ❹ 此下本有"是又人之所生而有也，是无待而然者也，是禹、桀之所同也"二十三字。○王念孙：此二十三字涉上文而衍，下文与上文紧相承接，若加此二十三字，则隔断上下语脉。

【原文】

为尧、禹，则常安荣；为桀、跖，则常危辱；为尧、禹，则常愉佚；为工匠农贾，则常烦劳。然而人力①为此而寡为彼，何也？曰：陋也。尧、禹者，非生而具者也，夫②起于变故，成乎修为③，待尽而后备者也。

【译文】

做帝尧和禹王，就经常感到安全和光荣；做桀王和盗跖，就经常感到危险和耻辱；做帝尧和禹王，就经常感到愉快和安逸；做工匠、农民和商人，就经常感到麻烦和劳累。然而人们总是努力做这个而很少做那个，这是什么原因呢？回答说：这是人们的浅陋。帝尧和禹王，并不是生下来就具备这种好品质的，而是开始于变化旧质，成就于修整身心，等到把旧质除尽，而后才具备这种好品质的。

注释

❶ 按：郑玄《礼记》注："力，犹务也。" ❷ 按：《古书虚字集释》："夫，犹是也。" ❸ "修为"二字之间有"修之"二字，作"修修之为"。○俞樾："修之"二字衍。"起于变故，成乎修为"二语，相对成文。下文曰："非孰修为之君子，莫之能知也。"正以"修为"二字连文，可证。

【原文】

人之生，固小人，无师无法，则唯利之见耳。人之生，固小人，又以遇乱世，得乱俗，是以小重小也，以乱得乱也；君子非得埶以临之，则无由得开内焉。

今是①人之口腹，安知礼义，安知辞让，安知廉耻、隅积②，亦呷呷而噍、乡乡而饱③已矣。人无师无法，则其心正其口腹也。

【译文】

人一生下来，本来就是小人，不经过导师，不经过学习，就只有看到财利。人一生下来，本来就是小人，又因为遇到了紊乱世界，接触了昏乱风俗，这就更要小上加小，从紊乱上又取得紊乱；君子如果得不到势位来监督他们，他们的内心就得不到开导。

如此说来，人的口腹，哪懂得什么是礼义，哪懂得什么是辞让，哪懂得什么是廉耻和道理的局部或全部，也只有吧嗒吧嗒地嚼东西、香香甜甜地吃个饱而已。人如果没有导师，没有法制，他的心就正同他们的口腹一样（唯利是图）。

注释

❶王念孙：今是，犹今夫也。 ❷王先谦：隅，道之分见者也；积，道之贯通者也。《解蔽》篇曰："道者，体常而尽变，一隅不足以举之；曲知之人，观于道之一隅，以为足而饰之；惟孔子不蔽于成积。"此即隅积之义。 ❸杨倞：呷呷，噍貌。噍，嚼也。○王先谦：乡，当为"芗"之省。芗，亦"香"字也。乡乡，饱食甘美意。

【原文】

今①使人生而未尝睹刍豢②稻粱也，惟菽藿糟糠之为睹，则以至足为在此也；俄而粲然有秉

【译文】

如果教人一辈子没有见过肉食和细粮，只见过野菜和糟糠，以为这样就很满足的；忽然，明晃晃地

刍豢稻粱而至者，则睟然③视之曰："此何怪也？"彼臭之而嗛④于鼻，尝之而甘于口，食之而安于体，则莫不弃此而取彼矣。

有人把肉食和细粮拿到他眼前了，他看到之后，就异常惊讶地说："这是什么奇怪东西呀？"他尝着很得味，吃着很舒服，就没有不放弃这个而求取那个的了。

注 释

❶ 按：《经传释词》："今，犹若也。" ❷ 杨倞：牛羊曰刍，犬豕曰豢。豢，圈也，以谷食于圈中。 ❸ 杨倞：粲然，精洁貌。睟然，惊视貌。 ❹ "嗛"上本有"无"字。○王念孙："无"，衍字也。高诱《战国策》注："嗛，快也。""臭之而嗛于鼻，尝之而甘于口，食之而安于体"，三句文同一例。

【原文】

今以夫先王之道，仁义之统，以相群居，以相持养，以相藩饰①，以相安固邪②，以③夫桀、跖之道，是其为相县也，幾直④夫刍豢稻粱之县糟糠尔哉？然而人力为此而寡为彼，何也？曰：陋也。陋也者，天下之公患也，人之大殃大害也。

【译文】

如果本着先王的道术，仁义的统绪，教人们互相群居，互相保养，互相戒备，互相保安，这同那桀王、盗跖的道术是大不相同的，岂止是肉食、细粮和糟糠的大不相同而已吗？然而人们总是努力做这个而很少做那个，这是什么原因呢？回答说：这是人们的浅陋。浅陋，是天下的公患，是人们的大殃大害。

注 释

❶ 按：《说文》："藩，屏也。"饰，应读为"饬"。《广雅》："饬，备也。"

❷ 按:《经传释词》:"邪,犹也也。" ❸ 王先谦:郑玄《仪礼》注:"以,犹与也。" ❹ 杨倞:幾,读为"岂"。○按:高诱《淮南子》注:"直,犹但也。"

【原文】

故曰:仁者好告示人。告之,示之,靡之,儇之①,鈆②之,重之,则夫塞者俄且通也,陋者俄且僩③也,愚者俄且知也。是若不行,则汤、武在上曷益?桀、纣在上曷损?汤、武存,则天下从而治;桀、纣存,则天下从而乱。如是者,岂非人之情固可与④如此、可与如彼也哉?

【译文】

所以说,仁人好告知人、指示人。告知他们,指示他们,开导他们,促进他们,安抚他们,戒饬他们,因而那些闭塞的人逐渐开通了,顽固的人逐渐解脱了,愚笨的人逐渐明智了。如果不这样做,那汤王、武王在上位有什么益处呢?桀王、纣王在上位有什么损处呢?汤王、武王存在,天下就从而平治;桀王、纣王存在,天下就从而昏乱。由此看来,岂不是人之常情原来就可以这样、也可以那样吗?

注 释

❶ 王引之:靡之、儇之,即《贾子》所云"服习、积贯"也。《儒效》篇曰:"积靡使然也。"《方言》曰:"还,积也。""还"与"儇"声近而义同。是靡之、儇之,皆积贯之意也。○按:《毛诗传》:"靡,累也。" ❷ 杨倞:鈆,与"沿"同,循也。沿循之,申重之也。○按:鈆,"铅"之误字,借为"沿"。 ❸ 杨倞:《诗》曰:"瑟兮僩兮。"郑云:"僩,宽大也。"○王念孙:《修身》篇曰:"多见曰闲,少见曰陋。"僩、闲,古字同耳。 ❹ 按:《经传释词》:"与,犹以也。"

【原文】

人之情，食欲有刍豢，衣欲有文绣，行欲有舆马，又欲夫余财蓄积之富也，然而穷年累世不知足①，是人之情也。

今人之生也，方知畜鸡狗猪彘，又畜牛羊，然而食不敢有酒肉；余刀布，有囷窌②，然而衣不敢有丝帛；约者③有筐箧之藏，然而行不敢有舆马。是何也？非不欲也，长虑顾后④，而恐无以继之故也。于是又节用御⑤欲，收敛蓄藏以继之也。是于己长虑顾后，几不甚善矣哉？

今夫偷⑥生浅知之属，曾⑦此而不知也；粮食大⑧侈，不顾其后，俄则屈安穷⑨矣；是其所以不免于冻饿，操瓢囊，为沟壑中瘠⑩者也。

【译文】

人的情欲，饮食愿意有肉食，衣服愿意有文采，走路愿意有车马，又愿意积蓄很多的财富，然而穷年累世不知道满足，这便是人之常情。

人生在世界上，便知道畜养鸡狗猪，畜养牛羊，然而饮食不敢吃酒肉；钱财有积蓄，粮食有富余，然而衣服不敢穿丝绸；箱子里藏着应有尽有的东西，然而出门不敢用车马。这是为什么呢？他们不是不愿意，而是长思远虑，瞻前顾后，恐怕接续不下来的缘故。于是，又节约费用，制止私欲，收藏、积蓄起好多东西来，把他们的生计接续下去。这对于自己的长思远虑、瞻前顾后，岂不是很好吗？

可是，那苟且偷生、知识浅薄的人，就不懂得这些道理；他们过分地靡费粮食，不顾以后的生计，不久就穷个精光了。所以他就免不了受冻挨饿，拿着要饭的瓢、袋，做了沟壑中的臭肉。

注　释

❶ "不知足"本作"不知不足"。○杨倞："不知不足"，当为"不知足"，剩"不"字。○按：今据删。　❷ 杨倞：刀、布，皆钱也，刀取其利，布取其

广。囷，廪也。圆曰囷，方曰廪。窌，窖也。　❸按：高诱《战国策》注："约，具也。"约者，所具之物也。　❹"长虑顾后"上本有"几不"二字。○王念孙："非不欲也，长虑顾后"二句，文意紧相承接，中不当有"几不"二字，盖涉下文"几不甚善"而衍。下文"几"字，杨倞注有音，而此无音，则为衍字明矣。　❺杨倞：御，制也；或作"禦"，禦，止也。　❻杨倞：偷者，苟且也。　❼按：郑玄《论语》注："曾，则也。"　❽杨倞：大，读为"太"。　❾杨倞：屈，竭也。安，语助也。犹言屈然穷矣。　❿按：《汉书》注引孟康："肉腐曰瘠。"

【原文】

况夫先王之道，仁义之统，《诗》《书》《礼》《乐》之分①乎！彼固天下之大虑也，将为天下生民之属长虑顾后而保万世也；其沠②长矣，其温③厚矣，其功盛④姚⑤远矣。非顺孰修为⑥之君子，莫之能知也。

故曰：短绠⑦不可以汲深井之泉；知不几⑧者，不可与⑨及圣人之言。

【译文】

况且，还有先王的道术，仁义的传统，《诗》《书》《礼》《乐》的制定呢！那都是对于天下的重大规划，将要为天下所有的人民深思远虑、瞻前顾后，而保持万世之业的；它的源流是相当长久的，它的蕴积是相当丰厚的，它的功业是相当遥远的。如果不是谨慎、精通、大有作为的君子，是不可能懂得的。

所以说，绳索短的，不可能汲取深井里的泉水；智慧不神妙的，不可能追踪圣人的言论。

注释

❶杨倞：分，制也。　❷杨倞：沠，古"流"字。　❸郝懿行：温，与"蕴"同。蕴者，积也。　❹按：杨倞《臣道》篇注："盛，谓大业。"　❺杨

倞：姚，与"遥"同。　❻"孰"上本无"顺"字。○王念孙：《礼论》篇曰："非顺孰修为之君子，莫之能知也。"此文脱"顺"字。　❼杨倞：缏，索也。　❽按：《说文》："幾，微也。"虞翻《周易》注："幾者，神妙也。"　❾按：《经传释词》："与，犹以也。"

【原文】

夫《诗》《书》《礼》《乐》之分，固非庸人之所知也。故曰：一之，而可再也；有之，而可久也；广之，而可通也；虑之，而可安也；反鈆察之，而俞可好也。以治情，则利；以为名，则荣；以群，则和；以独，则足。乐意者其是邪①。

【译文】

那《诗》《书》《礼》《乐》的制定，本来不是一般人所能知道的。所以说，知道其一，才可以知道其二；有了知识，才可以保持长久；知道得广博，才可以事事通达；事事加以思考，才可以社会趋向稳定；翻来覆去地明察是非，就越趋向于适可和美好。用来克制情欲，就能够顺利；用来求取声名，就获得光荣；用来接近群众，就可以相互和同；用来独自修身，就得到心满意足。快活心志的人就是这样。

注　释

❶ 杨倞：乐意莫过于此。○按：《经传释词》："邪，犹也也。"

【原文】

夫贵为天子，富有天下，是人情之所同欲也；然则①从人之欲，则埶不能容，物不能赡

【译文】

那贵为天子，富有天下，是人情所共同愿意的；然而，顺从人们的情欲，在客观上是不容许的，在物质上

也。故先王案为之制礼义以分之，使有贵贱之等、长幼之差、知愚、能不能之分，皆使人载其事②而各得其宜，然后使穀禄③多少、厚薄之称。是夫群居和一之道也。

是不能满足的。所以，先王就为人们制出礼义来划定界限，使社会上有了贵贱的等级、长幼的差别，智慧和愚笨、贤能和无能的分辨，使人们都各行其是，各得其宜，然后使人们官禄的多少、厚薄相匀称。这便是人们群居和一的道术。

注 释

❶王念孙：然则，犹言"然而"也。　❷杨倞：载，行也，任之也。
❸"穀禄"本作"悫禄"。○俞樾："悫"当作"穀"。《孟子·滕文公上》篇："穀禄不平。"赵注："穀，所以为禄也。"此文言"穀禄"，正与彼同。作"悫"者，形之误也。《王霸》篇曰："心好利，而穀禄莫厚焉。"此"穀禄"二字见于本书者。

【原文】

故仁人在上，则农以力尽田，贾以察尽财，百工以巧尽械器；士大夫以上，至于公侯，莫不以仁厚、知能尽官职。夫是之谓至平。故或禄天下①，而不自以为多；或监门、御旅、抱关、击柝②，而不自以为寡。故曰："斩③而齐，枉而顺，不同而一。"夫是之谓人伦。

【译文】

所以，仁人居在上位，农民就都用他们的气力去种田，商人就都用他们的智慧去赚钱，百工就都用他们的技巧去制造机器，士大夫以上以至公侯，没有不用他们的仁厚和智能来尽心职守的。这就叫作太平世界。所以，有的做了天子，也不以为自己拥有的多；有的做了监门人、迎宾人、守门人、打更人，也不以为自己的俸禄少。所以说："不齐就是等齐，枉曲就是挺直，不同就是同一。"这就叫作人伦（人的类别）。

《诗》曰:"受小共大共,为下国骏蒙④。"此之谓也。

《诗经》中说:"接受大的职守或小的职守,都是天下国家的俊杰。"就是说的这个道理。

注 释

❶ 杨倞:禄天下,谓为天子,以天下为禄也。　❷ 杨倞:监门,主门也;御,读为"迓"。迓旅,逆旅也。抱关,门卒也。击柝,击木所以警夜者。　❸ 刘台拱:斩,读为"儳"。《说文》:"儳,儳互不齐也。"言多儳互不齐,乃其所以为齐也。○王念孙:儳而齐,即《正名》篇所谓"差差然而齐"。　❹ 按:下国,谓天下诸侯之国。《尚书·泰誓》篇:"流毒下国。"《尚书·尧典》:"汝共工。"传:"共,谓供其职事。"是共有职事之义。小共、大共,犹言小事、大事。郑玄《毛诗》笺:"骏之言俊也。"骏蒙,犹言俊杰也。

非相篇第五

【原文】

相人,古之人无有也,学者不道也①。古者,有姑布子卿②;今之世,梁有唐举③;相人之形状颜色,而知其吉凶妖祥,世俗称之。古之人无有也,学者不道也。

故相形,不如论心;论心,不如择术④。形不胜心,心不胜术。术正,而心顺之,则形相虽恶,而心术善,无害为君子也;形相虽善,而心术恶,无害为小人也。君子之谓吉,小人之谓凶。故长短、小大、善恶相形,非吉凶也。古之人无有也,学者不道也。

【译文】

相面的人,古代的人是没有这种方术的,学者是不谈论这个的。从前,有个姑布子卿;现在,梁国有个唐举;他们相察人们的形貌颜色,就知道人们的吉凶祸福,世俗上都称道他们。古代的人是没有这种方术的,学者是不谈论这个的。

所以,相察形貌,不如评论思想;评论思想,不如选择行为。形貌胜不过思想,思想胜不过行为。行为纯正,而思想顺随着它,那就形貌虽然丑恶,而思想、行为善良,也妨碍不了成为君子;形貌虽然善良,而思想行为丑恶,也妨碍不了成为小人。君子就叫作吉,小人就叫作凶。所以长短、大小、美恶的形貌,都无关于人的吉凶。古代的人是没有这种道术的,学者是不谈论这个的。

注释

❶ 杨倞：相，视也；视其骨状，以知吉凶贵贱也。妄诞者多以此惑世，时人或矜其状貌而忽于务实，故荀卿作此篇非之。　❷ 杨倞：姑布姓，子卿名，相赵襄子者。○按：春秋时赵大夫。见《史记·赵世家》。　❸ 杨倞：唐举，相李兑、蔡泽者。　❹ 杨倞：术，道术也。○按：术，从"行"为义，谓行为也。郑玄《礼记》注："术，犹道也。道，犹行也。"《贾子·道术》篇："术者，接物之队（道）。"

【原文】

盖帝尧长，帝舜短；文王长，周公短；仲尼长，子弓①短。

昔者卫灵公有臣，曰公孙吕，身长七尺，面长三尺，焉②广三寸，鼻、目、耳具③，而名动天下。

楚之孙叔敖，期思④之鄙人也，突秃⑤长左⑥，轩骸乏下⑦，而以楚霸。

叶公子高，微小短瘠，行若将不胜其衣。然白公之乱也，令尹子西、司马子期⑧皆死焉，叶公子高入据楚，诛白公，定楚国，如反手尔。仁义功名，善⑨于后世。

【译文】

〔据古代传说，〕帝尧身躯长大，帝舜身躯短小；文王身躯长大，周公身躯短小；仲尼身躯长大，子弓身躯短小。

从前，卫国有个大臣，名字叫公孙吕，身长七尺，脸长三尺，额角只三寸宽，鼻子、眼睛、耳朵，都和正常人一样，而名闻天下。

楚国的孙叔敖，是期思这个地方的粗陋人，突秃头，左腿长，骸骨高，下颔短，而在楚国创成了霸业。

楚国的叶公子高，身躯短小瘠瘦，走路好像带不动衣服。然而，在白公之乱的时期，令尹子西、司马子期都死了，叶公子高进兵占据了楚国，杀了白公，平定了楚国，就如同一反手似的〔那么容易〕。他的仁义功名，一直流传后世。

注 释

❶ 杨倞：《汉书·儒林传》：馯臂，字子弓，江东人，受《易》者也。○按：荀子每言《易》，史称子弓受《易》于孔门；荀子恒以仲尼、子弓并称，盖以《易》统故也。　❷ 高亨：焉，疑借为"颜"，音同通用。《小尔雅》："颜，额也。"面长三尺，颜广三寸，谓面长而额短，所以为奇也。○按：《事文类聚·前集》三九引"焉"作"额"，与"颜"义近。　❸ 按：谓鼻、目、耳皆与人同也。　❹ 杨倞：杜元凯（预）云：期思，楚邑名。　❺ 按：高诱《吕氏春秋》注："突，理出丰高也。"突秃，谓头顶突高而发秃也。　❻ 杨倞：长左，左脚长也。　❼ "轩骹乏下"本作"轩较之下"。○刘师培：较，系"骹"字之讹。《说文》："骹，胫也。"轩骹者，骹形高大之谓也。之下，当作"乏下"。○钟泰：乏下，面下削也。○按：刘校、钟解是也。乏下，与"丰下"相反。《左传·文公元年》："谷也丰下。"杜预注："丰下，盖面方。"　❽ 杨倞：叶公，楚大夫沈尹戌之子，食邑于叶，名诸梁，字子高。楚僭称王，其大夫称公，白公亦是也。白公，楚太子建之子，平王之孙。子西，楚平王长庶子公子申。子期，亦平王子公子结。　❾ 按：《释名》："善，演也。"又："演，延也。"

【原 文】

故事不揣长，不揳❶大，不权轻重，亦将志❷乎尔；长短、小大、美恶形相，岂论也哉？

且徐偃王之状，目可瞻马❸；仲尼之状，面如蒙倛❹；周公之状，身如断菑❺；皋陶之状，色如削瓜❻；闳夭之状，面无见肤❼；傅说之状，

【译 文】

所以，对于一切事物，不量身体的长短，不比身体的大小，不称身体的轻重，只有修饰自己的意志而已，长短、大小、美恶的形貌，何须谈论呢？

况且，徐偃王的形貌，眼睛只可以在远处望马（不能低头）；仲尼的形貌，脸像个鬼面具；周公的形貌，身躯像棵干死的树；皋陶的形貌，脸色像削了皮的瓜；闳夭的形貌，满脸看不见皮肤（多须）；傅说的形貌，身躯好像鱼立起了脊

身如植鳍⑧；伊尹之状，面无须麋⑨。禹跳，汤偏⑩，尧、舜参牟子⑪。

翅；伊尹的形貌，脸上没有胡须和眉毛。禹王跳着走路，汤王半身偏枯，帝尧和帝舜的眼睛都有三个瞳仁。

注释

❶ 杨倞：挈，与"絜"同，约也，谓约计其大小也。权，称也。轻重，体之轻重也。　❷ 杨倞：言不论形状长短、大小、肥瘠，唯在意志修饬耳。○按：《广雅》："将，养也。"将志，谓修养意志也。　❸ 杨倞：徐，国名，僭称王；其状偃仰而不能俯，故谓之偃王。瞻马，言不能俯视细物，远望才见马。○卢文弨：可者，仅可之词。　❹ 按：魋，《说文》作"頠"，云："頠，丑也；今逐疫有頠头。"王筠《说文》注："頠头，即今假面。"頠，亦作"魋"。郑玄《周礼》方相氏注："蒙，冒也。冒熊皮者，以惊驱疫疠之鬼，如今魋头也。"　❺ 郝懿行：蒉者，植立之貌。周公背伛，其形曲折，不能直立，故身如断蒉矣。　❻ 杨倞：削瓜，如削皮之瓜，青绿色。　❼ 杨倞：闳夭，文王臣。言多鬓髯，蔽其肤也。　❽ 郝懿行：鳍，在鱼之背，立而上见，驼背人似之。然则傅说亦背偻欤？　❾ 杨倞：麋，与"眉"同。　❿ 按：《尚书大传》："禹其跳，汤扁。其跳者，踦也。扁者，枯也。"郑玄注："其，发声也，踦，步足不能相过也。言汤体半小，象扁枯。"　⓫ 杨倞：牟，与"眸"同。参眸子，有二瞳之相参也。《史记》曰："舜目重瞳。重瞳，盖尧亦然。"○按：参，古通"三"。参眸子，应为三瞳也，盖亦传闻之异。

【原文】

从者①将论志意，比类文学邪？直将差长短，辨美恶，而相欺傲邪？

古者，桀、纣长巨姣

【译文】

信从相术的人，将要谈论人的意志，来比较人的文才呢？还是仅仅比较人的长短，分辨人的丑俊，而互相欺骗、互相骄傲呢？

在古代，桀王和纣王，都身躯高大，

美,天下之杰也;筋力越劲②,百人之敌也;然而身死国亡,为天下大僇③,后世言恶,则必稽焉④。是非容貌之患也,闻见之不众、论议之卑尔。

是天下的英杰;体力强壮,足以抵挡一百人;然而,他们身躯死去了,国家灭亡了,成为天下的奇耻大辱,后世凡是谈论到凶恶之人,都必定把他们作为参考对象(典型)。这并不是由于他们的形貌所招致的灾患,而是由于他们的见闻不广、认识低下而已。

注释

❶按:从者,谓信从相术之人。 ❷杨倞:越,过也。劲,勇也。 ❸杨倞:僇,与"戮"同。○按:《广雅》:"戮,辱也。"司马贞《史记索隐》:"僇,辱也。" ❹杨倞:稽,考也。后世言恶,必考桀、纣为证也。

【原文】

今世俗之乱民①,乡曲之儇子②,莫不美丽姚③冶,奇衣妇饰,血气态度,拟于女子;妇人莫不愿得以为夫,处女莫不愿得以为士④,弃其亲家,而欲奔之者,比肩并起。然而中君羞以为臣,中父羞以为子,中兄羞以为弟,中人羞以为友;俄则束乎有司,而戮乎大市;莫不呼天啼哭,苦伤其今,而后悔其

【译文】

现在世俗的乱民,乡村的轻薄少年,没有不是妖里妖气的,奇装异服,气势、态度,模仿妇人;妇人没有不愿意追求他做丈夫的,处女没有不愿意追求他做情人的,不顾自己的家庭,而愿意私会的,一起一起地发生。然而,中流的君主都不愿意拿他们做臣下,中流的父亲都不愿意拿他们做儿子,中流的哥哥都不愿意拿他们做弟弟,中流的人都不愿意拿他们做朋友;不久之后,他们被官家绑了去,要在闹市之中处死,没有不叫哭连天的,伤痛现在,悔不当初。可见这并不是由于他们的形貌所招

始。是非容貌之患也，闻见之不众、论议之卑尔。

然则，从者将孰可也⑤？

致的灾患，而是由于他们的见闻不广、认识低下而已。

那么，信从相术的人，究竟以为谁是对的呢？

注 释

❶ "民"本作"君"。○俞樾：下文云"中君羞以为臣"，则此不应言"君"，且与"妇人莫不愿得以为夫，处女莫不愿得以为士"及"束乎有司，而戮乎大市"诸语皆不合。疑本作"乱民"，传写者误耳。　❷ 杨倞：《方言》云："儇，疾也，慧也。"轻薄巧慧之子也。　❸ 杨倞：《说文》曰："姚，美好貌。"　❹ 杨倞：士者，未娶妻之称。　❺ 卢文弨：《非相》篇当止于此。下文所论较大，并与相人无与。疑是《荣辱》篇错简于此。

【原文】

人有三不祥：幼而不肯事长，贱而不肯事贵，不肖而不肯事贤，是人之三不祥也。

人有三必穷：为上则不能爱下，为下则好非其上，是人之一必穷也；乡则不若①，背则谩之，是人之二必穷也；知行浅薄、曲直②，有以相县矣，然而仁人不能推，知士不能明③，是人之三必穷也。

【译文】

人有三种不吉祥：幼年不肯为长者服务，卑贱的人不肯为高贵者服务，不肖的人不肯为贤人服务，这是人的三种不吉祥。

人有三种必然穷困：在上位不抚爱下民，在下位却好责难自己的君上，这是人的第一种必然穷困；当面不顺从人家，背后又侮慢人家，这是人的第二种必然穷困；智慧和行为的浅薄、邪正，和别人相差悬殊，然而对仁爱之人不能推崇，对明智之士不能尊重，这是人的第三种必然穷困。

人有此数行④,以为上,则必危;为下,则必灭。

《诗》曰:"雨雪瀌瀌,宴然聿消。莫肯下隧,式居屡骄⑤。"此之谓也。

人有这几种行为,如果教他做君上,就必然遭到危险;如果教他做臣下,就必然遭到毁灭。

《诗经》中说:"大雪纷纷下,太阳出来雪融化;有的人不肯甘居下位,却经常在自己的职位上表示矜夸。"就是说的这样的人。

注 释

❶ 杨倞:乡,读为"向"。若,顺也。 ❷ 按:高诱《战国策》注:"曲,邪也。"《广雅》:"直,正也。" ❸ 王念孙:郑玄《礼记》注:"明,犹尊也。" ❹ "数行",本作"三数行"。○王引之:"三数行",文不成义。数行,谓上文之"三不祥"与"三必穷"也。其"三"字即涉上文而衍。 ❺ 段玉裁《说文注》云:"荀卿引《毛诗》作'宴然',即'曣曣'也。"隧,与"队"同;队、隧,古今字也。下隧者,以言小人莫肯降下引退,如雪宴然消灭,方用居位而数以骄人也。○按:《毛诗传》:"式,用也。"孔颖达《诗》疏:"瀌瀌,雪之盛貌。"

【原文】

人之所以为人者,何以①也?

曰:以其有辨也。饥而欲食,寒而欲暖,劳而欲息,好利而恶害,是人之所生而有也,是无待而然者也,是禹、桀之所同也。然则人之所以为人者,非特以二

【译文】

人之所以作为人,是由于什么呢?

回答说:由于他和其他万物有所区别。饿了就想吃东西,冷了就想取暖,劳累了就想休息,喜爱利益而憎恶危害,这都是人一生下来就具备的,是没有什么凭借而如此的,这是禹王和桀王所相同的。那么,人之所以作为人,并不是仅仅由于有两只脚

足而无毛也，以其有辨也。今夫狌狌形相亦二足而无毛②也，然而君子啜其羹，食其胾③。故人之所以为人者，非特以其二足而无毛也，以其有辨也。

而没有毛儿，而是由于他和其他万物有所区别。那猩猩也是有两只脚而面部没有毛儿，可是君子喝它的汤，吃它的肉。所以，人之所以作为人，并不是仅仅由于有两只脚而没有毛儿，而是因为他和其他万物有所区别。

注 释

❶"以"本作"已"。此"已"字与下文"以其有辨也"之"以"相承，不应有异。此古字之未改者。今改，以期一律。　❷"形相亦二足而无毛"本作"形笑亦二足而毛"。○俞樾："毛"上当有"无"字，上下文皆云"无毛"，则此文亦当作"无毛"明矣。○王先谦：狌狌，即猩猩。《尔雅翼》引荀卿曰："今夫猩猩形相二足无毛也。"据此，宋人所见《荀子》本"形笑"作"形相"，"而毛"作"无毛"。猩猩身非无毛，其面如人无毛耳。　❸按：郑玄《仪礼》注："胾，切肉也。"

【原文】

夫禽兽有父子，而无父子之亲；有牝牡，而无男女之别。故人道莫不有辨。辨莫大于分①，分莫大于礼，礼莫大于圣王。圣王有百，吾孰法焉？曰②：文久而灭，节③久而绝④，守法数之有司极而褫⑤。

【译文】

那禽兽有父子，可是没有父子的情谊；有雌雄，可是没有男女的区别。所以，人道没有无所区别的。区别没有比分位再大的，分位没有比礼法再大的，礼法没有比圣王再大的。圣王有成百个，我们究竟效法谁呢？回答说：礼文流传得日久了，就要泯灭；法度流传得日久了，就要断绝；遵守礼法道术的官吏，到最后就被废除。

故曰：欲观圣王之迹，则于其粲然者矣，后王是也⑥。彼后王者，天下之君也。舍后王而道上古，譬之是犹舍己之君而事人之君也。

所以说，要想观察圣王的政迹，就得观察其中最显著的人物，那便是后王（近代的王者）。所谓后王，便是当代的君王。舍掉后王而侈谈先王，这就如同舍掉本国的君王而侍奉别国的君王一样。

注 释

❶杨倞：分，上下亲疏之分也。 ❷"曰"字上本有"故"字。○王念孙："故"字衍。上下自问自答，则"曰"上不当有"故"字明矣。盖涉下文三"故曰"而衍。 ❸"节"下本有"族"字。○杨倞：文，礼文。节，制度也。言礼文久则灭息，制度久则废也。○按："文久而息，节久而灭"，相对为文。杨注训"节"为"法度"，与郑玄《礼记·乐记》篇注训"节"为"法度"同。杨注未训"族"字，"族"字当为衍文。（旧注误作"礼文久则制度灭息，节奏久则废"，"制度"二字，误置"灭息"之上，而"节奏"二字，系由上文"节，制度也"所误，应为"制度"二字。今改正。）下同。 ❹"灭"本作"息"。○王念孙：下文"是以文久而灭，节族久而绝"，"灭"与"绝"为韵，则此亦当然。今本盖涉注文"灭息"而误。 ❺"极而褫"本作"极礼而褫"。俞樾："极礼而褫"，文不可通，疑"礼"字衍文也。"极而褫"三字为句，与上文"久而息""息而绝"一律。今作"极礼而褫"，即因注文而衍。 ❻杨倞：后王，近时之王也。粲然，明白之貌。言近世明王之法，则是圣王之迹也。

【原文】

故曰：欲观千岁，则数今日；欲知亿万，则审一二；欲知上世，则审周道；

【译文】

所以说，要想观察千年以前，就得数算现在；要想懂得亿万，就得明审一二；要想懂得前代，就得明审周代的道术；要

欲知周道，则审其人，所贵君子。

故曰："以近知远，以一知万，以微知明。"此之谓也。

想懂得周代的道术，就得明审周代的人民，其间最贵重的就是君子。

所以说："由近才知道远，由一才知道万，由隐微才知道显著。"就是说的这个道理。

【原文】

夫妄人曰："古今异情，其所以治乱者①，异道，而众人惑焉。"

彼众人者，愚而无说，陋而无度者也，其所见焉②，犹可欺也，而况于千世之后③也？妄人者，门庭之间，犹挟欺④也，而况于千世之上乎？

【译文】

妄诞之人这样说："古今的情形，各不相同；它之所以有平治和昏乱，是由于道术不同，因而一般群众都感到迷惑。"

那一般群众，愚蠢而没有见解，固陋而没有法度，他们所见到的事物，还可以被人欺骗，何况是千年之后呢？那妄诞之人，在日常生活之间，还要仗势欺人，何况是在千年之上呢？

注释

❶"其所以治乱者"本作"其以治乱者"。○王念孙：此文本作"其所以治乱者"。异道，谓古今之所以治乱者，其道不同也。《韩诗外传》正作"其所以治乱异道"。　❷按：焉，犹者也。　❸"后"本作"传"。○刘师培：《韩诗外传》"传"作"后"，与"上"对文，义较长。　❹"犹挟欺"本作"犹可诬欺"。据俞樾说正。

【原文】

圣人何以不可欺①？曰：圣人者，以己度者也。故以人度人，以情度情，以类度类，以说度功②，以道观尽③，古今一④也。类不悖，虽久同理。故乡乎邪曲而不迷，观乎杂物而不惑。以此度之，五帝之外无传人，非无贤人也，久故也；五帝⑤之中无传政，非无善政也，久故也；禹、汤有传政，而不若周之察也，非无善政也，久故也。

传者久，则俞略；近，则俞⑥详。略，则举大；详，则举小。愚者闻其略，而不知其详；闻其小⑦，而不知其大也。是以文久而灭，节族久而绝。

【译文】

圣人为什么不可以欺骗呢？回答说：圣人是用自己来度量古今。所以，用人来度量人，用实情来度量实情，用事类来度量事类，用意义来度量作用，用道术来观察全面，古今都是一致的。事类不相乖悖，虽然时期相距遥远，道理却是相同的。所以，面对邪曲的事物，而不感到迷失方向；看到杂乱的事物，而不感到疑不可解。用这种道术来测度事物，五帝之外没有传授之人，并不是由于没有贤人，而是由于日久年深的缘故；五帝之中没有流传的政令，并不是由于没有善良的政令，而是由于日久年深的缘故。禹王和汤王有流传的政令，可是不如周代的政令那样详明，并不是由于没有善良的政令，而是由于日久年深的缘故。

流传得年月久远，就越觉得简略；流传得年月短近，就越觉得详细。简略了，就列举它的大纲；详细了，就列举它的细目。愚鲁之人只听说过它的简略，而不知道它的详细；只听说过它小的内容，而不知道它大的内容。所以，礼文流传得日久了就要泯灭，法度流传得日久了就要断绝。

注 释

❶ "不可欺"本作"不欺"。○王念孙："不欺"当作"不可欺"。"圣人不可欺"，正对上文"众人可欺"；而下文"乡乎邪曲而不迷"云云，正所谓

圣人不可欺也。今本脱去"可"字，则失其义矣。《外传》正作"不可欺"。
❷按：颜师古《汉书》注："说，所说之义也。"说，谓意义；功，谓作用。
❸按：《墨经》："尽，莫不然也。"尽，犹全也。　❹"一也"本作"一度也"。○王念孙："古今一度也"，当作"古今一也"。言自"以人度人"以下，皆无古今之异，故曰古今一也。《强国》《正论》《君子》篇所言"古今一也"，文意并与此同。则"一"下不当更有"度"字，盖涉上数"度"字而衍。《外传》无。　❺按：汉、唐以来，五帝之说不一，当以《周易·系辞传》所列包牺、神农、黄帝、尧、舜当之，较合古义。　❻两"俞"字本皆作"论"。○俞樾：两"论"字皆"俞"字之误。俞，读为"愈"。《韩诗外传》正作"愈"，可据订。　❼"闻其小"本作"闻其详"。○王念孙："闻其详"本作"闻其小"，"略"与"详"对，"小"与"大"对。据杨注，本作"小"，今本作"详"，涉上句"详"字而误。《外传》作"闻其细，不知其大"。细，亦小也。

【原文】

凡言不合先王，不顺礼义，谓之奸言；虽辩，君子不听。法先王，顺礼义，党学者①，然而不好言，不乐言，则必非诚士也。故君子之于言也，志好之，行安之②。

故赠人以言，重于金石珠玉；观③人以言，美于黼黻文章④；听⑤人以言，乐于钟鼓琴瑟。故君子之于言，无厌。

鄙夫反是。好其实，不

【译文】

所有的言论，不符合先王，不顺从礼义，就叫作奸邪的言论，虽然说得很巧辩，君子是不听他的。效法先王，顺从礼义，亲密学者，然而不喜好言论，不乐于言论，就必然不是诚信之士。所以，君子对于言论，内心要喜好它，行动要信守它。

所以，用善良的言论赠给别人，就比金石珠玉还要贵重；用善良的言论指导别人，就比五彩文章还要华美；用善良的言论称许别人，就比音乐还要中听。所以，君子对于发表言论，并不表示厌倦。

鄙陋的人就和这个相反了。他只喜

恤⑥其文；是以终身不免埤污佣俗⑦。故《易》曰："括⑧囊，无咎无誉。"腐儒之谓也。

好说话的朴实，而不顾及说话的华美；所以他一辈子也免不掉卑鄙和庸俗。所以，《周易》说："把自己封闭在布袋子里（谨言慎行），既没有过错，也没有声誉。"这就是说的那种腐朽的儒士。

注 释

❶ 杨倞：党，亲比也。　❷ 按："行安之"下，本有"乐言之，故君子必辩，凡人莫不好言其所善，而君子为甚"二十二字，与上下文不相属，当为后文"君子必辩，凡人莫不好言其所善，而君子为甚焉……志好之，行安之，乐言之，故君子必辩"之重文错简之未删除者，今以意删。　❸ 按：《尔雅》："观，示也。"《艺文类聚·人部》十五引作"劝人以言"。　❹ 杨倞：黼黻文章，皆色之美者。白与黑谓之黼，黑与青谓之黻，青与赤谓之文，赤与白谓之章。　❺ 按：高诱《吕氏春秋》注："听，许也。"　❻ 按：高诱《战国策》注："恤，顾也。"　❼ 杨倞：埤、污，皆下也，谓鄙陋也。○按：埤，与"卑"同。佣，与"庸"通。　❽ 按：虞翻《周易》注："括，结也。"《方言》："括，闭也。"

【原文】

凡说之难：以至高遇至卑，以至治接至乱，未可直至也；远举，则病缪①；近举②，则病佣。善者于是间也，亦必远举而不缪，近举而不佣；与时迁徙，与世偃仰、缓急、嬴绌③，府④然

【译文】

一般谈说的困难：以最高深的人遇到最卑浅的人，以最平治的国家接触到最昏乱的国家，是不便于直接应付的；举的例证太远了，就要陷于谬误；举的例证太近了，就要陷于庸俗。善于谈说的人，在这种情形之下，一定要做到举远的事例，而不陷于谬误；举近的事例，而不陷于庸俗；同时代相衬托，同世俗相附合；缓

若梁匽、檃栝⑤之于己也，曲得所谓焉，然而不折伤。

故君子之度己则以绳⑥，接人则用抴⑦。度己以绳，故足以为天下法则矣；接人用抴，故能宽容，因众⑧以成天下之大事矣。

故君子贤而能容罢⑨，知而能容愚，博而能容浅，粹而能容杂，夫是之谓兼术。

《诗》曰："徐方既同，天子之功⑩。"此之谓也。

急、屈伸、不即不离的，就如同堤堰、正木器对自己的约束一样，委曲婉转地达到自己谈说的目的，可是并不伤损于人。

所以，君子度量自己要用绳直，接待别人要用引导。度量自己用绳直，所以足以为天下人所效法；接待别人用引导，所以能够宽容群众，依赖群众，而完成天下的大事。

所以，君子既贤能而又能够宽容懦弱的人，既明智而又能够宽容浅薄的人，既纯粹而又能够宽容驳杂的人，这就叫作兼有的道术。

《诗经》中说："远方的徐国已经同化，这是天子的功绩。"就是说的这个道理。

注 释

❶ 按：缪，读为"谬"。　❷ "近举"本作"近世"，下同。○俞樾："世"字当作"举"，下同。远举、近举，对文。今作"近世"者，即涉杨注"远举上世之事""下举近世之事"而误。　❸ 杨倞：赢，余也。赢绌，犹言伸屈也。　❹ 杨倞：府，与"俯"同。　❺ "梁"本作"渠"。○杨倞：渠匽，所以制水；檃栝，所以制木。（杨倞《大略》篇注：檃栝，矫燥木之器也。）○王引之：正文、注文"渠"字，疑皆"梁"字之误。《尔雅》："堤谓之梁。"郑仲师（众）注《周官》云："梁，水偃也。"偃，与"匽"通，即"堰"字也。"梁"与"匽"同义，故以"梁匽"连文。　❻ 杨倞：度己，犹正己也。○按：高诱《淮南子》注："绳，直正也。"　❼ 杨倞：抴，牵引也。○按：抴，谓诱导。《广雅》："抴，引也。引，道（导）也。"　❽ "众"本作"求"。○杨倞：成事在众。○王念孙："求"当为"众"。杨倞：成事在众。则"求"为"众"之误明甚。　❾ 杨倞：罢，弱不任事者。　❿ 杨倞：《诗经·大雅·常武》之篇。○按：徐，古国名。《尚书·费誓》称"徐戎"。

【原文】

谈说之术：矜庄以莅之①，端诚以处之，坚强以持之，譬称以喻之，分别以明之②，欣欢、芬芗③以送④之，宝之，珍之，贵之，神之；如是，则说常无不受；虽不说人，人莫不贵。夫是之谓⑤能贵其所贵。

传曰："唯君子为能贵其所贵。"此之谓也。

【译文】

谈说的方术：对人要庄严，对事要诚挚，对自己的见解要坚持，要用比喻说明，要做具体分析，要和颜悦色地引导对方，要宝重自己的谈说，要珍视自己的谈说，要尊贵自己的谈说，要神化自己的谈说；做到这样，那就经常被人所接受；虽然不同人谈说，别人也都尊重自己。这就叫作能够尊重自己所尊重的〔谈说〕。

古书上说："只有君子才能够尊重自己所尊重的。"就是说的这个道理。

注释

❶ 高诱《吕氏春秋》注："矜，严也。"郑玄《仪礼》注："莅，临也。" ❷ 二句本作"分别以喻之，譬称以明之"。○王念孙："分别"当在下句，"譬称"当在上句。譬称所以晓人，故曰"譬称以喻之"；分别所以明理，故曰"分别以明之"。今本"譬称"与"分别"互易。《韩诗外传》及《说苑·善说》篇引此并作"譬称以喻之，分别以明之"。 ❸ 杨倞：芗，与"香"同。○王念孙：芬芗，和也。《方言》："芬，和也。"郭璞曰："芬香调和。"欣欢、芬香，皆谓和气以将之也。 ❹ 按：《史记集解》引应劭："送，引也。" ❺ "谓"字下本有"为"字。○王引之：上"为"字涉下文"为"字而衍。《韩诗外传》《说苑》无"为"字。

【原文】

君子必辩。凡人莫不好言其所善，而君子为甚焉。是以小人辩言险，而君子辩言仁①也。

言而非仁之中也，则其言不若其默也，其辩不若其呐②也；言而仁之中也，则好言者上矣，不好言者下也。故仁言大矣。起于上所以道于下，正令③是也；起于下所以忠于上，谏救④是也。故君子之行仁也无厌。志好之，行安之，乐言之。故⑤君子必辩。

【译文】

君子必定要有辩论。一般的人没有不好谈说自己所喜好的，君子尤其是这样。所以，小人的辩论是谈论险恶，而君子的辩论是谈论仁道。

所谈说的如果不合乎仁道之中，那就他的谈说不如不谈说，他的辩论不如不辩论；所谈说的如果合乎仁道之中，那好谈说的人就是高尚的，不好谈说的人就是卑下的。所以谈说仁道是非常伟大的。发起在上方，所以引导下方，这就是政令；发起在下方，所以效忠上方，这就是谏诤。所以，君子施行仁道，是没有疲倦的。内心喜好这样做，行为安于这样做，还乐于向人谈说。所以，君子必定要有辩论。

注 释

❶ 按：《孟子·尽心下》篇："仁也者，人也，合而言之，道也。"仁，谓人道。 ❷ 杨倞：呐，与"讷"同。〇按：《贾子·道术》篇："反辩为讷。"《说文》："讷，言难也。" ❸ 杨倞：道，与"导"同。正，或为"政"。 ❹ "谏"本作"谋"。〇王念孙："谋救"当为"谏救"，字之误也。《淮南子·主术》篇："执正进谏。"高注："谏，或作'谋'。"《周官》有"司谏""司救"。《说文》："救，止也。"《论语·八佾》篇："女弗能救与？"马注与《说文》同。然则谏止其君之过谓之谏救，故曰"起于下所以忠于上，谏救是也"。 ❺ "故"下本有"言"字。〇王念孙："故"下本无"言"字，此言君子必辩。今本作"故言君子必辩"，乃涉上文而衍。

【原文】

小辩，不如见端；见端，不如本分①。小辩而察，见端而明，本分而理，圣人、士君子之分具矣。

有小人之辩者，有士君子之辩者，有圣人之辩者。

不先虑，不早谋，发之而当，成文而类②，居错③迁徙，应变无穷，是圣人之辩者也。

先虑之，早谋之，斯须④之言而足听，文而致实，博而党正⑤，是士君子之辩者也。

【译文】

缩小辩论的范围，不如表露一下意见的端绪；表露意见的端绪，不如推原一下意见的分歧。把辩论的范围缩小，能做到慎重；表露头绪，能做到精明；推原分歧，能做到通顺；因而圣人、士君子的名分就具备了。

有小人的辩论，有士君子的辩论，有圣人的辩论。

不预先考虑，不提早谋划，发出来就很正当，合乎文理，而且完善，无论是静处，无论是行动，都能够应变无穷。这便是圣人的辩论。

预先考虑，提早谋划，短暂地谈论，也很中听；既有文采，而又致密坚实，既渊博，而又正直，这便是士君子的辩论。

注释

❶ "本分"本作"见本分"。○王引之："本分"上本无"见"字，此涉上两"见端"而衍。本分者，本其一定之分也。下文"见端而明，本分而理"，皆承此文言之；而"本分"上无"见"字，故知"见"字为衍文。○按：高诱《淮南子》注："本，原也。"又："理，通也。"《广雅》："理，顺也。" ❷ 按：《尔雅》："类，善也。" ❸ 杨倞：错，置也。居错，安居也。 ❹ 按：郑玄《礼记》注："斯须，犹须臾也。" ❺ 杨倞：党，与"谠"同，谓直言也。

【原文】

听其言，则辞辩而无统；用其身，则多诈而无功。上不足以顺明王，下不足以和齐百姓，然而口舌之均，噡唯则节①，足以为奇伟偃却②之属，夫是之谓奸人之雄。

圣王起，所以先诛也；然后盗贼次之。盗贼得变③，此不得变也！

【译文】

听到他的谈论，就表现得言辞争辩，而没有系统；录用他这个人，就表现得内藏奸诈，而没有成就；在上不足以顺从明王，在下不足以和齐百姓；然而嘴头很便利，言谈话语，文文绉绉的，足以表现出夸张、骄傲的神态，这就叫作奸人的魁首。

圣王一兴起，就要先诛罚这种人，盗贼还在其次。盗贼还可以改造为新人，他是不可以改造为新人的！

注 释

❶ 俞樾：之，犹则也。"口舌之均，噡唯则节"，相对成文。《毛诗传》曰："均，调也。"言口舌则调均，噡唯则中节也。○王先谦：《说文》："詹，多言也。"噡，即"詹"之俗字。　❷ 杨倞：奇伟，夸大也。偃却，犹偃仰，即偃蹇也。言奸雄口辩，适足以自夸大偃蹇而已。○按：李贤《后汉书》注："偃蹇，骄傲貌。"　❸ 杨倞：变，谓教之使自新也。

非十二子篇第六

【原文】

假今之世①,饰邪说,文奸言,以枭乱天下②;矞宇嵬琐③,使天下混然不知是非、治乱之所存者,有人矣。

纵情性,安恣睢④,禽兽行,不足以合文⑤通治;然而其持之有故,其言之成理,足以欺惑愚众:是它嚣、魏牟⑥也。

忍情性⑦,綦谿⑧、利跂⑨,苟以分异人为高,不足以合大众、明大分⑩;然而其持之有故,其言之成理,足以欺惑愚众:是陈仲、史䲡⑪也。

【译文】

当今这个世代,修饰邪说,文说奸言,用来扰乱天下,诡诈、迂曲、险怪、琐碎,使天下昏昏迷迷地不知道是非、治乱之所在,是有这种人的。

纵情任性,放荡骄矜,形同禽兽,并不足以符合典法、明通政治;然而他们做起来以为有所本,说起来以为有道理,足以欺惑一般群众:它嚣、魏牟就是这一类的人物。

违反本性,陷入邪道,脱离世俗,苟苟且且,以为标奇立异可以高人一等,不足以协和大众,申明大义;然而他们做起来以为有所本,说起来以为有道理,足以欺惑一般群众:陈仲、史䲡就是这一类的人物。

【注释】

❶ 按:《古书虚字集释》:"假,犹当也。"又按:《方言》:"假,至也。"假今之世,犹言至今之世,亦通。 ❷ 朱骏声:枭,借为"挠"。《说文》:"挠,

扰也。"《吴语》:"挠乱万度。" ❸按:宇,当读为"纡"。《说文》:"纡,诎也。"郑玄《考工记》注:"纡,曲也。"亦通作"迂"。韦昭《国语》注:"迂,邪也。"《汉书·扬雄传》:"超纡谲之清澄。"纡谲,即啇宇也。 ❹杨倞:恣睢,矜放之貌。 ❺按:韦昭《国语》注:"文,法典也。" ❻杨倞:它嚣,未详何代人。牟,魏公子。《汉书·艺文志》,道家有《公子牟》四篇。 ❼杨倞:忍,谓违矫其性也。 ❽按:《谷梁传·昭公二十年》:"两足不能相过,齐谓之綦。"《广雅》:"綦,寋也。"谿,当读为"徯"。《通俗文》:"邪道曰徯。"綦谿,谓偃寋于邪道之中也。 ❾杨倞:利,与"离"同。离跂,违俗自洁之貌。谓离于物而跂足也。 ❿按:李善《文选》注:"分,分义也。" ⓫卢文弨:解见《不苟》篇,彼作"田仲","田"与"陈"通。

【原文】

不知壹天下、建国家之权称,上功用①,大俭约②,而僈差等③,曾不足以容辨异、县君臣④;然而其持之有故,其言之成理,足以欺惑愚众:是墨翟、宋钘⑤也。

尚法而无法,不循而好作⑥,上则取听于上,下则取从于俗,终日言成文典,反䌷察之,则倜然无所归宿⑦,不可以经国定分;然而其持之有故,其言之成理,足以欺惑愚众:是慎到、田骈⑧也。

【译文】

不懂得统一天下、建设国家的轻重,只知道崇尚功利,注重节俭,而且抹杀上下、尊卑的级别,这就不足以表现差异、区别君臣;然而他们做起来以为有所本,说起来以为有道理,足以欺惑一般群众:墨翟、宋钘就是这一类的人物。

崇尚法制,而无所取法;不遵循古人,而喜欢自作聪明;在上就取信于君王,在下就取从于世俗;把每天的言论作为法典,回头审察一下,却是脱离实际,而无所归依,不可以用来经理国家、确定名分;然而他们做起来以为有所本,说起来以为有道理,足以欺惑一般群众:慎到、田骈就是这一类的人物。

注释

❶ 王念孙:上,与"尚"同。 ❷ 按:杨倞《性恶》篇注:"大,重也。" ❸ 杨倞:僈,轻也。轻僈差等,谓欲使君臣上下同劳苦也。○王念孙:僈,读为"曼"。《广雅》:"曼,无也。" ❹ 杨倞:县隔君臣。 ❺ 杨倞:宋钘,宋人,与孟子、尹文子、彭蒙、慎到同时。《孟子》作宋牼。 ❻ "不循"本作"下修"。○王念孙:"下修而好作",义不可通;"下修"当为"不循",谓不循旧法也。《墨子·非儒》篇,道儒者之言曰:"君子循而不作。"此则反乎君子之所为,故曰"不循而好作"也。"不"与"下","循"与"修",字相似而误。 ❼ 杨倞:纣,与"循"同。偶然,疏远貌。宿,止也。虽言成文典,若反复纠察,则疏远无所指归也。 ❽ 杨倞:田骈,齐人,游稷下,著书二十五篇,其学本黄、老,大归名法。

【原文】

不法先王,不是礼义①,而好治怪说,玩琦辞②,甚察而不惠③,辩而无用,多事而寡功,不可以为治纲纪;然而其持之有故,其言之成理,足以欺惑愚众:是惠施、邓析也。

略法先王,而不知其统,犹然而材剧④、志大,闻见杂博,案往旧造说,谓之五行⑤;甚僻违而无类⑥,幽隐而无说,闭约而无解⑦;案饰其辞,而

【译文】

不效法先王,不遵从礼义,而喜好攻治邪说,玩弄奇辞,过分地观察事物,而不顺情理;饰辞功辩,而不能实用;事务繁多,而功效微少,不可以作为治国纲领;然而他们做起来以为有所本,说起来以为有道理,足以欺惑一般群众:惠施、邓析就是这一类的人物。

粗略地效法先王,可是并不懂得先王的学统;悠悠自得地自以为雄才大志,见闻博杂;依据往古旧制,创造新异学说,叫作五行(五德);实在邪僻违理,而不合法典;幽隐难明,而没有说辞;闭塞不通,而没有解释;

祗敬之曰："此真先君子⑧之言也。"子思唱之，孟轲和之⑨。世俗之沟瞀儒⑩，嚾嚾然⑪不知其所非也，遂受而传之，以为仲尼、子弓⑫为兹厚⑬于后世，是则子思、孟轲之罪也。

却花言巧语，毕恭毕敬地说："这真正是先君子（孔夫子）的言论啊！"子思在前面倡导，孟轲在后面应和。世俗上愚蒙的儒者，都吵吵嚷嚷地不知道他们错误的所在，于是就接受过来，向后徒传授，以为仲尼、子弓就是由于这个而见重于后世的，这就是子思、孟子的罪过了。

注释

❶ 按：《尔雅》："是，则也。" ❷ 杨倞：琦，读为奇异之"奇"。 ❸ 杨倞：惠，顺。〇按：高诱《吕氏春秋》注："甚，犹深也。" ❹ 杨倞：犹然，舒迟貌。〇按：犹，通"悠"。剧，为"勮"之俗误。《释名》："勮，巨也。" ❺ 按：马王堆汉墓帛书《老子》甲本后佚书中言："五行皆形厥内，时行之，谓之君子。"又谓："五行形，德心起。"则五行为五常，于古有徵矣。五行，古亦谓之"五德"。此与金、木、水、火、土之五行有别。今或本此文，以为五行相胜之说创自子思、孟子，不类。 ❻ 王念孙：僻、违，皆邪也。类者，法也。言邪僻而无法也。〇按：《劝学》篇："礼者，法之大分，类之纲纪也。"杨注正谓类即法。 ❼ 杨倞：约，结也。解，说也。 ❽ 杨倞：先君子，孔子也。 ❾ 杨倞：子思，孔子之孙，名伋，字子思；孟轲，邹人，字子舆。皆著书七篇。〇按：《说文》："唱，导也。"今通作"倡"。 ❿ "沟瞀儒"本作"沟犹瞀儒"。按：沟瞀，叠韵联绵词，中间不当隔以"犹"字。杨注谓"沟瞀"或作"区瞀"，则中间本无"犹"字。"犹"字系涉上文"犹然"而误衍。 ⑪ 杨倞：嚾嚾，喧嚣之貌。 ⑫ "子弓"本作"子游"。〇郭嵩焘：荀子屡言"仲尼、子弓"，不及子游；本篇后云"子游氏之贱儒"，与子张、子夏同讥，则此"子游"必"子弓"之误。 ⑬ 俞樾：高诱《战国策》注："厚，重也。"

【原文】

若夫总方略，齐言行，壹统类，而群天下之英杰①，而告之以大道，教之以至顺②，奥窔之间，簟席之上③，敛然圣王之文章具焉，佛然④平世之俗起焉；六说者不能入也，十二子者不能亲也；无置锥之地，而王公不能与之争名；在一大夫之位，则⑤一君不能独畜，一国不能独容，成名况乎诸侯⑥，莫不愿以为臣，是圣人之不得埶者也；仲尼、子弓是也。

一天下，财⑦万物，长养人民，兼利天下，通达之属⑧，莫不从服；六说者立息，十二子者迁化，则圣人之得埶者，舜、禹是也。

【译文】

至于总揽方术策略，齐同言论行为，统一大纲细目，因而会合天下的英杰，并且告知以天下大道，教导以天下至理，在堂室之内，床席之上，浩繁的圣王典章在具备，蓬勃的平世习俗在兴起；以上那六种学说是不能够被采纳的，那十二位学者是不能够被接近的；虽然英杰贫无立锥之地，可是王公们都不能和他们争名；虽然站在一个大夫的地位，可是一个君主不能单独地蓄养他，一个国家不能单独地容纳他；诸侯们都赐给他以盛大的名誉，没有不愿意起用他作为臣辅的；这是圣人中没有得到威权的人，仲尼、子弓就是这样的人。

统一天下，裁成万物，长养人民，兼利天下，凡是四通八达的国度，没有不顺从他的学说的；以上那六种学说立即消灭，那十二位学者改邪归正；他们是圣人，而且掌有威权，大舜、大禹就是这样的人。

注 释

❶杨倞：总，领也。统，谓纲纪。类，谓比类。大谓之统，分别谓之类。群，会合也。 ❷按：告，亦教也。郑玄《礼记》注："告，谓教使也。"大道，本作"大古"，义不顺。今从《韩诗外传》四引作"大道"。至顺，与"大道"对文。至顺，犹至理也。《说文》："顺，理也。" ❸杨倞：西南隅

谓之奥，东南隅谓之窔。言不出室堂之内也。○按：《说文》："簟，竹席也。"
❹ 杨倞：敛然，聚集之貌。佛，读为"勃"。勃然，兴起貌。○按：勃然，《韩诗外传》四作"沛然"，与"勃然"同。 ❺ 按：《古书虚字集释》："则，犹而也。" ❻ 俞樾：成，与"盛"通。成名，犹盛名也。况者，赐也。言以盛名为诸侯赐也。○按：《释名》："成，盛也。" ❼ 杨倞：财，与"裁"同。 ❽ 杨倞：通达之属，谓舟车所至、人力所通者也。

【原文】

今夫仁人也，将何务哉？上则法舜、禹之制，下则法仲尼、子弓之义，以务息十二子之说。如是，则天下之害除，仁人之事毕，圣王之迹著矣①。

【译文】

那么，现在的仁人，将要以什么为当务之急呢？在上，就得效法大舜、大禹的制度；在下，就得效法仲尼、子弓的道术，务求达到熄灭那十二位学者的学说。如此，天下的祸患便得以消除，仁人的事业便得以成就，圣王的政绩便得以彰著了。

注释

❶ 按：《非十二子》正篇止此。以下与此不相属。

【原文】

信信，信也；疑疑，亦信也。贵贤，仁也；贱不肖，亦仁也。言而当，知也；默而当，亦知也。故知默，犹知言也。故多言

【译文】

信从可信的，是信实；怀疑可疑的，也是信实。尊贵贤人，是仁爱；鄙贱不贤，也是仁爱。说话恰当，是明智；静默恰当，也是明智。所以，懂得静默，就如同懂得

而类①，圣人也；少言而法，君子也；多言无法②而流湎然③，虽辩，小人也。

说话一样。说话多，而善良，便是圣人；说话少，而正气，便是君子；说话多，而流于邪僻，虽然善辩，也是小人。

注 释

❶ 按：《尔雅》："类，善也。" ❷ "多言无法"，本作"多少无法"。○卢文弨：此数语又见《大略》篇。彼作"多言无法"，此"少"字似讹。 ❸ 按：杨倞《君子》篇注："流，邪移也。"颜师古《汉书》注："湎，流也。"又："湎湎，流移也。"《经传释词》："然，犹焉也。"

【原 文】

故劳力而不当民务，谓之奸事。劳知而不律先王，谓之奸心；辩说譬谕，齐给便利①，而不顺礼义，谓之奸说。此三奸者，圣人之所禁也。

知而险，贼而神，为诈②而巧，言无用而辩，辩不惠③而察，治之大殃也。行辟而坚，饰非而好，玩奸而泽，言辩而逆，古之大禁也。

知而无法，勇而无惮，

【译 文】

所以，动用力气，而不合于人民的要求，就叫作奸邪的事务；动用智慧，而不效法先王的法制，就叫作奸邪的心意；能说会道，嘴尖舌快，而不顺从礼义，就叫作奸邪的言说。这三种奸邪，是圣人所要禁止的。

聪明而险恶，害人而神通，伪诈而机巧；说没有用的话，而表示善辩；辩论不顺理的事物，而表示详审；这都是政治上的大灾殃。行为僻邪，而表示顽强；掩饰过错，而表示工巧；玩弄奸邪，而表示温润；说话善辩，而不顺情合理；这都是古来所最禁止的。

聪明而没有法度，勇敢而没有畏惧；说话善辩而操行僻邪；奢侈无度而功绩

察辩而操僻，淫大而用乏④，好奸而与众，利足而迷，负石而坠⑤，是天下之所弃也。

缺乏；喜好奸邪而波及群众；行动便利而走入迷途；身负重任而陷于困境；这都是天下人所抛弃的。

注 释

❶ 杨倞：齐，疾也。给，急也。便利，亦谓言辞敏捷也。　❷ 俞樾：为诈，即伪诈也。　❸ 杨倞：惠，顺也。　❹ "乏"本作"之"。○俞樾：当以"察辩而操僻"五字为句，《大略》篇亦云"察辩而操僻"，是其证。大，读为"汏"。"淫汏"连文，《仲尼》篇曰："若是其险污淫汏也。"是其证。"之"者，"乏"之坏字。《左传·襄公十四年》曰："匮神乏祀。"释文曰："本或作'之祀'。"盖"之""乏"形似，故易误耳。"淫汏而用乏"，与"察辩而操僻"相对成文。　❺ 郝懿行：利足而迷，所谓"捷径以窘步"也；负石而坠，所谓"力小而任重，高位实疾颠"也。二句皆譬况之词。

【原文】

兼①服天下之心：高上尊贵，不以骄人；聪明圣知，不以穷人；齐给速通，不以先人②；刚毅勇敢，不以伤人。不知，则问；不能，则学；虽能，必让；然后为德。遇君，则修臣下之义；遇乡，则修长幼之义；遇长，则修子弟之义；遇友，则修礼节辞让之义；遇贱而少者，则修告导宽

【译文】

完全威服天下之心：高尚尊贵，不以这个骄傲人；聪明圣智，不以这个危困人；敏捷灵通，不以这个超越人；刚毅勇敢，不以这个伤害人。不知道，就问询；不能够，就学习；虽然能够，必定要谦让；然后把这个作为自己的品德。遇到君上，就修行臣子之道；遇到同乡，就修行长幼之道；遇到长者，就修行子弟之道；遇到朋友，就修行礼节辞让之道；遇到卑贱而又年少的人，就修行劝导宽容之道。

容之义。无不爱也，无不敬也，无与人争也，恢然如天地之苞万物。如是，则贤者贵之，不肖者亲之。如是而不服者，则可谓訞③怪狡猾之人矣；虽则子弟之中，刑及之而宜。

《诗》云："匪上帝不时，殷不用旧。虽无老成人，尚有典刑。曾是莫听，大命以倾④。"此之谓也。

没有不爱护的，没有不尊敬的，没有同人争竞的，襟怀广大无边如同天地包容万物。如此，贤者就尊贵他，不贤者就亲近他。如此，而天下有不顺服的，那就可以说是妖怪狡猾的人了；这样的人，虽然在自己的子弟之中，就是用刑法处分他们，也是应该的。

《诗经》中说："并非上帝不适时宜，而是由于殷国不重用旧臣；虽然没有老成人，还有典法存在；由于他们不听从这些，因而国运趋于倾覆。"就是说的这个道理。

注释

❶ 按：杨倞《解蔽》篇注："兼，犹尽也。" ❷ "不以先人"本作"不争先人"。○王念孙："不争先人"，当依上下文作"不以先人"，今本"以"作"争"，涉下文"与人争"而误也。《韩诗外传》作"不以欺诬人"，《说苑·敬慎》篇作"无以先人"。文虽不同，而"以"字则同。 ❸ 杨倞：訞，与"妖"同。 ❹ 杨倞：《诗经·大雅·荡》之篇。典刑，常事、故法也。

【原文】

古之所谓仕士①者，厚敦者也，合群者也，易富贵②者也，乐分施者也，远罪过者也，务事理者也，羞独富者也。今之所谓仕士者，污漫者也，贼乱

【译文】

古来的所谓出仕之士，是淳厚的，是合群的，是轻视富贵的，是喜好施予的，是不冒犯罪过的，是努力追求事理的，是以独自富裕为耻辱的。现在的所谓出仕之士，是肮脏的，是昏乱的，是纵情任性的，是贪

者也，恣睢者也，贪利者也，触抵者也，无礼义而唯权埶之嗜者也。

古之所谓处士③者，德盛者也，能静者也，修正者也，知命者也，箸④是者也。今之所谓处士者，无能而云能者也，无知而云知者也，利心无足而佯无欲者也，行伪⑤险秽而强高言谨悫者也，以不俗为俗、离縰而跂訾⑥者也。

求财利的，是同人相抵触的，是不讲礼义而只知道贪求权势的。

古来的所谓不仕之士，是道德隆盛的，是能够处静（安分）的，是修正身心的，是乐天知命的，是明辨是非的。现在的所谓不仕之士，是没有才能而自以为有才能的，是没有智慧而自以为有智慧的，是贪心无厌而伪装作无私无欲的，是行为险恶、污秽而大言不惭地自以为恭谨的，是以不合习俗为习俗而妄自以为与众不同的。

注　释

❶ "仕士"本作"士仕"。下同。○王念孙："士仕"当为"仕士"，与下"处士"对文。今本误倒。　❷ 按："易富贵"本作"乐富贵"，文义相反，盖涉下句"乐分施"及古有"乐易"一词，而误"易"为"乐"。韦昭《国语》注、高诱《战国策》注："易，轻也。"今以意改。　❸ 杨倞：处士，不仕者也。　❹ 按：箸，通"著"。《小尔雅》："著，明也。"　❺ 刘师培：行伪，即"行为"。"伪""为"古通，如《性恶》篇"为"字均作"伪"是也。　❻ "縰"本作"纵"。○杨倞：纵，当为"縰"，传写者误耳。○王念孙：《庄子·在宥》篇："儒、墨乃始离跂攘臂乎桎梏之间。""离跂"，叠韵字。《荀子》云"离縰而跂訾"，"离縰""跂訾"，亦叠韵字。大抵皆自异于众之意也。

【原文】

士君子之所能为、不能

【译文】

士君子所能做到和不能做到的：君子

为①：君子能为可贵，不能使人必贵己；能为可信，不能使人必信己；能为可用，不能使人必用己。故君子耻不修，不耻见污；耻不信，不耻不见信；耻不能，不耻不见用。是以，不诱于誉，不恐于诽，率道而行，端然正己，不为物倾侧；夫是之谓诚君子。

《诗》云："温温恭人，维德之基。"②此之谓也。

能够做到可尊贵，而不能够使人一定尊贵自己；能够做到可相信，而不能够使人一定相信自己；能够做到可录用，而不能够使人一定录用自己。所以，君子以不修身为可耻，而不以被人污辱为可耻；以不信实为可耻，而不以不被人相信为可耻；以无能为可耻，而不以不被录用为可耻。所以，不被赞扬所引诱，不为诽谤所恐惧，遵循着大道而行，端端正正地修饬自己，不为外物所颠覆；这样就叫作真实的君子。

《诗经》中说："温温和和、容貌恭逊的人，他就是道德的基础。"就是说的这样的人。

注 释

❶"能为、不能为"本作"能不能为"。○王念孙：此文本作"士君子之所能为、不能为"，乃总冒下文之词。下文六句，皆承此文而言。 ❷杨倞：已解在《不苟》篇。

【原 文】

士君子之容：其冠进，其衣逢①，其容良，俨然，壮然，祺然，蕼然，恢恢然，广广然②，昭昭然，荡荡然，是父兄之容也；其冠

【译 文】

士君子的容貌：他的帽子戴得靠前，他的衣服很宽大，他的容貌很善良，严严肃肃的，强强壮壮的，安安泰泰的，宽宽舒舒的，大大方方的，开开脱脱的，精精明明的，坦坦荡荡的，这便是作为父兄的容貌；他的帽子戴得靠前，他的衣服很宽

进，其衣逢，其容悫，俭然，恀然，辅然，端然，訾然，洞然，缀缀然，瞀瞀然③，是子弟之容也。

大，他的容貌很谨厚，谦谦逊逊的，温温柔柔的，和和蔼蔼的，端端正正的，绵绵弱弱的，恭恭敬敬的，平平淡淡的，拘拘束束的，这便是作为子弟的容貌。

注 释

❶ 杨倞：进，谓冠在前也。逢，大也，谓逢掖也。 ❷ 杨倞：俨然，矜庄之貌。祺然，谓安泰不忧惧之貌。蕼，当为"肆"，谓宽舒之貌。恢恢、广广，皆容众之貌。 ❸ 杨倞：俭然，自卑谦之貌。辅然，相亲附之貌。訾，与"孳"同，柔弱之貌。洞然，恭敬之貌。《礼记》曰："洞洞乎其敬也。"缀缀然，不乖离之貌。瞀瞀然，不敢正视之貌。〇俞樾：《汉书叙传》："妭妭公主。"颜师古曰："妭妭，好貌。"恀，即"妭"之借字。

【原 文】

吾语汝学者之嵬容①：其冠絻，其缨禁缓，其容简连②，填填然，狄狄然，莫莫然，瞡瞡然，瞿瞿然，尽尽然，盱盱然③；酒食声色之中，则瞒瞒然，瞑瞑然④；礼节之中，则疾疾然，訾訾然⑤；劳苦事业之中，则儢儢然，离离然⑥；偷儒而罔，无廉耻而忍謑诟⑦；是学者之嵬容⑧也。

【译 文】

我和你们谈谈学者的怪容：他的帽子戴得靠前而低，他的系帽带子宽大而松缓，他的容貌很骄傲，洋洋自得的，邪僻不正的，散漫不整的，小气十足的，左顾右盼的，空空洞洞的，立眉竖眼的；在酒食声色之中，就模模糊糊的，瞑瞑迷迷的，在礼节之中，就怠惰不安的，不厌其烦的；在劳苦工作中，就懒懒怠怠的，躲躲闪闪的；苟且偷安而不怕别人批评，没有廉耻而忍受辱骂；这便是学者的怪容。

注 释

❶ 郝懿行：鬼容者，怪异之容。　❷ 杨倞：綩，当为"俛"，谓太向前而低俯也。缨，冠之系也。禁，读为"紟"，紟，带也；言其缨大如带而缓也。简连，傲慢不前之貌。　❸ 杨倞：填填，满足之貌。瞡，与"规"同；规规，小见之貌。瞿瞿，瞪视之貌。盱盱，张目之貌。○刘师培：《庄子·秋水》篇："规规然自失。"释文："规规，惊视自失貌。""瞡"义当与"规"同。○按：《广雅》："狄，辟也。"狄狄，邪僻之貌也。《文选》注引《韩诗章句》："莫，散也。"莫莫，散慢之貌也。《说文》："尽，器中空也。"尽尽，盖空虚之貌也。　❹ 杨倞：瞒瞒，闭目之貌；瞑瞑，视不审之貌。谓好悦之甚，佯若不视也。○郝懿行：瞒瞒瞑瞑，谓耽于酒食声色，惛瞀迷乱之容也。○按：《说文》："瞒，平目也。"　❺ 杨倞：疾疾，訾訾，谓憎疾毁訾也。　❻ 杨倞：偒偒，不勉强之貌。离离，不亲事之貌。陆法言云："偒，心不力也。"疾疾、訾訾，谓苦于礼节拘迫、畏悍惰窳之容也。偒偒、离离，谓不耐烦苦劳顿、懒散疏脱之容也。　❼ 杨倞：偷儒，谓苟避事之劳苦也。罔，谓罔冒，不畏人之言也。谍訽，詈辱也。　❽ 按："鬼"下本无"容"字，今以意依上文"吾语汝学者之鬼容"补。

【原文】

弟佗其冠①，神禫其辞②，禹行而舜趋，是子张氏之贱儒也；正其衣冠，齐其颜色，嗛然③而终日不言，是子夏氏之贱儒也；偷儒惮事，无廉耻而耆④饮食，必曰"君子固不用力"，是子游氏之贱儒也。

彼君子则不然，佚而不

【译文】

帽子戴得歪斜，说话淡而无味，走着大禹、大舜的步伐，这便是子张氏一类的贱儒；帽子戴得周正，面色庄庄重重，怡然自得地一天也不说句话，这便是子夏氏一类的贱儒；苟安怕事，没有廉耻，而好吃好喝，经常说"君子原本是不出力的"，这便是子游氏一类的贱儒。

那君子就不是这样：虽然居处安逸

惰，劳而不僈，宗原⑤应变，曲得其宜。如是，然后圣人也。

而不怠惰；虽然行动劳苦而不弛慢，宗守师法，随机应变，各得其宜。做到这样，然后才符合圣人之道。

注释

❶ 卢文弨：弟，本或作"弟"，《集韵》音"徒回"反。《庄子·应帝王》篇有"弟靡"，此"弟佗"义当近之，与上所云"其冠绕"，亦颇相似。○按：郭象注《庄子》"弟靡"为"颓靡"。　❷ 杨倞：神禫，当为"冲淡"，谓其言淡薄也。　❸ 杨倞：嗛，与"慊"同，快也，谓自得之貌。　❹ 杨倞：耆，与"嗜"同。　❺ 王先谦：宗原者，以本原为宗也。○按：谓以师法为本。

仲尼篇第七

【原文】

仲尼之门①，五尺之竖子，言羞称乎五伯②，是何也？

曰：然，彼诚可羞称也。齐桓，五伯之盛者也。前事，则杀兄③而争国；内行，则姑姊妹之不嫁者七人，闺门之内，般乐奢汰④，以齐之分⑤，奉之而不足；外事则诈邾袭莒，并国三十五。其事行也，若是其险污淫汰也。彼固曷足称乎大君子之门哉？

若是，而不亡，乃霸，何也？

【译文】

孔子的门下，五尺的童子，说话都以称道五霸为可耻。这是怎么回事呢？

回答说：是的。称道他们，诚然是可耻的。齐桓公，是五霸中最负众望的。过去的事情，他杀死了哥哥，夺取了君位；家中的情况，他的姑姑、姐妹就有七个人没有出嫁，在宫廷之中，奢侈浮华，吃喝玩乐；以齐国赋税的一半，还不够他挥霍的；对外的事务，讨伐诸侯，并吞了三十五国。他的行径，就是这样险恶、污秽、荒淫无度。他怎么能够在大君子的门下被人称道呢？

像这样，可是他并没有灭亡，而且成为霸主，这是怎么回事呢？

注释

❶ "门"本作"门人"。 ❷ 杨倞：伯，读为"霸"。或曰：伯，长也，为诸侯之长。○按：伯，正字；霸，借字。 ❸ 杨倞：兄，子纠也。 ❹ 杨倞：

般，亦乐也。汰，侈也。 ❺杨倞：分，半也；用赋税之半也。

【原 文】

曰：於乎^①！夫齐桓公有天下之大节^②焉，夫孰能亡之？倓然^③见管仲之能足以托国也，是天下之大知也。安忘其怒，出其仇^④，遂立以为仲父^⑤，是天下之大决也。立以为仲父，而贵戚莫之敢妒也；与之高、国之位^⑥，而本朝之臣莫之敢恶也；与之书社三百，而富人莫之敢距也^⑦；贵贱、长少，秩秩焉^⑧莫不从桓公而贵敬之；是天下之大节也。诸侯有一节如是，则莫之能亡也；桓公兼此数节者而尽有之，夫又何可亡也？其霸也，宜哉！非幸也，数^⑨也。

【译 文】

回答说：哎呀！那齐桓公有执掌天下最高明的策略啊！谁能够灭掉他呢？他在仓促之间就看出管仲足以付托国家重任，这是天下最大的明智；因而忘掉怒气，抛弃仇恨，即时称奉管仲为"仲父"，这是天下最大的决策。称奉管仲为"仲父"，而贵族们都不敢嫉妒；给予了管仲最高的权位，而朝臣们都不敢憎恶；给予了管仲三百社的封地，而富人们都不敢拒绝；全国的贵贱、长幼，都顺顺服服地没有不听从桓公而敬奉管仲的；这便是天下最大的手段。诸侯有一项这样的手段，就没有人能灭掉他；桓公兼有这几项手段，那又怎么能够被人灭亡呢？他成为霸主是理所当然的，并不是幸运，而是势数。

注 释

❶杨倞：於乎，读为"呜呼"，叹美之声。 ❷按：高诱《淮南子》注："节，策也。" ❸俞樾：《说文》："覢，暂见也。""䀹，暂视貌。"二字音义俱近。倓，即其假字也。倓然，暂见之谓。暂见而即知其足以托国，是以谓之大知。 ❹按："出其仇"，本作"出忘其仇"，"忘"字系涉上句而衍。安，为语

词，二句对文。谓弃去射钩之仇。 ❺ 杨倞：仲者，夷吾之字；父者，事之如父，故号为仲父。 ❻ 杨倞：高子、国子，世为齐上卿，今以其位与之。 ❼ 杨倞：书社，谓以社之户口，书于版图。《周礼》："二十五家为社。"距，与"拒"同。 ❽ 杨倞：秩秩，顺序之貌。 ❾ 按：《老子》顾欢注："数，势数也。"

【原文】

然而，仲尼之门人，五尺之竖子，言羞称乎五伯，是何也？

曰：然，彼非本政教也，非致隆高也，非綦①文理也，非服人之心也。乡方略②，审劳佚，谨畜积，修斗备③，而能颠倒其敌者也；诈心以胜矣，彼以让饰争，依乎仁而蹈利者也；小人之杰也，彼固曷足称乎大君子之门哉？

【译文】

然而，孔子的门下，五尺的童子，说话都以称道五霸为可耻，究竟是怎么回事呢？

回答说：是的。他并没有推原到政教的本原（道），并没有把勋业提高到极点（王业），并没有把天下事理观察深透，并没有威服了万民之心。施行方略，审核劳逸，谨严积蓄，修整战备，是能够颠覆他的对方的；〔可是，齐桓公〕是用虚诈的心术取得胜利，又以礼让来掩饰争端，依附着仁爱来谋求利益；这是小人之中的俊杰，他怎么能够在大君子的门下被人称道呢？

【注释】

❶ 杨倞：綦，极也。〇按：与"致"对文。 ❷ 杨倞：乡，读为"向"，趋也。〇按：《广雅》："趋，行也。"向方略，谓行方略也。 ❸ "谨畜积，修斗备"，本作"畜积，修斗"。〇王引之："修斗"二字，殊为不词。《王霸》篇作"乡方略，审劳佚，谨畜积，修战备"。疑此亦本如是，而传写者有脱文也。

【原文】

彼王者则不然：致贤而能以救不肖，致强而能以宽弱，战必能殆之，而羞与之斗；委然①成文，以示之天下，而暴国安自化矣。有灾缪者，然后诛之。故圣王之诛也，綦省矣。文王诛四②，武王诛二③；周公卒业④，至于成王，则安⑤无诛矣。故道岂不行矣哉？文王载之⑥，百里地而天下一；桀纣舍之，厚于有天下之埶，而不得以匹夫老。

故善用之，则百里之国，足以独立矣；不善用之，则楚六千里而为仇人役⑦。故人主不务得道，而广有其埶，是其所以危也。

【译文】

那王者就不是这样：招致贤人，而能够挽救不贤，招抚强国，而能够宽容弱国；战争能够挫败对方，可是以和它争斗为可耻；用灿烂的礼文，昭示天下，因而强暴之国也就自然可以从化。有祸患和谬误的，然后去惩罚它。所以圣王的惩罚是相当少的。文王惩罚过四个国，武王惩罚过两个国；周公由摄政以至于到成王即位，天下就没有惩罚之举了。难道圣人之道没有施行过吗？文王施行了道，以地方百里之国而统一了天下；桀、纣舍弃了道，掌握着天下大权，而不得以一个庶民活到老。

所以，善于用道，就是百里之国，也足以独立；不善于用道，就是楚国六千里的国家，也得被仇敌所奴役。所以，君主不急于掌握道，而只知扩充势力，这就是他所遭到危困的原因。

注 释

❶ 按：《尔雅》："委委，美也。" ❷ 杨倞：四，谓密也，阮也，共也，崇也。《诗》曰："密人不恭，敢距大邦，侵阮徂共。"《春秋传》曰："文王闻崇德乱而伐之，因垒而降。"诛者，讨伐杀戮之通名。 ❸ 俞樾：所谓诛二者，殆即《孟子》所称"诛纣，伐奄"与？ ❹ 按：卒业，谓周公终其摄政之事，还政于成王也。 ❺ "安"下本有"以"字。○王念孙："安"下本无"以"字，

此后人不知"安"为语词，故妄加"以"字耳。《大略》篇："至成康，则案无诛已。""案"下无"以"字，是其明证。　❻"载"下本无"之"字。○顾千里："载"下当有"之"字。"载之""舍之"对文。二"之"字皆指"道"也。《富国》篇"以国载之"，是其证。　❼杨倞：仇人，秦也。楚怀王死于秦，其子襄王又为秦所制而役使之也。

【原文】

持宠①处位，终身不厌之术：主尊贵之，则恭敬而僔②；主信爱之，则谨慎而嗛③；主专任之，则拘守而详④；主安近之，则慎比⑤而不邪；主疏远之，则全一而不倍；主损绌之，则恐惧而不怨。贵而不为夸⑥，信而不处谦⑦，任重而不敢专；财利至，则善而不及也⑧，必将尽辞让之义，然后受。福事至，则和而理；祸事至，则静而理。富则施广，贫则用节。可贵可贱也，可富可贫也，可杀而不可使为奸也；是持宠处位、终身不厌之术也。虽在贫穷徒处⑨之埶，亦取象于是矣。夫是之谓吉人。《诗》曰："媚兹一人，应

【译文】

保持尊宠、居守官位、终身不倦的方术：主上尊重自己，就恭敬而逊退；主上信爱自己，就谨慎而谦让；主上专任自己，就拘谨而周详；主上接近自己，就顺从而不邪僻；主上疏远自己，就纯一而不违背；主上斥退自己，就恐惧而不怨恨。地位高贵，而不表现奢侈；受到信任，而不居处嫌疑；责任重大，而不敢擅自专主；财利到来，就感到自己的善行好像不应该获得，必定要表尽了谦让之义，然后才去接受。福事到来，就和悦地去处理；祸事到来，就稳静地去处理。富裕了，就广泛布施；贫困了，就节约财用。可以处贵，可以处贱，可以处富，可以处贫；可以杀戮，而不可以使他做坏事；这便是保持尊宠、居守官位、终身不倦的方术。虽然在贫穷独处的形势之下，也要取法于此。这就叫作吉祥之人。

《诗经》中说："奉承一国之主，总是以柔顺的风度来适应，永远怀存

侯顺德，永言孝思，昭哉嗣服！⑩"此之谓也。

忠孝之心，他的后嗣的事业是多么光明啊！"就是说的这样的人。

注 释

❶按：《说文》："宠，尊居也。"韦昭《国语》注："宠，尊也。" ❷杨倞：傅，与"撙"同，卑退也。 ❸王引之：嗛，与"谦"同。《周易》释文曰："谦，子夏作'嗛'。" ❹按：何休《公羊传》注："善用心曰详。" ❺王引之：慎比，即顺比。慎、顺，古多通用。 ❻杨倞：夸，奢侈也。 ❼杨倞：谦，读为"嫌"。得信于主，不处嫌疑间，使人疑其作威福也。 ❽杨倞：而，如也。言己之善寡，如不合当此财利也。 ❾杨倞：徒处，独处也。○按：《华严经音义》引刘熙："徒，犹独也。" ❿杨倞：《诗经·大雅·下武》之篇。一人，谓君也。应，当。侯，维。服，事也。郑云："媚，爱。兹，此也。"

【原文】

求善处大重，理任大事①，擅宠于万乘之国，必无后患之术：莫若好同之，援贤，博施，除怨，而无妨害人。耐任之，则慎行此道也；而不耐任②，且恐失宠，则莫若早同之，推贤让能，而安随其后。如是，有宠则必荣，失宠则必无罪。是事君者之宝，而必无后患

【译文】

求取善于居处大位，顺利担任大事，在大国中独得尊宠，一定没有后患的方术：没有比喜欢和君上相和同再好的，还要援用贤人，广泛布施，消除怨怒，而且不妨害别人。能够担任这项职务，就要谨慎地去施行；如果不能够担任这项职务，而且恐怕失掉尊宠，就不如及早和君上同心协力，推让贤能，而安安稳稳地追随在他们的后面。这样，受到尊宠，必然获得光荣；失掉尊宠，不致获得罪过。这就是侍奉君上的法宝，而一定没有后患的方术。

之术也。

故知者之举事也，满则虑嗛③，平则虑险，安则虑危；曲重其豫，犹恐及其祸④；是以百举而不陷也。

孔子曰："巧而好度，必节；勇而好同，必胜；知而好谦，必贤。"此之谓也。

所以，明智人做事，盈满了，就考虑到不足；平稳了，就考虑到险难；安泰了，就考虑到危困；多方做出种种准备，还恐怕取得灾祸；所以样样的举动都不遭失败。

孔子说："工巧而喜欢法度，就必然节约；勇敢而喜好和同，就必然胜任；明知而喜好谦逊，就必然贤能。"就是说的这个道理。

注 释

❶ 杨倞：大重，谓大位也。○按：郑玄《礼记》注："重，犹尊也。"《广雅》："理，顺也。""善处"与"理任"对文。 ❷ "耐任之""而不耐任"，本作"能耐任之""能而不耐任"。○王念孙：两"能"字皆衍文。耐，即能也。今作"能耐任之"者，后人记"能"字于"耐"字之旁，而传写者因误合之也。而，读为"如"。今作"能而不耐任"者，传写者既"能""耐"并录，而"能"字又误在"而不"二字之上也。 ❸ 杨倞：嗛，不足也。 ❹ 杨倞：祇，与"祸"同。

【原 文】

愚者反是：处重擅权，则好专事而妒贤能，抑有功而挤有罪，志骄盈而轻旧怨；以吝啬①而不行施道②乎下；为重招权③，以妨害人。虽

【译 文】

愚蠢的人就和这个相反：掌握着重任大权，就喜好独断专行，而嫉妒贤能；压抑有功，而排挤有罪；意志骄慢，而轻忽旧怨；行为吝啬，因而对下层不施加恩惠；自居尊贵，招揽威权，借以妨害别人。虽然愿意没有危困，做得到吗？

欲无危，得乎哉？是以位尊则必危，任重则必废，擅宠则必辱，可立而待也，可炊而竟④也。是何也？则堕之者众而持⑤之者寡矣。

所以，职位高了，就必然遭到危困；责任重了，就必然遭到失职；专受尊贵，就必然遭到耻辱；这是可以立刻到来的，是不用一顿饭的时间的。这是什么原因呢？这就是由于破坏的人多而扶持的人少。

注 释

❶按：荟，俗"荅"字。 ❷杨倞：施道，施惠之道。 ❸按："而不行施道乎下，为重招权"，本作"而不行施道乎上，为重招权于下"，文意不协。"乎上"当作"乎下"，"于下"涉上句"乎下"而衍，今以意改。 ❹郭庆藩：字书无"竟"字。竟，当读为"竟"。《说文》："乐曲尽为竟。"引申之，凡终尽之义，皆谓之竟。炊而竟，犹言终食之间，谓时不久也。 ❺王先谦：堕，毁也。持，扶助也。

【原 文】

天下之行术①：以事君则必通，以为仁则必圣②。立隆③而勿贰也，然后恭敬以先之，忠信以统之，慎谨以行之，端悫以守之，顿穷则从之，疾力以申重之。君虽不知，无怨疾之心；功虽甚大，无伐德之色；省④求多功，爱敬不勌。如是，则常无不顺

【译 文】

天下通行的道术：用来侍奉君上，就必然通达；用来做人，就必然圣明。树立敦厚的行为，而没有二心，然后用恭敬来指引，用忠信来统率，用谨慎来行动，用端厚来保守，如果发生了困顿，从而就努尽气力，反复前进。君上虽然不知道自己，也没有怨恶的心情；功劳虽然很大，也没有夸耀的颜色；减损求取，加强功绩，敬爱君上，不知厌倦。如果做到这样，就永远没有不顺利的了。用来侍奉君上，就必然通达；用

矣。以事君则必通，以为仁则必圣：夫是之谓天下之行术。

来做人，就必然圣明。这就叫作天下通行的道术。

【注　释】

❶ 杨倞：可以行于天下之术。○按：高诱《吕氏春秋》注："行，犹通也。" ❷ 杨倞：圣，亦通也。○俞樾：仁，当作"人"。 ❸ 杨倞：隆，敦厚。○按：杨倞《礼论》篇注："隆，丰厚。" ❹ 杨倞：省，少也。

【原　文】

少事长，贱事贵，不肖事贤，是天下之通义也。有人也，埶不在人上，而羞为人下，是奸人之心也。志不免乎奸心，行不免乎奸道①，而求有君子圣人之名，辟之是犹伏而咶天，救经而引其足②也，说必不行矣，俞务而俞远。故君子时诎则诎、时伸则伸也。

【译　文】

少年侍奉长者，卑贱侍奉尊贵，不贤侍奉贤才，这是天下通行的道义。有这样的人，自己的势位不在人上，而以处在人下为羞耻，这是奸邪人的心情。胸怀免不掉奸心，行为免不掉奸道，而企求得到君子圣人的名声，这就如同伏在地上而用舌头舔天，挽救上吊的人而抻他的脚一样，这种办法是行不通的，是越追求越远的。所以，君子在应该退缩的时候就要退缩，在应该延伸的时候就要延伸。

【注　释】

❶ 刘师培：《说苑·臣术》篇引作"身不离奸心，而行不离奸道"。 ❷ 杨倞：辟，读为"譬"。咶，与"舐"同。经，缢也。伏而舐天，愈益远也。救经而引其足，愈益急也。

儒效篇第八

【原 文】

　　大儒之效①：武王崩，成王幼，周公屏成王而及武王②，以属天下③，恶④天下之倍周也。履天子之籍⑤，听天下之断，偃然⑥如固有之，而天下不称贪焉；杀管叔，虚殷国⑦，而天下不称戾焉；兼制⑧天下，立七十一国，姬姓独居五十三人，而天下不称偏焉。教诲开导成王，使谕于道，而能掩⑨迹于文武；周公归周⑩，反籍于成王，而天下不辍事周，然而⑪周公北面而朝之。天子也者，不可以少当也，不可以假摄为⑫也。能，则天下归之；不能，则天下去之。是以周公屏成王而及武王，以属天下，恶天下之离周也。

【译 文】

　　大儒的功绩：周武王死后，太子成王还年幼，周公就拥戴成王而继续武王，来维系天下的统绪，这是恐怕天下背叛了周家王朝。周公履践天子的尊位，掌握天下的政治，平平稳稳地好像自己本来就有的权柄一样，可是天下人并不说他贪婪；杀掉管叔，灭掉殷国，可是天下人并不说他残暴；全面统御着天下，建立了七十一个国家，姓姬的就独占了五十三个人，可是天下人并不说他偏心。教诲、开导成王，使他明白道理，因而能够追踪文王、武王的德业，周公把周家王朝的王位返还给成王，因而天下没有终止侍奉周家王朝，如此，周公就面向北方而朝见成王。天子这个职位，是不可以幼年承当的，是不可以任意代理的。有才能，天下就归顺他；没有才能，天下就背叛他。所以周公拥戴成王而继续武王，来维系天下的统绪，这是恐怕天下背离了周家王朝。

注 释

❶ 杨倞：效，功也。 ❷ 杨倞：及，继。○按：《汉书·王莽传》："周公屏成王而居摄。"颜师古注："屏，犹拥也。" ❸ 王念孙：属，系也。天子者，天下之所系。 ❹ 按：高诱《吕氏春秋》注："恶，犹患也。" ❺ 按：籍，通"阼"，阼亦作"祚"。《文选》注引《国语》贾注："祚，位也。" ❻ 杨倞：偃然，犹安然。 ❼ 杨倞：虚，读为"墟"。戾，暴也。墟殷国，谓杀武庚，迁殷顽民于洛邑，朝歌为墟也。○按：武王弟鲜，封于管，称管叔鲜，与蔡叔度共相纣子武庚。周公摄政，管蔡流言。周公诛武庚，杀管叔，放蔡叔而迁之。 ❽ 按：高诱《战国策》注："制，御也。" ❾ 杨倞：掩，袭也。 ❿ 王先谦：归周者，以周之天下归之成王，与"反籍于成王"文义一贯。 ⓫ 按：《经传释词》："然而者，词之承上而转者也，犹言'如是而'也。" ⓬ 按：孔颖达《礼记》疏："摄，代也。"

【原 文】

成王冠，成人①，周公归周，反籍焉，明不灭主之义也。周公无天下矣。乡有天下，今无天下，非擅②也；成王乡无天下，今有天下，非夺也；变埶次序之节然也③。故以枝代主④，而非越也；以弟诛兄⑤，而非暴也；君臣易位，而非不顺也。因天下之和，遂文武之业，明枝主之义，抑亦变化矣，天下厌然⑥

【译 文】

成王加冠之后（二十岁），到了成人的年龄，周公就把周家王朝的王位返还给成王，这是表明不泯灭君上的大义。周公没有天下了。周公从前有天下，现在没有天下，这并不是禅让；成王从前没有天下，现在有天下，这并不是夺取；这是由于权变和秩序的时节而如此的。所以，以旁枝而代理君位，并不算超越；以弟弟而杀掉哥哥，并不算残暴；君臣调换了地位，并不算不顺。依据着天下的协和，完成了文王、武王的事业，彰明了旁枝和君权的大义，这也是一种世代的变化，可是天下还是安

犹一也。非圣人莫之能为。夫是之谓大儒之效。

安稳稳地统一着。如果不是圣人，是不可能做到的。这就叫作大儒的功效。

注 释

❶按：《礼记·曲礼》篇："二十曰弱，冠。"又《冠义》篇："已冠而字之，成人之道也。" ❷杨倞：乡，读为"向"。擅，与"禅"同。言非禅让与成王也。 ❸"节"上本无"之"字。○杨倞：节，期也。权变次序之期如此也。○王引之："节"上有"之"字，而今本脱之。据杨注，则正文原有"之"字明矣。《荣辱》篇曰："是注错习俗之节异也。"文义与此相似。 ❹杨倞：枝，枝子。周公，武王之弟，故曰枝。主，成王也。 ❺杨倞：谓杀管叔。管叔，周公之兄也。 ❻王念孙：厌然，安貌。字本作"恹"，或作"猒"。

【原文】

秦昭王问孙卿子①曰："儒无益于人之国。"

孙卿子曰："儒者，法先王，隆礼义，谨乎臣子，而致②贵其上者也。人主用之，则埶③在本朝而宜；不用，则退编④百姓而悫，必为顺下矣；虽穷困冻餧，必不以邪道为贪；无置锥之地，而明于持社稷之大义；嗁呼⑤而莫之能应，然而通乎财万物、养百姓

【译文】

秦昭王告诉荀卿说："儒者对于人世间的国家没有什么益处。"

荀卿说："儒者，效法先王，尊崇礼义，谨守臣子的职位，是非常敬重他的主上的。主上录用他，就守职本朝，事事相当；不用他，就退处乡里，恭恭谨谨，必定做一个顺从的百姓；虽然受到穷困饥寒，也不以邪道去谋利；贫穷得无立锥之地，而明白于遵守国家秩序的大义；呼唤虽然没有人答应，可是他通达于制裁万物、长养百姓的政治纲领。职位在别人之上，他就是辅佐王公的干材；职位在别人之下，他就是国家

之经纪。埶在人上，则王公之材也；在人下，则社稷之臣、国君之宝也。虽隐于穷阎漏屋⑥，人莫不贵之，道诚存也。仲尼将为司寇，沈犹氏不敢朝饮其羊，公慎氏出其妻，慎溃氏逾境而徙，鲁之粥牛马者不豫贾⑦：蚤正⑧以待之也。居于阙党，阙党之子弟罔罟分⑨，有亲者取多，孝弟以化之也。儒者在本朝，则美政；在下位，则美俗。儒之为人下如是矣。"

的能臣、君主的瑞宝。他虽然隐居在穷乡僻壤之中，可是人们没有不尊贵他的，确实是由于他胸怀道术啊。孔子将要做鲁国司寇的时候，沈犹氏不敢早晨饮他的羊来欺骗市人，公慎氏休去了他淫乱的老婆；慎溃氏为非作歹，不得不越境而逃；鲁国卖牲畜的，都不敢预定高价：这是由于平时以正道对待他们的缘故。孔子处在自己的家乡阙党，阙党的子弟们，用网捉来的禽兽要公分，而且有父母的要多分，这是由于用孝弟之道感化他们的缘故。儒者官居本朝，就施行善政；处在下位，就风俗优良。儒者位居人下，就是这种情形。"

注 释

❶ 谢墉：荀卿又称孙卿，盖"荀"音同"孙"，语遂移易。○按：高诱《战国策》注："问，告也。" ❷ 杨倞：致，极也。 ❸ 杨倞：埶，权埶。○王念孙：埶者，位也。言位在本朝也。《礼运》："在埶者去。"郑注曰："埶，埶位也。"下文曰："埶在人上。"《仲尼》篇曰："埶不在人上，而羞为人下。"《正论》篇曰："埶位至尊。"是"埶"与"位"同义。○按：二义相成。埶，"势"本字。有埶必有位也。 ❹ 按：颜师古《汉书》注："编，列次也。" ❺ "嗓呼"本作"鸣呼"。○王念孙：鸣，当为"嗓"，字之误也。嗓，与"叫"同。 ❻ 王念孙：《广雅》曰："阎谓之衖。"（与"巷"同。）穷阎，即《论语》所云"陋巷"。漏，读为"陋巷"之陋。 ❼ 杨倞：皆鲁人。《家语》曰："沈犹氏常朝饮其羊，以诈市人，公慎氏妻淫不制，慎溃氏奢侈逾法，鲁之粥六畜者，饰之以储价。"豫价，定为高价也。○按：豫价，盖即豫备多种价格之意。《家语》作"储价"，义略同。 ❽ "蚤正"上本有"必"字。○俞樾："必"字，衍文

也。下文"孝弟以化之也",与此句相对,下无"必"字,则此亦无"必"字矣。 ❾"罔罢分"本作"罔不分"。○刘台拱:"罔不分"当作"罔罢分"。罢,兔罟也;一曰麋鹿罟也。《新序》卷一作"畋渔分",卷五作"网罢分",与此文大同。○王念孙:不,即"罢"字。

【原文】

王曰:"然则其为人上何如?"

孙卿曰:"其为人上也广大矣。志意定乎内,礼节修乎朝,法则度量正乎官,忠信爱利形乎下。行一不义,杀一无罪,而得天下,不为也。此君义信乎人矣,通于四海,则天下应之如讙①。是何也?则贵名白而天下愿②也。故近者歌讴而乐之,远者竭蹶③而趋之;四海之内若一家,通达之属莫不从服。夫是之谓人师。

"《诗》曰:'自西自东,自南自北,无思不服④。'此之谓也。夫其为人下也如彼,其为人上也如此,何谓其无益于人之国也?"

昭王曰:"善!"

【译文】

昭王又问:"那么,儒者位在人上,又是怎样的呢?"

荀卿说:"儒者在位居人上的时候,那就伟大极了。他志意安定于本身,礼节修整于朝廷,法则度量公正于官府,忠信爱利表现在民间。做一项不正义的事,杀一个没有罪的人,因而得到了天下,儒者是不这样做的。这样君主的道义见信于人民,伸张到四海,天下人就响应得像异口同声地欢呼一般。这是什么原因呢?这就是由于儒者高贵的声名显著,因而天下人都羡慕他。所以,近处的人民就都歌颂而喜爱他,远处的人民就争前恐后地来归顺他。四海之内如同一家一样,交通方便的地方莫有不服从的。这就叫作人民的导师。

"《诗经》中说:'从西到东,从南到北,没有不想归服的。'就是说的这样的人。看来,儒者处在别人之下是那个样子,处在别人之上是这个样子,怎么说他对于人世间的国家没有什么益处呢?"

昭王说:"好!"

注释

❶ 杨倞：谨，喧也。言声齐应之也。　❷ "天下愿"本作"天下治"。○顾千里："治"，疑当作"愿"。《荣辱》篇："小人莫不延颈举踵而愿。"杨倞："愿，犹慕也。"《王制》篇："若是名声白，天下愿。"《致士》篇："而贵名白，天下愿。"此"愿"同《荣辱》篇之"愿"，此"天下愿"同《王制》《致士》篇之"天下愿"，明甚。　❸ 杨倞：竭蹶，颠倒也。　❹ 杨倞：《诗经·大雅·文王有声》之篇。引此以明天下皆归之也。

【原文】

先王之道，仁之隆也，比中而行之①。曷谓中？曰：礼义是也。

道者，非天之道，非地之道，人之道也②，君子之所道也。

君子之所谓贤者，非能遍能人之所能之谓也；君子之所谓知者，非能遍知人之所知之谓也；君子之所谓辩者，非能遍辩人之所辩之谓也；君子之所谓察者，非能遍察人之所察之谓也。有所止矣③。

【译文】

先王之道，是人道的最高准则，它是遵循着适中的路线而前进的。什么叫作适中呢？就是礼文和正义。

道，并不是天之道，也不是地之道，而是人之道，这是君子所遵循的。

君子所说的贤能，并不是完全能做别人所能做的意思；君子所说的明智，并不是完全能知道别人所知道的意思；君子所说的分辩，并不是完全能分辩别人所分辩的意思；君子所说的详察，并不是完全能详察别人所详察的意思。它是有一定的造诣的。

注释

❶ 王念孙：比，顺也，从也。言从乎中道而行之也。　❷ 按："人之道也"

本作"人之所以道也","所以"二字,当系涉下句"君子之所以道也"而误衍。言道非天之道,非地之道,乃人之道也,君子所行者也。《孟子·尽心》篇:"仁也者,人也,合而言之,道也。"可互证。今以意删"所以"二字。
❸ "止"本作"正"。○杨倞:正,当为"止"。○王念孙:作"止"是也,《群书治要》正作"止"。

【原文】

相高下,视墝肥,序五种①,君子不如农人;通财货,相美恶,辩贵贱,君子不如贾人;设规矩,陈绳墨,便备用②,君子不如工人;不邺③是非、然不之情④,以相荐撙,以相耻怍⑤,君子不若惠施、邓析。若夫谲德⑥而定次,量能而授官,使贤不肖皆得其位,能不能皆得其官,万物得其宜,事变得其应,慎、墨不得进其谈,惠施、邓析不敢窜其察⑦,言必当理,事必当务,是然后君子之所长也。

【译文】

观察地势的高低,识别土壤的肥薄,排列五谷种植的季节,君子不如农人;流通财利,审察货品的好坏,分别物类的贵贱,君子不如商人;设置规矩,陈列绳墨,便利器用,君子不如工人;不顾是非、然否(如此和不如此)的实情,来互相糟践,互相凌辱,君子不如惠施和邓析。至于依据才德来定立等次,量度智能来授予官位,使贤明和不贤都得到应有的地位,有才和不才都得到应有的官职,万物都得到适宜的处置,事变都得到相应的安排,使慎到和墨翟得不到机会输送他们的言论,使惠施和邓析不敢施展他们的见解,说话一定要合乎理性,事务一定要合乎缓急,这才是君子所见长的。

注 释

❶ 杨倞:高下,原隰也。墝,薄田也。五种,黍、稷、豆、麦、麻。序,谓不失次序,各当土宜也。○按:五种,即五谷。 ❷ 王先谦:备用,即械用。

❸ 王先谦：邮，与"恤"通。《秦策》韦注："恤，顾也。" ❹ "然不"本作"然不然"。○王引之："然不然"本作"然不"，即"然否"也。《哀公》篇："情性者，所以理然不、取舍也。"是其证。后人不知"不"为"否"之借字，故又加"然"字耳。《性恶》篇"不恤是非，然不然之情"，误与此同。 ❺ 杨倞：荐，藉也，谓相蹈藉。撙，抑也。怍，惭也。 ❻ "谲"本作"谪"。○王念孙：作"谲"者是也，作"谪"者，"谲"之讹耳。谲、决，古字通。下文"谲德而序位"，是其明证。又《君道》篇"谲德而定次"，今本作"论德"，"论"字乃后人以意改之。(《正论》篇"论德而定次"同。)《韩诗外传》作"决德"，则《荀子》之本作"谲"甚明。 ❼ 王先谦：《大略》篇云："贫窭者有所窜其手矣。"注："窜，容也。"言二子无所容其察辨也。

【原文】

凡事行，有益于理者立之，无益于理者废之，夫是之谓中事。凡知说①，有益于理者为之，无益于理者舍之，夫是之谓中说②。事行失中，谓之奸事；知说失中，谓之奸道。奸事、奸道，治世之所弃，而乱世之所从服也。

【译文】

凡是施行事务，对于平治有益的就树立它，对于平治无益的就废止它，这就叫作正当的事物。凡是解说事理，对于平治有益的就取用它，对于平治无益的就抛弃它，这就叫作正当的说解。施行事务不正当，就叫作奸事；解说事理不正当，就叫作奸道。奸事和奸道，是平治世界所要抛弃的，却是昏乱世界所要遵从的。

注释

❶ 按：司马贞《史记索隐》："知，犹解也。" ❷ 按：以上四"理"字，皆当作"治"，为唐人所改。

【原文】

若夫充虚之相施①易也，"坚白""同异"之分隔也，是聪耳之所不能听也，明目之所不能见也，辩士之所不能言也；虽有圣人之知，未能偻指②也。不知，无害为君子；知之，无损为小人。工匠不知，无害为巧；君子③不知，无害为治。王公好之，则乱法；百姓好之，则乱事。而狂惑戇④陋之人，乃始率其群徒，辩其谈说，明其辟称⑤，老身、长子不知恶也。夫是之谓上愚，曾不如相鸡狗⑥之可以为名也。

《诗》曰："为鬼为蜮，则不可得；有靦面目，视人罔极。作此好歌，以极反侧。"⑦此之谓也。

【译文】

至于天地间消息盈虚的相互转化，"坚白""异同"之说的相互分隔，这是灵敏的耳朵所不能听取的，是明亮的眼睛所不能观看的，是明辨的学者所不能谈说的；纵然有圣人的明智，也不可能掰着手指头把它们数清楚。不懂得这些，也妨碍不了做君子；懂得这些，也妨碍不了做小人。工匠不懂得这些，也妨碍不了他们的技巧；卿大夫不懂得这些，也妨碍不了他们的政权。王公们喜好这些，就扰乱了法制；百姓喜好这些，就扰乱了事务。可是狂惑戆陋的人，却开始带领着他们的徒众，辩护他们的谈说，申明他们的比喻，一辈子也不知道厌恶。这就叫作最愚蠢的人，他连鸡狗医生的名声都不如。

《诗经》中说："你这样鬼头鬼脑的，诚然人们是摸不到你；但是你这样着脸地做个人，你同别人隔离太远了。我作这支善意的歌曲，就是为了揭发这种反复无常的人。"就是说的这样的人。

注 释

❶ 杨倞：施，读曰"移"。○按：高诱《淮南子》注："充，盈也。"充虚，犹盈虚也。《易传》云："天地盈虚，与时消息。"谓阴阳之化也。　❷ 按：《广

雅》："偻，曲也。"偻指，谓曲指计之也。❸杨倞：君子，卿大夫也。❹杨倞：戆，愚也。身老、子长，言终身。○按：戆，实古"憨"字。❺杨倞：辟，音"譬"。❻按：《尔雅》："相，治也。"相鸡狗，谓鸡狗之医也。❼杨倞：《诗经·小雅·何人斯》之篇。毛云：觍，姑也。○按：颜师古《汉书》注："蜮，魅也。"李贤《后汉书》注："觍，姑也，言面姑然无愧。"《一切经音义》引《考声》："觍，谓不知惭也。"

【原文】

我欲贱而贵，愚而智，贫而富，可乎？曰：其唯学乎！彼学者，行之，曰士也；敦慕①焉，君子也；知之②，圣人也。上为圣人，下为士君子，孰禁我哉？

乡也，涂之人③也，俄而并④乎尧禹，岂不贱而贵矣哉？乡也，效门室之辨，混然曾不能决也⑤，俄而原仁义，分是非，圆回⑥天下于掌上，而⑦辩白黑，岂不愚而知矣哉？乡也，胥靡⑧之人，俄而治天下之大器举在此，岂不贫而富矣哉？

【译文】

我愿意由卑贱而达到尊贵，由愚蠢而达到明智，由贫穷而达到富有，可以不可以呢？回答说：这只有依靠学问啊！凡是有学问的人，实际去做的，便是学士；老老实实地学习的，便是君子；学习得通彻的，便是圣人。在上，就是圣人；在下，就是士君子，谁能阻挡着我们呢？

从前，他本是一个走路的人，忽然可以同帝尧、大禹相比了，这岂不是由卑贱而达到尊贵了吗？从前，用家务琐事来考验他，他都模模糊糊地不能够解决，忽然他能够推原仁义，分辨是非，把天下运转在手掌之上，就如同分辨黑白一般容易，这岂不是由愚蠢而达到明智了吗？从前，他只是一个空无所有的人，忽然治理天下的最高权力都掌握在他手中了，这岂不是由贫穷而达到富有了吗？

注 释

❶ 按：《尔雅》："敦，勉也。"《说文》："慕，习也。"　❷ 杨倞：知之，谓通于学也。○按：《庄子·外物》篇："心彻为知。"　❸ 按："涂之人"上本有"混然"二字，当系涉下文"混然"二字而误衍，今以意删。　❹ 杨倞：并，比也。　❺ 杨倞：混然，无所知之貌。○王引之：效者，考也，验也（并见《广雅》）。考验门室之别，曾混然不能决，言其愚也。　❻ "圆回"本作"图回"。○俞樾：图者，"圆"之误字。《广雅释诂》："圆，圆也。"圆回，犹圆转也。《淮南子·原道》篇曰："圆者常转。"是其义也。圆回天下于掌上，言天下之大，可圆转于掌上也。○钟泰：圆，与"运"通。回者，转也。圆回，运转，一义。○按：《庄子》"天运"，司马本作"天员"，是"圆""运"互通之证。今径改"图"为"圆"。　❼ 卢文弨：而，与"如"同。　❽ 王引之：胥靡者，空无所有之谓，故荀子以况贫。胥之言疏也。司马彪《庄子》注："胥，疏也。"疏，空也。靡，无也。胥靡，犹言胥无。春秋齐有宾胥无，盖取此义也。《汉书·扬雄传》："胥靡为宰，寂寞为尸。""胥靡"与"寂寞"相对为文。是胥靡为空无所有之意。

【原 文】

今有人于此，屑然藏千镒❶之宝，虽行贸❷而食，人谓之富矣。彼宝也者，衣之不可衣也，食之不可食也，卖之不可偻❸售也，然而人谓之富，何也？岂不大富之器诚在此也？是杅杅❹亦富人已，岂不贫而富矣哉？

【译 文】

现在，有这么一个人，他独独地储藏着价值千金的宝物（学问），他虽然在路上要饭，人们也得说他是富有。他那种宝物，穿，穿不得；吃，吃不得；卖，不容易卖出去；然而人们都说他是富有，这是什么原因呢？岂不是由于最值钱的宝物实际掌握在他手中了吗？这便是一个大大的富有之人。这岂不是由贫穷而达到富有了吗？

注释

❶ 按：李贤《后汉书》注："屑，犹介也。"俗误作"屑"。郑玄《礼记》注："二十两曰溢。"溢，通作"镒"。 ❷ 杨倞：行贷，行乞也。 ❸ 杨倞：偻，疾。○朱骏声：偻，借为"数"，实为"速"。○按：或通作"屡"。《尔雅》："屡，疾也。"又："屡，亟也。" ❹ 杨倞：杅杅，即"于于"也，自足之貌。○王引之：《方言》："于，大也。"○按：于，借为"夸"。

【原文】

故君子无爵而贵，无禄而富，不言而信，不怒而威，穷处而荣，独居而乐，岂不至尊、至富、至重、至严之情举积此哉？故曰：贵名不可以比周❶争也，不可以夸诞有也，不可以埶重胁也，必将诚❷此，然后就也。争之则失，让之则至；遵道则积，夸诞则虚。故君子务修其内，而让之于外；务积德于身，而处之以遵道；如是，则贵名起如日月，天下应之如雷霆。

故曰：君子隐而显，微而明，辞让而胜。

《诗》曰："鹤鸣于九皋，

【译文】

所以，君子没有爵位，而受到尊贵；没有俸禄，而享到富有；不说话，而见信于人；不发怒，而有威严；居处贫困，而获得光荣；深居简出，而精神愉快；这岂不是最尊贵、最富有、最宝贵、最严肃的实际都积聚在这里了吗？所以说，尊贵的名声是不可以用互相亲密而争夺的，是不可以用夸张声势而保有的，是不可以用势力威权相胁迫的。必须把这些道理审察清晰，然后才享有尊贵的名声。争夺，就会失掉；谦让，就会获得；顺理而行，就会越积越多；夸张声势，就会落空。所以，君子致力于修饬内心，而在表面上表示谦让；致力于积储德行，而以顺道自居；这样，他尊贵的名声像日月一般上升，天下人像雷电一般响应。

所以说，君子幽隐而显著，微暗而光明，辞让而过人。

《诗经》中说："白鹤在广阔的池泽中叫唤，上天都听得见它的声音。"就是

声闻于天。"③ 此之谓也。　　比喻这样的人。

注 释

❶ 按：《左传·文公十八年》："是与比周。"杜预注："比，近也。周，密也。"　❷ 按：郑玄《礼记》注："诚，犹审也。"　❸ 杨倞：《诗经·小雅·鹤鸣》之篇。毛云：皋，泽也。○按：《韩诗》："九皋，九折之泽。"

【原　文】

　　鄙夫反是：比周，而誉①俞少；鄙争，而名俞辱；烦劳以求安利，其身俞危。

　　《诗》曰："民之无良，相怨一方，受爵不让，至于己斯亡。"② 此之谓也。

【译　文】

　　粗陋的人同君子相反：和别人越亲密，而同志越少；和别人越竞争，而名誉越污浊；厌烦劳苦，希求安逸，而他的身体越危困。

　　《诗经》中说："这样不善良的人，总是怨恨别人；他只知道享受爵禄，而不知道礼让，终于自取灭亡。"就是说的这样的人。

注 释

❶ 王念孙：誉，即"与"字也，"誉""与"古字通。元刻本作"与"，本字也；宋本作"誉"，借字也。《诗·小雅·角弓》传："比周而党愈少，鄙争而名愈辱，求安而身愈危。"语皆本于《荀子》。党，亦与也。○按：郑玄《易》注："与，犹亲也。"　❷ 杨倞：《诗经·小雅·角弓》之篇。引此以明不责己而怨人。

【原文】

故能小而事大，辟之是犹力之少而任重也，舍粹①折，无适也。身不肖而诬贤，是犹伛伸②而好升高也，指其顶者愈众。

故明主谲德而序位，所以为不乱也；忠臣诚能，然后敢受职，所以为不穷也。分不乱于上，能不穷于下，治辩③之极也。

《诗》曰："平平左右，亦是率从④。"是言上下之交不相乱也。

【译文】

所以，才能偏小，而事务繁重，这就如同气力很少而身担重任，除遭到粉身碎骨外，没有别的下场。自己本身不贤，而诬害贤人，这就如同一个伛偻身躯的人，而喜欢爬高一样，指点着他的头顶责备他的人就会越多。

所以，英明的君上根据才德而安排官位，就是为了防止昏乱；忠臣而确实有才能，然后才敢接受职位，就是为了防止困顿。在上方分位不混乱，在下方才能不困顿，这是治国的要道。

《诗经》中说："左右的人都非常从容自如，而且都遵从君上的指使。"这就是说君臣上下之间不相紊乱的意思。

注释

❶杨倞：粹，读为"碎"。 ❷杨倞：伸，读为"身"，字之误也。 ❸王先谦：辩，亦治也。 ❹杨倞：《诗经·小雅·采菽》之篇。毛云：平平，辩治也。○按：《韩诗》作"便便"云："便便，闲雅之貌。"

【原文】

以容俗①为善，以货财为宝，以养生为己至道，是民德

【译文】

把庸俗作为美善，把货财作为宝物，把养生作为自己的无上行动，这便

也。行法、志坚②，不以私欲乱所闻，如是，则可谓劲士③矣。

行法、志坚，好修正其所闻，以桥饰④其情性；其言多当矣，而未谕也；其行多当矣，而未安也；其知虑多当矣，而未周密也；上则能大其所隆，下则能开道不己若者；如是，则可谓笃厚君子矣。

修百王之法，若辨白黑；应当时之变，若数一二；行礼要⑤节而安之，若生四枝⑥；要时、立功之巧，若诏⑦四时；平正⑧和民之善，亿万之众，而抟⑨若一人⑩。

是民众的德性。行为端正，意志坚强，不以私欲搅乱自己的听闻，这样就可以叫作坚强的学士。

行为端正，意志坚强，喜欢端正自己的听闻，来矫正自己的情性；他的言论有许多是正当的，但是还不够通晓；他的行为有许多是正当的，但是还不够踏实；他的智虑有许多是正当的，但是还不够周密；在上，能够发扬自己所推崇的道义；在下，能够开导不如自己的人；这样，就可以叫作忠厚的君子了。

修习先王的法制，就如同分辨黑白一般；适应当时的变化，就如同数一二一般；遵行礼节，处之泰然，就如同本身长着四肢一般；遵循时令，建立功勋，做得工巧，就如同通晓四时的变化一般；平治政令，协和民众，做得完善，把亿万民众团结得像一个人一般。

注 释

❶ 按：容俗，宋本作"从俗"，今从元刻本作"容俗"。容俗，即"庸俗"。"容易"之"容"，正字当作"庸"也。　❷ "志坚"本作"至坚"。○刘台拱：《韩诗外传》引此作"行法而志坚"。○王先谦：荀书"至""志"通借。《正论》篇："其至意至暗也。"杨倞："至，当为'志'。"是其证。　❸ 按：《说文》："劲，强也。"　❹ 杨倞：桥，与"矫"同。　❺ 杨倞：要，邀也。○按：高诱《吕氏春秋》注："要，徼也。"徼，即"邀"字。《说文》："徼，循也。"　❻ 杨倞：安于礼节，若身之生四枝（肢），不以造作为也。　❼ 按：《释名》："诏，照也。"高诱《淮南子》注："照，犹晓也。"　❽ 王先谦：平正，犹平政

也。《王制》篇云:"故君人者欲安,则莫若平政爱民矣。"《富国》篇云:"平政以齐民。"与此"平正和民"文义一律。正、政,古通字。 ⑨ "抟"本作"博"。○王念孙:博,"抟"字之误。○按:《文选》注引司马彪《庄子》注:"抟,团也。" ⑩ 按:"若一人"下,本有"如是则可谓圣人矣"八字,与下文重复,今定为衍文,删。

【原文】

井井兮①其有理也,严严兮②其能敬己也,分分兮③其有终始也,猒猒兮④其能长久也,乐乐兮其执道不殆⑤也,炤炤兮⑥其用知之明也,修修兮其统类之行⑦也,绥绥兮其有文章也,熙熙兮其乐人之臧也,隐隐兮⑧其恐人之不当也。如是,则可谓圣人矣。

【译文】

整整齐齐的,凡事都有条有理;严严肃肃的,凡事都自知警惕;明明白白的,凡事都有始有终;安安稳稳的,凡事都能长久保持;痛痛快快的,执守道义,永不懈怠;昭昭耀耀的,施展智谋,无限英明;勤勤恳恳的,行动足以统御群类;安安泰泰的,言辞富有文采;和和蔼蔼的,喜好别人的善言善行;兢兢业业的,恐怕别人行为失当。这样,就可以称作圣人了。

注释

❶ 按:井,与"整"叠韵。《风俗通》(《初学记》引)、郑玄《易》注:"井,法也。"《说文》:"法,刑也。"《韩诗》:"刑,正也。"郑玄《礼记》注:"整,正列也。"是"井"有"整"义。井井,整齐之貌。薛综《东京赋》注:"整,理也。"与"有理"之义正合。 ❷ 杨倞:严严,有威重之貌。严或作"俨"。○按:《释名》:"敬,警也。" ❸ 按:分分,明辨之貌。高诱《吕氏春秋》注:"分,明也。" ❹ 王先谦:猒猒兮,犹安安然。 ❺ 按:陆德明《老子》释文:"殆,怠也。"又何休《公羊传》注:"殆,疑也。"均可通。 ❻ 杨

倞：" 炤炤，明见之貌。"炤，与"照"同。　❼"统类"上本有"用"字。○王引之："统类"上不当有"用"字，盖涉上句而衍。○按：高诱《淮南子》注："修，勉也。"统类，谓统御物类也。　❽杨倞：绥绥，安泰之貌。熙熙，和乐之貌。隐隐，忧戚貌。

【原文】

此其道出乎一。

曷谓一？曰：执神而固。

曷谓神？曰：尽善挟①治之谓神。

曷谓固？曰②：万物莫足以倾之之谓固。

神固之谓圣人。

【译文】

他（圣人）这种道术发自〔意志的〕专一。

什么叫作专一呢？回答说：就是对事物执守得神明和牢固。

什么叫作神明？回答说：完全达到美善，完全达到平治，就叫作神明。

什么叫作牢固？回答说：一切事物都不能够颠覆它，就叫作牢固。

既神明，又牢固，就称作圣人。

注释

❶杨倞：挟，读为"浃"。浃，周洽也。　❷"曷谓固曰"四字本缺。○王引之："万物"上当有"曷谓固曰"四字，与上文之"曷谓一""曷谓神"，皆文同一例。今脱去"曷谓固曰"四字，则与上下文不相应矣。

【原文】

圣人也者，道之管①也。天下之道，管是矣；百王之

【译文】

所谓圣人，就是"道"的典型。天下之道，就以这种道术为典型；百王

道，一是矣。故《诗》《书》《礼》《乐》归是②矣。《诗》言是其志也，《书》言是其事也，《礼》言是其行也，《乐》言是其和也，《春秋》言是其微也。故风之所以为不逐③者，取是以节之也；小雅之所以为小雅者，取是而文之也；大雅之所以为大雅④者，取是而光之也；颂之所以为至者，取是而通之也。天下之道毕是矣。乡是者臧，倍是者亡。乡是如不臧，倍是如⑤不亡者，自古及今，未尝有也。

（先王与后王）之道，就用这种道术来统一。所以，《诗经》《尚书》《礼经》《乐经》的内容都要以这种道术为归宿。《诗经》说的就是肯定圣人的意志，《尚书》说的就是肯定圣人的事务，《礼经》说的就是肯定圣人的行动，《乐经》说的就是肯定圣人的协调，《春秋》说的就是肯定圣人的微言大义。所以，国风之所以称为没有淫邪，就是用这种道术来节制；小雅之所以称为小雅，就是用这种道术来美化；大雅之所以称为大雅，就是用这种道术来光大；颂之所以称为至上，就是用这种道术来彰明。天下之道都在这里显示出来了。趋向这种道术的就获得美善，违背这种道术的就遭到灭亡。趋向这种道术而不获得美善，违背这种道术而不遭到灭亡，从古到今，不曾有过。

注 释

❶ 按：高诱《淮南子》注："管，准法也。"颜师古《汉书》注："管，主也。" ❷ 按："归是"上本有"之"字，当系涉上文"之道"而衍，今以意删。 ❸ 杨倞：风，国风。逐，流荡也。○按：逐，当借为"流"。叠韵通假字。郑玄《礼记》注："流，犹淫放也。"即所谓"《关雎》乐而不淫"者也。 ❹ 杨倞：雅，正也。○郝懿行：《诗序》所谓"政有小大，故有小雅、大雅"是也。光，犹广也。光、广，古通用。 ❺ 卢文弨：两"如"字俱读为"而"。

【原文】

客有道①曰：孔子曰："周公其盛乎！身贵而愈恭，家富而愈俭，胜敌而愈戒。"

应之曰：是殆非周公之行，非孔子之言也。

武王崩，成王幼，周公屏成王而及武王，履天子之籍，负扆②而坐，诸侯趋走堂下。当是时也，夫又谁为恭矣哉？

兼制天下，立七十一国，姬姓独居五十三人焉；周之子孙，苟不狂③惑者，莫不为天下之显诸侯。孰谓周公俭哉？

【译文】

有的人说：孔子说过："周公太伟大了！出身尊贵，而越加谦恭；家室富有，而越加节俭；战胜敌人，而越加戒备。"

回答说：这大概不是周公的行为，也不是孔子的言论。

武王死后，成王还在幼年，周公就拥戴成王，而继承武王，他履践天子的尊位，背着屏风而坐，各国诸侯趋走在朝廷之下。当这个时候，有谁又做到谦恭呢？

周公全面统御着天下，建立了七十一个国家，姓姬的就独占了五十三个人；周家的子孙，只要不是疯狂、糊涂的人，没有做不了天下显贵诸侯的。谁能说周公节俭呢？

注释

❶ 按：郑玄《礼记》注："道，犹言也。" ❷ 杨倞：户牖之间谓之扆也。○按：杨说见《尔雅》。《魏书》引郑玄《三礼图》："扆，画斧文于其上，今之屏风也。"《华严经音义》引《珠丛》："天子施扆于户牖，以为障蔽也。" ❸ 按：《广雅》："狂，痴也。"

【原文】

武王之诛纣也，行之日，

【译文】

武王讨伐殷纣的时候，行军的那一

以兵忌,东面而迎太岁①,至氾而泛,至怀而坏②,至共头而山隧③。霍叔④惧,曰:"出三日,而五灾至,无乃不可乎?"周公曰:"刳比干而囚箕子,飞廉、恶来知政⑤,夫又恶有不可焉?"遂选⑥马而进。朝食于戚,暮宿于百泉⑦,旦厌⑧于牧之野,鼓之,而纣卒易乡。遂乘⑨殷人而诛纣。盖⑩杀者非周人,因殷人也。故无首虏之获,无蹈难之赏。反而定三革,偃五兵⑪,合天下,立声乐,于是《武》《象》起而《韶》《护》⑫废矣。四海之内,莫不变心易虑,以化顺之。故外阖⑬不闭,跨天下而无蕲⑭。当是时也,夫又谁为戒矣哉?

天,用的是兵家禁忌的日子,面向东方,迎着太岁进军;到了氾水,氾水就泛滥了;到了覃怀,覃怀附近的河堤就塌坏了;到了共头山,山就崩裂了。霍叔害怕起来,对周公说:"行军三天,就遇到五次灾祸,恐怕不可以出师吧?"周公说:"比干被杀害了,箕子被囚起来了,飞廉和恶来掌执国政,这又有什么不可以出师的呢?"于是战马齐头并进。早晨在戚邑吃饭,晚上在百泉宿营,第二天凌晨,大兵就压到殷国近郊的原野,击鼓进兵,而纣王的官兵倒转了方向,于是借着殷国的民众杀掉了纣王。可见,杀掉纣王的并不是周国人,而是借着殷国人的力量。所以,〔在这一战役之中,〕既没有首级、俘虏的缴获,也没有屡遭险难的赏赐。大军返还之后,把盔甲和兵器都收藏起来,统一了天下,制定了乐章,于是《武》《象》兴起而《韶》《护》废除了。四海之内,没有人不改变了思想,而归顺了周朝的。所以,〔从此天下太平,〕大门用不着关闭,走遍天下,也没有界限了。当着这个时候,有谁还用得着什么戒备呢?

注 释

❶杨倞:武王发兵,以兵家所忌之日。迎,谓逆太岁。《尸子》曰:"武王伐纣。鱼辛谏曰:'岁在北方,不北征。'武王不从。"○按:太岁,即岁星,今所谓木星也。古以岁星岁行一次,十二岁而一周天,以纪年也。 ❷杨倞:氾,

水名。怀，地名。○按：至汜而泛，至怀而坏，依音以解义，迷信之言也。 ❸ 杨倞：共，河内县名。共头，盖共县之山名。隧，谓山石崩摧也。隧，读为"坠"。共，音"恭"。 ❹ 杨倞：霍叔，武王弟也。 ❺ 杨倞：比干，纣贤臣。箕子，纣诸父。箕，国名；子，爵也。飞廉、恶来，皆纣之嬖臣。飞廉善走，恶来有力也。 ❻ 俞樾：《毛诗传》："选，齐也。"《诗·车攻》篇曰："我马既同。"传曰："同，齐也。"然则选马而进，盖戎事齐力之义。 ❼ 杨倞：杜元凯（预）曰："戚，卫邑，在顿丘县西。"百泉，盖近朝歌地名。《左氏传》曰："晋人败范氏于百泉。" ❽ "旦厌"本作"厌旦"。○按：《尚书·牧誓》："王朝至于商郊牧野。"郑玄注："牧野，纣南郊地名。" ❾ 按：颜师古《汉书》注："乘，因也。" ❿ 按：《古书虚字集释》："盖，犹则也。" ⓫ 杨倞：定、息、偃、仆也。皆不用之义。三革，犀也、兕也、牛也。范宁《谷梁传》注云："五兵，矛、戟、钺、楯、弓矢。"韦昭《国语》注云："三革，甲、胄、盾也。五刃，刀、剑、矛、戟、矢也。" ⓬ 杨倞：《武》《象》，周武王克殷之后乐名。《韶》《护》，殷乐名。 ⓭ 杨倞：阖，门扇也。 ⓮ 按：蕲，借为"圻"，与"祈"可借为"圻"同例。

【原文】

造父者，天下之善御者①也，无舆马，则无所见其能；羿者，天下之善射者②也，无弓矢，则无所见其巧；大儒者，善调一天下者也，无百里之地，则无所见其功。舆固马选矣，而不能以一日而千里③，则非造父也；弓调矢直矣，而不能以及远④中微，则非羿也；用百里之地，而不能以调一天下、

【译文】

造父，是天下善于驾车的人，如果没有车马，就不能表现他的才能；羿，是天下善于射箭的人，如果没有弓箭，就不能表现他的技巧；大儒，是善于调治、统一天下的人，如果没有方圆百里的国土，就不能表现他的功绩。车也坚固，马也中选，可是不能达到一日千里的行程，这就不是造父；弓也调顺，箭也劲直，可是不能达到又远又准的射程，这就不是羿；录用在方圆百里的国土之中，可是不能达到调和、统一天下、制止强暴的

制强暴,则非大儒也。 | 功绩,这就不是大儒。

注 释

❶杨倞:造父,周穆王之御者。 ❷按:《论语·宪问》篇:"羿,善射。"《说文》:"羿,一曰射师。"又:"弴,帝喾射官。"谓"羿"本字作"弴"。此尧时羿,能射十日,非有穷后羿。郭璞《山海经》注:"有穷后羿,慕羿射,故号此名也。" ❸按:"一日而千里"上,本有"至远"二字,于文为赘,当系涉下文"及远"而衍,今以意删。 ❹"及远"本作"射远"。○杨倞:善射者既能及远,又中微细之物也。○俞樾:此本作"及远中微",杨注"及远"二字,即本正文。《韩诗外传》四引《君道》篇"射远中微"作"及远中微",可据以订正。

【原 文】 | 【译 文】

彼大儒者,虽隐于穷阎漏屋,无置锥之地,而王公不能与之争名,在一大夫之位,则一君不能独畜,一国不能独容,成名况乎诸侯,莫不愿得以为臣;用百里之地,而千里之国莫能与之争胜;笞棰①暴国,齐一天下,而莫能倾也;是大儒之征也。

其言有类,其行有礼,其举事无悔②,其持险、应变曲当;与时迁徙,与世偃仰,千举万变,其道一也; | 那作为大儒的人,虽然隐居在穷乡陋室之中,贫无立锥之地,可是王公们不能和他争名;虽然处在一个大夫的地位,可是一个君主不能单独地蓄养他,一个国家不能单独地容纳他,诸侯们都赐给他以盛大的名誉,没有不愿录用他为臣辅的;录用在方圆千里的国土之中,那方圆百里的国家,就不能够和他争取胜利;他打击暴国,统一天下,可是没有别的国家能够颠覆他;这便是大儒的征验。

他的言论有法度,他的举动有礼义,他做事没有过错;他扶持险难、应付变故,各方面都很适宜;他随着时势而转移,随着世代而行动,一举一动,千变万化,他的道术一贯,这便是大儒的典

是大儒之稽也③。其穷也，俗儒笑之；其通也，英杰化之，嵬琐逃之，邪说畏之，众人愧之；通，则一天下；穷，则独立贵名。天不能死，地不能埋，桀跖之世不能污。非大儒莫之能立，仲尼、子弓是也。

范。他在穷困的时候，俗儒们都嗤笑他；他在通达的时候，英杰们都被他所感化；不正经的人都逃避他，持守邪说的人都惧怕他，一般群众都愧对他；官运亨通，就统一天下；居处穷困，就独树高名；天不能制死他，地不能埋掉他，桀王、盗跖的世代不能污辱他。如果不是大儒，就不能树立这样的榜样，仲尼和子弓就是这样的人。

注释

❶按：捶，本字作"棰"。《说文》："笞，击也。棰，以杖击也。" ❷王先谦：类，法也。○按：何休《公羊传》注："悔，咎也。" ❸按：稽，通"楷"。《老子》"稽式"，河上本作"楷式"。叠韵通假字。

【原文】

故有俗人者，有俗儒者，有雅儒者，有大儒者。

不学问，无正义，以富利为隆。是俗人者也。

逢衣浅带①，解果其冠②；略法先王，而足乱世术；缪学杂举，不知法后王而一制度，不知隆礼义而敦③《诗》《书》；其衣冠行伪已同于世俗矣，然

【译文】

所以，有称为俗人的，有称为俗儒的，有称为雅儒的，有称为大儒的。

不追求学问，不讲求正义，以富有财利为高尚。这便是俗人。

穿着宽大的衣服，束着宽大的腰带，戴着果皮开裂式的帽子；略微懂得效法先王，却足以混乱道术；杂举谬误的学说，不懂得效法后王，却要齐一制度；不懂得尊崇礼义，却要修习《诗经》《尚书》；他的衣冠、行

而不知恶者④；其言议谈说已无以异于墨子矣，然而明不能别；呼⑤先王以欺愚者，而求衣食焉，得委积足以掩其口，则扬扬⑥如也；随其长子，事其便辟⑦，举⑧其上客，亿然⑨若终身之虏，而不敢有他志。是俗儒者也。

为已经和世俗相同，然而不知道厌恶自己；他的言谈议论已经和墨子没有什么不同，然而并不能明晰地区分；称说着先王来欺骗群众，求取衣食，得到积蓄，借以糊口，却觉得洋洋得意；追随君上的太子，侍奉君上的幸臣，亲善君上的上客，安安稳稳地好像是一个终身的俘虏，而不敢存有任何志愿。这便是俗儒。

注 释

❶ 杨倞：逢，大也。浅带，博带也。《韩诗外传》作"逢衣博带"，言带博则约束衣服者浅，故曰"浅带"。　❷ 按：《周易·象下传》释《解》卦云："天地解，而雷雨作；雷雨作，而百果草木皆甲坼。"《说文》："解，判也。"解果，谓如木果之皮甲坼裂然也。与《庄子·盗跖》篇所谓"枝木之冠"正相类。　❸ "敦"，本作"杀"。〇郝懿行：杀，盖"敦"字之误。下同。杨氏无注，知唐本犹未误。〇按：敦，误为"杀"，盖因本书时有"隆""杀"对言之所致。《左传·僖公二十七年》："说礼乐而敦诗书。"即其明证。孔颖达《左传》疏："敦，谓原重之。"　❹ 按：《古书虚字集释》："者，犹之也。"　❺ 杨倞：呼，谓称举。　❻ 杨倞：扬扬，得意之貌。　❼ 杨倞：长子，谓君之世子也。便辟，谓左右小臣亲信者也。便，"婢延"反。辟，读为"嬖"。　❽ 王念孙：举，读为"相与"之"与"。　❾ "亿"本作"儓"。〇杨倞：儓，字书无所见。〇王念孙：儓，盖"億"字之误。《说文》："億，安也。从'人'，'意'声。"《左传》《国语》通作"亿"。"亿"行而"億"废矣。亿然，安然也。

【原文】

法后王，一制度，隆礼义

【译文】

效法后王，齐一制度，尊崇礼义，

而敦《诗》《书》，其言行已有大法矣，然而明不能齐法教之所不及、闻见之所未至，则知不能类也；知之曰知之，不知曰不知，内不自以诬①，外不自以欺，以是尊贤畏法，而不敢怠傲。是雅儒者也。

法先王，统礼义，一制度，以浅持博，以古持今，以一持万；苟仁义之类也，虽在鸟兽之中，若别白黑；倚物②怪变，所未尝闻也，所未尝见也，卒然起一方，则举统类而应之，无所儗㤉③，张法而度之，则晻然若合符节④。是大儒者也。

而修习《诗经》《尚书》，他的言行虽然已经粗具大法，然而他的明智不能够齐同法教之所不及、见闻之所不备，这就是他的明智还不能够用得正确。知道就说知道，不知道就说不知道；在内心不用来诬蔑自己，在外表不用来欺骗自己；用这个来尊敬贤才，畏惧法制，而不敢怠慢骄傲。这便是雅儒。

效法先王、统御礼义，齐一制度，用浅显来掌握渊博，用古代来掌握现代，用一端来掌握万端；只要是仁义的善行，虽然混同在禽兽之中，明辨得就如同区别黑白一般；离奇诡变的事物，不曾听到过，不曾见到过；一旦在一方面受到重用，就能举出许多策略来应付，绝没有疑惧惭愧的表现，推动法制来裁制它，就完完全全地如同符节相合一般。这便是大儒。

注　释

❶ 王念孙：《毛诗传》："自，用也。"言内不用之以诬己，外不用之以欺人。
❷ 杨倞：倚，奇也。《韩诗外传》作"奇物怪变"。　❸ 杨倞：儗，读为"疑"。㤉，与"怍"同。　❹ 杨倞：符节，相合之物也。《周礼》："门关用符节。"盖以全竹为之，剖之为两，各执其一，合之以为验也。○王引之：晻然，同貌也。《韩诗外传》作"奄然"。《尔雅》："弇，同也。"郭引《诗》"奄有龟蒙"。弇、奄、晻，并通。

【原文】

故人主用俗人，则万乘之国亡；用俗儒，则万乘之国存；用雅儒，则千乘之国安；用大儒，则百里之地久，而后三年，天下为一，诸侯为臣，用万乘之国，则举错而定，一朝而伯①。

【译文】

所以，君主如果录用俗人，那万乘之国就会遭到灭亡；录用俗儒，万乘之国还可以保存；录用雅儒，千乘之国就得到平治；录用大儒，如果在百里之地，就可以保持长久，三年之后，天下一统，诸侯称臣；如果在万乘之国，就政令布施，天下平定，一旦之间，而名闻四海。

注释

❶ 王念孙：伯，读为"白"。《礼记·王制》孔疏引《元命苞》："伯之为言白也，明白于德也。"白，显著也。言一朝而名显于天下也。《王霸》篇曰："以国济义，一日而白，汤武是也。"一日而白，犹一朝而白耳。《韩诗外传》作"一朝而白"，此尤其明证也。

【原文】

不闻，不若闻之；闻之，不若见之；见之，不若知之。学至于行之，而止矣。行之，明也。明之，为圣人。圣人也者，本仁义，当是非，齐言行，不失毫厘，无它道焉，已乎行之矣。

【译文】

没有听到，不如听到；听到，不如见到；见到，不如知道；知道，不如实行。学问到了实行，就算达到了极点。实行，就是明白事物；明白事物，就成为圣人。所谓圣人，推原仁义，辨正是非，齐一言行，而不犯丝毫错误，这并没有别的道理，就是落实在实行上面。

所以，听到而没有见到，虽然方面广博，也必然存在错误；见到而不懂

故闻之而不见，虽博必谬；见之而不知，虽识必妄；知之而不行，虽敦必困。不闻，不见，则虽当，非仁也，其道百举而百陷也。

得，虽然有所认识，也必然虚妄不实；知道而没有做到，虽然知识丰富，也必然有所困顿。没听到过，没见到过，即便行事有当于理，也不可能符合仁道，他的行动就会百样的事务遇到百样的失败。

【原 文】

故人无师无法，而知，则必为盗；勇，则必为贼；云能①，则必为乱；察，则必为怪；辩，则必为诞。人有师有法，而知，则速通；勇，则速威；云能，则速成；察，则速尽；辩，则速论②。故有师法者，人之大宝也；无师法者，人之大殃也。人无师法，则隆性矣；有师法，则隆积③矣。而师法者，所得乎积④，非所受乎性，不足以独立而治。

【译 文】

所以，人没有师长，没有法度，如果明智，就必然成为强盗；勇敢，就必然成为贼寇；有才，就必然成为乱党；明察，就必然成为诡怪；好辩，就必然成为妄诞。人有师长，有法度，如果明智，就能很快地通情达理；勇敢，就能很快地树立威信；有才，就能很快地功成名就；明察，就能很快地穷尽事物；好辩，就能很快地解决疑难。所以，有师长、法度，这是人们的最大宝物；没有师长、法度，这是人们的最大灾殃。人没有师长的法度，就会加重本性的纵任；有师长的法度，就会加重积习的善化。然而师长的法度，是得自积习，而不是受自本性，它并不足以独立地修治身心。

注 释

❶ 王念孙：云能，有能也。《广雅》："云，有也。" ❷ 王念孙：论，决也。见《后汉书》注。 ❸ 杨倞：隆，厚也。积，习也。厚性，谓恣其本性之欲。

厚于积习，谓化为善也。 ❹"积"本作"情"。〇杨倞：情，或曰当为"积"。所得乎积习，非受于天性。〇王念孙：此及下文杨注所称或说改"情"为"积"者，皆是也。下文皆言"积"不言"情"，是其证。

【原文】

性也者，吾所不能为也，然而可化也；积也者，非吾所有也，然而可为也。注错①习俗，所以化性也，并②一，而不二，所以成积也。习俗移志，安久移质。并一而不二，则通于神明，参于天地矣。

【译文】

本性，是我们所不能造作的，然而是可以转化的；积习，是我们原来没有的，然而是可以造作的。举止、习俗，就是所以转化本性的；专一不二，就是所以渐成积习的。习俗，能够转变意志；安于习俗日子久了，就能够转变气质。专一不二，就能够通于神明（自然），和天地相参同了。

注释

❶杨倞：注错，犹措置也。 ❷按：郑玄《礼记》注："并，犹专也。"

【原文】

故积土而为山，积水而为海。旦暮积，谓之岁。至高，谓之天；至下，谓之地。宇中六指，谓之极①。涂之人百姓，积善而全尽，谓之圣人。彼，求之而后得，为

【译文】

所以，积累起土来，就成为山；积累起水来，就成为海。积累起昼夜，就成为年。最高的叫作天，最低的叫作地。太空的六方叫作极。走路的众百姓，把善良积累得周全，就称作圣人。外界的事物，求取它，然后才获得；做它，然后才成功；积累它，然后才高大；穷尽

之而后成，积之而后高，尽之而后圣。故圣人也者，人之所积也。

人积耨耕而为农夫，积斫削而为工匠，积反②货而为商贾，积礼义而为君子。工匠之子，莫不继事；而都国之民，安习其服③。居楚而楚，居越而越，居夏而夏④，是非天性也，积靡⑤使然也。

它，然后才成为圣人。所谓圣人，是由于人所积累而形成的。

人民，积累起耕种的经验，就成为农夫；积累起砍削的经验，就成为工匠；积累起买卖的经验，就成为商人；积累起礼义的经验，就成为君子。工匠的儿子，没有不接续着他父亲的事业的；而国家的人民，都习惯于本国的事务。居住在楚国，就安于楚国的习惯；居住在越国，就安于越国的习惯；居住在中国，就安于中国的习惯。这并不是由于天性，而是积习使它这个样子的。

注 释

❶ 杨倞：六指，上下四方也。尽六指之远，则为六极。言积近以成远。〇高亨：指，读为"诣"。《苍颉》篇："诣，至也。"谓至上、至下、至东、至西、至南、至北，是为六极也。〇按：《尔雅》："极，至也。" ❷ 杨倞：反，读为"贩"。 ❸ 按：《尔雅》："服，事也。" ❹ 杨倞：夏，中夏。 ❺ 按：《毛诗传》："靡，累也。"

【原文】

故人知谨注错，慎习俗，大积靡，则为君子矣。纵性情，而不足问学，则为小人矣。为君子，则常安荣

【译文】

所以，人知道谨守举止，慎处习俗，扩大积习，就成为君子；纵容性情，而不好好学习，就成为小人。成为君子，就经常安泰、光荣；成为小人，就经常危困、耻辱。

矣；为小人，则常危辱矣。

凡人莫不欲安荣而恶危辱。故唯君子为能得其所好，小人则日徼①其所恶。

《诗》曰："维此良人，弗求弗迪；维彼忍心，是顾是复；民之贪乱，宁为荼毒！②"此之谓也。

凡是一个人，没有不愿安泰、光荣而憎恶危困、耻辱的。所以，只有君子才能够得到自己所爱好的（安荣），而小人就天天招到自己憎恶的（危辱）。

《诗经》中说："对于这样善良的人，并不招致他、进用他；对于那样残忍的人，却要照顾他、复用他；因而人民都贪婪、昏乱，而安于做尽坏事！"就是说的这样的小人。

注 释

❶ 杨倞：徼，与"邀"同，招也。　❷ 杨倞：《诗经·大雅·桑柔》之篇。迪，进也。言厉王有此善人，不求而进用之，忍害为恶之人，反顾念而重复之，故天下之民贪乱，安然为荼毒之行，由王使之然也。○按：郑玄《礼记》注："求，谓招来也。"

【原 文】

人伦①：志不免于曲私，而冀人之以己为公也；行不免于污漫②，而冀人之以己为修也；其愚陋沟瞀③，而冀人之以己为知也；是众人也。志忍④私，然后能公；行忍情性，然后能修；知而好问，然后能才。公、修而才，可谓小儒矣。

【译 文】

人的等类：意志不免于私曲，可是希望别人以自己为公正；行为不免于污秽，可是希望别人以自己为廉洁；自己愚陋无知，可是希望别人以自己为明智；这便是一般群众。意志胜过私曲，然后才能够公正；行为胜过情欲，然后才能够廉洁；明智而又好问，然后才能够有才智。公正，廉洁，而又有才智，就可以称作小儒。

志安公，行安修，知通统类，如是，则可谓大儒矣。大儒者，天子三公也；小儒者，诸侯大夫、士也。众人者，工、农、商贾也。礼者，人主之所以为群臣寸尺寻丈检式⑤也。人伦尽矣。

意志安于公正，行为安于廉洁，明智通达事类，这样，就可以称作大儒。大儒，可以做天子的三公；小儒，可以做诸侯的大夫或士。一般群众，便是工人、农夫、商人。礼制，便是君主所以为群众制定的权衡和法度。人的等类就算达到顶峰了。

注释

❶ "人伦"本作"人论"。〇王念孙："人论"二字，乃目下之词。论，读为"伦"。伦，类也，等也。谓人之等类，即下文所谓"众人""小儒""大儒"也。下文又云："人伦尽矣。"作"论"者，借字耳。〇按：依下文，"论"乃误字，今改，与下文一律。 ❷ 王念孙：漫，亦污也。见《吕氏春秋》高注。 ❸ 杨倞：沟，音"寇"，愚也。沟瞀，无知也。 ❹ 杨倞：忍，谓矫其性。 ❺ 王念孙：检、式，皆法也。《文选》注引《苍颉篇》云："检，法度也。"

【原文】

君子言有坛宇，行有防表①，道有一隆②。言政治③之求，不下于安存④；言志意之求，不下于士；言道德之求，不二⑤后王。道过三代，谓之荡；法二后王，谓之不雅⑥。高之、下之、小之、巨之⑦，不外是矣。是君子之所以骋志

【译文】

君子言论有一定的范围，行为有一定的标准，道术有独特的尊严。谈到政治的要求，不能低于安存百姓的标准；谈到意志的要求，不能低于学士的标准；谈到道德的要求，不能怀疑后王。道术超过三代，就叫作放荡；法制怀疑后王，就叫作不正。高了、低了、小了、大了，都不外乎这个。这便是君子能驰骋意志于这些界

意于坛宇宫庭也。

故诸侯问政，不及安存，则不告也；匹夫学问，不及为士，则不教也；百家之说，不及后王，则不听也。夫是之谓君子言有坛宇、行有防表也。

限内的原因。

所以，诸侯请问政治，不关系到百姓的安存，就不告诉他；一般人请问学术，不关系到为学士，就不教导他；诸子百家之说，不关系到后王，就不听信他。这就叫作君子言论有一定范围、行为有一定的标准。

注 释

❶ 杨倞：累土为坛。宇，屋边也。防，提防。表，标也。○按：郑玄《周礼》注："坛，读为'壝'。壝，民居之区域也。"坛宇，犹言范围也。　❷ 按：一隆，犹言一尊，谓师法也。　❸ "政治"本作"道德"。○杨倞：道德，或当为"政治"。○按："道德"与下重复，应以"政治"为是。　❹ 王先谦：安存，以百姓言。　❺ 按：高诱《吕氏春秋》注："二，疑也。"《王制》篇作"贰"，同。　❻ 杨倞：雅，正也。　❼ "巨"本作"臣"。○杨倞：臣，当为"巨"。

王制篇第九

【原 文】

请问为政。曰：贤能不待次①而举，罢不能不待须②而废，元恶不待教而诛，中庸③不待政而化。分未定也，则有昭缪④；虽王公士大夫之子孙也⑤，不能属⑥于礼义，则归之庶人；虽庶人之子孙也，积文学⑦，正身行，能属于礼义，则归之卿相士大夫。故奸言奸说、奸事奸能⑧，遁逃反侧之民，职而教之，须⑨而待之；勉之以庆赏，惩之以刑罚；安职则畜，不安职则弃。五疾⑩，上收而养之，材而事之，官施⑪而衣食之，兼覆无遗；才行反时者，死无赦。夫是之谓天

【译 文】

有人请问施行政治的策略。回答说：贤人和有才能的人，不通过评比就可以任用他；懦弱的人和无才能的人，不通过怀疑就可以罢免他；罪魁祸首，不通过教育就可以杀掉他；中常之人，不通过政治就可以感化他。在分位未定之前，就有一定的序列；虽然是王公士大夫的子孙，如果不能做到礼义，就把他们归入庶民的行列；虽然是民众的子孙，如果经学充实，行为端正，能够做到礼义，就把他们归入卿相士大夫的行列。所以，说奸邪话、办奸邪事、到处逃窜、反复无常的民众，就给予一定的职业而教育他们，耐心地等待他们；用赏赐来勉励他们，用刑罚来惩治他们，他们安于职守，就蓄养他们；他们不安于职守，就抛弃他们。对于残废的人，君上就收养他们，按照才能使用他们，照管施舍，给他们应有的衣食，全面地笼络他们，决不遗弃一个；他们的才智和行为违反时势，就杀掉他们，决不赦免。这就叫作天德（符合天道的德业）；

德。王者⑫之政也。　　这便是王者的政治。

注 释

❶ 按：高诱《吕氏春秋》注："待，恃也。"谓凭借也。薛综《东京赋》注："次，比也。"郑玄《仪礼》注："比，选次之也。"　❷ 王先谦：罢，谓弱不任事者。荀书多以贤与罢对举。○按：须，通"需"。虞翻《周易》注："须，需也。"是其证。《左传·哀公十四年》："需，事之贼也。"陆德明音义："需，疑也。"　❸ "中庸"下本有"民"字。○按《尔雅》："元，首也。"中庸，中等平庸之人也。　❹ 按：《礼记·祭统》："昭穆者，所以别父子、远近、长幼、亲疏之序而无乱也。"　❺ "子孙"下本无"也"字。○王先谦：宋台州本句末有"也"字，与下文一律，此"也"字似当有。　❻ 按：高诱《吕氏春秋》注："属，犹至也。"　❼ 按：颜师古《汉书》注："为文学，谓学经书之人也。"文学，谓经学也。韦昭《国语》注："文，典法也。"　❽ 王先谦：言，亦说也；能，亦事也。　❾ 按：郑玄《仪礼》注："须，亦待也。"　❿ 杨倞：五疾，喑、聋、跛躄、断者、侏儒。　⓫ 按：孔颖达《礼记》疏："官者，管也。"　⓬ 王念孙：《韩诗外传》"王者"上当有"是"字。

【原文】　　　　　　　　　【译文】

听政之大分①：以善至者，待之以礼；以不善至者，待之以刑。两者分别，则贤、不肖不杂，是非不乱。贤、不肖不杂，则英杰至；是非不乱，则国家治。若是，名声白②，天下愿，令行，禁止，王者之事毕矣。

听察政事的重大分界：抱着善行来的，就以礼节对待他；抱着恶行来的，就以刑罚对待他。把这两者的分界划清，那就贤才和不贤不致混杂，是和非不致紊乱。贤才和不贤不致混杂，英杰就来归附；是和非不致紊乱，国家就会平治。这样，名声就显著，天下就顺从，政令施行，禁忌停止，王者的事业就算完成了。

凡听，威严猛厉，而不好假道③人，则下畏恐而不亲，周闭而不竭④；若是，则大事殆乎弛，小事殆乎遂⑤；和解调通，好假道人，而无所凝止之⑥，则奸言并至，尝试之说锋起⑦。若是，则听大⑧事烦，是又伤之也。

凡是听察政事，失之威严、猛烈，而不喜欢宽容、引导人，下民就感到恐惧而不敢亲密自己，感到憋闷而不敢举发别人；这样，大事就几乎废弛，小事就几乎毁弃；失之缓和、协调，喜欢宽容人、引导人，而漫无底止，奸邪的话就要齐头而来，试探的话就要迎头而上。这样，照顾的方面就要宽广，执行的事务就要烦琐，这就又足以伤害行政。

注 释

❶按：郑玄《周礼》注："听，谓平察之。"高诱《淮南子》注："分，犹界也。" ❷"名声白"本作"名声日闻"。○王念孙："名声日闻"本无"闻"字，"日"本作"白"。名声白者，白，明也，显也，名声显著于天下也。《致士》篇曰："贵名白，天下愿。"文正与此同。"名声白，天下愿"，二句相对为文。此因"白"字讹为"日"字，后人不得其解，故于"日"下加"闻"字耳。 ❸按：假道，犹宽导也。李贤《后汉书》注："假贷，犹宽容也。" ❹郝懿行：竭者，举也。谓隐匿其情，不肯举发也。○按：杨倞《正论》篇注："周，密也。" ❺杨倞：弛，废也。○按：遂，通"队"；队，俗作"坠"。《周易》"震遂泥"，陆德明释文："遂，荀本作'坠'。" ❻杨倞：凝，定也。 ❼杨倞：锋起，谓如锋刃齐起，言锐而难拒也。 ❽杨倞：听大，谓所听事之多也。

【原 文】

故法而不议①，则法之所不至者必废；职而不通，

【译 文】

所以，制定法制而不公平，那法制所达不到的方面就必然废止；设置职位而不

则职之所不及者必队。故法而议，职而通，无隐谋，无遗善，而百事无过，非君子莫能。

故公平者，职之衡也；中和者，听之绳也。其有法者以法行，无法者以类②举，听之尽也；偏党而无经，听之辟也。故有良法而乱者，有之矣；有君子而乱者，自古及今，未尝闻也。

传曰："治生乎君子，乱生乎小人。"此之谓也。

顺通，那职位所达不到的方面就必然毁坏。所以，制定法制要做到公平，设置职位要做到顺通，没有隐蔽的图谋，没有遗失的善行，而且一切事务都没有过错，不是君子是办不到的。

所以，公平，便是职位的尺度；中和，便是听察的准绳。那有法制的，就依据法制行动；没有法制的，就依据类推办事；这便是听察的终点；偏私而没有纲领，这便是听察的邪路。所以，有了良好的法制而政治昏乱的，是有这种情形的；有了君子而政治昏乱的，从古到今是不曾有过的。

古书上说："平治生于君子，昏乱生于小人。"就是说的这个道理。

注 释

❶ 按：高诱《吕氏春秋》注："议，平也。"　❷ 杨倞：类，谓比类。

【原文】

分均则不偏①，埶齐则不壹，众齐则不使。有天有地，而上下有差；明王始立，而处国有制。夫两贵之不能相事，两贱之不能相使，是天数②也。埶位齐，而欲恶

【译文】

职分均平了，就没有偏位（属员）；权势齐同了，就没有一尊；群众齐同了，就不能役使。有了天、有了地，因而就有了上下的差别；明君开始建立，因而治国就有了制度。双方都尊贵，就不能互相侍奉；双方都卑贱，就不能互相役使；这是天然的纲纪。权势和职分齐一

同；物不能澹③则必争。争则必乱，乱则穷矣。先王恶其乱也，故制礼义以分之，使有贫富贵贱之等，足以相兼临④者，是养⑤天下之本也。

《书》曰："维齐非齐。⑥"此之谓也。

了，因而欲愿和憎恶就会相同；物质不能满足，就必然发生争夺。发生争夺，就必然秩序混乱；秩序混乱，就造成穷困。先王憎恶这种混乱，所以就制定礼义来划分人群，使他们有贫富、贵贱的差别，就足以互相监视，这便是治理天下的基则。

《尚书》中说："有齐同，就有不齐同。"就是说的这个道理。

注 释

❶ 杨倞：分均，谓贵贱敌也，分，"扶问"反。〇按：《小尔雅》："偏，属也。"杜预《左传》注："偏，佐也。"郑玄《仪礼》注："在旁与己同曰偏。"言贵贱相敌，无君臣之别也。 ❷ 按：王逸《楚辞》注："数，纪也。"李善《文选》注："数，谓差等也。" ❸ 杨倞：澹，读为"赡"。 ❹ 按：兼，当读为"监"。《说文》："临，监临也。监，临下也。"兼临，即监临也。谓互相监视也。 ❺ 按：郑玄《周礼》注："养，犹治也。" ❻ 杨倞：《书·吕刑》。言维齐一者，乃在不齐；以谕有差等，然后可以为治也。

【原 文】

马骇舆，则君子不安舆；庶人骇政，则君子不安位。马骇舆，则莫若静之；庶人骇政，则莫若惠之。

选贤良，举笃敬，兴孝

【译 文】

马在驾车中受到惊骇，君子在车上就不安泰；百姓在政治上受到惊骇，君子在职位上就不安泰。马在驾车中受到惊骇，就没有比稳静它再好的；百姓在政治上受到惊骇，就没有比恩惠他们再好的。

选取贤良，举用忠厚，提倡孝悌，收

弟，收孤寡，补贫穷，如是，则庶人安政矣。庶人安政，然后君子安位。

传曰："君者，舟也；庶人者，水也；水则载舟，水则覆舟。"此之谓也。

抚孤寡，补给贫穷，这样，百姓就安于政治了。百姓安于政治，君子就安于职位了。

古书上说："君子就如同船一样，百姓就如同水一样；水能载船，水就能翻船。"就是说的这个道理。

【原文】

故君人者欲安，则莫若平政爱民矣；欲荣，则莫若隆礼敬士矣；欲立功名，则莫若尚贤使能矣。是君人者之大节也。三节者当，则其余莫不当矣；三节者不当，则其余虽曲当，犹将无益也。

孔子曰："大节是也，小节是也，上君也；大节是也，小节一出焉，一入焉[1]，中君也；大节非也，小节虽是也，吾无观其余矣。"

【译文】

所以，统治人民的，要想得到平安，就没有比平调政治、爱抚人民再好的；要想得到光荣，就没有比崇尚礼节、尊敬学士再好的；要想建立功名，就没有比尊重贤良、使用才能再好的。这便是统治人民的重大关节。这三种关节适当了，其余的就没有不适当的了；这三种关节不适当，其他的纵然勉强适当，也将是无济于事的。

孔子说："大关节做对了，小关节做对了，这便是上等的君主；大关节做对了，小关节一半在门里，一半在门外，这便是中等的君主；大关节没有做对，小关节虽然做对了，我就不需要观看他其余的政治主张了。"

【注释】

[1] 杨倞：谓一得一失也。

【原文】

成侯、嗣公，聚敛计数之君也①，未及取民也；子产，取民②者也，未及为政也；管仲，为政者也，未及修礼也。故修礼者王，为政者强，取民者安，聚敛者亡。

故王者富民，霸者富士，仅存之国富大夫，亡国富筐箧、实府库。筐箧已富，府库已实③，而百姓贫，夫是之谓上溢而下漏。入不可以守，出不可以战，则倾覆灭亡，可立而待也。故我聚之以亡，敌得之以强。聚敛者，召寇、肥敌、亡国、危身之道也。故明君不蹈也。

【译文】

成侯、嗣公，都是数着数儿剥削老百姓的君主，都是不得民心的；子产，是取得民心的，但是他不懂得执行政教；管仲，是懂得政教的，但是他不懂得修整礼义。所以，修整礼义，就会成就王业；执行政教，就会成为强国；取得民心，就会获得安泰；剥削人民，就会遭到危亡。

所以，王者使人民富足，霸者使儒士富足，勉强保存的国家使大夫富足，危亡的国家使筐箧富足、府库充实。筐箧太富足，府库太充实，而百姓贫穷，这叫作上满而下漏。对国内不能守卫，对国外不能应战，倾覆危亡的灾祸那就可以立刻到来。所以，自己聚敛财富，因而取得危亡；敌人得到我所聚敛的财物，因而得到强盛。聚敛的行为，是招致寇盗、肥丰敌人、灭亡国家、危害自身的道路。所以，明君是不走这条道路的。

注 释

❶杨倞：成侯、嗣公，皆卫君也。　❷杨倞：取民，谓得民心。《礼记》曰："子产犹众人之母，能食之，不能教之也。"○按：高诱《吕氏春秋》注："得，犹取也。"是"取"有"得"义。　❸按：郑玄《礼记》注："已，犹甚也。"

【原文】

　　王夺之人，霸夺之与，强夺之地①。夺之人者，臣诸侯；夺之与者，友诸侯；夺之地者，敌诸侯。臣诸侯者，王；友诸侯者，霸；敌诸侯者，危。

【译文】

　　王者表现在夺取人民，霸者表现在夺取邻国，强者表现在夺取土地。夺取人民的，臣使诸侯；夺取邻国的，友好诸侯；夺取土地的，敌对诸侯。臣使诸侯的，就成为王者；友好诸侯的，就成为霸者；敌对诸侯的，就遭到危困。

注释

❶ 杨倞：与，谓与国也。○按：《古书虚字集释》："之，犹于也。"

【原文】

　　用强者，人之城守，人之士战①，而我以力胜之也，则伤人之民必甚矣；伤人之民甚，则人之民恶我必甚矣；人之民恶我甚，则日欲与我斗；人之城守，人之士战，而我以力胜之，则伤吾民必甚矣；伤吾民甚，则吾民之恶我甚矣；吾民之恶我甚，则日不欲为我斗。人之民日欲与我斗，吾民日不

【译文】

　　使用强力的国家，人家的城防在守卫，人家的士兵在战斗，而我方要以暴力取胜，那就伤害人家的人民必然太厉害了；伤害人家的人民太厉害，那就人家的人民憎恶我方必然太厉害了；人家的人民憎恶我方太厉害，那就天天想和我方战斗。人家的城防在守卫，人家的士兵在战斗；而我方要以暴力取胜，那就伤害我方人民必然太厉害了；伤害我方人民太厉害，那就我方人民憎恶本国必然太厉害，那就天天不想为本国战斗。人家的人民天天想和我方战斗，我方人民天天不愿意为本国战斗。这便是强国反而衰退的原因。

欲为我斗。是强者之所以反弱也。地来而民去，累②多而功少；虽守者益，所以守者损③。是④大者之所以反削也。诸侯莫不怀怨交接⑤，而不忘其敌，伺强大之间，承⑥强大之敝，此强大之殆时也。

土地夺来了，而人民离去了；忧累增多了，而功绩缺少了；虽然守卫着的〔土地〕增加了，可是所以守卫的〔人民〕减损了。这便是大国反而削弱的原因。〔这样，〕各诸侯国没有不怀着恨怨来交接，而不忘掉自己的敌人，就要刺探强大国家的空隙，迎接强大国家的疲敝，〔来同强国相对抗，〕这便是强大国家危殆的时刻。

注 释

❶"士战"本作"出战"。○俞樾：出，当为"士"，字之讹也。古书"士""出"二字每相混。守必以城，战必以士。"人之城守，人之士战"，正相对成文。 ❷杨倞：累，忧累也。 ❸杨倞：守者，谓地也。所以守者，谓所以守地之人也。 ❹"是"下本有"以"字。○俞樾：上"以"字，衍文。此句与上文"是强者之所以反弱也"正相对。 ❺"怀怨交接"本作"怀交接怨"。○俞樾：疑"怨"字当在"交接"二字之上，本作"诸侯莫不怀怨交接，而不忘其敌"。怀怨交接，犹云"匿怨而友其人"也，故不忘其敌。传写者误倒。 ❻按：李颐《庄子》注："承，迎也。"

【原 文】

知强道①者，不务强也；虑②以王命全其力，凝③其德。力全，则诸侯不能弱也；德凝，则诸侯不能削也。天下无王霸主，则常

【译 文】

懂得强国之道的，是不务求强盛的；他是计划着用天子的诏命来保全自己的实力，完成自己的德业。实力保全，各国诸侯就不能够削弱自己；德业完成，各国诸侯就不能够削弱自己。天下没有王主和霸主，本国就能够经常制胜。这便是懂得强

胜矣，是知强道者也。 道的人。

注 释

❶ "知强道"本作"知强大"。○王引之："强大"当为"强道"。强道，谓所以致强之道。下文云"是知强道者也"，正与此句相应；又云"是知霸道者也""是知王道者也"，皆与此句相应。 ❷ 杨倞：虑，计也。 ❸ 按：郑玄《礼记》注："凝，成也。"

【原文】

彼霸者不然：辟田野，实仓廪，便备用，案谨募选阅材伎之士①，然后渐②庆赏以先之，严刑罚以纠之；存亡继绝，卫弱禁暴，而无兼并之心，则诸侯亲之矣；修友敌之道，以敬接诸侯，则诸侯说之矣。所以亲之者，以不并也；并之见，则诸侯疏矣。所以说之者，以友敌也；臣之见，则诸侯离矣。故明其不并之行，信其友敌之道，天下无王霸主，则常胜矣，是知霸道者也。闵王毁于五国③，桓公劫于

【译文】

那霸者就不是这样：开辟田野，充实仓库，便利器用，并且慎重地募求、选择、容蓄才能技巧的学士，然后厚重地用庆赏来引导人民，严格地用刑罚来纠正人民；保存灭亡的国家，延续中断的国家，捍卫衰弱的国家，禁止残暴的国家，而没有兼并的心意，各国诸侯就都来亲近自己；修整睦邻之道，以相互敬重同各国诸侯交接，各国诸侯就都会喜悦自己。他们之所以亲近自己，是由于自己不兼并他们；如果兼并他们，各国诸侯就会和自己疏远；他们之所以喜悦自己，是由于自己睦邻友好；如果把他们作为臣下，各国诸侯就会和自己疏远。所以，表明自己没有兼并的行为，施行自己睦邻之道，天下没有王主和霸主，本国就能够经常制胜，这便是懂得霸道的人。齐闵王被五国所打败，齐桓公被鲁庄公所劫持，这没有别的

鲁庄④，无它故焉，非其道而虑之以王也。

缘故，就是由于不懂道术而计划着称王的关系。

注释

❶ 按：《说文》："募，广求也。"《毛诗传》："阅，容也。"募、选、阅，用士之三步骤也。 ❷ 按：渐，与"严"对文。渐，犹深也。崔撰《庄子》注："渐毒，犹深害。"渐，借为"潜"。《尔雅》："潜，深也。" ❸ 杨倞：《史记》：齐湣王四十年，乐毅以燕、赵、楚、魏、秦破齐，湣王出奔莒也。 ❹ 杨倞：《公羊传》：柯之盟，齐桓公为鲁庄公之臣曹沫所劫也。

【原文】

彼王者不然：仁眑天下，义眑天下，威眑天下①。仁眑天下，故天下莫不亲也；义眑天下，故天下莫不贵也；威眑天下，故天下莫敢敌也。以不敌之威，辅服人之道，故不战而胜，不攻而得，甲兵不劳而天下服，是知王道者也。

知此三②具者，欲王而王，欲霸而霸，欲强而强矣。

【译文】

那王者就不是这样：把仁爱推广于天下，把正义推广于天下，把威严推广于天下。把仁爱推广于天下，所以天下就没有不亲近自己的；把正义推广于天下，所以天下就没有不尊崇自己的；把威严推广于天下，所以天下就没有敢和自己为敌的。以无敌于天下的威严，来辅助制服别人的道术，所以不用战争而胜过敌人，不事攻击而取得功绩，不营甲兵而天下悦服。这便是懂得王道的人。

懂得这三项条件的人，愿意成为王者，就可以成为王者；愿意成为霸者，就可以成为霸者；愿意成为强者，就可以成为强者。

【注释】

❶ 按：王逸《楚辞》注："眇，远也。"谓远及之也。　❷ 按："三"本作"二"，与上下文意不符，今以意改为"三"。

【原文】

王者之人：饰动以礼①，听断以类②，明振③毫末，举措应变而不穷，夫是之谓有原④。是王者之人也。

【译文】

王者的为人：用礼制修整自己的行动，用法度听断国家的事务；明察秋毫，随机应变，而不陷于穷竭，这就叫作掌握本原。这便是王者的为人。

【注释】

❶ "饰动以礼"下本有"义"字。〇王念孙：饰，读为"饬"。古字通。言动作必以礼义自饬也。〇钟泰："义"字疑衍文，当作"饰动以礼"，与"听断以类"相对。〇按：钟说是也，今据删。　❷ 王先谦：类，法也。说见《非十二子》篇。　❸ 杨倞：振，举也。　❹ 杨倞：原，本也。知为政之本。〇按：郑玄《礼记》注："有，犹保也。"

【原文】

王者之制：道不过三代，法不贰后王①。道过三代，谓之荡；法贰后王，谓之不雅。衣服有制，宫室有度，人徒有数②，丧祭械用，皆有等宜③。

【译文】

王者的制度：道术不超过三代，法制不违反后王。道术超过了三代，就叫作荒唐；法制违反了后王，就叫作不正。衣服有一定的礼制，宫室有一定的法度，用人有一定的界限，丧祭器用有等级。乐音，一切不合乎正声的，就都

声则凡非雅声者，举废；色④则凡非旧文者，举息；械用则凡非旧器者，举毁；夫是之谓复古。是王者之制也。

把它废止；色彩，一切不合乎旧文的，就都把它抛弃；用具，一切不合乎古制的，就都把它毁除。这就叫作复古。这便是王者的制度。

注 释

❶ 杨倞：贰，离贰。○按：李贤《后汉书》注："贰，离异也。" ❷ 按：《白虎通》："徒，众也。"数，谓界限。李善《文选》注："数，谓等差也。" ❸ 按：宜，犹仪也。《释名》："仪，宜也，得事宜也。"《说文》："仪，度也。"等宜，谓等级制度也。 ❹ 杨倞：色，谓染彩画缋之事也。

【原 文】

王者之论①：无德不贵，无能不官，无功不赏，无罪不罚；朝无幸②位，民无幸生；尚贤使能，而等位不遗；折愿③禁悍，而刑罚不过。百姓晓然皆知夫为善于家，而取赏于朝也；为不善于幽，而蒙刑于显也。夫是之谓定论。是王者之论也。

【译 文】

王者的评议：没有德操的不许尊重，没有才能的不许做官，没有功绩的不许受赏，没有罪恶的不许处罚；朝廷上没有侥幸的职位，民众间没有侥幸的生存；尊崇贤明，使用才能，而等级决不能放弃；制裁奸巧，禁止强悍，而刑罚决不能错用。百姓都明明白白地懂得在家庭做善事，在朝廷就受到赏赐；在暗处做坏事，在显处就受到刑罚的道理。这就叫作定论。这便是王者的评议。

注 释

❶ 按:《说文》:"论,议也。"皇侃《论语》疏:"论者,评也。" ❷ 杨倞:幸,侥幸也。 ❸ "折愿"本作"析愿"。○王念孙:"析"当为"折"。折之言制也。《吕刑》"制以刑",《墨子·尚同》引作"折则刑"。《论语·颜渊》"片言可以折狱者",郑注:"鲁读'折'为'制'。""愿"读为"𠊱"。《说文》:"𠊱,點也。"言制桀黠之民,使畏刑也。又下文"扞急禁悍"之"扞",亦当为"折","急"即"愿"之讹。

【原文】

王者之法[①]:等赋、政事,财万物[②],所以养万民也。田野什一[③],关市几而不征[④],山林、泽梁以时禁发[⑤]而不税,相地而衰政[⑥],理道之远近而致贡[⑦],通流财物粟米,无有滞留,使相归移也,四海之内若一家[⑧]。故近者不隐其能,远者不疾其劳。无幽间[⑨]隐僻之国,莫不趋使而安乐之。夫是之谓人师。是王者之法也。

【译文】

王者的法制:均等赋税,平正民事,裁制万物,这是用来抚养万民的。土地税,十分取一;关口和集市,只纠察坏人,而不征收税用;山林和渔场,按照时序关闭或开放,而不征收税用;依据土地的肥薄程度,而征收赋税;区分道路的远近,而索取各国的贡赋;流通财物,转运粮食,畅行无阻,使各国互相营救;四海之内,就如同一家一样。因此,近方国家不隐藏自己的能力,远方国家不惧怕自己的劳苦;无论是遥远偏僻的国家,没有不归顺、供职而感到安乐的。这叫作人民的师表。这便是王者的法制。

注 释

❶ "之"下本无"法"字。○王念孙:"之"下当有"法"字。"王者之

法",乃总目下文之词,下文"是王者之法也",正与此句相应。上文"王者之人""王者之制""王者之论",皆上下相应,此文脱"法"字,则上下不相应矣。 ❷杨倞:等赋,赋税有等,所以为等赋。财,与"裁"同。○王念孙:政,读为"正"。言等地赋,正民事,以成万物而养万物也。财者,成也。 ❸杨倞:什税一也。 ❹杨倞:几,呵察也。但呵察奸人,而不征税也。《礼记》"几"作"讥"。 ❺杨倞:石绝水为梁,所以取鱼也。非时则禁,及时则发。《礼记》曰"獭祭鱼,然后虞人入泽梁","草木零落,然后入山林"也。 ❻杨倞:相,视也。衰,差也。政读为"征"。○卢文弨:《齐语》正作"相地而衰征"。韦昭注云:"视土地之美恶,及所生出,以差征赋之轻重也。"○按:郑玄:《周礼》注:"政,税也。"古政、征通。 ❼杨倞:贡,任土所贡。○王念孙:《毛诗传》:"理,分地里也。"谓贡以远近分也。上句"相地而衰政","衰"与"分"义相近。 ❽杨倞:归,读为"馈"。移,转也。言通商及转输相救,无不丰足,虽四海之广,若一家也。 ❾杨倞:幽,深也。间,隔也。

【原文】

北海①则有走马、吠犬焉,然而中国得而畜使之;南海则有羽翮、齿革、曾青、丹干②焉,然而中国得而财之;东海则有紫紶③、鱼、盐焉,然而中国得而衣食之;西海则有皮革、文旄④焉,然而中国得而用之。故泽人足乎木,山人足乎鱼。农夫不斫削,不陶冶,而足械用,工贾不耕田,而足菽粟。故虎豹为猛矣,然君子

【译文】

北方产生良马、警犬,然而中国得以畜养它们;南方产生翎羽、象牙、皮革、曾青、丹砂,然而中国得以利用它们;东方产生紫菜、葛布、鱼、盐,然而中国得以吃穿它们;西方产生皮革、彩色的旄牛尾,然而中国得以使用它们。所以,在水边住的人,有足够的木材;在山上住的人,有足够的鱼类。农民不伐木,不烧窑,不打铁,而有足够的器用;工人、商人不耕种土地,而有足够的粮食。所以,虎豹够凶猛的了,然而君子剥它们的皮用。所以,天所笼罩的,地所负载的,没有不穷尽到它们

剥而用之。故天之所覆，地之所载，莫不尽其美、致其用。上以饰贤良，下以养百姓⑤，而安乐之。夫之谓大神⑥。

《诗》曰："天作高山，大王荒之；彼作矣，文王康之⑦。"此之谓也。

的美好、发挥出它们的作用的。在上，用来供给贤良；在下，用来蓄养百姓，使他们都享受到安乐。这就叫作无上的神明。

《诗经》中说："上天生成这座高山（岐山），大王就占有着它，把它建都之后，文王就安于它。"就是说的这个道理。

注释

❶杨倞：海，谓荒晦绝远之地，不必至海水也。 ❷杨倞：翮，大鸟羽。齿，象齿。革，犀兕之革。曾青，铜之精，可缋画及化黄金者，出蜀山、越嶲。丹干，丹砂也。 ❸王引之：紫，与"茈"通。《管子·轻重丁》："昔莱人善染，练茈之于莱，纯锱、缉绶之于莱，亦纯锱也，其周中十金。"是东海有紫之证。絻，当为"绤"。右傍"谷"，与"去"相似；"绤"之讹"絻"，犹"郤"之讹"却"也。葛精曰缔，粗曰绤。《禹贡》："青州厥贡盐绤，海物惟错。"有缔则有绤矣。《管子·轻重丁》："东方之萌，带山负海，渔猎之萌也，治葛缕而为食。"言以葛为缔绤也。是东海有绤之证。茈与绤皆可以为衣，故曰中国得而衣之。 ❹杨倞：《禹贡》：梁州"贡熊、黑、狐狸、织皮"。孔云："贡四兽之皮。织皮，今之罽也。"旄，旄牛尾。文旄，谓染之为文彩也。 ❺杨倞：饰，谓车服。养，谓衣食。 ❻杨倞：能变通裁制万物，故曰大神也。○按：王弼《周易》注："神也者，变化之极。"高诱《吕氏春秋》注："神，化也。" ❼杨倞：《诗经·周颂·天作》之篇。康，安也。○按《尔雅》："荒，有也。"

【原文】

以类行杂，以一行①万。始则终，终则始②，若环之无

【译文】

用类别来通察驳杂，用一端来通察万端。开始，就得有个终结，终

端也。舍是，而天下以衰矣。

天地者，生之始也；礼义者，治之始也；君子者，礼义之始也③；为之贯之、积重之、致好之者，君子也④。故天地生君子，君子理天地。君子者，天地之参也，万物之摠也⑤，民之父母也。无君子，则天地不理，礼义无统。上无君师，下无父子，夫是之谓至乱。君臣、父子、兄弟、夫妇，始则终，终则始，与天地同理，与万世同久，夫是之谓大本。

结，就得有个开始，好像圆环没有个头儿一样。除掉这个，天下就要趋于衰竭了。

天地是生养的本始，礼义是政治的本始，君子是礼义的本始。使人民修习礼义，累积礼义，做到礼义，这是君子的事务。所以，天地生养君子，君子顺理天地。君子是天地的参赞，是万物的总领，是人民的父母。没有君子，天地就不能顺理，礼义就没有统系。在上没有君师，在下没有父子，这就叫作大的紊乱。君臣、父子、兄弟、夫妇，从开始到终结，从终结到开始，和天地的文理相同，和万世的长久相同。这就叫作大的本原。

注 释

❶ 按：高诱《吕氏春秋》注："行，犹通也。"又："行，察也。"郑玄《礼记》注："行，犹视也。"　❷ 王念孙：始终，泛指治道而言，下文义亦同也。　❸ 杨倞：始，犹本也。言礼义本于君子也。　❹ "君子"下本有"之始"二字。○杨倞：贯，习也。积重之，谓学使委积重多也。致，极也。好之，言不倦也。○王引之："之始"二字，盖涉上三"之始"而衍。此言礼义为治之始，而为之贯之、积重之、致好之者，则君子也，故君子又为礼义之始；下文"无君子则天地不理，礼义无统"，仍是此意。此承上文"君子为礼义之始"而申言之，则"君子"下不当更有"之始"二字。　❺ 杨倞：参，谓与之相参，共成化育也。摠，领也。○按：摠，"总"之变体，亦写作"摠"。

【原文】

故丧祭、朝聘、师旅，一也；贵贱、杀生、与夺，一也；君君、臣臣、父父、子子、兄兄、弟弟，一也；农农、士士、工工、商商，一也。

【译文】

所以，丧祭、朝聘、用兵，都是一个道理；贵贱、杀生、与夺，都是一个道理；君作为君，臣作为臣，父作为父，子作为子，兄作为兄，弟作为弟，都是一个道理；农作为农，士作为士，工作为工，商作为商，都是一个道理。

【原文】

水火有气而无生，草木有生而无知，禽兽有知而无义①。人有气，有生，有知，亦且有义，故最为天下贵也。

力不若牛，走不若马，而牛马为用，何也？曰：人能群，彼不能群也。人何以能群？曰：分。分何以能行？曰：义。故义以分则和，和则一，一则多力，多力则强，强则胜物。故宫室可得而居也。故序四时，裁万物，兼利天下，无它故焉，得之分义也。

【译文】

水火有气息而没有生命，草木有生命而没有知觉，禽兽有知觉而没有道义。人有气息，有生命，有知觉，而且有道义，所以是最为天下所尊贵的。

人的气力不如牛，奔跑不如马，可是牛马都被人所使用，这是为什么呢？回答说：人能够合群，它们不能合群。人为什么能够合群呢？回答说：人有〔一定的〕职分。职分为什么能够施行呢？回答说：人有道义。所以，具备了道义，而又安于职分，人们就可以相互和同；能够相互和同，就能够齐一；能够齐一，就力量多；力量多，就强壮；强壮，就能够战胜万物。所以人们得以在宫室里安居。所以，顺守四时，裁制万物，兼天下都得到利益，这没有别的原因，就是由于有道义和职分而获得的。

注 释

❶ 按：《庄子·缮性》："道无不理，义也。"高诱：《吕氏春秋》注："义，道也。"

【原文】

故人生不能无群。群而无分则争，争则乱，乱则离，离则弱，弱则不能胜物，故宫室不可得而居也。不可少顷舍礼义之谓也。

【译文】

所以，人在生活中，不能没有群众。在群众中，没有职分，就有争端；有争端，就会紊乱；紊乱，就会分离；分离，就会薄弱；薄弱，就不能够战胜万物。所以人们就不可能在宫室里安居。这就是一时一刻也不可以抛弃礼义的道理。

【原文】

能以事亲谓之孝，能以事兄谓之弟，能以事上谓之顺，能以使下谓之君。君者，善群也。群道当，则万物皆得其宜，六畜①皆得其长，群生皆得其命②。故养长时，则六畜育；杀生时，则草木殖；政令时，则百姓一，贤良服。

【译文】

能够用礼义来侍奉父母，就叫作孝；能够用礼义来侍奉兄长，就叫作悌；能够用礼义来侍奉君上，就叫作顺；能够用礼义来役使下民，就叫作君。君，就是善于处理群众的意愿。处理群众的方法妥当，万物就都得到它们的适宜，牲畜就都得到它们的生长，众生就都得到安于他们的性命。所以，长养及时，牲畜就得到发育；砍伐及时，草木就得到繁殖；政令及时，百姓就得到齐一，贤良就会悦服。

注释

❶按：李贤《后汉书》注："六畜，马、牛、羊、豕、犬、鸡也。" ❷杨倞：安其性命。

【原文】

圣王之制也，草木荣华滋硕之时，则斧斤不入山林，不夭其生，不绝其长也。鼋鼍鱼鳖鳅鳝孕别①之时，网罟毒药②不入泽，不夭其生，不绝其长也。春耕、夏耘、秋收、冬藏，四者不失时，故五谷不绝，而百姓有余食也。污池、渊沼、川泽，谨其时禁，故鱼鳖优多，而百姓有余用也。斩伐、养长，不失其时，故山林不童③，而百姓有余材也。

【译文】

圣王的法制，草木繁荣茂盛的时节，刀斧不要带到山林里去，就是为了不夭折它们的滋生，不断绝它们的成长。鱼鳖之类怀孕生育的时节，渔网、毒药不要带到池泽里去，就是为了不夭折它们的滋生，不断绝它们的成长。春季耕种，夏季耘苗，秋季收割，冬季积藏，四季不失时机，所以五谷持续不断，而百姓都有富余的粮食。池塘、沼泽、河流，严守时节的禁令，所以鱼鳖繁殖迅速，而百姓都有富余的钱财。砍伐、长养，不失时机，所以山林不致荒凉，而百姓都有富余的器材。

注释

❶杨倞：别，谓生育，与母分别也。 ❷杨倞：毒药，毒鱼之药。 ❸杨倞：山无草木曰童。

【原文】

圣王之用也①，上察于天，下错于地，塞备天地之间，加施万物之上，微而明，短而长，狭而广，神明、博大以至约。故曰：一与一是为人②者，谓之圣人。

【译文】

圣王的行动，在上方，要观察天时，在下方，要筹措地利，充实于天地之间，加施于万物之上，隐微而显明，短暂而悠长，狭隘而宽阔，神明、广大，而又非常简约。所以说，经常以唯一正确的策略治理人民的，就叫作圣人。

注释

❶ 按：用，谓用事。《方言》："用，行也。"《说文》："用，可施行也。"

❷ 按：上"一"字，为语词。高诱：《淮南子》注："一，犹常也。"与，与"以"通。虞翻《周易》注："是，正也。"《小尔雅》："为，治也。"高诱：《战国策》注："为，助也。"一与一是为人，谓常以一正治（助）人也。

【原文】

序官：宰爵①，知宾客、祭祀、飨食、牺牲之数②；司徒，知百宗、城郭、立器③之数；司马，知师旅、甲兵、乘白④之数。

【译文】

序列官职：宰爵，要明了宾客、祭礼、宴享、牺牲的数目；司徒，要明了百族、城郭、器具的数目；司马，要明了部队、甲兵、战车的数目。

注释

❶ 俞樾：《周官·天官》序官郑注曰："宰，主也。"然则宰爵者，主爵也。

❷杨倞：飨食，飨宴也。○按："数"上本有"牢"字。下文皆言"数"，不言某物之数，此亦应然。"牢"字盖涉"牺牲"之文而衍，今以意删。 ❸刘师培："立器"，属于下文之工师，则二字必系讹文。○按：刘说甚有理，但无从厘正矣。 ❹王引之：白，与"伯"同。《逸周书·武顺》："五五二十五曰元卒（此以二十五人为卒，与《周官》"百人为卒"不同），四卒成卫曰伯。"是百人为伯也。

【原文】

审诗商①，禁淫声，以时顺修，使夷俗邪音不敢乱雅②，大师③之事也。修堤梁，通沟浍④，行水潦⑤，安水臧⑥，以时决塞，岁虽凶败水旱，使民有所耘艾⑦，司空之事也。相高下，视肥硗，序五种，省农功，谨蓄藏，以时顺修，使农夫朴力⑧而寡能，治田⑨之事也。修火宪⑩，养山林薮泽，草木、鱼鳖、百索⑪，以时禁发，使国家足用，而财物不屈，虞师⑫之事也。

【译文】

审核诗歌，禁止淫声，顺随着时节去修整，使外国的邪音不敢混乱雅乐，这便是太师的职务。修堤架桥，疏通渠道，引导积水，安设水库，依据季节去开放、杜塞，虽然遇到凶荒旱涝之年，使人民还得以耕种，这便是司空的职务。识别土地的高洼，观察土地的肥薄，调整五谷种植的序列，考核农民的劳动，慎重地蓄藏粮食，顺随着时节去修整，使农民致力于农桑，减少其他的技艺，这便是田官的职务。保养山林、池泽、草木、鱼鳖、蔬菜，依据着季节去禁止、开放，使国家费用充足，货物畅通，这便是虞师的职务。

【注 释】

❶王引之：商，读为"章"。章、商，古字通。太师掌教六诗，故曰"审诗章"。○按：《汉书·律历志》："商之为言章也。"《风俗通》引刘歆《钟律书》：

"商者，章也。"《匡谬正俗》："商字旧有'章'音。"〇按："审诗商"上本有"修宪命"三字。窃以为，修宪命，即修法令，非大师之事；修宪命，与下文家宰之事"正法则"相类，疑系错简于此，今以意移下文"正法则"之上。《乐论》篇，亦如此，应为衍文。 ❷ 杨倞：夷俗，谓蛮夷之乐。雅，正声也。 ❸ 杨倞：大师，乐官之长。大，读曰"太"。 ❹ 杨倞：沟、浍，皆所以通水。 ❺ 按：高诱《吕氏春秋》注："行，犹通也。"陆德明《礼记》释文："雨水谓之潦。" ❻ 按：臧，古通作"藏"，读去声。水臧，谓水库也。 ❼ 杨倞：艾，读为"刈"。 ❽ 杨倞：使农夫敦朴于力穑，禁其它能也。 ❾ 杨倞：治田，田畯也。 ❿ 杨倞：不使非时焚山泽。《月令》二月："无焚山林。" ⓫ 王引之：索，当为"素"字之误也。百素，即百蔬。作"索"者，借字耳。《月令》曰："取蔬食。"《管子·禁藏》："果蓏素食。"是蔬、素古通字。 ⓬ 按：马融《尚书》注："虞，掌山泽之官名。"

【原文】

顺州里，定廛①宅，养六畜，间②树艺，劝教化，趋孝弟，以时顺修，使百姓顺命，安乐处乡，乡师之事也。论百工，审时事，辨功苦③，尚完利④，便备用，使雕琢文采不敢专造于家，工师之事也。相阴阳，占祲兆⑤，钻龟，陈卦⑥，主攘择五卜⑦，知其吉凶妖祥，伛巫、跛击⑧之事也。修采清⑨，易道路⑩，谨盗贼，平室肆⑪，以时顺修，使商旅⑫安而货财通，治市之事也。

【译文】

和顺乡里，安定居处，豢养家禽，学习种树，勉励教化，促进孝悌，顺随着时节去修整，使百姓顺守教令，安泰地在乡村居处，这便是乡师的职务。考核百工，审察时事，分辨精粗，崇尚坚利，方便器用，使雕琢文采不敢在私家造作，这便是工师的职务。观察阴阳，占候日月风云的气象，用龟甲卜兆，用蓍草布卦，选择五卜之术，明了吉凶灾祥，这便是巫觋的职务。修除墓地、厕所，平整道路，防备贼盗，整顿居舍和市容，顺随着时节去修整，使商人安业，货财流通，这便是治市的职务。

注释

❶ 按：《广雅》："廛，居也。" ❷ 王念孙：间，与"闲"同。《尔雅》："闲，习也。" ❸ 杨倞：功，谓器之精好者。苦，谓滥恶者。韦昭曰："功，坚；苦，脆也。" ❹ 杨倞：完，坚也。○按：利，锐也。完利，谓器之坚与锐者。 ❺ 杨倞：占，占候也。祲，阴阳相侵之气；赤黑之祲，是其类也。兆，萌兆；谓望其云物，知岁之吉凶也。 ❻ 杨倞：钻龟，谓以火爇荆菙灼之也。陈卦，谓揲蓍布卦也。○按：李善《文选》注："钻与'攒'同。"陆德明《仪礼》释文："攒，一作'灼'。" ❼ 杨倞：五卜，《洪范》所谓"曰雨、曰霁、曰蒙、曰驿、曰克"，言兆之形也。○按：赵岐《孟子》注："攘，取也。" ❽ 杨倞：击，读为"觋"，男巫也。古者以废疾之人主卜筮巫祝之事，故曰"伛巫、跛觋"。○朱骏声：击，借为"觋"。○按：叠韵通假字。 ❾ 俞樾：採，乃"埰"字之误。《方言》："冢，秦晋之间谓之採。"是也。清者，《说文》："厕，清也。"《急就篇》："屏厕清溷，粪土壤。"字亦作"圂"。《玉篇》："圂，圊圈也。"盖墟墓之间，清溷之处，皆秽恶所积聚，故必以时修治之也。 ❿ 杨倞：修而平之。 ⓫ "肆"本作"律"。○郝懿行：律，当为"肆"字之讹。室，谓庐舍，如市楼候馆之属是也。肆，谓廛肆，如粟帛牛马，各有行列是也。 ⓬ "商旅"本作"宾旅"。○王引之：宾，当为"賓"，字之误也。《说文》："賓，行贾也。从'贝''商'省声。"今通用"商"字。《考工记》："通四方之珍异以资之，谓之商旅。"郑注曰："商旅，贩卖之客也。"《王霸篇》："商旅安，货财通。"是其明证矣。

【原文】

折愿①禁悍，防淫除邪，戮之以五刑，使暴悍以变，奸邪不作，司寇之事也。本政教，修宪命②，正法则，兼听而时稽之，度其功劳，论其庆赏，

【译文】

制裁奸巧，严禁凶悍，防备淫乱，排除邪道，处以五刑，使那些强暴凶悍的人有所变化，不再做奸邪的事情，这便是司寇的职务。推原政教，修订法令，端正准则，多方听取人民呼声，而且经常加以考核，度量

以时慎修，使百吏免尽③，而众庶不偷，冢宰④之事也。论礼乐，正身行，广教化，美风俗，兼覆而调一之，辟公⑤之事也。全道德，致隆高，綦文理，一天下，振毫末，使天下莫不顺比从服，天王之事也。故政事乱，则冢宰之罪也；国家失俗，则辟公之过也；天下不一，诸侯俗反⑥，则天王非其人也。

人民的功劳，评论人民的赏赐，顺随着时节去修整，使百官勉力尽职，使群众不生怠惰，这便是太宰的职务。制定礼乐，端正行为，推广教化，改善风俗，多方抚爱人民，而且加以调整齐一，这便是诸侯的职务。纯全道德，取得尊荣，穷究文理，统一天下，不失细节，使天下没有人不归顺服从，这便是天子的职务。所以，政事紊乱，就是太宰的罪过；国风败坏，就是诸侯的罪过；天下不统一，诸侯要背叛，那么天王就不是英明的人才。

注 释

❶ "折愿"本作"扞急"。○按：今依王念孙校改。已见前。　❷ 按："修宪命"三字，本在"大师之事"之首，今以意移此。　❸ 卢文弨：免，与"勉"同。《汉书·薛宣传》"宣因移书劳免之"，《谷永传》"闵免遁乐"，皆以"免"为"勉"。　❹ 按：郑玄《周礼》注："冢宰，大宰也。"　❺ 按：《尔雅》："辟，公，君也。"谓诸侯也。　❻ 于省吾：俗，通"欲"。《解蔽》篇注："俗，当为'欲'。""天下不一，诸侯欲反"，对文。○按：《释名》："俗，欲也。"

【原文】

具具而王，具具而霸，具具而存，具具而亡。

用①万乘之国者，威强之

【译文】

具备了所具备的条件，就成为王者；具备了所具备的条件，就成为霸者；具备了所具备的条件，国家就得以保存；具备了所具备的条件，国家就遭到灭亡。

所以立也，名声之所以美也，敌人之所以屈也，国之所以安危臧否也，制与在此，亡乎人②。王霸、安存、危殆、灭亡，制与在我，亡乎人。夫威强未足以殆邻敌也，名声未足以县③天下也，则是国未能独立也，岂渠④得免夫累乎？

作为一个万乘之国，它的威武之所以能够建立，它的名声之所以能够美好，它的敌人之所以能够屈服，它的本国之所以获得安危、好坏，裁决都在它本身，而不在别人。成王、成霸、安存、危殆、灭亡，裁决都在它本身，而不在别人。它的威强并不足以危害邻邦，它的名声并不足以维系天下，这样的国家就不能够独立存在，又怎么能够免除困累呢？

注 释

❶按：杨倞《富国》篇注："用，为也。" ❷王念孙：与，读为"举"。举，皆也。亡，不在也。言其制皆在此，而不在乎人也。下文"制与在我，亡乎人"同。〇按：《说文》："制，裁也。"郑玄《礼记》注："制，断也。"杨倞《儒效》篇注："此，身也。" ❸按：杨倞《正论》篇注："县，系也。" ❹按：颜师古《汉书》注："渠，读曰'讵'，岂也。"岂渠，复词。

【原文】

天下胁于暴国，而党①为吾所不欲；于是者，日与桀同事同行，无害为尧；是非功名之所就也，非存亡安危之所堕②也。功名之所就，存亡安危之所堕，必将

【译文】

天下被暴国所威胁，就亲善我所不愿意亲善的国家；在这种形势之下，就是天天同桀王共事同行，也无妨于我可以成为帝尧；这并不是功名之所以有成就的〔主因〕，并不是存亡、安危之所以有归宿的〔主因〕。功名之所以有成就，存亡、安危之所以有归宿，必定将要表现于本人赤

愉于赤心之所诚③。以其国为王者之所，亦王；以其国为危殆灭亡之所，亦危殆、灭亡。

心、诚信的所在。将自己的国家作为王者的所在，也就可以成为王者；将自己的国家作为危殆、灭亡的所在，也就可以遭到危殆、灭亡。

注 释

❶按：郑玄《礼记》注："党，犹亲也。"《广雅》："党，善也。" ❷按：高诱《淮南子》注："堕，入也。"堕，古亦通作"隋"。《广雅》："隋，归也。" ❸按："必将愉于赤心之所诚"，本作"必将于愉殷赤心之所诚"，不可解；"殷"字系涉下文两"殷之日"之"殷"字而误衍。"愉""于"二字系误倒，今以意删。愉，当读为"谕"，明也。旧多以"诚"字属下句读，尤非。

【原文】

殷①之日，案以中立无有所偏，而为纵横之事，偃然案兵②无动，以观夫暴国之相卒③也；案平政教，审节奏，砥砺百姓，为是之日，而兵劲天下之劲④矣；案⑤修仁义，伉隆高⑥，正法则，选贤良，养百姓，为是之日，而名声劲天下之美⑦矣。兵者劲之，名声者美之，夫尧舜者一天下也，不能加毫末于是矣。权谋倾覆之

【译文】

在国家全盛时期，自己就保持中立，无所偏倚，而且进行合纵连横的外事活动，安安泰泰地按兵不动，来观察暴国的互相交接；于是平定政教，审察礼乐，训练百姓，在这个时期，国家的兵力就成为天下最强劲的了；于是修行仁义，力求尊荣，整顿法令，选举贤良，抚养百姓，在这个时期，国家的名声就成为天下最美好的了。兵力强劲了，名声美好了，就是那尧舜的统一天下，也不能比这个再加强多少了。搞权谋、搞倾覆的人退出朝廷，那贤良、明智的儒士就都

人退,则贤良知圣之士案自进矣;刑政平,百姓和,国俗节,则兵劲城固,敌国案自诎矣;务本事,积财物,而勿忘栖迟薛越⑧也,是使群臣百姓,皆以制度行,则财物积,国家案自富矣。三者体此,而天下服;暴国之君案自不能用其兵矣。

自然而然地到来;政治平定,百姓和谐,国俗节俭,兵力强劲,城防坚固,敌对的国家就都自然而然地引退;致力农事,积聚财物,而不忘掉搁置、散失的亏损,使群臣百姓都按照制度办事,因而财物积蓄,国家就自然而然地富有起来。三者都体验到这样,因而天下就都来顺服;那暴国之君,自然而然地就不能够使用他的兵力了。

注 释

❶ 按:郑玄《周易》注:"殷,盛也。" ❷ 郝懿行:此云"案以",下云"安以","安""案"字亦同,荀书多以"安""案"为语助词。唯"案兵"之"案",与"按"同。按者,抑也,止也。 ❸ 俞樾:卒,当作"捽"。《晋语》:"戎夏交捽。"韦注曰:"捽,交对也。" ❹ "劲"上本无"之"字。○王先谦:此句与下"名声剸天下之美矣"相配为文,"劲"上当有"之"字。剸,读与"专"同。 ❺ "案"下本有"然"字。○俞樾:"然",衍字。案,乃语词,上文云:"案平政教,审节奏,砥砺百姓。"与此文一律,可证。 ❻ 王念孙:伉,极也。《广雅》:"亢,极也。"亢、伉,字异而义同。伉隆高,犹言致隆高。(详《富国》篇。)○按:谓力求尊荣也。 ❼ "而名声剸天下之美矣"下,本有"权者重之"一句。○王先谦:下"兵劲""名声美",皆承上言之;此云"权者重之",上无所承,疑有夺文。○按:此句当涉下文"权谋"句而误衍,今以意删。 ❽ 卢文弨:薛越,即"屑越"。○按:《尔雅》:"栖迟,息也。"《广雅》:"栖,歧也。"谓搁置也。胡三省《通鉴》注:"屑越,犹言狼藉而弃之也。"

【原文】

何则？彼无与至也。彼其所与至者，必其民也；其民之亲我也，欢若父母；好我，芳若芝兰；反顾其上，则若灼黥，若仇雠。彼人之情性也，虽桀跖，岂有肯为其所恶、贼其所好者哉？彼以夺矣。

故古之人，有以一国取天下者，非往行①之也，修政其所莫不愿。如是，而可以诛暴禁悍矣。

故周公南征，而北国怨，曰："何独不来也？"东征，而西国怨，曰："何独后我也？"孰能有与是斗者与？安以其国为是者王。

【译文】

这是什么原因呢？这是由于没有人同他来侵犯我们。他所同他来侵犯我们的，必定是他的民众；可是他的民众亲近我们，就如同父母那样喜欢；爱好我们，就如同芝兰那样芳香；回头看看他的君上，就如同酷刑一样，就如同仇敌一样。一般人的本性，虽然是桀王、盗跖，哪肯有做自己所憎恶的事物、败坏自己所喜好的事物的呢？他们已经被我们夺得了。

所以，古来的人，有凭着一个国就取得天下的，并不是往那里去役使民众，而是修正民众所都愿意的事物。这样，就可以斩除残暴、制止凶悍了。

所以，周公向南国出征，而北国就埋怨说："为什么独独地不到我们这里来呢？"向东国出征，而西国就埋怨说："为什么独独地把我们丢在后边呢？"哪能有同这样的君主争斗的呢？这就是利用自己的国家这样做而成为王者。

注 释

❶ 按：郑玄《礼记》注："行，犹用也。"高诱《淮南子》注："行，犹使也。"

【原文】

殷之日,安以静兵息民,慈爱百姓,辟田野,实仓廪,便备用,安谨募选阅材技之士,然后渐庆赏以先之,严刑罚以防之,择士之知事者,使相率贯也。是以厌然畜积修饰,而物用之足也。兵革器械者,彼将日日暴露毁折之中原,我今将修饰之、拊循①之,掩盖之于府库。货财粟米者,彼将日日栖迟薛越之中野,我今将畜积、并聚之于仓廪。材技、股肱、健勇、爪牙之士,彼将日日挫顿竭之于仇敌,我今将来致之、并阅之、砥砺之于朝廷。如是,则彼日积敝,我日积完;彼日积贫,我日积富;彼日积劳,我日积佚;君臣上下之间者,彼将厉厉焉日日相离疾也,我今将顿顿焉②日日相亲爱也。以是待其敝。安以其国为是者霸。

【译文】

在国家全盛的时期,自己就休养士兵,安息民众,慈爱百姓,开辟田地,充实仓库,方便器用,就慎重地募求、选择、容蓄才能技巧的儒士,然后厚重地用庆赏来引导民众,严格地用刑罚来防范民众,选择儒士中通达事物的,使他们互相牵制。所以他们都安泰地蓄积财物,修整身心,因而物用得到充足。关于兵革器械,别国天天把它们暴露和毁坏在原野之中,而我们就把它们修整、擦拭、掩盖在库府之中。关于货财粮食,别国天天把它们搁置、散失在原野之中,而我们就把它们蓄积、合并在仓库之中。关于材技、膀臂、健勇、爪牙的士卒,别国天天把他们顿挫、穷竭在战场之上,而我们就把他们招致、检阅、锻炼在朝廷之中。这样,他们就一天一天地趋向于残破,而我们就一天一天地趋向于完整;他们就一天一天地趋向于贫乏,而我们就一天一天地趋向于富有;他们就一天一天地趋向于疲劳,而我们就一天一天地趋向于安逸。在君臣上下之间,他们将要凶狠地一天一天地相互乖离,而我们将要淳厚地一天一天地相互亲爱。利用这种办法来等待着他们的疲敝。这就是利用自己的国家这样做而成为霸者。

注 释

❶ 按：《说文》："拊，揗也。揗，摩也。"循，即"揗"之借字。颜师古《汉书》注："拊，摩循之也。" ❷ 王先谦：《庄子》释文："厉，疾也。"重言之曰厉厉。顿，读曰"敦"。《礼记》注："敦，厚也。"重言之曰敦敦。顿顿，犹敦敦，相亲厚之意也。

【原 文】

立身则从佣俗，事行则遵佣故，进退贵贱则举佣士①；之所以接下之人百姓者，则庸宽惠；如是者，则安存。

立身则轻楛，事行则蠲疑②，进退贵贱则举佞悦③；之所以接下之人百姓者，则好取侵夺；如是者，危殆。

立身则憍暴，事行则倾覆，进退贵贱则举幽险诈故；之所以接下之人百姓者，则好用其死力矣，而慢其功劳；好用其籍敛矣，而忘其本务；如是者，灭亡。

【译 文】

立身就顺从平庸的习俗，行事就遵循平庸的事实，任免就选举平庸的儒士；在接近一般群众的时候，就施行宽厚和恩惠；这样的君主，就会获得安泰和生存。

立身就表示轻慢、粗恶，行事就表示明察、狐疑，任免就选举偏佞、容悦的小人；在接近一般群众的时候，就喜欢剥夺、侵犯；这样的君主，就会遭到危殆。

立身就表示骄傲、凶暴，行事就表示颠覆、陷害，任免就选举阴险、奸诈的小人；在接近一般群众的时候，就喜欢民众对自己出死力，而轻慢他们的功劳；喜欢对他们横征暴敛，而忘了他们的基本业务（农业）；这样的君主，就会遭到灭亡。

注 释

❶ 郝懿行：佣，与"庸"同，庸者，常也。《诗》云："昊天不佣。"《韩诗》作"庸"。下云"则庸宽惠"，此"庸"训"用"。 ❷ 郝懿行：蠋者，明也。谓喜明察而好狐疑也。 ❸ 郝懿行：伣，与"悦"同，谓喜近小人也。《修身篇》有"佞兑"，则"伣"与"兑"同，当训为"悦"，谓谄佞容悦也。

【原文】

此五等者，不可不善择也，王、霸、安存、危殆、灭亡之具也。善择者，制人；不善择者，人制之；善择之者，王；不善择之者，亡。夫王者之与亡者，制人之与人制之也，是其为相县也亦远矣！

【译文】

这五等的君主，是不可以不好好地选择一下的，这便是王者、霸者、安存、危殆、灭亡的具体条件。善于选择的，就制裁民众；不善于选择的，就被民众所制裁；善于选择的，就成为王者；不善于选择的，就陷于亡国。这种王者和亡国，制裁人和被人所制裁，其中的相互悬殊是相当遥远的！

富国篇第十

【原文】

万物同宇而异体，无宜而有用为人①，数②也；人伦③并处，同求而异道，同欲而异知，生也④。皆有可也，知愚同；所可⑤异也，知愚分。埶⑥同而知异。

行私而无祸⑦，纵欲而不穷，则民心奋而不可说⑧也。如是，则知者未得治也；知者未得治，则功名未成也；功名未成，则群众未县也；群众未县，则君臣未立也。无君以制臣，无上以治下，天下害生⑨纵欲。欲恶同物⑩。欲多而物寡，寡则必争矣。

【译文】

天地万物同在一个空间，而本体各不相同，没有固定的适宜，而对于人都有用，这是理数。人类，在一起共处，追求相同，而行为不同；私欲相同，而知识不同；这是本性。从人们对于事物都有所肯定这一点来说，聪明的人和愚蠢的人是相同的；从人们所肯定的事物各有不同这一点来说，聪明的人和愚蠢的人是有所区别的。人们的地位相同，而智慧不相同。

行使偏私而毫无顾虑，纵情任欲而没有止境，民众奋起斗争，就成为不可避免。这样，明智的人就无从治理他们；明智的人无从治理，功名就得不到成就；功名得不到成就，群众的智愚就无从区分；群众的智愚无从区分，君臣的职分就无从建立。没有君主来制裁臣下，没有上层来制裁下层，天下的人民就会毁害本性，纵情任欲。人们的情欲和罪恶是相互联系着的。情欲繁多，而物资缺少；缺少，就必然发生争夺。

注释

❶ 王念孙:"无宜而有用为人"为一句。为,读曰"于"。为、于二字,古同声而通用。言万物于人,虽无一定之宜,而皆有用于人。○高诱《淮南子》注:"宜,适也。" ❷ 按:王弼《老子》注:"数,谓理数也。" ❸ 杨倞:伦,类也。 ❹ 王念孙:生,读为"性"。 ❺ 按:《说文》:"可,肯也。" ❻ 按:埶,古"势"字,谓地位。 ❼ 杨倞:祸,患也。○按:《说文》:"患,忧也。" ❽ 杨倞:奋,谓起而争竞也。○按:说,当读为"脱"。颜师古《汉书》注:"脱,免也。" ❾ 按:生,当读为"性"。 ❿ 按:韦昭《国语》注:"物,类也。"

【原文】

故百技所成,所以养一人也;而能不能兼技,人不能兼官。离居不相待,则穷;群而无分,则争。穷者,患也;争者,祸也;救患除祸,则莫若明分使群矣。

强胁弱也,知惧愚也,民下违上,少陵长;不以德为政,如是,则老弱有失养之忧,而壮者有分争之祸矣。事业,所恶也;功利,所好也;职业无分,如是,则人有树事①之患,而有争功之祸矣。男女之合、夫妇

【译文】

所以,百种技艺所有的成就,是用来养活一个人的;因而有才能的不能兼具技巧,一个人不能兼任官职。分散居住而不相互依赖,就会遭到穷困;成群居住而没有区别,就会发生争夺。穷困,就成为忧患;争夺,就成为祸灾。挽救忧患,排除灾祸,就不如明确职分、役使群众。

强硬的胁迫脆弱的,明智的害怕愚蠢的,下民违反君上,年少的欺凌年长的;不用道德施行政令,这样,老弱的就有失掉奉养的忧患,而强壮的就有相互纷争的灾祸。事务,是人们所憎恶的;功利,是人们所喜好的;职业没有分工,这样,人们就有搁置事务的忧患,而有争夺功劳的灾祸。男女的配合、夫妇的

之分、婚姻、娉内、送逆②，无礼，如是，则人有失合③之忧，而有争色④之祸矣。故知者为之分也。

区别、婚姻、嫁女、聘妇，都没有礼制，这样，人们就有失掉婚配的忧患，而且有争夺女人的灾祸。所以，明智的人要为这个定出区别来。

注 释

❶ 按：李贤《后汉书》注："树，置也。"曰"纳"，纳币也。送，致女。逆，迎亲也。
❷ 杨倞：娉，问名也。内，读
❸ 杨倞：失合，谓丧其配偶也。
❹ 按：孔颖达《毛诗》疏："通谓女人为色。"

【原 文】

足国之道：节用裕民，而善臧其余①。节用以礼，裕民以政。

彼裕民，故多余②。裕民，则民富；民富，则田肥以易③；田肥以易，则出实百倍，上以法取焉，而下以礼节用之，余若丘山，不时焚烧，无所臧之。夫君子奚患乎无余？故知节用裕民，则必有仁义圣良之名，而且有富厚丘山之积矣。此无它故焉，生于节用裕民也。

【译 文】

富国的道术：节约物用，富裕民众，而且善于储藏盈余。用礼制节约物用，用政令富裕人民。

那富裕的民众，就经常富有盈余。富裕民众，民众就富有；民众富有，土地就肥沃，而且耕种良好；土地肥沃，而且耕种良好，打的粮食就百倍增多；君上按照制度取税，下民用礼制节约，因而粮食堆积如山，有的时候把它烧掉，没有地方收藏。那君子哪里还用忧愁没有盈余呢？所以，知道节约物用，富裕民众，就必然享有仁义圣良的名声，而且有富厚如山的积蓄。这没有别的缘故，这是由于节约物用、富裕民众。

注 释

❶ 杨倞：裕，谓优饶也。善臧其余，谓虽有余，不耗损，而善藏之。○卢文弨：臧，古"藏"字。 ❷ 按：《经传释词》："故，犹则也。" ❸ 按：《毛诗传》："易，治也。"

【原文】

不知节用裕民，则民贫；民贫，则田瘠以秽①；田瘠以秽，则出实不半。上虽好取侵夺，犹将寡获也，而或无以礼节用之②，则必有贪利纠譑③之名，而且有空虚穷乏之实矣。此无它故焉，不知节用裕民也。

《康诰》曰："弘覆乎天，若德，裕乃身④。"此之谓也。

【译文】

不知道节约物用、富裕民众，民众就贫乏；民众贫乏，就土地薄瘦、荒芜；土地薄瘦、荒芜，打的粮食就得不到一半。君上虽然喜欢夺取剥削，收获还是很少，而且有时不以礼制节省物用，那君上就必然有贪利剥取的名声，而且又有空虚贫乏的实际。这没别的缘故，这是由于不知道节约物用、富裕民众。

《康诰》中说："像天似的笼罩人民，顺从德行，本身才能获得富裕。"就是说的这个道理。

注 释

❶ 按：《文选》注引《字书》："秽，芜也。" ❷ 按："无以礼节用之"，本作"以无礼节用之"，不协，"无以"二字，系误倒，今依上下文意改。 ❸ 王念孙：纠，收也。譑读为"挢"，音"矫"，取也。言贪利而收取之也。《左传》杜注云："纠，收也。"《淮南子》高注云："挢，取也。"即上文之"好取侵夺"也。 ❹ 杨倞：弘覆如天，又顺于德，是乃所以宽裕汝身。言百姓与足，君孰不足也。○按：杨注训"乎"为"如"，与"于"可训"如"同例。

【原文】

礼者，贵贱有等，长幼有差，贫富、轻重皆有称①者也。故天子袾裷、衣冕②，诸侯玄裷、衣冕，大夫裨、冕③，士皮弁、服④。德必称位，位必称禄，禄必称用。由士以上，则必以礼乐节之；众庶百姓，则必以法数制之。量地而立国，计利而畜民，度人力而授事。使民必胜事，事必出利，利足以生民，皆使衣食百用出入相掩⑤，必时臧余，谓之称数。故自天子通于庶人，事无大小多少，由是推之。

故曰⑥："朝无幸位，民无幸生。"此之谓也。

【译文】

礼制，贵贱有一定的等级，长幼有一定的差别，贫富、（人民负担的）轻重都各有所宜。所以，天子穿朱衮、戴冕，诸侯穿玄衮、戴冕，大夫穿裨衣、戴冕，士戴鹿皮冠、穿素裳。品德必定要同职位相适应，职位必定要同俸禄相适应，俸禄必定要同服用相适应。由士以上，就必须用礼仪和乐章来节制；群众百姓，就必须用法制和礼数来制裁。度量着土地来建立国家，计算着利益来蓄养人民，推测着人力来使他们担当事务。役使人民，必定要他们能够胜过事务；事务，必定要使他们产生利益；利益足以生养民众，都使他们衣食服用出入相抵，必定要使他们经常储藏盈余。这就叫作适应礼数。所以，从天子到民众，事情无论是大小、多少，都要按这个来类推。

所以说："朝廷上没有侥幸的职位，民众中没有侥幸的生活。"就是说的这个道理。

注释

❶ 按：轻重，谓人民供给担负之轻重，《管子》有《轻重》若干篇。杨倞《礼论》篇注："称，谓各当其宜。"郑玄《考工记》注："称，犹等也。" ❷ 杨倞：袾，古"朱"字。裷，与"衮"同。画龙于衣，谓之衮。朱衮，以朱为质也。衣冕，犹服冕也。○按：郑玄《周礼》注："衮，卷龙衣也。"《说文》："冕，大夫以上冠也。" ❸ 杨倞：衣裨衣而服冕，谓祭服也。天子六

服，大裘为上，其余为裨。裨之言卑也，以事尊卑服之，诸侯以下亦服焉。鷩冕、缔冕皆是也。○按：郑玄《礼记》注："裨，衮之属也。" ❹ 杨倞：皮弁，谓以白鹿皮为冠，素积为裳。○按：《仪礼·士冠礼》："皮弁服素积。"郑玄注："以素为裳。"《释名·释衣服》亦云："素积，素裳也。"《汉书·孝平王皇后传》作"素绩"。 ❺ 王念孙：《尔雅》曰："弇，同也。"《方言》曰："掩，同也。"《毛诗传》："奄，同也。"弇、奄、掩并通。出入相同，谓不使出数多于入数也。 ❻ 按：杜预《左传》注："故，旧典。"

【原文】

轻田野之税，平关市之征，省商贾之数①，罕兴力役，无夺农时，如是，则国富矣。夫是之谓以政裕民。

【译文】

减轻田野的赋税，免除关市的征收，减损商贩的数目，少举办劳役工程，不要夺掉农民耕种的时令，这样，国家就能富足。这就叫作用政令来富裕民众。

注 释

❶ 杨倞：平，犹除也，谓几而不征也。省，减也，谓使农夫众也。

【原文】

人之生，不能无群。群而无分，则争；争，则乱；乱，则穷矣。故无分者，人之大害也，有分者，人之大①利也。而人君者，所以管分之枢要

【译文】

人类在生活之中，不能离开群居共处。群居共处而没有区分，就会发生争夺；争夺，就会发生紊乱；紊乱，就会发生穷困。所以，没有区别，是人类中的大害；有区分，是人类中的大利；而人民的君上，便是掌管这种区分的中

也。故美之者，是美天下之本也；安之者，是安天下之本也；贵之者，是贵天下之本也。

枢。所以，赞美区分的，就是赞美天下的基础；安于区分的，就是安于天下的基础；尊重区分的，就是尊重天下的基础。

注 释

❶ "大"本作"本"。○杨倞：本，当为"大"。○按：本，涉下文三"天下之本"而误，当作"大"，"大利"与上句"大害"对文。

【原文】

古者先王分割而等异之也，故使或美或恶，或厚或薄，或佚乐，或劬劳①，将以明仁之文，通仁之顺也。故为之雕琢刻镂、黼黻文章②，使足以辨贵贱而已，不求其观③；为之钟鼓管磬、琴瑟竽笙，使足以④合欢定和而已，不求其余；为之宫室台榭，使足以避燥湿⑤养德而已，不求其外。

《诗》曰："雕琢其章，金玉其相；亹亹我王，纲纪四方⑥。"此之谓也。

【译文】

在古代，先王把群众分割出不同的等级，因而使他们有的成为优美或恶劣，有的成为淳厚或浇薄，有的成为逸乐或劳苦，将要用这个来显明人道的文明，表达人道的秩序。所以作为雕琢刻镂、服色华美，使它足以辨别贵贱而已，并不是追求别的；作为钟鼓、管磬、琴瑟、竽笙，使它足以共同欢乐、和谐稳定而已，并不是追求别的；作为宫室台榭，使它足以避免燥湿、保养德性而已，并不是追求别的。

《诗经》中说："雕琢就是它的文章，金玉就是它的本质；我们勤勤勉勉的君王，足以作为四方的纲纪。"就是说的这个道理。

注释

❶ 二句本作"或佚或乐,或劬或劳"。○王念孙:二句本作"或佚乐,或劬劳",今本"乐"上、"劳"上又有两"或"字,即涉上文而衍。据杨倞云:"在位则佚乐,百姓则劬劳",则正文本作"或佚乐,或劬劳",明矣。○按:此下本有"非特以为淫泰夸丽之声"一句,当系涉下文"非特以为淫泰也"句而误衍,今以意删,并将"夸丽"二字移于下文"淫泰"之下。 ❷ 杨倞:白与黑谓之黼,黑与青谓之黻,青与赤谓之文,赤与白谓之章。 ❸ 按:《尔雅》:"观,多也。" ❹ 按:"合观"上本有"辨吉凶"三字,文义不类,必系错简,今以意删。 ❺ 按:"避燥湿"下本有"辨轻重"三字,文义亦不类,亦必系错简,今以意删。 ❻ 杨倞:《诗经·大雅·棫朴》之篇。相,质也。亹亹,劝勉之貌。

【原文】

若夫重色而衣之,重味而食之,重财物而制之,合天下而君之①,非特以为淫泰夸丽②也,固以为一天下③,治万变,材④万物,养万民;兼利⑤天下者,为莫若仁人之善也夫。故其知虑足以治之,其仁厚足以安之,其德音足以化之。得之则治,失之则乱。百姓诚赖其知也,故相率而为之劳苦,以务佚之,以养其知也;诚美其厚也,故为之出死

【译文】

至于穿衣服要注重颜色,吃东西要注重滋味,约束自己要注重财物,把天下合并起来领导,这不是单单为了表示奢侈、华丽,原来是为了统一天下,顺应万变,制裁万物,长养万民;使天下人都得到利益,没有比得上仁人再善良的。所以,仁人的知虑足以治理天下,仁人的仁厚足以安抚天下,仁人的德政足以感化天下。得到民心,天下就平治;失掉民心,天下就紊乱。对于百姓,要认真地依赖他们的智慧,所以就领导他们相互在一起劳动,务必要安逸他们,来培养他们的智慧;要认真地提高他们的淳厚,所以就使他们摆脱死

断亡⑥，以覆救之，以养其厚也；诚美其德也，故为之雕琢刻镂，黼黻文章，以藩⑦饰之，以养其德也。

亡，加以照顾和挽救，来培养他们的淳厚；要认真地提高他们的品德，所以就使他们雕琢刻镂，服色华美，来修饰他们，来培养他们的品德。

注释

❶ 按：之，谓人民。《广雅》："制，禁也。"《文选》注引服虔："制，缚束也。" ❷ 按："夸丽"二字，本无，今从上文"非特以为淫泰夸丽也"之错简中移此。 ❸ "一"本作"王"。○王先谦："王天下"，"王"字无义。此自属人君言，不得更言"王天下"。"王"当为"一"，字之误也。《非十二子》篇云："一天下，财万物，长养人民，兼利天下。"语意正与此同，尤其明证。 ❹ 杨倞：材，与"裁"同。 ❺ "利"本作"制"。○王先谦：《非十二子》篇作"兼利天下"，以文义推之，"兼利"是也。"利""制"形近而讹。 ❻ 按：郑玄《仪礼》注："出，犹去也。"出死断亡，谓免去死亡也。 ❼ 按：藩，当读为"蕃"。范望《太玄》注："蕃，盛也。"亦作"繁"。《离骚》："佩缤纷其繁饰兮。"是也。郑玄：《礼记》注："繁，犹盛也。"

【原文】

故仁人在上，百姓贵之如帝，亲之如父母①，无它故焉，其所是焉②诚美，其所得焉诚大，其所利焉诚多③也。

《诗》曰："我任我辇，我车我牛，我行既集，盖云

【译文】

所以，仁人居处上位，百姓尊贵他们就如同上帝一样，亲爱他们就如同父母一样，这并没有其他的缘故，他们所承认的实在美好，他们所获得的实在广大，他们所利用的实在繁多。

《诗经》中说："我们背着东西，我们拉着辇，我们驶着车，我们牵着牛，我们的任务完成，就让我们回去了。"就是

归哉。④"此之谓也。

说的这些事实。

注 释

❶ 按:"亲之如父母"下本有"为之出死断亡而愉者"九字,亦系衍文,今以意删。　❷ 按:《古书虚字集释》:"焉,犹者也。"　❸ "多"下本无"也"字。○王先谦:《群书治要》有"也"字。　❹ 杨倞:《诗经·小雅·黍苗》之篇。引此以明百姓不惮勤劳以奉上也。郑玄:集,犹成也。盖,犹皆也。转辎(运)之役,有负任者,有挽辇者,有将车者,有牵傍牛者。事既成,召伯则告之云:可以归矣。

【原文】

故曰:君子以德,小人以力。力者,德之役也。百姓之力,待之而后功①,百姓之群,待之而后和;百姓之财,待之而后聚;百姓之埶,待之而后安;百姓之寿,待之而后长。父子不得不亲,兄弟不得不顺,男女不得不欢;少者以长,老者以养。

故曰:"天地生之,圣人成之。"此之谓也。

【译文】

所以说,君子要凭借德业,小人要凭借劳力。劳力,是德业的仆役。百姓的劳力,要依靠君子的德业,而后得以完成;百姓的群体,要依靠君子的德业,而后得以和谐;百姓的财物,要依靠君子的德业,而后得以集聚;百姓的气势,要依靠君子的德业,而后得以安泰;百姓的寿命,要依靠君子的德业,而后得以长久。父子之间不得不互相亲爱,兄弟之间不得不互相从顺,男女之间不得不互相欢快;幼年得以成长,老年得以奉养。

所以说:"天地滋生万物,圣人成全万物。"就是说的这个道理。

注 释

❶ 按：《尔雅》："功，成也。"

【原文】

今之世而^①不然。厚刀布之敛，以夺之^②财；重田野之税，以夺之食；苛关市之征，以难其事。不然而已^③矣，有^④掎挈伺诈^⑤，权谋倾覆，以相颠倒，以靡敝^⑥之；百姓晓然皆知其污漫暴乱，而将大危亡也。是以臣或弑其君，下或杀其上，粥其城，倍其节^⑦，而不死其事者。无它故焉，人主自取之也^⑧。

《诗》曰："无言不雠，无德不报^⑨。"此之谓也。

【译文】

现在这个世界就不是这样。加重货币的聚敛，来剥夺百姓的财物；加重土地的赋税，来剥夺百姓的衣食；加重关税的征收，给百姓的生意制造困难。不仅仅是这样，而且还用胁迫、讹诈、权谋、倾覆等手段来颠覆百姓，来困累百姓；百姓明明都知道他们污秽、暴乱，将要陷于大的危亡。所以，有的臣下杀戮君上，有的下层杀戮上层，出卖城防，丢弃节操，而不替君上殉职。这没有其他缘故，都是为人民的主上自己招致来的。

《诗经》中说："没有听到问话而不回答的，没有受到恩德而不酬报的。"就是说的这个道理。

注 释

❶ 王先谦：而，犹则也。见《经传释词》。 ❷ 按：之，与"其"对文。之，犹其也。 ❸ 杨倞：不唯如此而已。 ❹ 杨倞：有，读为"又"。 ❺ 按：《说文》："掎，偏引也。挈，县持也。"掎、挈，皆迫胁之意，伺诈，谓伺机行诈也。 ❻ 按：《毛诗传》："靡，累也。"《华严经音义》引《汉书拾遗》："靡，倾也。"杜预《左传》注："敝，坏也。" ❼ 杨倞：粥其城，谓以城降人，以

为己利。节,忠节也。此皆由上无恩德,故下亦倾覆之。○按:粥,通作"鬻",卖也。 ❽"取之"下本无"也"字。○王先谦:《群书治要》句末有"也"字。 ❾杨倞:《诗经·大雅·抑》之篇。○按:《说文》:"雠,犹应也。"

【原文】

兼足天下之道在明分。掩地表亩①。刺中②殖谷,多粪肥田,是农夫众庶之事也。守时力③民,进事长功,和齐百姓,使人不偷,是将率④之事也。高者不旱,下者不水,寒暑和节,而五谷以时孰,是天之事⑤也。若夫兼而覆之,兼而爱之,兼而制之,岁虽凶败水旱,使百姓无冻馁之患,则是圣君贤相之事也。

【译文】

全面满足天下人民的道术,就在于辨明职分。灌溉田地,整理田地,铲除杂草,培植五谷,积粪施肥,这是农民群众的职务。遵守时令,鼓励人民,促进事务,增长功效,齐同百姓,使人民不怠惰,这是官吏的职务。高地不受旱,低地不受涝,寒暑调和,五谷按时成熟,这是上天的职务。至于全面抚养人民,全面爱护人民,全面制裁人民,虽然遇到水旱凶年,使百姓不遭受挨冻受饿的忧患,这便是圣君贤相的职务。

【注释】

❶按:掩,当读为"淹",或系误字。郑玄《礼记》注:"淹,浸渍之。"淹地,谓浇地也。高诱《淮南子》注:"表,正也。"郑玄《周礼》注:"表,所以识正行列也。"表亩,谓整田也。 ❷杨倞,中,古"草"字。○按:《尔雅》:"刺,杀也。"郑玄《仪礼》注:"刺,犹划除之也。" ❸郑玄《诗》笺:"力,犹勤也。" ❹杨倞:将率,犹主领也,若今宰守。 ❺"天之事"本作"天下之事"。○王念孙:"天下之事",当作"天之事"。今本"天下"之"下"

字，乃涉上文"下者"而衍。

【原文】

墨子之言，昭昭然为天下忧不足；夫不足，非天下之公患也，特墨子之私忧过计也。

今是①土之生五谷也，人善治之，则亩数盆，一岁而再获之②。然后瓜、桃、枣、李，一本数以盆鼓③；然后荤菜、百疏，以泽量④；然后六畜、禽兽，一而剸车⑤；然后⑥鼋鼍鱼鳖鳅鱣⑦以时别，一而成群⑧，然后飞鸟凫雁若烟海⑨；然后昆虫万物生其间；可以相食养者，不可胜数也。夫天地之生万物也，固有余，足以食人矣；麻葛茧丝；鸟兽之羽毛齿革也，固有余，足以衣人矣。夫不足⑩，非天下之公患也，特墨子之私忧过计也。

【译文】

墨子的言论，明明白白地替天下担忧日用不足；这种日用不足，并不是天下的公共灾祸，只不过是墨子的私人担忧，错打了算盘。

客观事实是，土地生长五谷，人们要善于耕种它，一亩就可以收好几斗，一年就可以收两季；在这种情形之下，瓜、桃、枣、李，一棵的果实，就得用盆量；各种蔬菜，一大片一大片地数不清；各种家畜走兽，一只就能装一车；鱼鳖之类，按照季节滋生，育养得样样成群；飞鸟之类，浩如烟海；各种昆虫万物，生长在大地之中；可以作为副食品的，数也数不清。可见，天地生成万物，本来是丰富有余，足以养活人民的；丝麻和鸟兽的羽毛皮革，本来是丰富有余，足以供给人民穿用的。这种日用不足，并不是天下公共的灾患，只不过是墨子的私人担忧，错打了算盘。

注释

❶ 按：今是，犹今夫也。见《经传释词》。　❷ 杨倞：盖当时以盆为量。

《考工记》:"盆实二鬴。"获,读为"穫"。❸杨倞:一本,一株也。鼓,量也。《礼记》曰:"献米者操量鼓。"数以盆鼓,谓数度以盆量之也。言"然后"者,谓除五谷之外,更有此果实。❹杨倞:荤,辛菜也。疏,与"蔬"同。以泽量,言满泽也,犹谷量牛马。❺杨倞:剸,与"专"同。言一兽满一车。❻按:"鼋鼍"上本无"然后"二字,今据上下文补。❼刘师培:鳣,为"鳝"假,见《颜氏家训·书证》。❽杨倞:别,谓生育,与母分别也。一而成群,言每一类皆得成群。❾杨倞:远望如烟之覆海,皆言多。❿"不足"上本有"有余"二字。○王先谦:以文义求之,"不足"上不当有"有余"二字,此缘上文两"有余"而误衍。

【原文】

天下之公患,乱伤之也。胡不尝试相与求乱之者谁也?

我以墨子之非乐也,则使天下乱;墨子之节用也,则使天下贫;非将堕之也,说不免焉。墨子大有天下,小有一国,将蹙然衣粗食恶,忧戚而非乐;若是,则瘠①;瘠,则不足欲;不足欲,则赏不行。墨子大有天下,小有一国,将少人徒,省官职,上功劳苦,与百姓均事业,齐功劳;若是,则不威;不威,则罚不行。赏不行,则贤者不可得而进也;罚不行,

【译文】

天下公共的灾患,是由混乱所造成的。我们为什么不试探着追究追究这种混乱是谁造成的呢?

我以为墨子黜止乐歌,就会促使天下混乱;墨子节约物用,就会促使天下贫穷;这并不是故意诋毁他,他的学说就不免陷于如此。墨子在大的方面掌握了天下,在小的方面掌握了一国,他就忧心忡忡地吃坏的、穿坏的,只知道发愁,而非难音乐的效用;这样,人们就必然享受微薄;享受微薄,就不能够满足人们的欲望;不能够满足人们的欲望,有功的人就得不到应有的赏赐。墨子在大的方面掌握了天下,在小的方面掌握了一国,他将要减少用人,省略官职,上层实行劳动,和百姓的工作完全等齐;这样做,上层人就失去了威严;失去了威严,有罪的人就得不到应有的刑罚。

则不肖者不可得而退也。贤者不可得而进也，不肖者不可得而退也，则能不能不可得而官也。

赏赐行不通，贤人就不可能得到进用；刑罚行不通，坏人就不可能得到黜退。贤人得不到进用，坏人得不到黜退，那就有才能的和没有才能的不可能得到适宜的安置。

注 释

❶ 杨倞：墨子言乐无益于人，故作《非乐》篇。瘠，奉养薄也。《庄子》说墨子曰："其生也勤，其死也薄，其道也大觳。"郭云："觳，无润也。"义与"瘠"同。

【原文】

若是，则万物失宜，事变失应，上失天时，下失地利，中失人和，天下敖然①，若烧若焦。墨子虽为之衣褐带索，嚼菽饮水②，恶能足之乎？既以伐其本，竭其原，而焦天下矣！

【译文】

这样，万物就要失掉时宜，事变就要失掉顺应；在上方，失掉了天时；在下方，失掉了地利，在中间，失掉了人和；天下人民，愁眉苦脸地就像被烧焦枯了一般。墨子纵然教人民身穿粗布衣，腰束绳索，吃野菜，喝白水，怎么能够富足起来呢？既然已经伤害了它（国计民生）的根本，穷竭了它（国计民生）的源泉，因而就使天下陷于焦枯了！

注 释

❶ 按：杨倞：《强国》篇注："敖，读为'嗷'。"《说文》："嗷，众口愁也。" ❷ 杨倞：嚼，与"啜"同。

【原文】

故先王圣人为之不然。知夫为人主上者，不美不饰之不足以一民也，不富不厚之不足以管下也，不威不强之不足以禁暴胜悍也；故必将撞大钟、击鸣鼓、吹笙竽、弹琴瑟，以塞其耳，必将錭①琢刻镂、黼黻文章，以塞其目；必将刍豢稻粱，五味芬芳，以塞其口；然后众人徒，备官职，渐②庆赏，严刑罚，以戒其心；使天下生民之属，皆知己之所愿欲之举在于是③也，故其赏行；皆知己之所畏恐之举在于是也，故其罚威。

【译文】

所以，先王圣人就不这样做。他们知道，做人民的主上的，不讲求美善，不讲求华饰，就不足以统一人民；不讲求富裕，不讲求厚实，就不足以管辖下层；不讲求威权，不讲求强力，就不足以禁止粗暴、制裁凶悍；所以，就必须撞大钟、敲大鼓、吹笙竽、弹琴瑟，来塞住他们的耳朵；必须用雕琢刻镂、服色华美，来塞住他们的眼睛；必须用肉食、细粮、五味这些芳香的食品，来塞住他们的嘴；然后集聚群众，设备官职，加重庆赏，严厉刑罚，借以戒饬他们的心志；使天下所有的人民，都知道自己所愿望的都放在这上面，因而庆赏就得以施行了；都知道自己所畏惧的都放在这上面，因而刑罚就显示威严了。

注 释

❶杨倞：錭，与"雕"同。 ❷按：渐，谓加重。张湛《列子》注："渐，剧也。" ❸"于是"，本作"是于"。○杨倞：举，皆也。是于，犹言于是。《说苑》亦作"是于也"。○按：作"是于"，于文为悖，今仍从旧本作"于是"。

【原文】

赏行、罚威,则贤者可得而进也,不肖者可得而退也,能不能可得而官也。若是,则万物得宜,事变得应,上得天时,下得地利,中得人和,则财货浑浑如泉源,汸汸如河海,暴暴如丘山①。夫天下何患乎不足也?

【译文】

庆赏得以施行,刑罚显示威严,因而贤人就可以得到进用,坏人就可以得到黜退,有才能的和没有才能的就可以得到适宜的安置。这样,万物就能得其时宜,事变就能得其顺应;在上方,得到天时;在下方,得到地利;在中间,得到人和;因而人民的财物流畅得如同源泉一般,富裕得如同河海一般,高大得如同山丘一般。这天下还用得着忧虑不富足吗?

注释

❶ 杨倞:浑浑,水流貌。汸,读为"滂",水多貌也。暴暴,卒起之貌。○按:"暴暴如丘山"下,本有"不时焚烧,无所臧之"二句,赘文,系涉上文"余若岳山,不时焚烧,无所臧之"而误衍,今以意删。

【原文】

故儒术诚行,则天下大①而富,佚而功②,撞钟击鼓而和。

《诗》曰:"钟鼓喤喤,管磬玱玱,降福穰穰。降福简简,威仪反反。既醉既饱,福禄来反。③"此之谓也。

故墨术诚行,则天下尚

【译文】

所以,儒家的道术真正得以施行,天下就会康乐而富足,安逸而有功,人民都撞着钟、敲着鼓来附和。

《诗经》中说:"钟鼓协奏,管磬齐鸣,上天就降福。降福广泛,君上就威严十足。吃得饱饱的,喝得醉醉的,大富大贵就都纷纷到来。"就是说的这种情形。

所以,墨家的道术真正得以施行,

俭而弥贫，非斗④而日争；劳苦顿萃⑤，而愈无功；愀然忧戚非乐，而日不和。

《诗》曰："天方荐瘥，丧乱弘多，民言无嘉，憯莫惩嗟。"⑥此之谓也。

天下就崇尚节俭，而越来越贫穷；非难争夺，而争夺天天出现；人们累个臭死，而越是得不到成绩；愁眉苦脸地非难乐歌，而人民天天不得和乐。

《诗经》中说："上天正在降下灾难，国家丧乱无比；人民没有好的表现，怎么会不惩罚他们呢？"就是说的这种情形。

注 释

❶ 杨倞：大，读为"泰"，优泰也。 ❷ "佚"本作"使"。○刘台拱："使而功"，当作"佚而功"，形近而讹也。 ❸ 杨倞：《诗经·周颂·执竞》之篇。毛云：喤喤，玱玱，皆声和貌。穰穰，众也。简简，大也。郑云：反反，顺习之貌。反，复也。 ❹ 杨倞：《墨子》有《非攻》篇。非攻，即非斗也。 ❺ 杨倞：萃，与"悴"同。○王念孙：顿，如"困顿"之顿。《管子·版法》篇"顿卒怠倦以辱之"，尹注曰："顿悴，犹困苦。"王褒《洞箫赋》："桀跖鬻博，儡以顿悴。"顿卒、顿萃，并与"顿悴"同。 ❻ 杨倞：《诗经·小雅·节南山》之篇。荐，重也。瘥，病也。憯，曾也。惩，止也。嗟，奈何。

【原文】

垂事①、养民，拊循②之，呢呕③之，冬日则为之饘粥④，夏日则为之瓜麮⑤，以偷取少顷之誉焉，是偷道也；可以少顷得奸民之誉，然而非长久之道也。事必不就，功必不立，

【译文】

垂示政事，长养人民，怜爱他们，温存他们；冬天就为他们准备糨粥，夏天就为他们准备瓜果麦饭，用这个来盗取一点点名誉，这是一种偷盗的道术；这可以短时间得到奸民的一点点称誉，然而这并不是长久的道术。事务必然没有成就，功绩必然不能树立，这是使用奸邪治术的人。尽力争取时令，勉励民

是奸治者也。僒然要时务民⑥，进事长功，轻非誉而恬失民⑦，事进矣，而百姓疾之，是又偷偏⑧者也。徙坏堕落，必反无功。故垂事养誉，不可；以遂功而忘民，亦不可。皆奸道也。

众，促进事务，增长功绩，轻视人民对自己的非难和称誉，而安于失掉民心；事务做过了，可是百姓都怨恨自己，这又是一种苟且偏邪的人。变坏、堕落，必然归于无功。所以，垂示政事，保持名誉，是不可以的；借以达成功绩，而忘掉人民，也是不可以的。这都是奸邪的道术。

注释

❶ 按：垂，示也。垂事，谓上示下以事也。　❷ 郝懿行：㽞，与"揗"同。拊揗者，谓抚摩矜怜之也。　❸ 按：晛，通"儿"。朱骏声《说文通训定声》以"晛"即"婗"之或体。《广雅》："儿，晛，子也。"郑玄《礼记》注："子，犹爱也。"《文选·剧秦美新》："上下相呕。"李善注："煦，与'呕'同。"呕，又通作"讴"。李颐《庄子》注："讴，煦也。"晛呕，谓抚爱之、安慰之也。　❹ 按：《说文》："馆，糜也。"陆德明《礼记》释文："馆，厚粥也。"　❺ 杨倞：麩，煮麦饭也。　❻ 杨倞：僒然，尽人力貌。要时，趋时也。务，勉强也。谓以劳役强民也。〇按：僒，疑借为"憏"。《说文》："憏，虑也。"虑民之意。　❼ 杨倞：恬，安也。言不顾下之毁誉，而安然忘于失民也。　❽"偷偏"上本有"不可"二字。〇王先谦："不可"二字衍文。上言"是奸治者也"，此言"是又偷偏者也"，二语相应。"偷偏"上不得有"不可"字明矣。此缘下文两"不可"字而误重。

【原文】

故古人为之不然。使民夏不宛暍①，冬不冻寒，

【译文】

所以，古人就不这样做。使人民夏天受不到暑热，冬天受不到寒冷，紧急的时候不

急不伤力，缓不后时，事成功立，上下俱富②，而百姓皆爱其上，人归之如流水，亲之欢如父母③者。无它故焉，忠信、调和、均辨④之至也。三德者诚乎上，则下应之如景向⑤。

故君国长民者，欲趋时遂功，累解急疾，必先修正其在我者，然后徐责其在人者，则说乎赏庆，威乎刑罚矣⑥；虽欲无明达，得乎哉？

《书》曰："乃大明服，惟民其力，懋和而有疾⑦。"此之谓也。

伤民力，缓和的时候不失时令，事务完成，功绩建立，上下都非常安全，因而百姓都爱戴他们的主上；人们归顺他，就如同流水一般，亲近他，就如同父母一般。这并没有其他的缘故，这是由于对人民忠信、调和、均平达到了极点。君上真正施行了这三种德政，下层人民的报答就如同影子追随形体、回声应和本声一般。

所以，掌握国政、长养人民的人，要想争取时令，完成事功，解除疾苦，就必须首先修整在自己的一方，然后缓和地去责备人民的一方，那就人民被主上的庆赏所欢悦、刑罚所震惊；虽然想着不求明察、通达，那做得到吗？

《尚书》中说："国君的明智，大大地威服于人民，人民就肯为主上出力，奋勉、和谐，而急主上之所急。"就是说的这个道理。

注　释

❶ 杨倞：使民，谓役使民也。宛，读为"蕴"，暑气也。暍，伤暑也。❷ 按：《说文》："富，备也。"　❸ 按："亲之欢如父母"下本有"为之出死断亡而愉"八字，亦系误衍，说见前。　❹ 王念孙：辨，读为"平"。平、辨，古字通。若《尧典》"平章"之为"辨章""平秩"之为"辨秩"是也。忠与信、调与和、均与辨，皆同义。　❺ 杨倞：三德，即忠信、调和、均辨也。○按："三德者诚乎上，则下应之如景向"二句，本在下文"虽欲无明达，得乎哉"之上，不协，今以意移此。　❻ 按："故君国长民者，欲趋时遂功，累解急疾，必先修正其在我者，然后徐责其在人者，则说乎赏庆，威乎刑罚矣"，本作"故君

国长民者，欲趁时遂功，则和调累解，速乎急疾，忠信均辨，说乎赏庆矣，必先修正其在我者，然后徐责其在人者，咸乎刑罚"，必有错简，今订正如此。"则""说乎庆赏"移下，"和调""忠信均辨"均涉上文而误衍，"速乎"无着，当为他处错简，删。 ❼ 杨惊：《书·康诰》。懋，勉也。言君大明以服下，则民勉力为和调而疾速，以明效上之急也。

【原文】

故不教而诛，则刑繁而邪不胜；教而不诛，则奸民不惩；诛而不赏，则勤厉①之民不劝；诛赏而不类，则下疑俗俭②，而百姓不一。

故先王明礼义以壹之，致忠信以爱之；尚贤使能以次之，爵服庆赏以申重③之；时其事、轻其任、以调齐之；潢然④兼覆之，养长之，如保赤子。若是，故奸邪不作，盗贼不起，而化善者劝勉矣。是何邪？则其道易，其塞固，其政令一，其防表明。

故曰："上一，则下一矣；上二，则下二矣；辟之若中木，枝叶必类本⑤。"此

【译文】

所以，不教育人民而用刑罚，刑罚就趋于繁乱而不能克服邪道；教育人民而不用刑罚，奸民就得不到制裁；只用刑罚而不用赏赐，勤恳的人民就得不到劝勉；刑罚、赏赐都不适当，那就下层疑惑，习俗险邪，而且百姓也得不到齐一。

所以，先王〔对于人民〕，要用彰明礼义来齐一他们，要用施行忠信来爱护他们；要用尊贤使能来给他们制定出一定的秩序，要用爵位、服制、赏赐来指令他们；要依据时令办事、减轻人民负担来调剂他们；要广泛而普遍地照顾他们，长养他们，就如同保护婴儿一般。这样，奸邪就不会发生，盗贼就不会起事，因而感化从善的人民就要互相劝勉。这是什么原因呢？这是由于主上的道术平易，杜塞巩固，政令齐一，防范明显。

所以说："上层一心，下层就会一心；上层二心，下层就会二心；譬如草木一样，它的枝叶必然要随从着它的根

之谓也。　　　　　　　　　　部。"就是说的这个道理。

注 释

❶"厉"本作"属"。○杨倞：属，或为"厉"。○王念孙：作"厉"者是也。《群书治要》作"勤励"。励，即"厉"之俗书，则本作"厉"明矣。"厉"与"属"字相似而误。○按：厉，当借为"励"，俗作"励"。《说文》："励，勉力也。"　❷朱骏声：俭，借为"憸"。《说文》："憸，险诐也，利于上，佞人也。"○按：《尔雅》："类，善也。"《广雅》："险，邪也。"《毛诗》释文引崔注："险诐，不正也。"　❸杨倞：申，亦重也；再令曰申。　❹按：《广雅》："潢潒，浩荡也。"潢然，即潢潒。　❺杨倞：辟，读为"譬"。中，古"草"字。○按：郑玄《礼记》注："类，谓比式。"孔颖达《礼记》疏："品物相随曰类。"

【原文】

不利而利之，不如利而后利之①之利也；不爱而用之，不如爱而后用之之功也；利而后利之，不如利而不利者之利也；爱而后用之，不如爱而不用者之功也。利而不利也、爱而不用也者，取天下者也；利而后利之、爱而后用之者，保社稷者也；不利而利之、不爱而用之者，危国家者也②。

【译文】

不给人民利益而索取人民，莫如先给人民利益而后索取人民为有利益；不爱护人民而使用人民，莫如先爱护人民而后使用人民为有功效，有了利益而后索取人民，莫如有了利益而不索取人民为有利益；爱护人民而后使用人民，不如爱护人民而不使用人民为有功效。有了利益而不索取人民、爱护人民而不使用人民的，这是取得天下的君主；有了利益而后索取人民、爱护人民而后使用人民的，这是保有社稷的君主；在不利的情况下而索取人民、不爱护人民而使用人民的，这是危害国家的君主。

注 释

❶ 按："利之"之"利"，谓取之以为利也。高诱《淮南子》注："利，犹取也。" ❷ "取天下者也""保社稷者也""危国家者也"，本作"取天下矣""保社稷也""危国家也"。○王念孙："取天下矣""保社稷也""危国家也"，本作"取天下者也""保社稷者也""危国家者也"。今本或作"矣"，或作"也"，文意参差不协，当依《文选·五等诸侯论》注所引改正。

【原文】

观国之治乱臧否，至于疆易①而端已见矣；其候徼支缭，其竟关之政尽察，是乱国已②。入其境，其田畴秽，都邑露③，是贪主已。观其朝廷，则其贵者不贤；观其官职，则其治者不能；观其便嬖④，则其信者不悫，是暗主已。凡主相、臣下、百吏之属⑤，其于货财、取与、计数也，顺孰⑥尽察；其于礼义节奏也，芒轫僈楛⑦，是辱国已。

【译文】

观察一个国家的治乱、好坏，到了它的边疆，头绪就已经表现了出来；它那里的守望者到处往返巡行，它那里的关税非常苛刻，这是混乱的国家。进入它的国境，它那里的田地荒秽，城防败坏，这是贪婪的君主。看看它的朝廷，它那里的最高统治者并不贤良；看看它的官职，它那里的政治人员没有才能；看看它的近臣，它那里的亲信并不恭谨；这是昏暗的君主。凡是君臣上下、百官，对于货财、取给、会计，精熟明察；对于礼义节文，模糊疏略；这是可耻的国家。

注 释

❶ 杨倞：易，与"埸"同。○按：《广雅》："埸，界也。" ❷ 杨倞：候，斥候。徼，巡也。支缭，分支缭绕，言委曲巡警也。竟，与"境"同。○按：

政，当读为"征"。说见《王制》篇。高诱《吕氏春秋》注："察，苛也。" ❸王念孙：《方言》："露，败也。"谓都邑败坏也。 ❹杨倞：便嬖，左右小臣宠幸者也。信者不悫，所亲信者不愿悫也。○按：《说文》："悫，谨也。" ❺"属"本作"俗"。○俞樾："俗"，当为"属"，声近而讹也。下文曰"凡主相臣下百吏之属"，可证"俗"字之讹。 ❻"顺孰"本作"须孰"。○俞樾："须"乃"顺"字之误。《礼论》篇曰："非顺孰修为之君子，莫之能知也。"亦以"顺孰"连文，是其证。"顺"与"须"形近而误。 ❼杨倞：礼仪节奏，谓行礼义之节文。芒，昧也。轫，柔也，亦怠惰之义。

【原文】

其耕者乐田，其战士安难，其百吏好法，其朝廷隆礼，其卿相调议，是治国已。观其朝廷，则其贵者贤；观其官职，则其治者能；观其便嬖，则其信者悫，是明主已。凡主相、臣下、百吏之属，其于货财、取与、计数也，宽饶简易；其于礼义节奏也，陵①谨尽察，是荣国已。贤齐，则其亲者先贵；能齐，则其故者先官；其臣下百吏，污者皆化而修，悍者皆化而愿，躁②者皆化而悫，是明主之功已。

【译文】

它那里的农民乐于种田，它那里的战士安于危难，它那里的官吏爱好法制，它那里的朝廷崇尚礼节，它那里的卿相政论协调；这是平治的国家。看看它的朝廷，它那里的最高统治者都贤良；看看它的官职，它那里的政治人员都有才能；看看它的近臣，它那里的亲信人都恭谨；这是英明的君主。凡是君臣上下，对于货财、取给、会计，宽缓简单；对于礼义节文，隆重明察；这是光荣的国家。贤良齐备，亲近的先得到尊贵；才能齐备，故旧的先得到任用；他那里的臣下百官，污秽的都变化为修饬的，凶悍的都变化为淳厚的，狡猾的都变化为恭谨的；这便是英明君主的功绩。

注 释

❶ 按:《释名》:"陵,隆也。" ❷ 按:高诱《淮南子》注:"躁,狡也。"
《方言》:"剿,狯也。"躁、剿通。

【原文】

观国之强弱、贫富,有征:上不隆礼,则兵弱;上不爱民,则兵弱;已诺①不信,则兵弱;庆赏不渐②,则兵弱;将率不能,则兵弱。上好功,则国贫;上好利,则国贫;士大夫众,则国贫;工商众,则国贫;无制数度量,则国贫。下贫则上贫,下富则上富。故田野县鄙③者,财之本也;垣窌仓廪④者,财之末也。百姓时和、事业得叙者,货之源也;等赋⑤府库者,货⑥之流也。故明主必谨养其和,节其流,开其源,而时斟酌焉,潢然使夫下⑦必有余,而上不忧不足。如是,则上下俱富,交无所藏之。是知国计之极也。

【译文】

观察一个国家的强弱、贫富,有一定的征验:君上不崇尚礼义,它的兵力就衰弱;君上不爱护人民,它的兵力就衰弱;应对不讲信用,它的兵力就衰弱;庆赏不隆重,它的兵力就衰弱;将帅没有才能,它的兵力就衰弱。君上好大喜功,它的国家就贫穷;君上贪好财利,它的国家就贫穷;官员众多,它的国家就贫穷;工商众多,它的国家就贫穷;没有制度限量,它的国家就贫穷。下层贫穷,上层就贫穷;下层富有,上层就富有。所以,田野、乡里,是财利的根本;窖藏、仓廪,是财利的末节。百姓协和天时,事业有条不紊,是财货的源泉;赋税、府库,是财货的支流。所以,明君必定要谨慎地保养自己的元气,撙节财货的支流,开发财货的源泉,而且时常斟酌当时的具体情况,广泛地使下层要有盈余,因而上层就用不着忧患不足。这样,就能够使上下都富有起来,双方都富有得没有存放的地方。这便是懂得国计民生的高峰。

注 释

❶ 按：杨倞《王霸》篇注："诺，许也；已，不许也。" ❷ 按：张湛《列子》注："渐，剧也。" ❸ 按：《说文》："百家为酂，五酂为鄙。"郑玄《周礼》注："五鄙为县。" ❹ 杨倞：垣，筑墙四周以藏谷也。窌，窖也，掘地藏谷也。谷藏曰仓，米藏曰廪。 ❺ 杨倞：等赋，以等差制赋。 ❻ 杨倞：货，财，皆钱谷通名；别言之，则粟米布帛曰财，钱布龟贝曰货也。 ❼ "夫下"本作"天下"。○王先谦：此文"上""下"对文，"天"字当为"夫"字之误也。

【原文】

故禹十年水，汤七年旱，而天下无菜色①者；十年之后，七年之后②，年谷复孰，而陈积有余。是无它故焉，知本末源流之谓也。

故田野荒而仓廪实，百姓虚而府库满，夫是之谓国蹶③。伐其本，竭其源，而并之其末，兼之其流④，然而主相不知恶也；则其倾覆灭亡，可立而待也；以国持之，而不足以容其身。夫是之谓至贪。是愚主之极也。将以求富，而丧其国；将以求利，而危其身；古有万国，今有十数焉。是无它故焉，其所以失之一

【译文】

所以，禹王时代闹过十年水淹，汤王时代闹过七年大旱，可是天下并没有挨饿的人民；十年之后，七年之后，四季的粮米又丰收了，而且陈积有余。这并没有其他缘故，就是由于懂得本末和源流。

所以，田野荒芜，而仓廪充实；百姓空虚，而府库丰满；这就叫作国家颠覆。砍伐了它的根本，枯竭了它的源泉，连累到它的梢末，连累到它的支流，然而君臣们并不知道痛恨，那他的国家颠覆灭亡是马上可以到来的；用全国的财利来扶持他，还不足以容下他的身躯。这就叫作最大的贪婪。这便是愚主的极点。本来是希求富有，可是因而丧失了国家；本来是希求财利，可是因而危亡了自身，从前领有一万个国家，现在遗有十几个。这并没有其他的缘故，它丧失的原因只有一个（贪婪）。

也。君人者亦可以觉矣。百里之国，足以独立矣。

作为人民君上的，可以觉悟了。方圆一百里的国家，是足以独立存在的。

注 释

❶ 杨倞：无食菜之色也。　❷ 本无"七年之后"四字。○顾千里："后"下疑脱"七年之后"四字，承上"故禹十年水，汤七年旱"言之。○按：应有此四字，今据补。　❸ 杨倞：蹙，倾倒也。　❹ "并之其末"下本无"兼之其流"四字。○顾千里："末"下疑脱"□之其流"四字，承上"知本末源流之谓也"言之。○按：顾说是也，以意将□定为与"并"同义之"兼"字。

【原文】

凡攻人者，非以为名，则案以为利也，不然，则忿之也。

仁人之用①国，将修志意，正身行，伉隆高，致忠信，期文理②；布衣紃屦之士诚是，则虽在穷阎漏屋，而王公不能与之争名③，以国载之，则天下莫之能隐匿也④。若是，则为名者不攻也。

【译文】

凡是进攻别人的，不是为了图名，就是为了图利，不然，就为了发泄私愤。

仁人治理国家，将要磨砺意志，端正行为，追求高尚，发挥忠信，穷极文理；困顿的儒士真正得到仁人的重视，虽然居住在穷乡僻壤之中，王公们也不能够同他争名；把国家大事交付给他，天下是不能埋没这样的君上的。这样，就是为了名声而不进攻别人的。

注 释

❶ 杨倞：用，为也。　❷ 杨倞：期，当为"綦"。极文理，谓其有条贯也。

❸ 杨倞：纠，绖也，谓编麻为之，粗绳之屦也。王公不能与之争名，言名过王公也。○按：《古书虚字集释》："诚，犹若也。"是，当读为"题"或"睼"。《说文》："题，显也。睼，迎视也。"《广雅》："题，视也。"诚是，谓为仁人所显用或重视之也。　❹ 杨倞：载，犹任也。以国委任贤士，则天下莫能隐匿，言其国声光大也。

【原文】

　　将辟田野，实仓廪，便备用，上下一心，三军同力，与之远举极战①则不可；境内之聚也，保固，视可；午其军②，取其将，若拨麷③，彼得之，不足以药伤④补败；彼爱其爪牙，畏其仇敌。若是，则为利者不攻也。

　　将修小大强弱之义，以持慎之，礼节将甚文，珪璧将甚硕⑤，货赂将甚厚，所以说之者，必将雅文辩慧之君子也。彼苟有人意焉，夫谁能忿之？若是，则为忿⑥者不攻也。

【译文】

　　将要开辟田野，充实仓廪，便利器用，上下一心，三军同力，用这个来远征苦战，是不可以的；在国内屯聚兵力，保卫巩固，适可而止；遇到敌军，拿获他们的将领，就如同拔去一粒麦饭一般；把他们拿获了，也不足以医治创伤、补救失败；仁人喜爱自己的爪牙，而惧怕自己的仇敌。这样，就是为了图利而不进攻别国的。

　　将要履行小国同大国、强国同弱国的道义，来保持谨慎，礼节将要特别完备，玉帛将要特别盛美，财货将要特别丰厚，所用的游说之士，必定是文雅、善辩的君子。他如果怀着符合人民的意愿，那谁还能够愤恨他呢？这样，就是为了发泄私愤而不进攻别国的。

【注　释】

❶ 杨倞：远举，县军于远也。极战，苦战也。○按：与，通"以"，用也。
❷ 郝懿行：午者，逆也。彼来而此逆之。○按：午，借为"啎"。《说文》：

"午，牾也。" ❸按：《说文》："䵂，煮麦也。"《广雅》："拔，除也、弃也。"拔䵂，弃除一粒麦饭也，言其易举也。 ❹杨倞：药，犹医也。〇俞樾：药，当读为"瘵"。《说文》："瘵，治也。或作'疗'。"古书每以"药"为之。《大雅·板篇》："不可救药。"《韩诗外传》作"不可救疗"。毛用假字，韩用正字耳。 ❺杨倞：文，谓敬事之威仪也。珪璧，所用聘好之物。硕，大也。 ❻"为忿"，本作"忿之"。〇王念孙："忿之"当作"为忿"，上下文皆言"为名""为利""为忿"皆其证。今本作"忿之"，涉上文"忿之"而误。

【原文】

为名者否，为利者否，为忿者否，则国安于盘石，寿于旗翼①；人皆乱，我独治；人皆危，我独安；人皆失丧之，我按起而治之。故仁人之用国，非特将持其有而已也，又将兼人。

《诗》曰："淑人君子，其仪不忒；其仪不忒，正是四国②。"此之谓也。

【译文】

为了名声不这样做，为了图利不这样做，为了私愤不这样做，国家就安泰得如同磐石一般，长寿得如同星宿一般。别人的国家都紊乱，而我的国家独独平治；别人的国家都危困，而我的国家独独安泰；别人都丧失了自己的国家，我就起来整治自己的国家。所以，仁人治理国家，不但是将要保持自己所有的，而且将要兼顾别人的。

《诗经》中说："善人君子，他的威望是不会变更的；他的威望是不会变更的，所以他能够安定四方国家。"就是说的这个道理。

注释

❶杨倞：盘石，盘薄大石也。旗，读为"箕"。箕、翼，二十八宿名。言寿比于星也。〇卢文弨：盘石，即磐石。旗、翼，以其行度之多。《天官书》亦有旗星。 ❷杨倞：《诗经·曹风·尸鸠》之篇。

【原文】

持国之难易：事强暴之国，难；使强暴之国事我，易。事之以货宝，则货宝单①而交不结；约信盟誓，则约定而畔无日②；割国之疆垂③以赂之，则割定而欲无猒。事之弥烦，其侵人愈甚，必至于资单国举④然后已；虽左尧而右舜，未有能以此道得免焉者也。辟之是犹使处女婴⑤宝珠，佩宝玉，负戴黄金，而遇中山⑥之盗也。虽为之逢蒙视⑦，诎要桡腘⑧，若卢屋妾⑨，由⑩将不足以免也。故非有⑪一人之道也，直将巧敏⑫拜请而畏事之，则不足以持国安身。

【译文】

持守国家的难易：侍奉强暴国家，艰难；指使强暴国家侍奉自己，容易。用财宝侍奉他们，财宝用完了，可是邦交也缔结不起来；定约、结盟，条约议定好，可是不久就又背叛；割掉边疆土地来贿赂他们，可是割掉之后，还是不能满足他们的欲望。侍奉他们越频繁，他们的侵略就越厉害，必定要做到财货用尽、国家奉送，才算完结；我们虽然有尧舜的辅助，也不可能用这种道术得到幸免。譬如，使处女系着宝珠，佩着宝玉，背着黄金，而遇见了山中强盗，虽然就是偷偷地看着他，弯着腰，屈着腿，好像是个穷苦的女仆一样，还是不可能幸免。所以，这并非交友一个人的道术，必须要巧言善辩地请求人家，而且敬奉人家，否则，就不能够保安自己的国家和身躯。

注 释

❶ 杨倞：单，尽也。 ❷ 杨倞：无日，言不过一日。 ❸ "疆垂"本作"镏铢"。○杨倞："镏铢"，《韩诗外传》作"疆垂"。○按："镏铢"，乃"疆垂"之误字。《说文》："垂，远边也。"《淮南子·诠言》作"割国之镏锤以事人"，"镏锤"亦"疆垂"之误，今以意改。 ❹ 按：王逸《楚辞》注："举，与也。" ❺ 杨倞：婴，系于颈也。 ❻ 按：中山，犹山中也。如《诗·邶风·式微》篇"泥中""中露"之比。 ❼ 王念孙：逢蒙视，微视也。《淮南子》本作"笼蒙

目"，目即视也。今本衍"视"字，辨见《修务》篇。 ❽杨倞：诎，与"屈"同。要，读为"腰"。桡，曲也。胭，曲脚。 ❾"若卢屋妾"本作"君卢屋妾"。○杨倞：卢，当为"庐"。○刘台拱："君"疑作"若"，言诎要桡胭，若庐屋之妾也。○按：郑玄《孝经》注："妾，女子贱称。" ❿杨倞：由，与"犹"同。 ⓫按：有，犹友也。本书《大略》篇："友者，所以相友也。"《释名》："友，有也，相保友也。"《论语·学而》："有朋自远方来。"陆德明释文："有，本作'友'。" ⓬"巧敏"本作"巧繁"。○王引之："巧繁"当作"巧敏"。巧敏，谓便佞也。《臣道》篇云"巧敏佞说，善取宠乎上"是也。《韩诗外传》作"特以巧敏拜请畏事之"，是其明证。

【原 文】

故明君不道①也，必将修礼以齐朝，正法以齐官，平政以齐民，然后节奏齐于朝，百事齐于官，众庶齐于下。如是，则近者竞亲，远方愿至②，上下一心，三军同力；名声足以暴炙之，威强足以捶笞之；拱揖指挥，而强暴之国莫不趋使。譬之是犹乌获与焦侥搏③也。

故曰："事强暴之国，难；使强暴之国事我，易。"此之谓也。

【译 文】

所以，明君不这样做，必定要修饬礼节，来齐一朝廷；端正法制，来齐一官位；公平政治，来齐一人民；然后才能够礼节齐一于朝廷，百事齐一于官职，人民齐一于下层。这样，近方的就争着来亲密，远方的就愿意来归顺，上下一心，三军同力；名声足以熏陶他们，威强足以鞭策他们；他们来向你拱手，来受你指挥，因而强暴的国家都来供你驱使，就如同力士和矮人搏斗一般（没有一个胜不过他的）。

所以说："侍奉强暴的国家，艰难；指使强暴的国家侍奉自己，容易。"就是说的这个道理。

注 释

❶ 王念孙：道，由也。　❷ "愿至"本作"致愿"。〇王念孙：《韩诗外传》作"远者愿至"，于义为长。　❸ 杨倞：乌获，秦之力人，举千钧者。焦侥，短人，长三尺者。搏，斗也。〇按：焦，亦作"僬"。

王霸篇第十一

【原文】

国者，天下之利用①也；人主者，天下之利埶②也。得道以持之，则大安也，大荣也，积美③之源也。不得道以持之，则大危也，大累也，有之不如无之；及其綦④也，索为匹夫，不可得也；齐湣、宋献⑤是也。故人主，天下之利埶也，然而不能自安也；安之者，必将⑥道也。故用国者，义立而王，信立而霸，权谋立而亡。三者，明主之所谨择也，仁人之所务白⑦也。

【译文】

国家，是对天下有利的机构；君主，是对天下有利的威势。掌握着道术来持守着这个机构和威势，就是最大的安泰，最大的光荣，就成为一切美善的源泉。不掌握着道术来持守这个机构和威势，就是最大的危险，最大的罪累，有它还不如没有它好；到了没落的时期，再求着做个普通人，也不可能做到；齐湣王、宋献王就是这样的人。所以，君主是对天下有利的威势，然而不能够获得自身的安泰；如果获得安泰，那一定是行使道术的人。所以，掌握国家的人，树立了礼义，就成为王者；树立了信用，就成为霸者；树立了权谋，就遭到灭亡。这三者，是英明的君主所慎重选择的，是仁人所必须明白的。

注释

❶"利用"上本有"制"字。○杨倞："制"衍字耳。○按：韦昭《国语》

注：“用，备也。”《尚书传》：“器实曰用。” ❷ 按：埶，"势"之古字。郑玄《礼记》注："埶，埶位也。"《说文》新附："势，盛力权也。" ❸ 刘师培：《太平御览》七七引"美"作"善"。 ❹ 杨倞：綦，谓穷极之时。 ❺ 杨倞：湣，与"闵"同。齐湣王为淖齿所杀。宋献，宋君偃也，为齐湣王所灭。 ❻ 王先谦：《广雅》："将，行也。" ❼ 杨倞：白，明白也。

【原文】

挈国以呼礼义，而无以害①之；行一不义，杀一无罪，而得天下，仁者不为也；擽然②扶持心国，且若是其固也。之所与为之者之人，则举义士也③；之所以为布陈于国家刑法者，则举义法也；之所④极然⑤帅群臣而首乡之者，则举义志也。如是，则下仰上以义矣，是綦⑥定也；綦定，而国定；国定，而天下定。

【译文】

用礼义约束国人，而不危害他们；施行一项不正义的政令，屠杀一个无罪的人，因而得到天下，仁人是不这样做的；而且持守自己的身心和国家，就如同顽石一样巩固。和别人一起行动的人，都是正义的人士，发布于国家的刑法，都是正义的法制；汲汲于领导群臣共同趋向的，都是正义的意志。如此，下级就用正义来仰望上级，这便是奠定了〔政治〕基础；基础奠定了，因而国家就奠定了；国家奠定了，因而天下也就奠定了。

注 释

❶ 于省吾：呼，"乎"字通。挈国以乎礼义。以，用也。〇按：挈，约束也。《释名》："挈，结也；结，束也，束持之也。"言约束国人以礼义，而不为害于国人也。 ❷ 杨倞：擽，读为"落"，石貌也。〇按：擽，当读为"砾"。《说文》："砾，小石也。"砾然，坚如小石之貌。 ❸ 杨倞：举，皆也。所与为政之人，则皆用义士，谓若伊（尹）、吕（尚）之比者也。 ❹ "之所"上本有

"主"字。○王引之："之"上本无"主"字。此后人不晓文义，而妄加之也。之，犹其也。上文"之所与""之所以"，"之"上皆无"主"字。《王制》篇三言"之所以接下之人百姓者"，"之"上亦无"主"字。　❺郝懿行：极，与"亟""悈"并同，敏疾之意。　❻杨倞：綦，当为"基"；基，本也。言以义为本。

【原　文】

仲尼无置锥之地，诚义乎志意，加义乎身行，著之言语；济之日，不隐乎天下，名垂乎后世。今亦以天下之显诸侯，诚义乎志意，加义乎法则度量，著之以政事，案申重之以贵贱杀生，使袭然①终始犹一也。如是，则夫名声之部发②于天地之间也，岂不如日月雷霆然矣哉？故曰：以国济③义，一日而白，汤、武是也。汤以亳，武王以鄗④，皆百里之地也，天下为一，诸侯为臣，通达之属，莫不从服。无它故焉，以济义矣。是所谓义立而王也。

【译　文】

孔子贫无立锥之地，把正义充实在意志之中，把正义附加在身体力行之上，并把它放置在言论之中；到成功的时候，他的道义昭明于天下，他的名声流传于后世。现在，也要天下有声望的诸侯，把正义充实在意志之中，把正义附加在法则度量之上，把它放置在政事之中，还申明自己生杀予夺之权，使它始终如一。这样，自己的声望就布散于天地之间，岂不就像日月雷电一般吗？所以说，用国家来行使正义，一天之间就可以大白于天下，汤王和武王就是这样的。汤王以亳邑为起点，武王以镐京为起点，他们都是方圆百里之地，天下都归于统一，诸侯都来称臣，凡是交通方便的属国，没有不归附的。这并没有别的原因，就是由于施行正义的结果。这就叫作树立了正义而成为王者。

注 释

❶ 王念孙：袭然，合一之貌。《周语》及《淮南子·天文》注并云："袭，合也。" ❷ 按：部发，犹分发也。颜师古《汉书》注"部署"："分部而署置。"部，借为"剖"。《广雅》："剖，分也。" ❸ "济"本作"齐"。○杨倞：齐，当为"济"。○按：下文作"济"，今据改。 ❹ 杨倞：亳，汤国都。鄗，与"镐"同，武王所都京也。○按：鄗，本字；镐，借字。

【原文】

德虽未至也，义虽未济也，然而天下之理略奏①矣，刑赏、已诺信乎天下②矣，臣下晓然皆知其可要③也。政令已陈，虽睹利败，不欺其民；约结已定，虽睹利败，不欺其与④。如是，则兵劲城固，敌国畏之，国一綦⑤明，与国信之；虽在僻陋之国，威动天下。五伯是也。

非本政教也，非致隆高也，非綦文理也，非服人之心也；乡方略，审劳佚，谨畜积，修战备，齺然⑥上下相信，而天下莫之敢当⑦。故齐桓、晋文、楚庄、吴阖闾、越勾践，是皆僻陋之国

【译文】

德泽虽然还没有普及，正义虽然还没有树起，然而统治天下的道理已经大体汇集起来了，赏、罚、威信已申明于天下了，臣下都明明白白地知道他是可以和自己共立盟约的。政令已经陈施，虽然看到利益有所损伤，也不欺骗他的民众；条约已经议定，虽然看到利益有所损伤，也不欺骗他的友邦。这样，就兵力强劲，城池牢固，敌国畏惧；国家统一，盟会光明，友邦信任；虽然处在僻陋的国土，也会威震天下。五霸就是这样的。

他的政教还没有抓住根本，他的威望还没有达到崇高，他的文明还没有达到极点，他还没有达到威服人心的境地；端正方略，明审劳逸，谨严、积蓄，修整战备，如同牙齿一般的上下相互信赖，因而天下都不敢抵挡它。所以，齐桓公、晋文公、楚庄王、吴王阖闾、越王勾践，都是僻陋之国，他们的威名足以震动天

也，威动天下，强殆中国。无它故焉，略⑧信也。是所谓信立而霸也。

下，他们的强盛足以危害中国。这并没有别的原因，就是由于他们行使信用。这就叫作树立了信用而成为霸者。

注 释

❶王念孙：奏，读为"凑"。《广雅》："凑，聚也。"谓天下之理，略聚于此也。凑、奏，古字通。　❷杨倞：诺，许也。已，不许也。《礼记》曰："与其有诺责，宁有已怨。"信乎天下，谓若齐桓不背柯盟之比也。　❸杨倞：要，约也。皆知其可与要约不欺也。　❹杨倞：与，相亲与之国。谓若齐桓许赦鲁、卫，不遂灭之为己利之比也。　❺郭嵩焘：綦，当为"期"之借字。所期约明白无欺。　❻杨倞：齱，齿相迎也。齱然，上下相向之貌。　❼按：高诱《战国策》注："当，敌也。"　❽杨倞：略取信而行之。○按：《小尔雅》："略，取也，行也。"

【原 文】

挈国以呼功利，不务张其义、济①其信，唯利之求；内则不惮诈其民，而求小利焉；外则不惮诈其与，而求大利焉②；不好修正其所以有③，啖啖然常欲人之有④。如是，则臣下百姓莫不以诈心待其上矣；上诈其下，下诈其上，则是上下析⑤也。如是，则敌国轻之，与国疑之，权谋日行，

【译 文】

用功利约束国人，不务求开展本国的正义、完成本国的信用，只是唯利是图；对内不怕诈骗人民，而贪求小利；对外不怕诈骗友邦，而贪求大利；喜好修正自己富有的本原，可是经常贪得无厌地羡慕别人的富有。这样，臣下和百姓就没有不用诈骗心情来对待他们的君上的。君上诈骗自己的下民，下民诈骗自己的君上，这便是上下分崩离析。这样，敌国就要轻视，友邦就要怀疑，天天施行权谋，因而国家就不免陷于危弱，甚至遭到灭亡。齐闵王、孟尝君就

而国不免危削，綦之而亡。齐闵、薛公⑥是也。

故用强齐，非以修礼义也，非以本政教也，非以一天下也，绵绵常以结引驰外为务⑦；故强，南足以破楚⑧，西足以诎秦⑨，北足以败燕⑩，中足以举宋⑪，及以燕赵起而攻之，若振槁然⑫，而身死国亡，为天下大戮⑬；后世言恶，则必稽焉。是无它故焉，唯其不由礼义，而由权谋也。

是这样。

所以，以一个强盛的齐国，并不用它来修饬礼义，并不用它来树立政教，并不用它来统一天下，而连绵不断地经常以结交邻国、奔驰国外作为当务之急；所以，它的强盛，在南方足以攻陷楚国，在西方足以屈服秦国，在北方足以打败燕国，在中州足以取得宋国；可是，到燕国同赵国攻打齐国的时候，就像振摇枯树一般，因而身死国亡，成为天下奇耻大辱；后世凡是谈到罪恶之人，都必定把齐国作为参考对象（典型）。这并没有别的缘故，只是它不施行礼义，而施行权谋。

注释

❶"济"本作"齐"。○王先谦：《群书治要》"齐"作"济"。○按：作"齐"是，今据改。《尔雅》："济，成也。" ❷杨倞：谓若楚灵王以义讨陈、蔡，因遂灭之之比也。 ❸"不好修正其所以有"本作"内不修正其所以有"。○杨倞：有，土地、财货也。○顾千里："内"字疑不当有，涉上"内则不惮诈其民"而衍也。下文"不修好正其所以有"，无"内"字，是其证矣。"不"下疑亦同下文，当有"好"字，盖上衍下脱。 ❹"啖啖然"本无"啖啖"二字。○王念孙：下文言"啖啖然常欲人之有"，则此文"然"上亦当有"啖啖"二字，而今本脱之。○王引之：啖啖，犹欿欿也。《说文》："欿，欲得也。读若'贪'。""欿"与"啖"声近而字通。 ❺杨倞：析，离析。 ❻杨倞：薛公，孟尝君田文，齐闵王之相也。齐闵王为五国所伐，皆薛公使然，故同言之也。 ❼杨倞：绵绵，不绝貌。○按：结引，谓交结牵引；驰外，谓奔驰外邻。指纵横游说而言。 ❽杨倞：《史记》齐闵王三十三年，与秦败楚于重丘南，割楚之淮北也。 ❾杨倞：《史记》闵王二十六年，与韩、魏共攻秦，致函谷，军焉。

⑩卢文弨：此句杨氏无注，脱耳。《史记·燕世家》载之。当在齐闵王十年。
⑪杨倞：闵王三十八年，伐宋，宋王死于温。举，谓举其国而灭之。　⑫杨倞：闵王十四年，燕、秦、楚、三晋败我于济西。振，击也。槀，枯叶也。言当权谋强盛之时，虽破敌灭国，及乐毅以诸国攻之，若击枯叶之易也。　⑬杨倞：为天下大戮辱也。《春秋传》曰："古者，明王伐不敬，取其鲸鲵而封之，以为大戮也。"

【原文】

三者，明主之所以谨择也，而仁人之所以务白也。善择者制人，不善择者人制之。

国者，天下之大器也，重任也，不可不善为择所，而后错①之，错险则危；不可不善为择道，然后道之②，涂薉③则塞。危、塞，则亡。彼国错者，非封④焉之谓也。何法之道？谁子⑤之与也？曰⑥：道王者之法，与王者之人为之，则亦王；道霸者之法，与霸者之人为之，则亦霸；道亡国之法，与亡国之人为之，则亦亡。三者，明主之所以谨择也，而仁人之所以务白也。

【译文】

以上三者，是贤明君主所慎重选择的，是仁人所必须明白的。善于选择策略的人控制人，不善于选择策略的人被人所控制。

国家，是天下巨大的工具，沉重的负担，不可以不善于为它选择处所，然后再安置它，安置在险地就危殆；不可以不善于为它选择路途，然后再引进它，路途芜秽就阻塞；危殆和阻塞，就会趋于灭亡。这对于国家的安置，并不是说的列土分疆。用什么法度作指导呢？和什么人共同协作呢？回答说：以王者的法度作指导，同王者那样的人来协作，也就成为王者；以霸者的法度作指导，同霸者那样的人来协作，也就成为霸者；以亡国的法度作指导，同亡国的人来协作，也就成为亡国。三者是明主所慎重选择的，是仁人所必须明白的。

注 释

❶ 杨倞：所，处也。错，读为"措"。　❷ 王念孙：道之，行之也。下文"何法之道"及"道王者之法"云云，并与此"道"字同义。　❸ 杨倞：葳，与"秽"同。　❹ 按：《说文》："封，爵诸侯之土也。"　❺ 杨倞：谁子，犹谁人也。　❻ "曰"本作"故"。○王引之：此文"曰道王者之法"，是答辞。下文两设问答之辞，皆有"曰"字，则此亦当然。今本"曰"作"故"，则义不可通，此涉下文诸"故"字而误。

【原文】

故国者，重任也，不以积①持之，则不立。故国者，世所以新者也，是惮惮非变也；改王，改行也②。一朝③之日也，一日之人也④，然而厌焉有千岁之国⑤，何也？曰：援夫千岁之信法以持之也，安与夫千岁之信士为之也。人无百岁之寿，而有千岁之信士，何也？曰：以夫千岁之法自持者，是乃千岁之信士矣。

故与积礼义之君子为之，则王；与端诚信全之士为之，则霸；与权谋倾覆之士为之，则亡。三者，明主之所以谨择也，而仁人之所以务白也。

【译文】

所以，国家是沉重的负担，如果不用长久来保持它，就不可能建立。所以，国家是世代更新的工具，是平平稳稳地不变动的；改换了君主，就改换了路线。今天的时光如同片刻，人生的短暂如同一天，然而安安泰泰地却有建立起千年之久的国家，这是什么原因呢？回答说：这是借助于千年真正的法制来保持着它，和千年真正的儒士来辅佐它。人没有百年的寿命，可是有千年真正的儒士，这是什么原因呢？回答说：用千年的法制来扶持自己，那就成为千年真正的儒士。

所以，同积蓄礼义的君子治理国家，就成为王者；同端诚信全的儒士治理国家，就成为霸者；同权谋倾覆的人治理国家，就会亡国。这三者是明君所慎重选择的，是仁人所必须明白的。

注 释

❶ 杨倞：积，积久。〇按：颜师古《汉书》注："积，久也。"赵岐《孟子》注："任，担也。"王逸《楚辞》注："任，负也。" ❷ 杨倞：惮，与"坦"同。言国者，但继世之主自新耳，此积久之法，坦坦然无变也。自是改一王，则改其所行之事，非法变也。 ❸ "一朝"上本有"故"字。〇王念孙："故"字涉上下文而衍。"一朝之日"云云，是问词，则不当有"故"字明矣。《群书治要》无"故"字。 ❹ 杨倞：一朝之日，谓今日之事，明朝不同，言易变也；一日之人，谓今日之生，未保明日，言寿促也。 ❺ "国"本作"固"。〇王先谦：厌焉，犹安然也。说见《儒效》篇。《群书治要》"固"作"国"，是也，一朝之日，一日之人，而安然有千岁之国。语义紧对。

【原 文】

善择之者制人，不善择之者人制之。彼持国者必不可以独也。然则强弱①、荣辱，在于取相矣。身能、相能，如是者王；身不能，知恐惧而求能者，如是者强；身不能，不知恐惧而求能者，安唯便僻、左右、亲比己者之用，如是者危削，綦之而亡。

【译 文】

善于选择〔儒士〕的人就控制人，不善于选择〔儒士〕的人就被人所控制。那掌握国家政权的人必然是不可以只靠独身一人的。由此看来，国家的强弱、荣辱，就在于取用辅相了。本身有才能，辅相有才能，这样的就能成为王者；本身没有才能，知道畏惧而征求有才能的人，这样的就能成为霸者；本身没有才能，也不知道畏惧而征求有才能的人，可是只起用便僻、左右、亲密自己的人，这样的就自取危弱，甚至遭到灭亡。

注释

❶ 按：弱，本作"固"，不协；"固"当作"弱"，"强弱"与"荣辱"对文。今以意改。

【原文】

国者，巨用之，则大；小用之，则小。綦大而王，綦小而亡，小巨分流者存。巨用之者，先义而后利，安不恤亲疏，不恤贵贱，唯诚能之求，夫是之谓巨用之。小用之者，先利而后义，安不恤是非，不治曲直，唯便僻、亲比己者之用，夫是之谓小用之。巨用之者若彼，小用之者若此，小巨分流❶者，亦一若彼，一若此也。

故曰："粹而王，驳而霸，无一焉而亡❷。"此之谓也。

【译文】

国家，在大的方面利用它，它就强大；在小的方面利用它，它就弱小。大到极点，就成为王者；小到极点，就遭到灭亡；大小各占一半，就可以存在。在大的方面利用它的，是先讲正义，而后讲利益，也不顾虑到亲疏，也不顾虑到贵贱，只是求取真正的才能，这就叫作在大的方面利用。在小的方面利用的，先讲利益，后讲正义，也不顾虑是非，也不过问曲直，只是起用一些便僻和亲密自己的人，这就叫作在小的方面利用。在大的方面利用得像那种样子，在小的方面利用得像这种样子；大小各占一半的，也是一半像那个样子，一半像这个样子。

所以说："纯粹的就成为王者，驳杂的就成为霸者，一样都不具备的就遭到灭亡。"就是说的这个道理。

注释

❶ 杨倞：小巨各半，如水之分流也。　❷ 杨倞：粹，全也。若舜举皋陶，不

仁者远，即巨用之，慕大而王者也。駮（引者按：駮，通"驳"），杂也。若齐桓外任管仲，内任竖貂，则小巨分流者。无一焉而亡，无一贤人，若厉王专任皇甫、尹氏，即慕小而亡者也。

【原文】

国无礼，则不正①。礼之所以正国也，譬之犹权衡②之于轻重也，犹绳墨之于曲直也，犹规矩之于方圆也，既错之，而人莫之能诬也③。

《诗》云："如霜雪之将将，如日月之光明。为之则存，不为则亡④。"此之谓也。

【译文】

国家没有礼制，就不能够安定。礼制之所以能够安定国家，打个比喻，就如同权衡对于轻重，就如同绳墨对于曲直，就如同规矩对于方圆，把它放置好了之后，人们就没法儿不相信它。

《诗经》中说："如同霜雪那样严肃，如同日月那样光明。施行它，就获得存在；不施行它，就遭到灭亡。"就是说的这个道理。

注释

❶按：郑玄《周礼》注："正，犹定也。"高诱《吕氏春秋》注："正，治也。" ❷"权衡"本只作"衡"。〇刘师培：《唐律疏议注》一引"衡"作"权衡"。〇按：作"权衡"，义协，今据改。 ❸杨倞：错，置也。〇按：郑玄《礼记》注："不信曰诬。" ❹杨倞：逸诗。为，为礼也。〇按：《毛诗传》："将将，严正也。"

【原文】

国危，则无乐君；国安，

【译文】

国家危殆了，就没有快乐的君上；

则无忧民。乱，则国危；治，则国安。今君人者，急逐乐，而缓治国，岂不过甚矣哉？譬之是由好声色而恬①无耳目也。岂不哀哉？

夫人之情，目欲綦色，耳欲綦声，口欲綦味，鼻欲綦臭②，心欲綦佚：此五綦者，人情之所必不免也。养五綦者，有具；无其具，则五綦者不可得而致也。万乘之国，可谓广大富厚矣，加有治辨强固之道焉，若是，则恬愉无患难矣，然后养五綦之具具也。

国家安泰了，就没有忧愁的人民。紊乱了，国家就危殆；平治了，国家就安泰。现在，做人民君上的，急于追求快乐，而缓于治理国家，岂不是太错误了吗？打个比方，这就像喜爱声音和颜色，可是自己脸面上并没有耳目一样。岂不可怜吗？

本来，人的情欲，眼睛愿意追求颜色，耳朵愿意追求声音，嘴愿意追求滋味，鼻子愿意追求气味，心愿意追求安逸：这五种追求，是人情必不可免的。培养这五种追求，要有条件；没有条件，这五种追求是不可能得到的。出兵万乘的大国，可以称得上是广大富厚了，再加上还有治理国家和富强国家的道术，这样，就安逸地没有什么患难了，然后培养这五种追求的条件也就具备了。

注 释

❶ 按：恬，通"靦"，双声字。《说文》："靦，面见也。"韦昭《国语》注："靦，面目之貌也。"恬无耳目，犹言面无耳目也。 ❷ 杨倞：臭，气也。綦，极也。

【原 文】

故百乐者，生于治国者也；忧患者，生于乱国者也；急逐乐而缓治国者，非知乐者

【译 文】

所以，百种快乐，是发生在平治的国家的；一切忧患，是发生在紊乱的国家的。急于追求快乐而缓于治国

也。故明君者，必将先治其国，然后百乐得其中；暗君者①，必将急逐乐而缓治国，故忧患不可胜校②也，必至于身死国亡，然后止也。岂不哀哉？将以为乐，乃得忧焉；将以为安，乃得危焉；将以为福，乃得死亡焉；岂不哀哉？於乎！君人者，亦可以察若言③矣。

的人，并不是懂得快乐的人。所以，明君必定要先治理他的国家，然后百种快乐就得到适中；昏君必定要急于追求快乐，而缓于治国，所以他的忧患数不清，必定要遭到身死国亡，然后才算罢休。岂不可怜吗？本来是为了快乐，可是得到的却是忧患；本来是为了安泰，可是得到的却是危殆；本来是为了幸福，可是得到的却是灭亡，岂不可怜吗？哎呀！做人民君上的，也可以体察这些话了。

注 释

❶ "暗君"下本无"者"字。○王先谦："暗君"下，《群书治要》有"者"字，以上文"明君者"例之，此亦当有。　❷ 杨倞：校，计。　❸ 杨倞：於乎，读为"呜呼"。若言，如此之言，谓以上之说。

【原文】

故治国有道，人主有职。若夫贯日①而治详，一日而曲别之②；是所使夫百吏官人为也，不足以是伤游玩安燕之乐。若夫论③一相以兼率之，使臣下百吏莫不宿道④乡方而务，是夫人主

【译文】

所以，治理国家有一定的道术，人民的主上有一定的职守。至于日积月累，治国之术才趋于周详；一旦之间，就能够全面地把它加以区别；这是指使百官吏人所去做的事务，并不足以用这个来伤害自己游玩安晏的乐趣。至于选择一位宰相，对国政全面加以领导，使臣下百吏没有一个不持守道义、趋向方正地

之职也。若是，则功一天下⑤，名配尧禹。之主者，守至约而详，事至佚而功，垂衣裳，不下簟席之上，而海内之人莫不愿得以为帝王。夫是之谓至约。乐莫大焉。

去完成事业，这便是主上的职责。这样，就能够以功绩统一天下，名声配比尧禹。这样的主上，职守最简约，可是安排得很周详；事务很安逸，可是处理得有功绩；衣冠修整，不离床席之上，可是四海之内没有不愿意把他作为帝王的。这就叫作最大的简约。人的乐趣没有比这个再大的了。

注释

❶ 杨倞：贯日，积日也。 ❷ "别"本作"列"。○王念孙："一日"与"贯日"相对为文，《君道》篇作"一日而曲辨之"。"辨"与"别"，古字通。则"列"为"别"之讹也。王逸注《离骚》云："贯，累也。"言以累日之治，而辨之于一日也。 ❸ 按：论，犹择也。已见前解。 ❹ 按：《毛诗传》："宿，犹处也。" ❺ "一天下"上本无"功"字。○王引之："一天下"上有"功"字，而今本脱之，则与下句不对。下文"功壹天下，名配尧禹"，是其证。

【原文】

人主者，以官人为能者也；匹夫者，以自能为能者也。人主得使人为之，匹夫则无所移之；百亩一守，事业穷，无所移之也。今以一人兼听天下，日有余而治不足①者，使人为之也。大有天下，

【译文】

人民的主上，是以能任用才能为才能的；一般的人民，是以发挥自己的才能为才能的。人民的主上能够指使人民去做，一般的人民就没有地方推卸责任；一百亩土地，指使一个人去看守它；事务发生了困难，没有推卸责任的地方。如今，以一个人兼管天下，天天时间有余，而事务并不曾停顿，这是由于指使别人去做的关系。大的有整个天

小有一国，必自为之然后可，则劳苦耗悴莫甚焉。如是，则虽臧获不肯与天子易执业②。以是县天下③，一四海，何故必自为之？为之者，役夫之道也，墨子之说也。论德、使能而官施之④者，圣王之道也，儒之所谨守也⑤。

下，小的有一个国家，必定要由自己去做才行，那就劳苦疲倦没有比这个再厉害的了。这样，就是奴婢也不肯和天子调换职务。由此看来，告示天下，统一四海，为什么必定要自己去做呢？自己去做，这是奴役的路线，这是墨子的学说。评议才德、使用贤能，来设官任职，这是圣王的路线，这是儒者所要谨守的。

注 释

❶ 按：《汉书·五行志》："足者，止也。" ❷ 杨倞：臧获，奴婢也。《方言》曰："荆、淮、海、岱之间骂奴曰臧，骂婢曰获。燕、齐亡奴谓之臧，亡婢谓之获。"执业，权执事业也。 ❸ 按：县，犹示也。高诱《淮南子》注："县，视也。"颜师古《汉书》注："《汉书》多以'视'为'示'，古通用字。" ❹ 王先谦：施，用也。官施之者，官之用之也。 ❺ 按：此下本有"传曰：农分田而耕，贾分货而贩……是百王之所同也，而礼法之大分也"一段，与后文几全同，后文只无"传曰"二字；此文"而已"，后文作"而止矣"。后文言"礼法"，此文不及"礼法"，此文当为错简无疑。"传曰"二字，无著，当亦系错简，今并以意删。

【原 文】

百里之地，可以取天下，是不虚；其难者，在人主之知之也。取天下者，非负其土地而从①之之谓也，

【译 文】

掌握着方圆百里的土地，就可以取得天下，这并不是玄虚的事情；它的难处，就在于主上要懂得其中的道理。所谓取得天下，并不是背起土地而把它搬走的意

道足以壹人而已矣。彼其人苟壹，则其土地且奚去我而适它？故百里之地，其等位爵服，足以容天下之贤士矣；其官职事业，足以容天下之能士矣；循其旧法，择其善者而明用之，足以顺服好利之人矣。贤士一焉，能士官焉，好利之人服焉，三者具，而天下尽无有是其②外矣。故百里之地，足以竭埶矣；致忠信，著仁义，足以竭人矣；两者合而天下取。诸侯后同③者先危。

《诗》曰："自西自东，自南自北，无思不服④。"一人之谓也。

思，其中的道理就是足以统一人民罢了。如果把它的人民统一起来，那么它的土地还怎么能够离开我而跑到别的地方去呢？所以，方圆百里的土地，它的等级官服，就足以容纳天下的贤士；它的官职事业，就足以容纳天下的能士；遵循旧的法制，选择其中良好的来明确使用，就足以顺服了追求财利的人（百姓）了。贤士们齐一了，能士们任职了，追求财利的人（百姓）顺服了，这三者俱备，因而普天之下就没有比这个国更好的了。所以，方圆百里的土地，就足以发挥自己的威力；讲求忠信，倡明仁义，就足以网罗天下的人民；这两者合在一起，因而取得了天下。最后前来盟会（降服）的诸侯，首先遭到危难。

《诗经》中说："从西到东，从南到北，没有一个国家不顺服的。"就是说的天子一人。

注释

❶按：《广雅》："从，行也。" ❷按：是，此也。其，犹之也。 ❸按：何晏《论语》注："诸侯时见曰会，殷频曰同。"谓诸侯相盟会也。 ❹按：《诗经·大雅·文王有声》之篇。

【原文】

羿、蠭门者，善服射①

【译文】

羿、逢蒙，是善于使射箭的人佩服

者也；王良、造父者，善服驭②者也；聪明君子者，善服人者也。人服，而埶从之；人不服，而埶去之。故王者已于服人矣。故人主欲得善射，射远中微，则莫若羿、蠭门矣；欲得善驭，及速至远，则莫若王良、造父矣；欲得调壹天下，制秦、楚③，则莫若聪明君子矣。其用知甚简，其为事不劳，而功名致大，甚易处而綦可乐也。故明君以为宝，而愚者以为难④。

的；王良、造父，是善于使驾车的人佩服的；聪明君子，是善于使人民佩服的。人民佩服了他，因而权势就随从了他；人民不佩服他，因而权势就离开了他。所以，王者归结在使人民佩服上。所以，人民的主上如果愿意得到善于射箭的人，射程遥远，射中微小，就没有比羿、逢蒙再好的；如果愿意得到善于驾车的人，到达迅速，行程遥远，就没有比王良、造父再好的；如果愿意得到协和天下，制止秦、楚，就没有比聪明君子再好的。他用的智慧很简单，他做的事务不劳累，可是取得的功名很伟大；做起来很容易，而且心情上也很愉快。所以，明君把这个作为珍宝，而愚者却把这个作为可怕。

注释

❶ 杨倞：蠭门，即蠭蒙，学射于羿。羿、蠭蒙善射，故射者服之。蠭，音"逢"。○郝懿行：蠭门，它书或作"逢蒙"。蒙、门，音转，实一人耳。此及《史记·龟策传》作"蠭门"，《汉书·艺文志》作"逢门"。服者，屈服也。服之本义，事也，用也，屈服是其引申之义。　❷ 杨倞：王良，赵简子之御；造父，周穆王之御；皆善御者也。驭，与"御"同也。　❸ 杨倞：荀卿在齐，楚、秦天下强国，故制之者也。　❹ 按：《释名》："难，惮也。"

【原文】

夫贵为天子，富有天下，

【译文】

本来，尊贵得作为天子，富裕得

名为圣王，兼制人，人莫得而制也，是人情之所同欲也，而王者兼而有是者也。重色而衣之，重味而食之，重财物而制之，合天下而君之；饮食甚厚，声乐甚大，台谢①甚高，园囿甚广，臣使诸侯，一天下，是又人情之所同欲也，而天子之礼制如是者也。制度以陈，政令以挟②；官人失要③，则死；公侯失礼，则幽④；四方之国，有侈离⑤之德，则必灭；名声若日月，功绩如天地，天下之人应之如景向，是又人情之所同欲也，而王者兼而有是者也。

保有天下，名义上作为圣王，控制着所有的人民，而不为人民所控制，这是人情所共同愿意的，这是王者所兼而有之的。穿衣服注重在颜色上，吃东西注重在滋味上，约束自己注重在财物上，把天下合并起来领导；饮食非常丰盛，音乐非常齐备，楼台非常高大，园囿非常广阔，臣使着诸侯，统一着天下，这也是人情所共同愿意的；而天子的礼制，就是这样。国家的制度已经设置，国家的政令已经掌握；官吏失职，就处以死刑；公侯失礼，就处以囚禁；四方的国家离心离德，就必须把它们灭掉；名声如同日月，功绩如同天地，天下人的归顺，就如同影子随从形体、回声应和本声；这也是人情所共同愿意的，而王者是兼而有之的。

注 释

❶杨倞：谢，与"榭"同。 ❷按：《说文》："挟，俾持也。" ❸按：高诱《淮南子》注："要，正也。" ❹杨倞：幽，囚也。 ❺王念孙："侈，亦离也。《尔雅》曰：'誃，离也。'《说文》曰：'誃，离别也。'"作"侈"者，借字耳。

【原文】

故人之情，口好味而臭

【译文】

所以，人的常情，嘴喜好滋味，而没

味莫美焉；耳好声，而声乐莫大焉；目好色，而文章致繁、妇女莫众焉；形体好佚，而安重闲静莫愈①焉；心好利，而谷禄莫厚焉；合天下之所同愿，兼而有之；皋牢②天下而制之，若制子孙。人苟不狂惑戆陋者，其谁能睹是而不乐也哉？

有比这种滋味再美的了；耳朵喜好音乐，而没有比这种音乐再好的了；眼睛喜好颜色，而文采没有比这个再繁杂、妇女没有比这个再众多的了；形体喜好安逸，而稳静幽闲没有比这个再优胜的了；内心喜好财利，而俸禄没有比这个再丰厚的了；合拢起天下所共同愿望的，都兼而有之；牢笼起天下的人而控制他们，就像控制自己的子孙一样。这个人如果不是疯狂、迷惑、愚蠢、鄙陋，有谁能够看到这个而不感到快乐呢？

注　释

❶ 按：愈，当读为"愈"。何晏《论语集解》："愈，犹胜也。" ❷ 皋，本作"罩"。○卢文弨：《后汉书·马融传》："皋牢陵山。"章怀注云："皋牢，犹牢笼也。"引此作"皋牢"。皋，俗作"皐"，亦转为"罩"。

【原　文】

欲是之主，并肩而存；能建是之士，不世绝；千岁而不合，何也？曰：人主不公，人臣不忠也。人主则外贤而偏举，人臣则争职而妒贤，是其所以不合之故也。人主胡不广焉①无恤亲疏，无伦②贵贱，唯诚能之求？

【译　文】

羡慕这样事业的主上，肩并肩地存在着；能够建立这样事业的儒士，在世界上从不断绝；可是自古以来，君臣不能合作，这是什么原因呢？回答说：这是由于主上不公正、臣下不忠诚的关系。主上就疏远贤人，而举用偏心；臣下就争夺职权，而嫉妒贤人；这便是他们所以不能合作的原因。为人民的主上的何不宽敞地不论亲疏，不论贵贱，只求取

若是，则人臣轻职③让贤，而安随其后；如是，则舜、禹还④至，王业还起。功壹天下，名配舜、禹，物由⑤有可乐如是其美焉者乎？呜呼！君人者亦可以察若言矣！

真正的贤能呢？这样，做群臣的就都轻视职位、推让贤能，而安于追随在贤能的后面；这样，禹、舜般的主上还可以到来，王业还可以兴起。功绩统一着天下，声名比配着舜、禹，天地间的事物还有比这个再可乐、再美好的吗？哎呀！统御人民的人也可以体察这些话了！

注 释

❶杨倞：广焉，开泰貌。 ❷"伦"本作"偏"。○王念孙：偏，当为"伦"，字之误也。伦，与"论"同。言不恤亲疏，不论贵贱也。《臣道》《性恶》二篇并云："不恤是非，不论曲直。"是其证。 ❸"职"下本有"业"字。○王念孙："轻职"下本无"业"字，"轻职让贤"与上文"争职妒贤"正相反，多一"业"字，则累于词矣。"业"字盖涉下文"王业"而衍。 ❹杨倞：还，复。 ❺按：由，通"犹"，已见《富国》篇。

【原文】

杨朱哭衢涂。曰："此夫过举蹞步，而觉跌千里者夫①！"哀哭之。此亦荣辱、安危、存亡之衢已！此其为可哀，甚于衢涂。呜呼哀哉！君人者千岁而不觉也！

【译文】

杨朱在岔路上哭。他说："在这里走错了半步，就觉察到相差一千里路啊！"他便痛哭了一场。这也是荣辱、安危、存亡的岔路呵！这种可怜的情形比逢到岔路还要厉害。哎呀！可怜啊！统治人民的人，他们一千年也不知道觉悟啊！

注 释

❶ 杨倞：杨朱，战国时人，后于墨子。衢涂，歧路也。半步曰跬。跌，差也。

【原文】

无国而不有治法，无国而不有乱法；无国而不有贤士，无国而不有罢士①；无国而不有愿民，无国而不有悍民；无国而不有美俗，无国而不有恶俗；两者并行，而国在；上偏②，而国安；下偏③，而国危；上一，而王；下一，而亡。故其法治，其佐贤，其民愿④，其俗美，而四者齐，夫是之谓上一。如是，则不战而胜；不攻而得；甲兵不劳，而天下服。

【译文】

没有一个国家没有平治的法制，没有一个国家没有紊乱的法制；没有一个国家没有贤明的儒士，没有一个国家没有疲沓的儒士；没有一个国家没有老成的人民，没有一个国家没有凶悍的人民；没有一个国家没有美好的风俗，没有一个国家没有败坏的风俗；这两者同时并行，而国家存在；偏于上一种，国家就安泰；偏于下一种，国家就危殆；属于上一种，就成为王者；属于下一种，就成为亡国。所以，它的法制平治，它的辅佐贤明，它的人民忠厚，它的风俗美好，这四者完全具备，就叫作属于上一种。这样，就不用打仗，而战胜敌人；不用进攻，而获得土地；不劳动甲兵，而天下顺服。

注 释

❶ 杨倞：无行曰罢。○按：颜师古《汉书》注："罢，读曰疲。罢，废于事也。"王逸《离骚》注："罢，极也。" ❷ 杨倞：上偏，偏行上事也。谓治法多，乱法少；贤士多，罢士少；愿民多，悍民少之类。下偏反是。 ❸ "下偏"

上本有"在"字。〇王念孙:"下偏"上增"在"字,与正文、注文皆不合。 ❹按:杜预《左传》注:"愿,谨厚也。"

【原文】

故汤以亳,武王以镐,皆百里之地也,天下为一,诸侯为臣,通达之属,莫不从服。是①无它故焉,四者齐也。桀、纣即厚②于有天下之埶,索为匹夫,而不可得也。是无它故焉,四者并亡也。故百王之法不同若是,所归者一也。

【译文】

所以,汤王以亳邑为起点,武王以镐京为起点,都是方圆百里的土地,天下得到统一,诸侯都来称臣,凡是交通畅达的地方,没有不归服的;这没有别的原因,由于这四者齐全无缺。桀王、纣王即使掌握着丰厚的天下势力,求着做个普通百姓,也不可能得到;这没有别的原因,由于这四者完全失掉。所以,百王的法制如此不同,而它的归宿却是一致的。

【注释】

❶按:"无"上本无"是"字,今据下文补。 ❷"厚"本作"序"。〇王念孙:序,当为"厚",字之误也。言桀、纣有天下之势虽厚,曾不得以匹夫终其身也。《仲尼》篇曰:"桀纣厚于有天下之势,而不得以匹夫老。"《强国》篇曰:"厚于有天下之势,索为匹夫,不可得也,桀、纣是也。"皆其证。

【原文】

上莫不致爱其下,而制之以礼;上之于下,如保赤子。

【译文】

君上没有不表示爱护自己下民的,因而用礼义来制裁他们;主上对于下

政令制度，所以接下之人百姓；有不理者如豪末，则虽孤独鳏寡，必不加焉①。故下之亲上，欢如父母；可杀，而不可使不顺。君臣、上下、贵贱、长幼，至于庶人，莫不以是为隆正。然后，皆内自省，以谨于分。是百王之所②同也。而礼法之枢要也。

民，就如同保护婴儿一样。国家的政令、制度，是对待下层众百姓的；所有微小的不合理的事情，即便是孤独鳏寡的人，务必不要加在他们身上。所以，下民亲近君上，就如同喜爱父母一样；可以杀他们，而不可以使他们不顺从。君臣、上下、贵贱、长幼，以至于民众，没有不把这种道理当作最隆重的。然后，各个都内心自省，而谨慎于自己的职分。这是百王之所共同的，而且是礼法的关键。

注释

❶ 杨倞：不以豪末不理加于孤独鳏寡也。四者人所轻贱，故圣王尤爱之。《孝经》曰："不敢侮于鳏寡，而况于士民乎？"〇按：有不理者如豪末，犹言有如豪末之不合于理也。　❷ "所"下本有"以"字。〇王念孙：上下文皆言"是百王之所同"，《礼论》篇云"是百王之所同"，则"以"为衍文，明矣。

【原文】

然后农分田而耕，贾分货而贩，百工分事而劝，士大夫分职而听，建国诸侯之君分土而守；三公总方①而议，则天子共②己而止矣。出若入若③，天下莫不平均，莫不治辨，是百王之所同，而

【译文】

然后，农民各自耕种自己的田地，商人各自贩卖自己的货物，百工各自勤勉自己的事务，士大夫各自体察自己的职守，诸侯各自捍卫自己的土地，三公总合四方之国的政务而加以议处，那天子只是恭谨自处就够了。对内这样，对外这样，天下没有个不均衡，没有个不平治。这便是百王之所共同的，而且是

礼法之大分也。 | 礼法的最大界限。

注 释

❶ 按：郑玄《礼记》注："方，四方也。"总方，总合四方之国事也。❷ 杨倞：共，读为"恭"。 ❸ 杨倞：若，如此也。出若入若，谓内外皆如此也。

【原文】

若夫贯日而治详①，权物而称用；使衣服有制，宫室有度，人徒②有数，丧祭、械用皆有等宜，以是周挟③于万物，尺寸寻丈，莫得不循乎制度数量，然后行，则是官人使吏之事也，不足数于大君子之前④。

【译文】

至于日积月累，治国之术才趋于周详；衡量事物，就能够各称所用；使衣服有一定的限制，宫室有一定的法度，奴仆有一定的数量，丧祭、器用都有差别，把这个贯彻到各项事务中去，无论大小多少，都没有不遵循制度、数量的，然后才照着去施行，这便是百官吏人的事务，不足称说于大君子的面前。

注 释

❶ "治详"本作"治平"。○俞樾：上文云"若夫贯日而治详"，《君道》篇云"并耳目之乐，而亲自贯日而治详"，两文相同；此文"平"字，疑亦当作"详"，盖假"羊"为"详"，又误"羊"为"平"耳。 ❷ 杨倞：人徒，谓胥徒，给徭役者也。 ❸ "周挟"本作"用挟"。○王念孙："用"当为"周"，字之误也。周挟，即周浃。《君道》篇曰："先王审礼，以方皇、周浃于天下。"《礼论》篇曰"方皇、周挟，曲得其次序"，杨倞注曰："挟，读为'浃'，币

也。"此注亦曰："挟读为'浃'。"则杨本正作"周挟"明矣。 ❹杨倞：官人，列官之人。使吏，所役使之吏。

【原文】

故君人者，立隆正①本朝而当，所使要百事者，诚仁人也，则身佚而国治，功大而名美，上可以王，下可以霸。立隆正本朝而不当，所使要百事者，非仁人也，则身劳而国乱，功废而名辱，社稷必危。是人君者之枢机也。

【译文】

所以，做人民君上的，在朝廷树立起隆正的法制，而且适当，所使用的总理百事的人，确实是仁人，他本身就得到安逸，而国家就得到平治，功绩伟大，而且名声美好；在上，可以成为王者；在下，可以成为霸者。在朝廷树立起隆重的法制，而不适当，所使用的总理百事的人，并不是仁人，他本身就遭到劳累，而国家就遭到紊乱，事功废弛，而声名狼藉，国家必定危殆。这便是做人民君上的关键。

注 释

❶按："隆正"本作"隆政"。今依下文改正，以求一致。

【原文】

故能当一人，而天下取①；失当一人，而社稷危；不能当一人，而能当千人百人者，说无之有②也。既能当一人，则身有何劳而为③？垂

【译文】

所以，能够起用一个正当的人，因而天下就得到平治；起用一个不正当的人，因而国家就遭到危亡；不能够起用一个正当的人，可是能够起用一千个、一百个正当的人，是没有这种说法的。既然能够起用一个正当的人，那他本身

衣裳而天下定。故汤用伊尹，文王用吕尚，武王用召公，成王用周公旦。卑者五伯。齐桓公闺门之内，县乐④、奢泰，游抏⑤之修，于天下不见谓修，然九合诸侯，一匡天下，为五伯长。是亦无它故焉，知一政于管仲也。是君人者之要守也。知者易为之兴力，而功名綦大。舍是而孰足为也？故古之人有大功名者，必道⑥是者也。丧其国、危其身者，必反是者也。

还有什么劳累的呢？整饬整饬自己的朝服，因而天下就平定了。所以，汤王起用伊尹，文王起用太公，武王起用召公，成王起用周公。功绩卑下的就是五霸。齐桓公在宫廷之内，修缮安乐、奢侈、游玩的种种设施，可是天下并不认为他是修缮，然后他九次会合诸侯，一举而匡救了天下，成为五霸的首领。这并没有别的原因，因为他知道统一政权于管仲一人。这便是做人民君上的重要操守。明智的人容易为国家发展威力，而且功名伟大。除了这个，还有什么可做的呢？所以，古来有大功名的人，必然要走这条道路；那丧亡了自己的国家、危害了自己本身的，必然是违反这条道路的。

注释

❶按：河上公《老子》注："取，治也。"又《广雅》："取，为也。"《小尔雅》："为，治也。" ❷杨倞：论说之中无此事。 ❸杨倞：而、为，皆助语也。○按：《古书虚字集释》："而为，犹然为也。"《庄子·徐无鬼》篇："奚惑然为？""然为"，犹言"乎哉"，是反诘兼感叹之词。 ❹按：县，当读为"悬"。"悬"与"欢"声相近。后世"县"作"悬"，实即"悬"之变体，却为悬系之义所专矣。悬乐，与"奢泰""游抏"同例。 ❺杨倞：泰与"汰"同。抏，与"玩"同。 ❻杨倞：道，行也。

【原文】

故孔子曰："知者之知，固以多矣，有以守少，能无察乎？愚者之知，固以少矣，有以守多，能无狂乎①？"此之谓也。

【译文】

所以，孔子说："明智之人的知识，本来就是多的，由于他的职守少，他怎么会不明察呢？愚蠢之人的知识，本来就是少的，由于他的职守多，他怎么会不狂妄呢？"就是说的这个道理。

注 释

❶杨倞：上"知"，音"智"，下如字。有，读为"又"。守少，谓任贤、恭己而已也；守多，谓自任，主百事者也。事烦则狂乱也。

【原文】

治国者，分已定，则主相、臣下、百吏各谨其所闻，不务听其所不闻；各谨其所见，不务视其所不见；所闻所见，诚以齐矣，则虽幽闲隐辟，百姓莫敢不敬分、安制，以化其上。是治国之征也。

【译文】

治理国家的人，职分已经确定，主相、臣下、百吏，就各自谨守着自己所听到的，不务求听到自己所听不到的；各自谨守着自己所见到的，不务求见到自己所见不到的；所听到的和所见到的，已经真正的齐同了，那就他们虽然还幽闲隐僻，百姓没有敢于不安分、守制，而接受君上感化的。这便是平治国家的表征。

【原文】

主道：治近，不治远；治明，不治幽；治一，不治二。主能治近，则远者理；主能治明，则幽者化；主能当一，则百事正。夫兼听天下，日有余而治不足者，如此也。是治之极也。既能治近，又务治远；既能察明①，又务见幽；既能当一，又务正百；是过者也，过犹不及也。辟之是犹立直木而求其景之枉也。不能治近，又务治远；不能察明，又务见幽；不能当一，又务正百；是悖者也；辟之是犹立枉木而求其景之直也。

【译文】

做主上的道术：治理近方，不治理远方；治理明处，不治理暗处；治理一事，不治理二事。主上能够治理近方，远方的就会顺从；主上能够治理明处，暗处就会感化；主上能够一事得当，百事就会端正。全面地监临着天下，天天有空闲，可是在治理上并不满足，就是这样。这是治国的上策。既能够治理近方，又务求治理远方；既能够察见明处，又务求察明暗处；既能够一事得当，又务求百事端正；这是一种过分；过分和不及是一个样的，打个比方，就如同树立起挺直的木材，而希求它的影子弯曲一样。不能够治理近方，又务求治理远方；不能够察见明处，又务求察见暗处；不能够一事得当，又务求百事端正；这是一种迷惑；打个比方，就如同树立起弯曲的木材而希求它的影子挺直一样。

注释

① 按："察明"，本作"治明"，不协，今依下文"不能察明"改正。

【原文】

故明主好要①，而暗主好

【译文】

所以，明主喜好简约，昏主喜好周

详。主好要，则百事详；主好详，则百事荒。君者，论一相，陈一法，明一指，以兼覆之，兼炤之，以观其盛者也②。相者，论列百官之长，要百事之听，以饰朝廷、臣下、百吏之分，度其功劳，论其庆赏，岁终奉其成功，以效③于君；当，则可；不当，则废。故君人劳于索之，而休④于使之。

详。主上喜好简约，就百事取得周详；主上喜好周详，就百事遭到荒废。国君选择一位辅相，设置一项法制，明确一道旨意，用来全面笼罩，全面照明，就可以看到成就。辅相，论列百官的长处，综合百事的治法，用来修治朝廷、臣下、百吏的职分，度量他们的功绩，评比他们的庆赏，到年终，捧着自己的成绩献给国君。妥当的，就施行；不妥当的，就废止。所以，做人民的主上的，在寻求人才上是劳累的，在使用人才上是安闲的。

注释

❶ 按：《广雅》："要，约也。"要，本字；约，借字。 ❷ 杨倞：论，选择也。指，指归也。一法、一指，皆谓纪纲也。盛，读为"成"，观其成功也。 ❸ 杨倞：效，致也。〇按：颜师古《汉书》注："效，献也。" ❹ 杨倞：索，求也。休，息也。〇按：李贤：《后汉书》注："休，暇也。"又，休或当作"佚"。

【原文】

用国者，得百姓之力者，富；得百姓之死者，强；得百姓之誉者，荣；三得者具，而天下归之；三得者亡，而天下

【译文】

掌握国家的人，获得百姓力量的，就富有；获得百姓殉难的，就强盛；获得百姓称誉的，就光荣；这三种获得齐备了，天下就会归顺；这三种获得失掉了，天下就会背叛。天下归顺他，就叫

去之。天下归之，之谓王；天下去之，之谓亡。汤武者，循其道，行其义，兴天下同利，除天下同害，天下归之。故厚德音以先之，明礼义以道之，致忠信以爱之，赏贤使能以次之，爵服赏庆以申重之，时其事、轻其任以调齐之；潢然兼覆之，养长之，如保赤子。生民①，则致宽；使民，则綦理；辩政令制度，所以接下②之人百姓；有非理者如豪末，则虽孤独鳏寡，必不加焉。是故百姓贵之如帝，亲之如父母③，无它故焉，道德诚明、利泽诚厚也。

作王者；天下背叛他，就叫作亡国。汤王、武王这些人，遵循他们的道术，行使他们的正义，振兴天下的共同利益，排除天下的共同灾害，天下都归顺他们。所以，加强德政来带动人民，彰明礼义来指导人民，竭尽忠信来抚爱人民，赏识贤明、使用才能来安排他们，加官、晋禄来重用他们，依靠天时、减轻负担来调剂他们；广阔无边地、全面地笼罩着他们，长养着他们，就如同抚养婴儿一样。抚养人民，就表示宽大；使用人民，就极端合理；辨明政令制度，所以接近下层的众百姓；所有微小的不合理的事情，即便是孤独鳏寡的人，务必不要加在他们身上。所以，百姓尊贵他如同上帝，亲近他如同父母。这并没有别的原因，这是由于君上的道德异常高明、恩泽异常深厚。

注释

❶ 按：郑玄《周礼》注："生，犹养也。" ❷ "下"上本有"天"字。○王念孙："天"字，后人所加也。下者，对上而言。上文及《王制》《议兵》二篇皆言"接下之人百姓"，文正与此同。 ❸ 按："如父母"下本有"为之出死断亡而不愉者"十字，与《富国》篇同为衍文，今以意删。

【原 文】

乱世不然。污漫突盗①以先之，权谋倾覆以示之，俳优、侏儒②、妇女之请谒以悖之，使愚诏③知，使不肖临贤；生民，则致贫隘；使民，则綦劳苦。是故百姓贱之如尪④，恶之如鬼，日欲司间，而相与投藉⑤之，去逐之。卒有寇难之事，又望百姓之为己死，不可得也，说无以取之⑥焉。

孔子曰："审吾所以适人，人之所以来我⑦也。"此之谓也。

【译 文】

昏乱的世代就不是这样。用卑污、散漫、欺凌、偷盗来带动人民，用权谋、倾覆来指示人民，用倡优、小人、妇女的进见来迷惑人民，使愚鲁之人教导明智之人，使恶劣之人监临贤能之人；抚养人民，就表示狭隘；使用人民，就极端劳苦。所以，百姓鄙视他如同见到残废，厌恶他如同见到鬼怪，天天想着找些闲空，一同来践踏他、驱逐他。到了有患难的时刻，他又希望百姓为自己卖命，是不可能得到的，是没有人听他的话的。

孔子说："要审慎于自己所交往的人，人家是要因为我而到这里来呢。"就是说的这个道理。

注 释

❶ 按：《说文》："突，滑也。"《广雅》："突，欺也。" ❷ 杨倞：俳优，倡优。侏儒，短人可戏弄者。 ❸ 按：高诱《吕氏春秋》注："诏，教也。" ❹ 杨倞：字书无"尪"字，盖当为"尪"，病人也。《新序》作"贱之如尪豕"。〇按：《新序》："尪"即"尪"字之讹。《说文》："尪，曲胫也。" ❺ 杨倞：司间，伺其间隙。藉，践也。 ❻ 杨倞：论说之中，无以此事为得也。 ❼ 下"人"字上本有"适"字。〇杨倞：适人，往与人也。审慎其与人之道，为其复来报我也。〇王念孙：下"适"字涉上"适"字而衍。据杨倞，则无下"适"字明矣。《群书治要》无下"适"字。

【原文】

伤国者何也？曰：以小人尚民而威①，以非所取于民而巧，是伤国之大灾也。

大国之主也，而好见小利，是伤国；其于声色、台榭、园囿也，愈厌而好新，是伤国；不好修正其所以有，啖啖然②常欲人之有，是伤国。三邪者在匈中③，而又好以权谋倾覆之人断事其外④，若是，则权轻名辱，社稷必危。是伤国者也。

【译文】

危害国家的是什么呢？回答说：把小人加在人民头上作威作福，把不应当取之于民的剥削巧立名目，这便是危害国家的大灾大难。

大国的君主，而喜好注视小利，便会危害国家；他对于声色、楼台、园囿，贪求满足，而喜好新奇，便会危害国家；不喜好修正自己富有的本原，而经常贪得无厌地羡慕别人的富有，便会危害国家。这三种邪道存在于胸中，而又喜爱使用权谋颠覆的人，在外面处断事务，这样，他就权势轻微、声名狼藉，国家必然遭到危殆。这便是危害国家的人。

注释

❶ 杨倞：尚，上也。使小人在上位而作威也。　❷ 按："啖啖"下本无"然"字，依王念孙校补。说见前。　❸ 按：匈，"胸"本字。　❹ 杨倞：事，任也。谓断决任事于外也。

【原文】

大国之主也，不隆本行①，不敬旧法，而好诈故②；若是，则夫朝廷群臣亦从而成俗于不

【译文】

大国的君主，不崇尚正常的行为，不尊重旧有的法制，而且喜好奸诈；这样，朝廷的群臣，也就从而把不崇尚礼义当作风气，而且喜好搞颠覆活

隆礼义，而好倾覆也③；若是，则夫众庶百姓亦从而成俗于不隆礼义，而好贪利矣。君臣上下之俗，莫不若是，则地虽广，权必轻；人虽众，兵必弱；刑罚虽繁，令不下通。夫是之谓危国。是伤国者也。

动了；这样，就是那广大的老百姓，也从而把不崇尚礼义当作风气，而喜好贪求财利了。君臣上下的风气，没有不像这样的，土地虽然广大，权威也就必然要趋于轻微；人民虽然众多，兵力必然要趋于衰弱；刑罚虽然繁重，命令也不能够下达。这就叫作危殆的国家。这便是危害国家的人。

注 释

❶ 按：王逸《楚辞》注："本，常也。" ❷ 王念孙：故，亦诈也。高诱《吕氏春秋》注："巧故，伪诈也。"《淮南子》注："故，巧也。"是"故"与"诈"同义。 ❸ 按：此下本有"朝廷群臣之俗"六字，无着，当系涉上文"朝廷群臣"及下文"君臣上下之俗"而误衍，今以意删。

【原 文】

儒者为之不然，必将曲辨①。朝廷必将隆礼义而审贵贱，若是，则士大夫莫不务节死制②者矣；百官则将齐其制度，重其官秩，若是，则百吏莫不畏法而遵绳③矣；关市几而不征，质律禁止而不偏④，如是，则商贾莫不敦悫而无诈矣；百工将时斩伐，佻⑤其期

【译 文】

儒者可不是这样做，必然要尽量明辨是非。朝廷上必然要崇尚礼义而审明贵贱，这样，士大夫就没有不坚守节操、舍身殉职的了；百官要齐一国家的制度，尊重国家的官阶，这样，百吏就没有不惧怕法律而遵守制度的了；关口和集市，只纠察坏人，而不征求赋税；禁止物价不稳，而不发生偏差；这样，商人就没有不老老实实而无诈骗的了；百工要按照季节砍伐树木，放宽他们的日期，而利用他们

日，而利其巧任⑥，如是，则百工莫不忠信而不楛矣；县鄙⑦将轻田野之税，省刀布之敛，罕举力役，无夺农时，如是，则农夫莫不朴力而寡能矣。

士大夫务节死制，然后⑧兵劲；百吏畏法循绳，然后国常不乱；商贾敦悫无诈，则商旅安、货财通⑨，而国求给矣⑩；百工忠信而不楛，则器用巧便而财不匮矣；农夫朴力而寡能，则上不失天时，下不失地利，中得人和，而百事不废矣⑪。是之谓政令行，风俗美。以守，则固；以征，则强；居，则有名；动，则有功。此儒之所谓曲辨也。

的技巧，这样，百工就没有不忠诚信实而不出废品的了；县官要减轻田地的赋税，简省钱财的聚敛，减少劳役工作，不夺掉农民的种植季节，这样，农民就没有不实实在在地出力而很少逞能的了。

士大夫坚守节操，舍身殉职，然后兵力强劲；百吏惧怕法律，遵循制度，然后国法不紊；商人老老实实，没有诈骗行为，那就贸易平稳、财货通畅，因而国家财物充足了。百工忠诚信实而不出废品，那就器用工巧便利而财用不困乏了；农民实实在在地出力，而很少逞能，那就在上不失去天时，在下不失去地利，在中间得到人和，因而百事都不废止了。这就叫作政令施行、风俗美好。用来捍卫，国家就巩固；用来征伐，国家就强盛；安居无事，就享有名望；有所举动，就大有功绩。这便是儒者所谓尽量地明辨是非。

注释

❶ 郝懿行：辨，古"辩"字。 ❷ "务"本作"敬"。○杨倞：节，忠义。制，职分。○王引之："敬"当为"敄"。"敄"与"务"，古字通。（《说文》："敄，强也。"《尔雅》："务，强也。""敄"与"敬"字相似而误。）下文云："士大夫务节死制。"是其证。 ❸ 按：郑玄《礼记》注："绳，犹度也。" ❹ 杨倞：质律，质，剂也；可以为法，故言质律也。《周礼·小宰》："听卖买以质剂。"郑司农云："质剂，平市价，今之月平是也。"○按：郑玄《周礼·地

官·质人》注:"质,平也,主平定物价者。" ❺杨倞:佻,与"傜"同,缓也,谓不迫促也。○卢文弨:注当云"佻,与'窕'同"。案《尔雅》云:"窕,肆也。"古书"窕"字,皆训"宽肆",不当作"傜"。○按:《广雅》:"窕,宽也。"许慎《淮南子》注:"窕,缓也。" ❻俞樾:李颐《庄子》注:"任,能也。"巧任,犹巧能也。 ❼按:杜预《左传》注:"鄙,边邑也。"
❽"然后"本作"然而"。○杨倞:然而,当为"然后"。 ❾"货财通"本作"货通财"。○王念孙:"货通财",当作"货财通",与"商旅安"对文。《王制》篇:"使商旅安而货财通。"是其证。 ❿杨倞:所求之物皆给足也。○按:求,"赇"之省。赇,犹财货也。《汉书》注引韦昭:"行货财以有求于人曰赇。" ⓫按:此"矣"字本无,今依上文补"矣"字。

君道篇第十二

【原文】

有乱君，无乱国；有治人，无治法。羿之法非亡也，而羿不世中①；禹之法犹存，而夏不世王。故法不能独立、类②不能自行；得其人，则存；失其人，则亡。法者，治之端也；君子者，法之原也。故有君子，则法虽省，足以遍③矣；无君子，则法虽具，失先后之施，不能应事之变，足以乱矣。不知法之义而④正法之数者，虽博，临事必乱。故，明主急得其人，而暗主急得其埶。急得其人，则身佚而国治，功大而名美，上可以王，下可以霸；不急得其人，而急得其埶，则身劳而国乱，功废而名辱，社

【译文】

有紊乱的君上，没有紊乱的国家；有平治国家的人才，没有平治国家的法制。羿的法术并没有亡佚，可是羿不能代代都有；禹王的法术还存在着，可是夏朝不可能代代成为王者。所以，法制不可能独自建立，制度不可能独自推行。得到人才，就得以存在；失掉人才，就遭到灭亡。法制，是平治的开端；君子，是法制的本原。所以，有了君子，就是法制虽然省略，也足以平治天下；没有君子，就是法制虽然具备，失掉了先后的措施，不能应付事态的变化，也足以危乱天下。不懂得法制的意义和端正法制的方式的，虽然学问广博，事务临头，必定要混乱不堪。所以，明主急于得到人才，而乱主急于得到威权。急于得到人才，本身就获得安逸，而国家就获得平治，功绩伟大，而名声美好，在上可以成为王者，在下可以成为霸者。不急于得到人才，而急于得到威权，本身就受到劳累，而国家就遭到紊乱，事功废弛，而声名狼藉，国家必然遭到危

稷必危。故君人者，劳于索之，而休于使之。

《书》曰："惟文王敬忌，一人以择⑤。"此之谓也。

殆。所以，做人民的主上的，在寻求人才上是劳累的，而在使用人才上却是安闲的。

《尚书》中说："只有文王心存警戒，自己选拔人才。"就是说的这种情形。

注 释

❶按：高诱《战国策》注："中，得也。" ❷按：类，亦法也。《方言》："类，法也。" ❸按：遍，与"乱"对文，当借为"辩"。《说文》："辩，治也。"亦通作"辨"。高诱《吕氏春秋》注："辨，治也。"《广雅》："辨，遍也。"即"遍"互通之证。 ❹按：《经传释词》："而，犹与也。" ❺按：见《康诰》。郑玄《诗》笺："敬之言警也。"又《礼记》注："忌之言戒也。"一人，谓天子。择，今本《尚书》作"怿"，义别。

【原文】

合符节、别契券者，所以为信也；上好权谋，则臣下、百吏①乘是而后欺。探筹、投钩②者，所以为公也；上好曲私，则臣下、百吏乘是而后偏。衡石、称县③者，所以为平也；上好倾覆，则臣下、百吏乘是而后险。斗斛、敦概④者，所以为啧⑤也；上好贪利，则臣下、百吏乘是而后丰取刻与，以无

【译文】

对合符节、分离契券，是讲求信用的；君上喜好权谋，因而他的臣下、百吏就乘机接着施行欺骗；抽签、抓阄，是讲求公正的；君上喜好私曲，因而他的臣下、百吏就乘机接着施行偏邪；秤杆、秤锤，是讲求均平的；君上喜好颠覆，因而他的臣下、百吏就乘机接着施行奸险；升斗、盆罐，是讲求齐一的，君上喜好贪利，因而他的臣下、百吏就乘机接着大斗入、小斗出，没

度取于民。 | 有限度地榨取人民。

注 释

❶按:"百吏"下本有"诞诈之人"四字,赘,当为旁注之误入正文者,今以意删。 ❷郝懿行:探筹,刿竹为书,令人探取,盖如今之挚签。投钩,未知其审。古有藏彄,今有拈阄,疑皆非是。《慎子》曰:"投钩以分财,投策以分马。"○按:《洪武正韵》:"钩,与'阄'同;投钩,犹云拈阄。"钩、彄,叠韵,音亦相近,可以通借。《汉武故事》与邯郸淳《艺经》有"藏钩",《荆楚岁时记》《风土记》作"藏彄",后世借"阄"为之,彄、钩,音相近。 ❸按:高诱《淮南子》注:"衡石,称也,百二十斤为石。"《说文》作"䄷"。颜师古《汉书》注引服虔云:"县,称也。"郑玄《礼记》注:"县,谓锤也。" ❹按:杨倞《宥坐》篇注:"概,平斗斛之木也。"郑玄《礼记》注:"敦,黍稷器。"《聂氏三礼图》引《旧图》云:"敦受一斗二升。"盖古以为量黍稷之器。读如"对"。 ❺王念孙:上文"欺"与"信"相反,"偏"与"公"相反,"险"与"平"相反,"无度"与"啧"亦相反。啧者,齐也。《说文》:"婧,齐也。""婧"与"啧"通。又《说文》:"齰,齿相值也。"《释名》曰:"帻,赜也;下齐眉赜然也。"又曰:"栅,赜也;以木作之,上平赜然也。"又曰:"册,赜也;敕使整赜,不犯法也。"并声近而义同。"无度"则不齐,故与"啧"相反。

【原文】

故械数者,治之流也,非治之原也;君子者,治之原也。官人守数,君子养原。原清则流清,原浊则流浊。故上好礼义,尚贤使能,无

【译文】

所以,器械的数术,只是平治国家的支流,而不是平治国家的本原;君子,才是平治国家的本原。官吏是拘守数术的,君子是扶植本原的。本原澄清,支流就澄清,本原混浊,支流就混浊。所以,君上喜好礼义,使用贤能,

贪利之心，则下亦将萘辞让，致忠信，而谨于臣子矣。如是，则虽在小民，不待合符节、别契券而信，不待探筹、投钩而公，不待衡石、称县而平，不待斗斛、敦概而啧。

【原文】

故赏不用而民劝，罚不用而民服，有司不劳而事治，政令不烦而俗美，百姓莫敢不顺上之法，象①上之志，而劝上之事，而安乐之矣。故藉敛②忘费，事业忘劳，寇难忘死，城郭不待饰③而固，兵刃不待陵④而劲，敌国不待服而诎，四海之民不待令而一。夫是之谓至平。

《诗》曰："王犹允塞，徐方既来⑤。"此之谓也。

【译文】

没有贪利之心，下层也就开展辞让，推广忠信，而谨守于为臣子之道了。这样，虽然就是在小民那里，也不需要对合符节、分离契券，就会做到信用；不需要抽签、拈阄，就会做到公正；不需要秤杆、秤锤，就会做到均平；不需要升斗、盆罐，就会做到齐一。

所以，不使用奖赏，而人民就知道奋勉；不使用刑罚，而人民就知道服从；百官们不需劳累，而事务得以完成；政令不需频繁，而习俗趋于美好；百姓就不敢不顺从上层的法制，效法上层的意志，奋勉上层的事务，而寻求自己的安乐。所以，在纳税的时候，忘掉了靡费；在服役的时候，忘掉了劳累；在遇到贼寇患难的时候，忘掉了生命；城郭不用等着修整，就是坚固的；兵刃不用等着磨砺，就是坚强的；敌国不用等着降服，就放下了武器；四海人民不用等着政令，就天下统一。这就叫作太平。

《诗经》中说："国王的谋划做到充实，徐国就自然归顺。"就是说的这个道理。

注释

❶按：郑玄《仪礼》注："象，法也。" ❷按：藉，即"藉田"之藉。藉

敛，谓赋税也。❸按：高诱《淮南子》注："饬，治也。"通作"饬"。❹王先谦：陵，谓厉兵刃也。○按：陵、厉，双声。❺按：《诗经·常武》文。毛传："犹，谋也。"郑玄《礼记》注："塞，犹实也。"

【原文】

请问为人君。曰：以礼分施，均遍而不偏。请问为人臣。曰：以礼事君①，忠顺而不懈。请问为人父。曰：宽惠而有礼。请问为人子。曰：敬爱而致恭②。请问为人兄。曰：慈爱而见友。请问为人弟。曰：敬诎而不苟。请问为人夫。曰：致功而不流③，致临而有别④。请问为人妻。曰：夫有礼，则柔从听侍；夫无礼，则恐惧而自竦也。此道也，偏立而乱，俱立而治，其足以稽矣。请问兼能之，奈何？曰：审之礼也。

【译文】

请问作为人君的道理。回答说：用礼制来分施下民，均遍，而不偏私。请问作为人臣的道理。回答说：用礼节侍奉君上，忠顺，而不怠懈。请问作为人父的道理。回答说：宽惠，而有礼节。请问作为人子的道理。回答说：敬爱，而竭力恭谨。请问作为人兄的道理。回答说：慈爱，而表示友好。请问作为人弟的道理。回答说：恭逊，而不苟且。请问作为人夫的道理。回答说：尽力事务，而不淫邪；尽力接近，而有分别。请问作为人妻的道理。回答说：丈夫有礼节，就柔顺，听从地去侍奉；丈夫没有礼节，就表示惶恐，而自知警惕。这些道理，不能全面做到，国家就会紊乱；能够全面做到，国家就会平治；这是足以作为人君的参考的。请问如果都全面做到，得怎么办呢？回答说：这要用礼制来审察自己。

注 释

❶"事"本作"待"。○郝懿行："待"字误，《韩诗外传》四作"事"是也。❷"恭"本作"文"。○郝懿行：文，《韩诗外传》四作"恭"，于义较

长。 ❸按：《毛诗传》："功，事也。"郑玄：《礼记》注："流，犹淫放也。"
❹ "别"本作"辨"。○郝懿行：辨，《韩诗外传》四作"别"，谓夫妇有别也。

【原文】

古者，先王审礼，以方皇①、周浃于天下，动无不当也。故君子恭而不难，敬而不巩②，贫穷而不约③，富贵而不骄，并遇变态而不穷：审之礼也。

【译文】

在古代，先王审察礼制，把这种工作推衍、普遍于天下，行动就没有不妥当的。所以，君子恭逊而不畏惧，谨敬而不惶恐，贫穷而不卑鄙，富贵而不骄傲，经常遇到事变而不困顿：这是由于用礼制审察自己的关系。

注 释

❶ 按：方皇，即"彷徨""彷徉"。《广雅》："彷徉，徙倚也。"推衍之意。❷ 王引之：难，读《诗》"不戁不竦"之"戁"；巩，读《方言》"蛩、恎，战栗也"之"蛩"。○按：《毛诗传》："戁，恐也。"《尔雅》："戁，惧也。"《方言》又云："蛩，恐也。"蛩、巩，皆"恐"之借字。 ❸ 按：韦昭《国语》注："约，卑也。"

【原文】

故君子之于礼，敬而安之；其于事也，径①而不失；其于人也，寡怨、宽裕，而无阿②；其所为身也，谨修饰而不危③；

【译文】

所以，君子对于礼制，要谨敬而安适；对于事务，要直正而不背理；对于处人，要减少怨恨，宽宏大量，而没有偏私；对于本身，要谨慎、修饰，而不畏惧；对于应付事变，要快

其应变故也，齐给便捷而不惑；其于天地万物也，不务说其所以然，而致善用其材；其于百官之事、技艺之人也，不与之争能，而致善用其功；其待上也，忠顺而不懈；其使下也，均遍而不偏；其交游也，缘类而有义④；其居乡里也，容⑤而不乱。是故穷则必有名，达则必有功；仁厚兼覆天下而不闵⑥，明达用天地，理万变而不疑，血气和平，志意广大，行义⑦塞于天地之间；仁知之极也。夫是之谓圣人，审之礼也。

速、敏捷，而不迷惑；对于天地万物，不务求讲说它的所以然，而致力于善于利用它的材质；对于百官事务和技术人才，不和他们竞争才能，而尽量地善于利用他们的功绩；对于侍奉君上，要忠顺而不懈怠；对于下民，要平均、普遍而不偏私；对于交游，要循从同类而有正义；对于居处乡里，要态度宽容而不惑乱。所以，在穷困的处境，就必然享有名望；在显达的处境，就必然保有功绩；用仁厚之心全面地笼罩天下，而无忧虑；明白通达地利用天地资源，处理种种事变，而不发生疑惑；血气平和，胸怀开朗，道义充塞于天地之间；这是仁爱、明智的极点。这就叫作圣人，是由于用礼制来审察自己的关系。

注释

❶ 按：颜师古《汉书》注："径，直也。" ❷ 按：高诱《吕氏春秋》注："阿，私也。" ❸ 按：饬，通"饬"。孔颖达《周易》疏："危，谓忧危。"《说文》"危，在高而惧也。"又高诱《吕氏春秋》注："危，疑也。"亦通。 ❹ "缘类而有义"本作"缘义而有类"。○郝懿行：《韩诗外传》作"缘类而有义"，较长。○按：高诱《淮南子》注："类，众也。"又李贤《后汉书》注："容，犹和同也。" ❺ 按：《广雅》："容，宽也。" ❻ 按：杜预《左传》注："闵，忧也。" ❼ 按：行义，犹道义也。

【原文】

请问为国。曰：闻修身，未尝闻为国也。君者，仪也；民者，景也；仪正而景正。君者，槃也；民者，水也；槃圆而水圆①。君射，则臣决②。楚庄王好细腰，故朝有饿人。故曰：闻修身，未尝闻为国也。

【译文】

请问治国的道术。回答说：只听说过修身的道术，不曾听说过治国的道术。君上，就好比立柱；人民，就好比影子；立柱端正，影子就端正。君上，就好比盆；人民，就好比水；盆圆，水就圆。君主射箭，臣下就钩弦。楚庄王喜爱细腰，所以朝廷上就有忍饥挨饿的人。所以说，只听说过修身的道术，不曾听说过治国的道术。

注 释

❶ "君者，仪也"下，本无"民者，景也"句；"君者，槃也"下，本无"民者，水也"句，"槃圆而水圆"下，本有"君者，盂也；盂方而水方"二句。○卢文弨：案《帝范》注引"君者，仪也"下有"民者，景也"句；又"君者，槃也"下有"民者，水也"句，无"君者，盂也"二句。○王念孙：案《广韵》"君"字注所引与《帝范》注同。既言"仪正而景正"，则当有"民者，景也"句，既言"槃圆而水圆"，则当有"民者，水也"句（吕、钱本并有"民者，水也"句），既以槃喻君，则不必更以盂喻。二书所引，有"民者，景也""民者，水也"，而无"君者，盂也……"二句，于义为长。（《艺文类聚·杂器物部》、《太平御览·器物部》二并引作"君者，槃也；民者，水也；槃圆则水圆，槃方则水方"。）○按：《尔雅》："仪，干也。"郭璞注："仪表，亦体干。"高诱《吕氏春秋》注："表，柱也。"《广雅》："盂谓之槃。"郑玄《礼记》注："槃，承水盥水者。" ❷ 按：《毛诗传》："决，钩弦也。"郑玄《仪礼》注："决，犹闿也；以象骨为之，著右巨指，所以钩弦而闿之。"

【原文】

君者，民之原也；原清，则流清；原浊，则流浊。故有社稷者，而不能爱民，不能利民，而求民之亲爱己，不可得也。民不亲不爱，而求其为己用，为己死，不可得也。民不为己用，不为己死，而求兵之劲、城之固，不可得也。兵不劲，城不固，而求敌之不至，不可得也。敌至，而求无危削、不灭亡，不可得也。危削、灭亡之情，举积此矣，而求安乐是闻，不亦难乎？是狂生者也①。狂生②者，不胥③时而落。

【译文】

君主，是人民的源泉；源泉澄清，水流就澄清；源泉混浊，水流就混浊。所以，掌握国家的人，如果不抚爱人民，不补救人民，而求着人民亲爱自己，那是不可能的。人民不亲爱自己，而求着他们为自己利用，为自己卖命，那是不可能的。人民不为自己利用，不为自己卖命，而求着兵力强劲、城郭坚固，那是不可能的。兵力不强劲，城郭不坚固，而求着敌人不来，那是不可能的。敌人来了，而求着国家不危弱、不灭亡，那是不可能的。危弱、灭亡的事实，都汇集到了这里，而求着享受安乐，不也太难了吗？这是狂妄的人生。狂妄的人生，等待不了多久就会零落的。

注释

❶"而求安乐是闻，不亦难乎？是狂生者也"，本作"而求安乐，是狂生者也"或"是闻难狂生者也"。○王念孙：案此文本作"危削、灭亡之情，举积此矣，而求安乐是闻，不亦难乎？是狂生者也"，今本脱"闻不亦难乎是"六字。元刻亦仅存"闻难"二字。《韩诗外传》作"夫危削、灭亡之情，皆积于此，而求安乐是闻，不亦难乎？是枉生者也"。枉，盖"狂"字之误。○按：高诱《战国策》注："闻，犹受也。" ❷俞樾：狂，即"㞷"之假字。《说文》："㞷，草木妄生也；从'之'在'土'上；读若'皇'。"狂，《说文》作"狌"，本从"㞷"声，故义得通。狂生，盖以草木为比，故下云"不胥时而落"，落，

亦以草木言也。《韩诗外传》作"柽生"，柽亦"茎"之假字。 ❸卢文弨：骨，须也。○按：骨，借为"頿"。《说文》："頿，待也。"经传通作"须"。

【原文】

故人主欲强固、安乐，则莫若反之民，欲附①下、一民，则莫若反之政；欲修政、美俗②，则莫若求其人。彼或蓄积而得之者，不世绝。

彼其人者，生乎今之世，而志乎古之道；以天下之王公莫好之也，然而是子独好之；以天下之民莫为之③也，然而是子独为之。好之者贫，为之者穷，然而是子④犹将为之⑤也，不为少顷辍焉。晓然独明于先王之所以得之，所以失之，知国之安危、臧否，若别白黑。是其人也⑥，大用之，则天下为一，诸侯为臣；小用之，则威行邻敌；纵不能用，使无去其疆域，则国终身无故。故，君人者，爱民而安，好士而荣；两者无一

【译文】

所以，做人民的主上的，如果愿意国家强固、安乐，就不如回过头来看看自己的人民；如果愿意依靠臣下、统一人民，就不如回过头来看看自己的政令；如果愿意修饬政令、改良风俗，就不如选求人才。那积蓄人才而得到人才的，自古以来是继续不断的。

有这样的人，生长在现在的世界，而留心于古代的道术；一般以为天下的王公没有喜好古代的道术的，然而这个人独独地喜好它；一般以为天下的人民没有施行古代的道术的，然而这个人独独地施行它。喜好它的遭到贫穷，施行它的遭到危困，然而这个人独独地还要施行它，并不因为这样而少时间断。清清楚楚地单独明白先王得到道术、失掉道术的缘由，晓得国家的安危好坏，就如同分辨黑白一般。像这样的人才，在大的方面用他们，就天下统一，诸侯称臣；在小的方面用他们，就威严的行为传进敌国；纵然不能使用他们，使他们不要离开国土，国家也会永远没有事故。所以，做人民的主上的，抚爱人民，就国家安泰；喜爱学士，就国家繁荣；这两者一样都没有，就

焉，而亡。

《诗》曰："价人维藩，大师维垣。"⑦此之谓也。

会遭到灭亡。

《诗经》中说："善良的人才是国家的藩篱，广大的群众是国家的围墙。"就是说的这个道理。

注 释

❶按：《广雅》："附，依也。" ❷"修政美俗"本作"修政美国"。○王念孙：《韩诗外传》作"修政美俗"是也。上文曰"政令不烦而俗美"，《儒效》篇曰"在本朝则善政，在下位则美俗"，《王霸》篇曰"政令行，风俗美"，皆以"政"与"俗"并言之，盖二者恒相因也。今本"美俗"作"美国"，则泛而不切矣。 ❸"莫为之"本作"莫欲之"。○王念孙："莫欲之"当依《韩诗外传》作"莫为之"。"莫好之"与"独好之"相应，"莫为之"亦与"独为之"相应；今本作"欲之"，则既与"为之"不相应，又与"好之"相复矣。 ❹三"是子"均作"于是"。○王念孙：三"于是"皆当依《韩诗外传》作"是子"。"是子"二字，对上文"王公"与"民"而言。下文曰："非于是子，莫足以举之，故举是子而用之。"是其证。今本作"于是"者，"是子"讹为"是于"，后人因改为"于是"耳。○按：是子，犹此人也。 ❺"犹将为之"本作"独犹将为之"。○王念孙：当作"犹将为之"，"犹"上不当有"独"字，盖涉上文两"独"字而衍。《韩诗外传》无。 ❻"是其人也"本作"是其人者也"。○王念孙：衍"者"字。此句或为结上之词，或为起下之词，皆不当有"者"字。《韩诗外传》作"则是其人也"，无"者"字。 ❼按：见《诗经·大雅·板》。《毛诗传》："价，善也。藩，屏也。垣，墙也。"大师，大众也。古多训"师"为"众"。

【原文】

道者何也？曰：君之所道也①。君者何也？曰：能群也。

【译文】

道术，是什么呢？回答说：就是君上所要施行的。君上是什么呢？回

曰：能群也者何也？曰：善生养人者也，善班治人②者也，善显设人③者也，善藩饰④人者也。

善生养人者，人亲之；善班治人者，人安之；善显设人者，人乐之；善藩饰人者，人荣之。四统⑤者俱，而天下归之。夫是之谓能群。不能生养人者，人不亲也；不能班治人者，人不安也；不能显设人者，人不乐也；不能藩饰人者，人不荣也。四统者亡，而天下去之。夫是之谓匹夫。

答说：就是能够笼络群众。能够笼络群众，要怎么办呢？回答说：要善于长养人民，要善于治理人民，要善于显扬人民，要善于打扮人民。

善于长养人民的，人民就亲近他；善于治理人民的，人民就安顺他；善于显扬人民的，人民就喜欢他；善于打扮人民的，人民就称誉他。这四条纲领具备了，天下就会归附他。这就叫作能够笼络群众。不能够长养人民的，人民就不亲近他；不能够治理人民的，人民就不安顺他；不能够显扬人民的，人民就不喜欢他；不能够打扮人民的，人民就不称誉他。这四条纲领失掉了，天下就会叛离他。这就叫作孤独之夫。

注 释

❶"君之所道也"本作"君道也"。○王念孙：《韩诗外传》作"君之所道也"，于义为长。君之所道，谓君之所行也。《儒效》篇曰："道者，人之所道也。"与此文同一例。今本盖脱"之所"二字。　❷王先谦：班，读曰"辨"。《仪礼》注："古文'班'或为'辨'。"辨、治，同义。○刘师培：《韩诗外传》云"班"作"辨"。　❸俞樾：显设，犹云显大。郑玄《易》注："设，大也。"　❹按：《一切经音义》引《苍颉》："藩，蔽也。"藩饰，谓以衣裳蔽体而文饰之也。　❺王先谦：统，犹言总要也。

【原文】

故曰：道存则国存，道亡则国亡。省工贾，众①农夫，禁盗贼，除奸邪，是所以生养之也。天子三公，诸侯一相，大夫擅官，士保职，莫不法度而公，是所以班治之也。谲德②而定次，量能而授官，皆使其人载其事，而各得其所宜；上贤使之为三公，次贤使之为诸侯，下贤使之为士大夫，是所以显设之也。修冠弁衣裳，黼黻文章，雕琢刻镂，皆有等差，是所以藩饰之也。

【译文】

所以说，道术存在，国家就存在；道术丧失，国家就丧失。减缩工商，重视农民，禁止盗贼，铲除奸邪，这就是长养人民的方法。天子依靠三公执政，诸侯依靠首相执政，大夫专职任事，士官恪尽职守，没有不遵循法度而大公无私的，这就是治理人民的方法。依据品德来定立等次，量度才能来授予官位，都使他们各行其是，各得其宜，上等贤才使他们做三公，次等贤才使他们做诸侯，下等贤才使他们做士大夫，这就是显扬人民的方法。修整冠带服制，光华美丽，雕镂篆刻，都有一定的差等，这就是打扮人民的方法。

【注释】

❶按：众，当读为"重"。众、重，同音相借。又，《说文》："众，多也。多，重也。"是众、重同义。 ❷按："谲德"本作"论德"，依王念孙校作"谲德"。已见《儒效》篇。

【原文】

故由天子至于庶人也，莫不骋其能，得①其志，安

【译文】

所以，从天子到老百姓，没有不施展自己的能力，满足自己的意志，安乐自己

乐其事，是所同也；衣暖而食充，居安而游乐，事时制明而用足，是又所同也。若夫重色而成文章，重味而备珍怪②，是所衍③也。圣王财④衍以明辨异。上以饰贤良而明贵贱，下以饰长幼而明亲疏，上在王公之朝，下在百姓之家，天下晓然皆知其非以为异也，将以明分达治，而保万世也。

的职务的，这是人民所共同的愿望；穿得温暖，吃得足饱，住得安适，玩得快乐，事务及时，制度分明，而且财用充足，这又是人民所共同的愿望。至于把各种颜色绣成衣服上的花纹，把各种滋味做成珍品，这就是富饶的表现。圣王节制富饶，而明辨差异。在上，用来整饬善良，而辨明贵贱；在下，用来整饬老少，而辨明亲疏；上至王公的朝廷，下至百姓的家庭，天下明明白白地都知道这并不是制造差异，而是要辨明职分，通晓政治，而保持万代。

注 释

❶ 按：郑玄《礼记》注："得，犹足也。" ❷ "备珍怪"本作"成珍备"。○俞樾：此本作"重味而备珍怪"。《正论》篇："食饮则重太牢而备珍怪。"是其证也。《韩诗外传》引作"重色而成文，累味而备珍"。上句无"章"字，下句无"怪"字。然"成文""备珍"，正本《荀子》可据以订正。 ❸ 王先谦：《赋》篇杨注："衍，饶也。"此言重色、重味，皆所饶为之，有余之意也，故云"财衍以明辨异"。下文"衍及百姓"，同。 ❹ 按：财，通"裁"。《尔雅》："裁，节也。"

【原 文】

故天子诸侯无靡费之用，士大夫无流淫之行，百吏、官

【译 文】

所以，天子诸侯没有奢靡的费用，士大夫没有淫邪的行为，百官没有怠慢

人无怠慢之事,众庶、百姓无奸怪之俗,无盗贼之罪,其能以称义遍矣。

故曰:"治则衍及百姓,乱则不足及王公。"此之谓也。

【原文】

至道大形①:隆礼至②法,则国有常;尚贤使能,则民知方③;纂论④公察,则民不疑;赏免⑤罚偷,则民不怠;兼听齐明,则天下归之。然后明分职,序事业,材⑥技,官能,莫不治理,则公道达而私门塞矣,公义明而私事息矣。如是,则德厚者进,而佞说者止;贪利者退,而廉节者起。《书》曰:"先时⑦者,杀无赦,不逮时者,杀无赦。"

【译文】

的事务,民众没有奸怪的习俗,没有盗贼的罪犯,这就能称得上是正义普及于天下了。

所以说:"国家平治,就富饶到百姓;天下紊乱,就不可能富饶到王公。"就是说的这个道理。

大"道"的最大表象:崇尚礼仪,明审法制,国家就保持正常;尊重贤明,使用人材,人民就通晓正义;反复议论,公开审察,人民就不致怀疑;赏赐勤勉,惩罚懒惰,人民就不致怠慢;全面听取,多方明察,天下就会归顺。然后辨明职分,循序行动,开展技艺,任用贤能,事事都有条有理;那就公道通畅,而私门杜塞;公义倡明,而私事熄灭。这样,品德淳厚的人就得到进升,而巧嘴饶舌的人就得到制止;贪利的人得以黜退,而廉洁的人就得以起用。《尚书》中说:"超越了正(道)的,要杀戮,而决不赦免;落后于正(道)的,要杀戮,而决不赦免。"

【注释】

❶王先谦:言至道至于大形之时。○按:至道,犹大道也。 ❷按:至,通"致"。郑玄《礼记》注:"致,犹深审也。" ❸按:《广雅》:"方,正也,义

也。"　❹ 王先谦：《尔雅》"篹，继也。"篹论，谓使人相继论议之。　❺ "赏免"本作"赏克"。○王念孙："克"当为"免"，字之误也。免，与"勉"同。《王制》篇曰："百吏免尽，而众庶不偷。"是其证也。《韩诗外传》正作"赏勉罚偷"。　❻ 按：高诱《吕氏春秋》注："材，用也。"　❼ 按：《尔雅》："时，是也。"杨倞《荀子》注："是，谓正道也。"

【原文】

人习其事而固①。人之百事，如耳、目、鼻、口之不可以相借官也。故职分，而民不慢②；次定，而序不乱；兼听齐明，而百事不留。如是，则臣下、百吏至于庶人，莫不修己而后敢安正，诚能而后敢受职；百姓易俗，小人变心，奸怪之属，莫不反悫。夫是之谓政教之极。

【译文】

人民习惯于自己的事务，因而就固守不移。人民的各种事务，就如同耳、目、鼻、口不可以相互借用官能一样。所以，职责分开，人民就不会怠慢；等级制定，秩序就不会紊乱；全面听取，多方明察，各种事务就不会停滞。这样，臣下、百吏以至于广大人民，就没有不修饰自己，而后敢于安守公正；充实才能，而后敢于接受职务；百姓转换了风俗，小人改变了心志，奸邪、作怪一类的人，没有不转化为老实人的。这就叫作政教的极点。

注释

❶ 王先谦：固者，不移易之谓。《易·系辞传》注："固，不倾移也。"《礼论》篇云："礼之中焉，能勿易，谓之能固。"　❷ "慢"，本作"探"。○王念孙：《韩诗外传》作"慢"，是也。隶书"曼"字或作"㬅"，与"罙"字略相似，故误"慢"为"探"。

【原文】

故天子不视而见，不听而聪，不虑而知，不动而功，块然①独坐，而天下从之如一体，如四支之从心。夫是之谓大形。

《诗》曰："温温恭人，维德之基。"此之谓也。

【译文】

所以，天子不用看，就看得见；不用听，就听得见；不思虑，就都知道；不动力，就能成功；稳稳当当地独自静坐，而天下趋于顺从，如同一个整体，如同四肢随从心志。这就叫作最大的表象。

《诗经》中说："温和恭谨的人，他是德业的基础。"就是说的这个道理。

注释

❶ 按：《谷梁传》注引徐邈："块然，安然也。"

【原文】

为人主者，莫不欲强而恶弱、欲安而恶危、欲荣而恶辱，是禹桀之所同也。要此三欲，辟此三恶①，果何道而便？曰：在慎取相，道莫径②是矣。

故知而不仁，不可；仁而不知，不可；既知且仁，是人主之宝也，而王霸之佐也。不急得，不知；得而不

【译文】

做人民的主上的，没有不愿意强盛而厌恶微弱、愿意安泰而厌恶危殆、愿意光荣而厌恶耻辱的，这是禹王、桀王所共同的。要想取得这三种愿意，避免这三种厌恶，究竟用什么道术才利便呢？回答说：在于慎重选取辅相，道术没有再超过这个的了。

所以，明智而不仁慈，不可以作为辅相；仁慈而不明智，不可以作为辅相；既明智又仁慈，这是君上的珍宝，而且是王者霸者的佐助。主上不急于得到人才，是不明智的；得到人才而不知道使用，是不

用，不仁；无其人，而幸有其功，愚莫大焉。

仁慈的。没有这样的人才，可是想着侥幸成功，没有比这个再愚蠢的了。

注 释

❶ 按：高诱《淮南子》注："要，取也。"辟，通"避"。高诱《吕氏春秋》注："避，免也。" ❷ 高诱《淮南子》注："径，过也。"道莫径是，犹言道莫过此也。

【原文】

今人主有大①患：使贤者为之，则与不肖者规②之；使知者虑之，则与愚者论之；使修士行之，则与污邪之人疑③之；虽欲成功，得乎哉？譬之是犹立直木而恐其景之枉也，惑莫大焉。语曰："好女之色，恶者之孽④也；公正之士，众人之痤⑤也；循⑥道之人，污邪之贼也。"今使污邪之人论其怨贼，而求其无偏，得乎哉？譬之是犹立枉木而求其景之直也，乱莫大焉。

【译文】

如今，人民的主上有些大的忧患：使用贤能的人去执行，而伙同不贤明的人去纠正；使用明智的人去考虑，而伙同愚蠢的人去议论；使用廉洁之士去实施，而伙同污邪之人去拟度；虽然希望成功，那做得到吗？打个比方，这就如同竖立起挺直的木材，可是恐怕它的影子是弯曲的，没有比这个再迷糊的了。古语说："美人的色貌，是坏人的祸孽；公正的人士，是众人的伤疤；遵循道义的人，是污邪之人的灾害。"如今，使污邪之人来评议自己的怨恨和灾害，可是还求着他不出偏差，那做得到吗？打个比方，这就如同竖立起弯曲的木材，可是要求它的影子是挺直的，没有比这个再昏庸的了。

注释

❶"大"本作"六"。○俞樾：依下文，可云"三患"，不可云"六患"，"六"，疑"大"字之误。 ❷按：杜预《左传》注："规，正也。"《经传释词》："则，犹而也。" ❸按：郑玄《仪礼》注："疑，度之。"借为"拟"也。 ❹王念孙：《左传》杜注曰："孽，妖害也。" ❺按：痤，犹病也。《说文》："痤，小肿也；一曰族累。" ❻"循"下本有"乎"字。○王念孙："循道之人"，与"好女之色""公正之士"对文，则"循"下不当有"乎"字。《群书治要》无。

【原文】

故古之人为之不然。其取人有道，其用人有法。取人之道，参之以礼；用人之法，禁①之以等。行义②动静，度之以礼；知虑取舍，稽之以成；日月积久，校之以功。故卑不得以临尊，轻不得以县重，愚不得以谋③知，是以万举不过也。

【译文】

所以，古代的人就不是这样。他选用人才有一定的道术，他使用人材有一定的方法。选取人才的道术，要用礼仪来辅助；使用人材的方法，要用等级来谨守。仪貌行动，要用礼义来制裁；知谋取舍，要用成就来考核；日积月累，要用功绩来较量。所以，卑贱不可能用来接近尊贵，轻微不可能用来衡量沉重，愚蠢不可能用来评议明智，因而一切举动都不会发生过错。

注释

❶按：郑玄《礼记》注："禁，犹谨也。" ❷按：行义，犹言仪行。《说文》："义，己之威仪也。""义"为"威仪"之本字，古通作"仪"。 ❸按：《广雅》："谋，议也。"

【原文】

故校①之以礼，而观其能安敬也；与之举错迁移，而观其能应变也；与之安燕，而观其能无流慆②也；接之以声色、权利、忿怒、患险，而观其能无离守也。彼诚有之者与诚无之者，若白黑然，可诎邪哉？

【译文】

所以，用礼仪相交往，借以观察他能否稳静谦恭；一起举行灵活的工作，借以观察他能否随机应变；一起安闲居住，借以观察他能否心存邪念；用声色、权利、愤怒、患难相互接触，借以观察他能否擅离职守。他所真正具有的和真正不具有的，就像黑白一样分明。这还可以冤枉别人吗？

注释

❶ 按：校，交也，报也。　❷ 按：《毛诗传》："慆，慢也。"王逸《离骚》注："慆，淫也。"

【原文】

故伯乐①不可欺以马，而君子不可欺以人。此明王之道也。人主欲得善射、射远中微者，县贵爵重赏以招致之，内不可以阿子弟，外不可以隐远人，能中是者取之，是岂不必得之之道也哉？虽圣人不能易也。欲得善驭、及速致远者②，县贵爵重赏以招致之，

【译文】

所以，伯乐不可以用马来欺骗，君子不可以用人才来欺骗。这是明王的道术。人民的君上，愿意得到善于射箭、射得远、射中小目标的人，悬出高贵的爵位、厚重的赏赐来招致他们，对内不可以偏袒亲族，对外不可以隐瞒远人，能够射中这个目标的就录取他，这岂不是必然得到人才的道术吗？就是圣人也不能够改变的。要想得到善于驾车、赶得快、到达得远的人，悬出高贵爵位、厚重赏赐来招致他们，对内不可以偏袒

内不可以阿子弟，外不可以隐远人，能致是者取之；是岂不必得之之道哉？虽圣人不能易也。

亲族，对外不可以隐瞒远人，能够达到这目标的就录取他，这岂不是必然得到人才的道术吗？就是圣人也不能够改变的。

【注 释】

❶按：伯乐，孙阳也，春秋秦穆公时人，善相马。 ❷"及速致远"本无"及"字。王念孙：有"及"字者，是也。"及速"与"致远"对文。行速则难及，道远则难致。《群书治要》有"及"字。○按："及速致远者"下本有"一日而千里"五字，于文为赘，疑涉《儒效》篇"舆固马选矣，而不能以致远，一日而千里，则非造父也"之文而误衍，今以意删。

【原 文】

欲治国驭民，调壹上下，将❶内以固城，外以拒难。治则制人，人不能制也；乱则危辱、灭亡，可立而待也。然而求卿相辅佐，则独不若是其公也，案唯便嬖亲比己者之用也，岂不过甚矣哉？

【译 文】

打算治理国家，驾驭人民，调一上下级别，就应该对内来坚固城郭，对外来抵御祸难。国家平治，就能够控制别人，别人不能够控制自己；国家紊乱，危辱、灭亡的遭遇，就可以立刻到来。然而对于征求卿相辅佐，就独独地不像这么公正，而只有录用偏邪、亲密自己的人。这岂不是大错而特错了吗？

【注 释】

❶按：《古书虚字集释》："将，犹当也。"

【原文】

故有社稷者，莫不欲强，俄则弱矣；莫不欲安，俄则危矣；莫不欲存，俄则亡矣。古有万国，今有十数①焉。是无它故，莫不失之是②也。

【译文】

所以，保有社稷的人，没有不愿意国家强盛的，可是忽而衰弱了；没有不愿意国家安泰的，可是忽而危殆了；没有不愿意国家存在的，可是忽而丧亡了。古代有一万个国家，现在仅仅有十几个了。这并没有别的缘故，没有一个不是由于这个（用人不公）而丢掉国家的。

注释

❶ "十数"本作"数十"。○王念孙：《富国》篇"数十"作"十数"是也。当荀子著书时，国之存者已无数十矣。　❷ 王先谦：是，谓用人不公。

【原文】

故明主有私人以金石珠玉，无私人以官职事业。是何也？曰：大①不利于所私也。彼不能，而主使之，则是主暗也；臣不能，而诬能②，则是臣诈也。主暗于上，臣诈于下，灭亡无日。俱害之道也。

【译文】

所以，英明的主上，有把金石珠玉私自送给人的，没有把官职事业私自送给人的。这是什么原因呢？回答说：这大大地不利于他所偏私的人。这种人本来没有才能，而主上使用他，这便是主上的昏暗；臣下本来没有才能，而自己妄充有才能，这便是臣下的欺诈。主上昏暗在上层，臣下欺诈在下层，不久就要趋于灭亡。这是双方都有害的道路。

注释

❶ "大",本作"本",○王先谦:"本"字无义,"大"之误也。《富国》篇云"有分者,天下之本利也",杨倞:"本,当为'大'。"与此正同。 ❷ 按:郑玄《礼记》注:"诬,犹妄也。"诬能,妄自以为能也。

【原文】

夫文王,非无贵戚也,非无子弟也,非无便嬖也,倜然①乃举太公于州人②而用之,岂私之也哉?以为亲邪,则周姬姓也,而彼姜姓也;以为故邪,则未尝相识也;以为好丽邪,则夫人行年七十有二,齳然③而齿堕矣。然而用之者,夫文王欲立贵道,欲白贵名,以惠天下,而不可以独也。非于是子莫足以举之,故举是子而用之。于是乎贵道果立,贵名果白④,兼制天下,立七十一国,姬姓独居五十三人,周之子孙苟不狂惑者,莫不为天下之显诸侯。如是者,能爱人也。

【译文】

那文王,并不是没有贵亲,并不是没有子弟,并不是没有宠幸之臣,他高瞻远瞩地在渔人之中举用太公,他岂是偏私于他吗?以为他是亲戚吧,可是周朝姓姬,而太公姓姜;以为他是故旧吧,可是他们并不曾相识;以为他面貌漂亮吧,可是这个人已经七十二岁了,牙齿都掉得一颗也没有了。然而要举用他的,是由于文王打算树立崇高的道术,打算显示崇高的名望,来慈惠天下,却不可能独自一人去治理。不举用这个人,就没有可以举用的,所以就举用了这个人。因而他崇高的道术果然树立起来了,他崇高的名望果然显示出来了,完全控制了天下,建立了七十一个国家,姓姬的独独占去了五十三个人;周朝的子孙只要是不疯狂糊涂的人,没有不当上了天下的显达诸侯的。像这样,就是由于文王能够抚爱人民。

注释

❶ 按：杨倞《强国》篇注："倜然，高远貌。"《韩诗外传》四作"超然"，义同。　❷ 俞樾：州人，当从《韩诗外传》作"舟人"。太公身为渔父，而钓于渭滨，故言舟人也。舟、州，古字通。○按：《说文》："水中可居曰州。"通作"洲"。太公钓于渭滨，而曰州人，无烦改字。　❸ "齳"本作"齫"。○郝懿行：当依《韩诗外传》四作"齳"。《说文》："齳，无齿也。"○按：《广韵》有"齫"字，云"齿起貌"，盖"齳"字之别体。　❹ "白"本作"明"。○顾千里：荀子屡言"贵名白"，上文"欲白贵名"，下文亦作"白"，不作"明"；《韩诗外传》四有此句，正作"贵名果白"。

【原文】

故举天下之大道，立天下之大功，然后隐❶其所怜所爱，其下犹足以为天下之显诸侯。

故曰："唯明主为能爱其所爱，暗主则必危其所爱。"此之谓也。

【译文】

所以，高举天下的伟大道术，建立天下的伟大功绩，然后才可以偏私自己所怜爱的人，他的后人还足以当上天下的显达诸侯。

所以说："只有英明的主上才能够抚爱他所抚爱的人，昏迷的主上就必然要危害他所抚爱的人。"就是说的这个道理。

注释

❶ 王先谦：《吕氏春秋》高注："隐，私也。"

【原文】

墙之外，目不见也；里之前，耳不闻也；而人主之守司，远者天下，近者境内，不可不略知也。天下之变，境内之事，有弛易齵差①者矣，而人主无由知之，则是拘胁、蔽塞之端也。耳目之明，如是其狭也；人主之守司，如是其广也；其中②不可以不知也。如是，其危也。

【译文】

墙壁的外面，眼睛看不见；一里路的前面，耳朵听不见；因而，人民的主上的职责，远的是天下，近的是境内，不可以不对这个略微知道一些。天下的变动，境内的事务，有的是松松懈懈、参差不齐的了，可是人民的主上都无从知道，这便是受到外力挟制和阻塞的开端。耳目的明察，是这样的狭窄；人民的主上的职责，是这样的广大；这两者之中的道理，是不可以不知道的。如果是这样（不知道），那是很危险的。

注 释

❶ 王先谦：《易·系辞》："易者使倾。"注："易，慢易也。"弛易，犹言弛慢。齿不正曰齵。齵差，参差不齐。 ❷ 王念孙：其中，谓广与狭之中也。

【原文】

然则人主将何以知之？曰：便嬖①左右者，人主之所以窥远、收众之门户牖向也，不可不早具也。故人主必将有便嬖左右足信者，然后可；其知惠②足使规物，其端诚足使

【译文】

那么，人民的主上依靠什么才可以知道呢？回答说：亲信左右，是人民的主上窥探远方、搜集群众的门户，不可以不及早具备。所以，人民的主上必须要有足以信任的亲信左右，然后才可以；他们的智慧足以用来规划事务，他们的端方、忠诚足以用来稳

定物，然后可。夫是之谓国具。

定事务，然后才可以。这便叫作国家的工具。

注 释

❶ 王先谦：便嬖，犹近习也。荀书用"便嬖"，不作"邪佞"解。　❷ 卢文弨：惠，宋本作"慧"，古通用。

【原文】

人主不能不有游观、安燕之时，则不得不有疾病、物故之变焉。如是国者，事物之至也如泉原，一物不应，乱之端也。故曰：人主不可以独也。卿相辅佐，人主之基杖也①，不可不早具也。故人主必将有卿相辅佐足任者，然后可；其德音足以填②抚百姓，其知虑足以应待万变，然后可。夫是之谓国具。

【译文】

人民的主上，不能没有游玩、安闲的时候，也不可能没有疾病、死亡的变动。这样，一个国家，事务的到来就如同水源一样，一项事务不能应付，就是祸乱的开端。所以说，人民的主上是不可以独自存在的。卿相辅佐，是人民的主上的依仗，不可以不及早具备。所以，人民的主上必须要有足以信任的卿相辅佐，然后才可以；他们的德政足以安抚百姓，他们的智谋足以应付万变，然后才可以。这就叫作国家的工具。

注 释

❶ 按：《释名》："基，据也。"颜师古《汉书》注："杖，犹倚也。"基杖，犹言依杖。杖，今通作"仗"。　❷ 卢文弨：填，即"镇"字。元刻作"镇"。

【原文】

四邻诸侯之相与，不可以不相接也，然而不必相亲也。故人主必将有足使喻志、决疑于远方者，然后可；其辩说足以解烦，其知虑足以决疑，其齐①断足以距难；不还秩②，不反君；然而应薄③、扞患，足以持社稷，然后可。夫是之谓国具。

【译文】

四邻诸侯的互相交往，不可以不相互接触，然而并不一定都相互亲密。所以，人民的主上必须要有足以使他表明意志、决定疑惑于远方的人才，然后才可以；他们的辩说足以解除烦乱，他们的智谋足以决定疑惑，他们的机断足以抗拒祸难；他们不移动朝廷秩序，不违反君上使命，然而应付迫胁、捍御灾患，足以扶持国家，然后才可以。这就叫作国家的工具。

注 释

❶ 按：《尔雅》："齐，疾也。"应劭《汉书》注："齐，利也。" ❷ 按：还，读曰"旋"。韦昭《国语》注："还，转也。"还秩，谓移动秩序也，与"反君"相类。 ❸ 俞樾：《左传》杜注："薄，迫也。"应薄，犹应迫也。言有逼迫者，足以应之也。

【原文】

故人主无便嬖左右足信者，谓之暗；无卿相辅佐足任者，谓之独；所使于四邻诸侯者非其人，谓之孤；孤、独而暗①，谓之危。国虽若存，古

【译文】

所以，人民的主上没有可以信任的亲信左右，就叫作昏暗；没有足以信任的卿相辅佐，就叫作独；所遣使于四邻诸侯不得其人的，就叫作孤；孤、独而昏暗，就叫作危殆；国家虽然存在，古人也把它叫作灭亡。

之人曰亡矣。

《诗》曰："济济多士，文王以宁②。"此之谓也。

《诗经》中说："威风凛凛的众士，文王借以得到安宁。"就是说的这个道理。

注 释

❶按：暗，原作"晻"字，应依上文作"暗"。　❷按：《诗经·大雅·文王》。《毛诗传》："济济，多威仪也。"

【原 文】

材人①：原悫拘录②，计数纤啬③，而无敢遗丧，是官人、使吏之材也。修饬端正，尊法敬分，而无倾侧之心；守职循业，不敢损益；可传世也，而不可使侵夺；是士大夫、官师之材也。知隆礼义之为尊君也，知好士之为美名也，知爱民之为安国也，知有常法之为一俗也，知尚贤、使能之为长功也，知务本、禁末之为多材④也，知无与下争小利之为便于事也，知明制度、权物、称用之为不泥⑤也，是卿相辅佐之材也。未及君道

【译 文】

量材任人：老实、拘谨，计划精细，而不敢有所遗失，这是用作官人、百吏的人才。修饬端正，遵从法制，安于职守，而没有颠覆之心；恪尽职守，不敢有所增减；可以流传后世，而不可以使他去侵夺别人；这是用作士大夫、官师的人才。知道崇尚礼义是为了尊崇君上，知道喜爱学士是为了洋溢美名，知道慈爱人民是为了安定国家，知道保持常法是为了齐一风俗，知道崇尚贤明、使用才能是为了促进功效，知道务本舍末是为了增多财用；知道不和下民争夺小利是为了便于事业，知道明确制度、权衡物品、各称其用是为了不拘泥成规，这是用作卿相辅佐的人才。这还没有谈到人民的主上的道术。能够在这三种人才

也。能论⑥此三材者，而无失其次，是谓人主之道也。

之中选用官吏，而不失掉它的等次，这就叫作人民的主上的道术。

注 释

❶ 卢文弨：谓王者因人之材，而器使之之道也。○按：韦昭《国语》注："材，用也。"材人，谓量材任人也。 ❷ 按：已见《荣辱》篇。 ❸ 按：郑玄《周礼》注："数，犹计也。"《续汉百官志》引《风俗通》："啬者，省也。"《韩非子·解老》篇："少费曰啬。" ❹ 按：材，通"财"。 ❺ 王先谦：明制度、权物、称用，有似乎拘泥也。 ❻ 按："论"下本有"官"字。下文云："不能论此三材者。"则此"官"系衍文，今以意删。

【原文】

若是，则身佚而国治，功大而名美，上可以王，下可以霸，是人主之要守也。人主不能论此三材者，不知道此道，安值将卑势出劳，并耳目之乐①，而亲自贯日而治详，一日而曲辨之②，虑与臣下争小察，而綦偏能；自古及今，未有如此而不乱者也。

是所谓"视乎不可见，听乎不可闻，为乎不可成"，此之谓也。

【译文】

做到这样，就本身安逸，而国家平治；功绩伟大，而名声美好；在上，可以成为王者；在下，可以成为霸者。这便是人民的主上的主要职守。人民的主上如果不能够选用这三种人才，不知道遵行这种道术，而只是去降低身份辛勤劳苦，放弃了耳目的快乐，而亲自天天去详察治国安邦的事务，一天要多方去分辨得失，总想着同臣下争竞细小的明察，而穷尽偏能；自古至今，没有由于这样而国家不紊乱的。

所谓"看那不可能看到的，听那不可能听到的，做那不可能做到的"，就是说的这样的人。

注 释

❶王先谦:值,与"直"同。并,与"屏"同。　❷"日"本作"内"。○王先谦:《王霸》篇作"一日而曲辨之"。"内"盖"日"字之误。○按:今据改。

臣道篇第十三

【原文】

人臣之论①：有态②臣者，有篡臣者，有功臣者，有圣臣者。内不足使一民，外不足使距难，百姓不亲，诸侯不信，然而巧敏佞说，善取宠乎上，是态臣者也。上不忠乎君，下善取誉乎民，不恤公道通义③，朋党比周，以环主④、图私为务，是篡臣者也。内足使以一民，外足使以距难，民亲之，士信之，上忠乎君，下爱百姓而不倦，是功臣者也。上则能尊君，下则能爱民；政令教化，形下如景⑤；应卒、遇变⑥，齐给如响⑦；推类接誉⑧，以待无方⑨；曲成制象⑩；是圣臣也。

【译文】

人臣的等类：有柔媚之臣，有篡夺之臣，有功绩之臣，有圣明之臣。对国内不足以用他齐一人民，对国外不足以用他抵御患难，百姓互不亲密，诸侯互不信赖，然而机巧佞说，善于在主上面前取宠，这便是柔媚之臣。对上，不忠诚于国君；对下，善于在人民中间盗取荣誉；不顾及公道、公理，和私党亲密无间，把包围主上、营求私利作为主要任务，这便是篡夺之臣。对国内，足以用他齐一人民；对国外，足以用他抵御患难；人民亲近他，儒士信服他；对上，忠诚国君；对下，溺爱百姓；而且不知疲倦，这便是功绩之臣。对上，能够尊敬国君；对下，能够抚爱人民；政令教化表现在下层，如同影子追随本形；应付突然的事变，行动敏捷，如同回声应和本声；跟同类相互接触，不拘泥于一定方式；对于国家法制，想尽办法去推行，这便是圣明之臣。

注 释

❶ 王先谦：论者，"伦"之借字。○按：郑玄《礼记》注："伦，犹类也。"
❷ 杨倞：态，以佞媚为容态。○按：薛综《两京赋》注："态，娇媚意也。"
❸ 按：高诱《战国策》注："恤，顾也。"《大略》篇："义，理也。"　❹ 杨倞：环主，环绕其主，不使贤臣得用。○按：谓包围之也。　❺ 按：形，宋本作"刑"，通字，今从元刻本。《广雅》："形，见也。"景，古"影"字。谓政教见于下，如形之投影也。　❻ 按：卒，通"猝"。颜师古《汉书》注引郑氏："卒，急也。"尹知章《管子》注："遇，待也。"应猝、遇变，义相类。　❼ 杨倞：齐，疾也。○按：杨倞《非十二子》篇注："给，急也。"颜师古《汉书》注："给，捷也。"齐、给，同义。　❽ 王先谦：誉，即"与"字。　❾ 杨倞：无方，无常也。　❿ 按：制象，犹法制也。郑玄《仪礼》注："象，法也。"

【原文】

故用圣臣者，王；用功臣者，强；用篡臣者，危；用态臣者，亡。态臣用，则必死；篡臣用，则必危；功臣用，则必荣；圣臣用，则必尊。故齐之苏秦，楚之州侯①，秦之张仪，可谓态臣者也；韩之张去疾②，赵之奉阳③，齐之孟尝，可谓篡臣也；齐之管仲，晋之咎犯④，楚之孙叔敖，可谓功臣矣；殷之伊尹，周之太公，

【译文】

所以，举用圣明之臣的，可以成为王者；举用功绩之臣的，可以成为霸者；举用篡夺之臣的，国家就遭到危殆；举用柔媚之臣的，国家就遭到灭亡。柔媚之臣用事，就必定遭到死亡；篡夺之臣用事，就必定遭到危困；功绩之臣用事，就必定获得荣誉；圣明之臣用事，就必然获得尊崇。所以，齐国的苏秦，楚国的州侯，秦国的张仪，可以叫作柔媚之臣；韩国的张去疾，赵国的奉阳君，齐国的孟尝君，可以叫作篡夺之臣；齐国的管仲，晋国的咎犯，楚国的孙叔敖，可以叫作有功之臣；殷朝的伊尹，周朝的太公，可以叫作圣明之臣。这便是人

可谓圣臣矣。是人臣之论也，吉凶、贤不肖之极也。必谨志之，而慎自为择取焉，足以稽矣。

臣的等类，这便是吉凶、贤恶的准则。人们必须要小心地记住，而且要谨慎地去自行选择，这足以作为人民的主上的参考。

注释

❶ 杨倞：楚襄王佞臣也。　❷ 杨倞：盖张良之祖。　❸ 杨倞：肃侯之弟奉阳君。　❹ 杨倞：咎，与"舅"同。晋文公之舅狐偃；犯，其字也。

【原文】

从命而利君，谓之顺；从命而不利君，谓之谄；逆命而利君，谓之忠；逆命而不利君，谓之篡；不恤君之荣辱，不恤国之臧否，偷合苟容，以持禄、养交①而已耳，谓之国贼；君有过谋、过事，将危国家、殒社稷之惧也，大臣父兄，有能进言于君，用则可，不用则去，谓之谏；有能进言于君，用则可，不用则死，谓之争②；有能比③知同力，率群臣百吏，而相与强君挢君④，君虽不安，不能不听，

【译文】

服从命令，而有利于国君，就叫作逊顺；服从命令，而不利于国君，就叫作谄媚；违反命令，而有利于国君，就叫作忠诚；违反命令，而不利于国君，就叫作篡夺；不顾虑国君的荣辱，不顾虑国家的安危，滥肆交游，苟且共处，借以维持俸禄，树立私党而已，就叫作国贼；国君存在着错误计划、错误行为，将要发生危殆国家、丧失国家的变故，做大臣的和做父兄的，有的能够向国君建议，被采纳就认可，不被采纳就离开，就叫作规谏；有的能够向国君建议，被采纳就认可，不被采纳就殉职，就叫作力争；有的能够同心协力，率领群臣百吏，而相互强迫国君、纠正国君，国君虽然感到不安，也不能不听

遂以解国之大患，除国之大害，成⑤于尊君安国，谓之辅；有能抗君之命，窃君之重，反君之事，以安国之危，除君之辱，功伐⑥足以成国之大利，谓之拂⑦。

从，因而解除了国家的大灾、大祸，终于尊崇了国君，安定了国家，就叫作辅佐；有的能够抵抗国君的命令，窃取国君的重任，违反国君的行为，因而安定了国家的危殆，铲除了国君的耻辱，他的功勋足以成全国家的大利，就叫作扶持。

注释

❶ 按：王逸《楚辞》注："交，友也。"李善《文选》注："交，党与也。" ❷ 按：争，读为"诤"。高诱《吕氏春秋》注："争，谏也。" ❸ 杨倞：比，合也。 ❹ 杨倞：强，"其亮"切。挢，与"矫"同，屈也。○按：杨谓：强，读为"勥"。《说文》："勥，迫也。"与"矫"义近。 ❺ 按：郑玄《尚书》注："成，犹终也。" ❻ 按：韦昭《国语》注："伐，功也。"《小尔雅》："伐，美也。" ❼ 杨倞：拂，读为"弼"。弼，所以辅正弓弩者也。○刘师培：《群书治要》："拂"作"弼"。○按：《说文》："弼，辅也。"《广雅》："拂，辅也。"《一切经音义》引《声类》："拂，扶也。"

【原文】

故谏、争、辅、拂之人，社稷之臣也，国君之宝也；明君之①所尊厚也，而暗君②以为己贼也。故明君之所赏，暗君之所罚也；暗君之所赏，明君之所杀也。伊尹、箕子，可谓谏矣；比干、子胥，可谓争矣；

【译文】

所以，规谏、力争、辅佐、扶持的人，是社稷的臣仆，是国君的财宝，是英明之君所尊荣、厚待的，可是昏暗之君却以为是自己的贼寇。所以，英明之君所赏识的，是昏暗之君所责罚的；昏暗之君所赏识的，是英明之君所杀戮的。伊尹、箕子，可以称得上是规谏；比干、伍子胥，可以

平原君之于赵,可谓辅矣;信陵君之于魏,可谓拂矣。

传曰:"从道,不从君。"此之谓也。

称得上是力争;平原君对于赵国,可以称得上是辅佐;信陵君对于魏国,可以称得上是扶持。

古书上说:"遵从道义,不遵从君上。"就是说的这个道理。

注 释

❶ "明君"下本无"之"字。○王先谦:《群书治要》作"明君之所尊所厚也"。宋台州本同。　❷ "暗君"本作"暗主惑君"。○卢文弨:"主惑"二字,疑衍。○按:"明君""暗君",相对为文,不当有"主惑"二字。

【原文】

故正义之臣设,则朝廷不颇;谏、争、辅、拂之人信①,则君过不远;爪牙之士施,则仇雠不作;边境之臣处,则疆垂不丧。故明主好同,而暗主好独。明主尚贤使能,而飨其盛;暗主妒贤畏能,而灭②其功。罚其忠,赏其贼,夫是之谓至暗。桀、纣所以灭也。

【译文】

所以,正义之臣得到树立,朝廷之中就不发生偏颇;规谏、力争、辅助、扶持的人得到伸张,君上的过错就不至于越走越远;爪牙之士得到录用,仇敌就不至于发动战争;边境之臣不离职守,边疆就不至于遭到丧失。所以,英明之主喜好和同,而昏暗之主喜好孤独;英明之主尊崇贤人,使用才能,因而享受到他们的勋业;昏暗之主嫉妒贤人,惧怕才能,因而埋没了他们的功绩。惩罚他们的忠诚,赏识他们的贼害,这就叫作最大的昏暗。这便是桀王、纣王所以覆灭的原因。

注 释

❶杨倞：信，读为"伸"，谓道行也。　❷杨倞：灭，掩没也。

【原文】

事圣君者，有听从，无谏争；事中君者，有谏争，无谄谀；事暴君者，有补削①，无拂拂。迫胁于乱时，穷居于暴国，而无所避之，则崇其美，扬其善，违其恶②，隐其败，言其所长，不称其所短，以为成俗③。

《诗》曰："国有大命，不可以告人，妨其躬身。④"此之谓也。

【译文】

侍奉圣明之君的，有听从，没有谏争；侍奉中流之君的，有谏争，没有谄媚；侍奉残暴之君的，有修治，没有纠正。迫胁在昏乱的时代，穷居在残暴的国家，可是无所逃身，那就尊崇这个国家的美好，宣扬这个国家的善良，避讳这个国家的丑恶，隐蔽这个国家的腐败，谈论这个国家的长处，不称道这个国家的短处，作为自己经常的习惯。

《诗经》中说："国家有大的政令，不可以告诉给别人，免得危害自身。"就是说的这个道理。

注 释

❶按：司马贞《史记索隐》："补者，修也。"《一切经音义》引《苍颉》："削，平也。"平，亦修也。高诱《淮南子》注："平，治也。"孔颖达《礼记》疏："治，谓修治也。"是也。　❷王念孙：违，读为"讳"。讳其恶，与"隐其败"同义。《曲礼》注曰："讳，辟也。"辟，与"避"同。《缁衣》注曰："违，辟也。"讳、违亦相通。　❸杨倞：以为成俗，言如此而不变，若旧俗然也。○按：《说文》："俗，习也。"　❹杨倞：逸诗。

【原文】

恭敬而逊，听从而敏，不敢有以私决择也①，不敢有以私取与也，以顺上为志，是事圣君之义也。忠信而不谀，谏争而不谄，拚然刚折②端志，而无倾侧之心，是案曰是，非案曰非，是事中君之义也。调而不流，柔而不屈，宽容而不乱，晓然以至道，而无不调和也，而能化易，时关内③之，是事暴君之义也。

【译文】

恭敬而又谦逊，听从而又敏捷，不敢用偏私来解决事务，不敢用偏私来施行取与，总以顺从主上作为自己的意志，这便是侍奉圣明之君的道术。忠信而不屈从，谏诤而不谄媚，坚强果决地处事刚断，意志端方，而且没有颠覆他人的心怀；是的就说是，非的就说非，这便是侍奉中流之君的道术。协同而不淫邪，柔顺而不曲全，宽容而不昏乱，明明朗朗地掌握着大道，没有调和不了的事务，而且能够转化主上的意志，时时刻刻地关注着他，这便是侍奉残暴之君的道术。

注释

①按：决择，犹言解决。《小尔雅》："择，解也。" ②刘师培：《说文》："折，断也。"刚折，言断事刚直也。 ③杨倞：内，与"纳"同。〇按：颜师古《汉书》注："关，贯也。"郑玄《尚书大传》注："关，犹入也。"《说文》："内，入也。"《广雅》："纳，入也。"内，本字；纳，借字。关、内同义，犹今言关注也。

【原文】

若驭朴马①，若养赤子，若食餧②人；故因其惧也，而改其过；因其忧

【译文】

（对于残暴之君）如同驾驭野马一样，如同喂养婴儿一样，如同给饥饿的人食物一样，所以，乘着他有所畏惧的时候，借以改

也，而辨其故；因其喜也，而入其道；因其怒也，而除其怨；曲得所谓③焉。

《书》曰："从命而不拂，微谏而不倦。为上则明，为下则逊。④"此之谓也。

正他的过失，乘着他有所忧虑的时候，借以辨明他的事故，乘着他有所喜乐的时候，借以增进他的道义，乘着他有所愤怒的时候，借以排除他的怨恨，事事要多方面地得到他的意趣。

《尚书》中说："顺从命令，而不违反；隐微进谏，而不倦怠。作为君上，就要表现英明，作为臣下，就要表现谦逊。"就是说的这个道理。

注 释

❶ 杨倞：朴马，未调习之马。 ❷ 按：餧，"馁"之本字。 ❸ 按：颜师古《汉书》注："谓，指趣也。" ❹ 卢文弨：此逸书也。

【原 文】

事人而不顺者，不疾①者也，疾而不顺者，不敬者也；敬而不顺者，不忠者也；忠而不顺者，无功者也；有功而不顺者，无德②者也。故无德之为道也，伤疾、堕功、灭苦③，故君子不为也。

【译 文】

侍奉人而不顺从的，这是不勤勉的人；勤勉而不顺从的，这是不恭敬的人；恭敬而不顺从的，这是不忠诚的人；忠诚而不顺从，这是没有功的人，有功而不顺从，这是一无所获的人。所以，一无所获这种情形，伤损精力，败坏事物，泯灭劳苦，所以君子是不这样做的。

注释

❶ 按:疾,犹勤也。杨倞:《仲尼》篇注:"疾力,勤力也。"高诱《吕氏春秋》注:"疾,力也。"郑玄《诗》笺:"力,犹勤也。" ❷ 按:德,读为"得"。 ❸ 按:疾、功、苦,义略同。高诱《战国策》注:"苦,劳也,勤也。"

【原文】

有大忠者,有次忠者,有下忠者,有国贼者。以德覆①君而化之,大忠也;以德调君而辅②之,次忠也;以是谏非而怒③之,下忠也;不恤君之荣辱,不恤国之臧否,偷合苟容,以之持禄养交而已耳,国贼也。若周公之于成王也,可谓大忠矣;若管仲之于桓公,可谓次忠也;若子胥之于夫差,可谓下忠矣;若曹触龙之于纣④者,可谓国贼矣。

【译文】

有大忠之臣,有次忠之臣,有下忠之臣,有国贼之臣。用道德来牢笼君上,借以感化君上,这就是大忠;用道德来调剂君上,借以辅佐君上,这就是次忠;用正确谏诤君上的不正确,借以鼓励君上,这就是下忠;不顾虑君上的荣辱,不顾虑国家的安危,滥肆交游,苟且共处,借以维持俸禄,树立私党而已,这就是国贼。像周公对于成王,可以称得上是大忠;像管仲对于齐桓公,可以称得上是次忠;像伍子胥对于吴王夫差,可以称得上是下忠;像曹触龙对于纣王,可以称得上是国贼。

注释

❶ "覆"本作"复"。○俞樾:《韩诗外传》"复"作"覆",当从之。以德覆君,谓其德甚大,君德在其覆冒之中,故足以化之。○王先谦:《群书治要》正作"覆"。 ❷ 辅,本作"补"。○郝懿行:"补之",《韩诗外传》作"辅

之",于义为长。 ❸按:《广雅》:"怒,勉也。"今作"努"。 ❹杨倞:《说苑》曰:"桀贵为天子,富有天下,其左师触龙者,谄谀不正。"此云"纣",未知孰是。○王先谦:《议兵》篇"微子开封于宋,曹触龙断于军",皆殷纣时事,则《说苑》误也。

【原文】

仁者必敬人。凡人,非贤,则案不肖也;人贤而不敬①,则是禽兽也;人不肖而不敬,则是狎虎也。禽兽则乱,狎虎则危灾及其身矣。

《诗》曰:"不敢暴虎,不敢冯河;人知其一,莫知其它②。"此之谓也。故仁者必敬人。

【译文】

仁人必定尊敬别人。凡是一个人,不是贤人,就是不肖之人;对于贤人而不表示尊敬,就如同禽兽;对于不肖之人而表示尊敬,就如同玩弄老虎。如同禽兽,就趋向于昏乱;如同玩弄老虎,灾祸就来到本身了。

《诗经》中说:"不敢空手打虎,不敢光脚渡河;人们只知道这一种危险,而不知其他的危险。"就是说的这个道理。所以,仁人必定尊敬别人。

注释

❶"不敬"本作"不能"。○卢文弨:"不敬"旧作"不能",误,今改正。 ❷"莫知其它"下本有"战战兢兢,如临深渊,如履薄冰"三句。○杨倞:《诗经·小雅·小旻》之篇。暴虎,徒搏。冯河,徒涉。言人皆知暴虎冯河,立至于害,而不知小人为害有甚于此也。○王引之:三句,后人增入也。加入此三句,则与"此之谓也"义不相属矣。○按:今据删。

【原文】

敬人有道。贤者则贵而敬之，不肖者则畏而敬之；贤者则亲而敬之，不肖者则疏而敬之。其敬一也，其情二也。若夫忠信、端悫而不害伤，则无接而不然。是仁人之质①也。忠信以为质，端悫以为统②，礼义以为文③，伦类以为理，喘而言，蠕而动④，而一可以为法则。

《诗》曰："不僭不贼，鲜不为则⑤。"此之谓也。

【译文】

尊敬别人有一定的道术。对于贤人，就用崇敬的心情来尊敬他；对于不贤之人，就用畏惧的心情来尊敬他；对于贤人，就用亲近的心情来尊敬他，对于不贤之人，就用疏远的心情来尊敬他。这里的尊敬是一样的，这里的实质是不一样的。至于忠信、端谨而且不伤害别人，那就对于所接触的地方没有不是这样的。这便是仁人的本质。把忠信作为本质，把端谨作为纲纪，把礼仪作为法度，把伦类作为条理，端端庄庄地说话，和和缓缓地行动，而且都可以作为别人的表率。

《诗经》中说："不犯错误、不害别人的人，很少有不为别人所效法的。"就是说的这个道理。

注释

❶ 按：郑玄《礼记》注："质，犹本也。" ❷ 杨倞：统，纲纪也。 ❸ 按：杨倞《礼论》篇注："文，谓法度也。"韦昭《国语》注："文，典法也。" ❹ 按："喘而言，蠕而动"，本作"喘而言，臑而动"，今依《劝学》篇改。 ❺ 杨倞：《诗经·大雅·抑》之篇。言不僭差贼害，则少不为人法则矣。

【原文】

恭敬，礼也；调和，乐

【译文】

恭敬，就是礼仪；调和，就是音乐；

也;谨慎,利也;斗怒,害也。故君子安礼乐,利谨慎而无斗怒①,是以百举不过也。小人反是。

谨慎,就是利益;斗怒,就是祸害。所以,君子安守礼乐,悦爱谨慎而禁止斗怒,因而一切举动都不犯过错。小人就和这个相反。

注 释

① 按:杨倞《正名》篇注:"利,谓悦爱之也。"《毛诗传》:"无,与'勿'同也。"

【原 文】

　　通忠之顺①,权险之平②,祸乱之从声③,三者,非明主莫之能知也。争然后善,戾然后功,出死④无私,致忠而公,夫是之谓通忠之顺。信陵君似之矣。夺然后义,杀然后仁,上下易位然后贞⑤,功参天地,泽被生民,夫是之谓权险之平。汤、武是也。过而通情⑥,和而无经,不恤是非,不论曲直,偷合苟容,迷乱狂生,夫是之谓祸乱之从声。飞廉、恶来是也。传

【译 文】

　　推行忠诚,而达到顺从事理;变革险阻,而达到如履坦途;祸乱国家,而达到声势浩大;这三者,不是明主,不可能晓得。力争,然后得以从善,违抗,然后得以成功;或生或死,不存私念;表现忠诚,做到大公;这就叫作推行忠诚而达到顺从事理。信陵君的行为同这个相类似。夺取,然后才成为正义;杀戮,然后才成为仁慈;上下转换地位,然后才成为稳定;功勋顶天立地,德泽普及生民,这就叫作变革险阻而达到平坦。汤王、武王就是这样的人物。违犯过错,而表示同情;对人和顺,而没有限度;不顾虑是非,不过问曲直,滥肆交游,苟且共处;昏乱行动,狂妄发生,这就叫作祸乱国家而达到声势浩大。飞廉、恶来就是这样的人物。

曰:"斩而齐,枉而顺,不同而壹。"⑦

《诗》曰:"受小球大球,为下国缀旒。"⑧此之谓也。

古书说:"斩截它,因而达到了整齐;弯曲它,因而达到了直顺;互不相同,因而达到了同一。"

《诗经》中说:"汤王接受了大小圭玉,为天下诸国旌旗系上了不同的飘带。"就是说的这个道理。

注 释

❶《周易·系辞传》:"推而行之谓之通。"郑玄《诗》笺:"之,至也。"通忠之顺,谓推行忠诚以至于顺从也。 ❷杨倞:权,变也。○按:权险之平,谓变革险阻,使至平夷也。 ❸按:从,读为"纵",放也。高诱《战国策》注:"声,势也。"祸乱之从声,谓将祸乱展至声势浩大也。 ❹按:出死,犹生死也。高诱《吕氏春秋》注:"出,生也。"出,或"生"之误字。 ❺按:《释名》:"贞,定也。" ❻按:通,犹同也。郭璞《山海经》注:"同,犹通也。"可以互训。 ❼杨倞:此言反经合道。初虽似乖戾,然终归于理者也。 ❽杨倞:《诗经·商颂·长发》之篇。球,玉也。郑玄云:缀,犹结也。旒,旌旗之垂者。言汤既为天所命,则受小玉,谓尺二寸圭也;受大玉,谓琰也,长三尺。执圭搢琰,以与诸侯会同,结定其心,如旌旗之旒縿著焉。引此以明汤、武取天下,权险之平,为救下国者也。

致士①篇第十四

【原文】

衡听②、显幽、重明、退奸、进良之术：朋党比周之誉，君子不听；残贼加累之谮，君子不用；隐忌雍③蔽之人，君子不近；货财禽犊之请④，君子不许。凡流言、流说、流事、流谋、流誉、流愬⑤，不官而衡至⑥者，君子慎之；闻听而明誉⑦之，定其当而当，然后出⑧其刑赏，而还与之。如是，则奸言、奸说、奸事、奸谋、奸誉、奸愬⑨，莫之试也；忠言、忠说、忠事、忠谋、忠誉、忠愬，莫不明通，方起以尚尽⑩矣。夫是之谓衡听、显幽、重明、退奸、进良之术。

【译文】

端正视听、洞察隐微、明辨是非、黜退奸邪、进用贤良的方术：偏私、亲密的称誉，君子是不听取的；毁害、加罪的诬蔑，君子是不施用的；私忌、壅塞的人，君子是不接近的；财货、肉食的贿赂，君子是不允许的。一切邪僻的言语、邪僻的说辞、邪僻的事务、邪僻的计谋、邪僻的声誉、邪僻的诉说，不正、横逆而来的，君子对这个相当慎重；听到要明白地预防它，确定它的实情，稳稳当当，然后才搬出刑罚和奖赏的条款来对付它。这样，奸私的言语、奸私的说辞、奸邪的事务、奸私的计谋、奸私的声誉、奸私的诉说，就没有地方去试用；忠诚的言语、忠诚的说辞、忠诚的事务、忠诚的计谋、忠诚的声誉、忠诚的诉说，就无不明晓通达，而统统奉送在君主之前了。这就叫作端正视听、洞察隐微、明辨是非、黜退奸邪、进用贤良的方术。

注 释

❶郑玄《周礼》注:"致,谓聚众也。"颜师古《汉书》注:"致,谓引而至也。" ❷杨倞:衡,平也。谓不偏听也。 ❸按:高诱《吕氏春秋》注:"隐,私也。"李巡《尔雅》注:"雍,壅也。"颜师古《汉书》注:"雍,读曰'壅'。" ❹杨倞:请,行赂请谒者也。 ❺按:杨倞《君子》篇注:"流,邪移也。"高诱《淮南子》注:"愬,告也。"即"诉"之借字。 ❻杨倞:衡,读为"横"。横至,横逆而至也。○按:高诱《吕氏春秋》注:"官,正也。" ❼按:誉,通"豫"。《礼记·学记》:"禁于未发之谓豫。"韦昭《国语》注:"豫,备也。" ❽"出"本作"士"。○王引之:士,当为"出",字之误也。高注《淮南子》曰:"当,犹实也。"言定其善恶之实而当,然后出其刑赏而还与之也。○王先谦:王说是。 ❾按:《说文》:"奸,私也。" ❿杨倞:方起,并起。尚,与"上"同。○俞樾:尽,当读为"进"。《列子》张湛注:"进,当为'尽'。"是其证也。尚尽,犹言上进。

【原 文】

川渊深,而鱼鳖归之;山林茂,而禽兽归之;刑政平,而百姓归之;礼义备,而君子归之。故礼及身,而行修;义及国,而政明;能以礼义挟①,而贵名白,天下愿。令行、禁②止,王者之事毕矣。

《诗》曰:"惠此中国,以绥四方③。"此之谓也。

【译 文】

渊池水深了,鱼鳖就归向它;山林茂密了,禽兽就归向它;政治公平了,百姓就归向它;礼义完备了,君子就归向它。所以,礼仪体现到本身,因而行为就得以端正;正义施行到国家,因而政教就得以彰明;能够把礼仪和正义普及起来,因而美名显露,天下羡慕。教令施行,禁忌制止,王者的事功就算完成了。

《诗经》中说:"热爱这个中国,借以安抚四方。"就是说的这个道理。

注 释

❶ "礼"下本无"义"字。○杨倞：挟，读为"浃"。○顾千里："礼"下疑当有"义"字，承上"礼义备"言之。《韩诗外传》五有此句，作"能以礼扶身"，疑"扶身"二字亦"义挟"二字之误。○按：顾说近是，今据补。 ❷ 按：禁，与"令"对文。禁，亦令也，所谓禁令也。高诱《吕氏春秋》注："禁，令也，法也。"《礼记·曲礼》："入竟而问禁。"郑玄注："禁，谓政教。"孔颖达疏："禁，谓国中政教所忌。" ❸ 杨倞：《诗经·大雅·民劳》之篇。中国，京师也。四方，诸夏也。引此以明自近及远也。○按：郑玄《诗》笺："惠，爱也。绥，安也。"

【原 文】

川渊者，龙鱼之居也；山林者，鸟兽之居也；国家者，士民之居也。川渊枯，则龙鱼去之；山林险①，则鸟兽去之；国家失政，则士民去之。

无土，则人不安居；无人，则土不守；无道、法，则人不至；无君子，则道、法②不举。故土之与人也、道之与法也者，国家之本作也；君子也者，道、法之总要③也，不可少顷旷也④。得之则治，失之则乱；得之则安，失之则危；得之则存，失之则亡⑤。

【译 文】

渊池，是龙鱼居止的所在；山林，是鸟兽居止的所在；国家，是士民居止的所在。渊池枯竭了，龙鱼就会离开它；山林毁没了，鸟兽就会离开它；国家失掉了政令，士民就会离开它。

没有土地，人民就不能够安居；没有人民，土地就不能够保守；没有道德、法制，人民就不会归来；没有君子，道德、法制就不会兴起。所以，土地和人民、道德和法制，是国家的本原；君子，是道德、法制的总管；这都是不可以片刻疏远的。得到它们，国家就获得平治；失掉它们，国家就遭到紊乱；得到它们，国家就获得安泰；失掉它们，国家就遭到危殆；得到它们，国家就获得存在；失掉它们，国家就遭到灭亡。

注释

❶按：杨倞《解蔽》篇注："险，倾侧也。" ❷按："道"下本无"法"字，今依上下文"道""法"并举补。 ❸王念孙："国家之本作"，"道法之总要"，相对为文。作者，始也；始，亦本也；总，亦要也。《毛诗传》曰："作，始也。" ❹按：《文选》注引《苍颉》："旷，疏旷也。"《广雅》："旷，远也。" ❺按：此下本有"故有良法而乱者，有之矣；有君子而乱者，自古及今，未尝闻也。传曰：'治生乎君子，乱生乎小人。'此之谓也"四十字。文与《王制》篇全同。彼只言法，此兼言"道法"，此段与本篇不协，卢文弨疑为"脱简于彼"，是也。今以意删。

【原文】

得众、动天；美意、延年①。诚信，如神；夸诞，逐魂②。

【译文】

得到群众，就能够感动上天；心情舒畅，就能够益寿延年。忠诚信实，就拟同神明；矜夸妄诞，就败伤精气。

注释

❶杨倞：美意，乐意也。无忧患，则延年也。 ❷郝懿行：四句一韵，文如箴铭，而与上下颇不相蒙，疑或它篇之误脱。○按：《尔雅》："逐，病也。"韦昭《国语》注："病，败也。"《太平御览》引《礼记外传》："人之精气曰魂。"

【原文】

人主之患，不在乎不言用贤，而在乎诚必用贤。夫言用

【译文】

人民的主上的忧患，不在于不谈论使用贤才，而在于确实必须使用贤才。

贤者，口也；却①贤者，行也；口行相反，而欲贤者之至、不肖者之退也，不亦难乎？

夫耀蝉②者，务在明其火、振其树而已；火不明，虽振其树，无益也。今人主有能明其德者③，则天下归之，若蝉之归明火也。

那谈论用贤才的，是嘴；退却贤才的，是行动；嘴和行动相反，可是想着贤者的到来、不肖者的退却，不也太难了吗？

那用照明来捕蝉的人，务求在于点亮那里的灯火、振摇那里的树木而已；灯火不亮，虽然只振摇那里的树木，是无济于事的。如今，人民的主上，有的能够彰明自己的德行，天下就会归顺，就如同蝉归向明亮的灯火一样。

注释

❶ 按：《广雅》："却，退也。" ❷ 杨倞：南方人照蝉，取而食之，《礼记》有"蜩范"，是也。○按：见《内则》篇。 ❸ "德"下本无"者"字。○刘师培：《中论·亡国》引"德"下有"者"字，似当据补。

【原文】

临事、接民，而以义变应，宽裕而多容①，恭敬以先之，政之始也。然后中和、察断以辅之，政之隆也；然后进退、诛赏之，政之终也。

故一年与之始，三年与之终；用其终为始，则政令

【译文】

监临政务，接待人民，要以正义、机变来应付，度量宽宏，广罗群众，要用恭敬的态度作先导，这便是政治的开端；然后用中正、和谐、明察、果断来作辅助，这便是政治的盛绩；然后执行进用、黜退、惩罚、赏赐的措施，这便是政治的终结。

所以，把一年的时间作为开端，把三年的时间作为终结；如果把它的终结作为开端，政令就行不通，而且上下都抱怨、

不行而上下怨疾,乱所以自作也。《书》曰:"义刑义杀,勿庸以即,女惟曰未有顺事。"②言先教也。

疾苦,紊乱所以就自然而然地发作了。《尚书》中说:"虽然是正义的刑法和正义的杀戮,也不要立即执行,你只有说:'我没有顺利地处理好政事〔,以致人民触犯了刑法〕。'"这就是说要先教育人民。

注释

❶杨倞:多容,广纳也。 ❷杨倞:《书·康诰》言虽义刑义杀,亦勿用即行之,当先教后刑也。虽先后不失,尚谦曰"我未有顺事,故使民犯法""躬自厚而薄责于人"也。

【原文】

程者,物之准也①;礼者,节②之准也。程以立数,礼以定伦,德以叙位,能以授官。凡节奏③欲陵④,而生民⑤欲宽;节奏陵而文,生民宽而安;上文下安,功名之极也,不可以加矣。

【译文】

法度,是物类的标准;礼仪,是等级的标准。法度,用它来建立数目;礼仪,用它来制定人伦;德业,用它来序列职位;才能,用它来授予官职。一切礼仪的法度,务求隆盛;而养民的道术,务求宽裕;礼仪的法度隆盛了,因而国家趋向文明;养民的道术宽裕了,因而人民获得安泰;上层文明,下层安泰,这便是功名的极点,没有比这个再高尚的了。

注释

❶杨倞:程者,度量之总名也。〇按:《史记集解》引如淳:"程者,权衡、丈尺、斛斗之平法也。"《毛诗传》:"程,法也。"高诱《吕氏春秋》注:"程,

度也。" ❷ 杨倞：节，谓君臣之差等也。　❸ 杨倞：节奏，谓礼之节奏。○按：杨注"礼"字下本脱"之"字。其《强国》篇"礼义节奏"注："节奏，有法度也。"　❹ 按：《释名》："陵，隆也。"郑玄《礼记》注："隆，犹盛也。"　❺ 杨倞：生民，谓以德教生养民也。○按：谓生民之道也。

【原文】

君者，国之隆①也；父者，家之隆也。隆一而治，二而乱。自古及今，未有二隆争重②而能长久者。

【译文】

君上，是国家的至尊；父亲，是家庭的至尊。至尊有一个，就会取得平治；至尊有两个，就会遭到紊乱。从古到今，没有两个至尊相互争夺而能够享受长久的。

注释

❶ 杨倞：隆，犹尊也。　❷ 按：郑玄《礼记》注："重，犹尊也。"

【原文】

师术有四，而博习不与焉：尊严而惮，可以为师；耆艾①而信，可以为师；诵说而不陵不犯②，可以为师；知微而论③，可以为师。故师术有四，而博习不与焉。

水深，而回④；树落，则粪本⑤；弟子通利⑥，则思师。

【译文】

导师的道术有四种，而博学并不包括在内：尊严而可怕，可以作为导师；年高而诚信，可以作为导师；诵读、说解而不触犯师说，可以作为导师；洞察隐微而当于事理，可以作为导师。所以，导师的道术有四种，而博学并不包括在内。

河水深了，就发生旋涡；树叶落了，就成为树根的肥料；徒弟显达了，就思念导师。

《诗》曰："无言不雠，无德不报[7]。"此之谓也。

《诗经》中说："听到问话，没有不应对的；受到恩德，没有不报答的。"就是说的这个道理。

注释

❶ 杨倞：五十曰艾，六十曰耆。 ❷ 王先谦：不陵不犯，谓谨守师说者。 ❸ 郝懿行："论"与"伦"，古字通。言知极精微，而皆中伦理也。 ❹ 杨倞：回，流旋也。○按：而，犹则也。元本《文选·魏都赋》李注引"而"均作"则"。 ❺ 杨倞：谓木叶落，粪其根也。 ❻ 按：通，谓显达；利，谓利禄。《说文》："通，达也。"郑玄《礼记》注："利，禄赏也。" ❼ 按：《诗经·大雅·抑》之篇。郑玄《礼记》注："言，谓先发口也。"孔颖达《礼记》疏："言，犹问也。"郑玄《诗》笺："雠，犹答也。"

【原文】

赏不欲僭，刑不欲滥[1]。赏僭，则利及小人；刑滥，则害及君子。若不幸而过，宁僭，无滥；与其害善，不若利淫。

【译文】

赏赐，不希望出现偏差；惩罚，不希望过于泛滥。赏赐失之于偏差，小人就会得利；惩罚失之于泛滥，君子就会受害。如果不得已而发生了错误，那就宁愿失之于偏差，不要失之于泛滥；与其危害了善良，不如方便了淫邪。

注释

❶ 按：本章与《左传·襄公二十六年》所载声子之言略同。孔颖达疏："僭，谓僭差；滥，谓滥佚（溢）。"又哀公五年"不僭不滥"，杜预注："僭，差也。滥，溢也。"孔疏之所本也。

议兵篇第十五

【原文】

临武君与孙卿子议兵于赵孝成王前①。

王曰:"请问兵要。"

临武君对曰:"上得天时,下得地利,观敌之变动;后之发,先之至。此用兵之要术也。"

孙卿子曰:"不然。臣所闻古之道,凡用兵,攻战之本,在乎壹民。弓矢不调,则羿不能以中微;六马不和,则造父不能以致远;士民不亲附②,则汤武不能以必胜也。故善附民者,是乃善用兵者也。故兵要在乎善附民③而已。"

临武君曰:"不然。兵之所贵者,埶利也;所行者,变诈也,善用兵者,感忽悠暗④,

【译文】

临武君和荀卿在赵孝成王面前议论军事。

孝成王说:"我请问用兵的要术。"

临武君说:"在上得到天时,在下得到地利,观察敌方的变动;要在这三者以后发动,要在这三者以前顾及。这便是用兵的要术。"

荀卿说:"不对。为臣我所听到的:古代的道术,凡是用兵作战的基本,在于齐一人民。弓箭调和不好,羿就不能把微小的目标射中;马匹调和不好,造父就不能够把车赶得遥远;士民不亲密地归顺,汤王、武王就不能取得必胜。所以,善于顺抚人民的人,就是善于用兵的人。所以,用兵的要术只在于顺抚人民而已。"

临武君说:"不对。用兵所重视的,就是强锐;所施行的,就是诡诈。善于用兵的人,行动迅速,计划神秘,没有人知道它是从哪里发出的。孙武、

莫知其所从出。孙、吴⑤用之，无敌于天下。岂必待附民哉？"

吴起利用这种道术，得以无敌于天下。哪能必定依仗着顺抚人民呢？"

注释

❶ 杨倞：临武君，盖楚将，未知姓名。见《战国策》。赵孝成王，晋大夫赵夙之后，简子十世孙。○卢文弨：杨氏改书名作《荀卿子》，而此篇正文仍作孙卿子，依汉以来相传之旧也。 ❷ 按：《广雅》："附，依也，近也。" ❸ 按：《群书治要》无"善"字。 ❹ 按：《尔雅》："感，动也。"《广雅》："忽，速也。"感忽，谓行动迅速也。悠，通"幽"。悠暗，谓计划神秘也。 ❺ 杨倞：孙，谓吴王阖闾将孙武。吴，谓魏武侯将吴起也。

【原文】

孙卿子曰："不然。臣之所道，仁人之兵，王者之志也；君之所贵，权谋、埶利也；所行，攻夺、变诈也；诸侯之事也。仁人之兵，不可诈也；彼可诈者，怠慢者也，路亶①者也；君臣上下之间，涣然②有离德者也。故以桀诈桀，犹巧拙有幸焉；以桀诈尧，譬之若以卵投石，以指挠沸，若赴水火，入焉③焦没耳！故仁人、上下、百将一

【译文】

荀卿说："不对。为臣我所知道的，是仁人的士兵，是王者的意志；阁下所崇贵的，是权谋、势力；所施行的是攻夺、诡诈；这是诸侯的作风。仁人的士兵，是不可以施行诈术的。那可以施行诈术的，是怠慢的行为，是疲劳的举动，君臣上下之间，松松懈懈地具有离散的念头。所以，如果用桀王来诈骗桀王，那还会有巧拙的侥幸；如果用桀王来诈骗帝尧，打个比方，就如同用鸡卵来投掷石头，用手指头来搅开水一样；如果投向水里和火里，一进去就烧焦了，沉没了。所以，仁人、上下、百将一心，三军协力；臣仆对于君主，下

心，三军同力；臣之于君也，下之于上也，若子之事父，弟之事兄，若手臂之扞头目而覆胸腹也。诈而袭之，与先惊而后击之，一也。

层对于上层，就如同儿子侍奉父亲、弟弟侍奉哥哥一样；就如同用手臂来捍卫头部和眼睛、覆盖胸部和腹部一样。用诈术来袭击别人，同首先惊动了别人然后再攻击别人是一样的〔无济于事〕。

注 释

❶ 陆德明《毛诗》释文："路，瘠也。""路"亦通作"露"。杜预《左传》注："露，羸也。"路、露皆"羸"，双声通假字。《说文》："羸，瘦也。"《尔雅》："亶，病也。"亶，"瘅"之借字。《说文》："瘅，劳病也。"路亶，谓疲劳也。　❷"涣"本作"滑"。○王引之："滑"当为"涣"。《序卦》曰："涣者，离也。"下文"事大敌坚则涣然离耳"，是涣为离貌，故曰"涣然有离德"。二形略相似，故"涣"讹为"滑"。《新序·杂事》篇正作"涣然"。《韩诗外传》作"突然"，"突"乃"奂"之讹。涣、奂古字通。《文选》注引《苍颉》篇云："奂，散貌。"　❸ 王念孙：焉，犹则也。

【原文】

"且仁人之用十里之国，则将有百里之听①；用百里之国，则将有千里之听；用千里之国，则将有四海之听；必将聪明警戒，和抟②而一。故仁人之兵，聚则成卒，散则成列③；延则若莫邪之长刃，婴之者断；

【译文】

"况且仁人如果掌握着方圆十里的国家，就得具有方圆百里的耳目；如果掌握着方圆百里的国家，就得具有方圆千里的耳目；如果掌握着方圆千里的国家，就得具备笼罩四海的耳目；必定要把听觉、视觉的警戒结合为一体。所以，仁人的士兵，集合起来就成为队伍，分散开来就成为行列；把队伍延长，就如同利剑的长刃，碰到它的就截断；把队伍缩短，就如

兑则若莫邪之利锋，当之者溃④；圜居而方止，则若盘石然，触之者角摧⑤，案陇种而退⑥耳。

同利剑的锐锋，遇到它的就溃败；阵势无论是圆的还是方的，都稳定得如同磐石一般；触犯着它的，就会遭到头破血流，只有披靡而退。

注释

❶ 按：《广雅》："听，谋也。"高诱《战国策》注："听，察也。" ❷ "抟"本作"传"。○王先谦：传，为"抟"字之误。见《儒效》篇。 ❸ 杨倞：卒，卒伍，列，行列。○按：郑玄《礼记》注："军法，百人为卒。" ❹ 杨倞：兑，《新序》作"锐"。○按：杜预《左传》注："锐，细小也。"延，谓伸长；锐，谓缩短。皆指阵势而言。 ❺ 按：圜方，亦指阵势而言。《汉书》注引应劭："角，谓额角也。" ❻ "陇种而退"本作"角鹿埵陇种东笼而退"。按：《新序》只作"陇种而退"，无"鹿埵"二字，是也。"鹿埵"亦"陇种"之误文，因传写而加之者。东笼，当作"笼东"（见《北史·李穆传》），亦"陇种"之异文，乃后人注记之文，传写者误入正文耳。今以意删"角鹿埵""东笼"五字。

【原文】

"且夫暴国之君，将谁与至哉？彼其所与至者，必其民也；而其民之亲我，欢若父母，其好我，芬若椒兰；彼反顾其上，则若灼黥，若仇雠。人之情，虽桀跖，岂又肯为①其所恶、贼

【译文】

"况且，暴国之君，是什么人和他一起来的呢？和他一起来的人，必定是他的人民；可是他的人民亲近我们，就喜欢得像父母一样；爱好我们，就芳香得如同椒兰一样；他们回头看看他们的主上，就如同烧烫一样，就如同仇人一样。人之常情，虽然是桀王、盗跖，他们又哪肯帮助他们所憎恶的人、贼害他们所喜爱的人

其所好者哉？是犹使人之子孙自贼其父母也，彼必将来告之。夫又何可诈也？故仁人用国，日明②。诸侯先顺者，安；后顺者，危；敌之③者，削；反之者，亡。

《诗》曰：'武王载发，有虔秉钺，如火烈烈，则莫我敢遏④。'此之谓也。"

呢？这就如同使人家的子孙，亲自去贼害自己的父母一样，他们必定要告知他们的父母。这又有什么可以诈骗的呢？所以，仁人掌握的国家，一天要比一天壮大。诸侯们先归顺的，就获得安泰；后归顺的，就遭到危殆；敌对它的，就遭到削弱；背叛它的，就遭到灭亡。

《诗经》中说：'威武的君王，高举大旗，兴兵出征，士兵恭恭敬敬地扛着大斧，所到之处，如同熊熊烈火，没有敢来抵挡我们的。'就是说的这种情形。"

注释

❶ 按：郑玄《论语》注："为，犹助也。"　❷ 俞樾：《淮南子》高注："明，犹盛也。"　❸ 按："敌之"上本有"虑"字，不协，当为衍文，今以意删。　❹ 杨倞：《诗经·殷颂》。武王，汤也。发，读为"旆"。虔，敬。遏，止也。汤建旆兴师，本由仁义，虽用武持钺，而犹以敬为先，故得如火之盛，无能止之也。○按：《毛诗传》："旆，旗也。"

【原文】

孝成王、临武君曰："善。请问王者之兵，设何道①何行而可？"

孙卿子曰："凡在大王，将率，末事也。臣请遂道王者诸侯强弱存亡之效②、安

【译文】

孝成王、临武君说："好。我们请问王者的用兵，施行什么样的道术、什么样的举动才可以呢？"

荀卿说："在大王之前，凡是关于将帅方面的，那只是一种末节。为臣我愿意全面地谈一谈王者、诸侯强弱、存亡的征验和安危的形势。君上贤明的，他们的国

危之埶。君贤者，其国治；君不能者，其国乱。隆礼贵义者，其国治；简礼贱义者，其国乱。治者，强；乱者，弱。是强弱之本也。上足卬③，则下可用也；上不卬，则下不可用也。下可用，则强；下不可用，则弱。是强弱之常也。隆礼、效功，上也；重禄、贵节④，次也；上功贱节，下也。是强弱之凡⑤也。好士者，强；不好士者，弱。爱民者，强；不爱民者，弱。政令信者，强；政令不信者，弱。民齐⑥者，强；民不齐者，弱。赏重者，强；赏轻者，弱。刑威者，强；刑侮⑦者，弱。械用兵革攻完便利者，强；械用兵革窳楛不便利⑧者，弱。重用兵者，强；轻用兵者，弱。权出一者，强；权出二者，弱。是强弱之常也。

家就平治；君上没有才能的，他们的国家就紊乱。崇尚礼文、尊重正义的，他们的国家就平治；忽略礼文、轻贱正义的，他们的国家就紊乱。国家平治的，国家就强盛；国家紊乱的，国家就衰弱。这便是国家强弱的基本。君上是可以依托的，他的下民就可以使用；君上是不可以依托的，他的下民就不可以使用。下民可以使用的，国家就强盛；下民不可以使用的，国家就衰弱。这便是国家强弱的常情。崇尚礼文，努力事功，这是上等的措施；注重利禄、尊贵节制，这是次等的措施；崇尚事功，贱视节制，这是下等的措施。这便是国家强弱的概况。喜好贤士的，国家就强盛；不喜好贤士的，国家就衰弱。抚爱人民的，国家就强盛；不抚爱人民的，国家就衰弱。政令有信用的，国家就强盛；政令没有信用的，国家就衰弱。人民同心协力的，国家就强盛；人民不同心协力的，国家就衰弱。赏赐隆重的，国家就强盛；赏赐轻薄的，国家就衰弱。刑罚威严的，国家就强盛；刑罚轻慢的，国家就衰弱。枪械盔甲完好便利的，国家就强盛；枪械盔甲恶劣不便利的，国家就衰弱。慎重用兵的，国家就强盛；轻易用兵的，国家就衰弱。兵权出于一人的，国家就强盛；兵权出于两人的，国家就衰弱。这是国家强弱的常情。

注 释

❶ 王念孙：道，术也。○王先谦：设，犹用也。　❷ 杨倞：率，与"帅"同。道，说也。效，验也。○按：郑玄《诗》笺："遂，犹遍也。"高诱《淮南子》注："效，功也。"　❸ 杨倞：卬，古"仰"字。不卬，不足仰也。下托上曰仰。　❹ 按：郑玄《礼记》注："节，法度也。"韦昭《国语》注："节，制也。"　❺ 按：《小尔雅》："凡，要也。"颜师古《汉书》注："凡，大指也。"　❻ 杨倞：齐，谓同力。　❼ 按：郑玄《礼记》注："侮，轻慢也。"刑之威侮，谓刑之严肃与否也。　❽ 杨倞：窳，器病也，音"庚"。楛，滥恶，谓不坚固也。

【原 文】

"齐人隆技击①。其技也，得一首者，则赐赎锱金，无本赏矣②。是事小、敌毳，则偷可用也③；事大、敌坚，则涣④焉离耳，若飞鸟然⑤，倾侧反覆无日。是亡国之兵也。兵莫弱是矣。是其去赁市佣而战之几⑥矣。

【译 文】

"齐国人注重技击（勇力击人）的技术。他们的技术：斩取一个首级的，就用赏赐奖金来赎免他的罪过，并没有基本赏赐的规定。这样的办法，任务微小，敌人脆弱，还可以暂时利用；如果任务重大，敌人强劲，这是一种亡国的士兵，士兵没有比这个再衰弱的了。这个距离出赁、收买、雇佣的作战办法差不了多少。

注 释

❶ 杨倞：技，材力也。齐人以勇力击斩敌者，号为技击。　❷ 杨倞：八两曰锱。本赏，谓有功同受赏也。其技击之术，斩得一首，则官赐锱金赎之。斩首，虽战败，亦赏；不斩首，虽胜亦不赏。是无本赏也。○郭嵩焘：此与秦首虏之法同，以得首为功赏。不问其战事之胜败，故曰"无本赏"。汉世军法，抵罪得

赎免，当亦起于战国之季。言苟得首者，有罪当赎，仅纳锱金；以得首为重，取决一夫之勇也。 ❸ 杨倞：毳，读为"脆"。○王先谦：偷可用，谓苟且用之，犹为可也。○按：偷可，犹言尚可。韦昭《国语》注："偷，苟也。"《经传释词》："苟，犹尚也。" ❹ 按：涣焉，犹涣然。 ❺ 杨倞：若飞鸟，言无凭依也。 ❻ 杨倞：此与赁市中佣作之人而使之战，相去几何也。○按：之，犹者也。几，近也。《广雅》："市，买也。"赁市佣，谓出赁、收买、佣役也。

【原文】

"魏氏之武卒，以度取之①；衣三属之甲②，操十二石之弩③，负服矢五十个，置戈其上④，冠䩜带剑⑤，嬴⑥三日之粮，日中而趋百里⑦；中试，则复其户，利其田宅⑧；是数年而衰，而未可夺也，改造，则不易周也⑨。是故，地虽大，其税必寡。是危国之兵也。

【译文】

"魏国的武卒，依据法度（考试）来录取；要穿戴上体、中体、下体三种盔甲，要能操用一千多斤重的弩弓，要背负着五十根箭，还得把长枪放在兵囊上，要戴盔披甲，挟持宝剑，要带着三天的口粮，要半天走一百里路；被选中的，就免除他的劳役，免除他家的赋税。这样的办法，武卒几年就衰颓了，可是还不能夺去对他的优待，如果另行选取，就不容易符合条件。因此，国家的土地虽然广大，它的赋税收入必然减少。这是一种危害国家的士兵。

注释

❶ 杨倞：选择武勇之卒，号为武卒。○汪中：度，程也。下文所云是也。○按：《说文》："度，法制也。"谓依法制而录取之也。汪氏训"度"为"程"。高诱《吕氏春秋》注："程，度也。"是"度""程"同义。薛综《西京赋》注："程，谓课其技能也。"谓以考试制度录取之。尤与下文相符。 ❷ 杨倞：如淳

曰："上身一，髀裈一，胫缴一，凡三属也。" ❸按：《说文》："弩，弓有臂者。"设机括发矢者也。郑玄《礼记》注："百二十斤曰石。"《说文》本字作"秅"。 ❹俞樾：服者，"箙"之假字。《说文》："箙，弩矢箙也。"经传通以"服"为之。《诗·采薇》篇："象弭鱼服。"《国语·齐语》："服无矢。"皆是也。负服矢五十个者，盛矢五十个于服而负之也。置戈其上，承"负服矢五十个"而言；所谓"其上"者，矢服之上也。盖负矢服于背，而荷戈于肩，戈之上半适在矢服之上，故曰"置戈其上"也。 ❺杨倞："鞈"，与"胄"同。《汉书》作"胄带剑"。颜师古曰："著兜鍪而又带剑也。" ❻杨倞：嬴，负担也。 ❼俞樾：日中者，自旦至于日中。盖半日而趋百里也。 ❽杨倞：复其户，不徭役也。利其田宅，不征众也。颜师古曰："利，谓给其便利之处。"○按：郑玄《礼记》注："复，犹偿也。" ❾杨倞：此中试者，筋力数年而衰，亦未可遽夺其优，复使皆怨也。改造，更选择也，则又如前。○按：周，谓符合条件。王逸《楚辞》注："周，合也。"

【原文】

"秦人，其生民也陿陋①，其使民也酷烈，劫之以埶，隐之以阸②，忸③之以庆赏，䲡④之以刑罚；使夫下⑤之民，所以要利于上者，非斗无由也；阸而用之，得而后功之，功赏相长也；五甲首而隶五家⑥；是最为众强长久，多地以正⑦。故四世有胜，非幸也，数也⑧。

【译文】

"秦国，他们使人民生活很穷陋，他们使用人民很残酷；用威势胁迫他们，用穷困危苦他们，用庆赏迷惑他们，用刑罚践踏他们，使下层的人民，如果向上层要求利益，非去打仗就没有别的出路；趁着人民的穷困而使用他们，得到胜利，然后才给他们功劳，功劳和赏赐是相互促进的；能够斩取穿盔戴甲的五个人的首级的，就使他奴役五家人民；这是最为得众、强盛、长久的办法，征收的地税也比较多。所以，秦国能保持四代的胜利，并不是出自侥幸，而是掌握了术数。

注 释

❶ 郝懿行：陿陉，犹狭隘也，谓民生计穷蹙。《王霸》篇云"生民则致贫隘"，语意正同。 ❷ 杨倞：劫之以埶，谓以盛埶劫迫之，使出战。○郭嵩焘：劫之以埶，承上"酷烈"言，隐之以陉，承上"狭隘"言。其民本无生计，又甚迫蹙之，使亟骛于战以邀赏也。○按：隐，借为"㥯"。《说文》："㥯，痛也。"李颐《庄子》注："隐，痛患也。" ❸ 杨倞：忸，与"狃"同。○按：《尔雅》："狃，复也。" ❹ 杨倞：鳍，藉也。不胜，则以刑罚陵藉之。鳍，或作"蹐"。 ❺ "夫"本作"天"。○顾千里："天"字，疑不当有。"下"与"上"相对为文，谓秦民，非谓天下之民明甚。○钟泰："天"字为"夫"字之讹。○按：今取钟说。 ❻ 按：《汉书·刑法志》有此文，颜注引服虔曰："能得著甲者五人首，使得隶役五家也。" ❼ 杨倞：为之有根本，不邀一时之利，故能众强长久也。不"复其户，利其田宅"，故多地也。○按：正，读为"征"。 ❽ 杨倞：言秦亦非天幸，有术数然也。四世，孝公、惠王、武王、昭王也。○按：郑玄《礼记》注："有，犹保也。"

【原 文】

"故齐之技击，不可以遇魏氏之武卒；魏氏之武卒，不可以遇秦之锐士；秦之锐士，不可以当桓、文之节制；桓、文之节制，不可以敌汤、武之仁义；有遇之者，若以焦熬投石①焉。兼是数国者，皆干②赏蹈利之兵也，佣徒鬻卖之道也，未有贵上、安制、綦节之理也。诸侯有能微妙之以

【译 文】

"所以，齐国的技击，不可以抵挡魏国的武卒；魏国的武卒，不可以抵挡秦国的锐士；秦国的锐士不可以抵挡齐桓公、晋文公的节制（纪律）；齐桓公、晋文公的节制（纪律），不可以抵挡汤王、武王的仁义；遇到它们，就如同把干焦的东西投向石头一样。总起这几个国家来看，都是希求赏赐、争取利益的士兵，都是雇佣、买卖的办法，没有尊贵上层、安守法制、致力节操的理性。诸侯们有能够巧妙地用节操来统治士兵的，就能够一举而合并灭亡了这几

节，则作而兼殆之^③耳。 | 个国家。

注释

❶杨倞：犹以焦熬之物投石也。○按：《方言》："熬，火干也。" ❷杨倞：干，求也。 ❸杨倞：作，起也。殆，危也。能起而兼危此数国，谓擒灭之。

【原文】

"故招延^①，募选，隆埶诈，尚功利，是渐之^②也；礼义教化，是齐之也。故以诈遇诈，犹有巧拙焉，以诈遇齐，辟之犹以锥刀堕^③太山也，非天下之愚人莫敢试。故王者之兵不试。汤、武之诛桀、纣也，拱挹^④指麾，而强暴之国莫不趋使，诛桀、纣若诛独夫。故《泰誓》曰：'独夫纣。'此之谓也。

【译文】

"所以，招募，拣选，尊重威诈，崇尚功利，这就是污染人民；施用礼义，布行教化，这就是齐一人民。所以，如果以诈骗遇到诈骗，这里还有巧拙的不同；如果以诈骗遇到齐一，那就如同用锥刀挖毁泰山一样；不是天下的愚蠢之人，就没有这样试验的。所以，王者的士兵，是用不着试验的。汤王、武王讨伐桀王、纣王，举起手来一指挥，因而强暴的国家没有不前来接受驱使的；杀掉桀王、纣王，就如同杀掉个独夫一样。所以《泰誓》中说：'独夫纣王。'就是说的这种情况。

注释

❶"延"本作"近"。○杨倞：近，当为"延"，传写者误耳。招延，谓引致之也。○俞樾："延"是也。 ❷杨倞：渐，浸渍也；谓其赏罚才可渐染于外，中心未悦服。 ❸杨倞：辟，音"譬"。堕，毁也。 ❹王念孙：挹，与"揖"

通。○按：《说文》："拱，敛手也。"高诱《淮南子》注："揖，举手也。"

【原文】

"故兵大齐，则制天下；小齐，则治邻敌。若夫招延、募选、隆埶诈、尚功利之兵，则胜不胜无常，代翕①代张，代存代亡，相为雌雄耳矣。夫是之谓盗兵。君子不由②也。

【译文】

"所以，士兵达到大的齐一，就可以控制天下；达到小的齐一，就可以统治邻国。至于招募、拣选、尊重威诈、崇尚功利的士兵，胜利或不胜利，是不可能经常的；忽而扩张，忽而退缩，忽而存在，忽而亡失，相互争取雌雄而已。这就叫作盗兵（寇盗式的士兵）。君子是不用这样的士兵的。

注 释

❶ 杨倞：翕，敛也。　❷ 杨倞：由，用也。

【原文】

"故齐之田单，楚之庄蹻，秦之卫鞅，燕之缪蚠①，是皆世俗之所谓善用兵者也；是其巧拙、强弱，则未有以相君也；若其道一也，未及和齐也。掎契、司诈②、权谋、倾覆，未免盗兵也。齐桓、晋文、楚庄、吴阖闾、越勾践，

【译文】

"所以，齐国的田单、楚国的庄蹻、秦国的商鞅、燕国的乐毅，这些都是世俗所谓善于用兵的将帅；他们的巧拙、强弱，都是没有办法让他们相互领导的；他们的道术是一样的，是不能达到协和、齐一的；偏倚、奸诈、权谋、颠覆，他们都免不掉盗兵的行动。齐桓公、晋文公、楚庄王、吴王阖闾、越王勾践，这都是和谐、齐一的士兵，可以

是皆和齐之兵也，可谓入其域矣，然而未有本统也③；故可以霸，而不可以王。是强弱之效也。"

说进入了礼义教化的境域，然而还没有建立起基本的纲纪；所以，他们可以成为霸者，而不可以成为王者。这便是国家强弱的征验。"

注释

❶ 杨倞：田单，齐襄王臣安平君也。《史记》："庄蹻者，楚庄王苗裔，楚威王使为将。"卫鞅，秦孝公臣，封为商君者也。缪虮，未闻也。○按：缪虮，即乐毅。（杨宽说。）叠韵通假字。 ❷ 杨倞：司，读为"伺"。○按：《说文》："掎，偏引也。"李贤《后汉书》注："掎，偏引一足也。"《周易·睽》云"其牛掣"，《子夏传》作"挈"，云"挈，一角仰也"。掣、挈，均借为"觢"。掎挈，谓偏邪；司诈，谓欺诈也。 ❸ 杨倞：入礼义教化之域。孟康曰：入王兵之域也。○按：《说文》："统，纪也。"

【原文】

孝成王、临武君曰："善。请问为将。"

孙卿子曰："知莫大乎弃疑，行莫大乎无过，事莫大乎无悔；事至无悔，而止矣。成不可必也。故制号、政令，欲严以威；庆赏、刑罚，欲必以信；处舍、收藏①，欲周以固；徙举、进退，欲安以重，欲疾以速；窥敌、观

【译文】

孝成王、临武君说："好。我们请问做将帅的道术。"

荀卿说："明智没有比放弃疑惑再巨大的，行为没有比不犯过失再巨大的，事务没有比无所悔恨再巨大的；事务达到没有悔恨，就算达到顶端了。成功不可以认为是必然的。所以法制、政令，要求做到严肃而威凛；庆赏、刑罚，要求做到确切而坚实；驻军、仓库，要求做到周密而牢固；转移、进退，要求做到安泰而稳重，要求做到急疾而迅速；

变，欲潜以深，欲伍以参②；遇敌、决战，必道③吾所明，无道吾所疑，夫是之谓六术。无欲将④而恶废，无急胜而忘败，无威内而轻外，无见其利而不顾其害，凡虑事欲孰，而用财欲泰⑤，夫是之谓五权⑥。所以不受命于主有三：可杀，而不可使处不完⑦；可杀，而不可使击不胜；可杀，而不可使欺百姓，夫是之谓三至⑧。

侦探敌情、观察变动，要求做到幽隐而深入，要求做到错综而复杂；遇到敌情，决定战略，必定要根据我们所明了的，而不要根据我们所怀疑的，这就叫作六种方术。不要喜爱行动，而厌恶止息；不要急于取胜，而忘掉失败；不要威胁内部，而轻视敌方；不要见到其中的利益，而不顾其中的危害；凡是思考事务，要求做到精审；而动用财物，要求做到大方，这就叫作五种机权。所以，将帅不受命于主上的有三项：可以杀戮，而不可以使他立场不坚定；可以杀戮，而不可以使他进攻不胜利；可以杀戮，而不可以使他欺压百姓，这就叫三种极则。

注释

❶ 杨倞：处舍，营垒也。收藏，财物也。　❷ 杨倞：伍参，犹错杂也。　❸ 杨倞：道，行也。　❹ 按：《广雅》："将，行也，挟也。"　❺ 杨倞：孰，谓精审。泰，谓不吝赏也。　❻ 杨倞：五者为将之机权也。　❼ 按：杨倞《王制》篇注："完，坚也。"　❽ 按：郑玄《礼记》注："至，极也。"至，谓极则也。又郑玄《考工记》注："至，犹善也。"

【原文】

"凡受命于主而行三军，三军既定，百官得序，群物皆正，则主不能喜，敌

【译文】

"凡是受命于主上，而行动三军，三军既已决定，百官制定了程序，各项事务也都得到了整顿，主上就不能够有所偏

不能怒①，夫是之谓至臣。虑必先事，而申之以敬；慎终如始，终始如一，夫是之谓大吉。凡百事之成也，必在敬之②；其败也，必在慢之。故敬胜怠，则吉；怠胜敬，则灭。计胜欲，则从；欲胜计，则凶。战如守，行如战，有功如幸。敬谋无圹③，敬事无圹，敬吏无圹，敬众无圹，敬敌无圹，夫是之谓五无圹。慎行此六术、五权、三至，而处之以恭敬无圹，夫是之谓天下之将，则通于神明矣。"

爱，战友就不能够任意谴责，这就叫作最受信任之臣。要事先谋划，而且要多加警惕；慎重到最终，如同开始一样，始终如一，这就叫作最大的吉利。凡是各种事务的成功，必然在于提高警惕；它的失败，必然在于疏忽怠慢。所以，警惕胜过怠慢，就获得吉利；怠慢胜过警惕，就遭到毁灭。计划胜过欲望，就获得顺利；欲望胜过计划，就遭遇凶险。作战如同镇守一样，行军如同作战一样，有了功劳如同侥幸一样。警惕谋虑，不要落空；警惕事务，不要落空；警惕官吏，不要落空；警惕群众，不要落空；警惕敌人，不要落空，这就叫作五种不落空。谨慎地施行这六种道术、五种机权、三种极则，而且以恭逊、警惕、不落空来处理，这就叫作天下良将，这就通向神明的境界了。"

注 释

❶ 按：敌，敌手、对手，谓同官之人也。《尔雅》："敌，匹也。"杜预《左传》注："敌，犹对也。"郑玄《礼记》注："怨，谴责也。" ❷ 按：郑玄《诗》笺："敬之言警也。" ❸ 杨倞："圹"与"旷"同。

【原文】

临武君曰："善。请问王者之军制。"

【译文】

临武君说："好。我们请问王者的军制。"

孙卿子曰："将死鼓，御死辔，百吏死职，士大夫死行列①。闻鼓声而进，闻金声而退。顺命为上，有功次之。令不进而进，犹令不退而退也，其罪惟均。不杀老弱，不猎②禾稼；服者不禽，格者不舍，犇命者不获③。凡诛，非诛其百姓也，诛其乱百姓者也。百姓有扞其贼④，则是亦贼也。以故顺刃者生，苏刃者死，犇命者贡⑤。微子开封⑥于宋，曹触龙断于军⑦。殷之服民，所以养生之者也，无异周人。

荀卿说："将帅跟随战鼓而牺牲，御者跟随马辔而牺牲，百官跟随职务而牺牲，军士要跟随战斗的行列而牺牲。听到战鼓的声音就进兵，听到鸣金的声音就退兵。顺从命令的是上等，有功劳的是次等。命令不要进兵而进兵，就如同命令不要退兵而退兵一样，他们的罪过是完全相同的。不杀戮老弱，不践踏庄稼；顺服的人不擒拿，抵抗格斗的人不饶恕，跑来归降的人不捕获。凡是诛戮，不是诛戮敌方的百姓，而是诛戮敌方扰乱百姓的人。百姓有捍卫敌方贼寇的，他也成为贼寇。所以，顺着我们刀刃走去的人，就让他们逃生；迎着我们刀刃走来的人，就将他们处死；跑来投降的人，就加以赦免。纣王的庶兄微子被封于宋国，纣王的佞臣曹触龙被杀头于三军。对于殷代降服的人民，他们的生活待遇，和周人没有什么不同。

注　释

❶ 杨倞：死，谓不弃之而奔亡也。○按：死谓殉职。《说文》："辔，马辔也。"孔颖达《礼记》疏："辔，御马索也。" ❷ 杨倞：猎，与"躐"同，践也。 ❸ 杨倞：服，谓不战而退者，不追禽之。格，谓相距捍者。犇命，谓奔走来归其命者，不获之为囚俘也。犇与"奔"同。 ❹ 杨倞：扞其贼，谓为贼之扞蔽也。 ❺ 杨倞：顺刃，谓不战，偝之而走者。苏，读为"傃"。傃，向也，谓相向格斗者。○刘师培：贡，系"置"字之讹。敚训为置，与"舍"字略同。 ❻ 杨倞：纣之庶兄，名启，归周后，封于宋。此云"开"者，盖汉景帝讳，刘向改之也。 ❼ 杨倞：《说苑》曰："桀贵为天子，富有四海，其臣有

左师触龙者，谄谀不正。"此云纣臣，当是《说苑》误。

【原文】

"故近者歌讴而乐之，远者竭蹶①而趋之。无幽闲辟陋之国，莫不趋使而安乐之，四海之内若一家，通达之属莫不从服。夫是之谓人师②。

"《诗》曰：'自西自东，自南自北，无思不服。'此之谓也。

"王者有诛而无战。城守，不攻；兵格，不击；上下相喜，则庆之。不屠城③，不潜军④，不留众⑤，师不越时⑥。故乱者乐其政，不安其上，欲其至也。"

临武君曰："善。"

【译文】

"所以，近方的人民都歌唱着来欢庆，远方的人民都奔跑着来归附，无论再偏僻、幽远的国家，没有不跑来欢庆的，四海之内就如同一家一样，所有交通畅达的国家没有不来顺服的。这就叫作人民的师长。

"《诗经》中说：'从西到东，从南到北，没有不顺服的。'就是说的这种情形。

"王者的用兵，只有讨伐，而没有战斗。对方的城郭在固守，不攻打；对方的士民在抵抗，不出击；对方的官兵上下互相喜爱，就庆祝他们。不毁坏城郭，不伏击敌人，不在外久留重兵，用兵不超过时限。所以紊乱国家的人民都喜悦这样的政策，不安于自己的君上，而愿意敌方的到来。"

临武君说："好。"

注 释

❶杨倞：竭蹶，颠仆，犹言匍匐也。　❷杨倞：师，长。　❸按《广雅》："屠，坏也。"　❹王先谦：潜，袭敌之不备。○按：马融《尚书》注："潜，伏也。"潜军，谓伏击。　❺杨倞：不久留暴露于外也。　❻杨倞：古者行役不逾时也。

【原文】

陈嚣①问孙卿子曰:"先生议兵,常以仁义为本。仁者爱人,义者循理,然则又何以兵为?凡所为②有兵者,为争夺也。"

孙卿子曰:"非女③所知也。彼仁者爱人,爱人,故恶人之害之也;义者循理,循理,故恶人之乱之也。彼兵者,所以禁暴除害也,非争夺也。故仁人之兵,所存者神④,所过者化;若时雨之降,莫不说喜。是以,尧伐驩兜⑤,舜伐有苗⑥,禹伐共工⑦,汤伐有夏,文王伐崇,武王伐纣,此两帝四王⑧,皆以仁义之兵行于天下也。故近者亲其善,远方慕其义⑨,兵不血刃,远迩来服,德盛于此,施及四极。

"《诗》曰:'淑人君子,其仪不忒⑩。'此之谓也。"

【译文】

陈嚣问荀卿说:"老师谈论用兵之道,经常以仁义作为基本。仁是爱护人民的,义是遵循道理的,那么又何必用兵呢?凡是所以要掌握兵力的,就是为了争夺嘛。"

荀卿说:"这个道理不是你所能够知道的。仁是爱护人民的,爱护人民,所以就憎恶人的危害人;义是遵循道理的,遵循道理,所以就憎恶人的惑乱人。那兵力,是禁止凶杀、消除危害的,并不是为了争夺。所以,仁人的兵力,所到之处,大显神通;所过之处,受到感化;就如同及时雨的降临,没有不喜欢它的。所以,帝尧征伐驩兜,大舜征伐三苗,大禹征伐共工,成汤征伐夏桀,文王征伐崇国,武王征伐殷纣,这两帝、四王,都是以仁义之兵通行于天下的。所以,近处的就亲爱他的良善,远方的就羡慕他的正义;士兵的刀刃上不沾血迹,远近就都来归服,道德隆盛在本身,而能够施行到四方。

"《诗经》中说:'善人君子,他的正义永远没有偏差。'就是说的这个道理。"

注 释

❶ 杨倞：陈嚣，荀卿弟子。 ❷ 按：所为，犹所以也。《经传释词》："为犹以也。" ❸ 按：女，通"汝"。 ❹ 杨倞：所存止之处。 ❺ 杨倞：《书》曰"放驩兜于崇山"也。 ❻ 杨倞：命禹伐之。《书》曰："帝曰：咨，禹！惟时有苗弗率，汝徂征之。" ❼ 杨倞：《书》曰："流共工于幽州。"皆尧之事，此云"禹伐共工"，未详也。○刘师培：禹诛共工臣相柳，见《山海经》，即禹伐共工事。又《成相》篇云："禹有功，抑下鸿，辟除民害逐共工。" ❽ "两帝四王"本作"四帝两王"。○刘师培：此文本作"两帝四王"。两帝，承上尧、舜；四王，即上文之禹、汤、文、武也。《书钞》一一三、《御览》并引作"两帝四王"，当据订。 ❾ "义"本作"德"。○王念孙："德"本作"义"，后人所改，与下文"德"字相复。《文选》注、《太平御览》引此并作"义"。 ❿ 杨倞：《诗经·曹风·尸鸠》之篇。○陈奂：仪，即义也。故《尸鸠》篇"仪"皆读为"义"。○王念孙：此正承"远方慕义"而言，所引《诗》盖本作"其义不忒"，今本"义"作"仪"者，后人据《诗》改之耳。○按：依《说文》，义为"威仪"本字，仪为"仁义"本字。经传皆互易而用之。

【原文】

李斯①问孙卿子曰："秦四世有胜，兵强海内，威行诸侯，非以仁义为之也，以便从事而已。"

孙卿子曰："非女所知也。女所谓便者，不便之便也；吾所谓仁义者，大便之便也。彼②仁义者，所以修政者也。政修，则民亲其上，乐其君，

【译文】

李斯对荀卿说："秦国四代保持着胜利，它的兵力在四海之内最强，它的威望流传在诸侯之中，它并不是用仁义来治理国家，而是便利行事而已。"

荀卿说："这个道理不是你所能够知道的。你所谓便利，是不便利的便利；我所谓仁义，才是大便利的便利。那仁义是整饬政治的。政治整饬了，人民就来亲近他们的主上，喜爱他们的君王，而轻于为国家效命。所

而轻为之死。故曰：'凡在于君③将率，末事也。'秦四世有胜，諰諰然常恐天下之一合而轧己也④。此所谓末世之兵，未有本统也。故汤之放桀也，非其逐之鸣条之时也；武王之诛纣也，非以甲子之朝而后胜之也；皆前行、素修也⑤。此所谓仁义之兵也。今女不求之于本，而索之于末，此世之所以乱也。"

以我曾说：'在君王之前，凡是关于将帅方面的，那只是一种末节。'秦国四代保持着胜利，经常是畏畏缩缩地恐怕天下一旦合拢起来而践踏自己。这便是所谓末世之兵，而没有建立起基本的纲纪。所以，汤王流放夏桀，并不在于驱逐他在鸣条的时候；武王征伐殷纣，并不是由于甲子这一天的早晨而后才取得胜利的；这都是由于事先有充分的准备。这就是所谓仁义之兵。如今你不在根本上去追求，而只是在末节上去探索，这便是世界之所以紊乱的原因。"

注释

❶ 杨倞：李斯，孙卿弟子，后为秦相。　❷ 按：《古书虚字集释》："彼，犹夫也。"　❸ "君"本作"军"。○杨倞：荀卿前对赵孝成王有此言语，弟子所知，故引以答之也。○卢文弨："军"当是"君"字。○按：卢说是也，上文作"大王"，正与"君"同义。　❹ 杨倞：《汉书》"諰"作"鰓"。苏林曰："读如'慎而无礼则葸'之'葸'。"鰓，惧貌也。张晏曰："轧，践轹也。"　❺ 杨倞：前行、素修，谓前已行之，素已修之。○按：素修，犹前行之也，言行有素也。

【原文】

礼者，治辨之极也，强国之本也，威行之道①也，功名

【译文】

礼制，是治理国家的准则，是强盛国家的根本，是正规行动的指导，是建

之总也。王公由之，所以一天下②也；不由，所以陨社稷也。故坚甲利兵，不足以为胜；高城深池，不足以为固；严令繁刑，不足以为威。由其道，则行；不由其道，则废。

立功名的总纲。王公们施用它，就可以统一天下；不施用它，就可以颠覆祖国。所以，坚甲利兵，并不足以攻敌制胜；高城深池，并不足以巩固国防；严令繁刑，并不足以威吓人民。施用这种道术，就行得通；不施用这种道术，就行不通。

注 释

❶ 按：辨，亦治也。杨倞下文"城郭不辨"注："辨，治也。或音'办'。"《尔雅》："威，则也。"《广雅》："威，德也。"道，通"导"。 ❷ "一天下"，本作"得天下"。○卢文弨：元刻"得"作"一"，《史记·礼书》《韩诗外传》皆同。○按："一"字义长。

【原 文】

楚人鲛革犀兕以为甲，坚如金石①；宛钜铁釶，惨如蜂虿②；轻利僄遫③，卒如飘风④；然而兵殆于垂沙，唐蔑死⑤。庄蹻起，楚分而为三四⑥。是岂无坚甲利兵也哉？其所以统之者，非其道故也。汝颖以为险，江汉以为池，限之以邓林，缘之以方城⑦；然而秦师至而鄢、

【译 文】

楚国人用鲛鱼、犀牛、兕牛的皮革作盔甲，坚硬得如同金石一样；用宛地的钢铁作戈矛，惨毒得如同蜂虿一样；〔士兵的行动，〕轻便伶俐，疾速得如同狂风一样；然而士兵在垂沙打了大败仗，大将唐蔑死掉了。庄蹻继起之后，把楚国分成了三四块儿。这难道是因为他们没有坚甲利兵吗？这是他们统治国家不是用的正确的道术的缘故。楚国把汝水、颖水作为险要，把江水、汉水作为沟池，把邓林作为屏障，把方城作为围墙；然而秦国的大军一到，国都鄢、郢沦陷了，

鄢举⑧，若振槁然。是岂无固塞隘阻⑨也哉？其所以统之者，非其道故也。纣剖比干，囚箕子，为炮烙刑⑩。杀戮无时；臣下懔然⑪，莫必⑫其命；然而周师至，而令不行乎下，不能用其民。是岂令不严、刑不繁也哉？其所以统之者，非其道故也。

就如同风吹落叶一般。这难道是因为他们没有要塞险阻吗？这是他们统治国家不是用的正确的道术的缘故。纣王杀掉比干、囚起箕子，使用炮烙的酷刑，随时杀戮臣民，臣民们都危惧万分，性命难以确保；然而周朝的大军一到，从而命令就不能施行于天下，人民就都不被他们所利用了。这难道是因为他们的命令不威严、刑罚不繁重吗？这是他们统治国家不是用的正确的道术的缘故。

注 释

❶ "坚"本作"鞈"。○杨倞：《史记》作"坚如金石"。○王念孙：《史记》而外，《韩诗外传》亦作"坚如金石"，《文选》注引《荀子》正作"坚"，《太平御览·兵部》八七同。○按：《商君书·弱民》篇亦作"坚"。"坚"字义长。 ❷ 杨倞：宛，地名，属南阳。徐广曰："大刚曰钜。"（引者按：刚，今"钢"字。）釶与"鈹"同，矛也。言宛地出此刚铁为矛，惨如蜂虿，言其中人之惨毒也。鈹，音"啻"。 ❸ 杨倞：僄，亦轻也。"遫"与"速"同。 ❹ 按：卒，读为"猝"。司马彪《庄子》注："飘，疾风也。"《说文》："飘，回风也。" ❺ 杨倞：垂沙，地名，未详所在。《史记》楚怀王二十八年，"秦与齐、韩、魏共攻楚，杀楚将唐昧，取我重丘而去"。昧与"蔑"同。○按：《一切经音义》引《广雅》："殆，败也。" ❻ 杨倞：司马贞《史记索隐》曰：庄蹻，楚将。言其起为乱后，楚遂分为四。 ❼ 杨倞：邓林，北界邓地之山林。缘，绕也。方城，楚北界山名也。 ❽ 杨倞：举，谓举而取之。鄢、郢，楚都。 ❾ 按：《说文》："固，四塞也。"高诱《吕氏春秋》注："险阻曰塞。"郑玄《礼记》注："四塞，谓夷服、镇服、蕃服在四方为蔽塞者。"又《周礼》"掌固"注："固，国所依阻也；国曰固，野曰险。"又："险阻，出奇覆谖之处也。"（引者按：《说文》："谖，诈也。"） ❿ 杨倞：《列女传》曰："炮烙，为膏铜柱，加

之炭上，令有罪者行焉，辄堕火中，纣与妲己大笑。" ⑪ 杨倞：憀然，悚栗之貌。 ⑫ 按：必，固也，安也。高诱《战国策》注："固，必也。"韦昭《国语》注："固，安也。"是其义。

【原文】

古之兵，戈矛弓矢而已矣。然而敌国不待试而诎①；城郭不辨，沟池不抇②，固塞不树，机变不张，然而国晏然不畏外而固③者，无它故焉，明道④而钧分之⑤，时使而诚爱之，下之和上也如影响。有不由令者，然后俟之以刑⑥；故刑一人而天下服。罪人不邮其上，知罪之在己也，是故刑罚省而威流⑦，无它故焉，由其道故也。古者帝尧之治天下也，盖杀一人、刑二人，而天下治。

传曰："威厉⑧而不试，刑错而不用。"此之谓也。

【译文】

古代的兵器，只是戈矛弓箭而已。然而，不通过用兵，而敌国屈服；用不着修治城郭，用不着挖掘沟池，用不着建立要塞，用不着施行机变，然而国家安安泰泰地不怕外国，而国防巩固，这没有别的缘故，这是由于对待人民明确诱导，而平均分配他们，按时使用，而真诚爱护他们，下层同上层相和谐，就如同影子追随本形、回声追随本声一般。有不服从命令的，然后才用刑罚对待他们；惩罚一个人，因而天下平治。罪人并不怨恨他们的上层，知道他们的罪过在自己，因而刑罚省略而威名远扬，这没有别的缘故，这是施行正确道术的缘故。在古代，帝尧治理天下的时候，只杀了一个人、处罚了两个人，因而天下就平治了。

古书上说："威权严厉，而不发作；刑罚设施，而不利用。"就是说的这个道理。

注 释

❶ 杨倞：试，用也。诎，服也。　❷"扣"本作"拊"。○杨倞：或曰"拊"当作"扣"是也，"拊"字误。○按：张湛《列子》注："扣，古'掘'字。"《广雅》："扣，掘也。"　❸"而固"本作"而明内"。○杨倞："内"当为"固"。《史记》作"晏然不畏外而固"也。○王念孙：此当依《史记》作"不畏外而固"，今本"而"下有"明"字者，系涉下文"明道"而衍。　❹ 按："道"通"导"。　❺"钧分之"本作"分钧之"。○卢文弨：《史记》《外传》俱作"均分之"。○王念孙："均"与"钧"通。当依《史记》《外传》乙转。　❻"俟之以刑"本作"诛之以刑"。○王念孙："诛之以刑"本作"俟之以刑"，此后人不解"俟"字之义而妄改之也。《韩诗外传》《史记》皆作"俟之以刑"，《正义》训"俟"为"待"。《宥坐》篇亦曰："躬行不从，然后俟之以刑。"　❼ 杨倞：邮，怨也。流，行也。　❽ 按：郑玄：《论语》注："厉，严正也。"

【原文】

凡人之动也，为赏庆，为之，则①见害伤焉，止矣。故赏庆、刑罚、势诈，不足以尽人之力，致人之死。为人主上者也，其所以接下之百姓者，无礼义忠信焉，虑率②用赏庆、刑罚、势诈，险陋③其下，获其功用而已矣。大寇则④至，使之持危城，则必畔，遇敌处战，则必北⑤；劳苦烦辱⑥，则必犇；霍焉⑦离耳，下反制其上。

【译文】

一般人的行动，是为了取求庆赏；这样做去，一旦遇到挫折，他们便休止了。所以，这些庆赏、刑罚、势诈的办法，并不足以穷尽人民的效力，博得人民的殉职。做人民的主上的，他接触下层百姓，不讲礼义忠信，而只是希图施用庆赏、刑罚、势诈，胁迫他的下层，获得他们的功用罢了。如果敌人的大军一到，使他们把守危险的城防，就必然会背叛；遇到敌人而进行战斗，就必然会溃败；遭到劳苦、挫折，就必然会逃跑；都东逃西散地离开，下层反而控制了上层。

注 释

❶ 按：则，犹而也。　❷ 按：虑，谋也。《尔雅》："率，循也。"　❸ "险陒"本作"除陒"。○王念孙："除"当为"险"，俗书之误也。险与陒同义，冯衍《显志赋》"悲时俗之险陒"是也。或作"险巇"，《离骚》"路幽昧以险隘"是也。　❹ 王念孙：则者，若也；与下三"则"字异义。　❺ 杨倞：北，败走也。北者，乖背之名，故以败走为北也。　❻ 按：烦、辱，同义。高诱《淮南子》注："烦，辱也。"　❼ 杨倞：霍焉，犹涣焉也。○王先谦：焉，犹然也。

【原文】

故赏庆、刑罚、埶诈之为道者，佣徒粥①卖之道也，不足以合大众，美国家，故古之人羞而不道也。故厚德音以先之，明礼义以道之，致忠信以爱之，尚贤使能以次之，爵服庆赏以申之，时其事，轻其任，以调齐之，长养之，如保赤子。政令以定，风俗以一。

【译文】

所以，庆赏、刑罚、势诈这些办法，只是雇佣、收买的办法，并不足以团结大众，有利国家，所以古代的人主以为可耻，而不这样做。因而，用敦厚德政来带动人民，用倡明礼义来开导人民，用力行忠信来抚爱人民，用尊重贤良、使用才能来安置人民，用官位、庆赏来引进人民，及时处理他们的事务，减轻他们的负担，借以调剂他们，长养他们，就如同爱护婴儿一样。政令因而稳定了，风俗因而齐一了。

注 释

❶ 按：《广雅》："徒，使也。"

【原文】

有离俗不顺其上,则百姓莫不敦恶,莫不毒孽①,若被②不祥,然后刑于是起矣。是大刑之所加也,辱孰大焉?将以为利邪,则大刑加焉。身苟不狂惑戆陋,谁睹是而不改也哉?然后百姓晓然皆知循上③之法,像上④之志,而安乐之。于是有能化善、修身、正行、积礼义、尊道德,百姓莫不贵敬,莫不亲誉,然后赏于是起矣。

【译文】

有的背离习俗,不顺从他们的主上,百姓就没有不怨恨他们的,没有不厌恶他们的,就如同清除不吉祥的事物一样,因而刑罚的制度从此就兴办起来了。重刑加到了身上,没有比这个再耻辱的了。以为这样有利吧,可是重刑加到身上了。他们如果不是迷糊蠢陋,谁能看到这个而不知改悔呢?从此,百姓都明明白白地懂得遵循君上的法律,依从君上的意志,而安乐于君上的政治。因而,有能够改恶从善、修身正心、端正行为、多行礼义、尊崇道德的人,百姓就没有不尊敬他的,没有不亲近他的,因而赏赐的制度从此就兴办起来了。

注释

❶ 王念孙:敦与"憝"同。《说文》:"憝,怨也。"《广雅》:"憝,恶也。""憝恶"与"毒孽"对文。〇按:《广雅》:"毒,憎也,恶也。"王逸《楚辞》注:"孽,忧也。"高诱《吕氏春秋》注:"孽,病也。" ❷ 杨倞:被,除之也。 ❸ "循"本作"修"。〇王念孙:"修"当为"循",字之误也。循,顺也;谓顺上之法也。《君道》篇"百姓莫敢不顺上之法,象上之志,而劝上之事,而安乐之矣",文略与此同。"顺"与"循",古同声而通用也。 ❹ 按:王逸《楚辞》注:"像,法也。"

【原文】

是高爵丰禄之所加也，荣孰大焉？将以为害邪，则高爵丰禄以持养之。生民之属，孰不愿也？雕雕①焉县贵爵重赏于其前，县明刑大辱于其后，虽欲无化，能乎哉？故民归之如流水，所存者神，所为者顺②。暴悍勇力之属为之化而愿，旁辟③曲私之属为之化而公，矜纠收缭之属④为之化而调。夫是之谓大化至一。

《诗》曰："王犹允塞，徐方既来⑤。"此之谓也。

【译文】

高官厚禄加到了身上，没有比这更光荣的了。以为有害吧，可是高官厚禄保养了他们。所有的老百姓，谁不愿意这样呢？明明白白的高官重赏高挂在面前，重刑大辱挂在背后，纵然想着不被感化，做得到吗？所以，人民来归顺，就如同流水一般，所到之处大显神通，所做之事顺情合理。暴悍凶勇一类的人，因而感化为恭谨的人；偏邪曲私一类的人，因而感化为公正的人，急性乖戾一类的人，因而感化为协和的人。这就叫作伟大的教化、最高的齐一。

《诗经》中说："君王的谋划非常充实，因而徐国就自然归顺了。"就是说的这个道理。

注释

❶ 杨倞：雕雕，章明之貌。○卢文弨：雕雕，犹昭昭也。 ❷ "所为者顺"本作"所为者化而顺"。○王先谦："化而"二字，衍。此文本作"所存者神，所为者顺"，文义甚明。○按：王说是也。"化而"系涉下文三"化而"误衍，今据删。 ❸ 杨倞：旁，偏颇也。○王先谦：旁辟，犹便辟。旁、便，双声字。 ❹ 王念孙：《广雅》："矜，急也。"《一切经音义》引《广雅》："纠，急也。"《齐语》注曰："纠，收也。"《楚辞》注曰："纠，戾也。"缭，谓缭戾也。《乡饮酒礼》注曰："缭，犹纷也。"《孟子》注："纷，戾也。"矜纠收缭，皆急戾之意，故与调和相反。 ❺ 按：见《君道》篇。

【原文】

凡兼人者有三术：有以德兼人者，有以力兼人者，有以富兼人者。

彼贵我名声，美我德行，欲为我民，故辟门除涂①以迎；吾入，因其民，袭②其处，而百姓皆安；立法、施令，莫不顺比③。是故得地而权弥重，兼人而兵俞④强。是以德兼人者也。

【译文】

凡是兼并人民的，有三种方术：有用德行兼并人民的，有用威力兼并人民的，有用富有兼并人民的。

他们尊重我们的名声，喜爱我们的德行，愿意做我们的国民，所以他们就打开国门，清除道路，来迎接我们；我们进入了这个国家之后，他们仍旧是国民，仍旧在那里居住，因而百姓都很安泰；制定法律，施行政令，没有不顺从的；因此获得了土地，而政权越加繁重；兼并了人民，而兵力越加强盛。这就是用德行兼并人民的。

注 释

❶杨倞：辟，开也。除涂，治其道涂也。　❷王先谦：袭，亦因也。　❸杨倞：比，亲附也。　❹杨倞：俞，读为"愈"，下同。○按：《小尔雅》："弥，益也。"

【原文】

非贵我名声也，非美我德行也，彼畏我威，劫我执，故民虽有离心，不敢有畔虑；若是，则戎甲俞众，奉养必费；是故得地而权弥

【译文】

他们并不是尊重我们的名声，并不是赞美我们的德行，他们是惧怕我们的威权，迫于我们的势力，所以人民虽然有隔阂的心怀，但不敢有背叛的念头；这样，我们的兵力就越要加重，供应就必然耗费；因此，获得了土地，而政权越不被重

轻，兼人而兵俞弱。是以力兼人者也。

视；兼并了人民，而兵力越加衰弱。这就是用威力兼并人民的。

【原文】

非贵我名声也，非美我德行也，用贫求富，用饥求饱，虚腹张口，来归①我食；若是，则必发夫禀窌②之粟以食之，委③之财货以富之，立良有司以接之，已朞三年④，然后民可信也；是故得地而权弥轻，兼人而国俞贫。是以富兼人者也。

故曰：以德兼人者，王；以力兼人者，弱；以富兼人者，贫。古今一也。

【译文】

他们并不是尊重我们的名声，并不是赞美我们的德行，他们是由于贫穷而追求富有，由于饥饿而追求温饱，空着肚子，张着嘴巴，来到我们这里寻找食物；这样，我们就必须打开粮仓来发放给他们，积蓄财货来富足他们，设置好官员来接待他们，三年之后，然后人民才可以信任；因此，获得了土地，而政权越加不被重视；兼并了人民，而国家越加贫穷。这就是用富有来兼并人民的。

所以说，用德行兼并人民的，就成为王者；用威力兼并人民的，就遭到衰弱；用富有兼并人民的，就遭到贫穷。古今是一样的。

注 释

❶ 按：《广雅》："归，就也。" ❷ "禀"本作"掌"。○王引之："掌"当为"禀"。禀，古"廪"字。《荣辱》篇"有囷窌"，犹此言"禀窌"，皆所以藏粟。 ❸ 按：《广雅》："委，积也。" ❹ "朞"本作"碁"。○俞樾：荀子书多用"綦"字，作穷极之义。此"碁"字盖亦"綦"字之误。已綦三年，犹云"已极三年"也。《宥坐》篇"綦三年而百姓往矣"，可证此文之讹。《正论》篇"期臭味"注曰"期，当为'綦'"，得之矣。

【原文】

兼并易能也，唯坚凝①之难焉。齐能并宋，而不能凝也，故魏夺之；燕能并齐，而不能凝也，故田单夺之；韩之上地，方数百里，完全富足而趋赵，赵不能凝也，故秦夺之②。故能并之，而不能凝，则必夺；不能并之，又不能凝其有，则必亡；能凝之，则必能并之矣。得之，则凝；兼并，无强。

古者汤以薄，武王以滈③，皆百里之地也，天下为一，诸侯为臣；无它故焉，能凝之也。故凝士以礼，凝民以政；礼修而士服，政平而民安；士服、民安，夫是之谓大凝。以守，则固；以征，则强；令行禁止，王者之事毕矣。

【译文】

兼并别国容易做到，唯独坚固地稳定它却不容易。齐国能够兼并宋国，可是不能够稳定它，因而被魏国夺走了；燕国能够兼并齐国，可是不能够稳定它，因而被田单夺走了；韩国的上党之地，方圆好几百里，城邑坚固，府库充实，可是归附了赵国，赵国不能够稳定它，因而被秦国夺走了。所以，能够兼并别国，而不能够稳定它，就必然引起夺取；不能够兼并别国，又不能够稳定固有本国，就必然遭到灭亡；能够稳定本国，就必然能够兼并别国了。得到了国家，就得巩固它；兼并了别国，并不足以称为强盛。

在古代，汤王掌握着亳邑，武王掌握着镐京，都是方圆百里之地，可是天下成为统一，诸侯成为臣仆，这没有别的缘故，就是由于能够稳定它。所以，要用礼义来稳定贤士，要用政治来稳定人民，礼义修饬了，贤士们就悦服；政治平定了，人民就安乐。贤士悦服，人民安乐，这就叫作大的稳定。用来守卫国家，国家就坚固；用来征伐别国，国家就强盛。命令施行，禁令制止，王者的事业就算完成了。

注 释

❶ 杨倞：凝，定也。　❷ 杨倞：上地，上党之地。完全，言城邑也。富足，言府库也。趋，归也。《史记》：秦攻上党，韩不能救，其守冯亭以上党降赵。赵使马服子将兵距秦，秦使白起大破马服于长平，坑四十余万而夺其地，杀戮荡尽。　❸ 杨倞：薄，与"亳"同。滈，与"镐"同。

强国篇第十六

【原文】

刑范①正，金②锡美，工冶巧，火齐得③，剖刑，而莫邪④已；然而不剥脱，不砥厉⑤，则不可以断绳；剥脱之，砥厉之，则劙盘盂、刎牛马，忽然耳⑥。

彼人⑦者，亦强国之剖刑已；然而不教诲，不调一，则入不可以守，出不可以战；教诲之，调一之，则兵劲城固，敌国不敢婴也。彼国者亦有砥厉，礼义节奏是也。

故人之命在天，国之命在礼。人君者隆礼尊贤而王，重法爱民而霸，好利多诈而危，权谋倾覆幽险而亡。

【译文】

模型周正，铜锡优美，铸造工巧，火候适宜，打开模子，宝剑就铸成了；然而如果不抛光滑了它，不磨砺它，它就不可以切断绳索；如果抛光滑了它，磨了它，它就可以砍割盘盂、宰杀牛马，刷地一下子就斩断。

一般的人民，也就如同强国打开了模子；然而，如果不教诲他们，不协调他们，对内就不可以守卫，对外就不可以应战；如果教诲了他们，协调了他们，那就兵力强劲，城防坚固，敌国不敢来触犯。一般的国家，也有磨砺的举动，那就是指的礼义、节文。

所以，人的命运在上天，国家的命运在礼制。人民的君上，崇尚礼制，尊敬贤才，就成为王者；注重法制，抚爱人民，就成为霸者；喜好财利，多行奸诈，就遭到危殆；施行权谋、颠覆、阴险，就遭到灭亡。

注释

❶ 杨倞："刑"与"型"（各本误作"形"）同。范，法也。刑范，铸剑规模之器也。○按：刑，借为"型"；范，借为"笵"。《说文》："型，铸器之法也。笵，法也。"通借"范"为"笵"。 ❷ 按：古之金，多谓铜。郑玄《尚书·禹贡》"金三品"注："金三品者，铜三色也。" ❸ 杨倞：火齐得，谓生孰齐和得宜。《考工记》云："金有六齐。"齐，"才细"反。○按：司马贞《史记索隐》："齐，音'分剂'之'剂'。"《礼记·月令》篇"火齐必得"之火齐，今所谓火候也。 ❹ 杨倞：剖，开也。莫邪，古之良剑。○按：《广雅》："已，成也。" ❺ 杨倞：剥脱，谓刮去其涩。砥厉，谓磨淬也。○按：厉，借为"砺"。 ❻ 杨倞：劙，割也，音"戾"。劙盘盂，刎牛马，盖古用试剑者也。《战国策》："赵奢谓田单曰：吴干将之剑，肉试，则断牛马；金试，则截盘、盂。"盘盂，皆铜器，犹剚钟无声及斩牛马者也。忽然，言易也。 ❼ 按："人"本作"国"，不通。据下文"教诲""调一"，乃对人言，则当作"人"。今本作"国"者，系涉下文"彼国者"而误，今以意改。

【原文】

威有三：有道德之威者，有暴察①之威者，有狂妄之威者。此三威者，不可不孰察也。

礼乐则修，分义则明，举错则时，爱利则形②；如是，百姓贵之如帝，高之如天，亲之如父母，畏之如神明；故赏不用而民劝，罚不用而威行。夫是之谓道德之威。

【译文】

威严有三种：有契合道德的威严，有失之苛暴的威严，有失之狂妄的威严。对于这三种威严，是不可不周密审察的。

礼乐是整饬的，职分是清楚的，措施是及时的，爱好是正当的；这样百姓就尊贵得他如同上帝一般，推崇得他如同上天一般，亲近得他如同父母一般，惧怕得他如同神明一般；因而，用不着庆赏而人民就会努力前进，用不着惩罚而君上的威权就施行天下。这就叫作契合道德的威严。

注 释

❶ 按：高诱《吕氏春秋》注："察，苛也。" ❷ 按：高诱《淮南子》注："形，正也。"《韩诗外传》作"刑"。《广雅》："刑，正也。"

【原文】

礼乐则不修，分义则不明，举错则不时，爱利则不形，然而其禁暴也察，其诛不服也审，其刑罚重而信，其诛杀猛而必，黭然而雷击之，如墙厌之①；如是，百姓劫则致畏②，嬴则敖上③，执拘则冣④，得间⑤则散，敌中则夺⑥，非劫之以形埶，非振⑦之以诛杀，则无以有其下。夫是之谓暴察之威。

【译文】

礼乐是不整饬的，职分是不清楚的，措施是不及时的，爱好是不正当的，然而他禁止凶暴是明察的，他谴责不服是精审的，他的刑罚又繁重又坚实，他的杀戮又猛烈又决断，突如其来地就如同雷电的冲击，就如同墙壁的倒压；这样，百姓受到胁迫就害怕，受到富裕就傲上，受到执拘就群聚，得到间隙就分散，内心不如意就改变常态；〔为君上的以为〕不用形势去胁迫他们，不用杀戮去震吓他们，就不能够掌握下民。这就叫作失之苛暴的威严。

注 释

❶ 杨倞：黭然，卒至之貌。厌，读为"压"。○郝懿行：黭，与"奄"同；奄然，猝乍之貌。而与"如"，古通用。《韩诗外传》"而"作"如"。 ❷ 杨倞：见劫胁之时，则畏也。 ❸ 杨倞：稍嬴缓之则敖谩。 ❹ "冣"本作"最"。○杨倞：冣，聚也。《公羊传》曰："会，犹冣也。"何休曰："冣，聚也。" ❺ 杨倞：间，隙也。 ❻ 按：高诱《淮南子》注："中，心也。"敌中，谓不得于心也。李贤《后汉书》注："夺，谓易其常分也。"（《广雅》："夺，

扬也。") 敌中则夺，谓人民不得于心，则反常态也。　❼按：振，通"震"。尹知章《管子》注："初发威严谓之振也。"郑玄《诗》笺："震，犹威也。"

【原文】

　　无爱人之心，无利人之事，而日为乱人之道；百姓欢敖①，则从而执缚之，刑灼之，不和人心；如是，下比周、贲溃②以离上矣；倾覆灭亡，可立而待也。夫是之谓狂妄之威。

　　此三威者，不可不孰察也。道德之威，成乎安强；暴察之威，成乎危弱；狂妄之威，成③乎灭亡也。

【译文】

　　没有爱人民的心情，没有利益人民的事物，而天天做些惑乱人心的行为；百姓一喧嚣，从而就捉拿他们，用严刑整治他们，一点也不协和人心；这样，下民就团结在一起，东逃西散地脱离他们的主上；颠覆、灭亡，就可以立即到来。这就叫作失之狂妄的威严。

　　对于这三种威严，是不可以不周密审察的。契合道德的威严，最终获得安强；失之苛暴的威严，最终遭到危弱；失之狂妄的威严，最终遭到灭亡。

注　释

❶杨倞：欢，喧哗也。敖，喧噪也。　❷郝懿行：贲，与"奔"，古字通。贲溃，谓奔走溃散而去也。　❸按：郑玄《尚书》注："成，犹终也。"

【原文】

　　公孙子曰："子发①将而伐蔡②，克蔡，获蔡侯。归，

【译文】

　　公孙子说："楚相子发率领大军去讨伐蔡国，打败了蔡国，把蔡侯俘虏了。

致命曰：'蔡侯奉其社稷，而归之楚，舍属二三子，而治其地③。'既，楚发其赏④。子发辞曰：'发诚布令，而敌退，是主威也；徙举⑤相攻，而敌退，是将威也；合战用力，而敌退，是众威也。臣舍不宜以众威受赏。'"⑥

归国以后，回复军命说：'蔡侯捧持着他的祖神，归顺了楚国，我已经嘱托群臣们去治理他的国土。'军事完毕，楚国发给他奖赏。子发推辞说：'诚令一发布，敌人就退却了，这是主上的威严；大兵一出动，敌人就退却了，这是将帅的威严；合力一作战，敌人就退却了，这是群众的威严。为臣我不应该借着群众的威严而受到奖赏。'"

注释

❶ 杨倞：公孙子，齐相也，未知其名。或曰：公孙，名忌。子发，楚令尹，未知其姓。○刘师培：子发，即景舍也。《通典》职官二"大司马"注云"楚大司马与景舍伐蔡，蔡侯奉社稷而归之楚，楚发其赏，辞曰"云云，与此略同。杜氏所引，均据此本，则舍即景舍。 ❷ "而"本作"西"。○王念孙：蔡在楚北，非在楚西，不得言"西伐蔡"。"西"当为"而"。言子发将兵而伐蔡也。❸ 杨倞：舍，子发名。属，请也。二三子，楚之诸臣也。○按：杨倞《荣辱》篇注："属，托也。" ❹ 杨倞：既，谓论功之后。发，行也。 ❺ 按：《广雅》："徙，移也。"韦昭《国语》注："举，动也。"徙举，谓进兵也。 ❻ 杨倞：此以上，公孙子美子发之辞也；以下，荀卿之辞也。

【原文】

讥之曰：子发之致命也恭，其辞赏也固①。夫尚贤，使能，赏有功，罚有罪，非独一人为之也。彼先王之道也，

【译文】

荀子讥讽这段事实说，子发回复军令是相当谦恭的，他辞却奖赏未免固执。从来，尊重贤明，使用才能，奖赏有功，处罚有罪，这并不是单独哪一个人创立的，这是先王之道，这是统一人

一人之本也，善善恶恶之应也；治必由之，古今一也。古者明王之举大事、立大功也，大事已博②，大功已立，则君享其成，群臣享其功，士大夫益爵，官人益秩，庶人③益禄。是以为善者劝，为不善者沮，上下一心，三军同力，是以百事成而功名大也。今子发独不然。反先王之道，乱楚国之法，堕兴功之臣，耻受赏之属，无僇④乎族党，而抑卑其后世；案独以为私廉，岂不过甚矣哉？故曰：子发之致命也恭，其辞赏也固⑤。

民的原则，这是爱好善良、厌憎凶恶的征候；治理国家，必须这样做，古今是一致的。在古代，明君在兴举大事、建立大功的时候，大事已经稳定，大功已经建立，国君就享受它的成果，群臣就享受它的功绩，士大夫就加官，百官就进禄，士卒就受赏。所以为善的人力求上进，作恶的人受到阻止，上下一心，三军同力，因而百事告成，功名巨大。如今，子发独独地不是这样做。他违反了先王之道，紊乱了楚国的法制，打击了有功的臣下，羞耻了受赏的群众；他虽然没有污辱他的族党，却压制了他的后代；而独独地以这作为私人的廉洁，他岂不是大错而特错了吗？所以说，子发回复军令是相当谦恭的，他辞却奖赏未免固执。

注释

❶ 按：颜师古《汉书》注："固，闭也。" ❷ 按：王逸《楚辞》注："博，平也。" ❸ 杨倞：庶人，士卒也。 ❹ 按：僇，同"戮"，辱也。已见《非相》篇。 ❺ 钟泰：此节论子发辞赏之非，与《强国》篇旨无涉，疑《正论》篇之文而误入于此者。

【原文】

荀卿子说齐相曰①：处

【译文】

荀卿告诉齐首相说，居守着胜过众

胜人之埶，行胜人之道，天下莫忿②，汤、武是也；处胜人之埶，不以胜人之道，厚③于有天下之埶，索为匹夫，不可得也，桀、纣是也。然则得胜人之埶者，其不如胜人之道远矣。

夫主相者，胜人以埶也，是为是，非为非，能为能，不能为不能；并④己之私欲，必以道夫公道，通义之可以相兼容者，是胜人之道也。

人的威势，施行着胜过众人的道术，天下人都不怨恨他，汤王、武王就是如此；居守着胜过众人的威势，不把胜过众人的道术加厚在保有天下的威势之上，希求做个独夫，都不可能，桀王、纣王就是如此。那么，得到胜过众人的势位的人，他是远远不如胜过众人的道术的人了。

本来做主上的首相的，在他威势越过众人的时候，是的就认为是，非的就认为非，有才能的就认为有才能，没有才能的就认为没有才能；摒弃自己的私好，必定要施行公道，明通正义可以交互包容的道理，这便是胜过众人的道术。

注 释

❶ 卢文弨：此七字，元刻无，从宋本补。○顾千里：宋钱佃本卷末云：监本有七字，宋吕夏卿本有，疑杨注所见与监本不同；或不止少七字，亦王伯厚所说"监本未必是"之类也。○按：依文内语气，应有此七字（或不止少七字），今据补。韦昭《国语》注："说，告也。" ❷ 按：高诱《战国策》注："忿，怨也。" ❸ 按：高诱《战国策》注："厚，重也。" ❹ 杨倞：并，读曰"屏"，弃也。

【原文】

今相国上则得专主，下则得专国，相国之于胜人之埶，

【译文】

如今首相您在上能够擅专主上，在下能够擅专全国，首相您胜过众人

亶①有之矣。然则胡不驱②此胜人之埶，赴胜人之道，求仁厚明通之君子而托王③焉？与之参国政，正是非，如是，则国孰敢不为义矣？君臣、上下、贵贱、长少，至于庶人，莫不为义，则天下孰不欲合义矣？贤士愿相国之朝，能士愿相国之官；好利之民，莫不愿以齐为归，是一天下也。相国舍是而不为，案直为世俗之所为④；则女主⑤乱之宫，诈臣乱之朝，贪吏乱之官，众庶百姓皆以贪利争夺为俗。曷若是而可以持国乎？

的威势，诚然是具备了。那么，您为什么不驾驭着胜过众人的威势，奔向胜过众人的道术，求得仁厚明通的君子，而付托在君王的面前呢？您同他一同参与国政，端正是非，这样，全国谁还敢不执行正义呢？君臣、上下、贵贱、长幼，以至于众百姓，没有不执行正义的；那么，天下谁还不愿意符合正义呢？贤士们都愿意进入首相的朝廷，能士们都愿意作为首相的官属；喜爱物利的人没有不把齐国作为自己的归宿的，这便是统一了天下。首相您放弃了这个，而仅仅做些世俗人所做的事务；因而，后妃扰乱了宫寝，诈臣扰乱了朝廷，贪官扰乱了官职，广大百姓都把贪利、争夺当成风气。难道像这样还可以保持国家吗？

注 释

❶杨倞：亶，诚也。 ❷杨倞：驱，谓驾驭之也。 ❸杨倞：求贤而托之以王，使辅佐也。 ❹"所为"本作"所以为"。〇王先谦："以"字，疑衍。〇按：无"以"字是。 ❺按：女主，谓后妃也。

【原文】

今巨楚县吾前①，大燕蹲②吾后，劲魏钩吾右；西

【译文】

如今，庞大的楚国站在我们前面，强大的燕国蹲在我们后面，强劲的魏国放在

壤之不绝若绳③；楚人则乃有襄贲、开阳④，以临吾左；是一国作谋，则三国必起而乘⑤我。如是，则齐必断而为四三⑥，国若假城然耳⑦。必为天下大笑⑧。两者⑨孰足为也？

我们右面；西方边境还没有断绝的，就像一根细小的绳子一样；楚国的襄贲、开阳两个县，靠近我们左面；这就是，如果一国图谋我们，其他三国就必然要起来一同欺凌我们。这样，齐国就必然要被斩断为三四段，国家就如同向别国借来的城防一样。这必定要被天下所取笑。〔胜过众人的道术和胜过众人的威势〕两者哪一种是足以施行的呢？

注 释

❶ 杨倞：楚在齐南，故曰前。○按：颜师古《汉书》注："县，谓开立之。"县，又作"悬"。李贤《后汉书》注："悬，犹停也。"　❷ "蹲"本作"鳝"。○杨倞：燕在齐北，故曰后。鳝，本作"蹲"。○按："蹲"字是，"鳝"字讹。　❸ 杨倞：魏在齐西，故曰右。若绳，言细也。○按：钩，借为"拘"。颜师古《汉书》注："钩，留也。"《说文》："拘，止也。"又，或借为"踞"。踞，亦蹲也。　❹ 杨倞：襄贲、开阳，楚二邑，在齐之东者也。《汉书·地理志》：二县皆属东海郡。贲，音"肥"。○按：《经传释词补》："乃，犹又也。"　❺ 按：韦昭《国语》注："乘，陵也。"　❻ 王先谦：《议兵》篇云"楚分而为三四"，《史记·礼书》引作"四叁"；叁、三，同也。据此，《荀子》本书必有作"四三"者，三四、四三，总谓国之分裂，不为定数。此与《议兵》篇同意。　❼ 杨倞：言齐如三国之寄城耳，不久当归之也。　❽ "大笑"下本有"曷若"二字。○王念孙："曷若"二字，涉上文"曷若是"而衍。　❾ 杨倞：两者，胜人之道与胜人之埶。

【原文】

夫桀、纣，圣王之后子孙

【译文】

那桀王、纣王，是圣王的后代子

也，有天下者之世①也，执籍②之所存，天下之宗室③也；土地之大，封④内千里；人之众，数以亿万；俄而天下倜然举去桀、纣，而犇汤、武；反然举⑤恶桀、纣，而贵汤、武。是何也？夫桀、纣何失，而汤、武何得也？曰：是无它故焉，桀、纣者，善为人所恶也；而汤、武者，善为人所好也。人之所恶者⑥，何也？曰：污漫、争夺、贪利是也。人之所好者，何也？曰：礼义、辞让、忠信是也。今君人者，辟称比方，则欲自并乎汤武；若其所以统之，则无以异于桀、纣，而求有汤武之功名。可乎？

孙，是保有天下的继承者，是势位之所在，是天下的宗室；土地广大，境内方圆一千里；人口众多，数以亿万计；不多时，天下都远走高飞地离开了桀王、纣王，而奔向汤王、武王；都改头换面地憎恨桀王、纣王，而敬重汤王、武王。这是什么原因呢？那桀王、纣王有什么短处，而汤王、武王有什么长处呢？回答说：这并没有什么其他的缘故，桀王、纣王善于被人民所憎恶，而汤王、武王善于被人民所爱好。人民所憎恶的是什么呢？回答说：就是污秽、争夺、贪利。人民所爱好的是什么呢？回答说：就是礼义、辞让、忠信。如今，主宰人民的，左谈论，右比方，自己总是愿和汤王、武王相齐同，可是他统治人民的行动，却和桀王、纣王没有什么两样，然而他要求保有汤王、武王的功名。这有可能吗？

注 释

❶杨倞：世，谓继也。　❷王念孙：籍，亦位也。解见《儒效》篇。　❸王先谦：王室为天下所宗，故云"宗室"。　❹按：《小尔雅》："封，界也。"杜预《左传》注："封，疆也。"　❺杨倞：倜然，高举之貌。反，音"翻"。翻然，改变貌。　❻按：此"者"字本无，今依下文有"者"字补。

【原文】

故凡得胜者，必与人也；凡得人者，必与①道也。道也者，何也？曰：礼义、辞让②、忠信是也。故自四五万而往③者，强胜，非众之力也，隆在信矣；自数百里而往者，安固非大之力也，隆在修政矣④。今已有数万之众者也，陶诞⑤比周以争与⑥；已有数百里之国者也，污漫突盗⑦以争地；然则是弃己之所以安强⑧，而争己之所以危弱也；损己之所不足，以重己之所有余。若是其悖缪也！而求有汤武之功名，可乎？辟之是犹伏而咶天，救经而引其足也。说必不行矣，愈务⑨而愈远。

【译文】

所以，凡是得到胜利的，必须利用人民；凡是得到人心的，必须利用道术。道术是什么呢？就是礼义、辞让、忠信。所以，由四五万人民以上的国家，就能获得强劲、胜利，这不是人民众多的力量，就在于崇尚忠信；由几百里以上的国家，就能获得安泰、稳固，这不是土地广大的力量，就在于修整自己。如今，已经是保有着几万群众了，可是还去欺诈、亲密地去争夺同盟；已经是保有着几百里国土了，可是还贪污、偏私地去争夺土地；如此，这就是放弃自己的安泰、强劲，而争取自己的危殆、衰弱；减损自己不足的（道术），来加重自己有余的（威势）。就是这样的悖谬啊！可是，还要求着获得汤王、武王的功名，这有可能吗？打个比方，这就如同伏在地上去舔天，挽救吊死的人而抻他的脚一样。这个论调是行不通的，是越走越远的。

注 释

❶ 按：高诱《吕氏春秋》注："与，犹用也。" ❷ 按："礼义辞让"本只作"礼让"，今依下文增义、辞二字。 ❸ 杨倞：而往，犹已上也。 ❹ 王念孙：修政，即修正也。言必自修自正，然后国家可得而安也。《富国》篇曰"必先修正其在我者"，《王霸》篇曰"内不修正其所以有"，皆其证。 ❺ 刘

师培：陶，当作"儋"。《方言》："儋，哀也。"陶诞，犹言欺诈。○按：陶，或当读为"謠"。《说文》："謠，往来言也。"通作"谣"。王逸《楚辞》注："谣，谓毁也。" ❻按：与，相交邻国也。《孙子兵法》："上兵伐谋，其次伐与。" ❼按：突，滑也。盗，犹私也。解见《荣辱》篇。 ❽按："所以安强"本作"所安强"，今据下文补"以"字。 ❾按：韦昭《国语》注："务，犹趋也。"

【原文】

为人臣者，不恤己行之不行，苟得利而已矣；是冲渠入穴①而求利也，是仁人之所羞而不为也。故人莫贵乎生，莫乐乎安。所以养生乐安者②，莫大乎礼义。人知贵生、乐安，而弃礼义，辟之是犹欲寿而歾颈③也，愚莫大焉。

故君人者，爱民，而安；好士，而荣；两者无一焉，而亡。

《诗》曰："价人维藩，大师维垣。"此之谓也。

【译文】

作为人臣的，不忧虑自己的行为不通，只是苟且得到物利而已；这就如同冲进沟渠、钻入坑穴而求取物利一样，这是仁人感到耻辱而不去做的。所以，人们没有不宝贵生命的，没有不爱好安泰的。所以保养生命、喜好安泰的，没有比遵守礼义再重要的。人们只知道宝贵生命、爱好安泰，而放弃礼义；打个比方，这就如同愿意长寿，而刎自己的脖子一样，没有比这个再愚蠢的了。

所以，主宰人民的，抚爱人民，就获得安泰；喜好贤士，就获得光荣；这两者一样都不具备，就会遭到灭亡。

《诗经》中说："善人是国家的藩篱，人民群众是国家的围墙。"就是说的这个道理。

注释

❶按："冲渠"本作"渠冲"，当为"冲渠"之误，与"入穴"对文，为传

写者所误倒。高诱《战国策》注:"冲,突也。"郭璞《山海经》注:"衡,犹向也。"言突向沟渠,进入坑穴以求利也。今以意乙转。 ❷"乐安"本作"安乐"。○王念孙:"安乐"当作"乐安"。"养生乐安"与"贵生乐安",并承上"莫贵乎生,莫乐乎安"而言。今本二字倒转,则上下文不合。 ❸杨倞:殄,当为"刜"。

【原文】

力术止,义术行。曷谓也?曰:秦之谓也①。威强乎汤、武,广大乎舜、禹,然而忧患不可胜校②也,諰諰然常恐天下之一合而轧己也。此所谓力术止也。

曷谓威强乎汤、武也?曰③:汤、武也者,乃能使说己者使耳④。今楚父死焉,国举焉,负三王之庙,而辟于陈、蔡之间⑤,视可司间,案欲剡⑥其胫,而以蹈秦之腹;然而秦使左案左,使右案右,是乃使仇人役⑦也。此所谓威强乎汤、武也。

【译文】

威力的道术要终止,正义的道术要施行。这是指的什么说的呢?回答说:这是指的秦国说的。威力强劲,超过了汤王、武王,土地广大,超过了大舜、大禹,然而它的内忧外患却是数不胜数,经常是畏畏缩缩地恐怕天下一旦合拢起来,来践踏自己。这就是所谓"威力的道术要终止"的道理。

为什么说是"威力强劲,超过了汤王、武王"呢?回答说:汤王、武王,只能够使喜悦自己的顺从自己罢了。如今,楚国的君父被秦国杀掉了,国家被秦国夺走了,楚王背着三个先王的神主,躲避到陈、蔡之间去了;楚王观察机会,等候空隙,总想着跨进大步,去践踏秦国的腹部;然而秦国教楚国向左,它就得向左,教它向右,它就得向右,这便是能够役使仇敌。这就是所谓"威力强劲,超过了汤王、武王"的情形。

注 释

❶杨倞：《新序》："李斯问孙卿曰：'当今之时，为秦奈何？'孙卿曰：'力术止，义术行，秦之谓也。'"○卢文弨：此所引《新序》，今本脱。○郝懿行：强力之术，虽进终止；杖义之术，无往不行。依注引《新序》，此答李斯之问，为秦发也。　❷杨倞：校，计。　❸按："曷谓"下本有"乎"字，下文无，今以意删。两"汤武"之间，本无"也""曰"二字，以下文例之，应缺此二字，今以意补。　❹杨倞：说，音"悦"。○俞樾：下"使"字，当训"从"。《尔雅》："使，从也。"○按：《古书虚字集释》："乃，犹但也。"　❺杨倞：此楚顷襄王之时也。父谓怀王，为秦所虏而死也。至二十一年，秦将白起遂拔我鄢、郢，烧先王墓于夷陵。襄王兵散，遂不复战，东北保陈城庙主也。○按：高诱《战国策》注："举，拔也。"又《吕氏春秋》注："举，犹取也。"　❻按：剡，锐进也。《说文》："剡，锐利也。"范望《太玄》注："锐，进也。"郭象《庄子》注："进躁无崖为锐。"　❼杨倞：秦能使仇人为之徒役。谓楚襄王七年迎妇于秦城，十五年与秦伐燕，二十七年复与秦平而入太子质之类也。○王先谦：言秦之役楚，使左则左，使右则右。此文二"案"字，以代"则"字。○按：杨注以"能"训"乃"。《古书虚字集释》："乃，犹能也。"

【原文】

曷谓广大乎舜、禹也？曰：古者百王之一天下、臣诸侯也，未有过封内千里者也。今秦南有沙羡与俱，是乃江南①也；北与胡、貉为邻②；西有巴、戎③；东在楚者，乃界于齐；在韩者，逾常山，乃有临虑④；在魏者，乃据圉

【译文】

为什么说是"土地广大，超过了大舜、大禹"呢？回答说：在古代，各个帝王统一天下，臣役诸侯，境内没有超过方圆一千里的。如今秦国，在南方，同沙羡共处，这是江南的地面；在北方，同胡、貉邻邦；在西方，有巴、戎之国；在东方，在楚国境内同齐国交界，在韩国境内越过了常山，已经保有了临虑；在魏国，已经占据了圉津，距

津⑤，即去大梁百有二十里耳；其在赵者，剡然⑥有苓，而据松柏之塞⑦，负西海而固常山⑧；是地遍天下也。此所谓广大乎舜、禹也。⑨

威动海内，强殆中国，然而忧患不可胜校也，諰諰然常恐天下之一合而轧己也。

离魏都大梁只有一百二十里；在赵国，进展到了苓地，而且占据了松柏之塞，背负着西海，依靠着常山。这便是土地周遍于天下。这就是所谓"土地广大，超过了大舜、大禹"的情形。

秦国的威力，足以震动四海，强劲，足以危殆中国；然而它的内忧外患是数不胜数的，经常是畏畏缩缩地恐怕天下一旦合拢起来践踏自己。

注释

❶ 杨倞：《汉书·地理志》：沙羡县属江夏郡。此地俱属秦，是有江南也。❷ 按：郑司农《考工记》注："胡，今匈奴。"又《周礼》注："北方曰貉狄。"❸ 杨倞：巴，在西南；戎，在西。❹ 杨倞：《汉书·地理志》：临虑，县名，属河内。❺ 杨倞：围，当为"圉"。《汉书》："曹参下修武，度圉津。"❻ 按：剡，借为"偵"。《说文》："偵，安也。"❼ 杨倞：苓，地名，未详所在。松柏之塞，盖赵树松柏，与秦为界，今秦据有之。❽ 杨倞：负，背也。常山，本赵山，秦今有之。言秦背西海，东向以常山为固也。❾ 按："此所谓广大乎舜、禹也"句，本在"常恐天下之一合而轧己也"句下，文理不协。汪中、卢文弨、王念孙均以为当在"强殆中国"句下，俞樾以为当在"是地遍天下也"句下。今从俞说。

【原文】

然则奈何？曰：节威、反文，案用夫端诚信全①之君子治天下焉，因与之参国

【译文】

那么，秦国应该怎么办呢？回答说：秦国应该节减威力，恢复文治，要使用端诚纯信的君子，来治理天下，因而同他们

政，正是非，治曲直，听咸阳；顺者错之，不顺者而后诛之。若是，则兵不复出于塞外，而令行于天下矣。若是，则虽为之筑明堂②而朝诸侯，殆可矣。假今之世，益地不如益信之务也！

参与国政，辨正是非，处理曲直，听政于咸阳；顺从的国家，就安置他们；不顺从的国家，就讨伐他们。这样，大军就不必再出发塞外，而命令就足以通行于天下了。这样，就算是给秦国筑起明堂来朝见诸侯，大概也是可以的了。当着现今这个时代，当务之急，增添土地，不如增添信用啊！

注 释

❶ 按：全，犹纯也。《说文》："纯玉曰全。" ❷ "筑明堂"下本有"于塞外"三字。杨倞：明堂，天子布政之宫。"于塞外"三字衍也。以前有"兵不复出于塞外"，故误重写此三字耳。○王念孙：杨说是也。

【原 文】

应侯①问孙卿子曰："入秦，何见？"

孙卿子曰："其固塞，险；形埶，便；山林川谷，美；天材之利，多；是形②胜也。入境观其风俗，其百姓，朴；其声乐，不流污；其服，不挑③；甚畏有司，而顺；古之民也。及都邑官府④，其百吏，肃然，莫不恭俭、敦敬、

【译 文】

应侯问荀卿说："到了秦国，你看到了什么呢？"

荀卿回答说："它的城塞，相当险要；它的形势，相当便利；它的山林川谷，相当优美；它的自然资源，相当繁多；这是形势的优胜。进入境内，观察它的风俗，这里的百姓，相当朴实；这里的音乐，不淫邪污浊；这里的服装，不轻佻；都非常惧怕官吏，而又驯服；这是合乎古道的人民。到了它的县邑官府，这里的官吏，严严肃肃的，没有不恭俭、诚敬、忠信的，而又不恶劣；这

忠信，而不楛，古之吏也。入其国，观其士大夫，出于其门，入于公门，出于公门，归于其家，无有私事也；不比周，不朋党，倜⑤然莫不明通而公也；古之士大夫也。观其朝廷，其间听决，百事不留，恬然如无治者，古之朝也。

"是合乎古道的官吏。进入国内，观察它的士大夫，走出自己的大门，进入公家的大门，出了公家的大门，回到自己的家里，都没有私人的事务；不亲昵无间，不成群结党，高明深远，没有不明通而公正的；这是合乎古道的士大夫。观察它的朝廷，那里所有处决的案件，样样都不停滞积压，安安闲闲的，就像没有什么事务一样；这是合乎古道的朝廷。

注 释

❶ 杨倞：应侯，秦相范雎，封于应也。○按：雎，从"隹"，"且"声，非从"目"，"隹"声。《韩非子·外储说左上》篇作"范且"，可证。 ❷ 杨倞：形，地形。○按：高诱《战国策》注："形，势也。" ❸ 杨倞：佻，偷也，不为奇异之服。○卢文弨：佻与佻同。 ❹ 杨倞：及，至也。至县邑之解署。 ❺ 杨倞：倜然，高远貌。

【原文】

"故四世有胜，非幸也，数也。是所见也。故曰：'佚而治，约而详，不烦而功，治之至也。'秦类之矣。虽然，则有其諰①矣。兼是数具者而尽有之。然而县②之以王者之功名，则倜倜然其不及远矣。"

【译文】

"所以，秦国四代都保持着胜利，并不是一种侥幸，而是有一定的术数。这便是我所见到的。所以说：'安逸而平治，简约而周详，不烦乱而有功绩，这是平治国家的高峰。'秦国就类似这样。虽然如此，它却是有所畏惧的。它是对这些兼而有之的。不过，它和王者的功名相衡量，那就远远地赶不上了。"

"是何也?"

"则其殆无儒邪?故曰:'粹而王,驳而霸③,无一焉而亡。'此亦秦之所短也!"

"这是什么原因呢?"

"这大概是由于没有儒术吧?所以说:'道术纯粹的,就成为王者;道术驳杂的,就成为霸者;一样都没有的,就遭到灭亡。'这也是秦国之所短啊!"

注释

❶ 杨倞:愬,惧。　❷ 王先谦:县,犹衡也。谓衡之以王者之功名,则不及也。○按:《汉书》注引服虔:"县,称也。"　❸ 杨倞:粹,谓全用儒道。○按:范望《太玄》注:"驳,不纯也。"借作"驳"。

【原文】

积微:月不胜日,时不胜月,岁不胜时①。

凡人好敖慢小事,大事至,然后兴之,务之。如是,则常不胜夫敦比②于小事者矣。是何也?则小事之至也数,其县日也博③,其为积也大;大事之至也希,其县日也浅,其为积也小。

【译文】

积累微小:一月胜不过一天,一季胜不过一月,一年胜不过一季。

一般人喜欢怠慢小事,大事来到,然后才去兴办它,致力它。这样,就经常不能够胜过精审于处理小事的人。这是什么道理呢?就是由于小事到来得频繁,它延续的日期也多,它所积累的范围也大;大事到来得稀少,它延续的日期也少,它所积累的范围也小。

注释

❶ 按:《说文》:"时,四时也。"一岁四时,一时三月。时,今之所谓季也。

❷ 杨倞：敦比，精审躬亲之谓。　❸ 杨倞：数，音"朔"。博，谓所县系时日多也。○按：《说文》："县，系也。"陆德明《周易》释文："系，续也。"县日，谓延续时日也。

【原文】

故善日者王，善时者霸；补漏者危，大荒者亡①。故王者敬日②，霸者敬时。仅存之国，危而后戚③之。亡国，至亡而后知亡，至死而后知死。亡国之祸败，不可胜悔也；霸者之善箸④，焉可以时记也？王者之功名，不可以日志也⑤。

财物、货宝，以大为重；政教、功名，反是。能积微者速成。

《诗》曰："德輶如毛，民鲜克举之⑥。"此之谓也。

【译文】

所以，爱惜一天光阴的人，就成为王者；爱惜一季光阴的人，就成为霸者；弥补时间空隙的人，就遭到危殆；异常荒废时日的，就遭到灭亡。所以，王者宝重一天的光阴；霸者宝重一季的光阴；勉强存在的国家，危殆之后，才知道忧虑。临近灭亡的国家，到毁灭的时刻，才知道毁灭；在死亡的时候，才知道死亡。亡国的祸害，后悔是来不及的；霸者的善谋，怎么可以用一季来标记呢？王者的功名，是不可以用一天来标记的。

财物、货宝，以巨大的为重；政教、功名，和这个相反。能够积累微小的，就可以迅速成功。

《诗经》中说："德业轻如毛发，可是很少有人把它举得起来。"就是这个道理。

【注释】

❶ 杨倞：善，谓爱惜，不怠弃也。补漏，谓不能积功累业，至于敞漏，然后补之。大荒，谓都荒废不治也。　❷ 杨倞：敬，谓不敢慢也。　❸ 杨倞：戚，忧。　❹ 按：箸，通"著"。高诱《吕氏春秋》注："著，犹图也。"善著，谓善谋也。　❺ "记"本作"托"，"不可以"本作"不可胜"。○俞樾："托"乃

"记"字之讹，与下句"志"字同义。○按：俞说是也。"不可胜日志"，涉上文"不可胜日"而讹；当作"不可以日志"，与上文"焉可以时记"对文。今以意改。　❻杨倞：《诗经·大雅·烝民》之篇。辐，轻也。引之以明积微至著之功。

【原文】

凡奸人之所以起者，以上之不贵义、不敬义也。夫义者，所以限禁人之为恶与奸者也。今上不贵义，不敬义，如是，则下之人百姓，皆有弃义之志，而有趋奸之心矣。此奸人之所以起也。且上者，下之师也。夫下之和上，譬之犹响之应声、影之像形也。故为人上者，不可不顺也。

【译文】

凡是奸邪之人得以抬头的，是由于君上不宝贵正义、不尊重正义的关系。那正义，就是限制人作恶和行奸的。如今，上层都不宝贵正义，不尊重正义，这样，下层的众百姓就都有放弃正义的意志，有趋向奸邪的心情了。这便是奸邪之人抬头的原因。况且，君上就是下民的表率。那下民应和君上，打个比方，就如同回声应和本声、影子拟像本形一样。所以，作为君上，不可以不顺从正义。

【原文】

夫义者，内节①于人、而外节于万物者也，上安于主，而下调于民者也。内外、上下节者，义之情②也。然则凡为天下之要，义为本，而信次之。古者禹、

【译文】

那正义，在内部（近处），是适合于人类的；在外部（远处），是适合于万物的；在上层，是可以稳定君主的；而在下层，是可以调和人民的。内外、上下都得到调节，这便是正义的实情。那么，凡是掌握天下的要害，正义是根本，而信用还在其次。在古代，禹王、汤王本原正义，

汤本义、务信，而天下治；桀、纣弃义、倍信，而天下乱。故为人上者，必将慎礼义、务忠信，然后可。此君人者之大本也。

务求信用，因而天下平治；桀王、纣王放弃正义、违反信用，因而天下紊乱。所以，做人民的主上的，必定要谨守礼义、务求忠信，然后才可以平治天下。这便是统御人民的最大准则。

注 释

❶ 俞樾：《吕氏春秋》高注曰："适，犹节也。" ❷ 按：郑玄《礼记》注："情，犹实也。"

【原 文】

堂上不粪，则郊草不芸①。白刃扞乎胸，则目不见流矢②；拔③戟加乎首，则十指不辞断。非不以此为务也，疾养④、缓急之有相先者也。

【译 文】

堂屋如果不打扫，郊野的杂草就用不着拔除了；白刃如果加到身上，眼睛就看不见飞箭了；利矛加到头上，十个指头就不怕割断了。这并不是因为（拔野草、挡飞箭、断十指）这些不重要，而是凡事有痛痒、缓急，有先有后。

注 释

❶ "郊草不芸"本作"郊草不瞻旷芸"。○杨倞：鲁连子谓田巴曰："堂上不粪者，郊草不芸也。"○王念孙："芸"上不当有"瞻旷"二字。不知何处脱文阑入此句中也。据杨注引鲁连子，无"瞻旷"二字，即其证。○郝懿行：粪者，"坌"之假借，隶变作"拚"。《少仪》曰："扫席前曰拚。"经典俱通

作"粪"。○按：《说文》："叁，扫除也。读若'粪'。"　❷王念孙：扞之言干也。干，犯也。谓白刃犯胸，则不暇顾流矢也。《史记·游侠传》："扞当世之文罔。"谓犯法也。《汉书》注引文颖曰："扞，突也。"突，亦犯也。　❸郝懿行：《礼记·少仪》郑注："拔，疾也。"　❹杨惊：疾，痛也。养，与"痒"同。

天论篇第十七

【原文】

天道有常。不为尧存，不为桀亡①。应之以治，则吉；应之以乱，则凶。

强本②而节用，则天不能贫；养备而动时，则天不能病；循道而不贰③，则天不能祸。故水旱不能使之饥④，寒暑不能使之疾，祆⑤怪不能使之凶。本荒而用侈，则天不能使之富；养略⑥而动罕⑦，则天不能使之全；倍道而妄行，则天不能使之吉。故水旱未至而饥，寒暑未薄⑧而疾，祆怪未生⑨而凶。受时与治世同，而殃祸与治世异，不可以怨天，其道⑩然也。故明于天人之分，则可谓至人矣。

【译文】

天道（自然规律）是持久不变的。它并不因为帝尧而存在，并不因为夏桀而消失（不以人的意志为转移）。用平治来适应它，就获得吉祥；用紊乱来适应它，就遭到凶灾。

加强农产，厉行节约，天就不会使人贫穷；给养充备，动作得时，天就不会使人困顿；遵循着道，不出偏差，天就不会使人受祸。所以，旱涝不会使人发生灾荒，寒暑不会使人发生疾苦，妖怪不会使人发生凶险。农产荒废，日用奢侈，天就不会使人富足；给养缺乏，动作失时，天就不会使人齐全；违背了道，任意妄行，天就不会使人吉祥。所以，旱涝并没有到来而发生灾荒，寒暑并没有迫近而发生疾苦，妖怪并没有出现而受到凶险。所接受的时令和平治之世相同，可是所遇到的灾祸却和平治之世不同，不可以埋怨上天，这是由于自然界的道就是这样的。所以明通于天人分界的人，就可以叫作圣人（最高明的统治者）了。

注 释

❶ 按:"天道有常",本作"天行有常",今从《说苑·谈丛》篇所引改正。下文"循道而不贰,则天不能祸","倍道而妄行,则天不能使之吉","其道然也",皆承"天道有常"而言。后文"天有常道矣",正与此句"天道有常"遥相呼应。"天道"一词,又见于本书《乐论》篇。《儒效》篇亦有"天之道"之文。荀书只言"天道",不言"天行"。"道"讹为"行",或因古文"道"又作"衍"(《石鼓文》),或作"衡"(《玉篇》)而误。又"天行"一词屡见于《易传》中。《尔雅》:"行,道也。"天行,即天道也。后世传书者或误将《荀子》此文"天道"改作"天行",因而上下文不甚关联矣。《解蔽》篇:"夫道者,体常而尽变。""常"与"变"对文,常,即不变也。河上公《老子》注:"常者,不易也。"是也。不为尧存,不为桀亡,所谓不以人之意志为转移也。 ❷ 杨倞:本,谓农桑。 ❸ 循,本作"修"。○杨倞:贰,即倍也。○王念孙:修,当为"循",字之误也。循,顺也。《群书治要》作"循道而不忒"。○按:杜预《左传》注:"忒,离也。"与杨倞注"倍"义相类。《治要》作"忒",通字。 ❹ "饥"下本有"渴"字。○刘台拱:"渴"字衍。○王念孙:《群书治要》无"渴"字,下文"水旱未至而饥",亦无"渴"字。 ❺ 按:陆德明:《尔雅》释文:"妖,又本作'袄',同。" ❻ 杨倞:养备,谓使人衣食足。养略,谓使人衣食不足也。 ❼ 按:罕,疑借为"干"。《说文》:"干,犯也。"高诱《淮南子》注:"干,乱也。"动干,谓失时也。 ❽ 杨倞:薄,迫也。 ❾ "生",本作"至"。○王念孙:《群书治要》"至"作"生",是也。下文"袄是生于乱",即其证。"生""至"字相似,又涉上文"未至"而误。 ❿ 按:其,指天。其道,谓天之道也。

【原文】

不为而成,不求而得,夫是之谓天职。如是者,虽深,其人不加虑焉;虽

【译文】

不用操作就能够成功,不用求取就能够获得,这就叫作天职(自然职守)。像这种道理,纵然是深远的,人们并不因此

大，不加能焉；虽精，不加察焉；夫是之谓不与天争职。天有其时，地有其财，人有其治，夫是之谓能参。舍其所以参，而愿其所参，则惑矣。列星随旋，日月递炤①，四时代御②，阴阳大化③，风雨博施，万物各得其和以生，各得其养以成，不见其事，而见其功，夫是之谓神。皆知其所以成，莫知其无形，夫是之谓天功④。唯圣人为不求知天⑤。

而增进思虑；纵然是广大的，人们并不因此而增进才能；纵然是精微的，人们并不因此而增进明察；这就叫作不与天争职守。天保持着时节，地保持着财富，人保持着平治，这就叫作能够参与天职。抛弃了自己参与天职的行动，而愿获得自己参与天职的功绩，这就陷于迷惑。群星追逐着往复运行，日月接连着照耀大地，四时交替着向前进展，阴阳造化普及，风雨布施广泛，万物都得到自然的和气而生长，都得到自然的滋养而成就，人们看不见它的行动，可是看得见它的功绩，这就叫作神。人们都知道它取得成就的现象，而不知道它虚无的形迹，这就叫作天功（自然功绩）。只有圣人才能够做到不希求了解天（自然）究竟是个什么样子。

注 释

❶杨倞：炤，与"照"同。〇按：《说文》："递，更易也。" ❷按：荀爽《周易》注："御，行也。" ❸按：大化，与"博施"对文。郑玄《礼记》注："大，犹遍也。" ❹"天功"本无"功"字。〇杨倞：或曰当为"夫是之谓天功"，脱"功"字耳。〇王念孙：或说是也。"天功"二字，下文凡三见。〇按："天功"承上文"其所以成"而言，今据补。 ❺杨倞：既天道难测，故圣人但修人事，不务役虑于知天也。

【原文】

天职既立，天功既成，

【译文】

天职既然建立，天功既然完成，万物

形具而神生①；好恶、喜怒、哀乐臧焉②。夫是之谓天情。耳、目、鼻、口、形，能各有接，而不相能也，夫是之谓天官。心居中虚③，以治五官，夫是之谓天君。财④非其类，以养其类，夫是之谓天养。顺其类者谓之福。逆其类者谓之祸。夫是之谓天政。

暗其天君，乱其天官，弃其天养，逆其天政，背其天情，以丧天功，夫是之谓大凶。

的形体俱备，因而精神发生了；爱好和憎恶、欢喜和恼怒、悲哀和快乐也都包藏在这里面了。这就叫作天情（自然感情）。耳朵、眼睛、鼻子、嘴、身躯，它们的功能都各有各的接触，可是它们都不能够交相为用，这就叫作天官（自然官能）。心位置在形体的中间，用它来统治天官，这就叫作天君（自然主帅）。制裁和自己不同类的，用来供养和自己同类的，这就叫作天养（自然供养）。顺和自己同类的，这就叫作福；违反和自己同类的，这就叫作祸。这就叫作天政（自然政令）。

蒙蔽了自己的天君，扰乱了自己的天官，放弃了自己的天养，违反了自己的天政，背离了自己的天情，因而丧失了自己的天功，这就叫作大凶。

注 释

❶ 杨倞：形，谓百骸九窍。神，谓精魂。　❷ 按：杨倞《解蔽》篇注："臧，误为'藏'。"　❸ 按：《尔雅》："虚，间也。"　❹ 杨倞：财，与"裁"同。

【原文】

圣人清其天君，正其天官，备其天养，顺其天政，养其天情，以全其天

【译文】

圣人要明晰自己的天君，端正自己的天官，充实自己的天养，顺从自己的天政，涵养自己的天情，借以成全自己的天功。能

功。如是，则知其所为，知其所不为矣；则天地官，而万物役矣。其行曲治，其养曲适，其生不伤，夫是之谓知天①。

够做到这样，就知道什么是自己应该做的，什么是自己不应该做的了；天地就被他所掌握，而万物就被他所指使了。他的行动相当平顺，他的养护相当安适，他的生命受不到伤害，这就叫作知天（了解自然）。

【注释】

❶ 杨倞：言明于人事，则知天物，其要则曲尽也。

【原文】

故大巧在所不为，大知在所不虑。所志①于天者，已②其见象之可以期者矣；所志于地者，已其见宜③之可以息者矣；所志于四时者，已其见数之可以事者矣④；所志于阴阳者，已其见和⑤之可以治者矣。官人⑥，守天，而自为守道也。

【译文】

所以，最大的技巧，在于自己不去行动；最大的智慧，在于自己不去思虑。圣人所希望于天的，便是他所见到的现象是可以期待的；圣人所希望于地的，便是他所见到的产物是可以生息的；圣人所希望于四时的，便是他所见到的节气是可以做到的；圣人所希望于阴阳的，便是他所见到的自然的和气是可以调理的。任用人，遵守天（自然），而自己要做到遵守道（自然规律）啊。

【注释】

❶ 按：杜预《左传》注："志，望也。" ❷ 按：已，同"以"。《古书虚字集释》："以，犹乃也。"下并同。 ❸ 按：宜，即《周易·系辞传》所谓"观

鸟兽之文与地之宜"之"宜",孔颖达疏:"地之宜者,若《周礼》五土、动物、植物,各有所宜是也。"宜,即今所谓土产也。 ❹ 杨倞:数,谓春作、夏长、秋敛、冬藏,必然之数。事,谓顺时理其事也。所记识于四时者,取顺时之数而令生长收藏者也。○按:李善《文选》注:"数,历数也。" ❺ "和"本作"知"。○杨倞:"知"或为"和"。○王念孙:作"和"者是也。上文云"阴阳大化""万物各得其和以生",是其证。 ❻ 杨倞:官人,任人。

【原文】

治乱,天邪?曰:日月、星辰、瑞历①,是禹、桀之所同也。禹以治,桀以乱②,治乱非天也。时邪?曰:繁启③、蕃长于春夏,畜积、收藏于秋冬,是又禹、桀之所同也。禹以治,桀以乱,治乱非时也。地邪?曰:得地则生,失地则死,是又禹、桀之所同也。禹以治,桀以乱,治乱非地也。

《诗》曰:"天作高山,大王荒之;彼作矣,文王康之④。"此之谓也。

【译文】

天下的治乱,是由于天的主使吗?回答说:日月、星辰、节气,这都是禹王、桀王所相同的。可是禹王就天下平治,桀王就天下紊乱,可见平治和紊乱并不是由于天的主使。是由于四时的主使吗?回答说:万物发生、成长在春夏,蓄积、收藏在秋冬,这又是禹王、桀王所相同的。可是禹王就天下平治,桀王就天下紊乱,可见平治和紊乱并不是由于四时的主使。是由于地的主使吗?回答说:万物得到地就生长,失掉地就死亡,这又是禹王、桀王所以相同的。可是禹王就天下平治,桀王就天下紊乱,可见平治和紊乱并不是由于地的主使。

《诗经》中说:"天生成了这座高山,太王就占有了它;太王在这里建立了国都,文王就安守着它。"就是说的这个(人定胜天的)道理。

注 释

❶郝懿行：《尧典》："历象：日月、星辰。"此瑞历，即历象也。象，谓璇、玑、玉衡，神其器，故曰瑞。〇按：此指节气。　❷按：《古书虚字集释》："以，犹则也。"　❸按：郑玄《仪礼》注："启，发也。"繁启，谓新生。　❹杨倞：《诗经·周颂·天作》之篇。〇按：《尔雅》："荒，有也。康，安也。"

【原文】

天不为人之恶寒也①辍冬，地不为人之恶辽远也辍广，君子不为小人之②匈匈③也辍行。天有常道矣，地有常数矣，君子有常体④矣。君子道⑤其常，而小人计其功。

《诗》曰："礼义之不愆兮，何恤人之言兮⑥。"此之谓也。

【译文】

天并不因为人讨厌寒冷而停止它的冬季，地并不因为人的讨厌遥远而停止它的广度，君子并不因为小人的吵吵嚷嚷而停止它的行为。天有永恒的道（规律），地有永恒的形势，君子有永恒的性体。君子履行自己的性体，而小人称量自己的功利。

《诗经》中说："如果自己不违失礼义，又何必害怕别人说闲话呢？"就是说的这个道理。

注 释

❶按：也，犹而也。见《古书虚字集释》。　❷"小人"下无"之"字。〇王先谦："小人"下，《群书治要》有"之"字。以上文例之，有"之"字是也。　❸杨倞：匈匈，喧哗之声，与"讻"同。　❹按：高诱《吕氏春秋》注："体，性也。"　❺按：郑玄《礼记》注："道，犹行也。"又："道，犹从也。"　❻引诗本无"礼义之不愆兮"一句。〇杨倞：逸诗也。以言苟守道不违，何畏人之言也。〇俞樾："何恤"上本有"礼义之不愆"五字，而今夺之。

《文选·答客难》篇:"传曰:天不为人之恶寒而辍其冬,地不为人之恶险而辍其广,君子不为小人之匈匈而易其行。天有常度,地有常形,君子有常行。君子道其常,小人计其功。《诗》云:'礼义之不愆,何恤人之言。'"李善注曰:"皆孙卿子文。"是其证也。《正名》篇引此诗曰:"礼义之不愆兮,何恤人之言兮。"亦其证也。○按:杨注"苟守道不违",正释"礼义之不愆"之义,则杨本有此句。俞说是也。今依《正名》篇补"礼义之不愆兮"六字。《说文》:"愆,过也。"

【原文】

楚王后车千乘,非知也;君子啜菽①饮水,非愚也,是节②然也。若夫志意修③,德行厚,知虑明,生于今而志乎古,则是其在我者也。故君子敬④其在己者,而不慕其在天者;小人错⑤其在己者,而慕其在天者。君子敬其在己者,而不慕其在天者,是以日进也;小人错其在己者,而慕其在天者,是以日退也。故君子之所以日进,与小人之所以日退,一也。君子、小人之所以相县⑥者,在此耳。

【译文】

楚王出门,后面跟随的车马有一千辆,并不是由于他比别人聪明;君子吃的是粗粮,喝的是白水,并不是由于他比别人愚蠢,这是由于时运如此。至于意志修饬,德行广厚,知虑清明,生在今世,而向往古代,这些行为都是在我自己方面做出来的。所以,君子警惕在自己的方面,而不羡慕在天的方面;小人放任在自己的方面,而羡慕在天的方面。君子警惕在自己的方面,而不羡慕在天的方面,所以他天天进步;小人放任在自己的方面,而羡慕在天的方面,所以他天天退步。所以,君子天天进步和小人天天退步,道理是一致的。君子、小人互相悬殊,原因就在这里。

注 释

❶按：菽，豆类，谓粗食也。　❷按：杨倞《正名》篇注："节，时也。"　❸"志意修"本作"心意修"。○王念孙：心意，当为"志意"，字之误也。荀子书皆言"志意修"，无言"心意修"者。《荣辱》篇曰："志意致修，德行致厚，知虑致明。"《正论》篇曰："志意修，德行厚，知虑明。"皆与此文同一例。　❹按：《释名》："敬，警也，恒自肃警也。"　❺杨倞：错，置。　❻按：高诱《淮南子》注："县，远也。"

【原文】

星队、木鸣①，国人皆恐。曰：是何也？曰：无何也，是天地之变、阴阳之化、物之罕至者也。怪之，可也；而畏之，非也。

夫日月之有蚀，风雨之不时，怪星之党见②，是无世而不常有之。上明而政平，则是虽并世起，无伤也；上暗而政险，则是虽无一至者，无益也。若夫③星之队，木之鸣，是天地之变、阴阳之化、物之罕至者也，怪之，可也；而畏之，非也。

【译文】

星宿堕落，树木吼叫，人们都感到恐惧。有人问道：这是怎么一回事呢？回答说：这没有什么。这是天地的移动、阴阳的变化、事物中最少见的现象。人们感到奇怪，是可以的；如果感到害怕，是不应该的。

有的时候日食、月食，有的时候风雨不调，有的时候怪星出现，这是任何世代都经常有的现象。如果君上英明，而政令平顺，这种现象纵然屡次发生，也没有什么伤害；如果君上昏暗，而政令险恶，这种现象纵然一次也没有，也没有什么好处。至于星宿的堕落，树木的吼叫，乃是天地的移动、阴阳的变化、事物中最少见的现象。人们感到奇怪，是可以的；如果感到害怕，是不应该的。

注 释

❶ 按：杨倞《礼论》篇注："队，为'坠'字。"木因风而鸣，其甚者足以惊人。　❷ 王念孙：党，古"傥"字。傥者，或然之词。谓怪星之或见也。《庄子·缮性》篇："物之傥来，寄也。"《释文》："傥，崔本作'党'。"《群书治要》引此正作"怪星之傥见"。　❸ "若夫"本只作"夫"。○刘师培：《治要》引"夫"作"若夫"，此脱"若"字。○按：作"若夫"，义顺。

【原 文】

物之已至者，人祆，则可畏也。楛耕、伤稼；楛耘，伤岁①；政险，失民。

田薉，稼恶，籴贵，民饥，道路有死人，夫是之谓人祆。政令不明，举错不时，本事不理，勉力不时②，夫是之谓人祆。礼义不修，内外无别，男女淫乱，则父子相疑，上下乖离，寇难并至，夫是之谓人祆。祆是生于乱。三者③错④，无安国。其说甚尔⑤，其菑甚惨。可怪也，而亦可畏⑥也。

传曰："万物之怪，书⑦不说。"无用之辩，不急之察，弃而不治。若夫君臣之

【译 文】

已经到来的事物，只有人（人事中的怪现象）才是可怕的。耕种粗疏，就会损伤庄稼；耘耪粗疏，就会损伤年景；政令险恶，就会失掉民心。

土地荒芜，庄稼不好，贵价买粮，人民挨饿，道路上有饿死的人，这就叫作人祆。政令不清明，措施不及时，农业不整顿，劳动不按季节，这就叫作人祆。礼义不加整饬，内外没有分别，男女荒淫昏乱，父子就相猜疑，上下就互相乖离，寇盗、灾难同时并起，这就叫作人祆。（祆怪现象）是由于昏乱而发生的。三种人祆交互发生，国家就不会安泰。这种说法虽然很浅近，但是这种灾祸很凄惨。这是一种可怪的现象，同时也是一种可怕的现象。

古书上说："万物中的怪现象，史书中是不传说的。"没有用处的辩论，无关紧要的明察，是应该放弃而无须追求的。至于君臣之间的正义、父子之间

义、父子之亲、夫妇之别，则日切瑳⑧而不舍也。

的亲切、夫妇之间的分别，是应该天天学习而不应该丢掉的。

注 释

❶ "楛耕伤岁"本作"耘耨失薉"。卢文弨："耘耨失薉"，《韩诗外传》二作"枯耘伤岁"。枯与"楛"同，疑是也。○郝懿行、王念孙均谓当从《外传》改。○按：今据改，并复"枯"为"楛"，与上句同。 ❷ 按：下文"其菑甚惨"下，本有"勉力不时，则牛马相生，六畜作祅"三句，不伦不类，"则牛马相生，六畜作祅"，皆物祅，非人祅，当为旁注之误入正文者，今以意删，并将"勉力不时"句移于"本事不理"之下。 ❸ 杨倞：三者，三人祅也。 ❹ 王念孙：错，交错也。 ❺ 杨倞：尔，近也。 ❻ "亦"本作"不"。○王念孙："不可畏也"当作"亦可畏也"。上文云"物之已至者，人祅则可畏也"，正与此句相应；若作"不可畏"，则与上文相反矣。 ❼ 杨倞：书，谓六经也。 ❽ 郝懿行：切瑳，言务学也。磋，古作"瑳"，今作"磋"。

【原文】

雩①而雨，何也？曰：无何也，犹不雩而雨也。日月食而救之，天旱而雩，卜筮然后决大事，非以为得求也，以文之也②。故君子以为文，而百姓以为神。以为文，则吉；以为神，则凶也。

【译文】

求雨，就下了雨，这是怎么一回事呢？回答说：这没有什么，这同不求雨就下雨是一样的。日食、月食，人们就营救；天旱，人们就求雨；经过占卜，然后才决定大事；这并不是为了要达到自己所希求的目的，而是为了掩饰事实的真相。所以，君子以为这是掩饰真相，而百姓都以为这是神明不测。以为是掩饰真相，就会获得吉祥；以为是神明不测，就会遭到灾凶。

注 释

❶ 杨倞：雩，求雨之祷也。　❷ 杨倞：得求，得所求也。顺人之意，以文饰政事而已。

【原文】

在天者莫明于日月，在地者莫明于水火，在物者莫明于珠玉，在人者莫明于礼义。故日月不高，则光晖不赫；水火不积，则晖润不博；珠玉不睹乎外，则王公不以为宝；礼义不加于国家，则功名不白。

【译文】

在天上，没有比日月再光明的；在地上，没有比水火再光明的；在万物中，没有比珠玉再光明的；在人伦中，没有比礼义再光明的。所以，日月不高，它的光辉就不精明；水火不积聚，它的光润就不广泛；珠玉不表露在外面，王公们就不把它当作宝物；礼义不施行在国内，王公们的功名就不显著。

【原文】

故人之命在天，国之命在礼。君子者，隆礼、尊贤，而王；重法、爱民，而霸；好利、多诈，而危；权谋、倾覆、幽险，而亡①矣。

大天而思之，孰与②物畜而裁之③？从天而颂之，孰与制天命而用之？望时而待之，孰与应时而使之？因物而多④

【译文】

所以，人类的命运在上天，国家的命运在礼制。君子崇尚礼制，尊重贤士，就可以成为王者；注重法制，爱护人民，就可以成为霸者；喜好财物，多行诈术，就自取危困；玩弄权谋，施行颠覆，利用阴险，就自取灭亡。

尊崇天，而思念它，哪如把它当作物质收养起来而制裁它呢？顺从天，而歌颂它，哪如控制天命而利用它呢？盼望时节，而等待它，哪如适应时节而驱使它呢？依据万物〔的自然发展〕，而

之，孰与骋⑤能而化之？思物而物⑥之，孰与理物而勿失之也？愿⑦于物之所以生，孰与有物之所以成？故错人而思天，则失万物之情。

重视它，哪如施展智能而去变革它呢？思念万物〔的变化莫测〕，而注视它，哪如顺理这些万物而不丧失它呢？羡慕万物的生长之理，哪如掌握万物的成就之理呢？所以，放弃人事，而思念天道，就会失掉万物的真实。

注 释

❶"亡"上本有"尽"字。○王先谦："尽"字无义，衍文也。《强国》篇四语与此同，无"尽"字。○按：《韩诗外传》《群书治要》无"尽"字。 ❷按：《广雅》："与，如也。"孰与，犹言何如、何若也。 ❸"裁"本作"制"。○王念孙："制"当为"裁"。思、裁为韵，颂、用为韵，待、使为韵，多、化为韵。"制"，因杨注"裁制之"而误。○按：下文物、失、生、成、情，亦为韵。 ❹按：《说文》："多，重也。" ❺按：《毛诗传》："骋，极也。" ❻刘师培：物，与《周礼》之"物地"（载师、卝人、草人）、"物马"（校人）、《左传》"物土"（昭二十三年）之"物"同。物，即虑度之义。言徒知虑度之，无益也。○按：物，当借为"眒"。《说文》："眒，目冥远视也。"郑玄《仪礼》注："物，犹相也。"（卝，古"矿"字。） ❼按：杨倞《荣辱》篇注："愿，犹慕也。"

【原文】

百王之无变，足以为道贯①。一废一起，应之以贯。理贯，不乱；不知贯，不知应变。贯之大体，未尝亡也。乱生其

【译文】

历代帝王所持久不变的法制，足以作为道（政治路线）的一般纲领（优良传统）。一代废止，一代兴起，都要适应这个纲领。整顿这个纲领，就不会发生紊乱；不懂这个纲领，就不懂得适应变化。纲领的大体，并不曾亡失。违失了它，就会发生紊乱；详察

差，治尽其详。故道之所善，中则可从，畸②则不可为，匿③则大惑。

水行者表深，表不明，则陷④；治民者表道，表不明，则乱。礼者，表也。非礼，昏世也；昏世，大乱也。故道无不明。外内异表，隐显有常，民陷乃去。

于它，就会获得平治。所以，道所以认为是好的：适中了，就可以遵从；偏邪了，就不可以施行；执行错误了，就会迷失方向。

在水里行走的人，把深度作为标准，标准不明了，就会遭到淹没；治理人民的人，把道作为标准，标准不明了，就会造成紊乱。礼制就是治理人民的标准。不合乎礼制，就是昏暗之世；昏暗之世，就是大乱之世。所以，道没有照耀不到的地方。对外、对内，都有不同的标准；明处、暗处，都有正常的法则；人民才受不到危害。

注 释

❶按：贯，犹纲系也。《说文》："贯，钱贝之贯。"《一切经音义》引《苍颉》："贯，穿也，以绳穿物曰贯。" ❷杨倞：畸者，不偶之名，谓偏也。○按：《广雅》："畸，邪也。" ❸王念孙：匿，与"慝"同。（《逸周书·大戒》篇："克禁淫谋，众匿乃雍。"《管子·七法》篇："百匿伤上威。"并以"匿"为"慝"。）慝，差也。（《洪范》："民用僭忒。"《汉书·王嘉传》引此"忒"作"慝"，而释之曰："民用僭差不壹。"董仲舒《雨雹对》曰："无有差慝。"）言大惑生于差慝也。上文曰"乱生其差"，正谓此也。 ❹杨倞：表，标准也。陷，溺也。

【原 文】

万物为道一偏①，一物为万物一偏，愚者为一物一偏。而自以为知道，无知也。

【译 文】

万物是道（规律）的一个方面，一物是万物的一个方面，愚者是一物的一个方面。可是，有的人自以为懂得了道，

慎子有见于后，无见于先[2]；老子有见于诎，无见于信[3]；墨子有见于齐，无见于畸[4]；宋子有见于少，无见于多[5]。

有后而无先，则群众无门；有诎而无信，则贵贱不分；有齐而无畸，则政令不施；有少而无多，则群众不化。

《书》曰："无有作好，遵王之道；无有作恶，遵王之路[6]。"此之谓也。

其实他是一无所知的。

慎子只见到了后退的一方面，而没有见到前进的一方面；老子只见到了屈缩的一方面，而没有见到延伸的一方面；墨子只见到齐同的一方面，而没有见到歧异的一方面；宋子只见到了减少的一方面，而没有见到增多的一方面。

只有后退，而没有前进，群众就没有出路；只有屈缩，而没有延伸，贵贱就没有区别；只有齐同，而没有歧异，政令就不能施行；只有减少，而没有增多，群众就没有进化。

《尚书》中说："不要有所偏好，只有遵循着王者的大道；不要有所偏恶，只要遵循着王者的大路。"就是说的这个道理。

注释

❶ 按：杨倞《不苟》篇注："偏，谓见其一隅也。"《广雅》："偏，方也。" ❷ 杨倞：慎到，本黄老之术，明不尚贤、不使能之道。故庄子论慎到曰"块不失道"，以其无争先之意，故曰"见后而不见先"也。《汉书·艺文志》慎子著书四十二篇，班固曰"先申、韩，申、韩称之"也。 ❸ 杨倞：老子著五千言，其意多以屈为伸，以柔胜刚，故曰"见诎而不见信"也。信，读为"伸"。 ❹ 杨倞：畸，谓不齐也。墨子著书有上同、兼爱，是见齐而不见畸也。○李颐《庄子》注："畸，异也。" ❺ 杨倞：宋子，名钘，宋人也，与孟子同时。下篇云："宋子以人之情为欲寡，而皆以己之情为欲多，为过也。"据此说，则是少而不见多也。钘，音"形"，又"胡泠"反。《汉书·艺文志》有《宋子》十八篇，班固曰："荀卿道宋子，其言黄、老意。" ❻ 杨倞：《书·洪范》。以喻偏好，则非遵王道也。

正论①篇第十八

【原文】

世俗之为说者曰："主道利周②。"是不然。

主者，民之唱③也；上者，下之仪④也。彼将听唱而应，视仪而动。唱默，则民无应也；仪隐，则下无动也；不应、不动，则上下无以相胥⑤也。若是，则与无上同也，不祥莫大焉。

【译文】

世俗上著书立说的人说："君主的道术利于保密。"实际上并不是这样。

君主，是人民的倡导；上层，是下层的表率。人民听到倡导而后应和，看到表率而后行动。倡导静默起来，人民就无从应和；表率隐蔽起来，下层就无从行动；没有应和，没有行动，上层同下层就没有相互依存的关系。这样，就和没有上层是一样的，没有比这个再不吉祥的了。

注 释

❶杨倞：此一篇皆论世俗之乖谬，荀卿以正论辨之。　❷杨倞：周，密也，谓隐匿其情，不使下知也。○按：《管子·九守》篇："人主不可不周，人主不周，则群臣下乱。"《韩非子·八经》篇："明主，其务在周密。"　❸按：《说文》："唱，导也。"经传皆作"倡"。凡歌，导者为唱，随者为和。　❹杨倞：谓下法上之表仪也。○按：尹知章《管子》注："仪，谓表也。"《汉书·哀帝纪》："为宗室仪表。"　❺"胥"本作"有"。○杨倞：上不导其下，则下无以效上，是不相须也。○王先谦：有，当为"胥"，字之误也。据注云"是不相须

也"，则正文非"相有"，明甚。《诗·桑扈》疏："胥、须，古今字。"《孟子·万章》篇赵注："胥，须也。"是胥、须字义并同。

【原文】

故上者，下之本也。上宣明①，则下治辨②矣；上端诚，则下愿悫矣；上公正，则下易③直矣。治辨，则易一；愿悫，则易使；易直，则易知。易一，则强；易使，则功；易知，则明；是治之所由生也。上周密，则下疑玄④矣；上幽险，则下渐⑤诈矣；上偏曲，则下比周矣。疑玄，则难一；渐诈，则难使；比周，则难知。难一，则不强；难使，则不功；难知，则不明；是乱之所由作也。

【译文】

所以，上层是下层的基础。上层政治公开，下层就趋于平治；上层存心端诚，下层就趋于恭谨；上层处事公正，下层就趋于端直。平治，就容易齐一；恭谨，就容易役使；端直，就容易察知。容易齐一，国家就强盛；容易役使，就获得功绩；容易察知，就情况明了；这便是国家平治所以发生的根源。上层政治保密，下层就趋于眩惑；上层存心阴险，下层就趋于伪诈；上层处事偏曲，下层就趋于亲昵。眩惑，就难以齐一；伪诈，就难以役使；亲昵，就难以察知。难以齐一，国家就衰弱；难以役使，就没有功绩；难以察知，就情况不明了；这便是国家紊乱所以造成的根源。

注 释

❶按：宣、明，同义。韦昭《国语》注："宣，明也。"《韩诗内传》："宣，显也。" ❷郝懿行：辨，与"办"同。 ❸颜师古《汉书》注："易，平也。" ❹杨倞：玄，或读为"眩"，惑也。 ❺按：渐，通"僭"，伪也。见《不苟》篇。

【原 文】

故主道，利明，不利幽；利宣，不利周。故主道明，则下安；主道幽，则下危。故下安，则贵上；下危，则贱上。故上易知，则下亲上矣；上难知，则下畏上矣。下亲上，则上安；下畏上，则上危。故主道莫恶乎难知，莫危乎使下畏己。传曰："恶之者众，则危。"《书》曰："克明明德①。"《诗》曰："明明在下②。"故先王明之，岂特③玄之耳哉？

【译 文】

所以，君主的行动，利于彰明，而不利于隐暗；利于公开，而不利于保密。所以，君主的行动彰明，下民就安泰；君主的行动隐暗，下民就危殆。所以，下民安泰，就尊崇君上；下民危殆，就鄙视君上。所以，上层容易使人知道，下层就亲近他们的上层；上层难以使人知道，下层就惧怕他们的上层。下层亲近上层，上层就安泰；下层惧怕上层，上层就危殆。所以，君主的行动，没有比难以使下民知道再糟糕的，没有比使下民惧怕再危殆的。古书上说："憎恶的人多，就危险。"《尚书》中说："要能以发扬自己的光明德业。"《诗经》中说："主上要用光明昭示下民。"所以，先王是昭示人民的，哪能只眩惑人民呢？

注 释

❶ 按：《尚书·尧典》有"克明俊德"之文，《礼记·大学》篇引作"峻德"，俊、峻，或通"晙"。《尔雅》："晙，早也。"《说文》新附："晙，明也。"俊（峻）德，即明德也。《大学》篇云："大学之道，在明明德。"郑玄注："明明德，谓显明其至德也。" ❷ 杨倞：《诗经·大雅·大明》之篇。言文王之德明明在下，故赫赫然著见于天也。 ❸ 杨倞：特，犹直也。○按：高诱《吕氏春秋》注："特，但也。"

【原文】

世俗之为说者曰："桀、纣有天下，汤、武篡而夺之。"是不然。以桀、纣为常有天子之籍、亲有天子之籍①，则然②；天下谓在桀、纣，则不然。

古者天子千官，诸侯百官。以是千官也，令行于诸夏之国，谓之王；以是百官也，令行于境内，国虽不安，不至于废易遂③亡，谓之君。圣王之子④也，有天下之后也，执籍⑤之所在也，天下之宗室也。然而不材、不中⑥；内则百姓疾之，外则诸侯叛之；近者境内不一，遥者诸侯不听，令不行于境内；甚者诸侯侵削之，攻伐之。若是，则虽未亡，吾谓之无天下矣。

【译文】

世俗上著书立说的人说："桀王、纣王保有天下，汤王、武王篡夺了他们的天下。"实际上并不是这样。人们以为桀王、纣王长久地保有过天子的势位，亲身保有过天子的势位，实际上倒是这样；如果说天下掌握在桀王、纣王的手中，实际上并不是这样。

在古代，天子之下是千官，诸侯之下是百官。拥有千官，政令施行于整个中国，就称为王；拥有百官，政令施行于境内，国家纵然不安泰，但是还不至于废替、丧亡，就称为君。圣王的嗣君（继承人），是保有天下的后代，是势位的所在，是天下的宗主。然而，他们的后代不成器，不够中正；在国内，百姓痛恨他们；在国外，诸侯背叛他们；在近处，境内不统一；在远处，诸侯不听从，政令不能够施行于境内；甚至诸侯们都侵略它，征伐它。这样，它纵然还没有灭亡，我却说它是没有天下了。

注释

❶ 两"天子之籍"本作"天下之籍"。○王先谦：并当作"天子之籍"，说见《儒效》篇。 ❷ "常有天子之籍"后本有"则然"二字。"亲有天子之籍"

后"则然"本作"则不然"。○王引之、王先谦:"则不然"当作"则然"。○按:前之"则然"二字,实为赘文,当系下句"则然"二字之误重者,而又在下句误增"则不然"三字,遂致误而又误。今据二王之说改正,并删去前"则然"二字。 ❸王先谦:遂,读为"坠"。 ❹按:郑玄《礼记》注:"子,嗣君也。" ❺王先谦:埶籍,犹埶位。说见《儒效》篇。 ❻王念孙:中,读"中正"之"中"。《孟子·离娄》篇"中也养不中,材也养不材"是其证。

【原文】

圣王没,有埶籍者罢,不足以县①天下,天下无君;诸侯有能德明威积,海内之民莫不愿得以为君师;然而暴国、独侈,安诛②之,必不伤害无罪之民;诛暴国之君,若诛独夫。若是,则可谓能用天下矣。能用天下之谓王。

汤、武非取天下也,修其道,行其义,兴天下之同利,除天下之同害,而天下归之也。桀、纣非去天下也,反禹、汤之德,乱礼义之分,禽兽之行,积其凶,全其恶,而天下去之也。天下归之之谓王,天下去之之谓亡。故桀、纣无天下,而汤、武不弑君。

【译文】

圣王逝世之后,保有势位的人都无能,不足以继承天下,天下就如同没有君主一样;诸侯有的能够德行昭明,威望隆高,人民就没有不愿意得到他作为君上的;然而,对于暴虐人民、独行奢侈的君主,把他杀掉,必定要不伤害没有罪的人民;杀掉暴虐之君,就如同杀掉一个独夫一样。这样,就可以叫作能够掌握天下了。能够掌握天下,就称为王者。

汤王、武王并不是夺取了天下,他们修饬道德,施行正义,兴办天下共同的利益,铲除天下共同的祸害,因而天下就都归顺了他们。桀王、纣王并不是丢掉了天下,他们是违反了禹王、汤王的德业,紊乱了礼义的界线,他们的禽兽之行,罪恶累累,无恶不作,因而天下就都叛离了他们。天下都归顺了他,就称为王国;天下都叛离了他,就称为亡国。所以,桀王、纣王并没有天下,而汤王、武王并不是杀君。我们要用这

由此效③之也。 种道理说明事实。

注释

❶ 杨倞：圣王，禹、汤也。有埶籍者，谓其子孙也。罢，谓弱不任事也。县，系也。○按：罢，通"疲"。尹知章《管子》注："罢，谓乏于德义者。"杨注训"县"为"系"，谓承续天下之业。陆德明《周易》释文："系，续也。" ❷ "安"下本有"能"字。○王先谦：以上下文义求之，"能"字不当有。此以"安"代"则"字用。暴国独侈，安诛之者，暴国独侈，则诛之也。此"能"字缘上下文"能"字而衍。 ❸ 杨倞：由，用也。效，明也。用此论明之。

【原文】

汤、武者，民之父母也；桀、纣者，民之怨贼也。今世俗之为说者，以桀、纣为君，而以汤、武为弑；然则是诛民之父母，而师民之怨贼也；不祥莫大焉！以天下之合为君，则天下未尝合于桀、纣也。然则以汤、武为弑，则①未尝有说也，直堕②之耳。

【译文】

汤王、武王是人民的父母，桀王、纣王是人民的怨贼。如今，世俗上著书立说的人，以为桀王、纣王是君主，而汤王、武王是杀君；那么，这就是杀戮了人民的父母，而归从了人民的怨贼；没有比这个再不吉祥的了！以为同天下相合拢的就是君主，可是天下并不曾合拢于桀王、纣王。那么，以为汤王、武王就是杀君，从来不曾有过这种说法，这只是出于毁谤而已。

注释

❶ "则"下本有"天下"二字。○王念孙："天下"二字，涉上文而衍。据杨注云"自古论说，未尝有此"，则本无"天下"二字明矣。 ❷ 郝懿行：堕

者，毁也。言以汤、武为弑，非有说也，直为妄言诋毁之耳。

【原文】

故天子唯其人。天下者，至重也，非至强莫之能任；至大也，非至辨莫之能分；至众也，非至明莫之能和。此三至者，非圣人莫之能尽。故非圣人莫之能王。圣人备道全美者也，是县天下之权称也。

【译文】

所以，天子，只有是他那样的人才，〔才能以充任〕天下，（任务）是非常沉重的，不是非常强壮的人，是不能够担负它的；（面积）是非常大的，不是非常辨察的人，是不能够区分它的；（人民）是非常繁众的，不是非常英明的人，是不能够调和它的。这三种，如果不是圣人，就不能够领会深透。所以，不是圣人，就不能够作为王者。圣人，是道德具备、美善齐全的人，是称量天下的一杆秤。

【原文】

桀、纣者，其知虑至险也，其志意①至暗也，其行为②至乱也；亲者疏之，贤者贱之，生民怨之。禹、汤之后也，而不得一人之与。刳比干，囚箕子，身死，国亡，为天下之大僇，后世之言恶者，必稽焉，数也③。故至贤，畴④四海，汤、武是也；至罢，不容妻子，

【译文】

桀王、纣王，他们的知虑是非常险恶的，他们的意志是非常昏暗的，他们的行为是非常昏乱的；亲近的人疏远他们，贤明的人卑贱他们，老百姓怨恨他们。他们是禹王、汤王的后代，可是得不到一个人的辅助。他们刳死了比干，囚禁了箕子，身躯死掉了，国家灭亡了，成为天下最大的耻辱。后世凡是谈到罪恶之人，都必定把他们作为参考对象（典型）。这是理数。所以，最大的贤明，能够保有四海，汤王、武王就是这样；最大的无能，不能够保有妻子和孩子，桀王、纣王就是这样。

桀、纣是也。今世俗之为说者，以桀、纣为有天下，而臣汤、武，岂不过甚矣哉？譬之是犹伛巫、跛匡⑤，而⑥自以为有知也。

如今，世俗上著书立说的人，以为桀王、纣王保有天下，而臣使汤王、武王，岂不是大错而特错了吗？打个比方，就如同伛偻腰的巫婆和瘸腿的废人，都自以为有知识一样。

注 释

❶"志意"本作"至意"。○杨倞："至意"当为"志意"。○按：涉"至暗"而误，今据改。 ❷"行为"本作"行之为"。○王引之：知虑、志意、行为，相对为文，则"行"下不当有"之"字。 ❸按："数也"句，本作"是不容妻子之数也"，"不容妻子"四字，非义，当系涉下文"至罢不容妻子"而衍，更衍"是""之"二字，今以意删。 ❹俞樾：畴者，保也。韦昭《国语》注："寿，保也。"此文作"畴"者，古字通耳。《说文》："俦，保也。"凡作"畴"、作"寿"，皆"俦"之假字。 ❺杨倞：匡，读为"尪"，废疾之人。《王霸》篇曰"贱之如尪"，与此"匡"同。 ❻"而"字本作"大"。○俞樾："大"乃"而"之讹。"而""大"篆文相似，因而致误。

【原文】

故可以有夺国，不可以有夺①天下；可以有窃国，不可以有窃天下也。夺，可以有国②，而不可以有天下；窃，可以得国，而不可以得天下。是何也？曰：国者③，小具也，可以小人有也，可以小道得也，可以小力

【译文】

所以，可以有夺取国家的说法，不可以有夺取天下的说法；可以有窃取国家的说法，不可以有窃取天下的说法。夺取，可以保有国家，而不可以保有天下；窃取，可以得到国家，而不可以得到天下。这是什么道理呢？回答说：国家，是小的工具，可以被小人所保有，可以

持也；天下者，大具也，不可以小人有也，不可以小道得也，不可以小力持也。国者，小人可以有之，然而未必不亡也；天下者，至大也，非圣人莫之能有也。

被小道所获得，可以被小力所把持；天下，是大的工具，不可以被小人所保有，不可以被小道所获得，不可以被小力所把持。国家，小人可以保有它，然而未必不会亡失；天下，是非常大的，不是圣人是不可能保有它的。

注 释

❶ 两"夺"字下本皆有"人"字。○王先谦：以下"窃国""窃天下"例之，两"人"字当衍。下文"有擅国，无擅天下"，句例亦同。　❷ 按："夺，可以有国"，本作"可以夺之者，可以有国"，今例以下句"窃，可以得国"，则"夺"上之"可以"与下之"之者"四字均为衍文，今以意删。　❸ 按："国"下本无"者"字，今依下文补"者"字。

【原文】

世俗之为说者曰："治古无肉刑，而有象刑①：黥，墨幪②；劓，草缨③；宫，艾毕④；剕，菲屦⑤；杀，赭衣而不纯⑥。治古如是。"是不然。

以为治邪，则人固莫触罪，非独不用肉刑，亦不用象刑矣；以为人或触

【译文】

世俗上著书立说的人说："平治的古代，没有肉刑（肉体之刑），而有象刑（拟象肉体之刑）：黥刑（刀割额角，填之以墨），用蒙黑头巾代替；劓刑（割鼻），用系草绳帽带儿代替；宫刑（割生殖器官），用斩去上衣前袍代替；剕刑（斩脚），用穿麻鞋代替；死刑，用穿无领红衣代替。平治的古代就是如此。"实际上并不是这样的。

如果以为是平治之世吧，人们就根本没有犯罪的，不但用不着肉刑，更用不着

罪矣，而直轻其刑，然则是杀人者不死，伤人者不刑也。罪至重而刑至轻，庸人不知恶矣。乱莫大焉。

象刑了。如果以为人们有时也犯罪，而直然减轻了他们的刑罚，那么，就是杀了人的不处死刑，伤了人的不受罚了。罪犯得很重，可是刑受得很轻，一般人就都不知道什么是罪恶了。紊乱没有比这个再大的了。

注　释

❶ 杨倞：治古，古之治世也。肉刑，墨、劓、剕、宫也。象刑，异章服，耻辱其形象，故谓之象刑也。○按：下文所列象刑之文，脱误甚多，不可读。幸杨倞在下文注中引有《慎子》及《尚书大传》之文，尚可据以订正。其注曰："《慎子》曰：'有虞氏之诛，以画跪当黥，以草缨当劓，以履綦当剕，以艾毕当宫。此有虞之诛也。'"又《尚书大传》曰："唐虞之象刑，上刑，赭衣不纯；中刑，杂屦；下刑，墨幪。'幪，巾也。"下文即据此订正之。　❷ "黥，墨幪"本作"墨黥"。○杨倞：墨黥，当为"墨幪"，但以墨巾幪其头而已。○按：《说文》："黥，墨刑，在面也。"郑玄《周礼》注："墨，黥也，先刻其面，以墨窒之。"黥，亦名"墨"，但不得言"墨黥"也，此必有脱文。今依杨注，在"墨黥"之上补"幪"字。　❸ "劓，草缨"本作"慅婴"。○杨倞：慅婴，当为"澡缨"；澡，或读为"草"。《慎子》作"草缨"是也。○王念孙："慅婴"上盖脱"劓"字。○按：今据杨、王说作"劓，草缨"。《说文》："缨，冠系也。"　❹ "宫，艾毕"本作"共，艾毕"。○杨倞：毕，与"韠"同，绂也，所以蔽前。○郝懿行：共，当为"宫"（刘台拱同）。艾，读当与"刈"同。盖斩艾其韠，以代宫刑也。○按：此正符《慎子》之文，今据改。《释名·释衣服》："韠，蔽膝也，所以蔽前也。"今所谓前袍也。　❺ "剕，綦屦"本作"菲，对屦"。○杨倞：对，当为"綦"。綦，枲也。《慎子》作"綦"。○刘台拱：菲，当作"剕"（郝懿行同）。剕罪以綦屦代之。○按：《尔雅》："跳，剕也。"郭璞注："断足曰剕。"陆德明释文："跳，或作'剕'。"《说文》："綦，枲屦也。枲，麻也。"　❻ 杨倞：以赤土染衣，故曰赭衣。纯，缘也。○郝懿行：纯，缘也。杀，杀罪也。今《慎子》作"布衣无领，当大辟"。布衣，即赭衣；无领，即"不缘"也。去其衣领，以代死刑。

【原文】

凡刑人之本，禁暴，恶恶，且征其未①也。杀人者不死，而伤人者不刑，是谓惠暴而宽贼也，非恶恶也。故象刑殆非生于治古，并起于乱今也。治古不然。

凡爵列、官职、赏庆、刑罚，皆报也，以类相从者也。一物失称②，乱之端也。夫德不称位，能不称官，赏不当功，罚不当罪，不祥莫大焉。昔者武王伐有商，诛纣，断其首，县之赤旆③。夫征暴、诛悍，治之盛也。

【译 文】

一般说，处罚人的本意，是为了禁止凶暴，憎恨罪恶，而且防患于未然。如果杀了人的不处死，伤了人的不受罚，那就叫作恩待了凶暴而宽恕了贼寇，而不是憎恨罪恶了。所以，象刑的传说，并不是发生于平治的古代，统统是兴起于紊乱的今世。平治的古代是不会这样的。

凡是爵位、官职、庆赏、刑罚这些办法，都是为了报应，善有善报，恶有恶报。一种事物失掉了平衡，就是紊乱的开端。如果德行不称爵位，才能不称官职，赏赐不符合功绩，惩罚不符合罪恶，不吉祥没有比这个再大的了。在从前，武王征伐商朝，杀了纣王，斩断他的首级，悬挂在红旗之上。这种征伐残暴、惩治凶悍的举动，乃是平治之世的隆盛事绩。

注 释

❶ 杨倞：征，读为"惩"。未，谓将来。　❷ 王先谦：称，权称也。失称，谓失其平。　❸ 杨倞：《史记》："武王断纣头，县之太白旗。"此云"赤旆"，所传闻各异也。《礼记·明堂位》说旗曰"殷之太白，周之大赤"，即《史记》之说非也。〇按：杜预《左传》注："旆，大旗也。"

【原文】

杀人者死，伤人者刑，是百王之所同也，未有知其所由来者也。刑称罪，则治；不称罪，则乱。故治则刑重，乱则刑轻①。犯治之罪，固重；犯乱之罪，固轻也②。

《书》曰："刑罚世轻世重③。"此之谓也。

【译文】

杀了人的就处死，伤了人的就受刑，这是历代帝王所共同的法制，没有人知道它是从什么时代开始的。刑罚和罪名相称，国家就平治；和罪名不相称，国家就紊乱。所以，平治之世，刑罚就重；紊乱之世，刑罚就轻。触犯了平治之世的罪行，必然显得重；触犯了紊乱之世的罪行，必然显得轻。

《尚书》中说："刑罚随着世代而有轻有重。"就是说的这个道理。

注释

① 杨倞：治世刑必行，则不敢犯，故重；乱世刑不行，则人易犯，故轻。② 按：高诱《战国策》注："固，必也。" ③ 杨倞：《书·甫刑》。以言世有治乱，故法有轻重也。

【原文】

世俗之为说者曰："汤、武不能禁令。是何也？曰：楚、越不受制。"是不然。

汤、武者，至①天下之善禁令者也。汤居亳，武王居鄗，皆百里之地也，天下为

【译文】

世俗上著书立说的人说："汤王、武王不能够施行禁令。为什么这样说呢？就是说：楚国、越国不接受控制。"实际上并不是这样的。

汤王、武王实在是天下善于施行禁令的人。汤王居守在亳邑，武王居守在镐京，他们都是方圆百里的土地，天下成为

一，诸侯为臣，通达之属，莫不振动②从服，以化顺之。曷为楚、越独不受制也？

一统，诸侯成为臣仆，凡是交通便利的属国，没有不奋起服从、感化归顺的。为什么说楚国、越国独独地不接受控制呢？

注 释

❶ 按：颜师古《汉书》注："至，实也。" ❷ 按：韦昭《国语》注："振，奋也。"

【原 文】

彼王者之制也，视形埶而制械用①，称远迩而等贡献②，岂必齐哉？故鲁人以榶，卫人用柯③，齐人用革④。土地形埶⑤不同者，械用备饰不可不异也。故诸夏之国，同服同仪⑥；蛮夷戎狄之国，同服不同制。封内，甸服⑦；封外，侯服；侯、卫，宾服⑧；蛮夷，要服⑨；戎、狄，荒服⑩。甸服者祭，侯服者祀，宾服者享，要服者贡，荒服者终王。日祭、月祀、时享、岁贡⑪，终王⑫。夫是之谓视

【译 文】

那王者的法制，依据天下形势而制作器用，称合地方远近而区分贡品，哪能必须一模一样呢？所以，鲁国用榶盛酒，卫国用盂盛酒，齐国用皮囊盛酒。土地形势不同，因而器用的装制就不能不有所区别。所以中原各国，供奉相同，制度相同；遥远的属国，供奉相同，制度不同。王畿之内，叫作甸服（为天子治田）；王畿之外，叫作侯服（为天子警戒）；侯圻、卫圻，叫作宾服（按时进贡）；蛮方、夷方，叫作要服（服从文教的约束）；戎方、狄方，叫作荒服（恍惚无常）。甸服祭祀天子的祖考，侯服祭祀天子的曾祖，宾服祭享天子的远祖，要服向天子进贡，荒服在旧君终世之后，朝见新王。〔中原各国，都是〕天天祭祖，月月祀曾祖，季季享远祖，年年进贡。这就叫作依据天下形势而

形埶而制械用，称远近而等贡献。是王者之制⑬也。 | 制作器用，称合地方远近而区分贡品。这是王者的法制。

注 释

❶ 杨倞：即《礼记》所谓"广谷大川异制，民生其间者异俗，器械异制，衣服异宜"也。 ❷ 杨倞：等，差也。 ❸ 杨倞：《方言》云："盌谓之櫂。盂谓之柯。"○郝懿行：《方言》今本"櫂"作"㯯"。 ❹ "用革"本作"用一革"。○郝懿行："一革"二字，虽未能详，然考《史记·货殖传》："适齐，为鸱夷子皮。"《索隐》引大颜云："若盛酒者鸱夷也，用之则多所容纳，不用则可卷而怀之。"据此，知鸱夷以革为之。《吴语》："盛以鸱夷，而投之于江。"韦注："鸱夷，革囊。"参以扬雄《酒赋》，则鸱夷乃酒器。范蠡适齐，而为鸱夷子皮，此正齐人所用，与"鲁人以櫂、卫人用柯"文义正合。○王先谦：以、用，同义。承上"贡献"言，各以其土物也。○按："用革"与"以櫂""用柯"对文，"一"系衍文，今以意删。 ❺ 按："形埶"本作"刑制"。此承上文"视形埶而制械用"而言。刑，当作"形"；制，涉上文"制"字而误，今以意改正。 ❻ 王念孙：仪，谓制度也。○按：郑玄《周礼》注："服，服事天子也。" ❼ 杨倞：甸服，王畿之内也。《禹贡》："五百里甸服。"孔安国曰："为天子服治田也。"侯服，畿外也。《禹贡》："五百里侯服。"孔云："甸服之外五百里也。侯，候也；斥候而服事王也。" ❽ 杨倞：韦昭注《国语》曰："侯，侯圻。卫，卫圻。自侯圻至卫圻，其间五圻，圻五百里；五五二千五百里，中国之界也，谓之宾服，常以服贡宾见于王。五圻者，侯圻之外甸圻，甸圻之外男圻，男圻之外采圻，采圻之外卫圻。《康诰》曰：'侯、甸、男、采、卫。'是也。此据《周官·职方氏》，与《禹贡》异制也。"○按：《汉书·匈奴传》："泾洛之北，以时入贡，名曰荒服。" ❾ 杨倞：《职方氏》云："卫服之外五百里，曰蛮服；又其外五百里，曰夷服。"孔安国曰："要，谓要束以文教。" ❿ 杨倞：《职方氏》所谓"镇服""蕃服"也。韦昭曰："各相去五百里。九州之外，荒裔之地，与戎、狄同俗，故谓之荒，荒忽无常之言也。" ⓫ 杨倞：韦昭曰："日祭，祭于祖考，上食也。近汉亦然。月祀于曾祖也（卢文弨：'曾

祖'，今韦昭作'曾高'）。时享，于二祧也。岁贡，于坛墠也。" ⑫杨倞：韦昭曰："终，谓世终，朝嗣王也。"○于省吾："终""崇"，古通字。《毛诗传》："崇，终也。"《国语》注："崇，尊也。"终王，谓尊王也。言荒服者不能按时祭祀享贡，但知崇之而已。○按：《礼记·祭法》："远庙为祧。"《宋书》引《礼记·祭法》"有二祧"，王肃清注："祧者，五世、六世之祖。""岁贡"下本无"终王"二字。○杨倞：此下当有"终王"二字，误脱耳。 ⑬"制"本作"至"。○王念孙：至，当为"制"。上文云"彼王者之制也"，下文云"则未足与及王者之制也"，皆其证。

【原文】

彼楚、越者，且①时享、岁贡、终王之属也，必齐之日祭月祀之属，然后曰受制邪？是规磨之说②也。坎井之鼃，不可与语东海之乐③。沟中之瘠④也，则未足与及王者之制也。

语曰："浅不足与测深，愚不足与谋知。"此之谓也。

【译文】

那楚国、越国，乃是季季祭享远祖、年年进贡、旧君终世之后朝见新王一类的国家，必定教它们和天天祭祀祖考、月月祭祀曾祖一类的国家一模一样，然后才叫作接受控制吗？这是一种比着圆规磨圆的说法。破井里的虾蟆，不可以和它谈说东海的快乐。它是沟池里浅薄的东西，并不足以和它议论到王者的法制啊。

古语说："只见过浅水的人，不能同他测度深水；愚蠢的人，不能同他谈论智慧。"就是说的这个道理。

注释

❶按：且，犹乃也。见《古书虚字集释》。 ❷按：规者，正圆之器。规磨，谓依规之形，磨以求圆，言其将此以符彼也。 ❸杨倞：司马彪曰："坎井，坏井也。"事出《庄子》。○按："坎井之蛙，不可与语东海之乐"二句本在"愚不足与谋知"下；"是规磨之说也"句，与"沟中之瘠也"句相接，文

似对偶,意不可晓。今以意将"坎井之蛙,不可与语东海之乐"二句移于"是规磨之说也"与"沟中之瘠也"之间。"沟中之瘠",指井蛙言之,则文通意顺矣。鼃,古"蛙"字。 ❹杨倞:沟中之瘠,以喻智虑浅也。

【原文】

世俗之为说者曰:"尧、舜擅让①。"是不然。

天子者,执位至尊,无敌于天下。夫有②谁与让矣?道德纯备,智惠甚明,南面而听天下,生民之属,莫不振动从服,以化顺之。天下无隐士,无遗善③。同焉者,是也;异焉者,非也。夫有恶擅天下矣?

【译文】

世俗上著书立说的人说:"唐尧、虞舜禅让天下。"实际上并不是这样。

天子,势位最尊贵,天下没有敌得过他的。那又有谁和他们相互禅让呢?道德纯备,智慧英明,面向南方,临朝听政,天下所有的百姓没有不奋起服从、感化归顺的。天下没有隐遁的贤士,没有遗弃的善人。与天子相和同,就是正确的;与天子相违反,就是不正确的。那又有什么禅让天下的说法呢?

注 释

❶杨倞:擅,与"禅"同。○按:《说文》:"嬗,一曰传也。"《广雅》:"禅,传也。"朱骏声谓:擅、嬗、禅,皆借为"传"。谓传天子之位于贤者。 ❷杨倞:有,读为"又"也。○按:下同。 ❸杨倞:无隐藏不用之士也。

【原文】

曰:"死而擅之。"是又不然。

【译文】

他们说:"天子死了,就把天下禅让给别人。"实际上又不是这样。

圣王在上，决德①而定次，量能而授官；皆使民载其事，而各得其宜；不能以义制利，不能以伪饰性，则兼以为民。圣王已没，天下无圣，则固莫足以擅天下矣。天下有圣而在后子者②，则天下不离，朝不易位，国不更制；天下厌然，与乡③无以异也；以尧继尧，夫又何变之有矣？圣不在后子而在三公④，则天下如归，犹⑤复而振之矣；天下厌然，与乡无以异也；以尧继尧，夫又何变之有矣？唯其徙朝、改制为难。故天子生则天下一隆，致顺而治⑥；死则能任天下者，必有之矣。夫礼义之分尽矣，擅让恶用矣哉？

圣王在上位，依据品德来决定等次，量度才能来授予官位，使人民各行其是，而各得其宜；不能用正义来裁制利益，不能用虚伪来掩饰本性，要全面地为人民打算。圣王已经逝世，天下失去了圣王，当然就没有足以禅让给他天下的人了。天下如果有圣王，而且是在他的嗣君身上，天下就不会背离，朝廷就不会更换君位，国家就不会变更制度；天下都安安泰泰的，和从前没有什么区别；用帝尧来继承帝尧，这又有什么变动的呢？圣王如果不在嗣君身上而在宰相身上，天下就如同归向他一样，从而又把国家振兴起来；天下都安安泰泰的，和从前没有什么区别；用帝尧来继承帝尧，这又有什么变动的呢？只有改朝换代、变更制度，才是一种难事。所以，天子活着，天下推于一尊，天下才得以安顺而平治；天子死去，天下必然就会有胜任的继承人。那么，礼义的职分已经尽到了，还用得着什么禅让了呢？

注释

❶ 按："决德"本作"图德"。今依《韩诗外传》作"决德"，已见《儒效》篇。 ❷ "后"下本无"子"字。〇俞樾："后"下当有"子"字。下文云"圣不在后子而在三公，则天下如归"。荀子之意，谓传贤与传子同。天下有圣而在后子，则传之子可也；圣不在后子而在三公，则传之贤可也。 ❸ 杨倞：厌然，顺服貌。乡，音"向"。 ❹ 杨倞：后子，嗣子，谓丹朱、商均。三公，宰相，

谓舜、禹。 ❺按：《毛诗传》："犹，可也。" ❻按："致顺而治"下本有"论德而定次"一句，文意不顺，当系涉上文"决德而论次"句而误衍，今以意删。

【原文】

曰："老衰而擅。"是又不然。

血气筋力，则有衰；若夫智虑、取舍，则无衰。曰老者不堪其劳而休也，是又畏事者之议也。天子者，埶至重而形至佚；心至愉，而志无所诎；而形不为劳，尊无上矣。衣被①，则服五采，杂间色②，重文绣，加饰之以珠玉；食饮，则重大牢而备珍怪，期臭味③，曼而馈④，伐皋而食⑤，雍而彻⑥于五祀⑦，执荐者百人侍西房⑧；居，则设张容，负依而坐⑨，诸侯趋走乎堂下；出户而巫觋有事⑩，出门而宗祝⑪有事；乘大路，趋越席⑫，以养安；侧载睪芷⑬以养鼻；前有错衡⑭，以养目；和鸾之声，步

【译文】

他们说："天子衰老了，就得把天下禅让给别人。"实际上又不是这样。

人的血气和筋力，当然是有衰退的；至于人的智虑和鉴别能力，是不会有衰退的。如果说老年人胜不过劳苦，因而就得退休，这又是心虚胆怯的人的一种说法。天子，势位非常沉重，而形体非常安逸；心情非常愉快，而意志无所屈缩；形体用不着操劳，因而享受着无上的尊贵。在穿衣方面，五彩历历，十色纷纷。还有文美的刺绣，再加上珠玉的修饰；在饮食方面，牛羊鱼肉，山珍海品，五味齐全，远远地把食品送到面前，奏着音乐进餐，奏着音乐彻席，还要在这时候祭神求福，端盘端碗的有百十个人都在西厢侍候着；在居处方面，张设着帷帐和床头的小屏风，背着大屏风坐着，诸侯们在堂前跑来跑去；一出内门，巫觋就给做祈祷；一出国门，宗祝就给祭神；乘坐着宽大的车，垫着蒲草做的席子，用来保持安稳；车旁插着香草，用来保养鼻子；车前面有华美的

中《武》《象》，骖中《韶》《护》⑮，以养耳；三公奉轭、持纳⑯，诸侯持轮、挟舆、先马⑰，大侯编后⑱，大夫次之，小侯、元士次之⑲，庶士介而夹道⑳，庶人隐窜，莫敢视望。居如大神，动如天帝，持老、养衰，犹有善于是者与不㉑？老者，休也，休犹有安乐恬愉如是者乎？故曰：诸侯有老，天子无老；有擅国，无擅天下。古今一也。

夫曰尧、舜擅让，是虚言也，是浅者之传、陋者之说也。不知逆顺之理，小大、至不至㉒之变者也，未可与及天下之大理者也。

横木，用来保养眼睛；车铃声衬托着马蹄声，或快或慢，两相应和，节奏合乎古乐，用来保养耳朵；三公驾车，诸侯的车在两边陪着，在前面领着，大侯排在后面，大夫在更后面，小侯、元士更在后面，士兵穿戴着盔甲，在道路两旁；老百姓见到，就得各自回避，没有一个敢露头探望的。居处如同天神，行动如同上帝。保衰养老，还有比这个更好的吗？如果说衰老了就等退休，退休还有这样的安乐愉快吗？所以说，诸侯有衰老的时节，天子没有衰老的时节；有禅让国家的，没有禅让天下的。古今是一样的。

那说唐尧、虞舜禅让天下的，是一种无稽之谈，是一种浅薄之人的传言、鄙陋之人的说法。他们是不懂得顺逆的道理的，是不懂得小和大、正当和不正当的变化的，是不可以和他们论及天下的大道理的。

注释

❶ 按：衣被，谓衣着也。李善《文选》注："被，犹衣也。"孔颖达《左传》疏："被，是被覆衣着之名。" ❷ 杨倞：服五采，言备五色也。间色，红碧之属。《礼记》曰"衣正色，裳间色"也。 ❸ 杨倞：珍怪，奇异之食也。期，当为"綦"，极也。○按：何休：《公羊传》注："牛、羊、豕，凡三牲，曰太牢。" ❹ 杨倞：馈，进食也。○郝懿行：曼，训长也；传粱进膳，列人持器，以次递传，故曰曼也。 ❺ "伐皋而食"本作"代睪而食"。○郝懿行：睪，即

"皋"字。○洪颐煊：《淮南子·主术》篇："鼖鼓而食，奏雍而彻。"与此上下文义同。鼖、皋，古字通用。○刘台拱：代罢，当作"伐皋"。《主术训》注引《诗》："鼓钟伐鼖。"《考工记·韗人》作"皋鼓"。○王念孙：《周官·大司乐》："王大食，三侑，皆令奏钟鼓。"又案：《淮南子》亦本作"伐鼖而食"，与"奏雍而彻"对文，《淮南子》即本于《荀子》也。○按：高诱《淮南子》注："鼖鼓，王者之食乐也。" ❻ 杨倞：雍，《诗·周颂》乐章名。奏《雍》而彻馔。《论语》："三家者以《雍》彻。" ❼ 按："于五祀"，本作"乎五祀"。乎，当作"于"，亦通字。《尔雅》："于，求也。"于五祀，犹言求五祀，谓祭之以求福也。孔颖达《礼记》疏引《郑志》："五祀，宫中之神。" ❽ 杨倞：荐，谓所荐陈之物，笾豆之属也。侍，侍立也。西房，西厢。 ❾ 杨倞：户牖之间谓之依，亦作"扆"。《尔雅》："容，谓之防。"郭璞云："如今床头小曲屏风，唱射者所以自防隐。"○郝懿行：张，与"帐"同，古以"张"为"帐"也。张、容二物，与负依而为三。○按：《汉书》注引李奇："张，帐也。" ❿ 杨倞：出户，谓出内门也。女曰巫，男曰觋。有事，祓除不祥。 ⓫ "宗祝"本作"宗祀"。○杨倞：出门，谓车驾出国门。宗者，主祭祀之官。祀，当为"祝"。有事，谓祭行神也。《国语》韦昭注："宗，大宗伯也，掌祭祀之礼。祝，大祝，掌祈福祥也。"○按："祝"字是。 ⓬ 杨倞：越席，结蒲为席。○按：《礼记·乐记》篇："大路者，天子之车也。"路，通作"辂"。韦昭《国语》注："辂，广车也。"陆德明《礼记》释文："趋，就也。" ⓭ 杨倞：睪芷，香草也；于车上傍侧载之，用以养鼻也。○按：睪，即"皋"之讹。《毛诗传》："皋，泽也。"芷生水旁，故曰皋芷。 ⓮ 杨倞：《诗》曰："约软错衡。"毛云："错衡，文衡。"○按：颜师古《汉书》注："衡，辕前横木也。"错衡，饰衡以文采也。 ⓯ 杨倞：和、鸾，皆车上铃也。《韩诗内传》曰："鸾在衡，和在轼前。"升车则马动，马动则鸾鸣，鸾鸣则和应，皆所以为行节也。许慎曰："和，取其敬；鸾，以象鸟之声。"武、象、韶、护，皆乐名。驺，当为"趋"。步，谓车缓行；趋，谓车速行。 ⓰ 杨倞：轵，辕前也。纳，与"軜"同。軜，谓骖马内辔系轼前者。《诗》曰："鋈以觼軜。"○按：奉，即今"捧"字。 ⓱ 杨倞：挟舆，在车之左右也。先马，导马也。○按：持轮，与"挟舆"略同，谓扶持于车轮之侧也。 ⓲ 杨倞：大侯，国稍大，在五等之列者。○按：颜师古《汉书》注："编，列次也。"谓行车之编次。 ⓳ 杨倞：小侯，僻远之国及附庸也。元士，上士也。《礼记》曰："庶大小侯入天子之国，曰某人。"又曰"天子之元士，视附庸"也。　⑳杨倞：庶士，军士也。介而夹道，被甲夹于道侧，以御非常也。　㉑按：与不，即"与否"，亦疑辞也。　㉒杨倞：小，谓一国；大，谓天下。至不至，犹言当不当也。

【原文】

世俗之为说者曰："尧、舜不能教化。是何也？曰：朱、象①不化。"是不然也。

尧、舜，至天下之善教化者也。南面而听天下，生民之属，莫不振动从服，以化顺之。然而朱、象独不化，是非尧、舜之过，朱、象之罪也。尧、舜者，天下之英也；朱、象者，天下之嵬、一时之琐②也。今世俗之为说者，不怪朱、象而非尧、舜，岂不过甚矣哉？夫是之谓嵬说③。

【译文】

世俗上著书立说的人说："唐尧、虞舜不能够教化人。为什么这样说呢？这是说：丹朱、象没被教化。"实际上并不是这样的。

唐尧、虞舜，实在是天下善于教化人的人。他们面向南方，临朝听政，天下所有的百姓，没有不奋起服从，感化归顺的。然而，丹朱、象独独没有变化，这并不是帝尧、帝舜的过错，而是丹朱、象的罪恶。帝尧、帝舜，是天下的英杰；而丹朱、象，是天下的妖物、一时的小人。如今，世俗上著书立说的人，不怪罪丹朱、象而非难帝尧、帝舜，岂不是大错而特错了吗？这就叫作诡怪之说。

注释

❶按：朱，丹朱，尧之子也。象，舜之弟也。　❷按：嵬，谓妖物；琐，谓小人。解见《非十二子》篇。　❸杨倞：嵬说，狂妄之说。

【原文】

羿、蠭门者，天下之善射者也，不能以拨弓①、曲矢中微②；王梁③、造父者，天下之善驭者也，不能以辟④马、毁舆致远；尧、舜者，天下之善教化者也，不能使嵬琐化。何世而无嵬？何时而无琐？自太皞、燧人⑤，莫不有也。故作者不祥，学者受其殃，非者有庆。

《诗》曰："下民之孽，匪降自天；噂沓背憎，职竞由人⑥。"此之谓也。

【译文】

羿、逢蒙，是天下善于射箭的人，他们不可能用斜弓、偏箭射中微小的目标；王良、造父是天下善于驾车的人，他们不可能用瘸马、破车驾驶到遥远的地方；帝尧、帝舜是天下善于教化人的人，他们不可能使妖物、小人受到感化。哪个世代没有妖物呢？哪个世代没有小人呢？自从伏羲氏、燧人氏以来，没有哪个世代没有的。所以，制造这种学说的人不吉祥，学习的人就受到他们的殃害，非难他们的人就值得赞扬。

《诗经》中说："下民的遭孽，并不是从天上掉下来的；他们集聚在一起，唠唠叨叨的，当面说好话，背面相仇恨，这些情形，都是由人们的品质造成的。"就是说的这个道理。

注 释

❶杨倞：拨弓，不正之弓。 ❷"中"下本无"微"字。○陈奂："中"下脱"微"字。《儒效》《王霸》《君道》《议兵》诸篇皆"中微"与"致远"作对文，可证。 ❸按：王梁，即王良。《淮南子·览冥》篇："昔者，王良、造父之御也。" ❹杨倞：辟，与"躄"同。○按：颜师古《汉书》注："辟，足病。"张守节《史记正义》："躄，跛也。" ❺杨倞：太皞，伏羲也。燧人，太皞前帝王，始作火化者。 ❻杨倞：《诗经·小雅·十月之交》篇。言下民相为妖孽，灾害非从天降，噂噂沓沓然相对谈语，背则相憎，为此者，盖由人耳。○按：《说文》："噂，聚语也。沓，语多沓沓也。"《尔雅》："职，常也。"王逸

《离骚》注:"竞,并也。"职竞由人,常皆由人也。

【原文】

世俗之为说者曰:"太古薄丧,棺厚三寸,衣衾三领;葬田不妨田,故不抇①也,乱今厚葬,饰棺,故抇也②。"是不及知治道,而不察于抇不抇者之所言也。

【译文】

世间著书立说的人说:"在太古时代,施行薄葬,棺木三寸,衣衾三件,葬地妨碍不着种田,所以没有人挖掘坟墓;紊乱的现代,施行厚葬,棺木修饰美丽,所以就有人挖坟掘墓。"这是不懂得治国之道,而又不明察掘墓与不掘墓原因的人所说的话。

注 释

❶按:此句"不抇"本作"不掘",下句作"抇";抇、掘,同字,不当两书,今以意改作"抇"。 ❷杨倞:抇,穿也,为发冢也。

【原文】

凡人之盗也,必以有为,不以备不足①,则以重有余也。而圣王之生民也,皆使富厚、优犹、知足②,而不得以有余过度。故盗不窃,贼不刺③,狗、豕吐菽、粟④,而农贾皆能以货财让;风俗之美,男女自不取于涂,而百姓

【译文】

凡是人们的盗窃行为,必定是有所为的,不是为了防备不足,就是为了加重有余。可是,圣王抚养人民,使人民都要富厚、宽裕、知足,而不得超过有余的限度。所以,〔在太古的时代,〕盗贼都不偷盗,不探取,狗、猪都不喜欢吃粮食,而农民、商人都能够推让财货;风俗非常美好,男女都不私自在道路上拣东西,百姓都以拾取丢失的东西

羞拾遗。

故孔子曰："天下有道，盗其先变乎！"虽珠玉满体，文绣充棺，黄金充椁，加之以丹矸，重之以曾青⑤，犀象以为树，琅玕、龙兹、华觐以为实⑥，人犹且莫之扣也。是何也？则求利之诡缓⑦，而犯分之羞大也。

所以，孔子说："天下太平了，盗贼就得先有变化呀！"〔坟墓之内，〕纵然是珠玉带满全身，文绣装满内棺，黄金装满外椁，另外还加上一些五光十色的彩画，用犀角、象牙雕刻成的树木，用形形色色的美玉制作成的果实，人们也没有挖掘它的。这是什么原因呢？就是由于把求利的奸诈之心放在后面，而对侵犯别人的行为感到非常可耻啊！

注 释

❶"足"下本重一"足"字。○卢文弨：下"足"字衍。 ❷"富厚优犹知足"本作"当厚优犹不知足"。○杨倞：优犹，宽泰也。"不"字亦衍耳。○王念孙："当厚"，盖"富厚"之误。○按：今据删改。 ❸俞樾：《汉书》颜注："刺，采取之也。"又曰："刺，谓探候之也。"然则刺者，探取之义。"盗不窃，贼不刺"，变文以成句耳。 ❹郝懿行：吐者，弃也（《仓颉篇》）。此盖极言菽粟之多耳。 ❺杨倞：丹矸，丹砂也。曾青，铜之精，形如珠者，其色极青，故谓之曾青。言以丹青采画也。 ❻杨倞：琅玕，似珠。觐，当为"瑾"。华，谓有光华者也。○郭庆藩：上言"以为树"，下言"以为实"，盖谓植树、犀象，而以珠玉为之实也。龙兹，当为珠玉名，犹《左传·昭公二十九年》所称"龙辅"，为玉名也。○按：郭璞《山海经》注："琅玕，石似珠者。"《说文》："瑾、瑜，美玉也。"犀象以为树，谓犀角、象牙之雕为树形者也。 ❼按：高诱《吕氏春秋》注："缓，犹后也。"

【原文】

　　夫乱今然后反是。上以无法使，下以无度行；知者不得虑，能者不得治，贤者不得使。若是，则上失天性，下失地利，中失人和。故百事废，财物诎而祸乱起；王公则病不足于上，庶人则冻馁羸瘠于下；于是焉桀纣群居，而盗贼击夺以危上矣。安禽兽行，虎狼贪，故脯巨人而炙婴儿矣①。若是，则有何尤抇人之墓、抉②人之口，而求利矣哉？虽此倮而薶之③，犹且必抇也，安得葬薶哉？彼乃将食其肉而龁④其骨也。

【译文】

　　可是，紊乱的时代就不是这样。君上没有节制地役使人民，下民没有限度地轻举妄动；聪明人得不到发展思虑，有才能的人得不到参与政治，贤人得不到国家录用。这样，在上，就失掉了天性；在下，就失掉了地利；在中间，就失掉了人和。所以，百事废止了，财物亏损了，而祸乱起来了；王公们在上面痛感不足，百姓在下面挨饿受冻；因而，桀、纣之君同群共处，而盗贼用攻击抢夺的手段来危害他们的君上。于是，形成了禽兽的行径、虎狼的贪婪，因而发生了把大人制成干肉、把婴儿做成烤肉的现象。这样，还用得着责罪挖掘人的坟墓、撬开人的嘴巴而求取财物的勾当吗？那纵然是赤身裸体而埋起来的坟墓，也必然要去挖掘了，还用得着葬埋了吗？那就要吃人的肉而啃人的骨头了。

注 释

❶ 按：《说文》："脯，干肉也"。"炙，炮肉也。"　❷ 杨倞：抉，挑也。抉人口，取其珠也。　❸ 按：倮，今作"裸"。薶，"埋"本字。　❹ 按：龁，啃。

【原文】

夫曰"太古薄葬,故不扣也;乱今厚葬,故扣也",是特奸人之误于乱说,以欺愚者而淖①陷之,以偷取利焉。夫是之谓大奸。

传曰:"危人而自安,害人而自利。"此之谓也。

【译文】

那所谓"在上古时代,施行薄葬,所以没有人挖掘坟墓;紊乱的现代,施行厚葬,所以有人挖掘坟墓"的说法,只是奸邪之人被错误的学说所惑乱,借以欺骗愚蠢的人,因而把他们陷入泥淖,而来偷取财利的。这就叫作最大的奸邪。

古书上说:"危害了别人,来求取自己的安适;损伤了别人,来求取自己的利益。"就是说的这样的人。

注 释

❶"淖"本作"潮"。○卢文弨:潮,当作"淖"。古"潮"字作"淖",故"淖"误为"淖",又误为"潮"。○按:王逸《楚辞》注:"淖,溺也。"《广雅》:"淖,浊也。"

【原文】

子宋子曰:"明见侮之不辱,使人不斗①。"——人皆以见侮为辱,故斗也;知见侮之为不辱,则不斗矣。

应之曰:然则亦以人之情为不恶侮乎?

曰:恶而不辱也。

【译文】

宋子说:"明晓受到欺侮而不以为耻辱的道理,就可以使人们不斗殴。"——人们都以为受到欺侮是耻辱,所以就要斗殴;如果懂得了受到欺侮而不以为耻辱的道理,就不会斗殴了。

回答说:那么,你也以为人之常情是不憎恶欺侮的行为吗?

他们说:憎恶是憎恶,但是不以为这是耻辱啊。

曰：若是，则必不得所求焉。

回答说：这样，必然就得不到你所希求的反应了。

注 释

❶ 杨倞：宋子言：若能明侵侮而不以为辱之义，则可使人不斗也。《庄子》说宋子曰："见侮不辱，救民之斗。"《尹文子》曰："见侮不辱，见推不矜；禁暴息兵，救世之斗。此人君之德，可以为王矣。"宋子，盖尹文弟子。何休注《公羊》曰："以子冠氏上者，著其师也。"言此者，盖以难宋子之徒也。○按：之，犹而也。宋子，宋钘。

【原 文】

凡人之斗也，必以其恶之为说，非以其辱之为故也。今俳优、侏儒、狎①徒詈侮而不斗者，是岂钜②知见侮之为不辱哉？然而不斗者，不恶故也。今人或入其央渎③，窃其猪彘，则援剑戟而逐之，不避死伤，是岂以丧猪为辱也哉？然而不惮斗者，恶之故也。虽以见侮为辱也，不恶则不斗；虽知见侮为不辱，恶之则必斗。然则斗与不斗邪，亡④于辱

【译 文】

凡是人们的斗殴，必然是用自己憎恶对方作为说辞，而不是用自己被对方羞辱作为理由。如今的戏子、矮子、好玩好耍的人，受到唾骂、欺侮而不斗殴，他们哪懂得"受到欺侮而不以为耻辱"的道理呢？然而他们之所以不斗殴，是由于他们不知道憎恶这种行为。如今，有人爬进了他家的排水沟，偷盗了他家的猪，他就拿起刀枪来驱散盗贼，也不躲避死伤。这岂是因为丧失了猪就以为耻辱啊？然而他之所以不害怕斗殴，就是由于他憎恶盗贼。虽然以为受到欺侮就是耻辱，如果不憎恶对方，就不会斗殴；虽然懂得受到欺侮不是耻辱，如果憎恶对方，就必然会斗殴。那么斗殴和不斗殴，并不在于感到自己耻

之与不辱也，乃在于恶之与不恶也。

辱和不耻辱，而在于感到对方可恶和不可恶。

注 释

❶杨倞：狎，戏也。　❷杨倞：钜，与"讵"同。○王念孙：岂钜知者，岂知也。钜，亦岂也。古人自有复语耳，或言"岂钜"，或言"岂讵"，或言"庸钜"，或言"何讵"，其义一而已矣。○按：钜，今通作"讵"。　❸杨倞：央渎，中渎也，如今人家出水沟也。○按：中渎，渎中也。　❹按：亡，同"无"。

【原文】

夫今子宋子不能解人之恶侮，而务说人以勿辱也，岂不过甚矣哉？金口弊舌①，犹将无益也。不知其无益，则不知；知其无益也，直以欺人，则不仁。不仁，不知，辱莫大焉。将以为有益于人，则与②无益于人也，则得大辱而退耳。说莫病是矣！

【译文】

如今，宋子不能够了解人们憎恶欺侮的由来，而尽力劝说人们不要认为是耻辱。这岂不是大错而特错了吗？纵然说得自己嘴干舌燥，还是没有什么益处的。不知道这样做并没有益处，就是不明智；知道这样做并没有益处，可是直然用这个来欺骗人，就是不仁爱。不仁爱，不明智，耻辱没有比这个再大的了。本来以为这样做是有益于人，结果完全是无益于人，这就只有遭到奇耻大辱才肯罢休。没有比这种学说再有害的了！

注释

❶ "金口弊舌"本作"金舌弊口"。○卢文弨：上云"说人以勿辱"，此盖言舌弊犹不见听耳。○俞樾：此文当作"金口弊舌"。金，读为"唫"。《说文·口部》："唫，口急也。"弊，读为"敝"。言虽说之至于口唫舌敝，犹无益也。《战国策·秦策》："舌敝耳聋。"此可证"敝舌"之义。今作"金舌弊口"，义不可通。 ❷ 王念孙：与，读为"举"。举，古通作"与"。举，皆也。

【原文】

子宋子曰："见侮不辱。"

应之曰：凡议，必将立隆正①，然后可也；无隆正，则是非不分而辨讼不决。故所闻曰：天下之大隆②，是非之封界，分职、名、象之所起，王制③是也。故凡言、议、期、命，莫非以圣王为师④；而圣王之分，荣辱是也。

【译文】

宋子说："受到欺侮，并不算耻辱。"

回答说：凡是一种学说，必定要树立起高度的正确性，然后才站得住脚；如果没有高度的正确性，是非就不可能区分，争论就不可能解决。所以，我们听人说：天下的最高原则，是非的范围，上下职分以及物类的名称和理象兴起之所在，就是王者的法制。所以，凡是言语、议论、期望、命名的制作，没有不以圣王为导师的；而圣王对于事物的区分，就包含着光荣和耻辱两个方面。

注释

❶ 按：隆，犹大也。《说文》："隆，丰大也。"隆正，犹言大正也。 ❷ 按：大隆，犹言至大、至极也。 ❸ 杨倞：名，谓指名。象，谓法象。王制，谓王者之旧制。 ❹ "莫非"本作"是非"。○杨倞：期，物之所会也。命，名物也。皆以圣王为法也。○王引之："是非"当作"莫非"。杨注"皆"字，正释

"莫非"二字。今本"莫非"作"是非",则义不可通,盖涉上文两"是非"字而误。

【原文】

是有两端矣:有义荣者,有埶荣者;有义辱者,有埶辱者。志意修,德行厚,知虑明,是荣之由中出者也,夫是之谓义荣。爵列尊,贡禄厚,形埶①胜,上为天子、诸侯,下为卿相、士大夫,是荣之从外至者也,夫是之谓埶荣。流淫、污漫、犯分、乱理、骄暴、贪利,是辱之由中出者也,夫是之谓义辱。詈侮、捽搏②、捶笞、膑脚③、斩断、枯磔④、藉靡、舌䋝⑤,是辱之由外至者也,夫是之谓埶辱。是荣辱之两端也。

【译文】

这里有两种头绪:有道义上的光荣,有形体上的光荣;有道义上的耻辱,有形体上的耻辱。志意修饬,德行淳厚,智虑清明,光荣是从这里面发生出来的,这就叫作道义上的光荣。官级尊贵,俸禄丰厚,势位胜人,在上是天子、诸侯,在下是卿相、士大夫,光荣是从这里面发生出来的,这就叫作形体上的光荣。淫邪、污漫、犯分、乱理、强暴、贪利,耻辱是从这里面发生出来的,这就叫作道义上的耻辱。挨骂、挨打、鞭抽、剁脚、杀头、车裂、捆绑、割舌,耻辱是从这里面发生出来的,这就叫作形体上的耻辱。这便是光荣和耻辱的两种头绪。

注释

❶杨倞:形埶,谓埶位也。 ❷杨倞:捽,持头也。搏,手击也。 ❸杨倞:捶、笞,皆杖击也。膑脚,谓刖其膝骨也。 ❹杨倞:磔,车裂也。枯,与"䃺辜"义同欤?《周礼》注:"谓披磔牲体也。"○王念孙:《周官》郑注曰:"辜之言枯也,谓磔之。" ❺杨倞:藉,见凌藉也。靡,系缚也,与"縻"义同。○按:䋝,疑系"绝"字之别体,"举""绝",双声。《释名》:

"绝，截也。"舌绝，盖截舌之刑，亦辱之甚者。

【原文】

故君子可以有埶辱，而不可以有义辱；小人可以有埶荣，而不可以有义荣。有埶辱，无害为尧；有埶荣，无害为桀。义荣、埶荣，唯君子然后兼有之；义辱、埶辱，唯小人然后兼有之。是荣辱之分也。圣王以为法，士大夫以为道，官人以为守，百姓以成俗①，万世不能易也。

【译文】

所以，君子可以有形体上的耻辱，而不可以有道义上的耻辱；小人可以有形体上的光荣，而不可以有道义上的光荣。有了形体上的耻辱，妨碍不了他成为帝尧；有了形体上的光荣，妨碍不了他成为桀王。道义上的光荣，形体上的光荣，只有君子才能够兼而有之；道义上的耻辱，形体上的耻辱，只有小人才能够兼而有之。这便是光荣和耻辱的分界。圣王把这个作为准则，士大夫把这个作为路线，百官把这个作为法规，百姓把这个作为风气，这是千秋万代不能够改变的。

注 释

❶"成俗"本作"为成俗"。○王念孙：《晋语》注曰："为，成也。""以成俗"，即"以为俗"。今本"成"上有"为"字，乃涉上三"为"字而衍。吕本无"为"字。《礼论》篇："官人以为守，百姓以成俗。""成"上亦无"为"字。

【原文】

今子宋子案不然，独诎

【译文】

如今，宋子却完全不是这样，他独

容为己，虑一朝而改之，说必不行矣。譬之是犹以砖涂①塞江海也，以焦侥②而戴太山也，蹎③跌碎折，不待顷④矣。二三子之善于子宋子者，殆不若止之，将恐得伤其体⑤也！

独卑躬屈膝地为自己打算，想着在一旦之间把王者的准则改掉，他这种学说一定是行不通的。打个比方，就如同用砖泥堵塞江海，用矮人顶负泰山一样，不到片刻时间，就跌得粉身碎骨了。你们这些喜欢宋子学说的弟子们，似乎不如放弃了它，恐怕将来你们要伤身害体的啊！

注释

① 杨倞：砖涂，以涂垒砖也。　② 杨倞：焦侥，短人长三尺者。　③ 郝懿行：蹎者，僵仆也。经典俱假借作"颠"。　④ 杨倞：顷，少顷也。　⑤ 杨倞：二三子，慕宋子道者也。止，谓息其说也。伤其体，谓受大辱。○按：得，犹能也。见《古书虚字集释》。

【原文】

子宋子曰："人之情，欲寡，而皆以己之情为欲多，是过也①。"故率其群徒，辨其谈说，明其譬称，将使人知情之欲寡②也。

应之曰：然则亦以人之情为欲：目不欲綦色，耳不欲綦声，口不欲綦味，鼻不欲綦臭，形不欲綦佚。此五

【译文】

宋子说："人的私欲，本来是考虑得很少的，可是一般人都以为自己的私欲很多，这是一种错觉。"所以，他领着他的徒众，分析他们的说法，说明他们的比喻，打算使人们都懂得人的私欲本来是考虑得很少的道理。

回答说：那么，这也就是他们以为人的私欲要做到：眼睛不愿意追求色彩，耳朵不愿意追求声音，嘴不愿意追求滋味，鼻子不愿意追求气味，形体不愿意追求安逸。这五种追求，他也以为都是

綦者，亦以人之情为不欲乎？ | 人们的私欲所不考虑的吗？

注 释

❶ 杨倞：宋子以凡人之情，所欲在少，不在多也。《庄子》说宋子曰"以禁攻寝兵为外，以情欲寡少为内"也。　❷"情之欲寡"本作"情欲之寡"。○杨倞："情欲之寡"或为"情之欲寡"。○王念孙：或本是也。此谓宋子将使人知情之欲寡不欲多也。下文云："古之人以人之情为欲多而不欲寡"，"今子宋子以人之情为欲寡而不欲多也"，是其证。○按：情，谓私欲。《说文》："情，人之阴气，有欲者。"《汉书·董仲舒传》："情者，人之欲也。""情""欲"二字，不相属。"欲"乃动词，属下句。欲，犹愿也，思也。

【原 文】

曰：人之情，欲是已。

曰：若是，则说必不行矣。以人之情为欲此五綦者，而不欲多，譬之是犹以人之情，为欲富贵而不欲货也，好美而恶西施也。古之人为之不然。以人之情为欲多而不欲寡，故赏以富厚，而罚以杀损也。是百王之所同也。故上贤禄天下，次贤禄一国，下贤禄田邑，愿悫之民完衣食。今子宋子以是之情为欲寡而不欲多也，然

【译 文】

他们说：人们的私欲，就是考虑这些。

回答说：这样，他们的学说必然是行不通的。他们以为人们的私欲在这五种追求上考虑得不多，打个比方，就如同说人们的私欲是愿意富贵，可是不愿意有财货；喜爱美丽，可是厌恶西施一样。古代的人不是这样认为的。古人以为人的私欲考虑得很多，而不是考虑得很少。所以，赏赐就用丰富的办法，而惩罚就用减损的办法。这是历代帝王所共同的。所以，上等的贤才享受天下的俸禄，次等的贤才享受一国的俸禄，下等的贤才享受一县的俸禄，老实的百姓丰衣足食。如今，宋子以为人的私欲考

则先王以人之所不欲者赏，而以人之所欲者罚邪？乱莫大焉。今子宋子严然而好说①，聚人徒，立师学，成文典②，然而说不免于以至治为至乱也。岂不过甚矣哉？

虑得很少，而不是考虑得很多，那么，先王是以人们所不考虑的作为赏赐，而以人们所考虑的作为惩罚吗？没有比这种说法再昏乱的了。如今，宋子居然喜爱这种学说，集聚众徒，立为师学，写成文章，然而他的学说不免于把最大的平治作为最大的紊乱。这岂不是大错而特错了吗？

注　释

❶ 杨倞："严"读为"俨"。好说，自喜其说也。　❷"文典"本作"文曲"。○杨倞：文曲，文章也。○王念孙："成文曲"，义不可通。曲，当为"典"，字之误也。成文典，谓作《宋子》十八篇也。《非十二子》篇云："终日言，成文典。"是其证。○按：依杨注之意，"曲"自当作"典"。韦昭《国语》注："文，典法也。"郑玄《礼记》注："文章，礼法也。"

礼论篇第十九

【原 文】

礼起于何也？曰：人生而有欲，欲而不得，则不能无求；求而无度量分界，则不能不争；争则乱，乱则穷。先王恶其乱也，故制礼义以分之。以养人之欲，给人之求，使欲必不穷乎物，物必不屈①于欲；两者相持而长，是礼之所起也。

故礼者，养也。刍豢、稻粱、五味调盉②，所以养口也；椒兰、芬苾③，所以养鼻也；雕琢、刻镂、黼黻、文章，所以养目也；钟鼓、管磬、琴瑟、竽笙，所以养耳也；疏房、檖貌、越席、床笫、几筵④，所以养体也。故礼者，养也。

【译 文】

礼是在什么情况之下兴起来的呢？回答说：人生下来就有欲望，欲望如果达不到，就不能没有求取；求取如果没有分寸和界限，就不能不争夺；争夺就会发生紊乱，紊乱就会发生穷窘。先王憎恶这种紊乱，所以就制定了礼义来分清它，借以保养人民的欲望，供应人民的求取，使人们的欲望不被物质所穷窘，使物质不被欲望所压倒；这两者相持并进，这便是礼兴起的原因。

所以，礼就是保养人生的道术。肉食、粮米，调和五味，这是保养嘴的；香草、香木，芬芳宜人，这是保养鼻子的；雕镂刻画，五光十色，这是保养眼睛的；钟鼓、管磬、琴瑟、竽笙，这是保养耳朵的；明房、深院、蒲席、床寝、几筵，这是保养身躯的。所以，礼就是保养人生的道术。

注释

❶ 杨倞：屈，竭也。 ❷ "盉"本作"香"。○王念孙：香，当为"盉"。《说文》："盉，调味也。"今通作"和"。"盉"与"香"字相似，故"盉"误为"香"。今经传皆通用"和"字，而"盉"字遂废。此"盉"字若不误为"香"，则后人亦必改为"和"矣。 ❸ 苾，馨香也。 ❹ 杨倞：疏，通也，疏房，通明之房也。貌，古"貌"字。橃，读为"邈"。貌，庙也。庙者，宫室尊严之名。言屋宇深邃绵邈也。第，床栈也。越席，翦蒲席也，古人所重。

【原文】

君子既得其养，又好其别。曷谓别？曰：贵贱有等，长幼有差，贫富、轻重，皆有称者也。故天子大路、越席，所以养体也；侧载睪芷，所以养鼻也；前有错衡，所以养目也；和鸾之声，步中《武》《象》，趋中《韶》《护》，所以养耳也；龙旗九斿，所以养信也①；寝兕、持虎②、蛟韅③、丝末④、弥龙⑤，所以养威也。大路之马，必倍至教顺，然后乘之，所以养安也。故⑥孰知夫要节⑦之所以养生也，孰知夫出费用⑧之所以养财也；孰知夫恭敬辞让之所以

【译文】

君子既要得到自己的保养，又要管好自己同别人的差别。什么叫作差别呢？回答说：贵贱有一定的等级，长幼有一定的次序，贫富、轻重，都各称其宜。所以，天子的大车、软席，是保养身躯的；车上载着香花，是保养鼻子的；车前有文采的横木，是保养眼睛的；车铃的声音，趁着马蹄的声音，两相应和，节奏合乎古乐，是保养耳朵的；龙旗飘扬，九坠缤纷，是保养徽号的；车轮上饰以虎兕，用鲛鱼皮修饰马革，用丝织作车笼，在车较（两旁）刻上蛟龙，是保养威严的；大车上的马匹，必加倍地教养驯服，然后才能使它驾车，是保养安适的。所以，要深深地懂得节约是为了调养生命，要深深地懂得削减费用是为了保养财物，要深深地懂得恭敬辞

养安也,孰知夫礼义文理之所以养情也。 | 让是为了保养安适,要深深地懂得礼义节文是为了保养性情。

注 释

❶ 按:《汉书》注引应劭:"斿,旌旗之流,随风动摇也。"字或作"旒",《说文》作"旇"。《法言·修身》篇:"信,符也。"《说文》:"符,信也。"谓徽号也。郑玄《礼记》注:"徽号,旌旗之名也。"古以龙象君,故以龙养信也。
❷ 卢文弨:持,当为"特",字之误也。寝麋、特虎,谓画轮为饰也。刘昭注《舆服志》引《古今注》:"武帝天汉四年,令诸侯王朱轮,特虎居前,左兕右麋,小国朱轮,画特熊居前,寝麋居左右。"《白虎通》亦曰:"朱轮特熊居前,寝麋居左右。"○按:《广雅·释兽》:"特,雄也。" ❸ 杨倞:韅,马腋之革。徐广曰:以蛟鱼皮为之。 ❹ 杨倞:末,与"幭"同。《礼记》曰:"君羔幭虎犆。"郑玄:"覆笭也。"丝幭,盖织丝为幭。○按:覆笭,《说文》作"覆笒",覆车之笒也。 ❺ 杨倞:徐广曰:"乘舆车以金薄,缪龙为舆倚较。"○卢文弨:弥,即《说文》之"䥉"。《广韵》引《说文》云:"䥉,乘舆金耳也。"金耳,谓车耳,即重较也。徐广说为得之。缪龙,《史记》作"璆龙"。《索隐》云:"璆然,龙貌。"○郝懿行:金耳者,金饰车耳也,于倚较上刻为交龙之形,饰之以金,以养威重。龙,取其威也。 ❻ 按:此"故"字本在"所以养威也"下,今依文意移于"所以养安也"之下。 ❼ 按:"要节"上本有"出死"二字,不可解,"出"字涉下句"出费用"而误衍;"死"字涉下文"人苟生之为见,若者必死"句而误衍。今以意删。要节,犹节约也。《广雅》:"要,约也。"
❽ 按:出,读为"黜"。《说文》:"黜,贬下也。"《广雅》:"黜,灭也。"《史记·礼书》"出"作"轻",正是其义。

【原 文】 | 【译 文】

故人苟生之为见,若者 | 所以,人们如果只见到生活的一方

必死;苟利之为见,若者必害;苟怠惰偷懦之为安,若者必危;苟情说①之为乐,若者必灭。故人一之于礼义,则两得之矣;一之于情性,则两②丧之矣。故儒者将使人两得之者也,墨者将使人两丧之者也。是儒、墨之分也。

面,这样就会遭到死亡;如果只见到利益的一方面,这样就会遭到损害;如果只认为怠惰柔懦就是安逸,这样就会遭到危困;如果只认为恣情悦爱就是快乐,这样就会遭到灭亡。所以,人们用礼义齐一起来,上下两方面就都有所获得;用情欲齐一起来,上下两方面就都有所丧失。所以,儒者要使人们在两方面都有获得,墨者要使人们在两方面都有丧失。这便是儒者和墨者的区分。

注 释

❶ 杨倞:说,读为"悦"。 ❷ 按:两,谓上下。

【原文】

礼有三本①:天地者,生之本也;先祖者,类②之本也;君师③者,治之本也。无天地,恶生?无先祖,恶出?无君师,恶治?三者偏亡④,焉⑤无安人。故礼上事天,下事地,尊先祖而隆君师,是礼之三本也。

【译文】

礼,有三种本原:天地是生命的本原,先祖是族类的本原,君长是政治的本原。没有天地,怎么会有生命呢?没有先祖,怎么会有族类呢?没有君长,怎么会有政治呢?三者偏缺一种,就无从安定人民。所以,礼在上侍奉天,在下侍奉地,尊敬先祖,而隆重君长,这就是礼的三种本原。

注 释

❶ 按：《大戴礼记·礼三本》篇，文字与此大同小异。　❷ 杨倞：类，种。○按：韦昭《国语》注："类，族类也。"　❸ 按：李贤《后汉书》注："师，即君也。"师者，长也，民之长也。　❹ 杨倞：偏亡，谓阙一也。　❺ 按：《经传释词》："焉，犹则也。"

【原文】

故王者天太祖①，诸侯不敢坏②，大夫士有常宗③，所以别贵始；贵始，得之本也④。郊止乎天子⑤，而社至于诸侯，道及士大夫⑥，所以别尊者事尊，卑者事卑⑦，宜大者巨，宜小者小也。故有天下者，事七世⑧；有一国者，事五世；有五乘之地者，事三世⑨；有三乘之地者，事二世⑩；持手而食⑪者，不得立宗庙。所以别积厚⑫者流泽广，积薄者流泽狭也。

【译文】

所以，王者把太祖（始祖）配比上天，诸侯不敢破坏始祖的祭庙，士大夫都有永恒的宗法，这是用来区别显贵的初始；显贵的初始，便是德业的本原。郊祭（祭天）只有天子奉行，而社祭（祭地）从诸侯以至士大夫都奉行，这是用来区别尊贵的建立尊贵的制度，卑下的建立卑下的制度，应该大的就大，应该小的就小。所以，保有天下的，建立七代的宗庙；保有一国的，建立五代的宗庙；保有上等采地的，建立三代的宗庙；保有次等采地的，建立两代的宗庙；自食其力的，不允许建立宗庙。这是用来区别功绩大的德泽就流传得广阔，功绩小的德泽就流传得狭窄。

注 释

❶ 杨倞：谓以配天也。太祖，若周之后稷。　❷ 杨倞：谓不祧其庙，若鲁周

公。《史记》作"不敢怀",盖误耳。○按:郑玄《周礼》注:"迁主所藏曰祧。" ❸ 杨倞:继别子之后,为族人所常宗,百世不迁之大宗也。别子,若鲁三桓也。 ❹ 杨倞:得,当为"德"。言德之本在贵始。《谷梁传》有此语。○卢文弨:得,《大戴礼记》作"德",古二字通用。 ❺ 按:《礼记·郊特牲》:"郊之祭也,大报本,反始也。"郑玄《礼记》注:"郊,祭天也。" ❻ "至"本作"止"。○杨倞:道,通也。言社自诸侯通及士大夫也。○王先谦:《史记》作"社至诸侯"。《索隐》:"言天子已下,至诸侯得立社。"○按:"止"字义不合,当作"至"。至、止,形近而误。杨所见《荀子》本,亦作"至于诸侯"。若作"止于诸侯",不训为"自诸侯通及士大夫"矣。 ❼ 按:郑玄《礼记》注:"事,犹立也。"通作"倳"。 ❽ "七"本作"十"。○杨倞:十,当为"七"。《谷梁传》作"天子七庙"。○王先谦:《大戴礼记》《史记》皆作"七"。 ❾ 杨倞:古者,十里为成,成出革车一乘;五乘之地,谓大夫有菜(采)地者,得立三庙也。 ❿ 杨倞:《祭法》所谓"适士立二庙"也。 ⓫ 杨倞:持其手而食,谓农工食力也。○文廷式:正文及注,"持"字皆"恃"字之误。 ⓬ "积厚"本重二字。○杨倞:积,与"绩"同,功业也。○卢文弨:《大戴礼记》及《史记》,"积厚"二字不重。○王念孙:不重者是也。上文"所以别尊者事尊,卑者事卑",与此文同一例。

【原文】

大飨:尚玄尊,俎生鱼,先大羹①,贵食饮之本也。飨:尚玄尊,而用酒醴,先黍稷,而饭稻粱②。祭:齐大羹,而饱庶羞③。贵本而亲用④也。贵本之谓文,亲用之谓理,两者合而成文⑤,以归大一,夫是之谓大隆⑥。

【译文】

大飨(祭先祖):以清水樽为最高祭品,俎(四足盘)里盛的是生鱼,先进没有盐酸之味的肉汤,这是贵重饮食的本原。四时祭:以清水樽为最高祭品,也献薄酒,先献黍稷饭,而后献稻粱饭。月祭:进没有盐酸之味的肉汤,而饱用多种食味。这是贵重本原,而接近实用。贵重本原就叫作文,接近实用就叫作理中,这两者相合,而成为礼文,以归向于大的同一,这就叫作大隆。

注 释

❶杨倞：大飨，祫祭先王也。尚，上也。玄酒，水也。大羹，肉汁无盐梅之味者也。○按：郑玄《仪礼》注："玄酒，新水也。"《一切经音义》引《字书》："俎，肉几也；高四脚小盘也。"俎生鱼，谓以小盘盛生鱼也。《太平御览》引《尔雅》旧注："肉有汁曰羹。" ❷杨倞：飨，与"享"同，四时享庙也。用，谓酌献也。以玄酒为上，而献以酒醴，先陈黍稷，而后饭以稻粱也。○按：醴，薄酒也。《说文》："醴，酒一宿孰也。" ❸杨倞：祭，月祭也。○俞樾：齐，当为"跻"。《礼记》郑注曰："齐，读为'跻'。"《左传》杜注："跻，升也。"跻大羹，升大羹也。○按：庶羞，众食也。《仪礼·公食大夫礼》："士，羞庶羞。"郝敬云："肴美曰羞，品多曰庶。" ❹按：《广雅》："亲，近也。"亲用，谓近于用也。 ❺郝懿行：文、理，一耳。贵本，则溯追上古，礼至备矣，兼备之谓文；亲用，则曲尽人情，礼至察矣，密察之谓理。理统于文，故两者通谓之文也。 ❻杨倞："大"读为"太"。太一，谓太古时也。○按：大一，谓同一之大者。孔颖达《礼记》疏："大一者，谓天地未分混沌之元气也。"

【原文】

故尊之尚玄酒也，俎之尚生鱼也，俎之先大羹也，一也①；利爵之不醮也，成事之俎不尝也，三臭之不食也，一也②；大昏之未发齐也，太庙之未入尸也，始卒之未小敛也，一也③；大路之素末也，郊之麻絻也，丧服之先散带也，一也④；三年之丧，哭之

【译文】

所以，樽以清水为上，俎以生鱼为上，用俎先进大羹，这是自古以来所同一的。祭祀完毕，爵里的酒不倒尽；丧礼结束后，俎里的肉不品尝；三饭之后，不进食；这是同一的。在婚礼还没有开始斋戒的时候，在祭祀太庙还没有进入像神的时候，在死亡之初还没有小敛（加衣于尸）的时候，这是同一的。天子大车上素色的车帷，郊祭中的麻冕，丧服中的先用散带，这是同一的。三年之丧，哭得声音没有曲折；《清

不反也，《清庙》之歌，一倡而三叹也，县之一钟，尚拊膈，朱弦而通越也，一也⑤。

庙》之歌，一个人领唱，三个人跟唱；奏乐，挂一架钟，用搏拊节乐，琴瑟上是朱（正红）弦而通孔；这是同一的。

注 释

❶杨倞：一，谓一于古也。此以象太古时，皆贵本之义，故云一也。　❷杨倞：醮，尽也；谓祭祀毕，告利成，利成之时，其爵不卒，奠于筵前也。《史记》作"不啐"。臭，谓歆其气，谓食毕也。皆谓礼毕无文饰，复归于朴，亦象太古时也。　❸杨倞：皆谓未有威仪节文，象太古时也。○按：齐，读为"斋"。以衣衾加之死者之尸曰小殓，以死者入棺曰大殓。　❹"素末"本作"素未集"，"散带"本作"散麻"。○按："素未集"当作"素末"，"集"字因与"帱"右边相似致误，盖以或作"帱"而误也。今改"素未集"为"素末"。又，"散麻"当作"散带"，杨注正言"散带"，是本不作"散麻"。今依《大戴礼记》改为"散带"。　❺"不反"，本作"不文"；"县之一钟，尚拊膈"，本作"县一钟，尚之拊膈"。○按："不文"，依诸家正作"不反"。《说文》："叹，吟也。"李善《文选》注："叹，犹歌也。""县一钟，尚拊之隔"，今依郝说作"县之一钟，尚拊膈"。"拊膈"，《乐论》篇作"拊鞷"。《广雅》："鞴，补也。"补，与"搏""相"之义近。

【原 文】

凡礼，始乎梲，成乎文，终乎悦①。故至备，情文俱尽②；其次，情文代胜③，其下，复情以归大一也④。

天地以合，日月以明，

【译 文】

一切的礼，开始于简略，成功于文采，归结于教化人民。所以，最完美的是感情同文采一并布露，其次是感情和文采互有胜负，再其次是把感情归向于太一（天地混元）之间。

天地由于它而和合，日月由于它而

四时以序，星辰以行，江河以流，万物以昌⑤，好恶以节，喜怒以当；以为下，则顺；以为上，则明；万变，不乱⑥；贰之，则丧⑦也。礼岂不至矣哉！立隆以为极，而天下莫之能损益也。本末相顺⑧，终始相应；至文以有别，至察以有说⑨。天下从之者治，不从者乱；从之者安，不从者危；从之者存，不从者亡。小人不能测也。

光明，四时由于它而循序，星辰由于它而运行，江河由于它而奔流，万物由于它而滋长，好恶由于它而节制，喜怒由于它而适宜；依从它做下民，就安顺；依从它做君上，就英明；千变万化，不曾紊乱；违反了它，就丧失一切。礼文岂不是最崇高的准则吗？把建立隆盛的礼文作为最高准则，因而天下就没有能够对它有所损益的。本末相循，终始相应；异常华美，而有所区别；异常明察，而有其意义。天下顺从它的，就平治；不顺从它的，就紊乱；顺从它的，就安泰；不顺从它的，就危殆；顺从它的，就获得生存；不顺从它的，就遭到灭亡。小人是不可能测度到它的作用的。

注 释

❶"校"本作"悦校"。○杨倞：《史记》作"始乎脱，成乎文，终乎税"。言礼始于脱略，成于文饰，终于税减。《礼记》曰："礼主其减。"校，未详。《大戴礼记》作"终于隆"。隆，盛也。○按：税，脱，通字。司马贞《史记索隐》："脱，犹疏略也。"《礼记·乐记》"礼主其减，乐主其盈"，《史记·乐书》引作"礼主其谦"，与本文礼"终乎悦校"不相类。杨引以证之，非是。"悦校"，"悦"字当涉上文"税"字而误衍，当作"终乎校"。《史记·乐书》作"税"，亦未合。《孟子·滕文公上》篇："校者，教也。"言礼终于教化也。今以意改。 ❷杨倞：情文俱尽，乃为礼之至备。情，谓礼意，丧主哀、祭主敬之类。文，谓礼物、威仪也。 ❸杨倞：不能至备，或文胜于情，情胜于文，是亦礼之次也。 ❹杨倞：虽无文饰，但复情以归质素，是亦礼也。若"潢污行潦之水，可荐于鬼神"也。 ❺杨倞：昌，谓各遂其生也。 ❻"万变不乱"本作"万物变而不乱"。○顾千里："物"字、"而"字疑不当有。《大戴礼记·

礼三本》篇无此二字，可以为证。　❼ 王先谦：贰，乃"贰"之误字。说见《天论》篇。《大戴礼记》作"贷之则丧"。张参《五经文字》云："贷，相承或借为'贳'。"《吕览》《管子》《史记》皆以"贳"为"忒"。　❽ 按：《释名》："顺，循也。"　❾ 王念孙：以，犹而也。言至文而有别，至察而有说也。○按：郑玄《考工记》注："说，犹意也。"颜师古《汉书》注："说，谓所说之文也。"

【原文】

礼之理诚深矣，"坚白""同异"之察，入焉而溺；其理诚大矣，擅作典制、辟陋之说，入焉而丧；其理诚高矣，暴慢、恣睢、轻俗以为高之属，入焉而队①。故绳墨诚陈矣，则不可欺以曲直；衡诚县矣，则不可欺以轻重；规矩诚设矣，则不可欺以方圆；君子审于礼，则不可欺以诈伪。故绳者，直之至；衡者，平之至；规矩者，方圆之至；礼者，人道之极也。

【译文】

礼的道理的确太深奥了，"坚白""同异"的诡辩，进入到这里，就把它给淹没掉；礼的道理的确太伟大了，擅自制造的法制，庸俗僻陋的学说，进入到这里，就把它给迷失掉；礼文的道理的确太高明了，把暴慢、任性、轻俗当作高明的人们，进入到这里，就把它给堕落掉。所以，墨线真的放置在面前，就不可以用曲直来欺骗人；秤杆真的悬挂在面前，就不可以用轻重来欺骗人；规矩真的放置在面前，就不可以用方圆来欺骗人；君子明审于礼文，就不可以用诈伪来欺骗人。所以，墨线是取直的标准，秤杆是取平的标准，规矩是取方圆的标准，礼是人道的标准。

注释

❶ 杨倞：队，古"坠"字，堕也。

【原文】

然而①不法礼，不足礼②，谓之无方③之民；法礼，足礼，谓之有方之士。礼之中焉，能思索，谓之能虑；礼之中焉，能勿易，谓之能固。能虑能固，加好之者焉④，斯圣人矣。故天者，高之极也；地者，下之极也；无穷者，广之极也；圣人者，道之极也。故学者，固学为圣人也，非特⑤学为无方之民也。

【译文】

因此，不效法礼，不施行礼，就叫作没有道术的人民；效法礼，施行礼，就叫作有道术的学士。站在礼的中间，能够思索，就叫作能够计划；站在礼的中间，能够不移动，就叫作能够巩固；能够计划，能够巩固，再加上喜好它，就成为圣人了。所以，天是高的标准，地是低的标准，无穷是广阔的标准，圣人是道德的标准。所以，学习，原来就是为了做个圣人，并不仅仅是为了做个没有道术的普通人。

注 释

❶ 按：然而，犹言如是而也。见《经传释词》。　❷ 按：足，犹行也。《汉书·五行志》："足，所以行也。"李善《文选》注："足，犹踏也。"　❸ 杨倞：方，犹道也。　❹"加好之者焉"本作"加好者焉"。〇王先谦：《史记》"者"作"之"。此句当作"加好之者焉"。《史记》引删"者"字，荀书夺"之"字也。无"之"字，则语不圆足。《王制》篇："为之、贯之、积重之、致好之者，君子之始也。""致好"下有"之"字，是其例。　❺ 按：特，犹直也，但也。

【原文】

礼者，以财物为用，以贵贱为文①，以多少为异，以隆

【译文】

礼，把财物作为工具，把贵贱作为法度，把多少作为区别，把隆重和

杀为要②。文理繁,情用省,是礼之隆也;文理省,情用繁,是礼之杀也;文理、情用,相为内外,表、里并行而杂③,是礼之中流也。故君子上致其隆,下尽其杀,而中处其中;步骤、驰骋、厉骛④,不外是矣;是君子之坛宇、宫廷也。人有是,士君子也;外是⑤,民也;于是其中焉,方皇、周挟⑥,曲得其次序,是圣人也。

故厚者,礼之积也;大者,礼之广也;高者,礼之隆也;明者,礼之尽也。

《诗》曰:"礼仪卒度,笑语卒获⑦。"此之谓也。

衰减作为调节。文理繁多,情用简略,这是礼隆重的表现;文理简略,情用繁多,这是礼衰减的表现;文理和情用互为表里,外表和内容并行不悖,这就是礼适中的表现。所以,君子在上要穷究礼隆重的原因;在下要详尽礼衰落的原因;而在中间,要居处在礼的正中;漫步、疾驰、急跑,都超出不了这个界限;这便是君子安身的所在。人们保有这个的,就是士君子;排除这个的,就是人民;站在这个中间,徘徊、往返,周密地得到它的顺序的,就是圣人。

所以,丰厚是礼的容积;庞大是礼的广度;崇高是礼的隆盛;光明是礼的终点。

《诗经》中说:"礼仪始终有一定的法度,因而始终博得大家的欢心。"就是说的这个道理。

注释

❶ 按:文,法度也。 ❷ 杨倞:隆,丰厚;杀,减降也。要,当也。礼或厚或薄,唯其所当为贵也。 ❸ 按:韦昭《国语》注:"杂,合也,会也。" ❹ 杨倞:厉骛,疾骛也。○高亨:厉,借为"䍧"。《说文》:"䍧,次弟驰也。"《广雅》:"䍧,犇也。"骛,犹犇骛也。厉、䍧,古通字。《诗·都人士》:"垂带而厉。"郑笺:"厉,当作'䍧'。"《礼记·祭法》"厉山氏",《左传·昭公二十九年》作"列山氏"。并其佐证。 ❺ 杨倞:是,犹此也。○王念孙:是,谓礼也。 ❻ 杨倞:方皇,读为"仿偟",犹徘徊也。挟,读为"浃",币也。

❼杨倞：引此明有礼，动皆合宜也。○按：《诗经·楚茨》之篇。郑笺："卒，尽也。"

【原文】

礼者，谨①于治生死者也。生，人之始也；死，人之终也；终始俱善，人道毕矣。故君子敬始而慎终。终始如一，是君子之道、礼义之文也。

夫厚其生而薄其死，是敬其有知而慢其无知也，是奸人之道而倍叛之心也。君子以倍叛之心接臧谷②，犹且羞之，而况以事其所隆亲乎③？故死之为道也，一而不可得再复也。臣之所以致重其君，子之所以致重其亲，于是尽矣。故，事生，不忠厚，不敬文，谓之野；送死，不忠厚，不敬文，谓之瘠④。君子贱野而羞瘠。

【译文】

礼，是谨严于处理生死的。生存，是人的开始；死亡，是人的终结；终结和开始都得到完善，人道就算做到了。所以，君子谨于处始而慎于处终。终始如一，这便是君子之道、礼义之文。

那厚于人的生存而薄于人的死亡，乃是尊敬人的有知有觉，而慢怠人的无知无觉，乃是奸人之道和背叛之心。君子对于用背叛人道之心接触微贱之人，还认为是一种耻辱，又何况是用这个来侍奉自己所尊崇和亲爱的人（君父）呢？所以，死亡这段过程，只有一次，而不可能再来一次的。臣下之所以尊重自己的君上，儿子之所以尊重自己的父母，在这里已经是达到了尽头。所以，生前侍奉，不忠诚丰厚，不恭敬有礼，这叫作粗野；死后送终，不忠诚丰厚，不恭敬有礼，这叫作浇薄。君子轻贱粗野，耻笑浇薄。

【注释】

❶杨倞：谨，严。　❷杨倞：臧，已解在《王霸》篇。《庄子音义》云：

"孺子曰谷。" ❸王引之：隆，尊也。所隆，谓君也；所亲，谓父母也。下文曰"臣之所以致重其君，子之所以致重其亲"，是其证。 ❹杨倞：瘠，薄。

【原文】

故天子棺椁七重①，诸侯五重，大夫三重，士再重；然后皆有衣食②多少、厚薄之数，皆有翣菨③、文章之等，以敬饰之；使生死、终始若一，一足以为人愿④。是先王之道，忠臣孝子之极也。

【译文】

所以，天子的棺椁是七层，诸侯是五层，大夫是三层，贤士是两层，然后都有衣衾、遣奠（殡前祭品）的多少、厚薄的数目，都有棺饰文采的等级，用这来恭恭敬敬地文饰丧礼；使对于人的生死、终始一般对待，都足以完成了人们的心愿。这便是先王之道，这便是忠臣孝子的准则。

注 释

❶"七"本作"十"。〇王引之：十，疑当作"七"。凡经传中"七""十"二字多互讹，不可枚举。礼，自上以下，降杀以两。天子七重，故诸侯减而为五，大夫减而为三也。〇按：重，犹层也。《说文》："层，重属也。"是重、层同义。 ❷"衣食"本作"衣衾"。〇杨倞：衣，谓衣衾。食，谓遣车所苞。遣，奠也。〇卢文弨：正文"衣衾"，案注，当本作"衣食"。〇王念孙：卢说是也。 ❸"翣菨"本作"菨翣"。〇杨倞："菨翣"当为"翣菨"。郑康成（玄）云"翣菨，棺之墙饰"也。〇按：杨引郑注，见《礼记·檀弓下》篇"设翣菨"下。本文"菨"，为"翣"之误字，而又误以"菨"代"翣"，因误为"菨翣"矣。《说文》："翣，棺羽饰也。"翣，《周礼》作"柳"。《缝人》云："衣翣柳之材。"郑注："柳之言聚也，诸饰所聚。"古作"翣菨"，亦作"翣柳"。今依杨注及郑玄《礼》注改"菨翣"为"翣菨"。 ❹杨倞：生死如一，则人愿皆足。〇按：一，皆也。已见前。《广雅》："为，成也，瘉也。"

【原文】

　　天子之丧，动四海，属诸侯；诸侯之丧，动通国，属大夫；大夫之丧，动一国，属修士；修士之丧，动一乡，属朋友①，庶人之丧，合族党，动州里。刑余②、罪人之丧，不得合族党，独属妻子，不得昼行，以昏殣，凡缘而往埋之③。

　　棺椁三寸，衣衾三领，不得饰棺；反，无哭泣之节，无衰麻之服，无亲疏、月数之等；各反其平④，各复其始，已葬埋，若无丧者而止。夫是之谓至辱⑤。

【译文】

　　天子的丧事，动用四海，付托于诸侯；诸侯的丧事，动用友邦，付托于大夫；大夫的丧事，动用本国，付托于上士；上士的丧事，动用一乡，付托于朋友；老百姓的丧事，会合族众，动用一村；刑余（刑后被赦）和罪犯的丧事，不会合族众，只能付托于妻子，不许可白昼送丧，要在夜晚埋葬，妻子穿着常日的衣服送葬。

　　〔墨者的丧制，〕棺椁三寸厚，衣衾三件，不许可在棺木上加文采，送丧回来，没有哭泣的节度，没有丧服的制度，丧服没有亲疏、月数的差别，样样都回反正常，样样都开始工作；葬埋之后，就像没有丧事一样，丧事一律废止。这就叫作〔对君父〕最大的侮辱。

注 释

❶杨倞：属，谓付托之，使主丧也。通国，谓通好之国也。一国，谓同在朝之人也。修士，士之进修者，谓上士也。一乡，谓一乡内之姻族也。 ❷杨倞：刑余，遭刑之余死者。○按：谓遭刑受赦之人。 ❸"不得昼行，以昏殣，凡缘而往埋之"三句，本在"不得饰棺"句下。○按：窃以为"棺椁三寸，衣衾三领，不得饰棺"以及"反无哭泣之节……"以下皆为墨者薄葬之法制，"不得昼行，以昏殣，凡缘而往埋之"，皆"刑余罪人之丧"之事。盖后之抄写者将"不得昼行"误与"不得饰棺"同列而倒之耳。今以意移至"独属妻子"之下。 ❹王引之：下文曰："久则平。"杨注"久则衰杀，如平常也"，是其证。 ❺杨倞：

此盖论墨子薄葬，是以至辱之道奉君父也。○按：《广雅》："辱，污也。"尹知章《管子》注："辱，犹违也。"

【原文】

礼者，谨于吉凶，不相厌①者也。紸纩听息②之时，则夫忠臣孝子亦知其闵③已；然而殡敛之具，未有求④也；垂涕恐惧，然而幸生之心未已，持生之事未辍也；卒矣，然后作具⑤之。故虽备家⑥，必逾日然后能殡，三日而成服。然后告远者出矣，备物者作矣。故殡久不过七十日，速不损五十日⑦。是何也？曰：远者可以至矣，百求可以得矣，百事可以成矣，其忠至矣，其节大矣，其文备矣。然后月朝卜宅，月夕卜日⑧，然后葬也。当是时也，其义⑨止，谁得行之？其义行，谁得止之？故三月之葬，其貌以生设饰死者⑩也，殆非直留死者以安生也。是致隆思

【译文】

礼，是谨严于吉事和凶事的，两者是各不相当的。在君父病势垂危，属纩听息（用新绵测验气息）的时刻，就是忠臣、孝子也知道他们已经昏迷不醒了，然而关于殡殓的准备，还是不曾顾及；哭哭啼啼，兢兢业业，然而臣子侥幸君父生存的心情还没有停止，保守君父生存的事务还没有搁放；死了，然后才开始做准备。所以，虽然是有所准备之家，必须经过一天才能殡殓（以尸入棺），三天才能穿上孝衣。然后，向远方送信的出发了，准备丧事的开始工作了。所以，出殡最久不能超过七十天，最快不能少于五十天。这是什么原因呢？就是说：距离远的亲属可以来到了，样样的需求可以获得了，样样的事务可以完成了，这项事务的忠心尽到了，这项事务的关节充实了，这项事务的文采具备了。然后，月初占卜埋葬的墓穴，月终占卜殡送的日期，然后这才举行葬礼。当着这个时刻，如果不适宜于这样做，谁能让这样做呢？如果适宜于这样做，谁能制止这样做呢？所以，三个月期限的葬礼，它的拟象是用生存的设施来文饰死者，并不只是挽留死者来安慰活着的人。这便是表达无

慕之义也。　　　　　　　上怀念的意义。

注 释

❶ 按：《周礼·天府》："凡吉凶之事。"郑玄注："吉事，四时祭也。凶事，后王丧，朝于祖庙之奠。"《说文》："厌，合也。"《汉书》注引刘德："厌，当也。"言吉凶之事各不相当也。　❷ 杨倞：紸，读为"注"。注纩，即属纩也。○按：《礼记·丧大记》："疾，病，男女改服，属纩以俟绝气。"郑玄注："纩，今之新绵，易动摇，置口鼻之上，以为候。"《说文》："息，喘也。"颜师古《汉书》注："息，出入气也。"　❸ 按：闵，当读为"惽"。《史记·范雎蔡泽列传》："窃闵然不敏。"《索隐》引邹诞生本作"惽"，是其证。《说文》："惽，不憭也。"张湛《列子》注："惽，迷惽也。"　❹ 按：郑玄《礼记》注："求，犹务也。"未有求，犹言尚未顾及之也。　❺ 按：《广雅》："作，始也。具，备也。"作具之，谓始作预备也。　❻ 按：《华严经音义》引顾野王："备，预早为之也。"备家，谓有预备之家也。　❼ 杨倞：此皆据《士丧礼》，首尾三月者也。损，减也。　❽ "月朝卜宅，月夕卜日"，本作"月朝卜日，月夕卜宅"。○杨倞：月朝，月初也；月夕，月末也。先卜日，知其期，然后卜宅，此大夫之礼也。《士丧礼》："先筮宅，后卜日。"此云"月朝卜日，月夕卜宅"，未详也。○王引之：当作"月朝卜宅，月夕卜日"，今本"宅""日"二字，上下互误耳，断无先卜日后卜宅之理。○按：卜宅，谓择墓穴；卜日，谓择葬期。　❾ 按：《广雅》："义，宜也。"　❿ 杨倞：貎，象也。言其象以生之所设器用饰死者，三月乃能备也。○按：杨下文注："貎，犹意也。"义同。

【原文】

丧礼之凡❶：变而饰❷，动而远❸，久而平❹。故死之为道也，不

【译文】

丧礼的大要：丧亡之后，就对死者覆加文饰；在料理丧事上，一时比一时离家室远；日期久了，就恢复平常。所以，料理死

饰，则恶⑤；恶，则不哀。佽，则玩⑥；玩，则厌；厌，则忘；忘，则不敬。一朝而丧其严亲⑦，而所以送葬之者，不哀，不敬，则嫌于禽兽⑧矣。君子耻之。故变而饰，所以灭恶也；动而远，所以遂敬⑨也；久而平，所以优生⑩也。

的方法，如果不覆加文饰，就会发生臭恶；发生了臭恶，就是对死者不哀痛。距离死者近了，就失之于狎昵；失之于狎昵，就会发生厌恶；发生了厌恶，就会对死者发生遗忘；发生了遗忘，就表示对死者不尊敬。一日之间，丧亡了自己所尊崇和亲爱的人（君父），而所以送葬的行动，既不哀痛，又不恭敬，那就近于禽兽了。君子以这个为耻辱。所以，丧亡之后，而加以文饰，就是为了灭绝臭恶；料理起来，一时比一时离家室远，就是为了表达尊敬；日期久了，逐渐恢复平常，就是为了宽裕生活。

注释

❶ 按：《小尔雅》："凡，要也。"《春秋繁露·深察名号》篇："凡者，独举其大也。" ❷ 杨倞：谓殡殓每加饰。〇按：范宁《谷梁传》注："变，谓死丧。"张守节《史记正义》："饰，谓文饰也。"孔颖达《礼记正义》："饰，谓容饰。"谓在死者四体周围加以文采。 ❸ 杨倞：《礼记》："子游云：饭于牖下，小敛于户内，大敛于阼，殡于客位，祖于庭，葬于墓，所以即远也。" ❹ 杨倞：久则哀杀，如平常也。 ❺ 按：恶，谓臭恶。杜预《左传》注："恶，垢秽也。"颜师古《汉书》注："恶，即矢（屎）也。" ❻ 杨倞：佽，与"迩"同。玩，戏狎也。 ❼ 俞樾：《礼记》郑玄注："严，犹尊也。"严亲，即尊亲。严，谓君；亲，谓父母。 ❽ 按：高诱《吕氏春秋》注："嫌，犹近也。" ❾ 按：韦昭《国语》注："遂，申也。"高诱《吕氏春秋》注："遂，达也。" ❿ 按：韦昭《国语》注："优，裕也。"

【原文】

礼者，断长，续短，损有余，益不足，达爱敬之文，而滋成行义①之美者也。故文饰、粗恶，声乐、哭泣，恬愉、忧戚，是反也；然而礼兼而用之，时举而代御②。故文饰、声乐、恬愉，所以持平奉吉也，粗恶③、哭泣、忧戚，所以持险奉凶④也。故其立文饰也，不至于窕冶⑤；其立粗恶也，不至于瘠弃⑥；其立声乐、恬愉也，不至于流淫、惰慢；其立哭泣、哀戚也，不至于隘慑、伤生；是礼之中流也⑦。

【译文】

礼，就是截长，续短，减损有余，补益不足，表达敬爱的节文，而养成道义的美行。所以，文饰和粗恶，音乐和哭泣，愉快和忧戚，是相反的；然而，礼可以兼而用之，及时行动，而交互为用。所以，文饰、音乐、愉快，这是持守平泰而承受吉祥的；粗劣、哭泣、忧戚，是持守险峻而承受灾凶的。所以，它在树立文饰制度的方面，不至于流入妖冶；它在树立粗劣制度的方面，不至于陷入枯竭；它在树立音乐、愉快的制度方面，不至于陷入淫邪、慢惰，它在树立哭泣、忧戚制度的方面，不至于陷入伤气、害生；这便是礼的中道。

注 释

❶ 按：行义，犹道义也。 ❷ 按：范望《太玄》注："时，调也。"韦昭《国语》注："举，动也。"王逸《楚辞》注："御，用也。" ❸ "粗恶"本作"粗衰"，下同。○王念孙：此后人不晓文义而妄改之也。"粗恶"对"文饰"，"哭泣"对"声乐"，"忧戚"对"恬愉"，皆见上文。"粗恶"二字所包者广，不止"粗衰"一事，不得改"粗恶"为"粗衰"也。 ❹ 杨倞：持，扶助也。险，谓不平之时。○按：《说文》："奉，承也。" ❺ 杨倞：窕，读为"姚"。姚冶，妖美也。 ❻ 按：杜预《左传》注："弃，废也。" ❼ 杨倞：隘，穷也。中流，礼之中道也。○按：《说文》："慑，失气也。"郑玄《礼记》注：

"慑，犹怯惑。"

【原文】

故情貌之变，足以别吉凶、明贵贱，亲疏之节期①止矣；外是，奸也；虽难，君子贱之。故量食而食之，量要而带之，相高以毁瘠②，是奸人之道也，非礼义之文也，非孝子之情也，将以有为者也③。

【译文】

所以，情貌的变化，是以区别吉凶，明审贵贱，因而亲疏的节制，必然就表明在这上面；离开了这种制度，便是奸邪之道；虽然对这种奸邪之道难以制止，君子也卑贱这种行为。所以，〔在居丧期间，〕估计着食量来吃饭，估计着腰围来束带，观察着体高来毁瘦自己，这都是奸邪之人的行径，并不是礼义的节文，并不是孝子的真情，而是凭借着这个而有所企图〔沽名钓誉〕。

注 释

❶ 按：杜预《左传》注："期，必也。" ❷ 按：《礼记·檀弓下》篇："毁不危身。"郑玄注："毁，谓憔悴将灭性。"此皆谓居丧时忧伤之事也。 ❸ 杨倞：非礼义之节文、孝子之真情，将有作为，以邀名求利，若演门也。（卢文弨：演门，未详。○引者按：演门，当为人名。）

【原文】

故说豫、娩泽、忧戚、萃恶，是吉凶、忧愉之情发于颜色者①也；歌谣、謸笑、哭泣、

【译文】

所以，喜悦、温润、忧戚、憔悴，这是吉祥和灾凶、忧愁和愉快的情感表现在面色方面的；歌吟、喧

谛号②，是吉凶、忧愉之情发于声音者也；刍豢、稻粱、酒醴、鱼肉、飦鬻、菽藿、水浆③，是吉凶、忧愉之情发于食饮者也；弁绖④、黼黻、文织、资粗、衰绖、菲繐、菅屦⑤，是吉凶、忧愉之情发于衣服者也；疏房、檖䫉、越席、床笫、几筵、属茨、倚庐、席薪、枕块⑥，是吉凶、忧愉之情发于居处者也。两情者，人生固有端⑦焉。若夫断之、继之、博之、浅之、益之、损之、类之、尽之⑧、盛之、美之，使本末、终始，莫不顺比，足以为万世则，则是礼也。非顺孰⑨修为之，君子莫之能知也。

笑、哭泣、啼号，这是吉祥和灾凶、忧愁和愉快的情感表现在音调方面的；肉食、稻粱、酒醴、鱼肉、米粥、粮食、水浆，这是吉祥和灾凶、忧愁和愉快的情感表现在饮食方面的；冠冕、黼黻、文织、粗布、衰绖、草衣、草鞋，这是吉祥和灾凶、忧愁和愉快的情感表现在衣服方面的；明屋、深院、蒲席、床寝、几筵、草房、倚庐、铺草、枕块，这是吉祥和灾凶、忧愁和愉快的情感表现在居处方面的。这两种情感，人们当然是有所渊源的。至于把这种情感斩断它，持续它，开拓它，搁浅它，增益它，减损它，改善它，推进它，扩大它，美化它，使它的本末、终始都没有不顺从人情的地方，足以作为万世的准则，这便是礼的意义。如果不顺理精审地去整饬它、施行它，君子不可能知道其中的意义。

注 释

❶ 杨倞：说，读为"悦"。豫，乐也。婉，媚也。泽，颜色润泽也。萃，与"悴"同。恶，颜色恶也。发，见也。○按：高诱《吕氏春秋》注："恶，丑也。" ❷ 杨倞：謸，与"傲"同，戏谑也。谛，读为"啼"。○按：杨倞《劝学》篇注："傲，喧噪也。" ❸ "鱼肉"本在"飦鬻"下。"水浆"本作"酒浆"。○杨倞：飦鬻、菽藿，丧者之食。○按：《玉篇》："飦，同'饘'字。"亦作"䭈"。鬻，"粥"本字。《说文》："饘，糜也。周谓之饘，宋谓之餬。"《孟子·滕文公上》篇："饘粥之食。" ❹ "弁绖"本作"卑绖"。○王念孙：

"卑絻"，疑当为"鼻絻"；鼻，即今之"弁"字。○按：今据改"卑"为"弁"，以求通俗一律。 ❺ 杨倞：文织，染丝织为文章也。资，与"齎"同，即齐衰也。粗，粗布也；今粗布亦谓之资。菲，草衣，盖如蓑然，或当时丧者有服此也。繐，繐衰也；菅，茅也。○按：《说文》："齎，緀也。緀，交枲也。"是齎即粗布所为也，故孔颖达《礼记·杂记》疏："齐，即粗也。"衰，本字作"縗"。孔颖达《礼记》疏："衰，丧服也。"《说文》："绖，丧首戴也。"今称麻冠。菅屦，草鞋也。 ❻ 杨倞：茨，盖屋草也。属茨，令茨相连属而已，至疏漏也。倚庐，郑云："倚木为庐。"谓一边着地，如倚物者。既葬，柱楣涂庐也。 ❼ 杨倞：两情，谓吉与凶，忧与愉。言此两者固自有端绪，非出于礼也。○按：郑玄《礼记》注："端，犹本也。" ❽ 按：《尔雅》："类，善也。"尽，当借为"进"。张湛《列子》注："进，当为'尽'。"是其证。进，亦善也。薛综《东京赋》注："进，善也。"谓推进之也。 ❾ 杨倞：孰，精也。修，治也。为，作也。

【原文】

故曰：性者，本始材朴也；伪者，文礼隆盛也。无性，则伪之无所加；无伪，则性不能自美①；性伪合，然后圣人之名一②，天下之功于是就也。故曰：天地合，而万物生；阴阳接而变化起；性伪合，而天下治。天能生物，不能辨物也；地能载人，不能治人也；宇中万物、生人之属，待圣人然后分也。

【译文】

所以说，天性，是人类原始的材质；行为，是人类文礼隆盛的具体表现。没有天性，行为就没有地方表现出来；没有行为，天性就不可能自动地趋于美善。天性同行为相互合并，然后圣人的名声获得纯一，而天下的功绩由此获得成就了。所以说，天地和合，而后万物生长；阴阳交接，而后变化兴起；天性同行为相互合并，而后天下平治。天能生养万物，而不能分辨万物；地能负载人民，而不能治理人民；宇宙间万物、生民之类，都要依靠圣人然后才分辨清楚。

《诗》曰："怀柔百神，及河乔岳③。"此之谓也。

《诗经》中说："安抚所有的鬼神，还普及到高山大河。"就是说的这个道理。

注 释

❶ 郝懿行：言性本质素，礼乃加之文饰，所谓"素以为绚"也。伪，即"为"字。○按："行为"之"为"，本字应作"伪"，又转为"诈伪"。《说文》训"诈"，引申之义也。说本《性恶》篇杨注。○按：高诱《吕氏春秋》注："加，施也。" ❷ 杨倞：一，谓不分散；言性伪合，然后成圣人之名也。 ❸ 杨倞：引此喻圣人能并治之。《诗经·周颂·时迈》之篇。○按：《毛诗传》："怀，来也；柔，安也。"

【原 文】

丧礼者，以生者饰死者也，大象其生，以送其死也。故如死如生，如亡如存①，终始一也。

始卒，沐、浴②、鬠体、饭唅，象生执③也。不沐，则濡栉，三律而止；不浴，则濡巾，三式而止④。充耳而设瑱⑤；饭以生稻，唅以槁骨⑥，反生术⑦矣。设⑧袭衣，袭三称，缙绅而无钩带⑨矣；设掩面，儇

【译 文】

丧礼，是以生存的人来文饰死亡的人，从大的方面拟象人的生平，来遣送人的死亡的。所以，侍奉死者就如同侍奉生者，侍奉亡者就如同侍奉存者，自始至终一致。

在刚刚死去的时候，洗发，洗身，束发，剪指甲，口内含物，这是拟象生前所操持的事务。如果不洗发，就只沾湿了木梳，梳三下就停止；如果不洗身，就只沾湿了手巾，擦三下就停止。在耳朵里塞上新绵；供上生稻米，口中含上干贝壳；这就是返还生前的办法。设备内衣，重上三层；束上大带，而不用带钩；设备面纱，围上眼睛；束发，而不用加冠、插簪；书

目，鬠而不冠笄⑩矣；书其名，置于其重，则名不见而柩独明矣⑪。

写上死者的名字，放置在重木（神牌）上，死者的名字就看不见，而仅仅明晃晃地看到棺柩。

注 释

❶按：如死如生，如亡如存，犹言事死如生，事亡如存也。《古书虚字集释》："如，犹为也。"义同。　❷按：《说文》："沐，濯发也。浴，洒身也。"　❸按：颜师古《汉书》注："唅，亦'含'字也。"　❹杨倞：律，理发也。濡，湿也。式，与"拭"同。　❺杨倞：《士丧礼》："瑱用白纩。"郑云："瑱，充耳。纩，新绵也。"　❻杨倞：生稻，米也。槀骨，贝也。　❼杨倞：术，法也。前说象其生也，此已下说反于生之法也。　❽按："设"或本讹作"说"，今从卢文弨说及王念孙、王先谦所见本改正。　❾杨倞：缙与"搢"同，扱也。绅，大带也。搢绅，谓扱于带。钩之所用弛张也，今不复解脱，故不设钩也。褻衣，亲身之衣也。　❿按：《说文》："笄，簪也。"　⓫按：重，音"崇"。古丧礼、虞祭之前，用以依神者。《礼记·檀弓》篇："重，主道也。"郑玄注："始死未作主，以重主其神也。"《仪礼·士丧礼》："重木刊凿之。"郑玄注："木也，县物焉曰重。士重木长三尺。"

【原文】

荐器：则冠有鍪，而毋纵①；瓮庑虚，而不实②；有簟席，而无床笫③；木器不成斫，陶器不成物，薄器不成用④；笙竽具，而不和；琴瑟张，而不均⑤；舆藏而

【译文】

陈设的明器：帽子有卷缘，而不用缯蒙发；瓮、瓶空空的，里面不装东西；有竹席子，而没有床架；木器不雕刻完全，陶器不做成成品，竹器不使它成用；笙竽具备，但是不能发出声音；琴瑟张设，但是不能发出韵调；把丧车埋掉，把马牵回来；表示这些东西都用不着。

马反;告不用也⑥。具生器以适墓,象徙道也⑦。略而不尽,貌而不功。趋舆而藏之,金革辔靷而不入⑧,明不用也。象徙道,又明不用也,是皆所以重哀也。故生器,文而不功;明器,貌而不用⑨。

准备生前用具送到墓里,这是拟象搬家的样子。〔所有的明器〕都相当简略,而不完备,粗具形貌,而不加工。把车赶到墓地掩藏起来,车上用的工具都不埋入坟墓;表示这些东西都用不着。既拟象搬家,又表明用不着这些东西,这都是借以隆重哀痛之情的。所以,生器具有文采,而不工整;明器貌似其物,而无实用。

注 释

❶杨倞:纵,韬发者也。 ❷按:郑云《仪礼》注:"古文'甀'皆作'庑'。"甕,或作"甖",甖、甀皆瓦器。 ❸按:《说文》:"簟,竹席也。" ❹"用"本作"内"。 ❺按:《大戴礼记·保傅》篇:"声曰和。"韦昭《国语》注:"和,八音克谐也。"郑司农《周礼》注:"均,调也。"《文选》注引晋灼:"均,与'韵'同。" ❻杨倞:舆,谓輤轴也。(引者按:殡车也。)国君谓之辁。藏,谓埋之也。马,谓驾輤轴之马。告,示也,言也。《士丧礼》:"迁于祖庙,用轴。"《礼记》:"君葬用輴,四綍二碑;夫人葬用輴,二綍二碑;士葬用国车。"皆至葬时埋之也。 ❼杨倞:生器,用器也,弓矢、盘盂之属。○郝懿行:徙者,移也。象徙道者,谓如将移居然耳。 ❽按:不入,谓不于墓穴而埋之也。 ❾杨倞:生器,生时所用之器。《士丧礼》曰"用器",弓矢、耒耜、两敦、两杅、盘匜之属。明器,鬼器,木不成斫、竹不成用、瓦不成沫之属。《礼记》曰:"周人兼用之。"以言不知死者有知无知,故杂用生器与明器也。

【原文】

凡礼,事生,饰欢也;送

【译文】

凡是礼,侍奉生者,是要求文

死，饰哀也；祭祀，饰敬也；师旅，饰威也。是百王之所同，古今之所一也，未有知其所由来者也。

故圹垅其䫉①，象室屋也；棺椁其䫉，象版、盖、斯、拂②也；无帾、丝歶、缕翣其䫉，以象菲帷帱尉也③；抗折其䫉，以象槾茨番阏④也。

饰欢快；遣送死者，是要求文饰哀痛；祭祀先祖，是要求文饰武威。这是历代帝王所共同的，是古往今来所一致的，人们都不知道它意义的由来。

所以，坟圹的外貌，是拟象屋室的；棺椁的外貌，是拟象车的上下四周的；幡褚、素带、萎翣的外貌，是拟象帷帐的；抗折的外貌，是拟象屋顶藩篱的。

注释

❶ 按：其，犹之也。四"其"字同。 ❷ "版盖斯拂"本作"版盖斯象拂"。按：俞樾说较长，今依用之。 ❸ 按：丝歶，或即"素带"。《诗·丝衣》篇："丝衣其紑。"毛传："丝衣，祭服也。"《说文》引作"素衣其紑"。是"丝""素"互通，双声字也。歶，疑"带"字之讹。《集韵》引《埤苍》："𢃀，布名。"丝歶，盖为丧车之服。 ❹ 杨倞：抗，御也，所以御止土者。槾，杇也。（引者按：本讹作"扞也"，今依《尔雅》"镘，谓之杇"改正。李注"涂工作具也"。圬，《说文》作"杇"。）茨，盖屋也。槾茨，犹塈茨也。番，读为"藩"。藩，篱也。阏，谓门户壅阏风尘者。抗，所以御土；折，所以承抗；皆不使外物侵内，有象于槾茨藩阏也。

【原文】

故丧礼者，无它焉，明死生之义，送以哀敬，而终周藏也。故葬埋，敬

【译文】

所以，丧礼，并没有别的意义，是为了彰明死亡和生存的意义，要用哀痛和恭敬来遣送，而终于把死者周密地掩藏起来。

藏其形也；祭祀，敬事其神也；其铭、诔系世①，敬传其名也。事生，饰始也；送死，饰终也。终始具，而孝子之事毕矣，圣人之道备矣。

所以，葬埋，就是恭恭敬敬地掩藏死者的形体；祭祀，就是恭恭敬敬地侍奉死者的神灵；铭刻、诔文、传记、世系，就是恭恭敬敬地传述死者的名声。侍奉生者，是文饰初始；遣送死者，是文饰终结；终结、初始都完备了，因而孝子的责任就算尽到了，圣人的道术就算完成了。

注释

❶ 杨倞：铭，谓书其功于器物，若孔悝之鼎铭者。诔，谓诔其行状以为谥也。

【原文】

刻死而附生，谓之墨；刻生而附死，谓之惑①；杀生而送死，谓之贼。大象其生，以送其死，使死生、终始莫不称宜而好善，是礼义②之法式也，儒者是矣。

【译文】

减损死者而附益生者，就叫作晦昧；减损生者而附益死者，就叫作悖乱；杀掉生者而陪送死者，就叫作残贼。从大的方面拟象他的生平，而遣送他的死亡，使人的死生、终始都没有不各称其宜的，而且做到完善，这便是礼仪的法式。儒者就是这样的。

注释

❶ 杨倞：刻，损减。附，增益也。惑，谓惑乱过礼也。○按：马融《尚书》注："刻，侵刻也。"《释名》："墨，晦也。"谓晦暗不明也。《说文》："惑，乱也。"高诱《吕氏春秋》注："惑，悖也。" ❷ 按：义，通"仪"。

【原文】

三年之丧，何也①？曰：称情而立文，因以饰群别②、亲疏、贵贱之节，而不可损益也，故曰无适不易之术③也。

创巨者其日久，痛甚者其愈迟④。三年之丧，称情而立文，所以为至痛极也⑤。齐衰、苴杖⑥、居庐、食粥、席薪、枕块，所以为至痛饰也。三年之丧，二十五月而毕。哀痛未尽，思慕未忘，然而礼以是断之者，岂不以送死有已、复生有节⑦也哉？

【译文】

三年之丧，是怎么一回事呢？回答说：称合人情，而制定节文，借以文饰族别、亲疏、贵贱的制度，而不可以有所增减，所以说，这是无论任何国度都不能更改的道术。

创伤巨大的，日久才能够恢复；疼痛厉害的，痊愈得越慢。三年之丧，称合人情，而制定节文，用这些措施作为最哀痛的限度。穿孝服，拄苴杖，居外庐，喝米粥，铺草席，枕土块，用这些措施作为最哀痛的文饰。三年之丧，二十五个月就完毕。哀痛之情还没有净尽，思慕之心还没有忘掉，然而礼制以这个作为决断，岂不是因为遣送死者总没有个完结，而恢复生计总得有个期限吗？

注释

❶按：自"三年之丧"以下，至"古今之所一也"，互见《礼记·三年问》篇，文字略有出入。 ❷按：郑玄《三年问》注："群，谓亲之党也。"群别，犹族别也。孔晁《逸周书》注："族，谓群也。"是也。 ❸杨倞：适，往也。无往不易，言所至皆不可易此术。 ❹杨倞：创，伤也。日久、愈迟，互言之也。 ❺按：《毛诗传》："极，中也，止也。" ❻杨倞：齐衰，《礼记》作"斩衰"。苴杖，谓以苴恶色竹为之杖。 ❼杨倞：断，决也。郑云："复生，谓除丧，反生者之事也。"

【原文】

凡生乎天地之间者，有血气之属，必有知；有知之属，莫不爱其类。今夫大鸟兽，则①失亡其群匹，越月逾时，则必反铅；过故乡，则必徘徊焉，鸣号焉，踯躅焉，踟蹰焉②，然后能去之也。小者是燕爵③，犹有啁噍④之顷焉，然后能去之。故有血气之属，莫知于人。故人之于其亲也，至死无穷。

【译文】

凡是生长在天地之间的，有血气的物类，必然会有知觉；有知觉的物类，没有不喜爱它的同类的。我们看看那大的鸟兽，如果亡失了它的伙伴，在一段时间里，必然要反复寻找；经过旧地方，必然要徘徊、号叫、落脚、踟蹰，然后才能离去。小的就是燕子、麻雀，也得喳喳一会儿，然后才离去。所以，有血气的物类，没有比人再聪明的了。所以，人类对于自己父母的爱慕，至死没有个穷尽。

注 释

❶王先谦：则，犹若也。　❷杨倞：铅，与"沿"同，循也。《礼记》作"反巡过故乡"。徘徊，回旋飞翔之貌。踯躅，以足击地也。踟蹰，不能去之貌。○按：《说文》："巡，视行貌。"颜师古《汉书》注："循，行视也。"《一切经义》引《字林》："踯躅，跱足不进也。"　❸杨倞：燕爵，与"鹥雀"同。　❹按：陆德明《礼记》释文："啁噍，声也。"

【原文】

将由夫愚陋淫邪之人与，则彼朝死而夕忘之，然而纵之，则是曾鸟兽之不若也，彼安能相与群居而无乱乎？将由

【译文】

我们将要依从愚陋、淫邪的人吧，那他父母是早晨死去的，而到了晚上就忘掉了；如果放任他，他就连禽兽都不如，他哪能够同人在一起而不发生乱子

夫修饰之君子与，则三年之丧，二十五月而毕，若驷之过隙，然而遂之①，则是无穷也。故先王、圣人安为之立中制节，一使足以成文理，则舍之②矣。

呢？我们将要依从修饰身心的君子吧，那就三年之丧，经历二十五个月而完毕，还认为光阴过得很快；如果顺从他，那就是没个完了。所以，先王、圣人就为人们建立了适中的制度，使人们都能做到有文有理，而后解除丧期。

注释

① 杨倞：隙，壁孔也。郑云："喻疾也。"遂之，谓不时除也。○按：杨倞《王制》篇注："遂，因循也。"《谷梁传·桓公八年》："遂，继事之辞也。"饰，通"饬"。　② 杨倞：舍，除也。王肃云："一，皆也。"○郝懿行：此云"安为之"，下云"案以此象之"，又云"案使倍之""案使不及"，此三"案"、一"安"，《礼记·三年问》俱作"焉"，皆语辞也。郑注："焉，犹然。"亦语辞。

【原文】

然则，何以分之①？曰：至亲，以期断②。

是何也？曰：天地则已易矣，四时则已遍矣，其在宇中者③，莫不更始矣，故先王案以此象之也。

然则，三年，何也？曰：加隆焉，案使倍之，故再期也④。

【译文】

那么，为什么有的（父在为母）丧期只是三年的一半呢？回答说：至亲要以一周年为限度。

这是什么原因呢？回答说：〔一周年之间，〕天地已经变迁了，四时已经周转一遍了，宇宙的万物没有不重新开始的了，所以先王用这个来拟象它。

那么，丧期定为三年，是怎么回事呢？回答说：是为了加重父母之恩，因而给它加上了一倍，所以就再过一周年了。

由九月以下⑤，何也？曰：案使不及也⑥。故三年以为隆，缌、小功以为杀，期九月以为间⑦。上取象于天，下取象于地，中取则于人，人所以群居和一之理，尽矣⑧。故三年之丧，人道之至文者也。夫是之谓至隆。是百王之所同，古今之所一也。

〔孝子而外，〕丧服在九月以下算起，这是怎么一回事呢？回答说：这是使它表示不及父母之恩的意思。所以，把三年的期限作为隆重，把缌麻、小功作为减缩，把九个月的期限放在中间。在上，取象于天文；在下，取象于地理；在中间，取法于人事；人群居与合一的道理，都概括尽了。所以，三年之丧，是人道的最大节文。这就叫作最大的隆重。这是历代帝王共同的，这是古往今来一致的。

注 释

❶ 杨倞：分，半也，半于三年矣。〇按："何以分之"，《礼记》作"何以至期也"。郑玄注："言三年之义如此，则何以有降至于期也？期者，谓为人后者，父在为母也。" ❷ 杨倞：断，决也。郑云："言服之正，虽至亲，皆期而除也。"〇按：期，读作"朞"，《说文》作"稘"。颜师古《汉书》注："期，谓十二月为一期也。" ❸ 杨倞：宇中者，谓万物。 ❹ 杨倞：郑云："言于父母加厚其恩，使倍期也。" ❺ 杨倞：由，从也。从大功以下也。 ❻ 杨倞：郑云："言使其恩不若父母。" ❼ 杨倞：隆，厚也。杀，减也。间，厕其间也。情在隆杀之间也。〇按：《释名》："三月曰缌麻。缌，丝也；绩麻细如丝也。"古时丧制，以斩衰、齐衰、大功、小功、缌麻为五服，以别亲疏之差等也。凡丧服上曰衰，下曰裳。衰之为言摧也；斩，不缉也；以至粗生麻布为之，衣旁及下际皆不缝缉。齐衰，以熟麻布为之。齐，缉也，以其缉边，故曰齐衰。大功，以熟布为之，视齐衰为细，较小功为粗。期为九月。小功，以熟布为之，视大功为细，较缌麻为粗，期为五月。缌麻，以熟布为之，视小功为细，期为三月。 ❽ 杨倞：郑云："取象于天地，谓法其变易也；自三年以至缌，皆岁时之数；言既象天地，又足尽人聚居粹厚之恩也。"

【原文】

君之丧，所以取三年，何也？曰：君者，治辨之主也，文理之原①也，情貌之尽也。相率而致隆之，不亦可乎？《诗》曰："恺悌君子，民之父母②。"彼君③者，固有为民父母之说焉。父能生之，不能食之；母能食④之，不能教诲之。君者，已能食之矣，又善教诲之者也⑤。三年，毕矣哉！

【译文】

对于君王的丧期，所以采取三年，是怎么一回事呢？回答说：君王是平治国家的主脑，是礼法的本原，是情貌的顶点。臣下互相标榜着隆重君王的丧礼，不也可以吗？《诗经》中说："和乐平易的君子，就是人民的父母。"那君王，从来就有作为人民父母的说法。父亲能够生出自己，不能够养育自己；母亲能够养育自己，不能够教诲自己。君王，既是能够养育自己，又是善于教诲自己的人。为君王举行三年之丧，可以说是做到周全了！

注释

❶ 杨倞：文理，法理条贯也。○王先谦：辨，亦治也。　❷ 按：《诗经·大雅·泂酌》之篇。《尔雅》："恺，乐也。"陆德明《诗经》释文："悌，易也。"　❸ "君"下本有"子"字。○俞樾："子"字，衍文。下言"君者"，则此文亦当作"君者"，涉上"恺悌君子"而衍"子"字耳。　❹ 上"食"字本作"养"。○杨倞：养，或谓"食"。食，音"嗣"也。○王念孙：作"食"者，是也。下文两"食"字，并承此"食"字而言。　❺ 杨倞：食，谓禄廪；教诲，谓制命也。

【原文】

乳母，饮食之者也，而三月；慈母①，衣被之者

【译文】

乳母，是养育自己的人，就为她举行三月之丧；养母，是保护自己的人，就为

也，而九月；君，曲备之者也，三年毕乎哉！得之则治，失之则乱，文之至也；得之则安，失之则危，情之至也②。两至者俱积焉，以三年事之，犹未足也，直无由进之耳。故，社祭，社也；稷祭，稷也③；郊者，并百王于上天而祭祀之也④。

她举行九月之丧；君王，各方面都具备的，为他举行三年之丧，可以说是做到周全了！保持这种制度，国家就平治；失掉这种制度，国家就紊乱；这是表现文节的高峰；保持这种制度，国家就安泰；失掉这种制度，国家就危殆；这是表现感情的高峰。这两种高峰都积累起来，用三年的丧期来侍奉君王，还不算满足，但是也无从再增加了。所以，社祭，就只祭祀一个土神；稷祭，就只祭祀一个谷神；而郊祭，都连同百王配比于上天来祭祀他们。

注释

❶ 按：古称父妾奉父命育己为子者，曰慈母。《仪礼·丧服》："慈母如母。"
❷ 杨倞：文，谓法度也；治乱所系，是有法度之至也。情，谓忠厚；使人去危就安，是忠厚之至也。　❸ 杨倞：社，土神，以句龙配之；稷，百谷之神，以弃配之。但各止祭一神而已。　❹ 郝懿行：此言郊祭上天，配以百王，尊之至也。百王，百世之王，皆前世之君也。

【原文】

三月之殡①，何也？曰：大之也，重之也；所致隆也，所致亲也，将举错之，迁徙之，离宫室而归丘陵也。先王恐其不文也，是

【译文】

三个月的殡殓期，这是怎么一回事呢？回答说：这是扩大丧礼，这是重视丧礼；所以表尽尊重，所以表尽亲近，这才安放死者，迁移死者，离开宫室，而归到丘陵。先王恐怕丧礼不符节文，所以就放远它的期限，放足它的日数。所以，天子

以繇其期、足之日②也。故天子七月，诸侯五月，大夫三月，皆使其须足以容事，事足以容成，成足以容文，文足以容备；曲容、备物，之谓道③矣。

的殡殓期是七个月，诸侯的殡殓期是五个月，大夫的殡殓期是三个月，都是使这停留的期限足以适宜于行事，行事足以适宜于取得成效，成效足以适宜于礼文，礼文足以适宜于制度完备；各方都很适宜，事物都很完备，这就叫作合理。

注释

❶ 王引之：三月之殡，谓既殡之后，未葬之前，约有三月之久也。上文曰："殡久不过七十日，速不损五十日。"杨注云："此皆据《士丧礼》首尾三月者也。"是其义矣。 ❷ 王引之：繇，读为"遥"。遥其期，谓远其葬期也。足之日，谓足其日数也。 ❸ 杨倞：须，待也。谓所待之期也。〇按：须，谓留止。郭璞《穆天子传》注："待，留也。"事，谓丧事。李善《文选》注引项岱："容，宜也。"曲容，曲尽其宜也。

【原文】

祭者，志意思慕之情①也；愅诡、唈僾②，而不能无时至焉。故人之欢欣和合之时，则夫忠臣孝子亦愅诡而有所至矣。彼其所至者甚大动也，案屈然已，则其于志意之情者，惆然不嗛③，其于礼节者，阙然不具。故先王案为之立文，尊尊亲亲

【译文】

祭祀，就是心怀思慕的真实体现；祭者变动、忧郁的感情，不能不经常表现出来。所以，人们在欢欣、和谐的时刻，就是忠臣孝子，变动的表情也要表露出来。如果他所表露的情感非常激动，可是空空洞洞的（没有祭祀之礼），那他心怀的真情，就要惆惆怅怅地表现不满足；他对于礼节的措施，就要缺三少四地表现不完备。所以，先王就为了这种情形而制定节文，因而尊敬至尊、亲近至亲的道义就达

之义至矣。故曰：祭者，志意思慕之情也。

到极点了。所以说，祭祀就是心怀思慕的真实体现。

注 释

❶按：郑玄《礼记》注："情，犹实也。"皆谓变异感动之貌。唈僾，气不舒，愤郁之貌。 ❷杨倞：悑，变也；诡，异也。 ❸杨倞：屈，竭也；屈然，空然也。惆然，怅然也。嗛，足也。

【原 文】

忠信爱敬之至矣，礼节文貌之盛矣，苟非圣人，莫之能知也。圣人明知之，士君子安行之，官人以为守，百姓以成俗。其在君子，以为人道也；其在百姓，以为鬼事也。故钟鼓、管磬、琴瑟、竽笙，《韶》《夏》《护》《武》《汋》《桓》《箾》《象》①，是君子之所以为悑诡其所喜乐之文也；齐衰、苴杖、居庐、食粥、席薪、枕块，是君子之所以为悑诡其所哀痛之文也；师旅有制，刑法有等②，莫不称罪，是君子之所以为悑诡其所敦③恶之文也。

【译 文】

忠信敬爱达到了极点，节文礼貌达到了隆盛，如果不是圣人，他们还不可能知道。圣人明明白白地知道它，士君子安安然然地施行它，百官把它作为职守，百姓把它形成风俗。在君子方面，以为这是人道；在百姓方面，以为这是鬼事。所以，钟鼓、管磬、琴瑟、竽笙以及一切古乐、古歌，这就是君子为了变革他们所喜爱的节文的；着丧服，拄苴杖，居外庐，喝米粥，铺草席，枕土块，这就是君子为了变革他们所哀痛的节文的；军队有一定的制度，刑法有一定的等级，没有不与罪名相称的，这就是君子为了变革他所憎恶的节文的。

注释

❶ "箾象"本作"箾简象"。○杨倞：喜乐不可无文饰，故制为钟鼓、《韶》《夏》之属。箾，音"朔"。贾逵曰："舞曲名。"《武》《汋》《桓》，皆《周颂》篇名。《象》，周武王伐纣之乐也。○王念孙：箾、象，即《左传》之"象、箾"也。自"钟鼓管磬"以下，皆四字为句，则"箾、象"之间不当有"简"字，疑即"箾"字之误而衍者。○按：王说是也。今据删"简"字。《韶》，舜乐；《夏》，禹乐；《护》，汤乐；《武》，武王乐。《左传·襄公二十九年》："见舞象箾、南籥者。"杜预注："象箾，舞所执；南籥，以籥舞也。皆文王之乐。" ❷ 杨倞：师旅，所以讨有罪。制，谓人数也。有等，轻重异也。 ❸ 按：《说文》："敦，怒也，诋也。"

【原文】

卜筮、视日、斋戒、修涂、几筵、馈荐告祝，如或飨①之；物取②而皆祭之，如或尝之③；毋利举爵④，主人有尊，如或觞之⑤；宾出，主人拜送；反，易服，即位而哭，如或去⑥之。哀夫！敬夫！事死如事生，事亡如事存；状乎无形影⑦，然而成文。

【译文】

占卜、择日、斋戒、解除不祥，在筵席、进食中的祷告，就如同死者来歆享一样；在丧期内所积蓄的食物，都用来做祭品，就如同死者来品尝一样；奉神的举爵，主祭的也举樽，就如同对杯一样；宾客退出，主祭人拜送，返回之后，又换上丧服，归到原位，哭泣起来，就如同神灵离开了一样。哀痛吧！恭敬吧！侍奉死者就如同侍奉生者，侍奉亡者就如同侍奉存者，拟象于无形无影之中，然后成为节文。

注释

❶ 杨倞：视日，视日之吉凶。馈，献牲体也。荐，进黍稷也。○王念孙：

涂，读为"除"。《周官·典祀》："若以时祭祀，则帅其属而修除。"郑注曰："修除，芟扫之。""修除"二字，专指庙中而言；作"涂"者，借字耳。〇按：几筵、馈荐、告祝，谓于几筵、馈荐之间，皆有告祝之事也。　❷刘师培：取，当作"聚"。物聚者，即《礼记·祭义》篇所谓"比时具物，不可以不备"。故曰皆祭。〇按：颜师古《汉书》注："取，读曰'聚'。"《周礼·委人》："以稍聚待宾客。"郑玄注："聚，凡畜聚之物也。"物取，谓丧期所蓄之物也。　❸杨倞：如或尝之，谓以尸啐哜之，如神之亲尝然也。　❹俞樾：案《特牲馈食礼》："主人、主妇、宾长三献之后，长兄弟、众宾长又行加爵之礼，然后利洗，散献于尸。"郑注谓"以利待尸，礼将终，宜一进酒"。然则利之献尸，非祭之正，故以祭礼将终，始行之也。此云"毋利举爵"，盖以主人为重，犹言不使利代举爵耳，故下云"主人有尊，如或觞之"。　❺杨倞：谓主人设尊酳以献尸，尸饮之，如神饮其觞然。　❻杨倞：此杂说丧祭也。易服，易祭服，反丧服也。宾出，祭事毕，即位而哭，如神之去然也。　❼按：状，犹拟象也。

乐论篇第二十

【原文】

夫乐者，乐也，人情之所必不免也，故人不能无乐。乐，则必发于声音，形于动静，而人之道声音、动静、性术①之变尽是矣。故人不能不乐；乐，则不能无形；形，而不为道，则不能无乱。先王恶其乱也，故制雅、颂之声②以道之，使其声足以乐而不流，使其文足以辨而不諰③，使其曲直、繁省、廉肉、节奏④足以感动人之善心，使夫邪污之气无由得接焉。是先王立乐之方也，而墨子非⑤之。奈何？

【译文】

音乐，就是娱乐，这是人类情感所必不可免的事物。所以，人不能够没有娱乐。娱乐，就必然要抒发在声音上，表现在动静中，因而人道中的声音、动静、性行（天性与行为）的变化，都概括到了。所以，人不能够不娱乐，娱乐，就不能没有表象；表象，而不遵循规律，就不能不发生紊乱。先王由于憎恶这种紊乱，所以就制作出雅、颂的声音来引导人民，使它的声音做到娱乐而不淫邪，使它的节文做到明晰而不窒塞，使它的曲直、繁简、刚柔、节奏足以感动人的善心，使那些污邪之气无从得到接触。这便是先王创立音乐的方向，可是墨子就非难它。这是怎么一回事呢？

注 释

❶ 按：而人之道，《礼记·乐记》篇作"人之道也"。性术，犹言性行，谓

人之天性与行为也。术，从"行"为义。解详《修身》篇"术礼义而情爱人"下。 ❷按：郑玄《仪礼》注："小雅，为诸侯之乐；大雅、颂，为天子之乐。"又《周礼》注："雅者，正也；颂之言诵也，容也。" ❸卢文弨："辨而不愬"，《礼记·乐记》作"论而不息"，《史记·乐书》作"纶而不息"。○郝懿行：《乐记》作"论而不息"，是也。荀书以"愬"为"息"，假借也。○按：《诗经·周南·汉广》篇："不可休息。"释文："息，或本作'思'。"是其证。《释名》："息，塞也。" ❹按：孔颖达《礼记》疏："廉，谓廉棱；肉，谓肥满。节奏，谓或作或止，作则奏之，止则节之。"高诱《吕氏春秋》注："廉，利也，象金断割。"《释名》："肉，柔也。"是廉肉者，犹言刚柔也。 ❺卢文弨：墨子书有《非乐》篇。

【原文】

故乐在宗庙之中，君臣、上下同听之，则莫不和敬；闺门之内，父子、兄弟同听之，则莫不和亲；乡里族长之中，长少同听之，则莫不和顺。故乐者，审一以定和者也，比物以饰节者也，合奏以成文者也①；足以率一道，足以治万变。是先王立乐之术也，而墨子非之。奈何？

【译文】

所以，音乐在宗庙之中，君臣、上下共同听取它，就没有不协和于恭敬的；在家门之中，父子、兄弟共同听取它，就没有不协和于亲爱的；在乡里族长之中，长年、少年共同听取它，就没有不协和于温顺的。所以，音乐是审度齐一而稳定协和的，是比类事物而文饰节制的，是集体演奏而成为文采的；它足以统率一道，足以治理万变。这便是先王创立音乐的道术，可是墨子就非难它。这是怎么一回事呢？

注 释

❶卢文弨："合奏以成文"，《礼记》作"节奏合以成文"，《史记》同。

○郝懿行：节，以分析言之；奏，以合聚言之。语甚明晰。《乐记》作"节奏合以成文"，则总统言之，而此于义较长。

【原文】

故听其雅颂之声，而志意得广焉；执其干戚①，习其俯仰、屈伸，而容貌得庄焉；行其缀兆②，要其节奏，而行列得正焉，进退得齐③焉。故乐者，出所以征诛也，入所以揖让也；征诛、揖让，其义一也。出所以征诛，则莫不听从；入所以揖让，则莫不从服。故乐者，天下之大齐也，中和之纪也，人情之所必不免也。是先王立乐之术也，而墨子非之。奈何？

【译文】

所以，人们听到那雅颂的声音，因而意志就得到开阔；拿起那盾斧，练习它的俯仰、屈伸的动作，因而体容就得到端庄；动作在它的位置上，符合它的节奏，因而行列就得到整饬，进退得到适中。所以，音乐对外国是伸张讨伐的，在朝廷是表彰揖让的；讨伐、揖让，它的意义是一样的。对外国用它来进行讨伐，天下就没有不听从的；在朝廷用它来进行揖让，天下就没有不服从的。所以，音乐是天下大的齐同，是中和的纲领，是人类情感必不可免的事物。这便是先王创立音乐的道术，可是墨子就非难它。这是怎么一回事呢？

注 释

❶ 按：《礼记·祭统》篇："朱干玉戚，以舞《大武》。"郑玄注："朱干，盾。戚，斧也。" ❷ 按：缀兆，乐舞之位也。郑玄《礼记》注："缀，谓酇舞者之位也。兆，其外营域也。"又："缀，表也，所以表行列也。兆，域也，舞者进退所至也。"王肃《家语》注："缀兆，乐位。" ❸ 按：《尔雅》："齐，中也。"下并同。

【原文】

且乐者，先王之所以饰喜也；军旅、铁钺①者，先王之所以饰怒也；先王喜怒，皆得其齐焉②。是故喜而天下和之，怒而暴乱畏之。先王之道，礼乐正其盛者也，而墨子非之。故曰：墨子之于道也，犹瞽之于白黑也，犹聋之于清浊也，犹欲之楚而北求之也。

【译文】

况且，音乐，是先王用它来文饰喜悦的；军旅、斧钺，是先王用它来文饰愤怒的；先王的喜悦、愤怒，都借此得到齐同。所以，喜悦了，天下就附和他；愤怒了，天下就畏惧他。先王之道，礼乐正是其中最隆重的事物，可是墨子就非难它。所以说，墨子对于道术，就如同瞎子对待颜色的黑白一样，就如同聋子对待声音的清浊一样，就如同想着往楚国去而向北方追求一样。

注释

❶按：《后汉书》注引《苍颉》："铁，斧也。"《白虎通·考黜》篇："铁钺，所以断大刑。" ❷卢文弨：《礼记》"齐"作"侪"。

【原文】

夫声乐之入人也深，其化人也速，故先王谨为之文。乐中平，则民和而不流；乐肃庄，则民齐而不乱。民和、齐，则兵劲、城固，敌国不敢婴也。如是，则百姓莫不安其处，乐其乡，以至足其上矣。

【译文】

本来，音乐印入人心是非常深刻的，它感化人心是非常神速的，所以先王谨谨慎慎地为它铺张文采。音乐中正稳平，人民就协和而不流放；音乐严肃端庄，人民就齐同而不紊乱。人民和协、齐同，就兵力强盛，城防巩固，敌人就不敢来触犯。这样，百姓就没有不安于自己的居处，喜悦自己的家乡，乃

然后名声于是白，光辉于是大，四海之民莫不愿得以为师①。是王者之始也。乐姚冶以险，则民流僈、鄙贱矣。流僈，则乱；鄙贱，则争。乱、争，则兵弱、城犯②，敌国危之。如是，则百姓不安其处，不乐其乡，不足其上矣。故礼乐废而邪音起者，危削、侮辱之本也。故先王贵礼乐而贱邪音。

其在序官也，曰：审诗商③，禁淫声，以时顺修，使夷俗邪音不敢乱雅，太师之事也。

至满意自己的主上的。然后，国家的名声从此显著，国家的光辉从此盛大，四海人民没有不愿意得到这样的君上的。这便是王者的开端。音乐妖冶而险恶，人民就陷于邪慢、鄙贱。邪慢了，就发生紊乱；鄙贱了，就发生争夺。紊乱、争夺，国家就兵力衰弱，城防破坏，敌国就会来危害。这样，百姓就不能安于自己的居处，就不能喜悦自己的家乡，就不能满意自己的主上。所以，礼乐废弛而邪音兴起的国家，这是危弱、侮辱的根源。所以，先王贵重礼乐而鄙贱邪音。

在乐官的序列方面，先王是这样说的：审察诗歌，禁止淫声，顺着时节加以修整，使番邦的邪音不敢混乱雅乐，这便是太师的职责。

注 释

❶ 王先谦：师，长也。说详《儒效》篇。　❷ 按：韦昭《国语》注："犯，攻也。"　❸ "审诗商"本作"审诛赏"。"审诛赏"上更有"修宪命"三字。○王先谦："序官"以下，语见《王制》篇。"审诛赏"当为"审诗商"之误。说详彼注。○按：王说是，今据正。"修宪命"，非太师之事，乃别处错简，今以意删。说详《王制》篇。

【原文】

墨子曰："乐者，圣王之所非也，而儒者为之，过也。"君子以为不然。

乐者，圣人之所乐也，而可以善民心。其感人，深；其移风俗，易①。故先王导之以礼乐，而民和睦。

夫民有好恶之情，而无喜怒之应，则乱。先王恶其乱也，故修其行，正其乐，而天下顺焉。

【译文】

墨子说："音乐，是圣王所非难的，可是儒者却举办它，这是一种错误。"君子以为实际上并不是这样。

音乐，是圣人所爱好的事物，而且是可以用它改善民心。它感动人心，是异常深厚的；它改善风俗，是异常容易的。所以，先王用礼乐来引导人民，因而人民得以和睦。

本来，人民如果只有爱好、憎恶的情感，而没有欢喜、怨怒的反应，就要发生紊乱。先王厌恶这种紊乱，所以就修饬自己的行为，订正国家的音乐，因而天下就都顺从了。

注释

❶ "其移风俗，易"本作"其移风易俗"。○王先谦：《史记》作"其风移俗易"，语皆未了。此二语相俪，当是"其感人，深；其移风俗，易"，与《富国》篇"其道，易；其塞，固；其政令，一；其防表，明"句法一例。上文"声乐之入人也深，其化人也速"，即此意。读者据下文妄改耳。○按：王说是也。此盖因下文"移风易俗"而误。彼则是也，此则非也。

【原文】

故齐衰之服，哭泣之声，使人之心悲；带甲、婴轴①，歌于行伍，使人之心伤②；姚冶之容，

【译文】

所以，齐衰的服制，哭泣的声音，使人情感悲伤；戴盔披甲，在行伍中歌唱，使人情感昂扬；妖冶

郑卫之音，使人之心淫；绅端章甫③，舞《韶》、歌《武》，使人之心庄。故君子耳不听淫声，目不视女色，口不出恶言。此三者，君子慎之。

的容貌，郑卫的声音，使人情感淫乱；朝衣朝冠，吟歌舞蹈，使人情感庄重。所以，君子耳朵不听淫乱的声音，眼睛不看妖冶的女色，口中不说恶劣的语言。对于这三者，君子是抱着慎重态度的。

注 释

❶ 按：颜师古《汉书》注："婴，犹带也。"又："婴，加也。" ❷ 于省吾：伤，应读作"壮"。《易·大壮》释文引马云："壮，伤也。"郭璞云："今淮南人呼壮为伤。"即其证也。言带甲婴轴，歌于行伍，使人之心壮也。○按：伤，借为"扬"。《说文》："扬，飞举也。"颜师古《汉书》注："扬，谓振扬张大也。"《毛诗传》："扬，伤也。"亦"伤""扬"互通之证。 ❸ 按：郑玄《论语》注："端，玄端也。"又《仪礼》注："玄端，士入庙之服也。"《广雅》："端甫，冠也。"

【原文】

凡奸声感人，而逆气应之，逆气成象，而乱生焉；正声感人，而顺气应之，顺气成象，而治生焉。唱和有应，善恶相象，故君子慎其所去就也。

君子以钟鼓道志，以琴瑟乐心，动以干戚，饰以羽旄，从以箫管①。故其清明象天，

【译文】

凡是淫邪的声音感触到人，就有逆气来相应和，逆气形成，因而紊乱就发生了；雅正的声音感触到人，就有顺气来相应和，顺气形成，因而平治就发生了。唱的与和的互相呼应，善的与恶的互相比较，所以君子是慎重于自己的去就的。

君子用钟鼓来引导意志，用琴瑟来愉快心情，用盾斧来运动肢体，用羽旄来文饰外貌，用箫管来调和节奏。所

其广大象地，其俯仰、周旋有似于四时。故乐行而志清，礼修而行成；耳目聪明，血气和平；移风易俗，天下皆宁，美善相乐。

以，歌舞的清明，可以比象天；歌舞的广大，可以比象地；歌舞的俯仰、周旋，有似于四时。所以，音乐发出，而意志清明；礼文修饬，而行为成就；耳目得以聪明，血气得以和平；移风易俗，天下安宁，优美、善良交相愉快。

注 释

❶ 按：箫管，或本作"磬管"，今从元刻本作"箫管"。高诱《战国策》注："从，合也。"

【原 文】

故曰：乐者，乐也。君子乐得其道，小人乐得其欲。以道制欲，则乐而不乱；以欲忘道，则惑而不乐。故乐者，所以道乐也；金、石、丝、竹，所以道德也。乐行而民乡方矣。故乐者，治人之盛者也，而墨子非之。

【译 文】

所以说，音乐就是娱乐。君子乐于得到自己所追求的道义，小人乐于得到自己所追求的欲望。用道义来制止欲望，就愉快而不混乱；用欲望来忘却道义，就迷惑而不愉快。所以，音乐是条理愉快的；金、石、丝、竹的品类，是条理德操的。音乐通行于天下，因而人民就趋于道义了。所以，音乐是治理人民的盛举，可是墨子就非难它。

【原 文】

且乐也者，和之不可变者也；礼也者，理之不可易

【译 文】

况且，音乐，是调和性情中不可变动的事物；礼文，是伦理道德中不可移易的

者也。乐，合同；礼，别异；礼乐之统，管乎人心矣。穷本、极变，乐之情也；著诚、去伪，礼之经也。墨子非之，几遇刑也！明王已没，莫之正也！愚者学之，危其身也！君子明乐，乃其人也①；乱世恶善，不此听也！於乎哀哉②！不得成也！弟子勉学，无所营也！

事物。音乐，所以和合相同；礼文，所以区别不同；礼文、音乐的系统，是约束着人心的。穷究本原，极研变化，这是音乐的实情；显明诚信，削除虚假，这是礼文的纲领。墨子非难这个，他几乎是要受到刑罚的！明王已经死去了，没有人来纠正他这种错误了！愚蠢的人如果学习他，那是要危害自身的！君子彰明音乐，这才是真正的明白人；乱世的人厌恶善良，他们是不听这些话的！哎呀！可怜哪！他们是不能有所成就的啊！弟子们，要好好地学习吧，不要胡乱追求啊！

注释

❶ "乃其人也"本作"乃其德也"。○顾千里："德"字疑当作"人"，与上下韵。○按：自"穷本极变"以下十八句，凡九韵。"德"必系误字，今从顾说改。　❷ 按：於乎，同"呜呼"。

【原文】

声乐之象：鼓，大丽①；钟，统实②；磬，廉制③；竽、笙，肃和④；筦、籥，发猛⑤；埙、篪，翁博⑥；瑟，易良⑦；琴，妇好⑧。歌，清尽⑨；舞意，天道兼。鼓，其乐之君

【译文】

声乐的拟象（音色）：鼓的声音，异常高亢；钟的声音，充实有力；磬的声音，清脆明亮；竽、笙的声音，肃静和缓；管、籥的声音，昂提、粗犷；埙、篪的声音，雍协、宽阔；瑟的声音，轻快、温良；琴的声音，温柔、优美。歌唱的声音，清新、润泽；舞蹈的

邪？故鼓似天，钟似地，磬似水，竽、笙⑩、筦、籥似星、辰、日、月，鞉、柷、拊鞷、椌楬似万物⑪。

意思，兼赅天道。鼓，大概是音乐的统率吧？所以，〔在声乐之中〕鼓如同天，钟如同地，磬如同水，竽、笙、管、籥如同日、月、星、辰，鞉、柷、拊鞷、椌楬如同万物。

注释

❶ 于省吾：丽，当作"厉"，双声叠韵字也。《吕氏春秋·有始》篇"西北风曰厉风"，《淮南子·地形》篇作"西北曰丽风"。《宥坐》篇："是以威厉而不试。"注："厉，抗也。"　❷ 刘师培：统，当作"充"。《谷梁传》注："充，实也。"此言钟声博而厚也。《淮南子·说山》篇："近之，则钟声充。"　❸ 按：《广雅》："廉，清也。"制，当读为"晢"。古"制"通"折"，《文选》注引韦昭："制，或为'折'。"《广雅》："制，折也。"是其证。《说文》："晢，昭晢，明也。"《文选》注引旧注："晣，昭晣也。"是"晢"又作"晣"。廉晢，盖谓磬声清明也。　❹"肃和"本作"箫和"。○王引之：箫，当为"肃"。言竽笙之声，既肃且和也。《汉书·刘向传》曰："杂遝众贤，罔不肃和。"是也。"竽笙肃和，筦籥发猛，埙篪翁博"，三句相对为文。今本"肃"作"箫"者，因"竽笙"二字相连而误加"竹"耳。　❺ 王先谦：《史记·乐书》集解引王肃曰："猛起发扬。"是发、猛同义。○按：发猛，谓高昂粗犷也。《广雅》："发，举也。"举，即高也。筦，即"管"字。《说文》："管，如篪，六孔。"郑玄《礼记》注："籥，如笛，三孔。"　❻ 按：《周礼》郑司农注："埙，六孔。"郑玄注："埙，烧土为之，大如雁卵。"高诱《吕氏春秋》注："篪，以竹，大二寸，长尺二寸，七孔，一孔上伏，横吹之。"翁，疑读为"雍"。翁博，谓雍和而宽博也。　❼ 按：郑玄《礼记》注："易，轻也。"杜预《左传》注："易，犹轻也。"易良，谓瑟声轻快而温良也。　❽ 俞樾：《赋》篇注云："女好，柔婉也。"妇好，当与"女好"同，亦柔婉之意。○郝懿行："鼓大丽"以下，盖古《乐经》之文，而荀子述之。　❾ 高亨：尽，读为"津"，清津，犹清润也。尽、津，古通用。○按：尽，为"盡"之省字、误字或假借字。《说文》："盡，气液也。"盡，乃津涧之"津"本字。　❿ "竽笙"下本有"箫和"二字。○王

引之：今本"竽笙"下有"箫和"二字，因上文而衍。 ⓫ 按：鞉，本作"鞀"，亦作"鼖"。《毛诗传》："鞀，小鼓也。"郑玄《周礼》注："鼖，如鼓而小，持其柄摇之，旁耳还自击。"《说文》："柷，乐木空也。"高诱《吕氏春秋》注："柷，如漆桶，中有木椎，左右击以节乐。"拊鞷，《礼论》篇作"拊膈"，谓县钟格也。又，疑"鞷"或读作"鬲"，鼎属，亦如缶之可以为乐器也。郑玄《礼记》注："椌楬，柷敔也。"《说文》："敔，乐器，椌楬也，形如木虎。"与柷相似。

【原文】

曷以知舞之意？曰：目不自见，耳不自闻也。然而，治俯仰、诎信、进退、迟速，莫不廉制①。尽筋骨之力，以要钟鼓附会②之节，而靡有悖逆者；众积意譓譓③乎？

【译文】

凭据什么可以领会舞蹈的意思呢？回答说：眼睛不能够看见自己，耳朵不能够听到自己。然而，观察俯仰、屈伸、迟速的表象，却是没有不观察得清清楚楚的；竭尽了筋骨的气力，来追求钟鼓交互联系的节奏，都没有违反意志的表情；这种种的积累，大概是从动作舒缓情态之中体察出来的吧？

注 释

❶ 按：廉制，亦清明之意。 ❷ 按：附会，本作"俯会"，当涉上文"俯仰"而误。《文心雕龙·附会》篇："何谓附会？谓总文理，统首尾，定与夺，合涯际，弥纶一篇，使杂而不越者也。"彼谓为文章之脉络，音乐篇章亦如之也。 ❸ 卢文弨：譓，《说文》作"䜋"。○按：意，犹或也，或作"抑"。《广雅》："意，疑也。"《周易·文言传》："或之者，疑之也。"是"意"与"或"同义。说见《古书虚字集释》。《说文》："䜋，语谆䜋也。读若'行道迟迟'。"段玉裁《说文注》："谆䜋，盖犹钝迟也。"譓譓，盖与"迟迟"同义。《毛诗传》："迟迟，舒缓也。"《广雅》："迟迟，长也。"

【原 文】

吾观于乡，而知王道之易易也^①。

主人亲速宾及介^②，而众宾皆从之；至于门外，主人拜宾及介，而众宾皆入^③；贵贱之义别矣。

三揖^④，至于阶；三让，以宾升，拜；至，献，酬；辞让之节繁；及介，省矣；至于众宾升，受坐；祭，立饮，不酢而降^⑤；隆杀之义辨^⑥矣。

工入，升，歌三终，主人献之；笙入，三终，主人献之；间歌三终，合乐三终^⑦，工告乐备，遂出。二人^⑧扬觯^⑨，乃立司正^⑩。焉知^⑪其能和乐而不流也。

【译 文】

我看到了乡里中饮酒的礼节，因而知道了王道是乐乐和和的。

主人亲自去邀请宾客和陪客，因而众宾都随从在后面；走到门外，主人向宾客和陪客拱手，因而众宾都进了门；贵贱之意义区别出来了。

三次揖拜，到了阶前；三次推让，宾客先升上台阶，揖拜；到了席位，主人献酒、劝酒；辞让的礼节繁多；到陪客面前，礼节就省略了；到众宾客升上阶台，受酒，坐下；以酒敬神，立即饮酒，不用回敬，然后退下；隆盛、简略的意义分辨出来了。

乐工进来，升上台阶，歌唱三遍，主人又进酒；吹笙的人进来，吹三遍，主人又进酒；交换着歌唱三遍，合拢着歌唱三遍，乐工报告音乐完备，就退出。宾主二人举角饮酒，还设有一个监礼的人。这是希望他们能够做到和乐而不陷于淫邪。

注 释

❶ 卢文弨：《礼记·乡饮酒义》，此为孔子之言；句首"孔子曰"三字，似当有。○按：郑玄《礼记》注："乡，乡饮酒礼。"又："易，和说也。" ❷ 按：郑玄《礼记》注："速，谓即家召之。"《仪礼》注："介，宾之辅。饮酒之礼，贤者为宾，次者为介。" ❸ 按：皆，《礼记》作"自"。 ❹ 按：郑玄《礼记》注："推手曰揖。"高诱《淮南子》注："揖，举手也。" ❺ 按：郑玄《诗》

笺："始主人酌宾为献。"又："进酒于宾曰献，客答之曰酢。"《仪礼》注："酬，劝酒也。" ❻ 按：辨，《礼记》作"别"。 ❼ 按：郑玄《礼记》注："工，谓乐正也。"又《仪礼》注："笙，吹笙者也。以笙吹此诗为乐也。间，代也。合乐，谓歌乐与众声俱作。" ❽ 按：二人，《礼记》作"一人"。郑玄注："一人，或为'二人'。" ❾ 按：《说文》："觯，乡饮酒角也。" ❿ 按：司正，宾主宴会监礼之人。郑玄《仪礼》注："礼乐之正既成，将留宾，为有解惰，立司正监之。" ⓫ 按：郑玄《礼记》注："知，犹欲也。"

[原 文]

宾酬主人，主人酬介，介酬众宾，少长以齿，终于沃洗①者。焉知其能弟长而无遗也②。

降，说屦，升坐③，修爵④无数；饮酒之节，朝不废朝，莫不废夕⑤；宾出，主人拜送，节文终遂。焉知其能安燕而不乱也。

贵贱明，隆杀辨，和乐而不流，弟长而无遗，安燕而不乱，此五行者，是足以正身、安国矣。彼国安，而天下安。故曰：吾观于乡，而知王道之易易也。

[译 文]

宾客劝主人，主人劝陪客，陪客劝众宾客，长幼都依据着年龄动作，以至到洗手为止。这是希望他们能够知道尊敬长者而不失礼。

降下台阶，脱掉鞋，升阶、跪下，吃肉、喝酒，不受限制；饮酒的节制，早晨不能废止了早间上朝，夜晚不能废止了晚间上朝；宾客出门，主人揖拜相送，节文这才完了。这是希望他们安妥而不昏乱。

贵贱分明，隆杀有别，和乐而不淫邪，敬长而不失礼，安晏而不昏乱，这五种动作，就足以端正身心，安定国家了。由于国家安定，因而天下也就安定了。所以说，我看到乡里中饮酒的礼节，因而得知王道是乐乐和和的。

注 释

❶ 按：孔颖达《左传》疏："沃，谓浇手也。" ❷ 按：也，《礼记》作"矣"。 ❸ 按：孔颖达《礼记》疏："坐，跪也。" ❹ 按：《说文》："修，脯也。" ❺ 按：莫，古"暮"字。孔颖达《左传》疏："莫见君，谓之夕。"

【原 文】

乱世之征：其服，组①；其容，妇；其俗，淫；其志，利；其行，杂；其声乐，险②；其文章，匿③而采；其养生，无度；其送死，瘠墨④；贱礼义，而贵勇力；贫则为盗，富则为贼。治世反是也。

【译 文】

乱世的象征：人们的衣服，花纹偏邪；人们的容貌，仿效妇女；人们的风俗，荒淫昏乱；人们的心意，喜爱财货；人们的行为，秩序紊杂；人们的音乐，声调不正；人们的文章，邪僻而多采；人们奉养生者，没有限度；人们遣送死者，礼制浇薄；鄙贱礼义，而崇尚勇力；贫的就流为窃盗，富的就贼害好人。平治世界是同这个相反的。

注 释

❶ 按：高诱《淮南子》注："组，邪文。" ❷ 王先谦：《广雅》："险，邪也。" ❸ 王先谦：匿，读曰"慝"，邪也。 ❹ 郝懿行：《礼论》篇云："送死不忠厚，不敬文，谓之瘠。""刻死而附生，谓之墨。"瘠，亦俭薄之意。○按：范望《太玄》注："墨，谦也。"亦减缩之意。

解蔽① 篇第二十一

【原文】

凡人之患，蔽于一曲②而暗于大理。治，则复经③；两，则疑惑矣④。

天下无二道，圣人无两心。今诸侯异政，百家异说，则必或是或非，或治或乱。乱国之君，乱家⑤之人，此其诚心莫不求正而以自为也。妒缪于道⑥，而又⑦诱其所迨也⑧，私其所积⑨，唯恐闻其恶也；倚其所私，以观异术，唯恐闻其美也。是以与治离走⑩，而是己不辍也。岂不蔽于一曲而失正求也哉？

【译文】

一般人的苦痛，是蒙蔽于一偏之见而暗昧于正大之理。见解精审，就步入常道；见解分歧，就趋向迷途。

天下没有两种道术，圣人没有两种心志。如今，诸侯的政令不同，百家的学说各异，就必然要发生或是或非、或治或乱的分歧。乱国的君上，乱家（百家）的学者，他们是没有不诚心实意地要求正道而为自己打算的。他们危害正道，而又要推进自己所喜爱的道术，袒护自己所学到的东西，唯恐听到别人对于自己的责难；依据自己的私见，来观察与自己不同的道术，唯恐听到别人对于自己的赞美。所以，他这是同正道相远离，自以为是，而无所底止啊。这岂不是蒙蔽于一偏之见而失去了正当的要求吗？

【注释】

❶ 杨倞：蔽者，言不能通明，滞于一隅，如有物壅蔽之也。　❷ 杨倞：一

曲，一端之曲说。○按：《广雅》："患，苦也。"一曲，即下文所谓"一隅"也，谓一偏也。杨倞《不苟》篇注："偏，谓见其一隅。"《庄子·天下》篇："耳、目、鼻、口，皆有所明，不能相通；犹百家众技也，皆有所长，时有所用。虽然，不该不遍，一曲之士也。"《释名》："曲，局也。"《淮南子·氾论》篇："此见隅曲之一指。"　❸ 杨倞：复经，复经常之正道。○按：《修身》篇："少而理曰治。"郑玄《仪礼》注："治，犹理也。"　❹ "两则疑惑"，本作"两疑则惑"。○杨倞：一本作"两则疑惑矣"。○按：下文"二道""两心"，皆承此两而言。或本是也，今据改。　❺ 按：乱国之君，承上文"诸侯异政"而言；乱家之人，承上文"百家异说"而言。家，即《大略》篇"家言邪学"之"家"。杨倞注云："家言，谓偏见，自成一家之言。"乱家，即"蔽于一曲而暗于大理"之家。　❻ 按：《文选》注引《广雅》："妒，害也。"颜师古《汉书》注："缪，违也。"　❼ 按："又"本作"人"，不可通，今订"人"为"又"之讹。　❽ 高亨：迨，疑借为"怡"。陆德明《毛诗音义》引《韩诗》："迨，愿也。"○按：《尔雅》："诱，进也。"　❾ 杨倞：积，习。　❿ "离"本作"虽"。○杨倞：虽，或作"离"。○王念孙：作"离"是也。言与治离走，而自是不已也。作"虽"者，字之误耳。○郝懿行亦如是说。

【原文】

心不使焉，则白黑在前，而目不见；雷鼓①在侧，而耳不闻；况于蔽者乎②？德道之人③，乱国之君非之上，乱家之人非之下，岂不哀哉？

【译文】

心如果不使用，就是黑白分明的东西在面前，眼睛也看不见；敲大鼓的声音在身边，耳朵也听不见；又何况是被蒙蔽了的人呢？得道之人，乱国之君在上方非难他，乱家之学在下方非难他，这岂不是太可怜吗？

注 释

❶ 杨倞：雷鼓，大鼓声如雷者。　❷ "蔽"本作"使"。○俞樾："使"字

乃"蔽"字之误。白黑之形，雷鼓之声，尚且不见不闻，况于蔽者乎？此承上文"蔽于一曲"而言。因涉"心不使焉"句，而误作"使"。 ❸ 王念孙：德道，即得道也。

【原文】

故，为蔽①：欲为蔽，恶为蔽；始为蔽，终为蔽；远为蔽，近为蔽；博为蔽，浅为蔽；古为蔽，今为蔽。凡万物异，则莫不相为蔽。此心术之公患也。

【译文】

所以，成为蒙蔽的有：情欲可以成为蒙蔽，憎恶可以成为蒙蔽；开始可以成为蒙蔽，终结可以成为蒙蔽；疏远可以成为蒙蔽，亲近可以成为蒙蔽；广博可以成为蒙蔽，鄙浅可以成为蒙蔽；好古可以成为蒙蔽，悦今可以成为蒙蔽。这便是心术（思想方法）的共同病患。

注 释

❶ 杨倞：数为蔽之端也。○郝懿行：故，语词也。此句为下十蔽总冒。○王念孙：注言"数为蔽之端"者，数，"所主"反。下文言人之蔽有十，故先以"故为蔽"三字总冒下文，然后一一数之于下。注言"数为蔽之端"，亦是总冒下文之词。

【原文】

昔人君之蔽者，夏桀、殷纣是也。桀蔽于末喜、斯观①，而不知关龙逢，以惑其心，而乱其行；纣蔽于妲己、

【译文】

从前，人君受到蒙蔽的，桀王、纣王就是例证。桀王被末喜、斯观所蒙蔽，而不认识关龙逢的忠谏，因而迷惑了自己的心志，昏乱了自己的行为；纣王被妲己、飞廉所蒙蔽，而不认识微子

飞廉②，而不知微子启，以惑其心，而乱其行。故群臣去忠而事私，百姓怨非而不用③，贤良退处而隐逃。此其所以丧九牧之地而虚宗庙之国也④。桀死于鬲山⑤，纣县于赤旆⑥，身不先知，人又莫之谏。此蔽塞之祸也。

启的忠谏，因而迷惑了自己的心志，昏乱了自己的行为。所以，群臣都抛掉忠诚，而营谋私利；百姓都怨恨主上，而不为主上所用；贤良人都退出朝廷，而逃隐乡里。这便是他们丧失了九州之地，而亡失了祖宗之国的原因。桀王死在鬲山，纣王的头挂在红旗杆上，本身不能够预先知道，别人又没有谏诤他们。这便是他们受到蒙蔽的灾祸。

注 释

❶ 杨倞：末喜，桀妃。斯观，未闻。○刘师培：斯观，即《汉书·古今人表》之"干辛"也。《墨子·所染》篇、《吕览·慎大》篇均言"桀染于干辛"，《说苑》作"干莘"，则干辛为桀佞臣。干、观、辛、斯，均一声之转。"斯观"即"干辛"之倒文。○按：末喜，《史记·外戚世家》《新序·杂事》篇与《荀子》同。《汉书·古今人表》作"末嬉"，今本《国语·晋语》与《玉篇》均作"妹喜"，《集韵》作"妹嬉"。关龙逢，桀忠臣，因谏遇杀。 ❷ 杨倞：妲己，纣妃。飞廉，纣之佞臣，恶来之父，善走者，秦之祖也。微子，纣之庶兄。微国，子爵；启，其名也。 ❸ 杨倞：事，任也。不用，不为上用也。非，或为"诽"。 ❹ 杨倞：九牧，九州之牧。虚，读为"墟"。 ❺ "鬲山"本作"亭山"。○杨倞：亭山或本作"鬲山"。○王念孙：作"鬲山"者是也。鬲，读与"历"同，字或作"历"。《太平御览》引《尸子》曰："桀放于历山。"《淮南子·修务》篇："（汤）整兵鸣条，困夏南巢，谯以其过，放之历山。"《史记正义》引《淮南子》曰："汤放桀于历山，与末喜同舟浮江，奔南巢之山而死。" ❻ 杨倞：《史记》：武王斩纣头，悬于太白旗，此云"赤旆"，所传闻异也。

【原文】

成汤监于夏桀，故主其心①而慎治之，是以能长用伊尹而身不失道，此其所以代夏王而受九有也。文王监于殷纣，故主其心而慎治之，是以能长用吕望而身不失道，此其所以代殷王而受九牧也②。远方莫不致其珍，故目视备色，耳听备声，口食备味，形居备宫，名受备号；生则天下歌，死则四海哭。夫是之谓至盛。

《诗》曰："凤凰秋秋，其翼若干，其声若箫；有凰有凤③，乐帝之心④。"此之谓也⑤。此不蔽之福也。

【译文】

汤王明察于桀王的失败，所以就端正自己的心志，谨慎地治理天下，因而能够长久地使用伊尹而不失掉道术，这便是他代替夏王而接受九州的原因。文王借鉴于殷纣的失败，所以就端正自己的心志，谨慎地治理天下，因而能够长久地使用太公而不失掉道术，这便是他代替殷王而接受九州的原因。远方各国没有不来进贡珍宝的，所以，眼睛看着各种颜色，耳朵听着各种声音，嘴吃着各种食味，身躯住着各种宫殿，名声受着各种尊号；生前，天下都歌功颂德；死后，四海都痛哭流涕。这就叫作无比的隆盛。

《诗经》中说："一凤一凰，矫健飞翔，它们的翅膀像舞楯，它们的声音像鸣箫；凤啊，凰啊，愉快了帝王的心志。"就是说的这种情形。这便是不受蒙蔽的幸福。

注释

❶杨倞：主其心，言不为邪佞所惑也。○按：《方言》："监，察也。"韦昭《国语》注："主，正也。" ❷杨倞：九有，九牧，皆九州也。抚有其地，则谓之九有；养其民，则谓之九牧。 ❸"有凰有凤"本作"有凤有凰"。○王念孙：此本作"有凰有凤"，《艺文类聚·祥瑞部》、《太平御览·人事部》和《羽族部》引此并作"有皇有凤"。秋、箫为韵，凤、心为韵。 ❹杨倞：逸诗也。《尔雅》："鹖，凤，其雌凰。"干，楯也。此帝，盖谓尧也。尧时，凤凰巢于阿

阁，言尧能用贤不蔽，天下和平，故有凤凰来仪之福也。○按：颜师古《汉书》注："秋秋跄跄，腾骧之貌。"又引苏林："秋，飞貌也。" ❺按："乐帝之心"下，本无"此之谓也"一句，与本书通例不合，今据下文有此句补。

【原文】

昔人臣之蔽者，唐鞅、奚齐①是也。唐鞅蔽于欲权，而逐戴子②；奚齐蔽于欲国，而罪申生③。唐鞅戮于宋，奚齐戮于晋；逐贤相，而罪孝兄，身为刑戮，然而不知。此蔽塞之祸也。故以贪鄙、背叛争权，而不危辱、灭亡者，自古及今，未尝有之也。鲍叔、宁戚、隰朋，仁知且不蔽，故能持管仲④，而名利福禄与管仲齐；召公、吕望，仁知且不蔽，故能持周公，而名利福禄与周公齐。

传曰："知贤之谓明，辅贤之谓能。勉之强之，其福必长。"此之谓也。此不蔽之福也。

【译文】

从前，人臣受到蒙蔽的，唐鞅、奚齐就是例证。唐鞅蒙蔽于欲望而得到威权，因而驱逐了戴子；奚齐蒙蔽于欲望而得到国家，因而处决了申生。唐鞅最终在宋国被杀，奚齐最终在晋国被杀；他们驱逐贤相，归罪孝兄，本身遭到刑辱，然而并不知道。这便是他们受到蒙蔽的灾祸。所以，凡是用贪鄙、背叛的行为来争权夺利而不遭危辱、灭亡的，从古到今，是不曾有过这种事情的。齐国的鲍叔、宁戚、隰朋，他们仁爱、明智，而且不受蒙蔽，所以都能够扶助管仲，而且名利、官禄和管仲齐同并列；周朝的召公、太公，他们仁爱、明智，而且不受蒙蔽，所以都能够扶助周公，而且名利、官禄和周公齐同并列。

古书上说："认识贤良，就叫作明智；辅佐贤良，就叫作才能。奋勉努力，他的幸福必能长久。"就是说的这个道理。这便是不受蒙蔽的幸福。

注 释

❶ 杨倞：唐鞅，宋康王之臣。《吕氏春秋》曰："宋康王染于唐鞅、田不禋。"奚齐，晋献公骊姬之子。　❷ 杨倞：载，读为"戴"。戴不胜，使薛居州傅王者，见《孟子》。　❸ 杨倞：申生，晋献公之太子，奚齐之兄，为骊姬所谮，献公杀之。　❹ 杨倞：持，扶翼也。

【原文】

昔宾孟之蔽者，乱家是也①。墨子蔽于用，而不知文②；宋子蔽于欲，而不知得③；慎子蔽于法，而不知贤④；申子蔽于埶，而不知知⑤；惠子蔽于辞，而不知实⑥；庄子蔽于天，而不知人⑦。故由⑧用谓之道，尽利矣；由欲⑨谓之道，尽嗛矣⑩；由法谓之道，尽数矣；由埶谓之道，尽便矣⑪；由辞谓之道，尽论矣；由天谓之道，尽因矣⑫。此数具者，皆道之一隅也。

【译文】

从前，贤士受到蒙蔽的，乱家（百家）就是例证。墨子被器用所蒙蔽，而不懂得文采；宋子被情欲所蒙蔽，而不懂得德操；慎子被法制所蒙蔽，而不懂得贤良；申子被权势所蒙蔽，而不懂得才智；惠子被虚辞（概念）所蒙蔽，而不懂得现实；庄子被天运所蒙蔽，而不懂得人事。所以，把器用叫作道，人们就都只认识物利了；把情欲叫作道，人们就都只认识愉快了；把法制叫作道，人们就都只认识术数了；把权势叫作道，人们就都只认识利益了；把虚辞（概念）叫作道，人们就都只认识论辩了；把天运叫作道，人们就都只认识因循了。这几项具体情况，都是道的一偏之见。

注 释

❶ 俞樾：孟，当读为"萌"。"孟"与"明"古音相近，故"孟"可为

"萌",犹"孟猪"之为"明都","孟津"之为"盟津"也。○按：宾孟，即《国语·齐语》所谓"秀民之能为士者"，亦即所谓"士民"也，贤士也。范望《太玄》注："宾，道也。"郑玄《仪礼》注"贤者为宾"，是其义。❷ 杨倞：（墨子）欲使上下勤力，股无胈，胫无毛，而不知贵贱等级之文饰也。❸ 杨倞：宋子以人之情，欲寡而不欲多，但任其所欲，则自治也。○俞樾：古"得""德"字通用。"蔽于欲而不知德"，正与下句"慎子蔽于法而不知贤"一律。❹ 杨倞：慎子本黄、老，归刑名，多明不尚贤、不使能之道，故其说曰："多贤不可以多君，无贤不可以无君。"其意但明得其法，虽无贤亦可为治，而不知法待贤而后举也。❺ 杨倞：申子，名不害，河南京县人，韩昭侯相也。其说，但贤得权埶，以刑法驭下，而不知权埶待才智然后治，亦与慎子同意。❻ 杨倞：惠子蔽于虚辞，而不知实理。虚辞，谓若"山出口，丁子有尾"之类也。❼ 杨倞：天，谓无为自然之道。庄子但推治乱于天，而不知在人也。❽ 按：由，犹以也。义见《古书虚字集释》。❾ "欲"本作"俗"。○杨倞：俗，当为"欲"。○按：此承上"欲"言之。自以作"欲"为是。今据改，以求一律。❿ 杨倞：嗛，与"慊"同，快也。⓫ 按：高诱《淮南子》注："便，利也。"⓬ 按：《管子·心术》篇："因也者，舍己而以物为法者也。"尹知章注："舍己而随物，故曰因。"

【原文】

夫道者，体常而尽变，一隅不足以举之。曲知之人，观于道之一隅，而未之能识也。故以为足，而饰之；内以自乱，外以惑人；上以蔽下，下以蔽上。此蔽塞之祸也。孔子仁知且不蔽，故学乱术，足以为先王

【译文】

这种道，本体正常而变化无穷，一偏之见是不可能概括它的。一知半解的人，看到了道的一偏，是不可能把它认识清楚的。所以，他们就自以为满足，而把自己的见解加以文饰；在内心扰乱了自己，在外界眩惑了别人；在上的蔽塞了在下的，在下的蔽塞了在上的。这便是受蔽塞的灾祸。孔子仁爱、明智，而又不曾受到蒙蔽，所以他学习了不少的乱术（诸子百家

者也①。一家得周道②，举而用之，不蔽于成积也③。故德与周公齐、名与三王并，此不蔽之福也。

的道术），而足以佐助先王的政教。他一家掌握了博通之道，把它用来施行在政教上，而不被旧习所蒙蔽。所以，孔子的德行同周公相齐、名声同三王相并。这便是不受蔽塞的幸福。

注 释

❶ 杨倞：乱，杂也。○按：郑玄《论语》注："为，犹助也。"言孔子学杂术，集大成，用以助先王之教也。《广雅》："周，遍也，至也。" ❷ 按：周道，博通之道，别于一偏之道者也。 ❸ 杨倞：成积，旧习也。言其所用，不滞于众人旧习。○郝懿行："一家得周道"句，"举而用之"句，此言孔子"志在《春秋》，行在《孝经》"。又曰："吾学周礼，今用之，吾从周。"盖能考论古今，成一家言，不蔽于诸子杂说也。

【原 文】

圣人知心术之患，见蔽塞之祸，故无欲、无恶，无始、无终，无近、无远，无博、无浅，无古、无今，兼陈万物，而中县衡焉。是故众异不得相蔽，以乱其伦也。

【译 文】

圣人懂得心术（思想方法）的忧患，见到受蒙蔽的灾祸，所以，无论是情欲、无论是憎恶，无论是开始、无论是终结，无论是疏远、无论是亲近，无论是广博、无论是鄙浅，无论是好古、无论是悦今，把所有的事物都摆在面前，而在心中悬起一杆秤来。所以，各种不同的事物不得互相蒙蔽，从而扰乱了它们的伦次。

【原文】

何谓衡？曰道。故心不可以不知道。心不知道，则不可道，而可非道①。人孰欲得恣②，而守其所不可，以禁其所可？以其不可道之心取人，则必合于不道人，而不合③于道人。以其不可道之心，与不道人论道人，乱之本也。

【译文】

什么叫作秤？回答说：就是"道"。所以，心不可以不懂得"道"，心不懂得"道"，就不肯定"道"，而肯定"非道"。人谁愿意贪婪任意、固守自己所不肯定的（非道），来制止自己所肯定的（道）呢？用自己不肯定"道"的心来取人，就必然要适合于不"道"之人，而不适合于得"道"之人，用自己不肯定"道"的心，和不"道"之人议论得"道"之人，这便是紊乱的本原。

注释

❶ 杨倞：可，谓合意也。○按：高诱《吕氏春秋》注："可，用也。" ❷ 按：孔安国《论语》注："得，贪得也。"得恣，贪得而放纵也。 ❸ "不合"本作"不知合"。○俞樾："知"字衍。下文云："以其可道之心取人，则合于道人，而不合于不道之人。"正与此文相对。彼云"不合"，而不云"不知合"，则此文亦无"知"字明矣。

【原文】

夫何以知①？心②知道，然后可道；可道，然后能守道，以禁非道。以其可道之心取人，则合于道人，而不合于不道之人矣。以其可道

【译文】

怎么能够算明智呢？心懂得"道"，然后才能够肯定"道"；肯定"道"，然后才能够固守"道"，来制止"非道"。用自己肯定"道"的心来取人，就适合于得"道"的人，而不适合于不"道"之人。用自己肯定"道"的心，和得"道"

之心，与道人论非道，治之要也。何患不知？故治之要在于知道。

之人议论不"道"之人，这便是平治的纲要。又何必忧愁自己不明智呢？所以，平治的纲要在于懂得"道"。

【注 释】

❶俞樾："夫何以知"，与下文"何患不知"相对。此两"知"字，当读为"智"。夫何以知，犹言"夫何能智"也。 ❷"心"上本有"曰"字。○俞樾："曰"字，衍。"心知道，然后可道"，与上文"心不知道，则不可道，而可非道"相对成文，皆承"故心不可以不知道"而言。因上句"夫何以知"，杨注误以为问辞，后人遂以此数句为答辞，妄加"曰"字。

【原 文】

人何以知道？曰：心。心何以知？曰：虚、壹而静①。

心未尝不臧也②，然而有所谓虚；心未尝不两也③，然而有所谓壹；心未尝不动也，然而有所谓静。

【译 文】

人们用什么来懂得"道"呢？回答说：就是心。心为什么就懂得呢？回答说：由于心是虚旷、专一而稳静的。

心并不是不有所包藏，然而它有所谓虚旷的本能；心并不是不有所分歧，然而它有所谓专一的本能；心并不是不有所移动，然而它有所谓稳静的本能。

【注 释】

❶郝懿行：壹者，专壹也。转写者乱之，故此作"壹"。 ❷杨倞：臧，读为"藏"，古字通，下同。言心未尝不包藏。 ❸"两"本作"满"。○杨倞：满，当为"两"；两，谓同时兼知。○按，下文"两"与"壹"对文。"满"，误字，作"两"字是也，今据正。

【原文】

人生而有知，知而有志；志①也者，臧也；然而有所谓虚。不以所已臧害所将受，谓之虚。心生而有知，知而有异；异也者，同时兼知之；同时兼知之，两也；然而有所谓壹；不以夫一害此一②，谓之壹。心，卧，则梦；偷，则自行；使之，则谋③；故心未尝不动也，然而有所谓静。不以梦剧乱知④谓之静。——未得道而求道者，谓之虚、壹而静。作之，则将须道者之虚，虚，则入；将事道者之壹，壹，则尽；将思道者之静，静，则察⑤。知道，察；知道，行；体道者也。虚、壹而静，谓之大清明。

【译文】

人一生下来就有知觉，知觉，就有记忆；记忆，就是包藏；然而它有所谓虚旷的本能。不以它所已经包藏的事物妨害了它将要接受的事物，这就叫作虚旷。心一生下来就有知觉，知觉，就有差异；差异，就是同时兼而知之；同时兼而知之，就有所分歧；然而它有所谓专一的本能。不以那件事物妨害了这件事物，这就叫作专一。心，睡下了，就要做梦；苟且了，就要任性；使用它，就能够计谋；所以，心从来不是不开动的，然而它有所谓稳静的本能。不以梦想和骚烦扰乱了智慧，这就叫作稳静。——没有得到"道"而追求"道"的这种阶段，就叫作虚旷、专一而稳静。心一有所动作，就需用得"道"之人的虚旷，虚旷就能够接纳事物；就要动用得"道"之人的专一，专一就能够穷尽事物；就要思考得"道"之人的稳静，稳静就能够明察事物。懂得了"道"，就要明察；懂得了"道"，就要施行；这便是体"道"之人。虚旷、专一而稳静，就叫作大清明。

注释

❶按：韦昭《国语》注："志，记也。" ❷王先谦：夫，犹彼也。知虽有两，不以彼一害此一。荀书用"夫"字，皆作"彼"字解，此尤其明证。 ❸杨

倞：卧，寝也。自行，放纵也。使，役也。言人心有所思，寝则必梦，偷则必放纵，役用则必谋虑。 ❹杨倞：梦，想象也。剧，嚣烦也。 ❺"作之，则将须道者之虚，虚，则入；将事道者之壹，壹，则尽；将思道者之静，静，则察"，本作"作之，则将须道者之虚则人，将事道者之壹则尽，尽将思道者静则察"，错误不可读。○按：王引之之校近是，今据正。

【原文】

万物莫形而不见，莫见而不论，莫论而失位①。坐于室，而见四海；处于今，而论久远；疏观万物，而知其情；参稽治乱，而通其度。经纬天地，而材官万物②；制割大理，而宇宙裹矣③。恢恢广广，孰知其极？睪睪广广，孰知其德？涫涫纷纷，孰知其则④？明参日月，大满八极，夫是之谓大人。夫恶有蔽矣哉？

【译文】

天地间的万物，它们的形体没有不显示出来的，没有显示出来而没有伦次的，没有有伦次而失去职位的。坐在内室，就可以见到四海；处在现在，就可以议论远古；统观万物，就可以明了它们的情实；参考国家的治乱，就可以通晓它们的制度。经营天地，因而统御了万物；制断众理，因而包罗了宇宙。广广阔阔的，谁知道他的极点呢？明明皇皇的，谁知道他的业绩呢？纷纷攘攘的，谁知道他的准则呢？他的光辉同日月相比况，他的广大充塞于八方之中，这就叫作大人（圣人）。他又有什么蔽塞的呢？

注释

❶郝懿行：见，读为"现"；现者，示也。论，读为"伦"；伦者，理也。言万物莫有形而不显示于人，莫显示人而不有伦理，理无不宜，而分位不失。 ❷杨倞：材，或为"裁"也。○按：材，通"裁"。孔颖达《礼记》疏："官者，管也。"材官，犹言裁制也。 ❸按："裹"，本作"里"。"里"，乃"裹"字之误。宇宙裹，谓包裹宇宙也，今以意改。 ❹"则"本作"形"。○杨倞：

此皆明虚壹而静，则通于神明，人莫能测也。罫，应读为"皣"；皣皣，广大貌。涫涫，沸貌。纷纷，杂乱貌。○顾千里：广广，重出二字，以杨注"罫读为'皣'"例之，则下句"广"读为"旷"也。"形"字不入韵，疑当作"则"。○按：作"则"是也。《广雅》："旷旷，明也。"

【原文】

心者，形之君也，而神明之主也；出令，而无所受令；自禁也，自使也；自夺也，自取也；自行也，自止也。故口可劫而使墨云①，形可劫而使诎申，心不可劫而使易意。是之则受，非之则辞，故曰心容②。其择也，无禁，必自见；其物物也③，杂博；其情之至也，不贰。《诗》云："采采卷耳，不盈顷筐；嗟我怀人，寘彼周行④。"顷筐，易满也；卷耳，易得也；然而不可以贰周行⑤。故曰：心枝⑥，则无知；倾，则不精；贰，则疑惑；以赞稽之，万物可兼知也⑦。身尽其故⑧，则美，类不可两

【译文】

心，是形体的统帅，是神明（精神）的主宰；它发出命令，而从不接受命令；它是自我限制，自我指使；自我裁夺，自我求取；自我举动，自我休止。所以，嘴可以迫使它静默或谈说，形体可以迫使它曲屈或延伸，心却不可以迫使它变更意念。它认为是的就接纳，它认为非的就拒绝，所以叫它心容（心的容量）。它对于事物的选择，是不受限制的，必定要自己去观察；它对于认识事物，是无限博杂的；它的感性的到来，是从不分歧的。《诗经》中说："我采卷耳菜，总采不满浅筐；我沉痛地思念我的亲人，就把浅筐放在道弯上。"浅筐，是容易放满的家具；卷耳，是容易采取的野菜；然而他对道弯（盛产野菜的所在）不可以发生二心歧义。所以说，心分歧了，就什么也不能认识；心偏颇了，就对事物认识不精确；二心歧义，就会发生疑惑；以赞助的态度考究万物，万物是完全可以认识的。亲身穷究事物的原因，是最好不过的，对于一切事物是不可以怀着两种看法的，所以明智

也，故知者择一而壹焉。 的人选择一端而专一于思想。

注 释

❶杨倞：劫，迫也。云，言也。○郝懿行：墨与"默"同。 ❷杨倞：容，受也。言心能容受万物。○按：心虚，故无所不容也。 ❸按："其物物也"本作"其物也"，费解；今依下文"物物"加一"物"字。郑玄《周礼》注："物，犹相也。"杜预《左传》注："物，识也。"物物，谓相物也，识物也。 ❹杨倞：《诗经·周南·卷耳》之篇。毛公云：采采，事采之也。卷耳，苓耳也。顷筐、畚属，易盈之器也。○按：《韩诗》："顷筐，欹筐也。"马瑞辰曰："顷筐，盖即今箕之类，后高而前低，故曰顷筐。顷则前浅，故曰易盈。"顷，即倾也。《尔雅》："行，道也。"周行，犹《有杕之杜》篇所谓"道周"也。陆德明《诗》释文："周，曲也。"周行，谓道曲也；卷耳蕃生之地也。寘，即"置"字。 ❺按：一心于周行，则卷耳易得；贰心于周行，则顷筐不易满也。以喻博杂，则愈不知也。 ❻郝懿行：枝，与"歧"同。 ❼杨倞：赞，助也。稽，考也。以一而不贰之道助考之，则可兼知万物。 ❽按：《尔雅》："身，亲也。"身尽其故，谓亲究其故也。

【原 文】

农精于田，而不可以为田师；贾精于市，而不可以为市师；工精于器，而不可以为器师；有人也，不能此三技，而可使治三官。曰：精于道者也，精于物者也①。精于物者，以②物物；精于道者，兼物物。故君子

【译 文】

农民精通于种田，但是不可以使他们做田师；商人精通于商务，但是不可以使他们做商师；工人精通于器物，但是不可以使他们做器师；有这样的人，他并不精通这三种技术，但是可以使他做这三种技术的主管。这就是说：有精通于"道"的人，有精通于事物的人。精通于事物的人，能够认识事物；精通于"道"的人，全面认识事物。所以，君子专一于"道"，

壹于道，而以赞稽物。壹于道，则正；以赞稽物，则察；以正志、行论，则万物官矣③。

而以赞助的态度考究万物。专一于"道"，就意志端正；以赞助的态度考究事物，就见解明察；用它来端正意志，进行言论，万物就各当其任了。

注 释

❶按：精于物者与精于道者，两不相同也。　❷按：以，犹能也。见《古书虚字集释》。　❸杨倞：在心为志，发言为论。官，谓各当其任，无差错也。〇按："行"下本有"察"字，涉上句"则察"而衍，今以意删。"正志"与"行论"对言。行论，谓发表议论也。

【原 文】

昔者，舜之治天下也，不以事诏，而万物成①；处一之危，其荣满侧；养一之微，荣矣而未知②。故《道经》曰："人心之危，道心之微③。"危、微之几④，惟明君子而后能知之。

【译 文】

古代，在帝舜治理天下的时候，他不把政事明告于人民，可是万物都生成得很好；他持守专一，而知所戒惧，所以他的荣誉充满左右；涵养专一，而极于精微，所以他受到荣誉而不自知。所以《道经》中说："人心要知所戒惧，道心要做到精微。"戒惧、微妙的苗头，只有英明的君子才能够懂得。

注 释

❶杨倞：舜能一于道，但委任众贤而已，未尝躬亲以事告人。　❷"之危"本作"危之"。〇杨倞："危之"当为"之危"。危，谓不自安，戒惧之谓也。

微，精妙也。○按：作"之危"是也。处一，犹言守一也。守一而知所戒惧，则荣满左右；养一而极于微妙，虽荣而不自知也。　❸ 郝懿行：《道经》，盖古言道之书。今《书·大禹谟》有此，乃梅赜所采窜也。○按：之，犹为也。见《古书虚字集释》。伪《大禹谟》"之"作"惟"。　❹ 杨倞：几，萌兆也，与"机"同。

【原文】

故人心譬如槃水，正错而勿动，则湛浊在下①，而清明在上，则足以见须眉，而察肤理矣②；微风过之，湛浊动乎下，清明乱于上，则不可以得本形③之正也。心亦如是矣。故导之以理，养之以清，物莫之倾，则足以定是非、决嫌疑矣；小物引之，则其正外易，其心内倾，则不足以决庶理矣。

【译文】

所以，人心如同大盘里的水一样，平平正正地放着不动，浑浊的东西就沉在下面，而清明的东西就浮在上面，可以照见须眉，观察面色；如果小风儿一吹过来，浑浊的东西就在下面浮动起来，清明的东西就在上面混乱起来，就不可以认出自己的本形了。心也是这样。所以，用条理来引导它，用清明来涵养它，什么东西都歪曲不了它，就足以判定是非、解决嫌疑了；如果有小的事物来引诱它，它的正形在外面发生了变化，在心里面发生了倾斜，就不足以决断各种事理了。

【注释】

❶ 杨倞：湛，读为"沈"，泥滓也。　❷ "察肤理"本作"察理"。○郝懿行："理"上当脱"肤"字。《荣辱》篇及《性恶》篇并云"骨体肤理"，是矣。　❸ "本形"本作"大形"。○王先谦："大"字无义。上言槃水见须眉肤理，非能见身之全形也。"大形"，疑当为"本形"。《富国篇》"天下之本利也"，"本"当为"大"，明二字互误。

【原文】

故好书者众矣,而仓颉独传者①,壹也;好稼者众矣,而后稷独传者②,壹也;好乐者众矣,而夔独传者③,壹也;好义者众矣,而舜独传者,壹也。倕作弓,浮游作矢④,而羿精于射;奚仲作车,杜作乘马⑤,而造父精于御。自古及今,未尝有两而能精者也。

曾子曰:"是其庭,可以搏鼠,恶能与我歌矣⑥?"

【译文】

所以,喜好文字的人是很多的,可是仓颉独独地流传于后世,这是由于他专一于文字;喜好庄稼的人是很多的,可是后稷独独地流传于后世,这是由于他专一于庄稼;喜好音乐的人是很多的,可是夔独独地流传于后世,这是由于他专一于音乐;喜好道义的人是很多的,可是大舜独独地流传于后世,这是由于他专一于道义。倕创制了弓,浮游创制了箭,可是只有羿精于射箭;奚仲创制了车,杜创制了四马驾车法,可是只有造父精于驾车。从古到今,并不曾有心志分歧而能精于事物的。

曾子说:"我看看这个院落,寂静得都可以捉老鼠,这怎么能够允许我在这里歌唱呢?"

注释

❶杨倞:仓颉,黄帝史官。○按:相传古之造字者。 ❷按:后稷,周之始祖,相传教民稼穑者。 ❸按:夔,舜时典乐之官。 ❹杨倞:倕,舜之共工。(引者按:共工,官名。)《世本》云:"夷牟作矢。"宋衷注云:"黄帝臣也。"此云"浮游",未详;或者,夷牟之别名,或声相近而误耳。弓矢,舜已前有之,此云"倕作弓",当是改制精巧,故亦言作耳。 ❺杨倞:奚仲,夏禹时车正。黄帝时已有车服,故谓之轩辕;此云"奚仲"者,亦改制耳。《世本》云:"相土作乘马。"杜,与"土"同。乘马,四马也。四马驾车,起于相土。○按:"车"下有"乘"字,当涉下句"乘马"而误衍,今以意删。 ❻杨倞:是,盖当为"视"。○郝懿行:此言庭虚无人,至静矣。恐有潜修其中而深思者,我何可以歌咏乱之乎?○刘师培:《广雅》:"题,视也。"是,"题"

之假。○按：与，许也。

【原文】

空石①之中有人焉，其名曰觙，其为人也，善射以好思②。

耳目之欲接，则败其思；蚊虻之声闻③，则挫其精。是以辟耳目之欲，而远蚊虻之声，闲居，静思，则通。思仁者是，可谓微乎！孟子恶败而出妻，可谓能自强矣，未及思也；有子恶卧而焠掌④，可谓能自忍矣，未及好也。耳目之欲接⑤，蚊虻之声闻，则挫其精，可谓危矣，未可谓微也！

【译文】

空石这个地方，有这么一个人，他的名字叫觙，他为人善于猜测，而喜好思索。

耳目的情欲一接触到事物，就败坏了人的思想；蚊虻的声音一听到，就搅扰了人的精神。所以，排除了耳目的情欲，隔绝了蚊虻的声音，清闲了自己的居处，镇静了自己的思想，就显得通明。怀念仁道的人如果像这样，这可以叫作精微了吧！孟子恐怕败坏了自己的德操，因而休了自己的妻子，这可以叫作能够自我奋勉的了，可是他并没有做到深思远虑；有子恐怕睡着了误事，因而烧烫自己的手掌，这可以叫作能够自我忍受的了，可是他并没有做到得其所宜。耳目的情欲一接触到，蚊虻的声音一听到，就搅扰了人的精神，这可以叫作知所戒惧的了，但是远不可以叫作达到精微啊！

注释

❶孙诒让：空石，当是地名，疑即"穷石"之借字。（《左传》昭九年"穷桑"，《淮南子·本经》作"空桑"。）《左传》襄四年云："羿迁穷石。"即其地。○按：空、穷，叠韵通假字。 ❷杨倞：觙字及事，并未详所出，或假设喻耳。○按："觙"，盖通"伋"。《史记·孔子世家》及《仲尼弟子传》：鲁孔伋，字

子思；燕伋，字思。是"伋"有"思"之义。其人善思，故以"般"名之。张湛《列子》注："凡戏争，能取中，皆曰射。"《礼记·射义》篇："射之为言绎也；绎者，各绎己之志也。"今谓之测，俗谓之猜。 ❸ 按：《说文》："蝨，啮人飞虫。"今作"虱"。 ❹ 杨倞：有子，盖有若也。焠，灼也。恶其寝卧，而焠其掌，若刺股然也。 ❺ "耳目之欲接"，本作"辟耳目之欲"，句下本有"可谓能自强矣，未及思也"二句。前"可谓能自强矣"句下，本无"未及思也"句。〇郭嵩焘：疑此"可谓能自强矣"六字衍。"未及思也"句，当在前"可谓能自强矣"下。忍坚于强，好甚于思。出妻，犹身外也；焠掌，则及身矣。蚊蝱之声，即系之耳目者，二句究属一义，不应分言。故知此段文句有误倒，亦有衍文。〇王先谦：郭说是也。此承上般之好思言之，不分二事。上言"可谓微乎"，故此答以"未可谓微也"。〇按：郭、王说较近理，今从之。又"耳目之欲接"，本作"辟耳目之欲"，与下句"蚊蝱之声闻"不协，今依上文改为"耳目之欲接"。

【原文】

夫微者，至人也。至人也，何强？何忍？何危？故浊明，外景；清明，内景①。圣人纵其欲②，兼其情，而制焉者理矣。夫何强？何忍？何危？故仁者之行道也，无为也；圣人之行道也，无强也。仁者之思也恭，圣人之思也乐。此治心之道也。

【译文】

达到精微的，就成为至人（圣人）。至人，有什么需要奋勉的呢？有什么需要忍受的呢？有什么需要戒惧的呢？所以，浑浊而精明，这是至人外部的光色；清澈而精明，这是至人内部的光色。圣人顺从人的私欲，兼理人的情感，因而他所要裁制的事务得到了条理，这有什么需要奋勉的呢？有什么需要忍受的呢？有什么需要戒惧的呢？所以，仁者行事，是无所作为的；圣人行事，是无须奋勉的。仁者的思虑是恭谨的，圣人的思虑是愉快的。这便是治心的道术。

注释

❶ 杨倞：景，光色也。　❷ 王先谦：纵，当为"从"。圣人无纵欲之事。从其欲，犹言心从所欲。○按：纵、从，古字通。

【原文】

凡观物，有疑，中心不定，则外物不清；吾虑不清，则未可定然否也。冥冥而行者，见寝石以为伏虎也，见植林以为竢人也①；冥冥蔽其明也。醉者越百步之沟，以为蹞步之浍也②；俯而出城门，以为小之闺也③；酒乱其神也。厌目而视者，视一以为两；掩耳而听者，听漠漠而以为哅哅④；埶乱其官也。

【译文】

一般观察事物，有所疑惑，内心不定，外界事物就看不清楚；我们的思虑不清楚，就不可能断定是那样或不是那样。在昏暗中走路的人，看到一块躺着的石头，就以为是伏着的老虎；看到一片直立着的林木，就以为是站着的人；这是由于昏暗蒙蔽了他的眼神。吃醉酒的人，越过一百步宽的水沟，以为是半步宽的水沟；低着头出城门，以为是一个小门儿；这是由于酒醉昏乱了他的精神。按着眼睛看的人，看着一个东西，以为是两个东西；捂着耳朵听的人，倾听寂静的所在，以为是吵吵嚷嚷；这是由于形势（外力）昏乱了他的感官。

注释

❶ 按："竢"本作"后"，非义，当为"竢"之误字。《说文》："竢，居也。居，蹲也。"居，即今之"踞"字。《史记集解》引徐广"古'蹲'字作'踆'"，踆，即"竢"之变体。竢人，与"伏虎"对文，今以意改。　❷ 杨倞：蹞，与"跬"同。半步曰跬。浍，小沟也。　❸ 杨倞：闺，小门也。　❹ 杨倞：厌，指按也。漠漠，无声也。哅哅，喧声也。○按：厌，借为"擪"，

今通用"壓（压）"。

【原文】

故从山上望牛者，若羊，而求羊者不下牵也，远蔽其大也；从山下望木者，十仞之木若箸，而求箸者不上折也，高蔽其长也。水动而景摇，人不以定美恶，水埶玄也①。瞽者仰视而不见星，人不以定有无，用精②惑也。有人焉，以此时定物，则世之愚者也。彼愚者之定物，以疑决疑，决必不当。夫苟无当，安能无过乎？

【译文】

所以，从山上远望牛群，好像是羊，可是寻找羊的人并不下山去牵它，这是由于距离远而蒙蔽了它的壮大；从山下瞭望树木，十来丈高的树木，好像筷子，可是寻找筷子的人并不上山去折它，这是由于地势高而蒙蔽了它的长度。水一荡动，人的影儿就摇晃，人们不能用这个来断定人的丑俊，这是由于水的形势眩惑了人的眼睛。瞎子仰头看不见星辰，人们不能用这个来断定事物的有无，这是由于眼神迷惑了自己。如果有这样的人，依据这种时刻来断定事物，这就是世界上的蠢人。那愚蠢的人推定事物，用疑惑来决定疑惑，这种决定必然是不会正当的。那么，如果不正当，怎么能没有错误呢？

注 释

❶ 杨倞：玄，幽深也，或读为"眩"。　❷ 杨倞：精，目之明也。

【原文】

夏首之南，有人焉，曰涓蜀梁①，其为人也，愚而

【译文】

夏首的南方，有这么一个人，他的名字叫涓蜀梁，他的为人，愚蠢而胆小，

善畏，明月而宵行，俯见其影，以为伏鬼也；卬视②其发，以为立魅也③；背而走，比至其家，失气而死。岂不哀哉？

凡人之有鬼也，必以其感忽之间、疑玄之时正之④。此人之所以无有而有无之时也⑤，而己以正事⑥。故伤于湿而痹，痹而击鼓烹豚，则必有敝鼓丧豚之费矣，而未有俞疾之福也⑦。故虽不在夏首之南，则无以异矣。

夜间在月下走路，低头看见了自己的影子，以为地上是趴着个恶鬼；仰头看见了自己的头发，以为地上是立着个怪物；回头就往家跑，等他跑到家，气力用尽，就累死了。这岂不是太可怜了吗？

一般人以为有鬼，必然是在他恍惚、眩惑的时刻决定出来的。这便是人们把无当作有，而又把有当作无的时刻，可是自己还用这个来断定事物。所以，有人受到潮湿，而得了伤寒病，反而敲鼓、烹猪去祷告，必然就要发生敲坏了鼓、丧失了猪的消费，可是也得不到疾病痊愈的幸福。所以，〔像这样的人，〕虽然不住在夏首的南方，也同夏首南方那个人没有什么两样。

注　释

❶ 杨倞：夏首，夏水之首。涓蜀梁，未详何代人，姓涓，名蜀梁。 ❷ 杨倞：卬，与"仰"同。 ❸ 按：杜预《左传》注："魅，怪物。" ❹ 杨倞：感忽，犹慌惚也。必以此时定其有鬼也。郝懿行：玄，读为"眩"。○按：杨训"正"为"定"。郑玄《周礼》注："正，犹定也。" ❺ 杨倞：无有，谓以有为无也；有无，谓以无为有也。此皆人所疑惑之时也。 ❻ 杨倞：己以正事，谓人以此定事也。 ❼ "伤于湿而痹，痹而击鼓烹豚"本作"伤于湿而击鼓鼓痹"。○杨倞：痹，冷疾也。伤于湿，则患痹；反击鼓、烹豚以祷神，何益于愈疾乎？俞，读为"愈"。○王念孙：自"鼓痹"以上，脱误不可读，似当作"故伤于湿而痹，痹而击鼓烹豚"，杨注云云，是其证。○按：王校近是，今据以订正。

【原文】

凡知人之性也①，可以知物之理也；以可以知人之性，求可以知物之理，而无所疑止②，则没世穷年，不能遍也；其所以贯理焉，虽亿万，已不足以浃万物之变③，与愚者若一。学，老身、长子，而与愚者若一，犹不知错④，夫是之谓妄人。

【译文】

凡是认识人的性情的，是可以认识事物条理的；用可以认识人的性情的本能，去寻求可以认识事物的条理，而永无休止，就是穷年累世，也是不可能理解完全的；他所从事整理的事物，纵然有亿万件的经验，终究不足以周知事物千变万化的道理，仍然同一个傻子一样。学习，自己都老了，儿子们都大了，可是还同一个傻子一样，还不知道放弃自己这种学习，这就叫作妄人。

注释

❶按："凡知人"本作"凡以知人"，与下意不协，"以"字当系涉下句"以可以知人之性"而误衍，今以意删。上"也"字，义与"者"同。　❷俞樾：《诗·桑柔》篇："靡所止疑。"传曰："疑，定也。""疑"训"定"，故与"止"同义。此云"疑止"，犹《诗》云"止疑"。○按："疑止"下本有"之"字，当系涉下文"止、之"而衍，今以意删。　❸杨倞：贯，习也。浃，周也。　❹杨倞：错，置也，谓废舍也。身已老矣，子已长矣，犹不知废舍无益之学，夫是之谓愚妄人也。

【原文】

故学也者，固学止之也。恶乎止之？曰：止诸至足。曷谓至足？曰：圣王也①。

【译文】

所以，学习，原本是学习得到个休止的所在。休止在什么地方呢？回答说：要休止在心满意足的地方。什么叫作心

圣也者，尽伦者也；王也者，尽制者也；两尽者，足以为天下极矣。故学者以圣王为师，案以圣王之制为法；法其法，以求其统类②，以务象效其人。向是而务，士也；类是而几③，君子也；知之④，圣人也。

满意足的地方呢？回答说：就是圣王。圣人是穷尽了物理的；王者是穷尽了法制的；这两种穷尽，就足以作为天下的表率。所以，学者以圣王为导师，以圣王的法制为准则，效法他的准则，来追求他的大纲，而且务必效法他的为人。向着这个目标而努力的，就是学士；比同着这个目标而进取的，就是君子；能够做到这个的，就是圣人。

注释

❶"圣王"本作"圣"。〇杨倞：或曰，"圣"下更当有"王"字，误脱耳。〇按：据下文，当以有"王"字为是。　❷杨倞：统类，法之大纲。　❸按：郑玄《礼记》注："类，比式。"张湛《列子》注："类，同也。"《毛诗》："几，期也。"李贤《后汉书》注："几，会也。"　❹按：高诱《吕氏春秋》注："知，犹为也。"

【原文】

故有知非以虑是，则谓之惧①；有勇非以持是②，则谓之贼；察孰③非以分是，则谓之篡；多能非以修荡是④，则谓之知⑤；辩利非以言是，则谓之詍⑥。传曰："天下有二，非察是，

【译文】

所以，有的知道自己为非（不正确），而借以混乱是（正确），就叫作病患；有的不怀疑自己为非，却坚持自以为是，就叫作贼害；明明熟悉自己为非，却借以分化是，就叫作夺理；经常为非作歹，借以排除是，就叫作智故（巧诈）；巧辞饰非，借以同是者争论，就叫作唠叨。古书上说："天下有两种是非：一种是用非审察

是察非。"谓合王制与不合王制也。天下有不以是为隆正也,然而犹有能分是非、治曲直者邪?

是,一种是用是审察非。"这就是说,一种符合王者的法制,一种不符合王者的法制。天下有不把是当作隆正,然而他还能够分清是非、辨别曲直的事情吗?

注释

❶按:高诱《吕氏春秋》注:"虑,乱也。"《方言》:"惧,病也。""惧",当借为"膲",亦变作"瘫"。《尔雅》:"膲,瘠也。"惧者,不力之意。 ❷按:《韩非子·解老》篇:"不疑之谓勇。" ❸按:察孰,即《性恶》篇之"孰察"。杨注云:"孰察,精孰而察。"又《礼论》篇注:"孰,精也。"孰,俗作"熟"。 ❹按:《释名》:"荡,排荡去秽垢也。"修荡,谓修饰而排除之也。 ❺王引之:知,谓智故也。《淮南子》高注:"故,巧也。"《管子·心术》篇曰:"恬愉无为,去知与故。"《庄子·胠箧》篇:"知诈渐毒。"《淮南子·原道》篇:"偶䁑智故,曲巧伪诈。"并与此"知"字同义。○按:《淮南子·览冥》篇:"道德上通,而智故消灭也。"高诱注:"智故,巧诈。" ❻杨倞:詍,多言也。

【原文】

若夫非分是非,非治曲直,非辨治乱,非治人道,虽能之,无益于人;不能,无损于人;案直将治怪说,玩奇辞,以相挠滑也①;案强钳而利口,厚颜而忍诟②,无正而恣睢,妄辨而几利③,不好辞

【译文】

至于不分清是非,不明了曲直,不辨别治乱,不整饬人道,虽然有些才能,也是无益于人,而不能无损于人;这只是将要追求怪说,玩弄奇辞,借以混乱是非;这便是坚持过恶,而饰辞巧辩;厚颜不惭,而忍受耻辱;不作正经,而恣情任性;妄加辩说,而期求财利;不好辞让,不重礼节,

让，不敬礼节，而好相推挤。此乱世奸人之说也。则天下之治说者方多然矣。

传曰："析辞而为察，言物而为辨，君子贱之；博闻强志，不合王制，君子贱之。"此之谓也。

而喜好互相排挤。这便是乱世奸人的学说。可是天下研治学说的人大都是这样的。

古书上说："咬文嚼字，而自以为是明察；谈论事物，而自以为是争辩；君子鄙贱这种人；博闻、强记，不符合王者的法制，君子鄙贱这种人。"就是说的这个道理。

注　释

❶ 杨倞：滑，乱也。　❷ 王念孙：《方言》："钳，恶也。"强钳者，既强且恶也。杜预《左传》注："诟，耻也。"　❸ 杨倞：妄辨，妄为辨说。○按：《毛诗传》："几，期也。"

【原文】

为之，无益于成也；求之，无益于得也；忧戚之，无益于几也①；则广焉能弃之②矣，不以自妨也；不少顷，干之③胸中，不慕往，不闵来，无邑怜④之心，当时则动，物至而应，事起而辨，治乱、可否，昭然明矣。

【译文】

操办事务，并无益于事务的成功；追求道理，并无益于道理的取得；担忧害怕，并无益于事务的结果；因而就能远远地把它放弃，而不被它妨害了自己；没有隔多少时间，胸怀中所得到的，不羡慕过去，不忧虑将来，不存一点儿抑郁、吝啬的杂念；适合时机，就去行动；外物到来，就去应付；事务起来，就去操办；是治是乱，是可是否，就都清晰地表现出来了。

注 释

❶按：高诱《淮南子》注："几，终也。"郭象《庄子》注："几，尽也。"
❷杨倞：广，读为"旷"，远也。○王念孙：能，读为"而"。旷焉而弃之，谓远弃之也。　❸按：《小尔雅》："干，得也。"　❹杨倞：邑，与"悒"同。悒，怏也。怜，读为"吝"，惜也。言弃无益之事，更无悒怏吝惜之心，此皆明不为异端所蔽也。○按：《说文》："悒，不安也。"

【原文】

周而成，泄而败①，明君无之有也；宣而成，隐而败，暗君无之有也。故君人者周，则谗言至矣，而直言反矣②，小人迩而君子远矣。

《诗》云："墨以为明，狐狸而苍③。"此言上幽而下险也。君人者宣，则直言至矣，而谗言反矣，君子迩而小人远矣。

《诗》曰："明明在下，赫赫在上④。"此言上明而下化也。

【译文】

周密而获得成功，泄露而遭到失败，明君是没有这样的事情的；宣扬而获得成功，隐蔽而遭到失败，昏君是没有这样的事情的。所以，做人民的主上的，周密，诽谤的言语就会到来，而直正的语言就被压倒，小人就会接近而君子就会疏远了。

《诗经》中说："把黑暗看作是光明的，把狐狸看作是青色的。"这是说君上昏暗而下民就凶险的意思。做人民的主上的，宣扬，直正的言语就会到来，而诽谤的言语就被压倒，君子就会接近而小人就会疏远了。

《诗经》中说："光明照在下方，是由于阳光发自上方。"这是说君上光明而下民就感化的意思。

注释

❶ 按：周，周密。泄，泄漏。 ❷ 按："直言"上本无"而"字，今依下文补。《说文》："反，覆也。" ❸ 杨倞：逸诗。〇郝懿行：墨者，幽暗之意。诗言以暗为明，以黄为苍，所谓"玄黄改色，马鹿易形"（二语见《后汉书·文苑传》）也。赵高欲为乱，以青为黑，以黑为黄，民言从之（语见《礼器》注）。此正上幽下险之事。 ❹ 杨倞：《诗经·大雅·大明》之篇。言文王之德明明在下，故赫赫然著见于天也。

正名①篇第二十二

【原文】

后王之成名②：刑名从商，爵名从周，文名从礼③；散名④之加于万物者，则从诸夏之成俗，曲期远方异俗之乡，则因之而为通⑤。

散名之在人者：生之所以然者⑥，谓之性。生之所以精合感应⑦，不事而自然⑧，谓之性。性之好恶、喜怒、哀乐，谓之情。情然，而心为之择，谓之虑。心虑，而能为之动，谓之伪⑨。虑积焉，能习焉，而后成，谓之伪。正利而为⑩，谓之事。正义而为，谓之行。所以知之在人者，谓之知。知有所合，谓之知⑪。所以能之在人者，谓之能。能有所合，谓之能。

【译文】

后王所既定的名称（概念）：刑法的名称，遵从商代；官爵的名称，遵从周代；节文的名称，遵从仪礼；加在万物的散杂名称，就遵从华夏各国的既成习俗，多方体会远方不同习俗的地域，就依据他们的制定而通行天下。

散杂名称在人事一方面的：生命之所以如此，就叫作本性。生命之所以精气和合，交相感应，不加指使而自然如此，就叫作本性。本性的好恶、喜怒、哀乐，就叫作情感。情感如此，而且心意为之加以选择，就叫作思虑。心意思虑，而且本能为之操动，就叫作作为。思虑积蓄了，本能熟练了，而后获得成功，就叫作作为。适应着利益去操作，就叫作事务。适应着正义去操作，就叫作行动。所以认识外界事物在人的一方面的，就叫作明智。人的认识有合于外界事物，就叫作明智。所以克服外界事物在人的一方面的，就叫作才能。行动能符合于外界事物，就叫作才能。伤害

性伤，谓之病；节遇，谓之命。是散名之在人者也。是后王之成名也。

本性，就叫作疾病；适逢其会，就叫作命运。这都是散杂名称在人事方面的。这就是后王所既定的名称（概念）。

注　释

❶ 杨倞：是时公孙龙、惠施之徒乱名改作，以是为非，故作《正名》篇。❷ 杨倞：后之王者，有素定成就之名，谓旧名可法效者也。○刘念亲：成名，定名也。《国语》注："成，定也。"　❸ 杨倞：商之刑罚，未闻。《康诰》曰："殷罚有伦。"是亦言殷刑之允当也。爵名从周，谓五等诸侯及三百六十官也。文，谓节文威仪。（引者按：本作"文名，谓节文威仪"，衍一"名"字。今依高诱《淮南子》注"文，谓威仪文采"之文，删"名"字。）礼，即周之《仪礼》也。　❹ 刘念亲：散名，犹言杂名也。《太玄》注："散，犹杂也。"　❺ 杨倞：期，会也。○王先谦：曲期者，乃委曲以会之。万物之散名，从诸夏之成俗，以委曲期会于远方异俗之乡，而因之以为通，所谓"名从中国"也。　❻ 按：郑玄《礼记》注："然，如是也。"　❼ 按："生之所以精合感应"，本作"性之和所生精合感应"，不成文义。"性"当为"生"，涉上文"性"字而误，因而又将原"生"字移下，误作"性"之所"生"，而又脱去"以"字；"和"因与下"精合"之"合"同义，而误衍。"生之所以精合感应，不事而自然"，与上文"生之所以然"相承为文。今以意校正之如是。　❽ 按：韦昭《国语》注："事，使也。"　❾ 郝懿行：荀书多以"伪"为"为"。　❿ 按：韦昭《国语》注："正，适也。"　⓫ "知"本作"智"，此下更多一"智"字。○卢文弨："谓之智"亦当同上作"谓之知"。下句首"智"字衍。

【原文】

故王者之制名，名定而实辨，道行而志通，则民慎

【译文】

所以，王者制定名称（概念），名称确定，实际因而辨明；道术施行，意志因

率而一焉①。故析辞擅作②，以乱正名，使民疑惑，人多辨讼，则谓之大奸；其罪犹为符节、度量之罪也；故其民莫敢托为奇辞，以乱正名。故其民悫。悫，则易使；易使，则功③；故壹于道法④，而谨于循令矣。如是，则其迹长矣。迹长，功成，治之极也。是谨于守名约之功也⑤。

而通畅；人民就遵从着取得了一致认识。所以，支离言辞，擅自制定，用以混乱正确名称，使人民发生疑惑，使人民增加争端，这就叫作大奸；他们的罪恶就如同假造契券、尺秤的罪恶一样；所以他的人民都不敢假托奇辞，以混乱正确名称；所以，他的人民朴实。朴实，就容易役使；容易役使，就取得功绩；所以，人民就齐一于法制，而谨严于遵守命令。这样，他的事迹就永世长存。事迹长存，功业成就，这便是政治的极端。这便是严于遵守名称约定的功绩。

注释

❶ 按："则民慎率而一焉"本作"则慎率民而一焉"，义不协，当系误倒，今以意正如此。慎，通"顺"。率，循也。慎、率，义同，谓遵循也。　❷"析辞擅作"下本有"名"字。○王念孙：此"名"字涉下文"正名"而衍。下文"离正道而擅作"，"作"下无"名"字，即其证。　❸"功"本作"公"。○顾千里："公"疑当作"功"。荀子屡言"功"，可以为证。下文"则其迹长矣。迹长，功成，治之极也"，承此"功"言之，不作"公"明甚。　❹ 按：郑玄《礼记》注："道，犹从也。"　❺ 杨倞：谨，严也。约，要约。○按：郑玄《周礼》"司约"注："约，言语之约束。"

【原文】

今圣王没，名守慢①，奇辞起，名实乱，是非之形②不

【译文】

现在，圣王不出世，名臣不用世，怪辞兴起，名实紊乱，是非的标准不明

明，则虽守法之吏，诵数之儒③，亦皆乱也。若有王者起，必将有循于旧名，有作于新名。然则所为有名，与所缘以同异，与制名之枢要，不可不察也。

确，纵然就是遵守法制的官吏，讲求学术的儒士，也都混乱起来。如果有王者兴起，必定要对于旧的名称有所遵循，对于新的名称有所创作。那么，所以要有个名称，和名称同异的根据，以及制定名称的要领，不可以不审慎。

注 释

❶ 按："名守慢"与"圣王没"相对为文。《说文》："守，守官也。" 名，通"明"。慢，谓缓于用世也。《广雅》："慢，缓也。"《毛诗传》："慢，迟也。" 孔颖达《礼记》疏："慢，疏也。" 义皆相近。　❷ 按：高诱《淮南子》注："形，正也。" 通作"刑"。《广雅》："刑，正也。"　❸ 按：《广雅》："诵，论也。数，术也。"

【原文】

异类，形心交喻；异物，名实互纽①。贵贱不明，同异不别，如是，则志必有不喻之患，而事必有困废之祸。故知者为之分别，制名以指实。上以明贵贱，下以辨同异。贵贱明，同异别，如是，则志无不喻之患，事无困废

【译文】

不同的民族，他们的形貌和心理是互相通晓的；不同的事物，它们的名称和实际是互相维系的。尊贵和卑贱不分明，相同和不同没有区别，这样，意志就必然会有模糊不清的病患，而且事物就必然会有困顿荒废的灾祸。所以，明智的人把这些现象分别开来，制定出一定的名称，来指出它的实际。在上，用来明确尊贵和卑贱的分位；在下，用来分辨相同和不同的现象。尊贵和卑贱明确了，相同和不同分开了，这样，意志就没有模糊不清的病患，事物就没有困顿荒废的

之祸。此所为有名也。 | 灾祸。这就是事物要有个名称的由来。

注释

❶ 杨倞：纽，结也。○按："异类，形心交喻；异物，名实互纽"，本作"异形，离心交喻；异物，名实玄纽"。两句本系对文，"离心"与"名实"不对，"玄纽"与"交喻"不对，文意难通。王念孙订"玄"为"互"，"互纽"与"交喻"相对，甚是。但"离心"之"离"，仍不可通。今探下文"贵贱不明，同异不别"及"同类同情"之文，疑"离"字为"类"字之讹；又误倒于"形"字之下，亦不可通，今以意乙转，因而"异类"与下句"异物"相对，而"形心"与下句"名实"相对矣。下文"贵贱不明"，承"异类"而言，"同异不别"，承"异物"而言，则上下文从字顺矣。韦昭《国语》注："类，族类也。"又："族，类也。"郑玄《礼记》注："喻，犹晓也。"《说文》："纽，系也。"

【原文】

然则何缘而以同异①？曰：缘天官②。凡同类同情者，其天官之意物③也同。故比方之疑似而通，是所以共其约名以相期也。

形、体、色、理④，以目异；声音、清浊、调节⑤、奇声，以耳异；甘、苦、咸、淡、辛、酸、奇味，以口异；香臭、芬郁、腥臊、漏庮⑥、

【译文】

那么，事物由于什么就有相同与不同呢？回答说：由于天官（五官）的关系。凡是民族相同、感情相同的，他们的天官在拟度事物的时候也是相同的。所以，比方得大体相似而又通顺的，这就是大家共同约定而相互领会的名称。

物类的外形、本体、颜色、文理，要用眼睛来辨别；声音、清浊、腔调的节奏以及一切怪声，要用耳朵来辨别；甜、苦、咸、淡、辣、酸以及一切怪味，要用嘴来辨别；香、臭、腥、臊以及一

奇臭，以鼻异；疾养、沧热、滑铍、轻重⑦，以形体异；说故⑧、喜怒、哀乐、爱恶、欲，以心异。

切怪臭，要用鼻子来辨别；痛痒、冷热、滑涩、轻重，要用形体（触觉）来辨别；言行、喜怒、哀乐、爱恶以及一切私欲，要用心来辨别。

注 释

❶ 按：以，犹有也。见《古书虚字集释》。　❷ 杨倞：天官，耳、目、鼻、口、体也；谓之官，言各有所司主也。○按：杨注"体"上本有"心"字，非也。或为"形体"之误。《天论》篇云："耳、目、鼻、口、形，能各有接，而不相能也，夫是之谓天官。心居中虚，以治五官，夫是之谓天君。"天官，即五官也，则心不谓之官明矣。　❸ 按：郑玄《礼记》注："意，度也。"字或作"亿"。　❹ 杨倞：理，文理也。　❺ "调节"本作"调竽"。○王先谦："调竽"当为"调节"。《礼记·仲尼燕居》篇："乐也者，节也。"孔疏："节，制也。"《檀弓》篇："品节斯。"疏："节，制断也。"《说文》："调，和也。"声音之道，调以和合之，节以制断之，故曰"调节"，与"清浊"为对文。　❻ "漏庮"本作"洒酸"。○杨倞：芬，花草之香气也。郁，腐臭也。《礼记》曰："鸟皫色而沙鸣。"（引者按：郑注："郁，腐草也。"）洒，当为"漏"，篆文稍相似，因误耳。《礼记》曰："马黑脊而般臂，漏。"漏，郑音"蝼"，谓蝼蛄臭。○刘念亲：香臭，谷食之馦馞也。芬、郁，草木芳腐也。豕臭曰腥，犬臭曰臊，马臭曰漏，牛臭曰庮，四臭并见《周礼·内饔》。　❼ 杨倞：疾，痛也。养，与"痒"同。沧，寒也。铍，当为"鈹"，传写者误耳，与"涩"同。○按：《说文》："鈹，行貌，一曰，此与'駁'同。"即"鈹"可通"涩"之证。《说文》本字作"歰"，云："歰，不滑也。"滑、涩，相对为义。　❽ 按：《说文》："故，使为之也。"故，犹为也，行也。说故，谓言行也。

【原文】

心有征知①。征知，则缘耳而知声可也，缘目而知形可也。然而征知，必将待五官之当簿其类②，然后可也。五官簿之而不知，心征之而无说，则人莫不谓③之不知。此所缘而以同异也。然后随而命之，同则同之，异则异之；单足以喻，则单；单不足以喻，则兼④；单与兼无所相避，则共⑤；虽共，不为害矣。

【译文】

心能够感知事物。感知，就是依靠耳朵而可以知道声音，依靠眼睛而可以知道形象。然而，感知，必须凭借五官应接那些事物，然后才可以。如果五官接触到了，可是还不知道；心感觉到了，可是还说不出；那人们就没有不说这是不明智的。这便是有所依靠而把事物看作相同和不同。然后，这就随着事物的区分而给它们命名，相同的就使它们相同，不同的就使它们不同；单一名称足以表明的，就用单一名称；单一名称不能表明的，就用复合名称；单一名称和复合名称无须相互避讳的，就用共同名称；纵然用共同名称，也没有什么妨碍。

注 释

❶ 杨倞：征，召也。言心能召万物而知之。○按：杨注"有"为"能"。有，犹能也。说见《古书虚字集释》。征知，谓感知也。高诱《淮南子》注："征，应也。"李善《文选》注："感，犹应也。"是征即感也。"五官"本作"天官"。○俞樾：疑"天官"乃"五官"之误。下文云"五官簿之而不知"，即承此文而言。可知"天官"为"五官"之伪。 ❷ 按：高诱《吕氏春秋》注："当，犹应也。"簿，通"薄"。陆德明《尔雅》释文："簿，今作'薄'。"是其证。《小尔雅》："薄，迫也。"高诱《淮南子》注："薄，近也。" ❸ "莫不谓"本作"莫不然谓"。○王念孙："然"字涉上下文而衍。言五官能簿之，而不能知，心能征之而又无说，则人皆谓之不智也。 ❹ 杨倞：单，物之单名也。兼，复名也。谓若止喻其物，则谓之马；喻其毛色，则谓之白马、黄马之比也。 ❺ 按：共，谓共名。

【原文】

知异实者之异名也，故使异实者莫不异名也，不可乱也，犹使同实①者莫不同名也。

故万物虽众，有时而欲遍举之，故谓之物；物也者，大共名也；推而共之，共则有共，至于无共，然后止。有时而欲偏举之②，故谓之鸟、兽；鸟、兽也者，大别名也；推而别之，别则有别，至于无别，然后止。

【译文】

懂得不同的实际就有不同名称的道理，所以就使不同实际的不能不给以不同的名称，不应有所混乱，这就犹如相同的实际不能不给以相同的名称一样。

所以，万物虽然众多，有时就愿意把它们从普遍方面举出来，所以就把它们叫作"物"；所谓"物"，就是最大的共同名称；把所有的万物推而广之，而给以共同的名称，共同之中又有共同，推广到没有共同的境界，然后才终止。有时候就愿意把它们从一个方面举出来，所以就把它们叫作鸟、兽；所谓鸟、兽，就是最大区别的名称；把所有的鸟、兽推而广之，而给以区别的名称，区别之中又有区别，推广到没有区别的境界，然后才终止。

注释

❶"同实"本作"异实"。○杨倞：或曰"异实"当为"同实"。○王念孙：或说是也。上文"同则同之，异则异之"，是其证。　❷"偏举"本作"遍举"。○俞樾：此"遍"字乃"偏"字之误。上云"遍举之"，乃普遍之义，故曰"大共名也"；此云"偏举之"，乃一偏之义，故曰"大别名也"。"偏"与"遍"形似，因而致误。○王先谦：俞说是。

【原文】

名无固宜，约之以

【译文】

名称（概念）没有本然的恰当，都是

命①。约定俗成，谓之宜；异于约，则谓之不宜。名无固实，约之以命②。约定俗成，谓之实③。名有固善。径、易而不拂，谓之善④。

物有同状而异所者，有异状而同所者，可别也。同状而异所者⑤，虽可合，谓之二实。状变而实无别，而为异者，谓之化；有化而无别，谓之一实。此事之所以稽实、定数也。此制名之枢要也。后王之成名，不可不察也。

共同约定而给事物命名。共同约定，成为习惯，就叫作恰当；和共同约定不同，就叫作不恰当。名称（概念）没有本然的真实，都是共同约定而给事物命名。共同约定，成为习惯，就叫作真实。名称没有本然的妥善，直接、平易，而不违反现实，就叫作妥善。

事物有的形状相同而处所不同，有的形状不同而处所相同，这是可以区别的。形状相同可是处所不同的，虽然可以合并，也把它们叫作两种实际。形状变了，可是实际并没有区别，但是已经成为异类了，这就叫作蜕化；有了蜕化，可是没有区别，就把它叫作一种实际。这便是事物要考核它们的实际和确定它们数目的原因。这便是制定名称的要领。后王所既定的名称（概念），不可以不审慎。

注 释

❶ 杨倞：名无固宜，言名本无定也。约之以命，谓立其约而命之；若约为天，则人皆谓之天也。　❷ "约之以命"，本作"约之以命实"。○王念孙："实"字涉上下文而衍。　❸ 按："谓之实"本作"谓之实名"，"名"亦系衍文，与上文"谓之宜"相对，今以意删。　❹ 按："谓之善"本作"谓之善名"，"名"字亦系衍文，与"谓之宜"等相对，今以意删。颜师古《汉书》注："径，直也。易，平也。拂，违戾也。"　❺ 按："同状而异所"本作"状同而为异所"，"为"字涉下文"而为异"而衍，"同""状"二字误倒，应与上文"同状而异所"同，今以意删、倒。

【原文】

"见侮不辱","圣人不爱己","杀盗,非杀人也"①。此惑于用名以乱名者也;验之所②为有名,而观其孰行,则能禁之矣。

"山渊平","情欲寡","刍豢不加甘,大钟不加乐"③。此惑于用实以乱名者也;验之所缘④以同异,而观其孰调⑤,则能禁之矣。

"非而谒⑥","楹有牛"⑦,"白马非马也"⑧。此惑于用名以乱实者也;验之名约,以其所受,悖其所辞⑨,则能禁之矣。

凡邪说、辟⑩言之离正道而擅作者,无不类于三惑者矣。故明君知其分而不与辨也。

【译文】

"受到侮慢,不是污辱","圣人不慈爱自己","杀盗贼,并不是杀人"。这都是迷惑于使用名称(概念)来混乱了名称(概念)的;用所制定的名称(概念)来验证它,观察它怎样行动,就能够制止这种错误。

"山陵同池泽相平","人的私欲考虑得很少","吃到肉食,并不格外香甜;听到音乐,并不格外快乐"。这都是迷惑于使用实际来混乱名称(概念)的;用所依据的事物的相同和不同的区别来验证它,观察它是怎样调和它的说辞的,就能够制止这种错误。

"责难就是劝告","柱子上有牛","白马并不是马"。这都是迷惑于使用名称(概念)来混乱实际的;用制定名称(概念)的约定来验证它,用它所接受的现实来反驳它所解说的现实,就能够制止这种错误。

凡是邪说、僻辞离失了正道而擅自制作的,没有不类似这三种迷惑的。所以,英明的君上懂得这种分别,而不同这种人分辨是非。

注 释

❶ 杨倞:见侮不辱,宋子之言也。圣人不爱己,未闻其说,似庄子之意。杀

盗非杀人，亦见《庄子》。○钟泰：《墨子·大取》篇："爱人不外己。"己在所爱之中，故但言爱人已足，不必言爱己。此圣人不爱己之说也。又，杀盗非杀人，亦见《墨子·小取》篇。 ❷"验之所"下本有"以"字。○杨倞：验其所为有名。○王引之："以"字后人所增，据杨倞，则无"以"字明甚。 ❸杨倞："山渊平"，即《庄子》云"山与泽平"也。"情欲寡"，即宋子云"人之情欲寡"也。"刍豢不加甘，大钟不加乐"，墨子之说也。 ❹"验之所缘"下本有"无"字。○杨倞：验其所缘同异，本由物一贯，则不可分别，故定其名而别之。○王引之："无"字后人所增，据注，则无"无"字明甚。 ❺王引之：孰者，何也。观其孰行者，观其何所行也。观其孰调者，观其何所调也。 ❻按：《尔雅》："谓，告也。"非而谒，盖谓非之即所以告之也。谓非与告同也。如《战国策·齐策》所谓"能谤议于市朝，闻寡人之耳者"是也。 ❼按：《说文》："楹，柱也。"盖谓楹上有牛，乃绘画之牛也；如以"楹有牛"与"栏有牛"相混同，则惑矣。 ❽杨倞：马非马，是公孙龙"白马"之说也。《白马论》曰："言白所以命色也，马所以命形也；色非形，形非色，故曰白马非马也。"是惑于形色之名，而乱白马之实也。○按：上"马"字上本无"白"字，不协，今依杨注补。 ❾按：郑玄《礼记》注："辞，犹解说也。" ❿按：郑玄《礼记》注：杨倞：辟，读为"僻"。

【原文】

夫民，易一以道，而不可与共故①。故明君临之以埶，道之以道，申之以命，章之以论②，禁之以刑；故其民之化道也如神。辨说③恶用矣哉？

今圣王没，天下乱，奸言起；君子无埶以临之，无

【译文】

本来，人民，容易用"道"来齐一他们，而不可以同他们图谋大事。所以，英明的君主，用成势来接触人民，用"道"来开导人民，用命令来申明政治，用理论来彰明事物，用刑罚来禁止人民；所以，他的人民感化于"道"，就如同神差鬼使一般。争辩申说，怎么会用得着呢？

现今，圣王去世，天下大乱，邪说盛行；君上不用威势接触他们，不用刑罚禁

刑以禁之，故辨说也。 | 止他们，故而争辩和申说就起来了。

注释

❶按：《文选》注引《国语》贾注："故，谋也。" ❷按：高诱《吕氏春秋》注："论，犹理也。" ❸"辨说"本作"辨埶"。○卢文弨："辨埶"乃"辨说"之讹。下文屡云"辨说"，则此之为误显然。盖因上有"临之以埶"语而误涉耳。

【原文】

实不喻，然后命；命不喻，然后期①；期不喻，然后说；说不喻，然后辨。故期、命、辨、说也者，用之大文也，而王业之始也。

名闻而实喻，名之用也；累而成文，名之丽也②。用、丽俱得，谓之知名。名也者，所以期累实也。辞也者，兼异实之名，以谕③一意也。辨、说也者，分异实之名④，以喻动静之道也。期、命也者，辨说之用也。辨、说也者，心之象⑤也。心也者，道之工宰也⑥。道也者，治

【译文】

实际不能明了，然后依靠命名；命名不能明了，然后依靠体会；体会不能明了，然后依靠申说；申说不能明了，然后依靠争辩。所以，体会、命名、争辩、申说，是物用的巨大文采，是王业的开端。

听到名称（概念），就晓得实际，这便是名称（概念）的功用；累积名称（概念），而成为文章，这便是名称（概念）的施行；功用和施行都很得当，这就叫作懂得名称（概念）。名称（概念），就是希求累积实际的。言辞，就是兼并起不同实际的名称（概念）来说明一种意志的。争辩和申说，就是分析不同实际的名称（概念），来说明事物的动静之理。体会和命名，就是对争辩和申说的运用。争辩和申说，就是内心的表象。内心，就是"道"的主宰。

之经理也⑦。 "道",就是政治的纲领。

注 释

❶ 杨倞：命，谓以名命之也。期，会也。 ❷ 按：《说文》："丽，旅行也。"《广雅》："丽，施也。" ❸ "谕"本作"论"。○王念孙："论"当为"谕"，字之误也。字或作"喻"。下文曰："辨、说也者，分异实之名，以喻动静之道也。"是其证。上下文言"喻"者甚多，此不应独作"论"也。 ❹ 按："分异实之名"，本作"不异实名"，不协，"不"应为"分"字之误，与上句"兼"字相对，"名"上又脱去"之"字，今以意改。 ❺ 按："心之象"本作"心之象道"，不词，"道"字涉上下文"道"字而衍，今以意删。 ❻ 陈奂：工宰者，工，官也；官宰，犹言主宰。《广雅》："官，主君也。"《解蔽》篇曰："心者，形之君也，而神明之主也，出令而无所受令。"是其义。 ❼ 杨倞：经，常也。理，条贯也。

【原文】

心合于道，说合于心，辞合于说。正名而期，质请而喻①，辨异而不过，推类而不悖。听则合文，辨则尽故，以正道而辨奸，犹引绳以持曲直。是故邪说不能乱，百家无所窜。

有兼听之明，而无奋矜之容；有兼覆之厚，而无伐德之色。说行，则天下正；

【译文】

心要符合于道，申说要符合于心，言辞要符合于申说。订正名称（概念），要同事物相适应；根据情实，要通晓事物；辨别异同，要不超过现实；推广事类，要不违反现实。听从他人，要符合文理；和人争辩，要穷尽原因；用这些来纠正道术，辨别奸邪，就如同牵引着绳墨来保持曲直一样。因而，邪说不能搅乱正道，百家不能有所改窜。

有同时可以审听两种声音的聪明，可是并没有骄矜的容颜；有同时可以庇护双方的厚意，可是并没有夸耀的面色。学说

说不行，则白道而冥穷②。是圣人之辨说也。

《诗》曰："颙颙卬卬，如珪如璋，令闻令望，岂弟君子，四方为纲③。"此之谓也。

实行出来，天下就得到平治；学说实行不出来，自己就倡明大道，而深穷事理。这便是圣人的争辩和申说。

《诗经》中说："形貌敬顺，志气高昂，本身洁白如玉；名声到处传扬，这样和乐的君子，将成为四方的纪纲。"就是说的这种情形。

注 释

❶ 王念孙：质，本也。请，读为"情"。情，实也。言本其实而晓谕之也。上文云："名闻而实喻。"是其证也。"正名而期，质请而喻"，请即实，实与名正相对也。古者"情""请"同声而通用。 ❷ 杨倞：白道，明道也。○按：王弼《周易》注："冥，深也。"冥穷，谓深穷其理也。 ❸ 杨倞：《诗经·大雅·卷阿》之篇。颙颙，体貌敬顺也。卬卬，志气高朗也。○按：珪，本作"圭"。《说文》："剡上为圭，半圭为璋。"孔颖达《礼记》疏："珪璋，玉中之贵也。"郑玄《诗》笺："岂弟，乐易也。"亦作"恺悌"。

【原文】

辞让之节得矣，长少之理顺矣，忌讳不称，袄辞不出，以仁①心说，以学心听，以公心辨；不动乎众人之非誉，不治②观者之耳目，不赂贵者之权埶，不利传者之辟辞③；故能处道而不贰，吐而不夺，和④而不

【译文】

辞让的节文做到了，长幼的伦理顺适了；不称道别人忌讳的事物，不讲说妖怪离奇的事物；用亲切的心情讲说，用学习的心情听取，用公正的心情争辩；不动心于众人的责难和称誉，不监督于旁观者的耳目，不收买尊贵者的权势，不喜欢传说者的偏辞；所以能够坚守正道，而不发生偏差；吐出言辞，而不强词夺理；态度和蔼，而不流于淫邪；尊重正大光明，而鄙

流，贵公正而贱鄙争。是士君子之辨说也。

《诗》曰："长夜漫兮，永思骞兮，大古之不慢兮，礼义之不愆兮，何恤人之言兮⑤。"此之谓也。

薄粗野的争论。这便是士君子的争辩和申说。

《诗经》中说："深夜是这样的漫长，永远思念着自己的过错，决不轻慢古道，决不失掉礼义，何尝忧虑别人说自己的坏话呢？"就是说的这样的人。

注 释

❶ 按：《说文》："仁，亲也。" ❷ 按：郑玄《周礼》注："治，谓监督其事。" ❸ "不利传者之辟辞"本作"不利传辟者之辞"。○高亨：此句当作"不利传者之辟辞"，盖"辟"字误窜"者"字上耳。辟辞，偏邪之辞也。 ❹ "和"本作"利"。○杨倞：利，或为"和"。○按："和"字是。 ❺ 杨倞：逸诗也。骞，咎也。引此以明辨说得其正，何忧人之言也。○按：李贤《后汉书》注："古，谓古道。"

【原 文】

君子之言，涉然①而精，俛然而类②，差差然③而齐；彼正其名，当其辞，以务白其志义者也。彼名、辞也者，志、义之使也，足以相通，则舍之矣；苟之，奸也。故名足以指实，辞足以见极④，则舍之矣；外是者，谓之讱⑤。是君子之所

【译 文】

君子的语言，浅显而精当，低微而妥善，参差而整齐；他端正所用的名称（概念），斟酌所用的言辞，务求表明出语言的意向和含义。所谓名称（概念）和言辞，是意志和含义的使者，足以互相通表意志，就到此而止了；如果语言苟且，那就是奸邪之行了。所以，名称（概念）足以指示实际，言辞足以表明本质，就到此而止了；如果离开这种原则，就叫作语言迟钝。这是君子所唾弃的，可是愚蠢之人

弃，而愚者拾以为己宝。 却拾取来作为自己的宝物。

注释

❶按：涉然，与下"俛然"对文，盖浅显之意。《汉书》注引张晏："深曰济，浅曰涉。"是其义。　❷按：俛，即"俯"字。颜师古《汉书》注："俯，低也。"《尔雅》："类，善也。"　❸杨倞：差差，不齐貌。　❹杨倞：极，中也，本也。　❺按：《说文》："切，顿也。"

【原文】

故愚者之言，芴然而粗，啧然而不类，誻誻然而沸①。彼诱②其名，眩其辞，而无深于志义者也。故穷藉③而无极，甚劳而无功，贪而无名④。

故知者之言也，虑之，易知也；行之，易安也；持之，易立也。成则必得其所好，而不遇其所恶焉。而愚者反是。

《诗》曰："为鬼为蜮，则不可得；有靦面目，视人罔极。作此好歌，以极反侧⑤。"此之谓也。

【译文】

所以，愚蠢之人的语言，疏忽而粗糙，艰深而不善，啰唆而背理。他紊乱所用的名称（概念），眩奥所用的言辞，并不是深于语言的意向和含义的。所以，他异常杂乱而不着边际，异常吃力而不见功效，语辞贪多而说不明确。

所以，明智之人的语言，思考它，令人感到容易领会；运用它，令人感到容易安守；扶持它，令人感到容易树立。有所成就，就必然受到人们的喜爱，而不会遇到人们的憎恶。可是愚蠢之人与此相反。

《诗经》中说："你鬼鬼祟祟的，人们一时看不出来的；你腆着脸做人，你同别人差得太远了。我制作这首歌谣，就是为了揭露反复无常的人。"就是说的这样的人。

注 释

❶ 杨倞：芴，与"忽"同。忽然，无根本貌。粗，疏略也。喷，与"歕"同，深也。諓諓，多言也。○按：沸，通"拂"，违戾也。　❷ 按：高诱《淮南子》注："诱，惑也。"　❸ 按：穷，极也。藉，谓狼藉，乱也。穷藉，谓极乱，与下文"甚劳"相对。　❹ 按：《贾子·道术》篇："辞利刻谦谓之廉，反廉为贪。"名，通"明"。　❺ 杨倞：《诗经·小雅·何人斯》之篇。毛云："觋，姡也。"郑云："使女为鬼为蜮也，则女诚不可得见也。姡然有面目，女乃人也；人相视无有极时，终必与女相见。作此歌，求女之情，女之情展转极于是也。"○按：颜师古《汉书》注："蜮，魅也。"义见《富国》篇。

【原文】

凡语治而待去欲者，无以道欲而困于有欲者也；凡语治而待寡欲者，无以节欲而困于多欲者也。有欲，无欲，异类也，性之具也①，非治乱也；欲之多寡，异类也，情之数也，非治乱也。

欲不待可得，而求者从所可。欲不待可得，所受乎天也；求者从所可，所受乎心也②。所受乎天之一，欲制于所受乎心之多，固难类所受乎天也。

【译文】

一般谈论整饬身心，而等待着去掉私欲的人，没有由于引导私欲因而困顿于具有私欲的；一般谈论整饬身心，而等待着减少私欲的人，没有由于节制私欲因而困顿于增多私欲的。有私欲和没有私欲，情形不相同，这是本性具有的，并不关系到整饬和昏乱的问题；私欲或多或少，情形不相同，这是情感的程度，并不关系到整饬和昏乱的问题。

私欲并不等待适可才能具有，而求取的人认为可以得到才去争取。私欲并不等待适可才能具有，这便是人们所感受于天的；求取的人认为可以得到才去争取，这便是人们所感受于心的。所感受于天的一方面，想着制裁于所感受于心的多方面，当然是难以类似所感受于天的。

注释

❶ "性之具也",本作"生死也";"性之具也"四字,本在下文"虽为守门,欲不可去"与"虽为天子,欲不可尽"四句中间。○王念孙:"生死也"三字,与上下文义不相属;"生死也"当作"性之具也","生""性",字相近,又因下文有"生死"二字而误。下文"性之具也",即此句之衍文。有欲无欲,是生而然者也,故曰"性之具也"。"性之具也""情之数也",二句相对为文。下文"虽为守门,欲不可去""虽为天子,欲不可尽",四句亦相对为文,若阑入"性之具也"一句,则隔断上下语气。 ❷ "所受乎心也"上本无"所"字。○俞樾:"受乎心也"上,当有"所"字。"所受乎心"与"所受乎天"正相对,下文亦然,则此文有"所"字明矣,当据补。

【原文】

人之所欲生,甚矣;人之所恶死,甚矣;然而,人有从生成死者,非不欲生而欲死也,不可以生而可以死也。故欲过之,而动不及,心止之也。心之所可,中理,则欲虽多,奚伤于治?欲不及,而动过之,心使之也。心之所可,失理,则欲虽寡,奚止于乱?故治乱在于心之所可,亡于情之所欲。不求之其所在,而求之其所亡,虽曰我得之,失之矣。

【译文】

人们愿意生存的心情,是很强烈的;人们憎恶死亡的心情,是很强烈的;然而,人们有希求生存而遭到死亡的,他们并不是不愿意生存而愿意死亡,这是由于他们不可以生存而可以死亡的关系。所以,愿意超越了界限,可是行动不足,这是由于内心的制止。内心所认可的,适合理性,纵然私欲繁多,何尝伤损于整饬呢?私欲不足,可是行动超越了界限,这是由于内心的指使。内心所认可的,违失理性,纵然私欲减少,何尝制止于昏乱呢?所以,整饬和昏乱,由于内心的认可而存在,由于情感的喜爱而失掉。不求之于它存在的所在,而求之于它亡失的所在,虽然说是我得到了,其实也是失掉了。

【原文】

性者，天之就也；情者，性之质也；欲者，情之应也。以所欲为可得，而求之，情之所必不免也；以为可得①，而道之，知之②所必出也。故虽为守门，欲不可去③；虽为天子，欲不可尽。欲虽不可尽，可以近尽也；欲虽不可去，可以求节也④。道者，进则近尽，退则节求。天下莫之若也。

【译文】

本性，是天然的成就；情感，是本性的实质；私欲，是情感的反应。把所希求的以为可以得到而去追求它，这是情感所必不可免的现象；把所希求的以为可以得到而去引进它，这是明智所必须出于如此的现象。所以，即使是门吏，私欲不可能去掉；即使是天子，私欲不可能除尽。私欲虽然不可能除尽，却可以使它接近于除尽；私欲即使不可能去掉，却可以希求着节制它。有"道"之人，进而在位，就会使私欲接近于除尽；退而在野，就会节制自己的求取。天下是没有比得过他的。

注释

❶"以为可得"，本作"以为可"。〇杨倞：心以欲为可得而道达之，智虑必出于此也。〇按：依杨注，"可"字下当有"得"字，与上句"可得"相对，今以意补。　❷按："知"下本无"之"字，今依上句"情之所必不免"句，补"之"字。　❸按：此下本有"性之具也"四字，已移前。　❹按："可以求节"本作"求可节"，今依上句"可以近尽"句改订。又，"可以求节也"下，本有"所欲虽不可尽，求者犹近尽；欲虽不可去，所求不得，虑者欲节求也"二十六字，不成文义，与前后亦重复，显系误衍，今以意删。

【原文】

凡人莫不从其所可，而

【译文】

一般人没有不顺从自己所认可的，

去其所不可；知道之莫之若也，而不从道者，无之有也。假之有人，欲南无多①，而恶北无寡，岂为夫南者之不可尽也，离南行而北走也哉？今人所欲无多，所恶无寡，岂为夫所欲之不可尽也，离得欲之道而取所恶也哉？

故可道而从之，奚以损之而乱？不可道而离之，奚以益之而治？故知者论道而已矣，小家珍说②之，所愿皆衰矣。

而去掉自己所不认可的。晓得事物中没有比"道"再好的，可是他却不顺从于"道"，天下没有这种人。假如有一个人，他喜爱南方的心情不多，憎恶北方的心情不少，难道他是为了南方是不可穷尽的，因而放弃了走向南方而改为走向北方吗？人们所喜爱的不多，所憎恶的不少，难道他们为了他们所喜爱的是不可穷尽的，因而放弃了他们所喜爱的而追求他们所憎恶的吗？

所以，肯定"道"而随从于它，哪能减损了"道"而成为昏乱呢？否定"道"而离失于"道"，哪能增进了"道"而成为整饬呢？所以，明智之人只是谈论"道"，而渺小的学者却玩弄一些奇谈怪论，因而他们所希求的就微乎其微了。

注释

❶ 按："欲南无多"上本有"而"字，显系衍文，今以意删。 ❷ 按：高诱《吕氏春秋》注："珍，异也。"

【原文】

凡人之取也，所欲未尝粹而来也；其去也，所恶未尝粹而往也①。故人之动而不可以不与权俱②。

【译文】

一般人有所求取，他所愿意的事物，并不可能同时到来；一般人有所抛弃，他所厌恶的事物，并不可能同时失去。所以，人的一举一动，不可以不同权衡（心秤）联系在一起。

衡不正，则重县于仰，而人以为轻；轻县于俛，而人以为重。此人所以惑于轻重也。权不正，则祸托于欲，而人以为福；福托于恶，而人以为祸。此亦人所以惑于祸福也。

道者，古今之正权也。离道而内自择，则不知祸福之所托。

秤杆如果不平正，把重物悬挂在仰起的一端，因而人们以为轻；把轻物悬挂在低下的一端，因而人们以为重。这是由于人们迷惑于轻重的关系。权衡（心秤）如果不稳正，把灾祸寄托在私欲之中，因而人们以为就是幸福；把幸福寄托在憎恶之中，因而人们以为就是灾祸。这是由于人们迷惑于祸福的关系。

"道"，就是古今以来真正的权衡（心秤）。离失了"道"，而由自己任意选择，就不会晓得祸福究竟寄托在什么地方。

注释

❶杨倞：粹，全也。○按：粹，当借作"萃"。《广雅》："粹，同也。"王逸《楚辞》注："齐同曰粹。"颜师古《汉书》注："去，弃也。" ❷"人之动"本作"人无动"。○杨倞：权者，称之权，所以知轻重者也。能权变适时，故以喻道也。言人之欲恶常难适意，故其所举动而不可不与道俱。不与道俱，则惑于欲恶矣。○按：据杨注意，则"无"字乃"之"之误，今以意改。《广雅》："锤谓之权。"权以喻变，故《韩诗外传》引《孟子》："变谓之权。"

【原文】

易者，以一易一，人曰无得亦无丧也；以一易两，人曰无丧而有得也；以两易一，人曰无得而有丧也。计

【译文】

互相交换的人，拿一个换一个，人们就说，这既没有获得，也没有损失；拿一个换两个，人们就说，这既没有损失，而又有获得；拿两个换一个，人们就说，这既没有获得，而又有损失。计算的人，采

者取所多，谋者从所可。以两易一，人莫之为，明其数也。从道而出，是犹以一易两也①，奚丧？离道而内自择，是犹以两易一也，奚得？其累百年之欲，易一时之嫌②，然且为之，不明其数也。

取数多的一方；谋划的人，随从合适的一方。拿两个换一个，人们都不这样做，这是由于人们识数的关系。随从"道"去行动，就如同拿一个换两个一样，这有什么丧失的呢？离开"道"而任意选择，就如同拿两个换一个一样，这有什么获得的呢？那积累百年的私欲，而换取一时的迷惑的事情，可是就有人这样去做，这便是不识数。

注释

❶ 按："犹以一易两"上本脱"是"字，今依下文"是犹以两易一"补"是"字。 ❷ 按：嫌，犹惑也。《说文》："嫌，一曰疑也。疑，惑也。"

【原文】

有尝试深观其隐而难察者①：志轻理而不重物者，无之有也；外重物而不内忧者，无之有也；行离理而不外危者，无之有也；外危而不内恐者，无之有也。

心忧恐，则口衔刍豢，而不知其味；耳听钟鼓，而不知其声；目视黼黻，而不知其状；轻暖平簟②，而体

【译文】

还有，尝试着深刻观察事物的隐微，而难于明察的人：内心轻视理性而不重视物质，没有这样的人；外形重视物质而不感到内心忧虑，没有这样的人；行动违失理性而外体不感到危困，没有这样的人；外体危困而内心不感到恐惧，没有这样的人。

内心忧惧，嘴里吃的就是肉食，也感觉不到滋味；耳朵听的就是音乐，也感觉不到声音；眼睛看的就是华丽的颜色，也感觉不到形状；坐的就是轻巧、温暖的床席，身体也感觉不到安适。所以，他享受

不知其安。故向万物之美，而不能嗛③也。假而得问④而嗛之，则不能离也。故向万物之美而盛忧，兼万物之利而盛⑤害。如此者，其求物也？养生也？粥寿也⑥？

着万物的优美，而不能感到满足。假如他得到别人的告知，而去满足于这些享受，但是他那些忧惧还是摆脱不开。所以，享受万物的优美，而成为忧愁；兼得万物的利益，而成为危害。像这样的人，他是求取物质了吗？是保养生命了吗？是延长寿命了吗？

注 释

❶"难察"本作"难其察"。○杨倞：有，读为"又"。虽隐而难察，以下四事观之，则可知也。○王念孙："隐而难其察"，"其"字涉上文而衍。据杨注，则无"其"字，明矣。　❷按：平，当读为"枰"。《释名·释床帐》："枰，平也，以板作，其体平正也。"《一切经音义》引《埤苍》："枰，榻也，谓独坐板床也。"《说文》："簟，竹席也。"　❸杨倞：向，读为"享"。嗛，足也，快也。○按：杜预《左传》注："享，受也。"　❹按：高诱《战国策》注："问，告也。"　❺按：郑玄《周礼》注："盛，犹成也。"　❻杨倞：也，皆当为"邪"，问之辞。○按：《大戴礼记·夏小正》："粥，养也。"通作"鬻"。

【原 文】

故欲养其欲而纵其情，欲养其性而危其形，欲养其乐而攻其心，欲养其名而乱其行。如此者，虽封侯称君，其与夫盗无以异；虽乘轩①戴絻②，其与夫民③无以异矣④。夫是之谓以己为

【译 文】

所以，愿意涵养自己的私欲，可是放纵自己的情感；愿意涵养自己的本性，可是危害自己的形体；愿意涵养自己的乐趣，可是攻击自己的内心；愿意涵养自己的名誉，可是昏乱自己的行为。像这样的人，虽然是帝王将相，实际上同盗贼没有什么不同；虽然是高冠大马，实际上同平民没有什么不同。这就叫作将自己作为万

物役。

物的奴役。

注释

❶ "乘轩"上本无"虽"字。○卢文弨：元刻"乘轩"上有"虽"字。○按：应有"虽"字，与上句"虽封侯称君"句式正同，今依元刻增。 ❷ 杨倞：絻，与"冕"同。 ❸ 按："夫民"本作"无足"，不词。"无"当为"夫"，"足"当为"民"。"其与夫民无以异"，正与上句"其与夫盗无以异"句相对，今以意改。 ❹ 按：此"矣"字本在下句"夫是之谓以己为物役"下，不协；今依下文"夫是之谓重己役物"句末无"矣"字，移此。

【原文】

心平愉，则色不及傭①，而可以养目；声不及佣，而可以养耳；蔬食②菜羹，而可以养口；粗布之衣，粗紃之履，而可以养体；局室、庐帘、稾蓐③、尚机筵④，而可以养形。故无万物之美，而可以养乐；无埶列之位，而可以养名。如是，而加天下焉，其为天下多，其私乐⑤少矣。夫是之谓重己役物。

【译文】

内心平静愉快，面色虽然不及平常，却可以保养眼睛；声音虽然不及平常，却可以保养耳朵；粗饭菜汤，却可以保养口齿；粗布衣，粗布鞋，却可以保养身体；窄屋舍，芦苇帘，草席蓐，旧桌凳，却可以保养形体。所以，没有万物的优美，却可以保养乐趣；没有崇高的爵位，却可以保养名声。像这样的人，把天下的重任加在自己身上，他就为天下操劳的时间多，为自己寻乐的时间少。这就叫作保重自己、役使万物。

注释

❶ 按：《说文》："傭，均直也。"傭，乃"庸常"之"庸"本字。 ❷ 按：

蔬食，即疏食，通字也。 ❸"局室、庐帘、槀蓐"，本作"屋室、庐庾、葭槀蓐"。○王念孙：《初学记》引作"局室、芦帘、槀蓐"，于义为长。《说文》："局，促也。"局室，谓促狭之室。芦帘、槀蓐，谓以芦为帘、以槀为蓐也。"屋室"，盖"局室"之误。"庐庾"，盖"芦帘"（帘、廉古通字）之误。"槀蓐"与"芦帘"对文，则"槀"上不当有"葭"字，且"葭"即"芦"也，又与"芦"相复。 ❹"㡀"，本作"尚"。○高亨：尚，当作"㡀"，形似而误。《说文》："㡀，败衣也。"㡀即"敝"之古文。㡀机筵，谓破机破席也。 ❺"私乐"本作"和乐"。○杨倞：则为天下必多，为己之私和乐少矣。○王念孙："和"当为"私"，字之误也。○王先谦：王说是，注中"和"字乃后人因正文误"私"为"和"而羼入之。杨所见本盖不误。

【原文】

无稽之言，不见之行，不闻之谋，君子慎之①。

【译文】

不足凭信的言论，没有见到过的行为，没有听到过的谋划，君子对于这些采取慎重态度。

注 释

❶杨倞：《说苑》作"无类之说，不戒之行，不赞之辞，君子慎之"。此三句不似此篇之意，恐误在此耳。

性恶篇第二十三

【原 文】

人之性恶,其善者伪也①。

今②人之性,生而有好利焉,顺是,故争夺生而辞让亡焉;生而有疾③恶焉,顺是,故残贼生而忠信亡焉;生而有耳目之欲,有好声色焉,顺是,故淫乱生而礼义文理亡焉。然则从人之性,顺人之情,必出于争夺,合于犯分、乱理,而归于暴;故必将有师法之化、礼义之道,然后出于辞让,合于文理,而归于治。用此观之,然则人之性恶,明矣;其善者,伪也。

【译 文】

人的本性是恶劣的,那表现善良的,是出于人为(矫揉造作)。

人的本性,一生下来就具有爱好财利的本能,顺着这种本能,因而争夺的行动就发生,而辞让的表现就丧失;一生下来就具有嫉恨、憎恶的本能,顺着这种本能,因而残害的行动就发生,而忠信的表现就丧失;一生下来就具有耳目的私欲,具有爱好声色的本能,顺着这种本能,因而淫乱的行动就发生,而礼义、文理的表现就丧失。那么,随着人的本性,顺着人的情欲,必然要做出争夺的行动,同违反本分、混乱礼义合拍,而归结到凶暴的行径;所以,必须要有师法(表率)的教化、礼义的引导,然后才做出辞让的行动,符合于文理,而归于平治。由此看来,那么,人们的本性是恶劣的,道理是明显的了;那表现善良的,是出于人为。

注 释

❶ 杨倞：伪，为也，矫也，矫其本性也。凡非天性而人作为之者，皆谓之伪。故"为"字"人"傍"为"，亦会意字也。○刘师培：《论衡·率性》篇引此文，说之云："伪者，长大之后，勉使为善也。"以"勉使为善"训"伪"，似亦读"伪"为"为"，兼以"矫"义相诠释。○按：杨注"伪，为也"之训，以借字训本字。"伪"训为"为"，为"矫"，义略同；"矫"非"诈"意，诈伪之"伪"，本字当作"讹"。《正名》篇："心虑而能为之动，谓之伪。虑积焉，能习焉而后成，谓之伪。"义亦相同。《孟子·尽心》篇："天下之言性也，则故而已矣。故者以利为本。"《说文》："故，使之为也。"孟子所驳之"故"，与荀子之所谓"伪"盖同。 ❷ 按：今，犹夫也。见《古书虚字集释》。 ❸ 杨倞：疾，与"嫉"同。○按：郑玄《礼记》注："疾，恶也。"

【原 文】

故枸木必将待檃栝烝矫①然后直，钝金必将待砻、厉②然后利。今人之性恶，必将待师法然后正，得礼义然后治。今人无师法，则偏险③而不正；无礼义，则悖乱而不治。古者圣王以人之性恶，以为偏险而不正，悖乱而不治，是以为之起礼义，制法度，以矫饰人之情性而正之，以扰化④人之情性而导之也，使⑤皆出于治、合于道者也。今之人，化

【译 文】

所以，弯曲的木材，必定要通过正木器的蒸烤、矫揉，然后才能够挺直；钝的金器，必定要通过石头的磨砺，然后才能够锐利。那么，人本性的恶劣，必定要通过师法的教诲，然后才能够纠正；得到礼义的渐染，然后才能够平治。如果人得不到师法的教诲，就偏邪而不端正；得不到礼义的渐染，就悖乱而不修治。古代圣王，由于人的本性恶劣，由于行为偏邪而不端正，悖乱而不修治，所以就为人们振兴礼义，创制法度，借以矫揉、文饰人的情性，而纠正它；借以驯服、感化人的情性，而引导它；这才使它都出现了平治，而符合于

师法，积文学，而⑥道礼义者为君子；纵性情，安恣睢，而违礼义者为小人。用此观之，然则人之性恶明矣，其善者伪也。

道义。一般人感化于师法，积累了学术，通达了礼义的，就成为君子；放纵情性，安于胡作非为，而违背礼义的，就成为小人。由此看来，那么，人的本性是恶劣的，道理是明显的了；那表现善良的，是出于人为。

注释

❶ 杨倞：枸，读为"钩"，曲也。下皆同。檃栝，正曲木之器也。烝，谓蒸之使柔。矫，谓矫之使直也。○按：烝，"蒸热"之"蒸"本字。高诱《吕氏春秋》注："待，恃也。" ❷ 杨倞：砻、厉，皆磨也。厉，与"砺"同。 ❸ 王念孙：《广雅》："险，邪也。" ❹ 杨倞：矫，强抑也。扰，驯也。 ❺ 按：使，原本作"始"，据他本改。 ❻ 按：此"而"字本无，今依下句补。

【原文】

孟子曰："人之学者，其性善。"曰：是不然。是不及知①人之性，而不察乎人之性、伪之分者也。凡性者，天之就也，不可学，不可事；礼义者，圣人之所生也，人之所学而能、所事而成者也。不可学、不可事之在天者②，谓之性；可学而能、可事而成之在人者，谓之伪。是性、伪之分

【译文】

孟子说："人们的学习，就是由于他的本性善良。"我们说：实际上并不是这样。这是不曾懂得人的本性，而不明察于人的本性和人为表现的说法。一般地说，本性是天然生就的，是学习不来的，是举办不来的；礼义是由圣人生出来的，人们是可以学习而能、可以举办而成的。不可学习、不可举办的在天然一方面的，叫作本性；可以学习而能、可以举办而成的在人事一方面的，叫作人为。这便是本性、人为的区分。一般人的本性，眼睛可以观看，耳朵可

也。今人之性，目可以见，耳可以听；夫可以见之明，不离目；可以听之聪，不离耳；目明而耳聪，不可学明矣。

以听取；那可以观看的明亮，离不开眼睛；可以听取的聪顺，离不开耳朵；眼睛明亮和耳朵聪顺，不可以学习，道理是明显的。

注 释

❶ 按：尹知章《管子》注："及，犹预也。"《华严经音义》引《珠丛》："凡事相及为预。"不及，犹不预。不预，与"不曾"义近。　❷ "不可事之在天者"本作"不可事而在人者"。〇顾千里："而"疑当作"之"，"人"疑当作"天"，与"可学而能、可事而成之在人者，谓之伪"为对文也。上文"凡性者，天之就也，不可学，不可事"，亦其明证。

【原 文】

孟子曰："今人之性善，将皆失丧其性故也。"曰：若是，则过矣。今人之性，生而离其朴，离其资①，必失而丧之。用此观之，然则人之性恶明矣。

所谓性善者，不离其朴而美之，不离其资而利②之也。使夫资朴之于美，心意之于善，若夫可以见之明不离目，可以听之聪不离耳，故曰目明

【译 文】

孟子说："一般人的本性善良，都是由于丧失了他的本性的缘故。"我们说：这种说法是错误的。一般人的本性，如果生下来就隔离开他的素质，隔离开他的本体，必然会丧失掉。由此看来，那么，人的本性是恶劣的，道理是明显的。

所谓本性善良，是由于不隔离开它的素质而加以美化，不隔离它的本体而加以培养。使那种本体、素质的对于美化，心志、意念的对于善良，就如同可以观看得明亮不离开眼睛，可以听取得聪顺不离开耳朵一样，所以说眼睛明亮

而耳聪也。

和耳朵聪顺啊。

注释

❶ 杨倞：朴，质也。资，材也。　❷ 按：郑玄《仪礼》注："利，犹养也。"

【原文】

今人之性，饥而欲饱，寒而欲暖，劳而欲休，此人之情性也。今人见长，饥①，而不敢先食者，将有所让也；劳，而不敢求息者，将有所代也。夫子之让乎父，弟之让乎兄，子之代乎父，弟之代乎兄，此二行者，皆反于性，而悖于情也。然而孝子之道、礼义之文理也。故顺情性，则不辞让矣；辞让，则悖于情性矣。用此观之，然则人之性恶明矣；其善者，伪也。

【译文】

一般人的本性，饿了就想要吃饱，冷了就想要穿暖，劳累了就想要休息，这是人的情性。如果有人见到长者，饿了，并不敢去先吃，这是将要有所推让；劳累了，并不敢先要求休息，这是将要有所代替。那儿子推让给父亲，弟弟推让给哥哥，儿子代替父亲，弟弟代替哥哥，这两种行为，都是违反于本性而悖乱于情感的。然而，这都是孝子之道、礼义之文理啊。所以，顺着自己的情性，就不会讲辞让；辞让，就悖乱了情性。由此看来，那么，人的本性是恶劣的，道理是明显的了；那表现善良的，是出于人为。

注释

❶ 按："见长，饥"，本作"饥，见长"，于文不协；"见长"应贯"食"与"劳"言之，故下文言"有所让""有所代"也，今以意倒。

【原文】

问者曰：人之性恶，则礼义恶生？

应之曰：凡礼义者，是生于圣人之伪，非故①生于人之性也。故陶人埏埴②而为器，然则器生于陶人③之伪，非故生于人之性也。工人斫木而成器④，然则器生于工人之伪，非故生于人之性也。圣人积思索，习伪故⑤，以生礼义而起法度，然则礼义法度者，是生于圣人之伪，非故生于人之性也。

【译文】

问者说：人的本性是恶劣的，那么，礼义是怎样产生的呢？

我们回答他说：一般地说，礼义，是产生于圣人的作为，而不是本来产生于人的本性。所以，陶工抟和黏土，而成为器物，那么，器物是产生于陶工的作为，并不是产生于人的本性。木工砍伐木材，而成为器物，那么，器物是产生于木工的作为，并不是产生于人的本性。圣人积蓄思虑，练习行动，因而产生了礼义，兴起了法度，那么，礼义、法度是产生于圣人的作为，而不是产生于人的本性。

注释

❶杨倞：故，犹本也。 ❷杨倞：埴，黏土也。○按：《一切经音义》引《淮南子》许注："埏，揉也。" ❸"陶人"本作"工人"。○杨倞："工人"当为"陶人"。○王念孙："陶人"是也。 ❹按："工人斫木而成器"上本有"故"字，不当有，系涉上句而衍，观下文"圣人积思索"云云，上无"故"字可知，今以意删。 ❺按：伪故，犹行为也，事故也。

【原文】

若夫目好色，耳好声，口好味，心好利，骨体肤理好愉

【译文】

至于眼睛喜好色彩，耳朵喜好声音，嘴喜好食味，心喜好财利，骨骼

佚，是皆生于人之情性者也；感而自然，不待事而后生之者也。夫感而不能然，必且待事而后然者，谓之伪①：是性、伪之所生其不同之征也。故圣人化性而起伪，伪起而生礼义，礼义生而制法度。然则礼义法度者，是圣人之所生也。故圣人之所以同于众而不过于众②者，性也；所以异于众而过于众③者，伪也。

肌肉喜好安逸，都是产生于人的情性的；受到感触而自然如此，并不是依靠着去做而后才产生出来的。那受到感触而不能如此，必须等依靠去做而后才如此，就叫作人为：这便是本性、人为二者所产生的各不相同的征验。所以，圣人变化了本性，就兴起了人为；人为兴起，就产生了礼义；礼义产生，就制定出法度。那么，礼义、法度，是圣人所产生的事物。所以，圣人之所以相同于众人而不超过众人的，便是本性；所以不同于众人而超过众人的，便是人为。

注释

❶ "谓之伪"本作"谓之生于伪"。○王引之："谓之伪"三字中，不当有"生于"二字。此涉上"生于"而衍也。　❷ "所以同于众而不过于众"本作"所以同于众其不异于众"。○俞樾：疑此文当作"所以同于众而不过于众"，"而"讹作"其"，"过"讹作"异"，而词意俱不可通矣。○按：俞说近是。　❸ 按："所以异于众而过于众"本作"所以异而过众"，亦嫌简而不明，疑当作"所以异于众而过于众"，与上句一律，今以意改。

【原文】

夫好利而欲得者，此人之情性也。假之人有资财而分者①，且顺情性②，若是，

【译文】

那喜好财利，而愿意获得，这是人的情性。假如人们要把掌有的财物分开，如果是顺从着他们的情性，这样，就是

则兄弟相拂夺③矣；且化礼义之文理，若是，则让乎国人矣④。

凡人之欲为善者，为性恶也。夫薄愿厚，恶愿美，狭愿广，贫愿富，贱愿贵；苟无之中者，必求于外。故富而不愿财，贵而不愿埶；苟有之中者，必不及于外。用此观之，人之欲为善者，为性恶也。

兄弟也会互相争夺；如果是用礼义的文理来感化他们，这样，就是国人也会互相推让。

凡是人愿意做善事的，是为了本性恶劣的关系。那单薄的就羡慕丰厚的，丑恶的就羡慕美丽的，狭隘的就羡慕广阔的，贫穷的就羡慕富有的，卑贱的就羡慕高贵的；如果本身没有的，必然就要向外方追求。所以，富有的就不羡慕财利，高贵的就不羡慕势力；如果本身有的，必然就不向外方伸张。由此看来，人愿意做善事的，是因为本性恶劣的关系。

注释

❶"人有资财而分者"本作"人有弟兄资财而分者"。○王先谦：据下文言"让乎国人"，则非兄弟分财之谓；明"弟兄"二字衍文也。有资财而分，顺情性，则兄弟相夺；化礼义，则让乎国人。文义正相对待。若兄弟分财，而让及国人，非情理所有矣。"弟兄"二字，乃浅人缘下文"兄弟相拂夺"妄加之。 ❷按：高诱《吕氏春秋》注："且，将也。""且顺性情"下本有"好利而欲得"五字，无着，系涉上文而衍，今以意删。 ❸杨倞：拂，违戾也。 ❹按：此下本有"故顺情性，则弟兄争矣；化礼义，则让乎国人矣"十八字，与上文重复，显系衍文，今以意删。

【原文】

今人之性，固无礼义，故强学而求有之也；性不知礼

【译文】

人的本性，本来就没有礼义，所以要经过强学才能求得；人的本性，本来

义，故思虑而求知之也；然则性而已①。人无礼义，则乱；不知礼义，则悖②。用此观之，人之性恶，明矣；其善者，伪也。

就不懂得礼义，所以要经过思考才能懂得；那么，人的本性就是如此。人不讲求礼义，就要秩序紊乱；不懂得礼义，就要违背事理。由此看来，人的本性是恶劣的，道理是很明显的；那表现善良的，是出于人为。

注释

❶"性而已"本作"生而已"。杨倞：生而已，谓不矫伪者。○按：元刻作"性而已"，甚符杨注，今以意改。又，"性而已"下本有"则人无礼义，不知礼义"二句，系涉上文而衍，今以意删。　❷按："则悖"下本有"然则生而已，则悖乱在己"二句，亦涉上文而衍，今以意删。

【原文】

孟子曰："人之性善。"曰：是不然。凡古今天下之所谓善者，正理、平治也；所谓恶者，偏险、悖乱也。是善恶之分也已。今诚以人之性，固正理、平治邪？则有①恶用圣王，恶用礼义矣哉？虽有圣王、礼义，将曷加于正理、平治也哉？今不然。人之性恶。

【译文】

孟子说："人的本性是善良的。"我们说：实际上并不是这样。天下古今一般所谓善良，就是正理、平治；所谓恶劣，就是偏邪、悖乱。这便是善良、恶劣的区别。那么，真的以为人的本性原来就是正理、平治的吗？那还用得着什么圣王、用得着什么礼义呢？纵然有圣王、礼义，对于正理、平治将有什么补助呢？现在事实并不是这样。人的本性是恶劣的。

注 释

❶ 杨倞：有，读为"又"。

【原文】

故古者，圣人以人之性恶，以为偏险而不正，悖乱而不治；故为之立君上之埶以临之，明礼义以化之，起法正①以治之，重刑罚以禁之，使天下皆出于治、合于善也。是圣王之治而礼义之化也。今当试②去君上之埶，无礼义之化，去法正之治，无刑罚之禁，倚③而观天下民人之相与也，若是，则夫强者害弱而夺之，众者暴寡而哗之④，天下之悖乱而相亡，不待顷矣。用此观之，然则人之性恶，明矣；其善者，伪也。

【译文】

所以，在古代，圣人以为人的本性恶劣，偏邪而不公正，悖乱而不平治；所以为人民树立君上的威势来监临他们，彰明礼义来教化他们，兴起法制来治理他们，加重刑罚来禁止他们，使天下都趋向于平治、符合于善良。这便是圣人的政治和礼义的教化。如今试一试，去掉君上的威势，而不用礼义的教化；去掉法制的治理，而不用刑罚的禁止；就此而观察天下人民的相互关系，这样，那就会强壮的将要伤害衰弱的，而施行夺取；人多的就要欺侮人少的，而骑在头上；天下发生悖乱而互相残害的局面，等不到好久了。由此看来，那么，人的本性是恶劣的，道理是明显的；那表现善良的，是出于人为。

注 释

❶ 按：法正，犹法政也，法制也。皇侃《论语》疏："政，法制也。" ❷ 王先谦：当，是"尝"之借字。当试，犹尝试。 ❸ 按：《广雅》："倚，因也。" ❹ 刘师培：哗，当作跨。《说文》："跨，踞也。"《国语·晋语》云："不跨其

国。"注云:"跨,摘据也。"言众者据寡者之上而使之出己之下也。

【原文】

故善言古者,必有节于今;善言天者,必有征① 于人。凡论者,贵其有辨合,有符验②。故坐而言之,起而可设张,而可施行。今孟子曰"人之性善",无辨合、符验;坐而言之,起而不可设张,而不可施行,岂不过甚矣哉?

【译文】

所以,善于谈论古代的,必然要在现今寻找征验;善于谈论天道的,必然要在人事上寻找征验。一般的辩论,可贵的是要有分合(分析和综合),要有征验。所以,坐着说了,立起来就可以布置,可以施行。如今,孟子说"人的本性善良",既没有分合,又没有征验;坐着说了,立起来却不可能布置,不可能施行,岂不是大错而特错了吗?

注 释

❶杨倞:征,验。○王引之:"节,亦验也。"《汉书·董仲舒传》作"善言古者,必有验于今"。《礼器》注:"节,犹验也。" ❷按:郑玄《周易》注:"辨,分也。"辨合,即分合,即今所谓分析与综合也。

【原文】

故性善,则去圣王、息礼义矣;性恶,则与圣王①、贵礼义矣。故檃栝之生,为枸木也;绳墨之起,为不直也;立君上,明礼义,为性恶也。用

【译文】

所以,本性善良,就得去掉圣王、停止礼义;本性恶劣,就得顺从圣王、贵重礼义。所以,正木器的产生,是为了弯曲的木材;绳墨的兴起,是为了不直的器物;设立君上,彰明礼义,是为了人的本性恶劣。由此看来,那么,人

此观之，然则人之性恶，明矣；其善者，伪也。

的本性是恶劣的，道理是明显的；那表现善良的，是出于人为。

注 释

❶ 王念孙：《齐语》韦注曰："与，从也。"与圣王，从圣王也。

【原文】

直木不待檃栝而直者，其性直也；枸木必将待檃栝、烝矫然后直者，以其性不直也。今人之性恶，必将待圣王之治、礼义之化，然后皆出于治、合于善也。用此观之，然则人之性恶，明矣；其善者，伪也。

【译文】

挺直的木材，不需要正木器，就是挺直的，这是因为它的本性挺直；弯曲的木材，必定需要正木器蒸烤、矫揉，然后才能挺直，这是因为它的本性不挺直。人的本性恶劣，必定需要圣人的治理、礼义的教化，然后才能都归于平治、符合于善良。由此看来，那么，人的本性是恶劣的，道理是明显的；那表现善良的，是出于人为。

【原文】

问者曰：礼义、积伪者，是人之性，故圣人能生之也①。

应之曰：是不然。夫陶人埏埴而生瓦，然则瓦埴岂陶人之性也哉？工人斫木而生器，

【译文】

问者说：遵循礼义、促进行为，是人的本性，所以圣人就能够产生性善之说。

我们回答说：实际上并不是这样。那陶工抟和黏土而产生出砖瓦，那么，做砖瓦的黏土，难道是陶工的本性吗？

然则器木岂工人之性也哉？夫圣人之于礼义也，辟则②陶埏而生之也；然则礼义积伪者，岂人之性③也哉？

木工砍伐木材而产生出器物，那么，做器物的木材，难道是木工的本性吗？那圣人对于礼义的制定，就如同陶工抟和黏土产生出砖瓦一样；那么遵循礼义、促进行为，难道是人的本性吗？

注 释

❶王先谦：礼义积伪者，积作为而起礼义也。○按：生之，谓生性善之说。　❷杨倞：辟，读为"譬"。　❸按："性"上本有"本"字，与上下文不符，必系衍文，今以意删。

【原文】

凡人之性者，尧、禹①之与桀、跖，其性一也；君子之与小人，其性一也。今将以礼义积伪为人之性邪？然则有②曷贵尧、禹，曷贵君子矣哉？凡所贵尧、禹、君子者，能化性，能起伪。伪起，而生礼义。然则圣人之于礼义积伪也，亦犹陶埏而生之也。用此观之，然则礼义积伪者，岂人之性也哉？所贱于桀、跖、小人者，从其性，顺其情，安恣睢，以出乎贪

【译文】

人的本性，帝尧、大禹和桀王、盗跖，他们的本性都是同一的；君子和小人，他们的本性都是同一的。难道要把遵循礼义、促进行为作为人的本性吗？那么，又何必尊崇帝尧、大禹，何必尊崇君子呢？一般人之所以尊崇帝尧、大禹、君子，是由于他们能感化本性，能够振作行为。行为振作，就产生了礼义。那么，圣人对于遵循礼义、促进行为，亦如同陶工抟和黏土而产生出砖瓦一样。由此看来，那么，遵循礼义、促进行为，难道是人的本性吗？我们所以鄙视桀王、盗跖、小人，是由于他们放纵自己的本性，顺从自己的情欲，安于为所欲为，因而产生了贪利和争夺。所

利、争夺。故人之性恶，明矣；其善者，伪也。

以，人的本性是恶劣的，道理是明显的；那表现善良的，是出于人为。

注 释

❶ 按："尧禹"本作"尧舜"，今从下文多言"尧禹"改，以资一律。 ❷ 杨倞：有，读为"又"。

【原 文】

天非私曾、骞、孝己①而外众人也，然而曾、骞、孝己独厚于孝之实，而全于孝之名者，何也？以綦于礼义故也②。天非私齐、鲁之民而外秦人也，然而秦人于父子之义③、夫妇之别，不如齐、鲁之孝共、敬文者④，何也？以秦人之从情性，安恣睢，慢于礼义故也。岂其性异矣哉？

【译 文】

上天并不是偏私曾参、闵子骞、孝己而拒绝众人，然而曾参、闵子骞、孝己独独笃厚于孝道的实际，而成就了孝道的美名，这是什么原因呢？就是因为他们积极地追求礼义的缘故。上天并不是偏私于齐国、鲁国的人民而拒绝秦国人，然而秦国人对于父子之义、夫妇之别，就不如齐国人、鲁国人的孝顺、恭谨、诚敬、文明，这是什么原因呢？就是因为秦国人顺从情性，安于为所欲为，轻慢于礼义的缘故。难道是他们的本性有什么两样吗？

注 释

❶ 杨倞：曾、骞，曾参、闵子骞也。孝己，殷高宗之太子。皆有至孝之行也。 ❷ 杨倞：三人能矫其性，极为礼义故也。○按：綦，与下文"慢"对文。綦，可通"极"，亦可通"亟"。亟，急也。 ❸ "于父子之义"上本无"秦人"

二字。○王念孙："于父子之义、夫妇之别"上，当有"秦人"二字，而今本脱之。 ❹"孝共敬文"本作"孝具敬父"。○杨倞："敬父"，当为"敬文"，传写误耳。敬而有文，谓夫妇有别也。○王念孙："敬文"，见《劝学》《礼论》二篇。"孝具"二字不词，且与"敬文"不对；"具"当为"共"，字之误也。孝共，即孝恭，正与"敬文"对。

【原文】

"涂之人可以为禹。"曷谓也？

曰：凡禹之所以为禹者，以其为仁义法正也。然则仁义法正，有可知可能之理。然而涂之人也，皆有可以知仁义法正之质，皆有可以能仁义法正之具。然则其可以为禹，明矣。

【译文】

"走路的人都可以成为大禹。"这话是什么道理呢？

回答说：一般说来，大禹之所以成为大禹，是因为他执行了仁义、法度。那就是，仁义、法度具有可以懂得、可以做到的道理。如此说来，凡是走路之人，都具有可以懂得仁义、法度的本质，都具有可以做到仁义、法度的条件。那么，他们可以成为大禹，道理是很明显的。

【原文】

今以仁义法正为固无可知可能之理邪，然则唯①禹不知仁义法正，不能仁义法正也；将使涂之人，固无可以知仁义法正之质，而固无可以能仁义法正之具邪，然则涂之人也，

【译文】

如今，以为仁义、法度本来就不具有可以懂得、可以做到的道理吧，那么，纵然是大禹也不可能懂得仁义、法度，不可能做到仁义、法度；如果使走路的人本来就不具有可以懂得仁义、法度的本质，本来就不具有做到仁义、法度的条件，那么，走路

且内不可以知父子之义，外不可以知君臣之正。今不然，涂之人者②，皆内可以知父子之义，外可以知君臣之正，然则其可以知之质、可以能之具，其在涂之人明矣。今使涂之人者，以其可以知之质、可以能之具，本夫仁义之可知之理、可能之具，然则其可以为禹明矣。今使涂之人伏术③为学，专心一志，思索孰察，加日县久④，积善而不息，则通于神明，参于天地矣。故圣人者，人之所积而致矣。

【译文】

……的人，在内心就不可能懂得父子之义；在外界就不可能懂得君臣之正。如今，事实并不是这样。走路的人，在内心都可以懂得父子之义；在外界都可以懂得君臣之正；可以懂得的本质，可以做到的条件，都具备在走路的人身上，道理是明显的。如果使走路的人用他们可以懂得的本质、可以做到的条件，本着仁义可以懂得的道理、可以做到的条件，那么，他们可以成为大禹，道理是明显的。如果使走路的人掌握技术，研求学问，专心致志，深思熟虑，日久年深，长期不歇，就会同神明相交接，同天地相比列了。所以，圣人就是由于人有所积累而形成的。

注 释

❶ 杨倞：唯，读为"虽"。　❷ "今不然，涂之人者"本作"不然，今涂之人者"。○俞樾："不然"二字，当在"今"字之下，"今不然"三字为句。上文云"今不然，人之性恶"，是其例也。　❸ 按：孟喜《周易》注："伏，服也。"韦昭《国语》注："服，执也。"伏术，执术也。　❹ 按：高诱《淮南子》注："县，远也。"

【原文】

曰：圣可积而致，然而皆

【译文】

有人问：圣人可以由积累而做到，

不可积，何也？

曰：可以，而不可使也。故小人可以为君子，而不肯为君子；君子可以为小人，而不肯为小人。小人、君子者，未尝不可以相为也；然而不相为者，可以而不可使也。故涂之人可以为禹，则然；涂之人能为禹，未必然也。虽不能为禹，无害可以为禹。足可以遍行天下，然而未尝有能遍行天下者也。夫工、匠、农、贾，未尝不可以相为事也，然而未尝能相为事也。用此观之，然则可以为，未必能也；虽不能，无害可以为。然则能不能之与可不可，其不同远矣；其不可以相为，明矣。

然而一般人都不可以积累，这是怎么一回事呢？

回答说：可以〔积累〕，而不可以使他〔积累〕。所以，小人可以成为君子，可是他不肯成为君子；君子可以成为小人，可是他不肯成为小人。小人、君子，未尝不可以互相成为；然而，他们不互相成为，是由于可以〔积累〕，而不可以使他〔积累〕。所以，走路的人可以成为大禹，是这样的；而走路的人能够成为大禹，就未必是这样的。虽然他不能成为大禹，这并不妨害他可以成为大禹。脚可以走遍天下，然而并不曾有走遍天下的人。那技工、木匠、农民、商人，未尝不可以交换作业，然而他们并不曾交换作业。由此看来，那么，可以这样做，而未必能够这样做；虽然不能够这样做，也无妨于可以这样做。那么，能够不能够和可以不可以，其两不相同，距离是相当遥远的；他们不可以交换作业，道理是明显的。

【原文】

尧问于舜曰："人情何如？"舜对曰："人情甚不美，又何问焉？妻子具，而孝衰于亲；嗜欲得，而信衰于友；爵禄盈，而忠衰于君。人之情

【译文】

帝尧问大舜说："人情怎么样？"大舜回答说："人情很不美妙，又何必问这个呢？妻子具备了，因而孝心就在父母面前衰落下来；欲望达到了，因而信用就在朋友面前衰落下来；官爵俸禄满足了，因而忠心就在君上面前衰落下来。

乎！人之情乎！甚不美，又何问焉①？唯贤者为不然！"

人情啊！人情啊！很不美妙！又何必问这个呢？只有贤人不是这样的啊！"

注 释

❶ 杨倞：引此亦以明性之恶。

【原文】

有圣人之知者，有士君子之知者，有小人之知者，有役夫①之知者。

多言，则文而类②，终日议其所以，言之千举万变，其统类一也。是圣人之知也。

少言，则径而省，论而法，若佚之以绳③。是士君子之知也。

其言也谄④，其行也悖，其举事多悔⑤。是小人之知也。

齐给便敏而无类，杂能旁魄而无用⑥，析速粹孰而不急⑦，不恤是非⑧，不论曲直，以期胜人为意。是役夫之知也⑨。

【译文】

有圣人的智慧，有士君子的智慧，有小人的智慧，有贱者的智慧。

言论广博，表现得文采而美善，终日议论事理的所以然，说得千头万绪，他的纲领是一贯的。这便是圣人的智慧。

言论不多，表现得率直而简略，既有伦次，又有法度，就如同用绳墨比着的那样。这便是士君子的智慧。

他说话滔滔不绝，他行为悖乱无礼，他做事异常暧昧。这便是小人的智慧。

嘴尖舌快，而语无伦次；偏才不少，而不符实用；分析疾速，著作精熟，而不急于实用；不顾是非，不论曲直，总希望胜过别人，才算称心如意。这便是贱者的智慧。

注 释

❶按：王逸《楚辞》注："役，贱也。" ❷按：《尔雅》："类，善也。" ❸杨倞：论，或为"伦"。圣人经营事广，故曰"多言"；君子止恭其所守，故曰"少言"也。○郝懿行：径者，直也。论，犹伦也。○俞樾：佚，当读为"秩"。秩之言次也、序也。 ❹按：謟，当读作"滔"，或"滔"字之误。《说文》："滔，水漫漫大貌。" ❺按：郑玄《尚书》注："悔之言晦也。"李贤《后汉书》注："悔，恶也。" ❻杨倞：齐，疾也。给，谓应之速。便，谓轻巧。敏，速也。旁魄，广博也。○按：无类，犹无伦也。 ❼杨倞：析，谓析辞。速，谓发辞捷速。粹孰，所著论甚精孰也。不急，言不急于用也。 ❽按：高诱：《战国策》注："恤，顾也。" ❾杨倞：期于必胜人，惠施之论也。徒自劳苦争胜而不知礼义，故曰"役夫之知"也。

【原文】

有上勇者，有中勇者，有下勇者。

天下有中①，敢直其身；先王有道，敢行其意。上不循于乱世之君，下不俗②于乱世之民。仁之所在无贫穷，仁之所亡无富贵③；天下知之，则欲与天下同苦乐之；天下不知之，则傀然④独立天地之间而不畏：是上勇也。

礼恭而意俭⑤，大齐信焉，而轻货财⑥；贤者敢推而

【译文】

有上勇之人，有中勇之人，有下勇之人。

天下有中正的所在，敢于直起自己的身躯；先王有通明的大道，敢于施行自己的意志。在上，不遵从于乱世之君；在下，不习染于乱世之民。仁道所在之处，没有贫穷；仁道所无之处，没有富贵。天下知道自己，就愿意和天下人同甘共苦；天下不知道自己，就巍然独立在天地之间，而毫无畏惧：这便是上勇之人。

礼节恭谨，而意志谦逊；崇高忠信，而轻鄙财货；对于贤者，敢于表示推崇；对于不贤者，敢于同他绝交：这

尚之，不肖者敢援而废之：是中勇也。

轻身而重货，恬祸而广解⑦，不恤是非、然不之情⑧，以期胜人为意：是下勇也。

便是中勇之人。

轻鄙身躯，而注重财货；幸灾乐祸，而任意解说；不顾虑是非、可否的情况，总希望胜过别人，才算称心如意：这便是下勇之人。

注 释

❶杨倞：中，谓中道。○按：中，谓中正之所在。　❷王念孙：不俗，不习也。《说文》："俗，习也。"　❸汪中：仁之所在，虽贫穷，甘之；仁之所亡，虽富贵，去之。　❹杨倞：傀，傀伟，大貌也。○按：傀，与"巍""危"略同。　❺按：俭，谓谦恭也。《左传·庄公二十四年》："俭，德之共也。"杨倞：《非十二子》篇注："俭然，自卑谦之貌。"　❻王念孙：《尔雅》："齐，中也。"言大中信而轻货财也。《康王之诰》："底至齐信。"传以"齐信"为"中信"，是其证。"齐信"与"货财"对文。○按：中信，即忠信。　❼杨倞：恬，安也，谓安于祸难也。而广自解说，言以辞胜人也。　❽"不恤是非然不之情"本作"苟免不恤是非然不然之情"。○王先谦："不然"，"然"字衍，说见《儒效》篇。○汪中："苟免"，或是注文混入。○按：今依汪说，删去"苟免"二字。

【原 文】

繁弱、巨黍①，古之良弓也；然而不得排檠②，则不能自正。桓公之葱，大公之阙，文王之录，庄君之曶，阖闾之干将、莫邪、巨阙、辟闾③，此皆古之良剑也，

【译 文】

繁弱，巨黍，都是古代的好弓，然而，得不到正弓器的排压，就不能够自然周正。齐桓公的葱，齐太公的阙，周文王的录，楚庄王的智，吴王阖闾的干将、莫邪、巨阙、辟闾，都是古代的好剑，然而

然而不加砥厉,则不能利;不得人力,则不能断。骅骝、骐、骥、纤离、绿耳④,此皆古之良马也,然而必前有⑤衔辔之制,后有鞭策之威,加之以造父之驭,然后一日而致千里也。

不加以磨砺,就不能够锐利;得不到人力,就不能够断物。骅骝、骐骥、纤离、绿耳,都是古代的好马,然而必须前面有御辔的控制,后面有鞭策的威胁,再加上造父的驾驶,然后才能一日千里。

注 释

❶ 杨倞:繁弱,封父之弓。《左传》曰:"封父之繁弱。"巨,与"拒"同。黍,当为"来"。《史记》:"时力,距来。"○梁启雄:《艺文类聚》引《广雅》:"繁弱、巨黍,弓也。"○按:繁弱,亦作"蕃弱"。《汉书》注引文颖:"蕃弱,夏后氏之良弓。" ❷ 杨倞:排檠,辅正弓弩之器。 ❸ 杨倞:蔥、阙、录、曶,齐桓公、齐太公、周文王、楚庄王之剑名,皆未详所出。干将、莫邪、巨阙,皆吴王阖闾剑名。辟闾,未详。《新序》:"辟闾、巨阙,天下之良剑也。" ❹ 杨倞:皆周穆王八骏名。骥,读为"骐"。《列子》作"赤骥",与此不同。纤离,即《列子》"盗骊"也。○刘师培:《文选·谏逐客书》注云:"孙卿子曰:纤离、蒲梢,皆马名。"又《史记·李斯传》集解引徐广云:"纤离、蒲梢,皆骏马名。"《索隐》曰:"徐氏据《孙卿子》而为说。"据彼说,似此节当有"蒲梢"二字。 ❺ "必前有"本作"前必有"。○王念孙:"前必有"当作"必前有",否则与下句不贯矣。《群书治要》《初学记》《太平御览》并引作"必前有"。

【原文】

夫人虽有性质美,而心辩知,必将求贤师而事之,择良友而友之。得贤师而事之,则

【译文】

一般的人,虽然具有美好的性质,而且具有明辨的心怀,必定要寻求到可以侍奉的明师,选择到可以结交的好

所闻者尧、舜、禹、汤之道也；得良友而友之，则所见者忠、信、敬、让之行也；身日进于仁义，而不自知①者，靡②使然也。今与不善人处，则所闻者欺、诬、诈、伪也，所见者污、漫、淫、邪、贪利之行也；身且加于刑戮，而不自知者，靡使然也。传曰："不知其子，视其友；不知其君，视其左右。"靡而已矣！靡而已矣！

友。得以侍奉明师，那所听到的就都是尧、舜、禹、汤的道术；得以结交好友，那所见到的就都是忠、信、敬、让的行为；自己一天天地趋于仁义，可是自己并未觉察出来，这是由于耳鬓厮磨而如此的。如果和不善的人在一起，那所听到的就都是欺、诬、诈、伪的举动，那所见到的就都是污、慢、淫、邪、贪利的行为，自己将要受到刑罚和杀戮，可是自己并未觉察出来，这是由于耳鬓厮磨而如此的。古书上说："不了解这个人，就看看他的朋友；不了解这个君主，就看看他的左右。"就是由于耳鬓厮磨啊！就是由于耳鬓厮磨啊！

注 释

❶ 按："者"上本有"也"字，与下句不同，今以意删。 ❷ 杨倞：靡，谓相顺从也。或曰：靡，磨切也。○按：李颐《庄子》注："靡，摩也。"摩，与"顺"义略同。

君子①篇第二十四

【原文】

天子：无妻，告人无匹也②；四海之内无客礼，告无适也③；足能行，待相④者然后进；口能言，待官人然后诏⑤；不视而见⑥，不听而聪，不言而信，不虑而知，不动而功，告至备也⑦。天子也者，埶至重，形至佚，心至愈⑧，志无所诎，形无所劳，尊无上矣。

《诗》曰："普天之下，莫非王土；率土之滨，莫非王臣⑨。"此之谓也。

【译文】

天子：没有正妻，这表明没有比对（惟己至尊）的意思；对四海之内，没有宾客之礼，这表明无往不是家（天下之主）的意思。脚能够走路，必定要依靠着左右的扶持，然后才能行进；嘴能够说话，必定要依靠着左右传旨，然后才能告知臣下；不用看，就看得见；不用听，就听得见；不用说话，就见信于人；不用谋虑，就能知道；不用举动，就能成功；这表明朝臣最齐备的意思。天子，威势非常重大，形体非常安逸，心神非常愉快，意志无所委屈，形体无所劳累，尊贵是无所复加的了。

《诗经》中说："整个天下，无非是周王的土地；循行到国土的边缘，无非是周王的臣仆。"就是说的这种情形。

【注释】

❶杨倞：凡篇名，多用初发之语名之。此篇皆论人君之事，即"君子"当为"天子"，恐传写者误也。○按：疑或作"君人"。❷杨倞：告，言也。妻

者，齐也。天子尊无与二，故无匹也。○刘师培：《五经异义》："左氏说：天子至尊无敌，故无亲迎之礼。" ❸ 杨倞：《礼记》曰："天子无客礼，莫敢为主焉。君适其臣，升自阼阶，不敢有其室也。"○刘师培：《左传·僖二十四年》："天子出居于郑。"注："天子以天下为家，故天子无外。"此文"无适"之"适"，即训"往"。言天子以天下为家，所经之境，所往之国，均不得谓之适。 ❹ 按：郑玄《周礼》注："相，左右。" ❺ 杨倞：官人，掌喉舌之官也。○按：《说文》："诏，告也。"官人，盖谓左右。 ❻ 久保爱：见，疑当作"明"。 ❼ 杨倞：尽委于群下，故能至备也。 ❽ 杨倞：愈，读为"愉"。 ❾ 杨倞：《诗经·小雅·北山》之篇。率，循也。

【原 文】

圣王在上，分义行乎下，则士大夫无流淫之行，百吏官人无怠慢之事，众庶百姓无奸怪之俗，无盗贼之罪，莫敢犯上之禁①。天下晓然皆知夫盗窃之不可以为富也，皆知夫贼害之②不可以为寿也，皆知夫犯上之禁不可以为安也；由其道，则人得其所好焉；不由其道，则必遇其所恶焉。是故刑罚綦省，而威行如流。世晓然皆知夫为奸，则虽隐窜逃亡之，由不足以免也，故莫不服罪而请③。

《书》曰："凡人自得罪。"

【译 文】

圣王处在上位，名分、正义施行在下民之中，士大夫就没有淫邪的行为，百官就没有怠慢的事务，百姓就没有奸怪的风气，没有盗贼的罪恶，都不敢触犯君上的禁令。天下明明白白地都知道盗窃财物不可能致富，都知道贼害人命不可能长寿，都知道触犯君上的禁令不可能得到平安；顺从着自己所应该走的道路，人人得到自己所爱好的事物；不顺从着自己所应该走的道路，必然要遭到自己所憎恶的罪过。因此，刑罚很简略，而君上的威行就如同流水一般通行。世界上都明明白白地知道如果做恶事，纵然就是隐藏、逃亡，照常不能够脱免，所以没有不服罪而自请制裁的。

《尚书》中说："一般人的罪恶都是

此之谓也④。

故刑当罪，则威；不当罪，则侮⑤。爵当贤，则贵；不当贤，则贱。

所以，刑罚同罪恶相对当，就享到威名；刑罚同罪恶不对当，就遭受到轻侮。爵位同贤人的才能相对当，就是可贵的；爵位同贤人的才能不对当，就是可鄙的。

注释

❶"犯上之禁"本作"犯大上之禁"。○王先谦：《群书治要》正作"莫敢犯上之禁"，无"大"字。○按："大"字误衍。下文作"犯上之禁"，可证。 ❷"盗窃之""贼害之"下本皆有"人"字。○王念孙："盗窃之""贼害之"下，皆本无"人"字，后人加两"人"字，而以"盗窃之人""贼害之人"与"犯上之禁"对文，谬矣。盗窃不可以为富，贼害不可以为寿，皆指其事而言，非指其人而言，不得加入两"人"字也。《群书治要》无"人"字。 ❸杨倞：自请刑戮。 ❹杨倞：言人人自得其罪，不敢隐也。与今《康诰》义不同，或断章取义与？ ❺按：《广雅》："侮，轻也。"

【原文】

古者，刑罚不怒罪，爵赏不逾德①。故杀其父，而臣其子；杀其兄，而臣其弟；分然各以其诚通。是以为善者劝，为不善者沮；刑罚綦省，而威行如流；政令致明，而化易如神②。

传曰："一人有庆，兆

【译文】

在古代，刑罚不超过所触犯的罪恶，爵赏不超过所成就的德业。所以，杀戮了他的父亲，还臣使他的儿子；杀戮了他的哥哥，还臣使他的弟弟；在各方面都善恶分明地用自己的诚心相沟通。因而，行善的人得到劝勉，作恶的人受到阻止；刑罚非常简略，而君上的威行如同流水一般；政令非常英明，而教化如同神明一般。

古书上说："一个人做有善行，亿万

民赖之③。"此之谓也。

人民都依仗着他。"就是说的这个道理。

注 释

❶ 王念孙：怒、逾，皆过也。《淮南子》注："逾，犹过也。"《方言》曰："凡人语而过，东齐谓之弩。""弩，犹怒也。"是"怒"即"过"也。○按："刑罚不怒罪，爵赏不逾德"二句，本在"杀其兄而臣其弟"之下；此二句只作"刑不过罪，爵不逾德"；前后重复，必一为衍文。今据下文"刑罚怒罪，爵赏逾德"，订"刑不过罪，爵不逾德"为衍文。将"刑罚不怒罪，爵赏不逾德"二句提上。衍文"刑不过罪"，"过"正释"怒"之义也。《广雅》："怒，多也。"亦过之意。 ❷ 俞樾：易，当读为"施"。《诗》郑笺："施，犹易也。"故"施""易"二字古通用。《何人斯》篇："我心易也。"释文曰："易，《韩诗》作'施'。"是其证也。化易如神者，化施如神也。○按：《毛诗传》："易，治也。"化易，犹治化也。亦通。 ❸ 杨倞：《尚书·甫刑》之辞。○按：《甫刑》今作《吕刑》。《广雅》："庆，善也。"

【原 文】

乱世则不然。刑罚怒罪，爵赏逾德；以族论罪，以世举贤①。故一人有罪，而三族皆夷②，德虽如舜，不免刑均，是以族论罪也。先祖当贤③，子孙④必显；行虽如桀、纣，列从⑤必尊，此以世举贤也。以族论罪，以世举贤，虽欲无乱，得乎哉？

【译 文】

紊乱的世代就不是这样。刑罚超过所触犯的罪过，爵赏超过所成就的德业；按照宗族来论处罪名，按照世系来举用贤人。所以，一个人有了罪，因而三族都被杀戮，品德虽然像大舜一样，也不免于一同受刑，这就是按照宗族来论处罪名。先祖是贤人，他的子孙就必定显贵，行为虽然像桀王、纣王，也必定列在尊位；这就是按照世系来举用贤人。按照宗族论处罪名，按照世系举用贤人，纵然愿意不发生紊乱，能做得到吗？

《诗》曰:"百川沸腾,山冢崒崩,高岸为谷,深谷为陵。哀今之人,胡憯莫惩⑥。"此之谓也。

《诗经》中说:"江河沸腾了,山岳崩陷了,高岸变成了山谷,深谷变成了丘陵。可怜的如今之人,怎么也不曾知道警惕呢?"就是说的这种情形。

注释

❶ 杨倞:《泰誓》所谓"罪人以族,官人以世"。 ❷ 杨倞:三族:父、母、妻族也。夷,灭也。均,同也。谓同被其刑也。○卢文弨:《仪礼》郑注:"三族,谓父昆弟、己昆弟、子昆弟也。"又《周礼》《礼记》注皆云:"三族,父、子、孙。" ❸ 按:当,犹为也。见《古书虚字集释》。 ❹ "子孙"上本有"后"字。○王念孙:元刻无"后"字,《群书治要》同。 ❺ 按:列从,犹行列也。《广雅》:"从,行也。" ❻ 杨倞:《诗经·小雅·十月之交》之篇。毛云:"山顶曰冢。"郑云:"憯,曾也。惩,止也。"○按:崒,当读为"碎",碎崩,与"沸腾"对文。《广雅》:"碎,坏也。"

【原文】

论法圣王,则知所贵矣;以义制事,则知所利矣。论知所贵,则行知所养①矣;事知所利,则动知所出矣。二者,是非之本、得失之原也。

【译文】

政论效法圣王,就懂得什么是应该尊贵的;用正义制裁事务,就懂得什么是对人有利的。政论懂得尊贵什么,在行为上就懂得什么是可取的;事务懂得什么有利,在举动上就懂得应该从什么出发。这二者,便是是非的根本、得失的缘由。

注 释

❶ 陈奂：荼，取也。知所荼，知所取法也。《周颂》毛传："荼，取也。"〇按："行知所荼"本无"行"字，与下文"动知所出"不相对，"知"上必有脱文。今据下文"是非""得失"之意补"行"字。

【原文】

故成王之于周公也，无所往而不听，知所贵也；桓公之于管仲也，国事无所往而不用①，知所利也；吴有伍子胥而不能用，国至于亡，倍道、失贤也。故尊圣者王，贵贤者霸，敬贤者存，慢贤者亡。古今一也。

【译文】

所以，周成王对周公，〔谏言〕无往而不听，就是由于懂得什么应该尊贵；齐桓公对于管仲，国事无往而不用，就是由于懂得什么对国家有利；吴国有个伍子胥，而不能任用，国家因而遭到灭亡，就是由于违背道术、失掉贤人。所以，尊崇圣人的，可以成为王者；贵重贤人的，可以成为霸者；恭敬贤人的，国家就获得存在；慢待贤人的，国家就遭到灭亡。古今都是一样的。

注 释

❶ 按：此言"国事无所往而不用"，则上文"无所往而不听"上似脱去二字；但不知确为何字，或"谏言"二字与？

【原文】

故尚贤，使能，等贵贱，分亲疏，序长幼，此先王之道

【译文】

所以，崇尚贤人，使用才能，等别贵贱，区分亲疏，序列长幼，这便是先

也。故尚贤，使能，则主尊下安；贵贱有等，则令行而不流；亲疏有分，则施①行而不悖；长幼有序，则事业捷成而有所休。故仁者，仁此②者也；义者，分此者也；节者，死生此者也；忠者，惇慎③此者也；兼此而能之，备矣。备而不矜一自善也④，谓之圣。不矜矣，夫故天下不与争能，而致善用其功；有而不有也，夫故为天下贵矣。

《诗》曰："淑人君子，其仪不忒，其仪不忒，正是四国⑤。"此之谓也。

王的道术。所以，崇尚贤人，使用才能，主上就尊贵，下民就安泰；贵贱有别，就教令通行，而不至于偏邪；亲疏有分，就恩惠施行，而不至于悖乱；长幼有序，就事业速成，而有所美善。所以，仁爱，就是爱悦的这个；正义，就是分辨的这个；节操，就是死生于这个；忠诚，就是敦厚、顺从于这个；把这些都做到，那就算周备无缺了。周备无缺，而不矜夸一己的善美，就叫作圣人。由于不自矜夸，所以天下都不能和他争能，而且做到善于推广自己的功绩；由于有功绩而不自以为有功，所以就被天下所尊贵。

《诗经》中说："善人君子，他的威望不会变更；他的威望不会变更，所以他能够安抚四方。"就是说的这个道理。

注 释

❶ 杨倞：施，谓恩惠。 ❷ 杨倞：此，谓尚贤、使能、等贵贱、分亲疏、序长幼五者也。 ❸ 杨倞：慎，读如"顺"。 ❹ 按：矜，自善，谓矜夸一己之善也。 ❺ 杨倞：《诗经·曹风·尸鸠》之篇。以喻正身待物，则四国皆化；恃才矜能，则所得者小也。

成相①篇第二十五

【原文】

请成相：世之殃，愚暗愚暗②堕贤良；人主无贤，如瞽无相，何伥伥③？

【译文】

让我说说平治天下之方：人世间的殃祸，就是愚昧无知，陷害忠良；主上没有贤臣为辅佐，就像瞎子没有人领路，不知道将要走向何方？

注 释

❶ 杨倞：以初发语名篇。杂论君臣治乱之事，以自见其意，故下云："托于成相以喻意。"《汉书·艺文志》谓之《成相杂辞》，盖亦赋之流也。○按：《尔雅》："请，告也。"《广雅》："告，语也。"本书《礼论》《君子》篇注："告，言也。"《广雅》："精，论也。""精"即"请"之借字。成者，平也（经传此训多见）；相者，治也。成相，犹言平治也，即《孟子·公孙丑》篇所谓"平治天下"与《礼记·大学》篇所谓"治国平天下"者也。 ❷ 卢文弨：愚暗，重言之者，即下文"愚以重愚，暗以重暗"之意。 ❸ 杨倞：伥伥，无所往貌。○按：《论语·卫灵公》篇："固相师之道也。"马融注："相，导也。"郑玄注："相，扶也。"

【原文】

请布基①，慎听

【译文】

我要从头说起，大家听个仔细；自己太

之②；愚而自专事不治；主忌苟胜③，群臣莫谏，必逢灾。

愚昧无知，却要独断专行，国事不会平治；苟且胜过他人，主上要引为禁忌；群臣都不谏诤你，必然遭到不利。

【注 释】

❶ 按：《尔雅》："基，始也。"布基，犹言陈之于始也。 ❷ "慎听之"本作"慎圣人"。○俞樾："人"字不入韵，疑当作"慎听之"。"圣"与"听"，音近而讹。《尚书·无逸》篇"此厥不听"，《汉石经》作"不圣"，秦《泰山碑》"皇帝躬听"，《史记》作"躬圣"，并其证也。"听"讹作"圣"，则"圣之"二字不成义，后人因改为"圣人"矣。"请布基，慎听之"，欲人慎听其言；下文云"请牧基，贤者思"，欲贤者思其言，义正同也。"慎听之"三字，本《礼记·仲尼燕居》篇。○按："之"字，叶韵，俞校甚是，今据正。马王堆汉墓帛书《老子》"听"或作"声"，亦叠韵通假字。 ❸ 按：苟且胜人，君主之所忌也。

【原 文】

论臣过，反其施①，尊主安国尚贤义，拒谏饰非，愚而上同②，国必祸。

【译 文】

评论臣的过失，反对他们工作松弛；尊敬主上，安定国家，要崇尚贤能和正义；拒绝谏诤，文饰过失，臣下愚昧，和主上苟同，国家必然灾祸兴起。

【注 释】

❶ 按：施，当读为"弛"，见郑玄《周礼》注。谓言论人臣之过，当反其懈弛之行也。 ❷ 按：愚而上同，谓以愚昧之行苟合于君上也。

【原文】

曷谓罢？国多私①；比周还主党与施②，远贤近谗，忠臣蔽塞，主执移③。

【译文】

什么是无能？就是国家多私弊；交相亲昵，包围主上，扶植党羽，疏远贤能，接近邪僻，忠臣没有出路，主上的势位要迁移。

注释

❶ 杨倞：罢，读曰"疲"，谓弱不任事者也。所以弱者，由于多私。《国语》曰："罢士无伍。"韦昭曰："罢，病也。无行曰病。" ❷ 王念孙：施，张也。〇按：还主，谓包围主上也。党与施，谓张施党羽也。 ❸ 按：主执移，谓主上威势动摇也。

【原文】

曷谓贤？明君臣；上能尊主下爱民①；主诚听之，天下为一，海内宾。

【译文】

什么是贤能？就要明通于君臣之际；对上能尊敬君主，对下能顺从民意；主上真正听贤臣的话，就可以天下为一，四海服役。

注释

❶ "下爱民"本作"爱下民"。〇王念孙："爱下民"，当作"下爱民"，与"上能尊主"对文。《不苟》《臣道》二篇并云"上则能尊君，下则能爱民"，是其证。

【原文】

主之孽，谗人达；贤能遁逃国乃蹶①；愚以重愚，暗以重暗，成为桀。

【译文】

主上的罪孽，由于谗臣当路；贤能隐居不仕，国家就要颠覆；愚昧加上愚昧，昏迷加上昏迷，就成为桀王一类的人物。

注释

❶ 杨倞：蹶，颠覆也。

【原文】

世之灾，妒贤能；飞廉知政任恶来；卑其志意，大其园囿，高其台。

【译文】

世间的灾害，就是嫉妒贤能，飞廉掌理朝政，恶来大显神通，他们的意志卑下，他们的园囿扩大，他们的楼台高耸。

【原文】

武王怒，师牧野；纣卒易乡启乃下①；武王善之，封之于宋，立其祖②。

【译文】

武王赫然震怒，在牧野陈兵征讨，纣王的士兵倒戈相向，微子启也投降了；武王嘉奖他，把他封到宋国，还为殷代建立了宗庙。

注释

❶ 杨倞：易乡，回面也，谓前徒倒戈，攻于后。启，微子名。下，降也。○按：启，纣兄。 ❷ 俞樾：《说文》："祖，始庙也。"郑注《考工记》曰：

"祖，宗庙。"立其祖，立其宗庙也。

【原文】

世之衰，逸人归；比干见刳箕子累①；武王诛之，吕尚招麾②，殷民怀。

【译文】

在殷代衰落时期，逸臣大乱朝纲；比干被挖了心脏，箕子被入了囚禁；武王杀掉了纣王，姜太公挥舞起大旗，殷代人民都来归向。

注 释

❶杨倞：累，读为"缧"。《书》曰："释箕子之囚。" ❷杨倞：招麾，指挥也。

【原文】

世之祸，恶贤士；子胥见杀百里徙①；穆公任之，强配五伯，六卿施②。

【译文】

人世间的祸患，就是憎恶贤士；伍子胥被杀掉，百里奚被撤职；秦穆公任用了百里奚，国家得以强盛，进入了五霸的行列，设置起六卿的官制。

注 释

❶杨倞：子胥，吴大夫伍员字也，为夫差所杀。百里奚，虞公之臣。徙，迁也。谋不见用，虞灭、系虏，迁徙于秦。 ❷杨倞：穆公，秦穆公任好也。六卿，天子之制。春秋时，大国亦僭置六卿。六卿施，言施六卿也。○按：郑玄《周礼》注："任，犹用也。"

【原文】

世之愚，恶大儒，逆斥不通孔子拘①；展禽三绌②，春申道缀，基毕输③。

【译文】

人世间的蠢人，就是憎恶大儒，不让他们辅助国政，孔子周游列国被拘执；柳下惠三次被撤职，春申君的道路行不通，因而败坏了国基。

注释

❶ 杨倞：逆拒，斥逐大儒，不使通也。拘，谓畏匡、厄陈也。 ❷ 杨倞：展禽，鲁大夫，无骇之后；名获，字子禽，谥曰惠，居于柳下。三绌，为士师，三见绌也。 ❸ 杨倞：春申，楚相黄歇，封为春申君。缀，止也，与"辍"同。○王念孙：输者，堕也；言基业尽堕坏也。《谷梁传》："输者，堕也。"《诗》郑笺曰："输，堕也。"○郝懿行：此荀卿自道。荀本受知春申，为兰陵令，盖将借以行道。迨春申亡，而道亦连缀俱亡，基亦输矣。输者，堕也；言已布陈设施，毕堕坏也。

【原文】

请牧基①，贤者思；尧在万世如见之；谗人罔极②，险陂③倾侧，此之疑④。

【译文】

谈到慎始问题，贤者应该加以深思；帝尧在万世之上，我们就如同见到他的业绩；谗臣永无休止，阴险之人总在身边，这实在令人畏惧。

注释

❶ 按：《方言》："牧，察也。"牧基，谓察于始也。 ❷ 按：谗人罔极，语本《诗经·小雅·青蝇》之篇。郑玄笺："极，犹已也。" ❸ 按：《方言》：

"陂，袤也。" ❹ 王念孙：疑，恐也，畏也。《礼记》郑注："疑，犹恐也。"此之疑，此是畏也。《皋陶谟》曰"何畏乎巧言令色，孔壬"是也。

【原文】

基必施，辨贤、罢①；文、武之道同伏戏②；由之者治，不由者乱，何疑为？

【译文】

基业必须开展，辨明贤明和无能；文王、武王的道术，和伏羲没有什么不同；遵循这种道术就平治，不遵循这种道术就紊乱，迟疑有什么用？

注 释

❶ 杨倞：罢，读曰"疲"。○王念孙：施，张也。言必欲张大其基业，当先辨贤、罢也。 ❷ 杨倞：文武，周文王、武王。伏戏，古三皇太昊氏，始画八卦，造书契者。戏，与"羲"同。

【原文】

凡成相，辨法方；至治之极复后王；慎、墨、季、惠，百家之说，诚不详①。

【译文】

完成治国的计划，要辨明法度和方术；平治国家的上策，要走后王的道路；慎到、墨翟、环渊、惠施，百家之说，实在是一无足取。

注 释

❶ 杨倞：慎到、墨翟、惠施。或曰：季，即《庄子》曰"季真之莫为"者也。详，或为"祥"。○王念孙：祥、详，古字通。不详，不善也。○刘师培：季，乃"魏"字残形，即《非十二子》篇之魏牟也。○按：季真，当为"年

真"之误。"年真"，或即"环渊"，详说余《庄子译诂·则阳》篇。

【原文】

治复一，修之吉；君子执之心如结；众人贰之，谗夫弃之，形是诘①。

【译文】

治国趋向统一，这是吉祥之路；君子操持信念，心志如同绳结那样牢固；百姓不听从这个，谗臣放弃这个，就要用刑罚来惩处。

注释

❶ 杨倞：形，当为"刑"。○郝懿行："形"与"刑"，古字通。诘者，治也。《书》云："度作刑，以诘四方。"○按：郑玄《礼记》注："诘，谓问其罪，穷治之也。"

【原文】

水至平，端不倾；心术如此象圣人；人而有埶，直而用抴①，必参天。

【译文】

水是最平稳的，端正而不倾倚；人们的心术都如此，就可以同圣人相比拟；圣人保有威势，矫正错误如同正弓器，他的勋业必然同天相齐。

注释

❶ "人而有埶"本作"而有埶"。○杨倞："而有埶"之上疑脱一字，言既得权埶，则度己以绳，接人用抴，功业必参天也。○郝懿行："而有埶"句之上疑脱"人"字，盖与"圣人""人"字相涉而误脱也。○按：郝说近是，今据补"人"字。《非相》篇："度己则以绳，接人则用抴。"抴，通"枻"，正弓弩之

器也。人，即圣人。

【原文】

世无王，穷贤良；暴人刍豢仁糟糠①；礼乐灭息，圣人隐伏，墨术行。

【译文】

世间没有王者，臣辅又缺乏贤良；残暴人吃鱼肉，而慈善人吃糟糠；礼乐熄灭了，圣人隐退了，墨家的道术到处宣扬。

注 释

❶"仁"下本有"人"字。○王引之：下"人"字涉上"人"字而衍。下"人"字可蒙上而省。

【原文】

治之经，礼与刑；君子以修百姓宁；明德慎罚，国家既治，四海平。

【译文】

治国的纲要，礼义、法制要并用；君子整饬了礼义、法制，百姓就得以安宁；昭明德业，慎用刑罚，不但国家平治，而天下也会太平。

【原文】

治之志，后埶富①；君子诚之好以待；处之敦固，有②深藏之，能远思。

【译文】

治国的标志，是把权势和富有放在后期；君子要诚诚恳恳地待人民以善意，要淳朴而坚定，还要深深地怀藏着长久的谋虑。

注释

❶按：志，通"识""志""帜"。郑玄《礼记》注："志，谓章识。"《释名》："识，帜也，有章帜，可按视也。"《史记索隐》引《字林》："帜，标也。"后埶富，谓以威势则富为后也。　❷杨倞：有，读为"又"。

【原文】

思乃精，志之荣；好而壹之神以成；精神相及①，一而不贰，为圣人。

【译文】

思虑做到精明，花朵开自内心；善于专一意志，就能造化如神；精神交流不息，专一不二，就成为圣人。

注释

❶"及"本作"反"。〇王引之：反，当为"及"，字之误也。精神相及，故"一而不贰"。

【原文】

治之道，美不老①；君子由之佼以好②；下以教诲子弟，上以事祖考③。

【译文】

治国的道术，善美而不朽雕；君子遵循道术而行，就是好上加好；在下用以教诲子弟，在上用以侍奉祖考。

注释

❶按：《释名》："老，朽也。"　❷杨倞：佼，亦好也。　❸按：《尔雅》："父为考。"此二句，句式略有不同，但字数仍相符。

【原 文】

成相竭，辞不蹶①；君子道之顺以达②；宗其贤良，辨其殃孽，□□□③。

【译 文】

尽力完成治国的方案，始终没有颠倒的辞令；君子行使这样的道术，顺通而又加顺通；遵从国内的贤良，辨识国内的妖孽，□□□。

注 释

❶ 杨倞：竭，尽也。论成相之事，虽终篇，无颠蹶之辞。 ❷ 王念孙：道，行也。言君子能行此言，则顺以达也。 ❸ 顾千里：此句（引者按：指后三句）以前后例之，应十一字，今存八字，疑尚少三字，无可补也。〇按："辨其殃孽"下脱三字，今空三格。

【原 文】

请成相，道圣王；尧、舜尚贤身辞让；许由、善卷，重义轻利，行显明①。

【译 文】

谈论完成治国之道，要述说一下古代圣王；尧、舜崇尚贤明，亲身禅让；许由、善卷，都尊重道义，轻鄙财利，他们的行为非常高尚。

注 释

❶ 杨倞：《庄子》曰："尧让天下于许由，许由不受。""舜让天下于善卷，善卷不受。"

【原文】

尧让贤，以为民；泛利兼爱德施均；辨治上下，贵贱有等，明君臣。

【译文】

帝尧把天下让给贤人，是为了人民的利益；他爱护所有人民，德泽布施普及；他详尽地区分上下的名分，贵贱的差别，彰明了君臣之义。

【原文】

尧授能，舜遇时；尚贤推德天下治；虽有贤圣，适不遇世，孰知之？

【译文】

帝尧把天下授予贤能，大舜适逢其时；崇尚贤能，推举有德，天下大治；纵然有贤人、圣人，如果不是适逢盛世，谁能够懂得这种道理？

【原文】

尧不德①，舜不辞；妻以二女任以事；大人哉舜，南面而立，万物备！

【译文】

帝尧退出帝位，大舜毫不推辞；帝尧把两个女儿嫁给大舜，托付给天下大事；大舜真是个大德之人，南面临朝，万物具备！

注释

❶ 按：《说文》："德，升也。"不德，不升于位也，谓退位也。

【原文】

舜授禹，以天下；尚

【译文】

大舜又把天下让给了大禹；崇尚贤能，

得①推贤不失序；外不避仇，内不阿亲，贤者予②。

推举有德，不曾失掉优良的统序；对外不避讳仇敌，对内不私于亲戚，而是向贤能授予。

注释

❶ 杨倞：得，当为"德"。　❷ 杨倞：谓殛鲧、兴禹，又不私其子。〇按：《说文》："予，推予也。"亦通作"与"。

【原文】

禹劳力①，尧有德；干戈不用三苗服；举舜甽亩②，任之天下，身休息。

【译文】

大禹出了劳力，也是帝尧的功绩；没有发动干戈，三苗就来服役；大舜选举自田野之间，授予他以天下重任，帝尧就退身休息。

注释

❶ "力"上本有"心"字。〇王引之："力"上本无"心"字，后人以《左传》言"君子劳心，小人劳力"，故以意加"心"字耳。不知禹抑洪水，本是劳力于民。故《淮南子·氾论》篇、《论衡·祭意》篇并言"禹劳力天下"，非"小人劳力"之谓也。且此篇之例，凡首二句皆三字，加一"心"字，则与全篇之例不符矣。　❷ 杨倞：甽，与"畎"同。〇按：司马彪《庄子》注："垄中曰畎。"

【原文】

得后稷，五谷殖；夔为乐正鸟兽服①；契

【译文】

尧、舜得到了后稷，才开始种植五谷；夔做了乐长，鸟兽都随着音乐跳舞；契做了

为司徒，民知孝弟，尊有德。

司徒，人民都懂得了尊重有德，敬爱兄长，孝顺父母。

注释

❶ 杨倞：谓"击石拊石，百兽率舞""笙镛以间，鸟兽跄跄"也。

【原文】

禹有功，抑下鸿①；辟除民害逐共工②；北决九河，通十二渚③，疏三江。

【译文】

大禹有功，降服洪水；排除了民间大害，赶走了凶人共工；在北方开凿了九条大河，疏导了十二州的水道，让三江流泻畅通。

注释

❶ 杨倞：抑，遏也。下，谓治水使归下也。鸿，即洪水也。《书》曰"禹，泽水警予"也。 ❷ 杨倞：今《尚书》舜"流共工于幽州"，此云"禹"，未详。○郝懿行：共工，盖主水土之官；禹抑洪水，故假言逐去之，非实事也。❸ 郝懿行：通十二渚，即"肇十二州"也。小州曰渚，故假"渚"言之。○按：九河、三江，均见《禹贡》。

【原文】

禹傅土①，平天下；躬亲为民行劳苦；得益、皋陶、横革、直成②，□

【译文】

大禹把天下区分为九州，平整了天下的土地，亲身为人民服务，不辞劳苦；他以后得到伯益、皋陶、横革、直成，作为自己的

为辅③。　　　　　　　｜臣辅。

注 释

❶ 杨倞：傅，读为"敷"。孔安国云"洪水泛滥，禹分布治九州之土"也。❷ 卢文弨：《困学纪闻》曰："《吕氏春秋》：'得陶、化益、真窥、横革、之交，五人佐禹，故功绩铭乎金石，著于盘盂。'陶，即皋陶也；化益，即伯益也；真窥，即直成也；并横革、之交二人，皆禹辅佐之名。"案："窥"，与"成"音同，与"窥"形似，《吕氏春秋》盖本作"窥"，传写误为"窥"耳。"直"与"真"亦形似。吕氏语见《求人》篇。 ❸ 王念孙："横革、直成为辅"，此句例当用七字，今本脱一字，或在"为"上，或在"为"下，俱未可知。○按：疑作"以为辅"，亦暂空之。

【原 文】

契玄王，生昭明①；居于砥石迁于商②；十有四世，乃有天乙，是成汤③。

【译 文】

契为玄鸟所生，他又生下了昭明；起先居住在砥石，以后又迁居到商城；传授了十四代，就有了天乙，成汤就是他的大名。

注 释

❶ 杨倞：《诗》曰："天命玄鸟，降而生商。"又曰："玄王桓拨。"皆谓契也。《史记》曰"契为尧司徒，封于商，赐姓子氏"，"契卒，子昭明立"也。❷ 杨倞：砥石，地名，未详所在。或曰：即砥柱也。《左氏传》曰："阏伯居商丘，相土因之。"相土，昭明子也。言契初居砥石，至孙相土，乃迁商丘也。❸ 杨倞：《史记》曰："契卒，子昭明立；昭明卒，子相土立；相土卒，子昌若立；昌若卒，子曹圉立；曹圉卒，子冥立"；为夏司空，勤其官，死于

水，殷人郊之。"冥卒，子振立；振卒，子微立；微卒，子报丁立；报丁卒，子报乙立；报乙卒，子报丙立；报丙卒，子主壬立；主壬卒，子主癸立；主癸卒，子乙立。"是十四世也。

【原文】

天乙汤，论举①当；身让卞随与牟光②；□□□③，道古贤圣，基必张。

【译文】

天乙成汤，他选举贤能多得当；他曾经要把天下让给卞随和牟光；□□□，自古来的贤人与圣人，他们的基业必然在扩张。

注释

❶按：论举，犹选举也。高诱《吕氏春秋》注："论，犹择也。"论，借为"抡"。　❷"与"本作"举"。〇杨倞：《庄子》曰："汤让天下于卞随、务光，二人不受，皆投水死。"牟与"务"同也。〇按："举"当作"与"，当系涉上文"举"而误。　❸按："道古贤圣基必张"上当有一四字句，今本脱之，但缺无可补，今空四字。

【原文】

□□□，愿陈辞①；世乱恶善不此治；隐讳疾贤，良由奸诈，鲜无灾②。

【译文】

□□□，我愿意发表意见；人世昏乱，憎恶美善，从不纠正这点；隐讳过恶，疾害贤良，总是录用奸诈，因而免不掉灾患。

注 释

❶ 王引之："愿陈辞"下脱一三字句。○按：当系起句脱三字。例以前章，以"请牧基"作起句，例以后章，前半以"请成相"作起句，后半以"请牧基"作起句，则此脱文或系"请牧基"三字。今暂缺。 ❷ 杨倞：长用奸诈，少无灾也。○于省吾：《广雅》："良，长也。"注正训"良"为"长"。○按：《小尔雅》："由，用也。"注正训"由"为"用"。

【原文】

患难哉，阪为尤①；圣知不用愚者谋；前车已覆，后未知更②。何觉时？

【译文】

处在患难之中，还去做许多错事；圣明的人不用，而用愚昧的人出主意；前车已经倾覆，后车还不知改换道路，什么时候才能觉悟呢？

注 释

❶ "尤"本作"先"。○杨倞：阪，与"反"同。○高亨：先，疑当作"尤"，篆文形似而误。郑玄《诗》笺："尤，过也。"借字为"訧"。《说文》："訧，辠也。""患难哉，阪为尤"，谓在患难之中，反做罪恶过失之事也。尤，亦谐韵字。○按：阪、反，通"返"。《说文》："返，还也。" ❷ 卢文弨：更，改也。○按：后，谓后车。

【原文】

不觉悟，不知苦；迷惑失指易上下；中①不上达，蒙掩耳目，塞门户。

【译文】

没有觉悟，不知道吃了多少苦；颠倒了上下，失迷了方向和路途；忠心不能上达，蒙蔽了耳目，堵塞了门户。

注释

❶卢文弨：中，元刻作"忠"，古通用。○俞樾：中，读为"忠"。

【原文】

门户塞，大迷惑；悖乱昏莫①不终极；是非反易，比周欺上，恶正直。

【译文】

堵塞了门户，迷惑日益加剧；悖乱、昏暗，不知道什么时候才能休止；颠倒是非，欺上瞒下，互相包庇，正直的被人仇视。

注释

❶杨倞：莫，冥寞，言暗也。○按：莫，即"暮"字。

【原文】

正直恶，心无度；邪枉辟回失道途；己无邮①人，我独自美，岂无故②？

【译文】

憎恨正直，心中没有尺度；奸邪、曲枉，失迷了路途；自己不应该责备别人，而只看着自己好，这是什么缘故？

注释

❶按：邮，通"尤"。 ❷"岂无故"本作"岂独无故"。○杨倞：或曰：下无"独"字。○卢文弨：无"独"字，则与全篇句法合。○按："独"字涉上"独"字而误衍，今以意删。

【原文】

不知戒，后必有；恨复①遂过不肯悔；谗夫多进，反覆言语，生诈态②。

【译文】

不知道警惕，往后必定要出事故；刚愎自恃，文过饰非，不肯悔悟；谗臣多被进用，语言反复，诈巧的原形毕露。

注 释

❶"恨复"本作"恨后"。○王念孙：恨，与"很"同。《尔雅》："阋，恨也。"孙炎本作"很"。"后"，当为"复"，字之误也。复、后，形相近，又因上文"后必有"而误。复，与"愎"同。《韩子·十过》篇："夫知伯之为人也，好利而鸷愎。"《赵策》"愎"作"复"。言很愎不从谏，以遂其过也。《庄子·渔父》篇曰："见过不更，闻谏愈甚，谓之很。"《逸周书·谥法》篇曰："愎很遂过曰刺。"○按：很，今作"狠"。杜预《左传》注："愎，很也。"又："愎，狠也。" ❷按：薛综《西京赋》注："态，巧也。"

【原文】

人之态，不知备①；争宠嫉贤相恶忌②；妒功毁名③，下敛党与，上蔽匿。

【译文】

人们的诈巧，主上不知道戒备；臣下争宠，诬陷贤能，互相猜忌；恨人有功，败人名誉，在下收敛党羽，对上把罪恶隐蔽。

注 释

❶"知"本作"如"。○杨倞：如，当为"知"。言人为诈态，上不知为备。○按："如"字不协，今据改为"知"字。 ❷"相恶忌"本作"利恶忌"。○王念孙："利恶忌"三字，义不相属；利，当为"相"，字之误也。相恶忌，

正承"争就嫉贤"言之。 ❸按:"毁名"本作"毁贤",与上文"嫉贤"重复,"贤"字必为误字,今以意改为"名"。"毁名"与"妒功"相对。

【原文】

上壅蔽,失辅埶;任用谗夫不能制;郭公长父①,厉王之难②,流于彘③。

【译文】

主上耳目壅塞,失去了臣辅;像周厉王对于谗臣,不能制止;任用了虢公长父这个败类,到了国难临头,厉王遭到流窜彘邑。

注释

❶"郭公长父"本作"埶公长父"。○杨倞:埶公、长父,皆厉王之嬖臣,未详其姓名。或曰:埶,或为"郭"。○卢文弨:古"郭""虢"字通。郭公长父,即《吕氏春秋·当染》篇之虢公长父也,作"郭"字为是。 ❷按:"厉王之难"本作"之难厉王",疑当作"厉王之难",传写者误倒之耳,今以意改。郑玄《诗》笺:"之,至也。"之难,犹遭难也。 ❸杨倞:彘,地名,在河东。言郭公长父奸邪,遂使难作,厉王流窜于彘。

【原文】

周幽、厉,所以败,不听规谏忠是害;嗟我何人,独不遇时,当乱世!

【译文】

周末的幽王、厉王,所以国破家败,都是由于不听规谏,把忠良杀害;可叹我这个人,独独生不遇时,正当着这个紊乱的世界!

【原文】

欲衷对①，言不从；恐为子胥身离凶②；进谏不听，到而独鹿，弃之江③。

【译文】

本想竭诚相待，而主上不听我的忠告；我恐怕做了伍子胥，自身遭到凶暴；进谏不听，终于拔剑自刎，尸体被抛到大江去了。

注 释

❶杨倞：衷，诚也。 ❷按：高诱《淮南子》注："离，遭也。" ❸杨倞：独鹿，与"属镂"同。本亦或作"属镂"，吴王夫差赐子胥之剑名。○王念孙：而，犹以也，谓到以独鹿也。古者"而"与"以"同义。

【原文】

观往事，以自戒；治乱是非亦可识；□□□□①，托于成相，以喻意。

【译文】

纵观往事，自己要加以戒备；治乱、是非，也是可以认识的；□□□□，我寄托于这篇《成相》，来表明我的心意。

注 释

❶顾千里：案此句例之，应十一字，亦疑尚少四字。○按："托于成相，以喻意"上脱四字，今空四格。

【原文】

请成相，言治方；君

【译文】

谈谈完成治国之道，要提到治国的方向；

论有五约以明①；君谨守之，下皆平正，国乃昌。

为君之道有五种要领，简约而又明朗；主上谨守着它，臣下就都正气，国家就趋向富强。

注释

❶ 按：《初学记》引《广雅》："论，道也。"《释名》："论，伦也；有伦理也。"高诱《吕氏春秋》注："论，犹理也。"理，亦道也。下文"论有常"同。五，盖即下文所谓"五听"，即下文"臣下职"至"刑称陈"五段之事也。

【原文】

臣下职，莫游食①；务本节用财无极；事业听上，莫得相使，一民力②。

【译文】

臣下设官分职，不能吃粮不管事；务农、节用，财利就能充实；事事要听上方的布置，不要互相指使，民力必须做到统一。

注释

❶ 杨倞：游食，谓不勤于事，素飡游手也。○按：李贤《后汉书》注："游食，谓浮食者。" ❷ 杨倞：所兴事业，皆听于上，群下不得擅相役使，则民力一也。《礼记》曰"用民之力，岁不过三日"也。

【原文】

守其职，足衣食；厚薄有等明爵服；利往卬上①，莫得擅与，孰私得？

【译文】

臣下谨守职务，要使人民丰衣足食；厚薄有等级，爵位服制有高低；财利仰仗于主上，不得擅自赐予，谁还敢于图谋私利？

注释

❶ 杨倞：卬，与"仰"同。○按：《释名》："往，睢也，归往于彼也，故其言之卬头以指远也。"颜师古《汉书》注："望，谓在远者望而祭之。"是往有远望之意。正与"卬"义相属。利往卬上，谓财利仰赖于上也。

【原文】

君法明，论有常；表仪既设民知方；进退有律，莫得贵贱，孰私王？

【译文】

君王法制严明，言论做到正常；既为臣下作出表率，又要人民懂得方向；进退要有规则，贵贱不得任意摆布，谁还私自献媚君主？

【原文】

君法仪，禁不为①；莫不说②教名不移；修之者荣，离之者辱，孰师它③？

【译文】

君王树立威德，人民不得违背法律；人民都乐于受教，君主的名望不会移易；做到的就获得荣誉，离失的就遭到耻辱，谁还向往别的呢？

注释

❶ 按：孔颖达《礼记》疏、颜师古《汉书》注："为，犹用也。""禁不为"，谓止而无用也，谓不违法也，故下文云"莫不说教"也。 ❷ 杨倞：说，读为"悦"。○按：名，谓君之名也。 ❸ "孰师它"本作"孰它师"。○郝懿行："它师"二字误倒，当作"师它"，则与"仪""为""移"皆韵矣。

【原文】

刑称陈，守其银①；下不得用轻私门②；罪祸有律③，莫得轻重，威不分。

【译文】

刑罚施用适当，遵守法制的界限；不得对私党减轻，处罪都有条款；不得任意减轻或加重，否则威严的身份不明显。

注释

❶ 杨倞：称，谓当罪。当罪之法施陈，则各守其分限。银，与"垠"同。○按：范望《太玄》注："垠，限也。" ❷ 按：不得用，犹不得以也。轻私门，谓灭轻私党之刑也。 ❸ 杨倞：祸，亦罪也。○按：祸，借为"过"。

【原文】

请牧基，明有祺①；主好论议必善谋；五听②修领，莫不理绩，主执持③。

【译文】

谈到慎始的问题，明明对国有利；主上议论国政，必须善于谋虑；五项谋虑修治，莫不各理其事，主上要亲自主持。

注释

❶ "请牧基，明有祺"本作"请牧祺，明有基"。○杨倞：祺，祥也。○俞樾：上文云"请牧基，贤者思"，此文亦当作"请牧基，明有祺"。传写者误倒"基""祺"两字耳。 ❷ 顾千里：五听，疑即上文"君论有五约以明"也。五章节之后，下文接以"五听修领"，谓五章为五听明甚。下文又接以"听之经"，谓听为五听，亦明甚。本属一气相承，而杨注别以"折狱之五听"解之，非也。○按：《广雅》："听，谋也。"承上句"主好论议必善谋"言之。 ❸ "绩"本作"续"。○王念孙：领，犹治也，理也。《礼记》郑注："领，犹理治也。"

又:"领,犹治也。"《淮南子》高注:"领,理也。"言五听皆修理也。续,当为"绩"。《尔雅》:"绩,事也。"言百官莫不各理其事。

【原文】

听之经,明其请①;参伍明谨施赏刑②;显者必得,隐者复显,民反诚。

【译文】

五项谋虑的要领,在于明察实情;施用刑罚,要多方做到谨慎、清明;明显方面要合理,隐暗方面恢复光明,人民就都归于忠诚。

注 释

❶ 杨倞:请,当为"情"。 ❷ 杨倞:参伍,犹错杂也。谓或往参之,或往伍之,皆使明谨,施其赏刑。言精研,不使僭滥也。

【原文】

言有节①,稽其实;信诞以分赏罚必;下不欺上,皆以情言,明若日。

【译文】

政令有法度,考核人民的实情;诚信虚诞要分清,庆赏刑罚要严明;不敢欺骗主上,都肯说实话,要像太阳这样光明。

注 释

❶ 杨倞:节,谓法度。○按:言,谓政令。韦昭《国语》注:"言,号令也。"

【原文】

上通利，隐远至①；观法不法见不视②，耳目既显，吏敬法令，莫敢恣。

【译文】

主上通达事理，偏僻遥远的人民都来归顺你；观察法制于法制达不到的远方，观察事物于事物看不到的境地；耳目做到清明，百官敬守法制，无人敢任性胡为。

注释

❶ 杨倞：上通利，不壅蔽，则幽隐遐远者皆至也。　❷ 郝懿行：此言观法于法不及之地，见视于视不到之乡，所以谓之"隐远至""耳目显"也。

【原文】

君教出，行有律；吏谨将①之无铍滑②，下不私请，各以所宜③，舍巧拙。

【译文】

君主发号施令，行动要有定律；百官慎守号令，无所谓顺利不顺利；臣下不徇私情，各方得其所宜，区分不出巧的和笨的。

注释

❶ 杨倞：将，持也。　❷ 按：铍，当为"鈹"。鈹滑，犹言涩滑，解见《正名》篇。涩滑，喻施行之顺利与不顺利也。"无铍滑"，言其顺利也。　❸ "各以所宜"，本作"各以宜"。○卢文弨："各以宜舍巧拙"句中脱一字，或当作"各以所宜舍巧拙"。○按：卢补近是。请，读为"情"。

【原文】

臣谨循①，君制变；公察善思论不乱②；以治天下，后世法之，成律贯③。

【译文】

臣下慎守旧法，君主掌握着改变法制的权限；公正、明察，善于思考，君臣的伦序不凌乱；用这样的道术平治天下，为后世做出榜样，形成经常习惯。

注释

❶"循"本作"修"。○王念孙："修"，当为"循"，字之误也。此言臣当谨循旧法而不变其制，变则在君也。　❷王先谦：伦、论，古字通；谓君臣之伦不乱也。　❸按：《尔雅》："律，常也。贯，习也。"律贯，犹常习也。

赋① 篇第二十六

【原文】

爰有大物②,非丝非帛,文理成章;非日非月,为天下明;生者以寿,死者以葬;城郭以固,三军以强;粹而王,驳而伯,无一焉而亡。臣愚不识,敢请之王③。

【译文】

在这里有一种最大的东西,它并不是丝绸,可是它的文理成章;它并不是日月,可是天下数它最明亮;活人借着它长寿,死人借着它埋葬;城郭借着它坚固,三军借着它强盛;用得纯一的就成为王者,用得驳杂的就成为霸者,一样都没有的就遭到灭亡。为臣愚昧,我对它没有认识,我敢于请问君王。

注释

❶ 按:班固《两都赋序》:"赋者,古诗之流也。"左思《三都赋序》:"古人称不歌而颂谓之赋。"《周礼》曰"诗有六义",赋其一也。古者,赋乃诗文写作方法之一,以赋为文体之一,当自荀卿始也。《汉书·艺文志》赋家有《荀卿赋》十篇,今本为赋五篇、诗二篇,彼"十"或"七"之误。 ❷ 杨倞:爰,于也。言于此有大物。○按:杨训"爰"为"于"是也。《文选·思玄赋》旧注:"爰,于是也。"韦昭《国语》注:"物,类也。"又:"物,名也。" ❸ 杨倞:问于先王。

【原文】

王曰：此夫文而不采①者与？简然易知而致有理者与？君子所敬而小人所不者与？性不得，则若禽兽；性得之，则甚雅似②者与？匹夫隆之，则为圣人；诸侯隆之，则一四海者与？致明而约，甚顺而体③；请归之礼。——礼

【译文】

君王说：这是具有文饰而不华丽的吧？这是简单易懂而最有条理的吧？这是君子所敬爱的而小人所不喜欢的吧？这是人性得不到它，就如同禽兽一样；人性得到了它，就非常典雅、善良的吧？这是平民尊崇它，就可以成为圣人；诸侯尊崇它，就可以统一天下的吧？它非常光明而简约，非常有条理而得事体；我们就把它归结为"礼"。——礼

注释

❶杨倞：有文饰而不至华采。○按：颜师古《汉书》注："采，文过其实也。" ❷杨倞：雅，正也。○按：似，犹善也。郑玄《礼记》注："无似，犹言不肖。"《老子》河上公注："肖，善也。"又，《广雅》："似，类也。"《尔雅》："类，善也。" ❸按：《释名》："礼，体也，得事体也。"

【原文】

皇天①隆物，以施下民，或厚或薄，常不齐均②；桀、纣以乱，汤、武以贤。潽潽淑淑，皇皇穆穆③，周流四海，曾不崇日④；君子以修，

【译文】

上天降下一种东西，施予给下民，有的就丰厚，有的就薄少，经常是不均等的；桀王、纣王由于这个而昏乱，汤王、武王由于这个而贤明。有的昏昏迷迷、惆惆怅怅，有的明明煌煌、安安静静，周流在四海之中，终日从不停止；

跖以穿室。大参乎天，精微而无形；行义⑤以正，事业以成；可以禁暴，可以足穷⑥；百姓待之，而后泰宁⑦。臣愚不识，愿问其名。

君子凭它来修饬身心，贼盗凭它来穿墙挖窟。它高大得顶天立地，精微得不见形象；道义凭它来端正，事业凭它来完成；它足以禁止凶暴，足以满足困穷；百姓依靠着它，然后得到安宁。为臣愚昧，不达事务，愿意问问它的名字。

注释

❶ 按：李巡《尔雅》注："皇，君也；故尊而君之，则称皇天。" ❷ "施"本作"示"，"常"本作"帝"。○王念孙：隆，与"降"同，古字或以"隆"为"降"。示，本作"施"，俗音之误也。《广雅》曰："施，予也。""帝"，本作"常"，字之误也。"物"字，即指"智"而言，言皇天降"智"，以予下民，厚薄常不齐均，故有桀纣、汤武之异也。今本"施"作"示"，"常"作"帝"，则义不可通。《艺文类聚·人部》五引此作"皇天隆物，以施下民，或厚或薄，常不齐均"。 ❸ 杨倞：滔滔，思虑昏乱也。皇皇穆穆，言绪之美也。言或愚或智也。○按：滔，通"慆"。《说文》："慆，不憭也。"淑，当读作"憖"。《说文》："憖，忧也。"《方言》："憖，怅也。"《毛诗传》："皇皇，犹煌煌也。"颜师古《汉书》注："穆穆，静也。"滔滔憖憖，承"乱"而言；皇皇穆穆，承"贤"而言。 ❹ 按：崇日，犹崇朝也，谓终日也。《诗·郑风·蝃》篇："崇朝其雨。"《毛传》："崇，终也。" ❺ 按：行义，犹道义也。 ❻ 杨倞：足穷，谓使穷者足也。○按："足穷"上本无"可以"二字，应有脱文，今以意补。 ❼ "泰宁"本作"宁泰"。○杨倞：宁泰，当为"泰宁"也。○按：宁，与上文"形""成""穷"为韵，今据乙转。

【原文】

曰：此夫安宽平而危险隘者邪？修洁之为亲而杂污之为

【译文】

回答说：这是安于宽阔平坦，而惧怕险恶狭隘的吧？这是亲近修饬清洁而

狄①者邪？甚深藏而外胜敌者邪？法禹、舜而能弇迹②者邪？行为动静，待之而后适者邪？血气之精也，志意之荣也，百姓待之而后宁也，天下待之而后平也。明达纯粹而无疵③。夫是之谓君子之知。——知

疏远杂乱污秽的吧？这是深藏内心而对外能够胜过敌人的吧？这是效法大禹、大舜而能够遮盖行迹的吧？这是人的行为、动静，依靠它才能够获得安适的吧？它是血气的精灵，它是意志的花朵；百姓依靠它就获得安宁，天下依靠它就获得太平。它聪明、通达、精粹而没有污点。这就叫作君子的"智慧"。——智

注释

❶王念孙：亲，近也。狄，读为"逖"。逖，远也。《毛诗传》："狄，远也。"此言智之为德，近于修洁而远于杂污也。　❷按：《说文》："弇，盖也。"弇迹，谓弇盖其行迹也。　❸"疵"下本有"也"字。○王引之：疵、知为韵。"疵"下"也"字，涉上文而衍，《艺文类聚》无。

【原文】

有物于此，居则周静致下，动则綦高以钜①；圆者中规，方者中矩②；大齐③天地，德厚尧、禹；精微乎毫毛，而充盈乎大寓④。忽兮⑤其极之远也，攭兮其相逐而反⑥也；卬卬兮天下之咸蹇⑦也。德厚而不捐⑧，

【译文】

在这里有一种东西，在停止的时候，它们静默地处在下方，在行动的时候，它们又高又大；它圆得合乎圆规的法度，方得合乎曲尺的法度；形体高大，同上天相齐；德泽敦厚，同尧、禹相比；它们细微得像毫毛，可是充满于太空之中。忽忽悠悠，它们奔跑得非常远；散散漫漫，它们又互相追赶着回来；昂昂扬扬，它们走遍天下。德泽敦厚，而无所遗弃；五彩俱

五采备而成文；往来惛惫，通于大神⑨；出入甚极⑩，莫知其门。天下失之则灭，得之则存。弟子不敏⑪，此之愿陈。君子设辞，请测意之⑫。

备，而成为文章；来去无踪，变化无穷；出出进进，疾速如神，也不知道它们是从哪里来的。天下失掉它们，就万物毁灭；得到它们，就万物生存。学生我不达事务，愿意把这种现象摆出来，敬请众君子想个名词，猜一猜它们是什么。

注 释

❶ 杨倞：居，谓云物发在地时。周，密也。钜，大也。　❷ 杨倞：言满天地之圆方也。　❸ "齐"本作"参"。○卢文弨：《艺文类聚》"大参"作"大齐"。○按：作"参"者，系涉上文《知》篇"大参乎天"而误，今据改。　❹ 杨倞：寓，与"宇"同。《三苍》云："四方上下为宇。"　❺ 按：杜预《左传》注："忽，速貌。"　❻ 杨倞：擽，与"劙"同。擽今，分判貌。○按：《方言》："蠡，分也。"又："劙，解也。"言云气分散相逐，去而后回也。　❼ 杨倞：卬卬，高貌。○按：寨，当作"蹇"，字之误也。《说文》："蹇，走貌。"言云高可以遍走天下也。　❽ 杨倞：捐，弃也。　❾ 杨倞：惛惫，犹晦瞑也。通于大神，言变化不测也。　❿ 杨倞：极，读为"亟"，急也。　⓫ 按：杜预《左传》注："敏，犹审也。"又："敏，达也。"　⓬ 王引之：意者，度也，言请测度之也。《礼运》曰："圣人耐以天下为一家、以中国为一人者，非意之也。"《管子·小问》篇："君子善谋而小人善意，臣意之也。"意之言亿也。郑注《少仪》曰："测，意度也。""意"，本又作"亿"。《论语·先进》篇："亿则屡中。"《汉书·货殖传》"亿"作"意"。

【原文】

曰：此夫大而不塞①者与？充盈大宇而不窕，入郤

【译文】

回答说：这是庞大而不坚实的吧？这是充盈太空而没有空隙，进入孔穴而装不

穴而不偪②者与？行远疾速，而不可托讯③；往来惽惫，而不可为固塞④者与？暴至杀伤，而不亿忌⑤者与？功被天下，而不私置⑥者与？托地而游宇，友风而子雨。冬日作寒，夏日作暑。广大精神，请归之云。——云

满的吧？这是走得又远又快，而不可以托它们传递信息的吧？这是来去无踪，而不可以作为障蔽的吧？这是凶暴杀伤，而不可抑止的吧？这是功用施及天下，而不做私有建树的吧？它们依托着大地，而游行于太空；同风做朋友，而把雨当作儿子。在冬天，它们可以制作寒冷；在夏天，它们可以制作暑热；它们既广大，又神通。我们就把它们归结为"云"。——云

注 释

❶杨倞：云气无实，故曰"不塞"。○按：郑玄《礼记》注："塞，犹实也。"谓云大而不实也。　❷按：《说文》："窕，深肆极也。"《尔雅》："窕，间也。"郭璞注："窈窕间隙。"《方言》："偪，满也。"本字作"畐"。《说文》："畐，满也。"《淮南子·兵略》篇："入小而不偪，处大而不窕。"《傲真》篇："处小隘而不塞，横扃天地之间而不窕。"孔晁《逸周书》注："郤，间也。"《孟子音义》引丁普："郤，义与'隙'同。"《说文》："隙，壁际孔也。"　❸"托讯"下本有"者与"二字。○杨倞：讯，书问也。行远疾速，宜于托讯；今云者虚无，故不可。○王念孙："讯"下"者与"二字，盖因上下文而衍。"讯"字不入韵，上文"充盈大宇而不窕"，"窕"字亦不入韵也。　❹按：固塞，谓城防要塞也。解见《议兵》篇。　❺杨倞：亿，与"抑"同。○按：《说文》："抑，按也。"《方言》："抑，安也。"杜预《左传》注、韦昭《国语》注："亿，安也。"安，与"按"义近。高诱《淮南子》注："忌，禁也。"亿忌，谓抑止也。　❻按：《广雅》："置，立也。"郑玄《考工记》注："置，犹尌也。"尌，即"树立"之"树"的本字。不私置，不私自有所建树也。

【原文】

有物于此，儳儳其状，屡化如神①；功被天下，为万世文；礼乐以成，贵贱以分；养老长幼，待之而后存；名号不美，与暴为邻②。功立而身废，事成而家败③；弃其耆老，收其后世④；人属所利，飞鸟所害⑤。臣愚而不识，请占之五泰⑥。

【译文】

在这里有一种东西，它们的形状赤身露体，屡变如神；它们的功绩布满天下，成为万世的文采；礼乐借着它们完成，贵贱借着它们区分；养老抚幼，依靠着它们才能做到；它们的名号并不好听，同凶暴相互接近。立下功绩，身体就废弃了；完成事务，家庭就坏败了；它们的长老被遗弃，只保留下它们的后代；人类利用它们，飞鸟吃掉它们。为臣愚昧得什么都不懂，我请长老们猜一猜。

注释

❶ 杨倞：儳，读如"其虫倮"之"倮"。儳儳，无毛羽之貌。变化，即谓三俯三起，成蛾蛹之类也。○按："儳儳"下本有"兮"字，赘，当系涉上文《云》篇"螽分其相逐而反也"而误衍，今以意删。"儳"读为"倮"，与"蠡"读为"螺"相同。 ❷ 王引之：《说文》："憯，毒也。"字或作"憯"。《庄子·庚桑楚》篇曰："兵莫憯于心，莫邪为下。"憯、蚕、憯，声相近，故曰"与暴为邻"。○按："蚕"与"憯"，皆从"朁"声，故曰"与暴为邻"。《小尔雅》："邻，近也。" ❸ 杨倞：茧成而见杀，是身废；丝穷而茧尽，是家败。 ❹ 杨倞：耆老，蛾也。后世，种也。 ❺ 杨倞：人属则保而用之，飞鸟则害而食之。 ❻ 杨倞：占，验也。五泰，五帝也。○按：《史记索隐》引郭璞："占，自隐度也。"泰，通"大"。舍人《尔雅》注："大，老也。"五泰，疑即三老、五更之比。

【原文】

五泰占之曰：此夫身女好①，而头马首者与？屡化而不寿者与？善壮而拙老②者与？有父母而无牝牡者③与？冬伏而夏滋④，食桑而吐丝，前乱而后治⑤；夏生而恶暑⑥，喜湿而恶雨⑦；蛹以为母，蛾以为父⑧，三俯三起，事乃大已⑨。夫是之谓蚕理⑩。——蚕

【译文】

长老们猜了猜说：这是身体柔美，而头像马头的吧？这是屡次变化，而不得长寿的吧？这是善于度过壮年，而不善于度过老年的吧？这是有父母，而没有雌雄的吧？冬季潜伏，而夏季滋生；吃桑叶而吐丝，先缭乱而后顺理；生长在夏季，而又怕暑热；喜欢潮湿，而又怕下雨；由蛹变成蛾以后，这才是它们的父母；三次卧眠，三次苏醒，这才算大事完毕。这就叫作"蚕"吧。——蚕

注 释

❶ 杨倞：女好，柔婉也。其头又类马首。　❷ 杨倞：壮得其养，老而见杀。　❸ 杨倞：为蚕之时，未有牝牡也。　❹ "滋"本作"游"。○俞樾：此文"游"字独不入韵，疑"滋"字之误。《吕氏春秋》注："滋，亦长也。"言冬伏而夏长也。　❺ 杨倞：茧乱而丝治也。　❻ 杨倞：生长于夏，先暑而化。　❼ 杨倞：湿，谓浴其种；既生之后，则恶雨也。　❽ 杨倞：互言之也。　❾ 杨倞：俯，谓卧而不食。事乃大已，言三起之后，事乃毕也，谓化而成茧也。　❿ 按：理，语辞。理，犹已也，矣也。叠韵通假字。《玉篇》有"哩"字。《正字通》："哩，语余声。"后出字也。郑玄《考工记》注："里，读为'已'。"即其证。

【原文】

有物于此，生于山

【译文】

在这里有一种东西，它们生在山阜之

阜①，处于室堂；无知无巧，善治衣裳；不盗不窃，穿窬而行②；日夜合离③，以成文章；以能合从，又善连衡④；下覆百姓，上饰帝王；功业甚博，不见贤良⑤；时用则存，不用则亡。臣愚不识，敢请之王。

中，住在堂室之内；没有智慧，没有技巧，而善于制作衣裳；它们不偷盗财物，可是穿穴而行；日夜把零散东西联合在一起，成为文采；它们既能够合纵，又善于连横；它们在下方笼罩着百姓，在上方装饰着君主；功绩非常广博，并不表现自己的贤良；用它们，它们就存在；不用它们，它们就藏起来。为臣愚昧得不达事务，我敢于请问君王。

注释

❶ 杨倞：山阜，铁所生也。 ❷ 按：《论语·阳货》篇："其犹穿窬之盗也与？"皇侃疏："窬，窦也。" ❸ 杨倞：合离，谓使离者相合。 ❹ 杨倞：从，竖也；衡，横也。言箴亦能如战国合纵、连横之人。南北为纵，东西为横也。○按：从，通作"纵"。 ❺ 杨倞：见，犹显也。不自显其功伐。○按：见，读为"现"。

【原文】

王曰：此夫始生钜，其成功小①者邪？长其尾而锐其剽者邪②？头铦达而尾赵缭③者邪？一往一来，结尾以为事④；无羽无翼，反覆甚极⑤；尾生而事起，尾遭而事已⑥；簪以为父⑦，管以为母⑧；既

【译文】

君王说：这是初生之前很大，而成功之后很小的吧？它们是尾巴很长，而头很尖的吧？它们是锋芒锐利，而尾巴缭绕的吧？一往一来，把它们的尾巴结住，然后开始操作；它们没有羽毛翅膀，可是往返得很快；长上尾巴，就开始操作；把尾巴盘结起来，操作就停止；钉子是它们的父亲，竹管是它们的母亲；

以缝表，又以连里。夫是之谓箴⁹理。——箴

既用它们缝衣服面儿，又用它们连衣服里儿。这就叫作"箴"吧。——箴

注 释

❶ 杨倞：为铁则钜，为箴则小。 ❷ 杨倞：长其尾，谓线也。剽，末也，谓针之锋也。 ❸ 杨倞：重说长其尾而锐其剽。赵，读为"掉"，掉缭，长貌。○按：《广雅》："铦，利也。"《方言》："达，芒也。"赵缭，应作"绰缭"，与"缭绕"略同。 ❹ 杨倞：结其尾线，然后行箴。 ❺ 杨倞：极，读为"亟"，急也。 ❻ 杨倞：尾遭回盘结，则箴功毕也。 ❼ 俞樾：簪，当为"鐕"。《礼记》孔疏："鐕，钉也。"钉与针，形质皆同，磨之琢之，而后成箴。方其未成箴之时，则箴亦一鐕而已，故曰"鐕以为父"。作"簪"者，假字耳。 ❽ 杨倞：管，所以盛箴，故曰"为母"。《礼记》曰"箴管线纩"也。 ❾ 按：《说文》："箴，缀衣箴也。从'竹'，'咸'声。鍼，所以缝也。从'金'，'咸'声。"箴，当为"鍼"之初字。上古冬衣兽皮，夏衣树叶，但用竹箴而已。后世衣丝麻，乃用鍼也。鍼，或省作"针"。李善《文选》注："箴，古'针'字。"是也。

【原 文】

天下不治，请陈佹诗①：天地易位，四时易乡②。列星殒坠，旦暮晦盲③。幽暗登照④，日月下藏。公正无私，见谓从横⑤；志爱公利，重楼疏堂⑥。无私罪人，憼⑦革戒兵⑧，道德纯备，谗口将将⑨。仁人绌约，敖暴擅强。天下幽

【译 文】

现在天下不平治，我愿意献出一篇谴责诗：天地变更了位置，四时改换了顺序。列星陨落了，昼夜不分了。黑暗超过了光明，日月被埋没在地下。公正无私，被看作是放纵暴横；心爱公利，被当作是高楼大厦。对于不私罪人，用兵戒备，道德纯全的人，信口横加诽谤。仁人受到黜退约束，而傲慢残暴的人都敢于逞强。天下这样黑暗凶险，恐

险，恐失世英。螭龙为蝘蜓，鸱枭为凤皇⑩。比干见刳，孔子拘匡。

怕要遗弃了超世英杰。把螭龙认作是蜥蜴，把鸱枭认作是凤凰。比干被挖了心，孔子被拘禁起来。

注释

❶ 按：佹，通"诡"。《说文》："诡，责也。"佹诗，责世之诗也。 ❷ 杨倞：乡，犹方也。 ❸ 按：高诱《吕氏春秋》注："盲，冥也。"《释名》："盲，茫也，茫茫无所见也。" ❹ "幽暗"本作"幽晦"，"照"本作"昭"。○王念孙："幽晦"，元刻作"幽暗"是也，杨注"幽暗之人"，是其证。宋本"暗"作"晦"者，涉上文"旦暮晦盲"而误。《艺文类聚·人部》八引作"幽暗登照"。暗，与"闇"同。○刘师培：《类聚》廿四引"昭"作"照"。○按：今从《艺文类聚》改。 ❺ "见谓"本作"反见"。○杨倞：言公正无私之人，反见谓从横反复之志也。○王念孙："反见从横"四字，文不成义。此本作"见谓从横"，言公正无私之人反以从横见谓于世也。杨注内"见谓"二字即其证。凡见誉于人，见毁于人，皆曰见谓。……《艺文类聚·人部》八引此正作"见谓从横"。○按：从，通"纵"。从横，犹放纵也。皇侃《论语》疏："从，放纵也。"殷敬顺《列子释文》："横，放纵也。" ❻ 按：以志爱公利，视作重楼疏堂也。 ❼ 杨倞：憼，与"儆"同，戒也。 ❽ "戒兵"本作"贰兵"。○王念孙："贰兵"二字，文义不明。贰，当为"戒"，字之误也。戒兵，与"憼革"同义。 ❾ 王念孙：《毛诗传》："将将，集也。"谗口将将，谓谗言之交集也。 ❿ 按：高诱《淮南子》注："蝘蜓，蜥蜴也。或曰守宫。"《说文》："在壁曰蝘蜓，在草曰蜥蜴。"俗称壁虎。

【原文】

昭昭乎其知之明也，郁郁乎其遇时之不祥也。拂乎

【译文】

堂堂皇皇，他们的智慧是那样光明；悒悒怅怅，他们的时运是那样不祥；严严

其欲礼义之大行也①，暗乎天下之晦盲也。皓天②不复，忧无疆也；千岁必反，古之常也。弟子勉学，天不忘也。圣人共手，时几将矣③。

肃肃，他们愿意把礼义大力推行；昏昏沉沉，天下是这样的隐暗不清。光明的天气一去不返，真是令忧抑无边；千年之后，必有反复，这是古来的常规。学生我勉于学习，上天是不会把我忘掉的。圣人正在拱手而待，时机不久就要来临。

注 释

❶ 按：郁，通"鬱"。《左传·昭二十四年》"杞伯鬱厘"，《公羊传》作"鬱厘"。高诱《吕氏春秋》注："鬱，滞不通也。"王逸《楚辞》注："鬱，愁也。"《广雅》："拂，辅也。"《臣道》篇："有能抗君之命，窃君之重，反君之事，以安国之危，除君之辱，功伐足以成国之大利，谓之拂。"《贾子·保傅》篇："洁廉而切直，匡过而谏邪，谓之拂。拂者，拂天子之过者也。" ❷ 按：曹大家《幽通赋》注："皓，白也。"字本作"皜"。《尔雅》："皜，光也。" ❸ 杨倞：共，读为"拱"。○俞樾：此二句乃望之辞。言圣人于此，亦拱手而待之耳。所谓"千岁必反"者，此时殆将然矣。○按：郑玄《礼仪》注："将，犹致也。"

【原文】

与愚以疑，愿闻反辞①。其小歌②曰：

念彼远方，何其塞③矣？仁人绌约，暴人衍矣！忠臣危殆，谗人服矣！

【译文】

如果你们是愚昧而不肯相信，我愿意重说一遍。这段小歌唱道：

我眷念着远方亲人，你怎么那样难于前进？仁人受到绌退约束，而暴人却逍遥自在！忠臣受到危困，而坏人却乐趣无穷。

注 释

❶ 杨倞：反辞，反复叙说之辞，犹《楚辞》"乱曰"。○按：《广雅》："与，如也。"高诱《淮南子》注："闻，犹达也。"言听者如愚而且疑，请再听吾之反辞也。 ❷ 杨倞：此下一章，即其反辞，故谓之小歌。总论前意也。 ❸ "蹇"本作"塞"，"般"本作"服"。○杨倞：衍，饶也。"服"本或作"般"。般，乐也，音"盘"。○卢文弨："衍"，不与"塞""服"为韵，"服"字本有作"般"者，则"塞"或"蹇"字之误。○按：作"蹇"是也。《周易·象传》："蹇，难也。"

【原文】

琁玉瑶珠①，不知佩也；杂布与锦，不知异也②。闾娵、子奢，莫之媒也③；嫫母、力父④，是之喜也。以盲为明，以聋为聪；以危为安⑤，以吉为凶。呜呼上天！曷维其同⑥。

【译文】

宝玉和明珠，都不知道佩带；麻布和文锦，都分辨不出来。美女闾娵、美男子都，他们都不愿匹配；丑女嫫母、丑男力父，他们都从心喜爱。把瞎子认为是眼亮的，把聋子认为是耳灵的，把危险认为是平安的，把吉祥认为是灾凶的。哎呀！天啊！我怎么能和他们同流合污呢？

注 释

❶ 杨倞《说文》云："琁，赤玉。""瑶，美玉也。" ❷ 王念孙：此谓布与锦杂陈于前而不知别异。《说文》："布，枲织也。" ❸ 杨倞：闾娵，古之美女，《后语》作"明陬"。《汉书音义》："闾陬，梁王魏婴之美女。"子奢，当为"子都"，郑之美人。《诗》曰："不见子都。"《后语》作"子都"。莫之媒，言无人为之媒也。○汪中：都、奢，古本一音。 ❹ 杨倞：嫫母，丑女，黄帝时人。力父，未详。 ❺ 郝懿行：《韩诗外传》四作"以是为非"。 ❻ 杨倞：言

何可与之同也。《后语》作"曷其与同"。此章即遗春申君之赋也。○按：此赋在遗春申君书之后，《战国策·楚策》所载，与此颇有不同。今录之于后以备参考："宝珍隋珠，不知佩兮；杂布与丝，不知异兮；闾姝子奢，莫知媒兮；嫫母求之，又甚喜之兮；以瞽为明，以聋为聪，以是为非，以吉为凶。呜呼上天，曷惟其同？诗曰：'上天甚神，无自瘵也。'"《韩诗外传》四所载与荀书略同，《诗》作"上帝甚蹈，无自瘵焉"。

大略① 篇第二十七

【原文】

君人者②,隆礼、尊贤而王,重法、爱民而霸,好利、多诈而危。

【译文】

统治人民的人,推崇礼制,尊重贤人,就成为王者;注重法制,爱抚人民,就成为霸者;喜爱财货,多行诈巧,就遭到危困。

注释

❶ 杨倞:此篇盖弟子杂录荀卿之语,皆略举其要,不可以一事名篇,故总谓之大略也。 ❷ 按:"君人者"上本有"大略"二字,当涉题目而衍,今以意删。

【原文】

"欲近四旁,莫如中央①。"故王者必居天下之中,礼也②。

【译文】

"愿意接近四方,就不如居处在天下的中央。"所以,王者必须居处在天下的中央。这是礼制。

注释

❶ 按:二语叶韵,盖古语也。四旁,犹四方也。薛综《两京赋》注:"旁,

四方也。" ❷杨倞：此明都邑居土中之意，不近偏旁，居中央，取其朝贡道里均。礼也，言其礼制如此。

【原文】

天子外屏，诸侯内屏①，礼也。外屏，不欲见外也；内屏，不欲见内也。

【译文】

天子的屏壁，在门的外面；诸侯的屏壁，在门的里面；这是一种礼制。屏壁在外面，是为了不愿意里面见到外面；屏壁在里面，是为了不愿意外面见到里面。

注释

❶杨倞：屏，犹蔽也。○按：《尔雅》："屏，谓之树。"郭璞注："小墙，当门中。"颜师古《汉书》注："屏，谓当门之墙，以屏蔽者也。"朱骏声："屏，亦谓之萧墙，如今之照墙也。"

【原文】

诸侯召其臣，臣不俟驾，颠倒衣裳而走，礼也。

《诗》曰："颠之倒之，自公召之①。"

天子召诸侯，诸侯辇舆就马②，礼也。

《诗》曰："我出我舆，于彼牧矣；自天子所，谓我来矣③。"

【译文】

诸侯召见他的臣下，臣下不等套上车，衣裳穿得颠三倒四地就向外走。这是礼制。

《诗经》中说："衣服穿得颠三倒四，是因为有人从君侯那里来召见我。"

天子召见诸侯，诸侯亲自拉着辇去就马。这是礼制。

《诗经》中说："我拉出我的车，到牧地里去找马：因为有人从天子那里来，说我来到了天子的所在。"

注释

❶按:《诗经·齐风·东方未明》之篇。 ❷杨倞:辇,谓人挽车。言不暇待马至,故辇舆就马也。 ❸杨倞:《诗经·小雅·出车》之篇。毛云:"出车就马于牧地。"郑云:"有人从王所来,谓我来矣,谓以王命召己,将使为将率也。"此明诸侯奉上之礼也。

【原文】

天子山冕①,诸侯玄冕②,大夫裨冕,士韦弁③,礼也。

【译文】

天子穿绣有山形的衮,戴冕;诸侯穿玄衮,戴冕;大夫穿裨衣,戴冕;士戴熟皮冠。这是礼制。

注释

❶杨倞:山冕,谓画山于衣而服冕,即衮也。盖取其龙,则谓之衮冕,取其山,则谓之山冕。 ❷按:"冕",本作"冠",与《富国》篇"诸侯玄裷,衣冕"不符,今以意改作"冕"。 ❸按:《释名》:"以靲韦为之,谓之韦弁也。"《一切经音义》引《字林》:"韦,柔皮也。"余见《富国》篇。

【原文】

天子御珽,诸侯御荼,大夫服笏①,礼也。

【译文】

〔在朝会的时候,〕天子用珽,诸侯用舒,大夫用笏。这是礼制。

注 释

❶ 杨倞：御、服，皆器用之名；尊者谓之御，卑者谓之服。御者，言臣下所进御也。珽，大珪，长三尺，杼上终葵首，谓剡上，至其首而方也。荼，古"舒"字，玉之上圆下方者也。○按：《礼记·玉藻》篇："笏，天子以球玉，诸侯以象，大夫以鱼须文竹，士竹本，象可也。"是珽、荼皆谓笏也。《左传》疏引徐广《车服仪制》："古者贵贱皆执笏，即今手板也。"是也。郑玄《仪礼》注："笏，所以书思对命者。"又《礼记》注："笏，所以记事也。"

【原文】

天子雕弓，诸侯彤弓，大夫黑弓，礼也①。

【译文】

天子用雕有花纹的弓，诸侯用红弓，大夫用黑弓。这是礼制。

注 释

❶ 杨倞：雕，谓雕画为文饰。彤弓，朱弓。此明贵贱服御之礼也。

【原文】

诸侯相见，卿为介①，以其教士毕行②，使仁居守③。

【译文】

诸侯互相盟会，首相做辅佐，教士们都跟着，使仁厚的人在朝中留守。

注 释

❶ 杨倞：相见，谓于郊地为会。介，副也。 ❷ "教士"本作"教出"。○杨倞：毕行，谓群臣尽行从君也。○王念孙："教出"当为"教士"，谓常所

教习之士也。《大戴礼记·虞戴德》篇:"诸侯相见,卿为介,以其教士毕行。"文与此同也。 ❸杨倞:使仁厚者主后事。《春秋传》:"一子守,二子从。"此明诸侯出疆之礼。又《谷梁传》曰:"智者虑,义者行,仁者守,然后可以会矣。"

【原文】

聘人以珪①,问士以璧②,召人以瑗③,绝人以玦,反绝以环④。

【译文】

诸侯使大夫聘问于诸侯,用珪做礼物;小的问候,用璧做礼物;召见群臣,用瑗做礼物;拒绝人,用玦做礼物;召回拒绝的人,用环做礼物。

注 释

❶按:《礼记·曲礼》篇:"诸侯使大夫问于诸侯,曰聘。"珪,本作"圭"。《说文》:"圭,瑞玉也,上圆下方。"郑玄《仪礼》注:"圭,所执以为瑞节也。" ❷杨倞:问,谓访其国事,因遗之也。○郝懿行:士,即"事"也,古字通用。问士者,谓问人以事,则以璧为挚。○按:《白虎通·瑞赘》篇引《礼》:"方中圆外曰璧。"郑玄《礼记》注:"小聘曰问。" ❸杨倞:《说文》云:"瑗者,大孔璧也。"《尔雅》:"好倍肉,谓之瑗;肉倍好,谓之璧。" ❹杨倞:玦,如环而缺。肉好若一,谓之环。古者臣有罪,待放于境,三年不敢去;与之环,则还;与之玦,则绝。皆所以见意也。反绝,谓反其将绝者。此明诸侯以玉接人臣之礼也。

【原文】

人主:仁心设焉,知其役也,礼其尽也①。故王者先仁而后礼。天

【译文】

人民的主上,对人民要施行仁心,把明智作为辅助,把礼文作为终点。所以,王者治理国家,以仁爱为先,以礼文为后。天道

施然也②。　　　　　　　　　的施行就是如此。

注 释

❶ 按：《广雅》："设，施也。役，助也。"《小尔雅》："尽，止也。"　❷ 杨倞：此明为国以仁为先也。○按：高诱《淮南子》注："施，行也。"

【原 文】

《聘礼》志曰："币厚，则伤德，财侈，则殄礼①。""礼云礼云，玉帛云乎哉②？"

《诗》曰："物其指矣，唯其偕矣③。"不时宜，不敬文④，不欢欣，虽指，非礼也。

【译 文】

《聘礼》记载说："币帛丰厚，就妨害了德行；财货奢侈，就灭绝了礼文。"〔所以孔子说：〕"所谓礼文，只是指的美玉和币帛吗？"

《诗经》中说："礼物是美好的，但是它得同情意相均称！"不适合时宜，不彬彬有礼，不心情舒畅，纵然礼物美好，也不符合礼文。

注 释

❶ 杨倞：志，记也。言玉帛，礼之末也。《礼记》曰"不以美没礼"也。○卢文弨：《聘礼记》曰："多货，则伤于德，币美，则没礼。"○按：《尔雅》："殄，绝也。"　❷ 按：《说文》："币，帛也。帛，缯也。"玉帛，礼物也。"礼云礼云，玉帛云乎哉"二句，孔子之言也。荀子引述《聘礼》之文，以申孔子财货为礼之末之意也。　❸ 杨倞：《诗经·小雅·鱼丽》之篇。指，与"旨"同，美也。偕，齐等也。　❹ "不敬文"本作"不敬交"。○俞樾：此文"不敬交"，疑"不敬文"之误。《劝学》篇："礼之敬文也。"《礼论》篇曰："事生，不忠厚，不敬文，谓之野；送死，不忠厚，不敬文，谓之瘠。"是荀子书屡言

"敬文"。《性恶》篇曰:"不如齐鲁之孝具敬父者,何也?"注曰:"'敬父'当为'敬文'。"此"敬文"误为"敬交",犹彼"敬文"误为"敬父"。

【原文】

水行者表深,使人无陷;治民者表礼,使民无失①。礼者,其表也。先王以礼表天下之乱。今废礼者,是去表也,故民迷惑而陷祸患。此刑罚之所以繁也。

【译文】

在水里行走的人,把深度作为标准,使人不致淹没;治理人民的人,把礼制作为标准,使人民不犯错误。礼制就是人民的标准。先王就是用礼制来端正国家的紊乱。如今废弃礼制,就是抛弃了标准,所以人民迷惑而陷于祸患。这便是刑罚繁多的原因。

【注释】

❶ 杨倞:表,标志也。此明为国当以礼示人也。○按:高诱《淮南子》注:"表,正也。""表礼"本作"表乱"。《天论》篇:"水行者表深,表不明则陷;治民者表道,表不明则乱。"此云"治民者表乱",义不可通。"乱"当作"礼",古文"禮"作"礼",古文"乱"简书或作"乱"(马王堆汉墓帛书),又以下文有"先王以礼表天下之乱"之文,因误"礼"为"乱"。下文"礼者,其表也",正承上文"治民者表礼"而言,今以意改。

【原文】

舜曰:"维予从欲而治①。"
故礼之生,为贤人以下至庶民也,非为成圣也;然而亦

【译文】

大舜说:"我顺从着情欲治理天下。"
所以,礼的产生,是为了贤人以及下层百姓,并不是为了有成就的圣人;然而,这也是圣人成为圣人的原

所以成圣也。不学，不成。尧学于君畴，舜学于务成昭，禹学于西王国②。

因。不学习，不会有成就。帝尧向君畴学习，大舜向务成昭学习，大禹向西王国学习。

注 释

❶ 郝懿行：此语今《尚书》以入《大禹谟》，"绳"字作"俾"。荀所称，则未知出何书也。　❷ 杨倞：君畴，《汉书·古今人表》作"尹寿"。又《汉书·艺文志》小说家有《务成子》十一篇，昭，其名也。《尸子》曰："务成昭之教舜曰：'避天下之逆，从天下之顺，天下不足取也；避天下之顺，从天下之逆，天下不足失也。'"西王国，未详所说。或曰：大禹生于西羌。西王国，西羌之贤人也。《新序》：子夏对哀公曰："黄帝学于大填，颛顼学于录图，帝喾学于赤松子，尧学于尹寿，舜学于务成跗，禹学于西王国，汤学于成子伯，文王学于时子思，武王学于郭叔。"此明圣人亦资于教也。

【原文】

五十不成丧，七十唯衰存①。

【译文】

五十岁的人，不备亲丧之礼；七十岁的人，只穿缞麻之服。

注 释

❶ 杨倞：不成丧，不备哭踊之节；衰存，但服缞麻而已。其礼皆可略也。《礼记》曰"七十唯衰麻在身"也。○郭嵩焘：五十不成丧，即《檀弓》"五十不致毁"也。

【原文】

亲迎之礼：父南乡而立，子北面而跪，醮而命之①："往迎尔相，成我宗事②，隆率以敬，先妣之嗣，若则有常③。"子曰："诺，唯恐不能，敢忘命矣？"

【译文】

亲迎妻子的礼节：父亲面向南立，儿子面向北跪，父亲斟酒祭神，命令他儿子说："你去迎接你的内助，完成我们宗族的大事，你要隆重而敬慎地遵循亲迎之道，这是为了继承先祖，你要恪守经常之道！"儿子回答说："是，我唯恐不能做到，我敢忘记您的指示吗？"

注释

❶ 按：《说文》："醮，冠娶礼祭。"《礼记·昏义》篇："父亲醮子而命之。"郑玄注："酌而无酬酢曰醮。" ❷ 杨倞：郑云：相，助也。宗事，宗庙之事也。○按：《说文》："宗，尊祖庙也。"《仪礼·士昏礼》："承我宗事。" ❸ 杨倞：隆率，《仪礼》作"勖率"。郑云："勖，勉也。若，汝也。勉率妇道以敬，其为先妣之嗣也。汝之行，则当有常，深戒之。"

【原文】

夫行也者，行礼之谓也。礼也者，贵者敬焉，老者孝焉，长者弟焉，幼者慈焉，贱者惠焉。

【译文】

所谓德行，就是施行礼义的意思。礼义，对尊贵的人要恭敬，对年老的人要孝顺，对年长的人要恭逊，对年幼的人要慈爱，对卑贱的人要施恩。

【原文】

赐予其宫室①,犹用庆赏于国家也;忿怒其臣妾,犹用刑罚于万民也。

【译文】

赐予自己的妻室,就如同对国家施用庆赏一样;愤怒自己的近臣,就如同对万民施用刑罚一样。

注释

❶ 杨倞:宫室,妻子也。此明能治家,则以治国也。

【原文】

君子之于子,爱之而勿面,使之而勿貌,导之以道而勿强①。

【译文】

君子对于自己的儿子,抚爱他,而不表现于面色;指使他,而不表现于外貌;用道义引导他,而不用强暴行动。

注释

❶ 郝懿行:此出《曾子立事》篇,荀称之也。勿面,谓不形见于面;勿貌,谓不优以辞色;勿强,谓匪怒伊教,使自得之。○按:《尔雅》:"强,暴也。"

【原文】

礼,以顺人心为本。故亡于①《礼经》而顺人心者,皆礼也。

【译文】

礼,以顺适人心为原则。所以,凡是不见于《礼经》之中而顺从人心的行动,那都是礼。

注释

❶ 按：赵岐《孟子》注："亡，犹无也。"

【原文】

礼之大凡：事生，饰驩①也；送死，饰哀也；军旅，饰威也。

【译文】

礼的梗概：侍奉生者，是为了文饰欢悦；遣送死者，是为了文饰哀痛；出师振旅，是为了文饰武威。

注释

❶ 杨倞：与"欢"同。（在下文"夫妇不得不驩"下。）不可太质，故为之饰。

【原文】

亲亲，故故，庸庸，劳劳，仁之杀也①；贵贵，尊尊，贤贤，老老，长长，义之伦也；行之得其节，礼之序也。

仁，爱也，故亲；义，理也，故行；礼，节也，故成。

仁有里，义有门②。

【译文】

亲故，就看作是亲故；有功劳，就看作是有功劳；这是符合仁爱的等第的。尊贵，就看作是尊贵；贤明，就看作是贤明；长老，就看作是长老；这是符合正义的伦理的。这样施行，得到其中的节度，这是符合了礼的秩序的。

仁，是抚爱，所以相互亲近；义，是条理，所以见之施行；礼，是节文，所以助成事务。

仁，有一定布施的所在，义，有一定

仁，非其里而虚之③，非仁也④；义，非其门而由之，非义也。

推恩而不理，不成仁；遂理而不敢，不成义；审节而不和⑤，不成礼；和而不发，不成乐。故曰：仁、义、礼、乐，其致一也⑥。

君子处仁以义，然后仁也；行义以礼，然后义也；制礼，反本成末，然后礼也。三者皆通，然后道也。

通行的门户。仁，如果不是它布施的所在，而安处于此，便不符合于仁；义，如果不是它通行的门户，而顺从于此，便不符合于义。

推施恩惠，而不得条理，就不能成为仁；顺适条理，而不敢去做，就不能成为义；精审节文，而不够协调，就不能成为礼；调和于内，而不能发抒于外，就不能成为乐。所以说，仁、义、礼、乐，它们的归宿是同一的。

君子用义来居守于仁，然后才成为仁；用礼来施行义，然后才成为义；制裁礼文，使它返还本源，完成末流，然后才成为礼。明通于这三者，然后符合于"道"。

注 释

❶ 杨倞：庸，功也。庸庸、劳劳，谓称其功劳，以报有功劳者。杀，差等也。皆仁恩之差也。　❷ 杨倞：里，所以安居；门，所以出入也。　❸ 杨倞：虚，读为"居"。○按：虚，古"墟"字。《广雅》："墟，尻（居）也。"孔颖达《礼记》疏："凡旧居，皆曰虚。"　❹ "非仁也"本作"非礼也"。○王念孙：非礼也，当作"非仁也"，下文云"君子处仁以义，然后仁也；行义以礼，然后义也"，前后正相呼应。以是明之。　❺ "不和"本作"不知"。○杨倞：知，或为"和"。○王念孙：作"和"者是也。礼以和为贵，故审节而不和，则不成礼。下文"和而不发"，正承此"和"字言之。今本"和"作"知"，字之误耳。　❻ 杨倞：言四者虽殊，同归于得中，故曰"其致一也"。

【原文】

货财曰赙，舆马曰赗，衣服曰襚，玩好曰赠，玉贝曰唅。赙、赗，所以佐生也；赠、襚，所以送死也①。

送死不及柩尸，吊生不及悲哀，非礼也②。故吉行五十，犇丧百里，赗赠及事，礼之大也③。

【译文】

送给货财叫作赙，送给车马叫作赗，送给衣服叫作襚，送给玩好叫作赠，送给玉贝叫作唅。赙、赗，是帮助生者；赠、襚，是送给死者。

遣送死者，不到灵柩前面；吊唁生者，不到悲哀程度；便不符合礼文。所以，祝贺吉礼，一天走五十里；奔赴丧事，一天走一百里；举行赗、赠，要赶上事务。这是礼的大节。

注释

❶杨倞：此与《公羊》《谷梁》之说同。玩好，谓明器，琴瑟、笙竽之属。何休曰："此皆春秋之制也。赙，犹覆也；赗，犹助也。皆助生、送死之礼。襚，犹遗也；遗是助死者之礼也。知生则赗、赙，知死则襚、唅。"（卢文弨：今《公羊》注作"知死者赠襚"。）〇按：唅，《说文》作"琀"，亦通作"含"。 ❷杨倞：皆谓葬时。〇按：《释名》："尸已在棺曰柩。" ❸杨倞：既说吊赠及事，因明奔丧亦宜行远也。《礼记·奔丧》曰："日行百里，不以夜行。"

【原文】

礼者，政之挽也①。为政不以礼，政不行矣。

【译文】

礼，是政治的引导。执行政治，而不用礼文，政治是行不通的。

注 释

❶ 杨倞:如挽车然。○按:《广雅》:"挽,引也。"

【原 文】

天子即位,上卿进曰:"如之何忧之长也!能除患,则为福;不能除患,则为贼!"授天子一策①。

中卿进曰:"配天而有下土者,先事虑事,先患虑患。先事虑事,谓之接;接,则事优成。先患虑患,谓之豫;豫,则祸不生。事至而后虑者,谓之后;后,则事不举。患至而后虑者,谓之困;困,则祸不可御。"授天子二策②。

下卿进曰:"敬戒无怠!庆者在堂,吊者在闾③!祸与福邻,莫知其门。务哉!务哉④!万民望之!"授天子三策⑤。

【译 文】

在天子即位的时候,上卿进到天子的面前说:"天下的忧患这样长远,应该怎么办呢?能排除患难,就成为幸福;不能排除患难,就成为贼害!"授予天子第一道策命。

中卿进到天子面前说:"比配上天而保有下方土地的人,在事务未来之前,就要谋虑事务;在患难未来之前,就要谋虑患难。在事务未来之前谋虑事务,就叫作捷速;捷速,事务就优裕成功。在患难未来之前谋虑患难,就叫作预备;预备,灾祸就不致发生。事务到来,这才谋虑,就叫作落后;落后,事务就做不成功。患难到来,这才谋虑,就叫作窘困;窘困,灾祸就抵挡不住。"授予天子第二道策命。

下卿进到天子面前说:"兢兢业业,不要怠惰!庆祝的人就在堂室,吊唁的人就在门口!灾祸和幸福相互联系,人们是找不出它们的门径的。勉励啊!勉励啊!亿万生民都在仰望着呢!"授予天子第三道策命。

注 释

❶ 杨倞：上卿，于周若冢宰也。皆谓书于策，读之而授天子，深戒之也。言天下安危所系，其忧甚远长，问何以治之，能为天下除患，则百福归之；不能，则反为贼害。策，编竹为之，后易之以玉焉。○按：《独断》："策者，简也。"《左传·昭公三年》："授之以策。"杜预注："策，受命之书。"本字作"册"。《说文》："册，符命也，诸侯进受于王也。" ❷ 杨倞：接，读为"捷"，速也。中卿，若宗伯也。御，禁。二策，第二策也。 ❸ 杨倞：下卿，若司寇也。庆者虽在堂，吊者已在门，言相袭之速。闾，门也。 ❹ "务哉"本作"豫哉"。○王先谦：《群书治要》作"务哉，务哉"。○钟泰：豫哉，涉前"先事后虑谓之豫"之"豫"字而讹。当从《群书治要》作"务哉"。务，勉也。与"敬戒无怠"方相应。 ❺ 杨倞：三策，第三策。

【原文】

禹见耕者，耦立而式①；过十室之邑，必下②。

【译文】

大禹在路上遇到耕地的人，就对着耕地的人立在车上，扶着轼木低头致敬；路过小小的乡里，也必定下车。

注 释

❶ 按：《释名》："耦，遇也，二人相对遇也。"《汉书》注引应劭："耦，对也。"郑玄《仪礼》注："式，谓小俛，以礼主人也。"李贤《后汉书》注："式，敬也。"通作"轼"。《释名》："轼，式也，所伏以式敬者也。"颜师古《汉书》注："轼，车前横板隆起者也。" ❷ 杨倞：《论语》曰："十室之邑，必有忠信。"故下之也。○按：下，谓下车。《周礼》小司徒："四井为邑。"郑玄《周礼》注："邑，犹里也。"十室之邑，里之小者。

【原文】

祭大蚤①，朝大晚②，非礼也。治民不以礼，动斯陷矣③。

【译文】

祭祀太早，上朝太晚，都不符合礼制。不用礼制治理人民，一行动就会出现差错。

注 释

❶ 祭，本作"杀"。○久保爱：杀，恐"祭"误。《礼记》："祭祀，不祈，不麾蚤。"郑玄曰："祭有时，不以先之为快也。"○按："杀"与下文"朝"不类。久保说甚是。"祭""杀"二字篆文作"𥙇""𣪠"，下半甚相似，因以致误。今据久保说改。大，音"太"。蚤，通"早"。 ❷ 杨倞：《礼记》曰："朝，辨色始入。"朝太晚，为懈弛也。 ❸ 按：韦昭《国语》注："陷，犹过失也。"

【原文】

平衡曰拜，下衡曰稽首，至地曰稽颡①。

大夫之臣，拜，不稽首，非尊家臣也，所以辟君也②。

【译文】

头和腰平衡，叫作拜；头低过腰，叫作稽首；头触地，叫作稽颡。

大夫之臣，〔见到天子，〕拜，不稽首，这并不是尊重家臣，而是回避同君主相接近。

注 释

❶ 杨倞：平衡，谓磬折，头与腰如衡之平。○郝懿行：拜者必跪；拜手，头至手也，不至地，故曰"平衡"。稽首，亦头至手，而手至地，故曰"下衡"。稽颡，则头触地，故直曰"至地"矣。○按：稽，本字作"䭫"。《说文》："䭫，

下首也。"《广雅》："齰，低也。"《说文》："颒，额（额）也。" ❷ 杨倞：辟，读为"避"。

【原文】

一命，齿于乡；再命，齿于族；三命，族人虽七十，不敢先①。

上大夫，中大夫，下大夫②。

【译文】

首次受到爵命，在一乡之中占首席；再次受到爵命，在一族之中占首席；三次受到爵命，在一族之中，虽然是七十岁的人，也不敢同他争先。

上大夫，三命；中大夫，再命；下大夫，一命。

注释

❶ 杨倞：一命，公侯之士；再命，大夫；三命，卿也。郑注《礼记》曰："此谓乡射饮酒时也。齿者，谓以年次立若坐也。"《礼记》曰："三命，不齿，族有七十者弗敢先。"言不唯不与少者齿，老者亦不敢先也。○按：《汉书》注引韦昭："命，谓爵命。" ❷ 杨倞：此覆一命，再命，三命也。一命虽公侯之士，子、男之大夫也，故曰"下大夫"也。

【原文】

吉事，尚尊；丧事①，尚亲②。

【译文】

吉事〔在朝廷〕，以爵位为主；丧事，以亲近为主。

注 释

❶ 杨倞：吉事，朝廷列位也。丧事，以亲者为主。《礼记》曰"以服之精粗为序"也。 ❷ 此下本有"君臣不得不尊，父子不得不亲，兄弟不得不顺，夫妇不得不驩。少者以长，老者以养。故天地生之，圣人成之"四十一字。○汪中："君臣"以下四十一字，错简，当在后"国家无礼不宁"之下，此因上"尚尊""尚亲"之文而误。○按：汪说是也，今据移后。

【原文】

聘，问也；享，献也；私觌，私见也①。

【译文】

聘，就是问候；享，就是进献；私觌，就是私相会见。

注 释

❶ 杨倞：使大夫出，以圭璋。聘，所以相问也。聘、享，奉束帛加璧。享，所以有献也。享毕，宾奉束锦以请。觌，所以私见也。聘、享，以宾礼见；私觌，以臣礼见，故曰"私见"。郑注《仪礼》云："享，献也；既聘又献，所以厚恩惠也。"○按：此解释聘、享，私觌之义也。《曲礼》曰："诸侯使大夫问于诸侯曰聘。"《尔雅》："享，献也。"（《说文》同。）舍人注："献食物曰享。"《尔雅》："觌，见也。"《公羊传·庄公二十四年》："觌者何？见也。"

【原文】

言语之美，穆穆，皇皇①；朝廷之美，济济，鎗鎗②。

【译文】

形容言语的美好，说穆穆、皇皇；形容朝廷的美好，说济济跄跄。

注释

❶ 杨倞：皇皇，有光仪也。〇按：王逸《楚辞》注："穆穆，和美貌。"郑玄《诗》笺："穆，和也。"《毛诗传》："皇皇，犹煌煌也。"《尔雅》："皇，正也。"《说文》："皇，大也。"皇皇，谓光明正大也。 ❷ 杨倞：济济，多士貌。鎗，与"跄"同。跄跄，有行列貌。〇按：《毛诗传》："济济，多威仪也。"《诗经·小雅·楚茨》篇："济济跄跄。"又《诗经·大雅·公刘》篇："跄跄济济。"郑玄笺："跄跄济济，士大夫之威仪也。"

【原文】

为人臣下者，有谏而无讪，有亡而无疾①，有怨而无怒②。

【译文】

为臣下的，对君上有谏诤的举动，而不要有诽谤的举动；有辞去的举动，而不要有嫉恶的举动；有怨望的举动，不要有恼怒的举动。

注释

❶ 杨倞：谤上曰讪。亡，去也。疾，与"嫉"同。 ❷ 按：《国语·周语上》："怨而不怒。"韦昭注："怨，心望也。怒，作气也。"

【原文】

君于大夫，三问其疾，三临其丧；于士，一问，一临。诸侯，非问疾、吊丧，不之臣之家①。

【译文】

君上对于大夫，三次问候他的疾病，三次亲临他的丧礼；对于士，问候一次，亲临一次。诸侯，不是问疾、吊丧，就不到臣下的家里。

注 释

❶杨倞：之，往也。《礼记》曰："诸侯非问疾、吊丧，而入诸臣之家，是谓君臣为谑。"

【原文】

既葬，君若父之友，食之，则食矣，不辟粱肉①；有酒醴，则辞。

【译文】

父母已经葬埋之后，君上或父亲的朋友，让自己吃饭，就吃，不必回避粱米和肉食；如果有酒，就谢绝。

注 释

❶杨倞：郑云："尊者之前，可以食美；变于颜色，亦不可也。"○按：若，犹或也，与也。见《经传释词》。

【原文】

寝不逾庙，谯衣①不逾祭服，礼也。

【译文】

寝室精粗的制度不超过宗庙，燕服精粗的制度不超过祭服。这是礼制。

注 释

❶"谯衣"本作"设衣"。○杨倞：谓制度精粗。设，宴也。○王念孙："设"当为"谯"，字之误也。故杨注云："谯，宴也。"（今注文"谯"字亦误作"设"。）寝，对庙而言；谯衣，对祭服而言。《王制》："燕衣不逾祭服，寝不逾庙。"是其证。○按：《释名·释宫室》："寝，寝也，所寝息也。"孔晁

《逸周书》注："寝,室也。"讌、燕,均借为"宴"。《说文》:"宴,安也。"郑玄《礼记》注:"退朝而处曰燕居。"讌衣,燕居之衣也。

【原文】

《易》之《咸》,见夫妇①。夫妇之道,不可不正也,君臣、父子之本也②。咸,感也;以高下下,以男下女,柔上而刚下③。

【译文】

《周易》的《咸》卦,显示了夫妇之道。夫妇之道,是不可以不端正的,这是君臣、父子的本原。咸,就是交相感应;卦象是把高的布置在低的下面,把男的布置在女的下面;柔顺的在上面,刚强的在下面。

注释

❶ 杨倞:《易·咸卦》,艮下兑上;艮为少男,兑为少女,故曰"见夫妇"。 ❷ 杨倞:《易·序卦》曰:"有天地,然后有男女;有男女,然后有夫妇;有夫妇,然后有父子;有父子,然后有君臣。"故以夫妇为本。 ❸ 杨倞:阳唱阴和,然后相成也。○按:《周易·咸象传》:"咸,感也;柔上而刚下,二气感应以相与,止而说,男下女,是以'亨利贞,取女吉'也。"此荀子之所本也。

【原文】

聘士之义①,亲迎之道,重始也。

【译文】

聘问贤士之道,亲迎妻子之道,都慎重在开始阶段。

注 释

❶ 杨倞：聘士，谓若安车、束帛，重其礼也。○按：义，犹道也。见高诱《吕氏春秋》注。

【原 文】

礼者，人之所履也①；失所履，必颠蹶陷溺。所失微，而其为乱②大者，礼也。

【译 文】

礼，是人所履行的依据。失掉了所履行的依据，必然要跌脚和陷溺。所损失的微小，而它辅助治理的效果巨大，这就是礼的作用。

注 释

❶ 按：《礼记·仲尼燕居》篇："言而履之，礼也。"《白虎通·礼乐》篇："礼之为言履也。" ❷ 按：《尔雅》："乱，治也。"（《说文》同。）此"乱"字之本义。

【原 文】

礼之于正国家也，如权衡之于轻重也，如绳墨之于曲直也。故人无礼不生，事无礼不成，国家无礼不宁。君臣不得不尊，父子不得不亲，兄弟不得不顺，夫妇不得不驩。少

【译 文】

礼对于平正国家，就如同秤对于轻重一样，就如同墨线对于曲直一样。所以，人离开了礼，就不能生存；事务离开了礼，就不能成功；国家离开了礼，就不能安宁。君臣之间没有它，就不能互相尊重；父子之间没有它，就不能互相亲爱；兄弟之间没有它，就不能和顺；夫妇之间没有它，就不能欢快。少年由于它而得到成长，老

者以长，老者以养。故天地生之，圣人成之①。

年由于它而得到奉养。所以，礼由天地产生，由圣人完成。

注释

① 按："君臣不得不尊"以下四十一字，本在上文"丧事，尚亲"之下，今依汪中说移此。

【原文】

和鸾之声①，步中《武》《象》，趋中《韶》《护》。

【译文】

车铃声衬托着马蹄声，或快走或慢行，两者相互应和，合乎《武》《象》《韶》《护》古乐。

注释

①"和鸾"本作"和乐"。○杨倞：或曰：此"和乐"谓在车和鸾之声、步骤之节也。○顾千里：疑或说是也。《正论》篇、《礼论》篇"乐"皆作"鸾"，可以为证。○按：今据改。文已两见，此盖刘向整理荀书时未及删除者。

【原文】

君子听律，习容，而后士①。

【译文】

君子精审音律，服习容仪，然后才可以称为儒士。

【注 释】

❶ 杨倞：《礼记》曰："既服，习容，观玉声。"听律，谓听佩声，使中音律也。言威仪如此，乃可为士。士者，修立之名也。○按：高诱《战国策》注："听，察也。"《白虎通·爵》篇："通古今，辩然不，谓之士。"韦昭《国语》注："士，讲学道艺者也。"

【原 文】

霜降逆女，冰泮杀止。内，十日一御①。

【译 文】

霜降（九月），迎亲；冰消（二月），停止迎亲。在内室，夫妇十天接近一次。

【注 释】

❶ "杀"下本无"止"字。○杨倞：杀，减也。内，谓妾御也。○按：郝懿行、王引之之说是也。今据增"止"字。《说文》："逆，迎也。"《毛诗传》："泮，散也。"《内则》篇："必与五日之御。"郑玄注："御，谓侍夜劝息也。"《独断》："御者，进也；凡衣服加于身，饮食入于口，妃妾接于寝，皆曰御。"

【原 文】

坐，视膝；立，视足；应对言语，视面①。

立，视前六尺；而大之，六六三十六，三丈六尺②。

【译 文】

坐着，看着对方的膝盖；立着，看着对方的脚；应对说话，看着对方的脸。

立着，看到前面六尺远；如果再向前扩大，六六三十六，可以达到三丈六尺。

注 释

❶ 杨倞：《仪礼·士相见》云："子视父，则游目，无上于面，无下于带；若不言，立则视足，坐则视膝。" ❷ 杨倞：盖臣于君前视也。近视六尺，自此而广之，虽远视，不过三丈六尺。○按：而，犹如也。

【原文】

文貌①、情用，相为内外、表里。

礼之中焉，能思索，谓之能虑。

礼者，本末相顺，终始相应。

礼者，以财物为用，以贵贱为文，以多少为异。

【译文】

文理和情用互为内外、表里。

站在礼的中间，能够思索，就叫作能够计划。

礼，本末相循，终始相应。

礼，把财物作为工具，把贵贱作为法度，把多少作为区别。

注 释

❶ 杨倞：并解于《礼论》篇。○王念孙：《礼论》篇言"文理"，犹此言"文貌"。○王先谦：王谓"文貌"犹"文理"，是也。《礼论》篇"文理"，《史记》并引作"文貌"，是其证。○按：此盖刘向整理荀书之未及删除者。

【原文】

下臣事君以货，中臣事君以身，上臣事君以人①。

【译文】

下臣，用财货侍奉君上；中臣，用自身侍奉君上；上臣，用选举贤才侍奉君上。

注 释

❶ 杨倞：货，谓聚敛及珍异献君。身，谓死卫社稷。人，谓举贤也。

【原文】

《易》曰："复自道，何其咎①。"

【译文】

《周易》说："遵循着'道'行进，担当一切凶险。"

注 释

❶ 按：《易·小畜卦》初九爻辞。复，犹行也。复自道，犹言行由道也。《说文》："何，儋也。"《小尔雅》："何，任也。"此"负荷"之本字。何其咎，犹言任其咎也。

【原文】

《春秋》贤穆公，以为能变也①。

【译文】

《春秋》赞美秦穆公，因为他能够变革前非。

注 释

❶ 杨倞：《公羊传》曰："'秦伯使遂来聘。'遂者何？秦大夫也。秦无大夫，此何以书？贤穆公也。何贤乎穆公？以为能变也。"谓前不用蹇叔、百里之言，败于殽函，而自变悔，作《秦誓》，"询兹黄发"是也。

【原文】

　　士有妒友，则贤交不亲；君有妒臣，则贤人不至。蔽公者，谓之昧；隐良者，谓之妒。奉妒昧者，谓之交谲①。交谲之人，妒昧之臣，国之薉孽也②。

【译文】

　　士民有嫉妒的朋友，贤友就不来亲近；君上有嫉妒的臣下，贤人就不来辅助。蒙蔽公理，叫作暗昧；隐秘贤良，叫作嫉妒。奉行嫉妒、暗昧，叫作狡诈。狡诈之人，嫉妒、暗昧之臣，是国家的肮脏和妖孽。

注释

❶俞樾：交，读为"狡"。《礼记·乐记》篇："血气狡愤。"释文曰："狡，本作'交'。"是交、狡古通用。狡，与"谲"同义。○按：《说文》："谲，权诈也。" ❷杨倞：薉与"秽"同。

【原文】

　　口能言之，身能行之，国宝也；口不能言，身能行之，国器也；口能言之，身不能行，国用也①；口言善，身行恶，国妖也。治国者，敬其宝，爱其器，任其用，除其妖。

【译文】

　　嘴能说得出，本身能做得到，这是国家的珍宝；嘴不能说出，本身能够做到，这是国家的器材；嘴能说得出，本身不能做到，这是国家的物用；嘴说得好，本身做得坏恶，这是国家的妖孽。治理国家的人，要尊敬这样的珍宝，爱护这样的器材，信任这样的物用，铲除这样的妖孽。

注 释

❶ 按：器、用，义实同。《贾子·大政》篇："士能言道而弗能行者，谓之器；能行道而弗能言者，谓之用。"与此相反而相成。

【原文】

不富，无以养民情；不教，无以理民性。故家五亩宅，百亩田，务其业，而勿夺其时①，所以富之也；立大学，设庠序②，修六礼，明七教③，所以道之也。

《诗》曰："饮之食之，教之诲之④。"王事具矣。

【译文】

不富足，就没有办法培养人民的情欲；不教诲，就没有办法顺理人民的本性。所以，一家之中，有五亩住宅，有百亩田地，让他们安居乐业，而不侵夺他们的农时，这就是富裕他们；设立学校，学习六礼，彰明七教，这就是诱导他们。

《诗经》中说："要给人民以饮食，要给人民以教诲。"王业就完全具备了。

注 释

❶ 杨倞：务，谓劝勉之。《孟子》曰："五亩之宅，树之以桑，五十者可以衣帛矣；百亩之田，无失其时，八口之家可以无饥矣。" ❷ 按：《孟子·滕文公上》篇："设为庠序学校以教之。庠者，养也；校者，教也；序者，射也。夏曰校，殷曰序，周曰庠，学则三代共之，皆所以明人伦也。"《大戴礼记·保傅》篇："古者，年八岁而出就外舍，学小艺焉，履小节焉，束发而就大学，学大艺焉，履大节焉。" ❸ "七教"本作"十教"。○杨倞：《礼记》曰："六礼，冠、昏、丧、祭、乡、相见。"十，或为"七"也。○王念孙：《王制》曰："司徒，修六礼以节民性，明七教以兴民德。"六礼：冠、昏、丧、祭、乡、相见；七教：父子、兄弟、夫妇、君臣、长幼、朋友、宾客。则作"七教"者是也。凡经传中，"七""十"二字，互误者多矣。 ❹ 按：《诗经·小雅·绵蛮》之篇。

【原文】

武王始入殷，表商容之闾①，释箕子之囚，哭比干之墓，天下乡善矣②。

【译文】

周武王初次进入殷国，在商容的门前树立旌表，释放箕子的拘囚，到比干的墓前哀吊，天下因而趋向善良了。

注释

❶ 杨倞：表，筑旌之。孔安国曰："商容，殷之贤人，纣所贬退也。"○按：《史记索隐》引崔浩："表者，标榜其里门。"颜师古《汉书》注："表者，竖木为之，若柱形也。" ❷ 按：乡，通"向"。

【原文】

天下，国有俊士，世有贤人。迷者不问路，溺者不问遂，亡人好独①。

《诗》曰："我言维服，勿用为笑。先民有言，询于刍荛②。"言博问也。

【译文】

天下，每一个国家都有俊士，每一个世代都有贤人。迷失方向的，是由于不询问道路；被水淹没的，是由于不询问水路；亡国的人，是由于喜欢独断专行。

《诗经》中说："我说话是为国家大事，你们不要嗤笑。古人有这样的话，要向打柴的人询问道路。"就是说要广泛地询问别人。

注释

❶ 杨倞：以喻虽有贤俊，不能用也。所以迷，由于不问路；溺，由于不问遂；亡，由于好独。遂，谓径隧，水中可涉之径也。独，谓自用其计。 ❷ 杨倞：《诗经·大雅·板》之篇。毛云："刍荛，薪者也。"郑云："服，事也。我之所言，乃今之急事，汝无笑也。"

【原文】

有法者以法行，无法者以类举①。以其本，知其末；以其左，知其右。凡百事，异理而相守也②。

【译文】

有法制的，按照法制办事；没有法制的，按照类推（比例）办事。依据它们的本原，就可以知道它们的末流；依据它们的左方，就可以知道它们的右方。所有的事物，条理虽然不同，但都互相依存。

注 释

❶ 按：二句，已见《王制》篇。 ❷ 按：相守，犹言相待也、相依也。张守节《史记正义》："守，待也。"高诱《吕氏春秋》注："待，恃也。"

【原文】

庆赏、刑罚，通类而后应①；政教、习俗，相顺而后行。

【译文】

庆赏和刑罚，明通事例，然后才做得适当；政教和习俗，相互顺从，然后才可以施行。

注 释

❶ 按：韦昭《国语》注："应，当也。"

【原文】

八十者，一子不事①；九十者，举家不事；废疾，

【译文】

八十岁的人，一个儿子不服劳役；九十岁的人，全家不服劳役；残废，非有人

非人不养者，一人不事；父母之丧，三年不事；齐衰、大功，三月不事；从诸侯来②，与新有昏，期不事③。

服事不行的人，一个人不服劳役；父母之丧，三年之内不服劳役；齐衰、大功之丧，三月之内不服劳役；从别国来的和新结婚的，一年之内不服劳役。

注释

❶杨倞：事，谓力役。　❷"来"本作"不"。○杨倞：不，当为"来"。谓从他国来，或君之人入采地。　❸杨倞：古者有丧、昏，皆不事，所以重其哀戚与嗣续也。

【原文】

子谓①：子家驹，续然大夫也②，不如晏子；晏子，功用之臣也，不如子产；子产，惠人也，不如管仲；管仲之为人，力功不力义，力知不力仁，野人也，不可以为天子大夫③。

【译文】

孔子说：子家驹，是个继续祖业的大夫，但是不如晏子；晏子，是个有功绩的臣仆，但是不如子产；子产是个恩爱人民的人，但是不如管仲；管仲的为人，致力于事功，不致力于正义，致力于智谋，不致力于仁德，是一个草野的人，不可以做天子的大夫。

注释

❶杨倞：子，孔子。谓，言也。　❷杨倞：子家驹，鲁公子庆之孙，公孙归父之后，名羁；驹，其字也。○按：《尔雅》："续，继也。"《广雅》："然，成也。"续然，犹继成也，谓继续先人之成业也。"大夫"下本无"也"字，今据下文补。　❸郝懿行：此谓管仲尚功力而不修仁义，不可为王者之佐。○按：郑玄：《礼记》注："力，犹务也。"

【原文】

孟子三见宣王，不言事。门人曰："曷为三遇齐王而不言事？"孟子曰："我先攻其邪心。"

【译文】

孟子三次见到齐宣王，都不谈论国事。学生们问孟子说："老师为什么三次遇到齐王都不谈论国事呢？"孟子说："我首先要攻破他的邪心。"

【原文】

公行子之之燕，遇曾元于涂①。曰："燕君何如？"曾元曰："志卑。志卑者，轻物②；轻物者，不求助。苟不求助，何能举？氐羌之虏也，不忧其系垒也，而忧其不焚也③。利夫秋豪，害靡国家④，然且为之，几⑤为知计哉？"

【译文】

公行子去燕国，在半路上遇到了曾元。他问曾元说："燕国的君上怎么样？"曾元回答说："他的意志卑鄙。意志卑鄙的人，轻视事物；轻视事物的人，不求取人的帮助。如果不求取人的帮助，他怎么能够成事呢？〔譬如〕西方氐羌族被俘虏的人，他不忧愁自己被捆绑，而忧愁自己死后不被烧掉。由于微小的利益，因而倾害了国家，他都肯去做，他哪能懂得国家大计呢？"

注 释

❶ 杨倞：《孟子》曰："公行子有子之丧，右师往吊。"赵岐云："齐大夫也。"子之，盖其先也。曾元，曾参之子。　❷ 杨倞：物，事。　❸ 杨倞：虏，谓见俘掠。垒，读为"累"。氐、羌之俗，死则焚其尸。今不忧虏获而忧不焚，是愚也。《吕氏春秋》曰："忧其死而不焚。"○按：郑玄《诗》笺："氐羌，夷狄国在西方者也。"　❹ 陈奂：《诗传》曰："靡，累也。"言所利在秋豪，而其害累及国家也。○按：《华严经音义》引《汉书拾遗》："靡，倾也。"亦

协。 ❺杨倞：几，读为"岂"。

【原文】

今夫亡箴者，终日求之而不得；其得之，非目益明也，眸而见之也①。心之于虑，亦然。

【译文】

那丢掉针的人，寻找了一天也没有寻找到；他寻找到了它，并不是由于眼睛增加了明亮，而是由于低着头才看到。心志对于思虑，也是如此。

注 释

❶俞樾：眸，当读为"瞀"。《说文》："瞀，低目视也。从'目'，'冒'声。"与"牟"声相近。《释名》："牟，冒也。""眸"之与"瞀"，犹"牟"之与"冒"矣。又《说文》："督，低目谨视也。从'目'，'敄'声。"亦与"牟"声相近。《成相》篇"牟光"，即《庄子·大宗师》篇之"务光"也，是其例矣。

【原文】

义与利者，人之所两有也。虽尧、舜不能去民之欲利，然而能使其欲利不克其好义也①；虽桀、纣亦不能去民之好义，然而能使其好义不胜其欲利也。故义胜利者为治世，利克义者为乱世。上重义，则义克利；

【译文】

正义和财利，这是人民所兼有的。纵然是尧、舜，也不能够去掉人民的贪图财利，然而能够使他们的贪图财利不胜过喜好正义；纵然是桀、纣，也不能够去掉人民的喜好正义，然而能使他们的喜好正义不胜过贪图财利。所以，正义胜过财利的是平治之世，财利胜过正义的是紊乱之世。

上重利，则利克义。

故天子不言多少，诸侯不言利害，大夫不言得丧，士不通货财②。有国之君，不息牛羊③；错质之臣④，不息鸡豚；冢卿⑤，不修币施⑥；大夫，不为场园⑦；从士以上，皆羞利，而不与民争业；乐分施，而耻积臧。然故⑧，民不困财，贫窭者有所窜⑨其手。

君上重视正义，正义就胜过财利；君上重视财利，财利就胜过正义。

所以，天子不谈多少，诸侯不谈利害，大夫不谈得失，士者不做买卖。有国之君，不养牛羊；出使之臣，不养鸡猪；首相不修藩篱；大夫不筑场园；从士民以上，都以贪图财利为可耻，因而不和人民争夺家业；乐于分散布施，而以积藏财物为可耻。所以，人民不被财物所困窘，而贫穷人才有他们着手的地方。

注 释

❶ 杨倞：克，亦胜也。　❷ 杨倞：士贱，虽得言之，亦不得贸迁如商贾也。○按：《韩诗外传》四，"不"下有"言"字。乃涉上文三"不言"而误衍。　❸ 杨倞：息，繁育也。　❹ 杨倞：错，置也。质，读为"贽"。《孟子》曰："出疆必载质。"盖古字通耳。置贽，谓执贽而置于君。○按：谓出使之臣。　❺ 杨倞：冢卿，上卿。　❻ "不修币施"本作"不修币"。○按：俞樾说是也。盖因下文"乐分施"而误脱，今据补。又按：币，当为"蔽"之误字。《广雅》："蔽，障也。"郑玄《仪礼》注："蔽，藩也。"不修蔽拖，谓不修藩篱也，与"不为场园"正相对。　❼ 杨倞：治稼穑曰场，树菜蔬曰园。谓若公仪子不夺园夫、工女之利也。○王念孙：《韩诗外传》作"不为场圃"。○刘师培：《管子·轻重甲》篇云："千钟之家，不得为唐园。"场园，即彼文之"唐园"也。　❽ 王念孙：然故，犹是故也。　❾ 杨倞：窜，容也。○王先谦：有所窜其手，犹言有所措手也。○刘师培：《韩诗外传》作"贫穷有所欢，而孤寡有所措其手足也"。

【原文】

文王诛四，武王诛二，周公卒业，至成、康则案无诛已①。

【译文】

文王惩罚过四国，武王惩罚过两国，周公由摄政以至于到成王、康王即位，天下就没有惩罚之举了。

注释

❶ 杨倞：并解在《仲尼》篇。○按：末句文字略有不同。

【原文】

多积财①，而羞无有；重民任②，而诛不能；此邪行之所以起、刑罚之所以多也。

【译文】

重视积蓄财物，而以无有为可耻；加重人民的负担，而杀戮不能胜任的人；这便是邪道兴起、刑罚繁多的原因。

注释

❶ 按：《说文》："多，重也。" ❷ 王先谦：重民任，谓虐使之。

【原文】

上好义，则民暗饰矣①；上好富，则民死利矣。二者，治乱之衢也②。民语曰："欲

【译文】

君上喜好正义，人民就暗中整饬；君上喜好财富，人民就为财而死。这二者，便是治乱的通道。民间俗语说："喜好财

富乎，忍耻矣③，倾绝矣，绝故旧矣，与义分背矣。"上好富，则人民之行如此，安得不乱？

富吧，忍受着耻辱去干，拼着命去干，故旧都断绝了，和正义背道而驰了。"君上喜好财富，人民的行为就成为这种样子，怎么会不天下大乱呢？

注 释

❶ "义"本作"羞"。○王念孙：羞，当为"义"。"羞"字上半与"义"同，又涉上文两"羞"字而误也。"上好义"与"上好富"对文，故下文又云"欲富乎""与义分背矣"。上好义，则民暗饰；上好富，则民死利；即上文所云"上重义，则义克利；上重利，则利克义"也。《盐铁论·错币》篇："上好礼，则民暗饰；上好货，则下死利。"即用《荀子》而小变其文。 ❷ "治乱之衢"本作"乱之衢"。○杨倞：衢，道。○刘台拱："二者"二字承上两句而言，则"乱"上当有"治"字。 ❸ 杨倞：忍耻，不顾廉耻。倾绝，谓倾身绝命而求也。分背，如人分背而行。

【原文】

汤旱而祷曰："政不节与①？使民疾②与？何以不雨至斯极也？宫室荣与？妇谒盛与③？何以不雨至斯极也？苞苴行与④？谗夫兴与？何以不雨至斯极也？"

【译文】

汤王因为大旱而祷告上天说："政治不协调了吧？使用人民太辛苦了吧？为什么旱得这样厉害呢？宫室太华丽了吧？妇人的话听得太多了吧？为什么旱得这样厉害呢？贿赂盛行了吧？诽谤兴起了吧？为什么旱得这样厉害呢？"

注 释

❶ 王先谦：节，犹适也。谓不调适。　❷ 杨倞：疾，苦。　❸ 杨倞：荣，盛。谒，请也。妇谒盛，谓妇言是用也。　❹ 杨倞：货贿必以物苞裹，故总谓之苞苴。郑注《礼记》云"苞苴，裹鱼肉者，或以苇，或以茅"也。

【原文】

天之生民，非为君也；天之立君，以为民也。故古者，列地，建国，非以贵诸侯而已；列官职，差爵禄①，非以尊大夫而已。

【译文】

上天生下人民，不是为了君主；上天树立君主，而是为了人民。所以，在古代，分封土地，建立国家，不只是为了崇贵诸侯；序列官职，区别爵禄，不只是为了尊重大夫。

注 释

❶ 杨倞：差，谓制等级也。

【原文】

主道知人，臣道知事①。故舜之治天下，不以事诏②，而万物成。

【译文】

主上的道术，在于认识人才；臣下的道术，在于认识事情。所以，大舜治理天下，并不把事情告诉给人民，可是各种事情都完成了。

注 释

❶ 杨倞：人，谓贤良。事，谓职守。　❷ 杨倞：不以事诏告，但委任而已。

谓若使禹治水，不告治水之方略。

【原文】

农精于田，而不可以为田师。工、贾亦然①。

【译文】

农民精通于种田的，可是不可以使他们做田师。工人、商人也是如此。

注 释

❶ 按：已见《解蔽》篇。

【原文】

以贤易不肖，不待卜而后知吉；以治伐乱，不待战而后知克。

【译文】

用贤人换掉不贤，不用占卜，就知道是吉祥的；用平治讨伐紊乱，不等待交战，就知道可以取胜。

【原文】

齐人欲伐鲁，忌卞庄子，不敢过卞①；晋人欲伐卫，畏子路，不敢过蒲②。

【译文】

齐国想着征伐鲁国，他们惧怕卞庄子，不敢路过卞邑；晋国想着征伐卫国，他们惧怕子路，不敢路过蒲邑。

注 释

❶ 杨倞：卞，鲁邑。庄子，卞邑大夫，有勇者。〇按：《广雅》："忌，恐

也。" ❷杨倞：蒲，卫邑。子路，蒲宰。

【原 文】

不知而问尧、舜，无有而求天府①。曰：先王之道，则尧、舜已；六艺之博，则天府已②。

【译 文】

不知道，就去请问尧、舜；没有学识，就去请求天府。就是说：先王之"道"，就是尧、舜；六经的渊博，就是天府。

注 释

❶杨倞：天府，天之府藏。○俞樾：不知而问之尧、舜，无有而求之天府，语意本连属。下文乃自解"尧、舜""天府"之义也。○按：天府，又见《战国策·秦策一》，言其丰饶也。有，犹知也。郑玄：《毛诗》笺："有，识有也。"《说文》："识，一曰知也。" ❷"艺"，本作"貣"。○卢文弨：貣，当作"艺"，声之误也。即六经也。○俞樾：六貣，当从卢说，为"六艺"之误。何谓尧、舜？先王之道是也；问者，问此而已，非必真起尧、舜而问之也。何谓天府？六艺之博是也；求者，求此而已，非必真入天府而求之也。○按：卢、俞说是也。

【原 文】

君子之学，如蜕，幡然迁之①。故其行效，其立效，其坐效，其置颜色、出辞气效②。无留善，无宿问③。

【译 文】

君子的学习，就如同蝉蜕一般，反复地起着变化。所以，他的行动在模仿别人，他的站立在模仿别人，他的坐卧在模仿别人，他的掌握面色、吐出言辞在模仿别人。不停止善行，不保留疑问。

注 释

❶ 杨倞：如蝉蜕也。幡，与"翻"同。○按：《孟子·万章上》篇："幡然改。"赵岐注："幡，反也。"郑玄《礼记》注："迁，犹变易也。"　❷ 杨倞：效，放也。○按：《说文》："效，象也。"放，即今之"仿"字。　❸ 按：《广雅》："宿，留也。"

【原文】

善学者，尽其理；善行者，究其难。

【译文】

善于学习的人，穷尽事物的道理；善于实行的人，穷尽事物的难关。

【原文】

君子立志如穷①，虽天子三公问，正以是非对。

【译文】

君子立志安于穷困，纵然是天子三公来询问自己，也要正确地按照是非作答。

注 释

❶ 按：《说文》："如，从随也。"如穷，犹安穷也。

【原文】

君子隘穷而不失①，劳倦而不苟，临患难而不忘细席之言②。

【译文】

君子处境穷窘，而不违失道义；操劳困倦，而不苟且偷安；患难临头，而不忘掉平生所发下的誓言。

注释

❶卢文弨：隘穷，即厄穷。○按：《孟子·公孙丑上》篇："厄穷而不悯。"
❷"絪席"本作"细席"。○郝懿行："细席"，恐"茵席"之形讹。盖"茵"假借为"絪"，"絪"又讹为"细"耳。○王念孙：郝说是也。《汉书·霍光传》："加画绣絪冯。"如淳曰："絪，亦'茵'。"是其证。茵席之言，谓昔日之言，即《论语》所谓"平生之言"也。

【原文】

岁不寒，无以知松柏❶；事不难，无以知君子。

【译文】

终年不冷，就无从知道松柏的性格；事情不难，就无从知道君子的才识。

注释

❶按：《论语·子罕》篇："岁寒，然后知松柏之后凋也。"

【原文】

无日不在是❶。

【译文】

不要有一天不站在正确的方面。

注释

❶按：《毛诗传》："无，与'勿'同也。"《广雅》："在，尻（居）也。"

【原文】

雨小，故潜①。

【译文】

雨下得细小，所以入地深透。

注释

❶ 本作"雨小汉故潜"。○俞樾："汉"字，疑衍文。《尔雅》："潜，深也。"言雨小，故入地深也。下文云"夫尽小者大，积微者箸"，是其义矣。

【原文】

夫尽小者大，积微者箸①。德至者色泽洽②，行尽者③声问远。小人不诚于内，而求之于外。

【译文】

从来是，包罗了细小的，就成为巨大的；积聚了隐微的，就成为显著的。品德高尚的人，面色温润；行为高尚的人，名声遥远。小人不充实在内心，而追求在外表。

注释

❶ 按：箸，通"著"。杨倞《王霸》篇注："箸，明也。" ❷ 杨倞：色泽洽，谓德润身。○按：高诱《淮南子》注："洽，润也。" ❸ "者"本作"而"。○王先谦："而"，盖"者"之误，四句一例。○按：问，通"闻"。颜师古《汉书》注："问，名也。"

【原文】

言而不称师，谓之畔；

【译文】

言论不称述师说，就叫作叛离；教学

教而不称师，谓之倍①。倍畔之人，明君不内朝，士大夫遇诸涂，不与言。

不称述师说，就叫作违背。违背、叛离的人，明君不把他接纳在朝廷之上，士大夫在路上遇到他，不同他说话。

注释

❶ 按：皇侃《论语》疏："畔，背叛也。"《孟子音义》引张音："畔，与'叛'同。"赵君卿《周髀算经》注："倍，犹背也。"

【原文】

不足于行者，说过；不足于信者，言盛①。故《春秋》善"胥命"，而《诗》非"屡盟"。其心一也②。

善为《诗》者不说，善为《易》者不占，善为《礼》者不相③。其心同也。

【译文】

不能充分见于行动的人，他的说辞过分；不能充分见于信用的人，他的语言盛美。所以，《春秋》赞扬诸侯互相通告，而《诗经》责难屡次盟誓。他们的用心是一致的。

善于谈论《诗经》的人，不作解说；善于谈论《周易》的人，不作占卜；善于谈论《礼经》的人，不作赞相。他们的用心是相同的。

注释

❶ 按："言盛"本作"诚言"。"诚"当为"盛"字之误，"盛"又误倒在"言"字之上，当依上文"说过"作"言盛"，两相对文，今以意改。 ❷ 杨倞：《春秋》鲁桓公三年，"齐侯，卫侯胥命于蒲"。《公羊传》曰："相命也。何言乎相命？近正也。古者不盟，结言而退。"又《诗》曰："君子屡盟，乱是用长。"言其一心而相信，则不在盟誓也。○按：《尔雅》："命，告也。"胥命，互相通告也。 ❸ 杨倞：相，谓为人赞相也。

【原文】

曾子曰：孝子，言为可闻，行为可见。言为可闻，所以说远也；行为可见，所以说近也。近者说，则亲；远者说，则附。亲近而附远①，孝子之道也。

【译文】

曾子说：孝子，言论是为了使人可以听得见，行为是为了使人可以看得见。言论为了使人可以听得见，这是使远处的人悦爱；行为为了使人可以看得见，这是使近处的人悦爱。近处的人悦爱，就亲密；远处的人悦爱，就顺附。亲密近处的人而顺附远处的人，这便是孝子之道。

注释

❶ 杨倞：说，皆读为"悦"。近亲远附，则毁辱无由及亲也。

【原文】

曾子行，晏子从于郊。曰："婴闻之，'君子赠人以言，庶人赠人以财'。婴贫无财，请假于君子，赠吾子以言①：乘舆之轮，太山之木也，示诸檃栝，三月五月，为帱菜，敝而不反其常②；君子之檃栝，不可不谨也③。兰茞藁本，渐于蜜醴，一佩易之④；正君渐于香酒，可谗而得也⑤。君子之所渐，

【译文】

曾子离开了齐国，晏子追随着送到郊外。晏子说："我听到古人说过，'君子是用言语赠送人，百姓是用财物赠送人'。我很贫乏，没有什么才学，我请在君子面前借贷一点，赠送给您几句话吧：大车上的轮子，本来是泰山上的木材，把它放在正木器上，三五个月，才做成车毂和车辐，从此就破坏了它的本性，而不能再返还正常。君子的正木器，是不可以不严谨的啊！兰芷一类的香花，浸泡在浓酒里面，佩戴一次就得更换；公正的君上，浸泡在香酒里面，是容易听取诽谤话的。君子所受到的浸泡，是

不可不慎也！　　　　　　　　　不可以不慎重的啊！

注 释

❶ 杨倞：假于君子，谦辞也。晏子，先于孔子；曾子之父，犹为孔子弟子。此云送曾子，岂好事者为之欤？○按：盖寓言也。贫无财，应谓学贫而无材也。盖双关语。　❷ 杨倞：此皆言车之材也。示，读为"置"。檃栝，矫揉木之器也。言置诸檃栝，或三月，或五月也。菜，读为"䓖"，谓毂与辐也；言矫揉直木为牙，至于毂辐，皆敝而规曲，不反其初，所谓三材不失职也。《周礼·考工记》曰："望其毂，欲其眼也，进而眂之，欲其帱之廉也。"郑云："帱，冒毂之革也；革急则裹木廉隅见。"《考工记》又曰："察其䓖，蚤不龋，则轮虽敝不匡。"郑云："䓖，谓辐入毂中者。蚤，读为'爪'，谓辐入牙中者也。匡，刺也。"《晏子春秋》曰："今夫车轮，山之直木，良匠揉之，其员中规，虽有槁暴，不复赢矣。" ❸ 按："不可不谨也"下本有"慎之"二字，赘文，疑涉下文"不可不慎也"而误衍，今以意删。　❹ 卢文弨：《晏子》作"今夫兰本，三年而成，湛之苦酒，则君子不近，庶人不佩；湛之縻醢，而贾匹马矣"。《说苑》《家语》略同，"縻醢"作"鹿醢"。案："渐于蜜醴"，与"渐于酒""渐之滫中"皆谓其不可久，故一佩即易之。○按：颜师古《汉书》注："茝，即今白芷。"《广雅·释草》："山茝，槀本也。"　❺ 郝懿行：正君者，好是正直之君；谗言甘而易入，如饮醇醪，令人自醉，故以渐于香酒譬况之。

【原 文】

"人之于文学也①，犹玉之于琢磨也。《诗》曰：'如切如磋，如琢如磨。'谓学问也。和之璧，井里之厥也，玉人琢之，为天下宝②。子赣、

【译 文】

人对于道术，就如同玉石对于琢磨一样。《诗经》中说：'如同切骨，如同磋牙，如同琢玉，如同磨石。'这就是说的求学的道理。和氏之璧，就同乡里中的门限一样，玉人雕刻它，才能成为天下的宝物。子贡、子路，本来都是

季路③，故鄙人也，被文学，服礼义，为天下列士。"

鄙俗之人，他们学习了道术，遵从了礼义，就成为天下有名的儒士。"

注释

❶ 按：颜师古《汉书》注："为文学，谓学经书之人。"此指道术言。　❷ "为天下宝"，本作"为天子宝"。○杨倞：和之璧，楚人卞和所得之璧也。《晏子春秋》作"井里之困"也。○卢文弨：厥，同"橛"。《说文》："橛，门梱也。梱，门橛也。"《荀子》以"厥"为"橛"，《晏子》以"困"为"梱"，皆谓门限。○王念孙：卢本段说，见《钟山札记》。《文选》注引此"和"下有"氏"字（《晏子春秋·杂篇》同），"为天子宝"作"为天下宝"，于义为长。下文亦云"子赣、季路，为天下列士"。　❸ 按：子赣，即子贡；季路，即子路。

【原文】

学问不厌，好士不倦，是天府也①。

【译文】

勤学好问，不知厌烦；爱好儒士，不知疲倦；就是天然的知识宝库。

注释

❶ 杨倞：言所得多。

【原文】

君子疑，则不言；

【译文】

君子有疑问的，就不谈说它；没有学习

未问，则不言①。道远，日益矣。 | 过的，就不谈说它。学习的道路是遥远的，要一天一天地增进啊！

注释

❶ 下句"不言"本作"不立"。○杨倞：未问，未曾学问。此语出《曾子》。○王念孙："立"字义不可通，"立"亦当为"言"。皆谓君子之不易其言也。《大戴礼记·曾子立事》篇："君子疑则不言，未问则不言。"此篇之文，多与《曾子》同也。隶书"言"字或作"吾"，因脱其半而为"立"。○按：张湛《列子》注："问，犹学也。"问，或通"闻"。

【原文】

多知，而无亲①；博学，而无方②；好多，而无定者；君子不与③。

【译文】

知道得多，可是没有师承；学习得广，可是没有方法；喜欢贪多，可是没有定见的人；君子不接近他。

注释

❶ 杨倞：无亲，不亲师也。　❷ 按：高诱《吕氏春秋》注："方，术也。"　❸ 按：郑玄《周易》注："与，犹亲也。"

【原文】

少不讽诵①，壮不论议，虽可，未成也②。

【译文】

少年不读书，壮年不议论，虽然本质可以，也不能成器。

【注 释】

❶ "讽"下本无"诵"字。○王念孙:"少不讽"当从《大戴礼记》作"少不讽诵"。"讽诵",与"论议"对文。少一"诵"字,则文不足意矣。○按:郑玄《周礼》注:"倍文曰讽,以声节之曰诵。"《说文》讽、诵,同义。 ❷ 杨倞:言不学,虽有善质,未为成人也。

【原 文】

君子壹教,弟子壹学,亟成①。

【译 文】

君子要专心致志地教育弟子,弟子专心致志地学习,才能速成。

【注 释】

❶ 杨倞:壹,专壹也。亟,急也。

【原 文】

君子进,则能益上之誉,而损下之忧。不能而居之,诬也①;无益而厚受之,窃也。

【译 文】

君子进而在位,就能增益主上的声誉,而减损下民的疾苦。没有才能,而虚居其位,就叫作欺罔;对国家没有益处,而享受厚禄,就叫作盗窃。

【注 释】

❶ 按:《广雅》:"诬,欺也。"韦昭《国语》注:"诬,罔也,以恶取善曰诬。"

【原文】

学者,非必为仕;而仕者,必如学①。

【译文】

学习的人,不一定要为了做官,而做官的人,必须要谋求学习。

注 释

① 按:《尔雅》:"如,谋也。"

【原文】

子贡问于孔子曰:"赐倦于学矣,愿息事君①。"孔子曰:"《诗》云:'温恭朝夕,执事有恪②。'事君难,事君焉可息哉?"

"然则赐愿息事亲。"孔子曰:"《诗》云:'孝子不匮,永锡尔类③。'事亲难,事亲焉可息哉?"

"然则赐愿息于妻子。"孔子曰:"《诗》云:'刑于寡妻,至于兄弟,以御于家邦④。'妻子难,妻子焉可息哉?"

"然则赐愿息于朋友。"孔子曰:"《诗》云:'朋友攸

【译文】

子贡请问孔子说:"我对于学习感到疲倦了,愿意停止侍奉国君。"孔子说:"《诗经》中说:'温和恭顺的早朝晚朝,执守事务要保持敬慎。'侍奉君上不容易,怎么可以停止侍奉君上呢?"

子贡说:"那么,我愿意停止侍奉父母。"孔子说:"《诗经》中说:'孝子的行为没有尽头之时,永远要奉送给你的同类。'侍奉父母不容易,怎么可以停止侍奉父母呢?"

子贡说:"那么,我愿意停止帮助妻子。"孔子说:"《诗经》中说:'对贤妻立下礼法,然后再顾及兄弟之间,这样来治理这个家庭。'帮助妻子不容易,怎么可以停止帮助妻子呢?"

子贡说:"那么,我愿意停止结交朋友。"孔子说:"《诗经》中说:'朋友是互相辅助的,辅助要有威严。'结

摄，摄以威仪⑤。'朋友难，朋友焉可息哉？"

"然则赐愿息耕。"孔子曰："《诗》云：'昼尔于茅，宵尔索绹，亟其乘屋，其始播百谷⑥。'耕难，耕焉可息哉？"

"然则赐无息者乎？"孔子曰："望其圹，皋如也，巅如也，鬲如也⑦，此则知所息矣！"

子贡曰："大哉，死乎！君子息焉！小人休焉⑧！"

交朋友不容易，怎么可以停止结交朋友呢？"

子贡说："那么，我愿意停止种田。"孔子说："《诗经》中说：'白天要去采茅草，晚上要打草绳，赶紧着修理房屋，然后再开始播种百谷。'种田不容易，怎么可以停止种田呢？"

子贡说："那么，我就没有可以停止的了。"孔子说："望望自己的坟墓，像皋门一样了，像山顶一样了，像瓦罐一样了，到这时候，就知道停止的所在了！"

子贡感叹地说："死亡，太伟大了！君子安息了！小人休止了！"

注释

❶ 杨倞：息，休息。　❷ 杨倞：《诗经·商颂·那》之篇。○按：《毛诗传》："恪，敬也。"　❸ 杨倞：《诗经·大雅·既醉》之篇。毛云："匮，竭也。"○按：郑玄笺："永，长也。孝子之行，非有竭极之时，长以与女之族类，谓广之以教道天下也。"　❹ 杨倞：《诗经·大雅·思齐》之篇。刑，法也。寡有之妻，言贤也。御，治也。言文王先立礼法于其妻，以至于兄弟，然后治于家邦，言自家刑国也。　❺ 杨倞：亦《既醉》之篇。毛云："言相摄佐者，以威仪也。"　❻ 杨倞：《诗经·豳风·七月》之篇。于茅，往取茅也。绹，绞也。亟，急也。乘屋，升屋，治其敝漏也。○按：郑玄《诗》笺："乘，治也。"
❼ 郝懿行：皋，犹高也。巅，即"颠"字，"颠"俗作"巅"，因又作"巅"耳。鬲，鼎属也，圆而弇上。此皆言丘垄之形状。○按：皋如，谓如皋门也。《礼记·明堂位》篇："天子皋门。"郑玄注："皋之言高也。"《诗·绵》篇："乃立皋门。"毛传："王之郭门曰皋门。"圹，墓穴也。初望其圹，如皋门然，尚未覆土也；既则巅如，鬲如，不见其门矣。　❽ 郝懿行：子贡悚然警悟。言

人不可苟生，亦不可徒死也。

【原文】

《国风》之好色也，传曰："盈其欲，而不愆其止①。"其诚，可比于金石；其声，可内于宗庙②。《小雅》不以于污上，自引而居下③；疾今之政，以思往者；其言有文焉，其声有哀焉④。

【译文】

《国风》所陈述的好色之事，古书上说："满足人的欲望，但是不妨害人的节制。"它的诚心，可以比于金石；它的声音，可以用于宗庙。《小雅》并不因为污君而自甘引退，它疾恶当时的政治，而思念古人；它的言辞是有文采的，它的声音是悲伤的。

注释

❶ 杨倞：好色，谓《关雎》乐得淑女也。盈其欲，谓"好仇""寤寐思服"也。止，礼也。欲虽盈满，而不敢过礼求之。此言好色人所不免，美其不过礼也。故《诗序》云："《关雎》乐得淑女以配君子，忧在进贤，不淫其色，哀窈窕，思贤才，而无伤善之心焉。是《关雎》之义也。"○按：《韩诗》："止，节也。"与"礼"义同。 ❷ 杨倞：其诚，以礼自防之诚也。比于金石，言不变也。其声可内于宗庙，谓以其乐章播八音，奏于宗庙。《乡饮酒礼》："合乐：周南《关雎》《葛覃》。"《诗序》云："《关雎》，后妃之德，风之始也。所以风化天下，故用之乡人焉，用之邦国焉。"既云"用之邦国"，是其声可内于宗庙者也。 ❸ 杨倞：以，用也。污上，骄君也。言作《小雅》之人，不为骄君所用，自引而疏远也。○按：污上，犹污君也。《孟子》曰："不羞污君。" ❹ 杨倞：《小雅》，多刺幽、厉而思文、武。言有文，谓不鄙陋；声有哀，谓哀以思也。

【原文】

国将兴，必贵师而重傅①；贵师而重傅，则法度存②。国将衰，必贱师而轻傅；贱师而轻傅，则人有快③；人有快，则法度坏。

【译文】

国家将要兴盛，必然就尊重师傅；尊重师傅，国家的法度就得到保存。国家将要衰落，必然就轻鄙师傅；轻鄙师傅，人们就互不相服；人们互不相服，国家的法度就遭到破坏。

注释

❶按：范宁《谷梁传》注："傅，师傅。"　❷俞樾：下文云："贱师而轻傅，则人有快；人有快，则法度坏。"据此，则"贵师而重傅"下疑有阙文。❸"快"本作"怏"。○杨倞：人有肆意。○按：依杨注"肆意"之义，与"怏"义不符，疑当为"快"字之误。《说文》："快，不服也，怼也。"（依段玉裁，补上"也"字。）《广雅》："快，强也。"《集韵》："快然，自大之意。"与"肆意"义近。贱师而轻傅，则互不相服矣。今以意改。

【原文】

古者，匹夫五十而士①。天子、诸侯子十九而冠②，冠而听治，其教至也③。

【译文】

在古代，普通人五十岁才可以做官。天子和诸侯的儿子十九岁就加上成人的冠，加上冠以后就能处理政事，这是由于他所受的教育比下民好的原因。

注释

❶俞樾：礼所谓"四十始仕，五十命为大夫"者，盖指卿大夫、元士之嫡

子而言。此明言"匹夫",则殆谓卿之俊士、选士矣。荀子不直曰"古者五十而士",必加"匹夫"二字,明与下文"天子、诸侯子"相对。○按:士,通"仕"。 ❷杨倞:十九而冠,先于臣下一年也。○按:《礼记·曲礼》篇:"二十曰弱,冠。"《说文》:"冠,絭也,所以絭发,弁冕之总名也。"杜预《左传》注:"冠,成人之服也。" ❸按:郑玄《考工记》注:"至,犹善也。"

【原文】

君子也者而好之,其人也①;其人而不教,不祥。非君子而好之,非其人也;非其人而教之,赍盗粮,借贼兵也②。

【译文】

对于君子表示爱好的,他就是所爱好的得其人;爱好的得其人,而不教诲他,就不吉祥。对于非君子表示爱好的,他就是爱好的不得其人;爱好的不得其人,而教诲他,就如同资助给窃盗粮食、借给贼寇兵器一样。

注释

❶第二个"也"字本在下句"其人"二字之下。○王念孙:"其人也而不教","也"字当在上句"其人"下。下文"非君子而好之,非其人也;非其人而教之,赍盗粮,借贼兵也",上"非其人"人下有"也"字,下"非其人"下无"也"字,是其证。 ❷杨倞:赍,与"资"同。兵,五兵也。○王念孙:此言能好君子,则为可教之人,可教而不教之,是为不祥。若所好非君子,则为不可教之人,不可教而教之,则是赍盗粮、借贼兵也。

【原文】

不自嗛其行者,言滥过①。

【译文】

不自己歉疚(不满足)于自己行为的人,他的言语要陷于泛滥过度。

注释

❶ 郝懿行：嗛，不足也。言人不知自嗛其行者，其言易于滥过而难副。"嗛"与"歉"，古字通。荀书多以"嗛"为"歉"。

【原文】

古之贤人，贱为布衣，贫为匹夫，食则饘粥不足，衣则竖褐不完①；然而非礼不进，非义不受。安取此②。

【译文】

古代的贤人，卑贱得做个布衣，贫穷得做个匹夫，稀粥都吃不饱，粗布都穿不完整；然而，不合礼的地方他不进入，不正义的事物他不接受。他就是安于这样做。

注释

❶ 杨倞：竖褐，僮竖之褐，亦短褐也。○按：《说文》："褐，粗衣。" ❷ 按：《广雅》："取，为也。"

【原文】

子夏家贫①，衣若县鹑②。人曰："子何不仕？"曰："诸侯之骄我者，吾不为臣；大夫之骄我者，吾不复见。柳下惠与后门者同衣，而不见疑，非一日之闻也③。争利如蚤甲，而丧其掌④。"

【译文】

子夏家境贫寒，身穿的衣服，短得就像吊起的鹌鹑一样。有人问他："你为什么不做官呢？"子夏说："诸侯看不起我的，我不做他的臣下；大夫看不起我的，我不再见他。柳下惠同门官穿的衣服一样，可是他并不被人怀疑，这不是近日的新闻了。争取的财利像指甲那么一点儿，可是丧失掉了自己的巴掌。"

注 释

❶ "贫"上本无"家"字。○刘师培:《书钞》一二九、《事类赋注》十二、《御览》六八九所引"贫"字上并有"家"字,当据补。又《初学记》十八引"子夏家贫,徒有四壁"。疑亦此处脱之。○按:今据补"家"字。 ❷ 按:县鹑,见《诗经·魏风·伐檀》篇。《正字通》:"鹑尾特秃,若衣之短结,故凡敝衣曰衣若县鹑。" ❸ 杨倞:柳下惠,鲁贤人,公子展之后,名获,字禽,居于柳下,谥惠。季,其伯仲也。后门者,君之守后门,至贱者。子夏言:"昔柳下惠衣之敝恶,与后门者同,时人尚无疑怪者。"言安于贫贱,浑迹而人不知也。非一日之闻,言闻之久矣。 ❹ 杨倞:蚤,与"爪"同。言仕乱世骄君,纵得小利,终丧其身。○卢文弨:"蚤"者,"叉"之假借。叉、甲,同义。○按:《说文》:"叉,手足甲也。"乃本字。

【原 文】

君人者不可以不慎取臣,匹夫不可以不慎取友。友者,所以相有也①。道不同,何以相有也?均薪施火,火就燥;平地注水,水流湿②。夫类之相从也,如此之箸③也。以友观人,焉所疑④?取友,善人⑤,不可不慎。是德之基也。

《诗》曰:"无将大车,维尘冥冥。"言无与小人处也⑥。

【译 文】

统治人民的人不可以不慎重选取臣下,一般人不可以不慎重选取朋友。朋友,是互相亲善的。道术不同,怎么能互相亲善呢?均开柴草点火,火总是向干燥的一方延伸;在平地下倒水,水总是向潮湿的一方流去。那物类的互相随从,就是这样地显著。用交友来观察人,还有什么怀疑的呢?选取朋友,劝善别人,不可以不慎重。这是德行的基础。

《诗经》中说:"不要扶着大车走路,那会尘土迷茫的。"就是说不同小人相处的意思。

注释

❶ 按：杜预《左传》注："有，相亲有。"《广雅》："友，亲也。"　❷ 按：水流湿，火就燥，语本《周易·文言传》。　❸ 按：箸，通"著"。　❹ 杨倞：察其友，则可以知人之善恶不疑也。　❺ 王先谦：善人，使人善也。　❻ 杨倞：《诗经·小雅·无将大车》之篇。将，犹扶进也。将车，贱者之事。尘冥冥，蔽人目明，令无所见；与小人处，亦然也。

【原文】

蓝苴路作，似知而非①；偄弱易夺，似仁而非②；悍戆好斗，似勇而非。

【译文】

骄慢败事，类似明智，而不是明智；懦弱无能，类似仁慈，而不是仁慈；凶憨好斗，类似勇敢，而不是勇敢。

注释

❶ 杨倞：苴，读为"姐"，慢也。赵蕤注《长短经·知人》篇："姐者，类智而非智。"○按：姐，乃"嬒"之借字。《说文》："嬒，骄也。"骄、慢，义近。《大戴礼记·文王官人》篇："蓝之以乐。"卢辩注："蓝，犹滥也。"蓝、滥，皆"嬒"之借字。《说文》："嬒，过差也。"孔晁《逸周书》注："滥，过也。"蓝姐，即嬒嬒，谓过于骄慢也。路，通"露"。《方言》："露，败也。"作，犹事也。孔颖达《周易》疏："大作，谓大事也。"是也。路作，谓败事也。　❷ 杨倞：仁者不争而与物，故偄弱易夺者似之。易夺，无执守之谓也。○卢文弨：偄，与"懦"同。○按：即"懦"字。

【原文】

　　仁、义、礼、善之于人也，譬之若货财、粟米之于家也；多有之者，富；少有之者，贫；至无有者，穷。故大者不能，小者不为，是弃国捐身之道也。

【译文】

　　仁、义、礼、善对于人来说，就如同货财、粮米对于家庭一样；保有得多的，就富足；保有得少的，就贫乏；非常没有的，就穷窘。所以，大事不能做，小事不去做，这便是离开国家、失掉身躯的道路。

【原文】

　　凡物，有乘而来；其出者，是其反者也①。

【译文】

　　所有事物，都有一定的因由才会到来；它发现的地方，就是它返回的地方。

注　释

❶"其出者"上本有一"乘"字。〇王念孙：下"乘"字，疑涉上"乘"字而衍。乘，因也。(《文选》注引如淳《汉书》注。) 言凡物必有所因而来，反乎我者，即出乎我者也，故曰"其出者，是其反者也"。今本"来"下又有"乘"字，则义反晦矣。

【原文】

　　流言，灭之；货色，远之。祸之所由生也，生自纤纤也。是故君子蚤绝之①。

【译文】

　　流言蜚语，要扑灭它；财货、女色，要疏远它。祸患的发生，发生在细小之间。所以，君子要及早杜绝它。

注 释

❶ 杨倞：流言，谓流转之言，不定者也。此语亦出《曾子》。○按：《大戴礼记·曾子立事》篇"所由生"下无"也"字。元刻亦无之。

【原文】

言之信者，在乎区盖之间①。疑则不言，未问则不言②。

【译文】

可以听信的语言，在于空虚、疑惑之间。有疑问的，就不谈说；没有学习过的，就不谈说。

注 释

❶ 杨倞：区，与"丘"同义。○按，范望《太玄》注："区，虚也。"丘，亦虚也。《汉书》注引孟康："丘，空也。"是也。孔颖达《诗》疏："盖，疑辞。"区盖之间，谓虚疑之间也。下句"疑则不言"，"疑"即承此而言。 ❷ "不言"本作"不立"。○郝懿行：此二句已见上。疑"立"当为"言"，形近之讹。

【原文】

知者明于事，达于数，不可以不诚事也。故曰："君子难说。说之不以道，不说也①。"

【译文】

明智者明察于事务，通达于术数，对待明智者不可不忠诚。所以说："君子不轻于悦爱。悦爱得不合乎道理，就不悦爱。"

注 释

❶ 杨倞：诚，忠诚。言不可以虚妄事智者。说，并音"悦"。○按：孔子曰："君子易事而难说也；说之不以道，不说也。"见《论语·子路》篇。

【原文】

语曰："流丸止于瓯臾①，流言止于知者。"此家言②、邪学之所以恶儒者也。是非疑，则度之以远事，验之以近物，参之以平心，流言止焉，恶言死③焉。

【译文】

俗语说："流弹飞丸，停止在坳洼之处；流言蜚语，停止在明智者之身。"这便是一家之言、异端之学厌恶儒家的原因。对于是非有所怀疑，就用过去的事物测度它，用近来的事物考验它，用平心静气的态度考证它，流言蜚语就会停止，丑言恶语就会消灭。

注 释

❶ 杨倞：瓯、臾，皆瓦器也。扬子云《方言》云："陈、魏、楚、宋之间，谓䁓为臾。"瓯、臾，谓地之坳坎如瓯臾者也。 ❷ 杨倞：家言，谓偏见，自成一家之言，若宋、墨者。 ❸ 杨倞：死，犹尽也。

【原文】

曾子食鱼，有余。曰："泔之。"门人曰："泔之，伤人，不若奥之①。"曾子泣涕曰："有异心乎哉？"伤其闻之晚也。

【译文】

曾子吃鱼，有剩余的。曾子说："把它用水泡起来。"他的弟子说："泡起来，能够伤人，不如晒起来。"曾子流起泪来说："我难道有别的心意吗？"他是难过自己听到的这种常识太晚了。

注 释

❶ 按：《说文》："周谓潘曰泔。""潘，淅米汁也。"泔之，谓浸之以汁也。奥，当为"燠"。《尚书·洪范》："曰晢，时燠若。"郑玄注："燠，火气也。"《史记·微子世家》作"曰知，时奥若"。奥，谓晒之也。

【原文】

无用吾之所短遇人之所长①。故塞而避所短；移，而从所任②；疏知，而不法；察辨，而操僻；勇果，而亡礼；君子之所憎恶也。

【译文】

不要用自己的短处抵挡别人的长处。所以，遇到阻塞，就回避自己的短处；一有举动，就表现自己的才能；知道得粗疏，而不效法别人；分辨得清晰，而固执己见；勇敢刚果，而没有礼节；这都是君子所憎恶的。

注 释

❶ 杨倞：遇，当也。○按：高诱《战国策》注："遇，敌也。" ❷"任"本作"仕"。○俞樾："仕"疑"任"字之误。《庄子》李注曰："任，能也。"谓移而从所能也。○按：俞校近是，今据改。从，当读为"纵"。

【原文】

多言而类，圣人也；少言而法，君子也；多言、无法，而流湎①然，虽辩，小人也。

【译文】

说话多而善良，便是圣人；说话少而正气，便是君子；说话多而流于邪僻，虽然明辨，也是小人。

【注 释】

❶ "流湎"本作"流喆"。○杨倞：喆，当为"湎"。《非十二子》篇有此语，此当同。

【原 文】

国法禁拾遗，恶民之串以无分得也①。有夫分义，则容②天下而治；无分义，则一妻一妾而乱。

【译 文】

国家法令禁止拾取遗失的财物，这是憎恶人民以不正当的习惯而得到财物。保持正义，就是整个天下也可以平治；不保持正义，就是一妻一妾的家庭也得紊乱。

【注 释】

❶ 杨倞：串，习也，"工患"反。○按：《一切经音义》："串，古文义作'惯'。"串，实为"毌"之异体。李善《文选》注："分，当也。"又："分，分义也。"分义，犹正义也。 ❷ 王先谦：容，受也。

【原 文】

天下之人，唯各特意哉，然而有所共予也①。言味者予易牙，言音者予师旷②，言治者予三王。三王既已定法度、制礼乐而传之，有不用而改自作，何以异于变易

【译 文】

天下之人，虽然各有各的特殊意志，然而也有他们的共同推崇。谈论食味的人，都推崇易牙；谈论音律的人，都推崇师旷；谈论政治的人，都推崇三王。三王既然已经制定了法度、礼乐，而流传后世，如果有人不遵用三王而自行造作，这和改变易牙的调味、更动师旷的

牙之和、更师旷之律、无三王之法③？天下不待亡，国不待死④。

音律、违反三王的法制有什么不同呢？天下等不了好久就要灭亡，国家等不了好久就要丧失。

注 释

❶杨倞：特意，谓人人殊意。予，读为"与"。〇王念孙：唯，即"虽"字。〇按：《广雅》："特，独也。"《说文》："予，推予也。" ❷杨倞：易牙，齐桓公宰夫，知味者。师旷，晋平公乐师，知音者。 ❸按：无，当读为"牾"。《说文》："牾，屰也。"今作"迕""逆"。 ❹杨倞：言不暇有所待而死亡，速之甚也。

【原文】

饮而不食者，蝉也；不饮不食者，浮蝣也①。

【译文】

只喝水而不吃东西的，是蝉；不吃东西也不喝水的，是浮蝣。

注 释

❶杨倞：浮蝣，渠略，朝生夕死虫也。〇郝懿行：二句义似未足，文无所蒙，容有缺脱。〇按：浮蝣，《尔雅》作"蜉蝣"。

【原文】

虞舜、孝己，孝，而亲不爱；比干、子胥，忠，而

【译文】

虞舜、孝己，孝顺父母，而父母并不喜爱他们；比干、伍子胥，忠于君上，而

君不用；仲尼、颜渊，知，而穷于世，劫迫于暴国，而无所辟之。

君上并不任用他们；孔子、颜渊，聪明多智，而被乱世所穷困，被暴国所胁迫，而且无所逃避。

【原文】

惟惟而亡者，诽也；博而穷者，訾也；清之而俞浊者，口也①。

【译文】

恭卑顺从却身亡的，是因为诽谤；学问广博却穷困的，是因为毁谤；希求清白却污浊的，是因为口舌。

注 释

❶ 按：后二句，见《荣辱》篇。杨倞注前一句云："惟，读为'唯'。唯唯，听从貌。"亦费解。《荣辱》篇作"快快而亡者，怒也"，与此不同。当有误文，疑莫能明也。

【原文】

君子能为可贵，不能使人必贵己；能为可用，不能使人必用己。

【译文】

君子能做到可以被人尊贵，并不能做到一定使人尊贵自己；能做到可以被人任用，并不能做到一定使人任用自己。

【原文】

诰誓①不及五帝，盟诅②不及三王，交质子不

【译文】

对下民发布诰命、誓词，回推不到五帝时代；两国互相盟誓，回推不到三王时代；

及五伯③。　　　　　两国交相用太子作抵押，回推不到五霸时代。

注释

❶ 杨倞：诰誓，以言辞相诫约也。《礼记》曰："约信曰誓。"又曰："殷人作誓，而民始畔。" ○按：《说文》："诰，告也。"《释名》："上敕下曰告。告，觉也，使觉悟知己意也。"　❷ 杨倞：莅牲曰盟。谓杀牲歃血，告神以盟约也。○按：郑玄《周礼》注："盟诅，主于约誓。大事曰盟，小事曰诅。"　❸ 杨倞：此言后世德义不足，虽要约转深，犹不能固也。伯，读曰"霸"。《谷梁传》亦有此语。○按：《左传·昭公二十年》："以三公子为质。"杜预注："质，信也。"又哀公二十年："先主与吴王有质。"杜预注："质，盟信也。"《说文》："质，以物相赘。"《左传·隐公三年》："周郑交质，王子狐为质于郑，郑公子忽为质于周。"质，犹今言抵押。

宥坐① 篇第二十八

【原文】

孔子观于鲁桓公之庙,有欹器焉②。孔子问于守庙者曰:"此为何器?"守庙者曰:"此盖为宥坐之器③。"

孔子曰:"吾闻宥坐之器者,虚则欹,中则正,满则覆。"孔子顾谓弟子曰:"注水焉。"弟子挹④水而注之。中而正,满而覆,虚而欹。孔子喟然而叹曰:"吁!恶有满而不覆者哉?"

子路曰:"敢问持满有道乎?"孔子曰:"聪明圣知,守之以愚;功被天下,守之以让;勇力抚世⑤,守之以怯;富有四海,守之以谦⑥。此所谓挹而损之之道也⑦。"

【译文】

孔子到鲁桓公庙去参观,看到有一个倾斜的器皿。孔子问守庙的人说:"这是什么器皿呢?"守庙的人说:"这就是宥坐(座右自警)之器。"

孔子说:"我听说过宥坐之器,里面空虚了就倾斜,东西放得适中了就端正,东西放得盈满了就倾覆。"孔子就回头对学生们说:"你们给它注水。"学生们就取水来向里面注。水注得适中,它就端正;水注得盈满,它就倾覆;把它倒空,它就倾斜。孔子大声叹息地说:"哪里有盈满而不倾覆的呢?"

子路问孔子说:"我请问保持盈满也有一定的道术吗?"孔子说:"聪明圣知,就用愚昧来持守;功盖天下,就用谦让来持守;勇力盖世,就用怯懦来持守;富有四海,就用俭约来持守。这便是所谓抒泄而又减损的道理。"

注 释

❶ 杨倞：此以下皆荀卿及弟子所引记传杂事，故总推之于末。　❷ 杨倞：欹，易覆之器。　❸ 杨倞：宥，与"右"同。言人君可置于坐右，以为戒也。《说苑》作"右坐"。或曰：宥，与"侑"同，劝也。《文子》曰："三王五帝有劝戒之器，名侑卮。"注云："欹器也。"○按：盖，犹乃也。见《助字辨略》。　❹ 杨倞：挹，酌。○按：《说文》："挹，抒也。"　❺ 杨倞：抚，掩也。犹言"盖世"矣。○卢文弨：据注，则"抚"乃"幠"字之误。《家语·三恕》篇作"振世"。○按：《说文》："幠，覆也。"今俗作"捂"。　❻ 刘师培：谦，与上文"让"（《玉海》引作"逊"）复。《说苑·敬慎》篇作"廉"，《淮南子·道应训》作"俭"，并与此殊。疑此文"谦"字亦当读作"慊"，"慊"与"俭"同。《淮南子》高诱注云："廉，犹俭也。"是其义。　❼ 杨倞：挹，亦退也。挹而损之，犹言损之又损。○按：《文选》注引《苍颉》："挹，损也。"

【原文】

孔子为鲁摄相，朝七日①，而诛少正卯。门人进问曰："夫少正卯，鲁之闻人也，夫子为政而始诛之，得无失乎②？"

孔子曰："居，吾语女其故。人有恶者五，而盗窃不与焉：一曰心达③而险，二曰行辟而坚，三曰言伪而辩，四曰记丑而博，五曰顺非而泽④。此五者有一于人，则不得免于君子之诛，而少正卯兼有之。故居处，足以聚徒

【译文】

孔子兼代鲁国首相，听朝的第七天，就把少正卯杀掉了。孔子的学生进来问孔子说："少正卯是鲁国的知名人士，老师执掌了政权，首先便把他杀掉，是不是一种过错呢？"

孔子说："坐下！我告诉你其中的缘故。人有五种罪恶，可是盗窃不在其内：第一是内心明达而凶险，第二是行为邪僻而坚强，第三是言语虚伪而好辩，第四是记忆怪事而广博，第五是顺从非理而润泽。这五种有一种在人身上，就不免于被君子所杀戮，可是少正卯都具有。所以，他在

成群；言谈，足以饰邪营众；强，足以反是独立⑤。此小人之桀雄也⑥，不可不诛也。是以，汤诛尹谐，文王诛潘止，周公诛管叔，太公诛华仕，管仲诛付里乙，子产诛邓析、史付⑦。此七子者，皆异世同心⑧，不可不诛也。《诗》曰：'忧心悄悄，愠于群小⑨。'小人成群，斯足忧矣⑩！"

居处的时候，足以聚众成群；在言谈的时候，足以饰邪惑众；他刚愎自恃，足以反是为非，而独树一帜。这是小人中的杰雄，不可不把他杀掉。所以，汤王杀了尹谐，文王杀了潘止，周公杀了管叔，太公杀了华仕，管仲杀了付里乙，子产杀了邓析和史付。这七个人，都不同世俗，而纵容己意，不可不杀掉他们。《诗经》中说：'我提心吊胆地在谋虑，却被一些小人所恼恨。'小人一成群结伙，就足以使人担忧！"

注 释

❶ 杨倞：为司寇而摄相也。朝，谓听朝也。○按：杜预《左传》注："摄，兼官也。"为鲁摄相，《尹文子》作"摄鲁相"。 ❷ 杨倞：闻人，谓有名，为人所闻知也。始诛，先诛之也。○按：《史记·孔子世家》："定公十四年，孔子年五十六，由大司寇摄相事……于是诛鲁大夫乱政者少正卯。"《通志·氏族略》："鲁大夫有少正卯，孔子诛之。"或谓少正为官名，或谓少正为姓，余疑：少正，当即"小正"；卯，其名；少正卯，当为农家者流，余另有专题考证。孔子杀少正卯，其事可疑。得无，或作"得毋""得微"，推想其或然之词。 ❸ 刘师培：《家语·始诛》篇、《刘子新论·心隐》篇"达"作"逆"，《说苑·指武》篇作"辨"。 ❹ 杨倞：丑，谓怪异之事。泽，有润泽也。 ❺ 杨倞：营，读为"荧"。荧众，惑众也。强，刚愎也。反是，以非为是也。独立，人不能倾之也。○按：《尹文子》"营"作"荧"。强，《尹文子》作"强记"。 ❻ 按：桀，通"杰"。《毛诗传》："桀，特立也。"高诱《吕氏春秋》注："材过万人曰桀。"
❼ 按：杨倞注引见《韩非子·外储说右上》篇。潘止，《尹文子》作"潘正"，《尹文子》无"周公诛管叔"句。 ❽ 按：《说文》："同，合会也。"异世同心，谓不同世俗，而只合己意也。 ❾ 杨倞：《诗经·邶风·柏舟》之篇。悄悄，忧

貌。愠，怒也。　⓾ 刘师培：《尹文子》"忧"作"畏"。

【原文】

孔子为鲁司寇，有父子讼者。孔子拘之，三月不别①。其父请止。孔子舍之。

季孙②闻之，不说。曰："是老也欺予③。语予曰：'为国家，必以孝。'今杀一人，以戮④不孝，又舍之！"冉子以告。

【译文】

在孔子做鲁国司寇的时期，有父子俩诉讼的。孔子拘留了他们，三个月不能判决。他父亲请求撤销诉讼，孔子就把他们释放了。

季孙氏听到这件事，不高兴。说："这个老者欺骗了我。他对我说：'治理国家必定要用孝道。'如今，他应该杀掉一个人，来惩罚不孝之子，可是他又把人释放了！"冉有把季孙氏这番话告诉了孔子。

注释

❶ 杨倞：别，犹决也，谓不辨别其子之罪。　❷ 按：季孙氏，鲁大夫。　❸ 杨倞：老，大夫之尊称。　❹ 按：《广雅》："戮，辠（罪）也。"

【原文】

孔子慨然叹曰："呜呼！上失之，下杀之，其可乎？不教其民，而听其狱，杀不辜也。三军大败，不可斩也；狱犴不治①，不可刑也。罪不在民故也。今②嫚

【译文】

孔子感慨地叹息说："哎呀！君上犯了过失，下民就把他杀掉，这个可以吗？不教诲自己的人民，可是要处理他们，这是屠杀无罪之人。三军打了大败仗，是不可以把他们都斩掉的；监狱治理得不好，是不可使用刑罚的。这是由于罪过不在人民身上的缘故。如果政令废弛，而惩罚严

令、谨诛③，贼也；生也有时，敛也无时，暴也④；不教而责成功，虐也。已此三者，然后刑可即也⑤。《书》曰：'义刑义杀，勿庸以即，予维曰未有顺事。'言先教也⑥。

厉，这是贼害人民；生产有一定的季节，而赋税没有一定的季节，这是残暴人民；不教诲人民，而责成他们完成任务，这是虐待人民。把这三者制止住，然后才可以施用刑罚。《尚书》中说：'要施行正义的刑罚、正义的杀戮，不要使刑罚和杀戮迁就自己；我们只有说，我还没有把事情做得妥当。'"这便是说要首先教诲人民。

注释

❶杨倞：狱犴不治，谓法令不当也。犴，亦狱也。《诗》曰："宜犴宜狱。""狱"字从二"犬"，象所以守者。犴，胡地野犬，亦善守，故狱谓之犴也。❷"今"字本在下文"生也有时"之上。○王念孙："今"字当在"嫚令、谨诛"上，总下三事言之，文义方顺。《家语·始诛》篇作"夫嫚令谨诛"，"夫"字亦总下之词。 ❸杨倞：嫚，与"慢"同。谨，严也。贼，贼害人也。 ❹杨倞：言生物有时，而赋敛无时，是陵暴也。○卢文弨："生也"二字，各本皆脱，今案注增。 ❺杨倞：已，止。即，就。 ❻杨倞：《书·康诰》。言周公命康叔，使以义刑义杀，勿用以就汝之心，不使任其喜怒也。维刑杀皆以义，犹自谓未有使人可顺守之事，故有抵犯者。自责其教之不至也。

【原文】

"故先王既陈之以道，上先服之①；若不可，尚贤以綦之；若不可，废不能以单之②；綦三年，而百姓从风矣③。躬行不从④，然后俟之

【译文】

"所以，先王既然把道理（办法）摆出来了，首先自己要施行；如果行不通，就重用贤明诱导他们；如果还行不通，就废止不才来威吓他们；到三周年之后，百姓就都顺从你的教化了。亲身这样做了，可是人民还不顺从，然后再

以刑，则民知罪矣。是以威厉⑤而不试，刑错而不用⑥。

《诗》曰：'尹氏大师，维周之氏，秉国之均，四方是维；天子是庳，卑民不迷⑦。'此之谓也。

用刑罚来对待他们，人民就知道自己是犯罪了。所以，严肃了威权，可是不必试它；设置了刑罚，可是不必用它。

《诗经》中说：'太师尹氏，他是周朝的基石，他掌握着一国的权衡，他是四方的纲维；他是天子的辅佐，他使人民不致迷失路途。'就是说的这个道理。

注释

❶杨倞：服，行也。谓先自行之，然后教之。　❷杨倞：綦，极也，谓优宠也。单，尽也。尽，谓黜削。单，或为"殚"。○卢文弨：《家语·始诛》篇作"尚贤以劝之，又不可，而后以威惮之"。此注"单，或为殚"，元刻作"或为'惮'"，与《家语》同。　❸"百姓从风"本作"百姓往"。○王念孙："从"下当有"风"字。今本无"风"字者，"从"误为"往"，则"往风"二字义不可通，后人因删"风"字耳。据杨注云"百姓从化"，"化"字正释"风"字。《太平御览》引此正作"百姓从风"。《韩诗外传》及《说苑·政理》篇并同。　❹"躬行不从"本作"邪民不从"。从王念孙说改。　❺按：郑玄《论语》注："厉，严正也。"　❻按："是以威厉而不试，刑错而不用"二句，本在引《诗》文之下、"此之谓也"之上，于义不顺，今以意移于"则民知罪矣"之下，"此之谓也"一句，紧接引《诗》之文。　❼杨倞：《诗经·小雅·节南山》之篇。氏，本也。庳，读为"毗"，辅也。卑，读为"俾"。

【原文】

"今之世则不然。乱其教，繁其刑，其民迷惑而堕焉，则从而制之；是以刑弥

【译文】

"现在的世界就不是这样。教令紊乱，刑罚繁重，他们的人民由迷惑而陷于罪过，就从而制裁他们；所以，刑罚

繁，而邪不胜。三尺之岸，而虚车不能登也；百仞之山，而①任负车登焉。何则？陵迟故也②。数仞之墙，而民不逾也；百仞之山，而竖子冯而游焉③。何则④？陵迟故也。今夫世之陵迟亦久矣，而能使民勿逾乎？《诗》曰：'周道如砥，其直如矢，君子所履，小人所视。眷焉顾之，潸焉出涕⑤。'"岂不哀哉？

越繁重，而邪气更无法制止。三尺高的山崖，就是空车也拉不上去；百丈的高山，可是载重车却拉得上去。这是什么原因呢？这是由于坡度倾斜的关系。几丈高的垣墙，人民不能够越过去；百丈的高山，可是童子就能攀登上去游览。这是什么原因呢？这是由于坡度倾斜的关系。现在这个世界，它的倾斜也是相当永久了，能够使人民不要越过去吗？《诗经》中说：'周代的大道，平坦得如同磨石一样，直正得如同箭杆一样，这是君子们所履行的，这是百姓所见到的。我看了又看，不觉刷地掉下了眼泪。'"这岂不可怜吗？

注 释

❶ 按：此"而"字本无，依下文有"而"字补。　❷ 杨倞：岸，崖也。任负车，任重之车也。王肃云："陵迟，陵迤（阤）也。"《说文》："陙，陙𨽍也。"其字本作"陙"。○按：陙𨽍，犹倾斜也。　❸ 王念孙：冯者，登也。《周官》注："冯，乘也。"《广雅》："冯，登也。"故《外传》作"童子登而游焉"，《说苑》作"童子升而游焉"。升，亦登也。　❹ 按："何则"二字本无，依上文补。　❺ 杨倞：《诗经·小雅·大东》之篇。言失其砥矢之道，所以陵迟。○按：《说文》："眷，顾也。"《毛诗传》："潸，涕下貌。"

【原文】

《诗》曰："瞻彼日月，悠悠我思；道之云远，

【译文】

《诗经》中说："我望着那太阳和月亮，我心里悠悠不定地思念你；道路是这

曷云能来①?"

子曰："伊稽道，不其有来乎②?"

样遥远，你怎么能够到我这里来呢？"

孔子说："如果要是志同道合，他们不就有来的了吗？"

注 释

❶ 杨倞：《诗经·邶风·雄雉》之篇。○按：《毛诗传》："悠悠，忧也。"《说文》同。 ❷ "稽道"本作"稽首"。○俞樾：首，当读为"道"。《周书·芮良夫》篇"予小臣良夫稽道"，《群书治要》作"稽首"。是"首""道"古通用。郑玄《尚书》注："稽，同也。"又《礼记》注："稽，犹合也。"合，亦同也。稽道，犹同道也。伊者，语词，犹维也。《诗》言"道之云远，曷云能来"，孔子言道苟同，则虽远而亦来，故曰"伊稽道，不其有来乎"。盖借《诗》言而反之。○按：首，当为"道"之误。"稽道"即承《诗》"道之云远"言之。传写者多见"稽首"，少见"稽道"，误改"道"为"首"。《周书》之文，亦作如是观，今以意改。

【原 文】

孔子观于东流之水①。子贡问于孔子曰："君子之所以见大水，必观焉者，是何②?"

孔子曰："夫水，遍与诸生③，而无为也，似德；其流也埤下，裾拘，必循其理，似义④；其洸洸乎不淈尽，似道⑤；若有决行之，其应

【译 文】

孔子在游览东流的大水。子贡问孔子说："君子之所以见到大水，就必定要游览一番，这是什么原因呢？"

孔子说："这水，它普施众生，而无所作为，好像德操；它流向低下，弯弯直直，必须遵循一定的条理，好像正义；它浩浩荡荡，奔流不息，好像道行；如果把它决开流行，它随即疾速前进，就如同回声应和本声，奔向万丈的山谷，无所惧怕，好像勇敢；它注入到一定容

佚若声响⑥，其赴百仞之谷，不惧，似勇；主量必平，似法⑦；盈不求概，似正⑧；淖约微达，似察⑨；以出以入，以就鲜絜，似善化⑩；其万折也必东，似志⑪。是故君子见大水必观焉。"

量的地方，最后必然均平，好像法度；水流满之后，用不着用平木去取平，好像直正；它本质柔弱，能够通入微细的所在，好像明察；万物在水里出来进去，都趋向于新鲜洁净，好像善于教化；它流动千曲万折，必然奔向东方，好像一定的意志。所以君子见到大水必定要游览。"

注 释

❶ 按：高诱《吕氏春秋》注："观，游也。" ❷ 刘师培：《初学记》六，"是何"引作"何也"。 ❸ "遍与"上本有"大"字。○杨倞：遍与诸生，谓水能遍生万物。为其不有其功，似上德不德者。《说苑》作"遍予而无私"。○王念孙：案"遍与"上不当有"大"字，盖涉上文"大水"而衍。○按：遍与，谓普遍施与也。 ❹ 按：《释名》："裾，倨也，倨倨然直。"《史记·司马相如传》："据以骄骜。"《索隐》引张揖："据，直项也。"亦借"据"为"倨"。是裾有直义。杨倞云"倨，方也"，方亦直也。李贤《后汉书》注："方，直也。"是也。 ❺ 杨倞：洸，读为"滉"。滉，水至之貌。滵，读为"屈"，竭也。似道之无穷也。《家语》作"浩浩无屈尽之期，似道"也。 ❻ 杨倞：决行，决之使行也。佚，与"逸"同。若声响，言若响之应声也。似勇者，果于赴难也。○按：李善《文选》注："逸，疾也。" ❼ 杨倞：主，读为"注"。量，谓坑受水之处也。言所经坑坎，注必平之，然后过，似有法度者均平也。○按：《说文》："法，刑也，平之如水。" ❽ 杨倞：概，平斗斛之木也。言水盈满，则不待概而自平。如正者，不假于刑法之禁也。 ❾ 杨倞：淖，当为"绰"。约，弱也。绰约，柔弱也。虽至柔弱，而侵淫通达于物，似察之见细微也。《说苑》作"绰弱微达"。 ❿ 杨倞：言万物出入于水，则必鲜絜，似善化者之使人去恶就美也。《说苑》作"不清以入，鲜絜以出"也。 ⓫ 杨倞：折，萦曲也。虽东西南北，千万萦折不常，然而必归于东，似有志不可夺者。《说苑》作"其折必东"也。

【原文】

孔子曰："吾有耻也，吾有鄙也，吾有殆也。幼不能强学，老无以教之①，吾耻之。去其故乡，事君而达，卒遇故人，曾无旧言②，吾鄙之。与小人处者，吾殆之也。"

【译文】

孔子说："我有感到耻辱的行为，我有感到卑鄙的行为，我有感到危险的行为。在幼年，不能够奋勉学习；到老年，没有教诲人的能力；我感到耻辱。离开自己的故乡，做了官，阔起来了，偶尔遇到老友，从来不谈亲道故，我感到卑鄙。和小人在一起相处，我感到危险。"

注 释

❶ 杨倞：无才艺以教人也。 ❷ 杨倞：旧言，平生之言。卒，"仓忽"反。

【原文】

孔子曰："如垤，而进，吾与之；如丘，而止，吾已矣①。今学曾未如疣赘，则具然欲为人师②！"

【译文】

孔子说："成绩累得仅仅像蚂蚁叮的土堆一样，可是要向前进取，我赞同这样的人；成绩累得已经像山丘，可是就要从此停止，我不赞同这样的人。现在，学习得还不如一个瘤子那么大，就自满自足地想着做别人的老师！"

注 释

❶ 按：赵岐《孟子》注："垤，蚁封也。"韦昭《国语》注："与，许也。"杨倞《王霸》篇注："已，不许也。"（郑玄《礼记》注同。） ❷ 杨倞：疣赘，结肉。具然，自满足之貌也。

【原文】

孔子南适楚,厄①于陈、蔡之间,七日不火食,藜羹不糁②。弟子皆有饥色。子路进问之曰:"由闻之:'为善者,天报之以福;为不善者,天报之以祸。'今夫子累德、积义、怀美,行之日久矣,奚居之隐也③?"

【译文】

孔子向南方楚国去,困在了陈、蔡两国之间,七天没有吃过熟食,菜汤里都没有米粒。弟子们都饿得面黄肌瘦。子路前来问孔子说:"我听说过:'作善的人,上天就回报给他幸福;作恶的人,上天就报应给他灾祸。'现在,老师积累德义,怀藏美行,日期够长的了,为什么处境这样的困窘呢?"

注释

❶按:《说文》:"厄,隘也。" ❷杨倞:糁,与"糂"同。○按:《说文》:"糂,以米和羹也。一曰粒也。" ❸杨倞:隐,谓穷约。○按:杜预《左传》注:"隐,忧约也。"《说文》:"隐,蔽也。"谓时运蔽塞也。

【原文】

孔子曰:"由!不识①!吾语女。女以知者为必用邪?王子比干不见剖心乎?女以忠者为必用邪?关龙逢不见刑乎?女以谏者为必用邪?吴子胥不磔姑苏东门外乎②?由是观之③,不遇时者多矣,不遇

【译文】

孔子说:"由啊!你不懂啊!我告诉给你。你以为贤明就必定有人用吗?那王子比干不是被挖心了吗?你以为忠臣就必定有人用吗?那关龙逢不是被杀戮了吗?你以为诤臣就必定有人用吗?那伍子胥不是被陈尸在姑苏东门之外了吗?由此看来,遇不到好时运的人太多了,遇不到好世界的人太多了。岂只有

世者众矣。何独丘也哉？ | 我孔丘一个人吗？

注释

❶卢文弨：《家语》作"由未之识也"。　❷杨倞：姑苏，吴都名也。○按："东门外乎"下，本有"夫遇不遇者，时也；贤不肖者，材也；君子博学深谋"三句十九字，与下文重复，明系衍文，今以意删。　❸按："由是观之"句本在"不遇时者多矣"及"不遇世者众矣"两句之间，不协，今以意移至"不遇时者多矣"句之上。

【原文】

且夫，芷兰①生于深林，非以无人而不芳；君子之学，非为通也；为穷而不困，忧而意不衰也，知祸福终始而心不惑也。夫贤不肖者，材也；为不为者，人也；遇不遇者，时也；死生者，命也。今有其人，不遇其时，虽贤，其能行乎？苟遇其时，何难之有？故君子博学深谋，修身端行，以俟其时。"

【译文】

况且，白芷、兰草生长在深林之中，并不因为那里没有人就不散发香气；君子的学习，并不是为了求取显达，是为了受到穷窘而不感到困顿，遭到忧患而意志不衰退，懂得祸福的始终而内心不迷惑啊。那贤明不贤明，这是本质；作为不作为，这是人事；遭遇不遭遇，这是时运；生死和存亡，这是天命。现在，有这样的人才，遇不到好的时运，纵然贤明，他能够有所作为吗？假如他遇到好的时运，这又有什么难以完成的事业呢？所以，君子要学习渊博，谋虑深远，修饰身心，端正行为，而等待时运的到来。"

注 释

❶ 按:"芷兰",《家语·在厄》篇作"芝兰",芝乃借字。

【原文】

孔子曰:"由!居!吾语女。昔晋公子重耳霸心生于曹①,越王勾践霸心生于会稽②。齐桓公小白霸心生于莒③。故居不隐者思不远,身不佚④者志不广。女庸安知吾不得之桑落之下⑤?"

【译文】

孔子又说:"由啊!坐下!我告诉给你。从前,晋文公重耳创霸业的心志,发生在他逃亡曹国的时候;越王勾践创霸业的心志,发生在他困守会稽的时候;齐桓公小白创霸业的心志,发生在他逃亡莒国的时候。所以,处境不困阻的人,思想就不远大;身躯不奔波的人,意志就不宽广。你安知道我不得志在桑落(丧亡)之后呢?"

注 释

❶ 杨倞:重耳,晋文公名。亡过曹,曹共公闻其骈胁,使其裸浴,薄而观之。公因此激怒,而霸心生也。 ❷ 杨倞:谓以甲盾五千,栖于会稽也。 ❸ 杨倞:小白,齐桓公名。齐乱,奔莒,盖亦为所不礼。 ❹ 杨倞,佚,与"逸"同,谓奔窜也。《家语》作"常逸者"。 ❺ 按:《汉书·五行志》:"桑,犹丧也。"郑玄《仪礼》注:"桑之为言丧也。"《说文》:"凡草曰零,木曰落。"司马彪《庄子》注:"落,零落也。"《尔雅》:"落,死也。"郑玄《诗》笺:"下,犹后也。"桑落之下,盖双关语,犹言即死之后也。盖谓将得志于后世也。

【原文】

子贡观于鲁庙之北堂，出而问于孔子曰："乡者，赐观于太庙之北堂，吾亦未辍，还复瞻被，九盖皆继，被有说邪？匠过绝邪①？"

孔子曰："太庙之堂，亦尝有说②；官致良工，因丽节文③，非无良材也，盖曰贵文也④。"

【译文】

子贡参观了鲁国太庙的北堂，回来就问孔子说："从前，我参观了太庙的北堂，看起来总没个完，我反复地端详它，那里九扇门都是接断的木材，它也有个说法没有呢？还是工匠们错误地把它弄断了呢？"

孔子说："太庙的堂室，也应当有个说法；官吏们授意精巧的工匠，依据木材来施加节文，并不是没有良好的木材，大概是表示崇尚文采吧。"

注释

❶ 杨倞：北堂，神主所在也。辍，止也。被，皆当为"彼"。盖，音"盍"，户扇也。皆继，谓其材木断绝，相接继也。子贡问北盍皆继续，彼有说邪？匠过误而遂绝之邪？《家语》作"北盖皆断"，王肃云："观北面之盖，皆断绝也。"○按：作"继"，作"断"，均可通。言"继"，则"断"寓其中矣。继者，谓接断木以为门也。九盖者，九扇门也。盖，读为"盍"，乃"阖"之借字。《说文》："阖，门扇也。"《广韵》："亦，总也。"还复，反复也。被，读为"彼"。《尚书》"德被四表"，《灵台碑》作"德彼四表"。 ❷ 王念孙：尝，读为"当"。当、尝，古字通。言太庙之堂，所以北盖皆断绝者，亦当有说也。
❸ 杨倞：《家语》作"官致良工之匠，匠致良材，尽其功巧，盖贵文也"。○按：致，犹授意也。《礼记·明堂位》篇："七年致政于成王。"郑玄注："致政，以王事归授之。"是"致"有"授"意。官致良工，谓官授意于良工也。
❹ 杨倞：非无良材大木，不断绝者，盖所以贵文饰也。此盖明夫子之博识也。

子道篇第二十九

【原文】

入孝、出弟①,人之小行也;上顺、下笃,人之中行也;从道不从君,从义不从父,人之大行也。若夫志以礼安,言以类使②,则儒道毕矣,虽舜,不能加毫末于是矣。

【译文】

在家孝顺父母,出门尊敬长上,这是人的低等德操;对上顺从,对下厚道,这是人的中等德操;顺从道德而不顺从君上,顺从正义而不顺从父亲,这是人的上等德操。至于用礼节安顿意志,用善行指使语言,儒道就完全具备了。纵然就是大舜,也不能比这个高明多少了。

注 释

❶杨倞:弟,与"悌"同,谓自卑如弟也。 ❷杨倞:志安于礼,不妄动也;言发以类,不怪说也。○按:《尔雅》:"类,善也。"

【原文】

孝子所以不从命有三:从命,则亲危;不从命,则亲安;孝子不从命,乃衷①。从

【译文】

孝子不顺从父命有三个原因:顺从,父亲就遭到危险;不顺从,父亲就获得安泰;孝子不顺从父命,就是忠

命，则亲辱；不从命，则亲荣；孝子不从命，乃义。从命，则禽兽；不从命，则修饰②；孝子不从命，乃敬③。

故可以从而不从，是不子也；未可以从而从，是不衷也。明于从不从之义，而能致恭敬、忠信、端悫，以慎行之，则可谓大孝矣。传曰："从道不从君，从义不从父。"此之谓也。故劳苦雕萃④，而能无失其敬；灾祸患难，而能无失其义；则不幸不顺见恶⑤，而能无失其爱；非仁人莫能行。

《诗》曰："孝子不匮⑥。"此之谓也。

诚。顺从，父亲就遭到污辱；不从命，父亲就获得光荣；孝子不顺从父命，就是正义。顺从，就形同禽兽；不顺从，就身心修饬；孝子不顺从父命，就是恭敬。

所以，可以顺从而不顺从，就不是儿子；不可以顺从而顺从，就不是忠诚。明通于顺从与不顺从的道理，而能够表尽恭敬、忠信、端谨，并且慎于行事，就可以称为大孝。古书上说："顺从道理，而不顺从君上；顺从正义，而不顺从父亲。"就是说的这个道理。所以，劳苦憔悴，而能够不失掉自己的恭敬；灾祸患难，而能够不失掉自己的正义；即便不幸由于不顺从而遭到憎恶，而能够不失掉自己的爱心，不是仁人不可能做到。

《诗经》中说："孝子的行为永不衰竭。"就是说的这个道理。

注 释

❶ 俞樾：衷，与"忠"通。下文"乃义""乃敬"，"忠"与"义""敬"，正一律。○按：孔颖达《诗》疏："'衷'与'忠'，字异而义同。" ❷ 按：高诱《淮南子》注："饬，治也。"又《吕氏春秋》注"饬，读曰'敕'"，亦通借"饬"字。 ❸ 王先谦："乃衷""乃义""乃敬"下，《群书治要》皆有"也"字。 ❹ 杨倞：雕，伤也。萃，与"悴"同。 ❺ 杨倞：不幸以不顺于亲而见恶也。○王念孙：则，与"即"同。 ❻ 按：《诗经·大雅·既醉》之篇。《毛诗传》："匮，竭也。"

【原文】

鲁哀公问于孔子曰:"子从父命,孝乎?臣从君命,贞乎?"三问,孔子不对①。

孔子趋出,以语子贡曰:"乡者,君问丘也曰:'子从父命,孝乎?臣从君命,贞乎?'三问,而丘不对。赐以为何如?"

子贡曰:"子从父命,孝矣;臣从君命,贞矣。夫子有奚对焉②?"

【译文】

鲁哀公问于孔子说:"儿子听从父命,是不是孝顺呢?臣下听从君命,是不是忠贞呢?"连问了三次,孔子都没有回答。

孔子走出朝廷,把这件事情告诉给了子贡,说:"方才,君上问我说:'儿子听从父命,是不是孝顺呢?臣下听从君命,是不是忠贞呢?'他连问了三次,我都没有回答。你认为怎么样?"

子贡说:"儿子顺从父亲,就是孝顺;臣下顺从君上,就是忠贞。老师又有什么可回答的呢?"

注释

❶ 杨倞:不敢违哀公之意,故不对。　❷ 卢文弨:有,读为"又"。

【原文】

孔子曰:"小人哉!赐不识也!昔万乘之国,有争臣四人,则封疆不削;千乘之国,有争臣三人,则社稷不危;百乘之家,有争臣二人,则宗庙不毁;父有争

【译文】

孔子说:"小人之见啊!你不懂得啊!从前,兵车万乘的国家(天子),有四个谏诤之臣,边疆就不会被人侵犯;兵车千乘的国家(诸侯),有三个谏诤之臣,祖国就不会发生危困;兵车百乘的家臣(大夫),有两个谏诤之臣,宗庙就不会发生毁坏;父亲有谏诤之子,就不会做出无礼

子，不行无礼；士有争友，不为不义①。故子从父，奚子孝？臣从君，奚臣贞？审其所以从之之谓孝、之谓贞也②。"

之事；士人有谏诤之友，就不会做出不义之事。所以，儿子听从父亲，怎么就算是孝顺呢？臣下听从君上，怎么就算是忠贞呢？那明审于自己服从的原因，这才叫作孝顺、才叫作忠贞啊！"

注释

❶ 按：争，读为"诤"。郑玄《孝经》注："争，谓谏也。" ❷ 杨倞：审其可从，则从；不可从，则不从也。○卢文弨：《家语·三恕》篇："四人"作"七人"，"三人"作"五人"，"二人"作"三人"，末句作"夫能审其所从之谓孝、之谓贞也"。

【原文】

子路问于孔子曰："有人于此，夙兴夜寐，耕耘树艺，手足胼胝①，以养其亲，然而无孝之名，何也？"

孔子曰："意者②身不敬与？辞不逊与？色不顺与？古之人有言曰：'衣与缪与，不女聊③。'"

"今④无此三者，则何为而有孝子之名也⑤？"

孔子曰："由，志之！吾

【译文】

子路问孔子说："这里有一个人，早起晚睡，耕耘栽种，累得手脚都起了趼子，来奉养自己的父母，然而并没有孝顺的名声。这是怎么一回事呢？"

孔子说："或许是举止不恭敬吧？言辞不谦逊吧？面色不柔顺吧？古人有这样（不孝之子）的话：'爱我，也耽误了我，我是依赖不着你们（指父母）的。'"

子路说："现在，有的并没有这三种情形，那为什么却有孝子的名声呢？"

孔子说："由啊！你记着！我告诉

语女。虽有国士之力,不能自举其身,非无力也,势不可也。故入而行不修,身之罪也;出而名不章,友之过也。故君子入则笃行,出则友贤,何为而无孝子之名也?"

你。虽然是全国有名的力士,也不能够举起自己的身体,并不由于没有力气,而是形势不许可。所以,在家里,行为不整饬,这是本身的罪恶;在外面,名声不明显,这是交友的过失。所以,君子在家里,就行为厚道;在外面,就交友贤人。那为什么没有孝子的名声呢?"

注 释

❶ 杨倞:树,栽植,艺,播种。胼,谓手足。胼,读为"骈",并也,谓手足胼胝也。胝,皮厚也。○按:杨注释"胼",本作"胼,谓手足劳。骈,并也",不可读,今厘定如是。胼,为"骿"之别体,亦通作"骈"。《说文》:"骿,并胁也。骈,驾二马也。"是也。颜师古《汉书》注:"胼,併也。"《孟子章指》引丁音:"胼胝,谓手足生胝也。"宋均《春秋元命苞》注:"骈,犹重也。"手足胼胝,犹言手足重趼也。 ❷ 按:意者,犹或者,亦作"抑者",详见《经传释词》。 ❸ 杨倞:与,读为"欤"。聊,赖也。《韩诗外传》作"衣予教予",《家语》云"人与己,不顺欺也"。皆与此不同。○按:此二句,叶韵,各本皆费解,今就《荀子》之文释之。衣,疑借为"哀"(从"口","衣"声),实借为"爱"。高诱:《吕氏春秋》注:"哀,爱也。"《论语》"乐而不淫,哀而不伤",即"爱而不伤"也。朱骏声谓《老子》"衣养万物而不为主",即借"衣"为"爱",是也。缪,疑借为"谬"。郑玄《礼记》注:"缪,误也。"《广雅》:"谬,欺也。""衣与缪与,不女聊",盖子怨亲之辞,谓父母爱之,亦所以误之,故不聊赖于其父母也。此盖古有如此不孝子之言也。 ❹ 按:"今"字下本有"夙兴夜寐,耕耘树艺,手足胼胝,以养其亲"四句,赘,当系衍文,今以意删,直以"今无此三者"为一句。 ❺ 此句"为"上本有"以"字,"有"本作"无","孝"下无"子"字。○王念孙:"以"字衍。《韩诗外传》无"以"字,下文"何为而无孝子之名也",亦无"以"字。○按:此句作"无孝子之名",意不协,当作"有孝子之名",今以意改。

【原文】

子路问于孔子曰:"鲁大夫练①而床,礼邪?"孔子曰:"吾不知也。"

子路出,谓子贡曰:"吾以夫子为无所不知,夫子徒有所不知。"子贡曰:"女何问哉?"子路曰:"由问:'鲁大夫练而床,礼邪?'夫子曰:'吾不知也。'"子贡曰:"吾将为女问之。"

子贡问曰:"练而床,礼邪?"孔子曰:"非礼也。"

子贡出,谓子路曰:"女谓夫子为有所不知乎?夫子徒无所不知。女问,非也。礼,居是邑,不非其大夫②。"

【译文】

子路问孔子说:"鲁国大夫在练祭的时期,睡觉有床,这合乎礼节吗?"孔子回答说:"我不知道。"

子路退出来,对子贡说:"我以为咱们老师是无所不知,老师却有所不知啊!"子贡问:"你问什么来呢?"子路说:"我问:'鲁国大夫在练祭的时期,睡觉有床,这合乎礼节吗?'老师回答说:'我不知道。'"子贡说:"我要为你问问这件事儿。"

子贡去问孔子说:"在练祭的时期,睡觉有床,这合乎礼节吗?"孔子说:"不合乎礼节。"

子贡出来,对子路说:"你说咱们老师是有所不知吗?老师却是无所不知。你的问法不对啊。根据礼节,住在这个地方,不要非难这里的大夫。"

注 释

❶杨倞:练,小祥也。《礼记》曰"期而小祥,居垩室,寝有席;又期而大祥,居复寝;中月而禫,禫而床"也。○按:孔颖达《周礼》疏:"练,谓十三月小祥练祭。" ❷杨倞:惧于讪上。

【原文】

子路盛服见孔子。孔子曰："由，是裾裾①，何也？昔者，江出于崏山②，其始出也，其源可以滥觞③；及其至江之津也④，不放舟⑤，不避风，则不可涉也。非维⑥下流水多邪？今女衣服既盛，颜色充盈⑦，天下且孰肯谏女矣？"

子路趋而出，改服而入，盖犹若也⑧。孔子曰："由！志之⑨！吾语女。奋于言者，华；奋于行者，伐。色知而有能者⑩，小人也。故君子知之曰知之，不知曰不知，言之要也；能之曰能之，不能曰不能，行之至也。言要，则知；行至，则仁；既知且仁，夫恶有不足矣哉？"

【译文】

子路穿着阔绰的衣服去见孔子。孔子对子路说："由啊！你这样傲慢的样子，是为了什么呢？在古始时代，长江发源于岷山，开始流出的时候，它的水源仅仅可以漂酒杯；至于它到了长江的津渡之处，不用船舶，不避风向，就不可以渡过。这不是由于下游水多的关系吗？现在，你的衣服既阔绰，面色又傲慢，天下又有谁肯劝说你呢？"

子路赶紧走出去，更换了衣服又进来，却表现得很舒畅。孔子对子路说："由啊！记着！我告诉你。勇于说话的人，华而不实；勇于行动的人，自美其功。显示自己的明智而表露自己的才能的，这是一种小人。所以，君子知道的就说知道，不知道的就说不知道，这是说话的要领；能够的就说能够，不能够的就说不能够，这是行为的准则。说话合乎要领，就是明智；行为合乎准则，就是仁德。既明智，又仁德，还有什么不满足的呢？"

注释

❶ 杨倞：裾裾，衣服盛貌。《说苑》作"襜襜"也。○按：《释名》："裾，倨也。"《说文》："倨，不逊也。"即下文所谓"颜色充盈"也。 ❷ 按：崏山，即岷山。《尚书·禹贡》篇："岷山导江。"《汉书·地理志》作"山道江"。《说文》作"䪨"。 ❸ 按：郭璞《江赋》："惟岷山之导江，初发源乎滥觞。"李善

《文选》注引王肃曰："觛，所以盛酒者；言其微也。"《说文》："滥，泛也。"高诱《战国策》注："觛，酒爵也。"滥觛，谓以觛为舟也。　❹按：《说文》："津，水渡也。"　❺按："放舟"，与"避风"对文。《广雅》："放，置也。"放舟，谓用舟也。《说苑》作"方舟"。郑玄《尚书》注："方，放也。"　❻按：维，通作"惟"。《玉篇》："惟，为也。"详见《古书虚字集释》。　❼按：韦昭《国语》注："盈，志满也。"谓傲慢也。　❽按：盖，犹乃也。见《助字辨略》。犹若，与"犹然"同。　❾"由"字本在"天下且孰肯谏女矣"下。○俞樾：此"由"字当在"孔子曰"之下，"由志之"三字连文。上文"由志之，吾语女"，亦以"由志之"三字连文，可证。《韩诗外传》正作"孔子曰'由志之，吾语女'"。　❿杨倞：奋，振矜也。色知，谓所知见于颜色；有能，自有其能。皆矜伐之意。○按：高诱《战国策》注："奋，勇也。"《韩诗外传》作"慎于言者不哗，慎于行者不伐"，意反而实同。

【原 文】

子路入。子曰："由！知者若何？仁者若何？"子路对曰："知者使人知己，仁者使人爱己。"子曰："可谓士矣①。"

子贡入。子曰："赐！知者若何？仁者若何？"子贡对曰："知者知人，仁者爱人。"子曰："可谓士君子矣。"

颜渊入。子曰："回，知者若何？仁者若何？"颜渊对曰："知者自知，仁者自爱。"

【译 文】

子路进入内室。孔子问子路："由啊！明智的人是怎样的？仁德的人是怎样的？"子路回答说："明智的人使人认识自己，仁德的人使人爱护自己。"孔子说："你可以说是一个儒士了。"

子贡进入内室。孔子问子贡："赐啊！明智的人是怎样的？仁德的人是怎样的？"子贡回答说："明智的人认识群众，仁德的人爱护群众。"孔子说："你可以说是一个儒士中的君子了。"

颜渊进入内室。孔子问颜渊："回啊！明智的人是怎样的？仁德的人是怎样的？"颜渊回答说："明智的人认识自己，仁德的人爱护自己。"孔子说：

子曰:"可谓明君子矣。" | "你可以说是一个明达的君子了。"

注 释

❶ 杨倞:士者,修立之称。

【原 文】

子路问于孔子曰:"君子亦有忧乎?"

孔子曰:"君子其未得也,则乐其意;既已得之,又乐其治①;是以有终身之乐,无一日之忧。小人者,其未得也,则忧不得;既已得之,又恐失之。是以有终身之忧,无一日之乐也。"

【译 文】

子路问孔子说:"君子也有忧愁的事吗?"

孔子说:"君子在他没有获得的时候,就为自己的意志而快乐;在已有获得的时候,就为自己的行动而快乐;所以他有终身的快乐,而没有一天的忧愁。小人呢,在他没有获得的时候,就忧愁不能获得;在已有获得的时候,又恐怕失掉;所以他有终身的忧愁,而没有一天的快乐。"

注 释

❶ 按:《说文》:"得,行有所得也。意,志也。"高诱《淮南子》注:"治,为也。"《说苑·杂言》篇引"治"为"知",知,亦为也。高诱《吕氏春秋》注:"知,犹为也。"

法行① 篇第三十

【原文】

公输不能加于绳墨②，圣人莫能加于礼。礼者，众人法而不知，圣人法而知之。

【译文】

公输班不能高出绳墨之上，圣人不能高出礼制之上。礼制，众人效法它，而不明白它；圣人效法它，而且明白它。

注 释

❶ 杨倞：礼义谓之法，所以行之谓之行。　❷ "绳墨"本无"墨"字。〇顾千里：案正文"绳"字下，据注疑当有"墨"字。〇按：郑玄《礼记》注："加，犹高也。"韦昭《国语》注："加，犹上也。"

【原文】

曾子曰：无内人之疏，而外人之亲①；无身不善而怨人；无刑已至而呼天。内人之疏，而外人之亲，不亦反乎？身不善而怨人，不亦远乎②？刑已至而呼天，不

【译文】

曾子说，不要把家人看得疏远而把外人看得亲近；不要本身不善，而怨恨他人；不要刑罚降临到自己，而呼叫上天。把家人看得疏远，而把外人看得亲近，不也违反常理了吗？本身不善，而怨恨他人，不也舍近求远了吗？刑罚降临到自己，而呼叫上天，不也悔之已晚了吗？

亦晚乎③?《诗》曰:"涓涓源水,不雍不塞;毂已破碎,乃大其辐;事已败矣,乃重大息。"其云益乎④?

《诗经》中说:"细流的水源,不填就不会蔽塞;车辖辘已破碎了,这才加大它的辐条;事情已经失败了,这才高声长叹。"这还有什么补救呢?

注释

❶杨倞:无,禁辞也。内人之疏,外人之亲,谓以疏为内,以亲为外。《家语》曰:"不比于亲,而比于疏者,不亦远乎!"《韩诗外传》作"无内疏,而无外亲"也。○按:无通"毋"。 ❷上句"不亦反乎",下句"不亦远乎",本互易。○王念孙:"远"当为"反","反"当为"远"。内人亲而外人疏,今疏内而亲外,是反也;故曰"不亦反乎"。身不善而怨人,是舍近而求远也,故曰"不亦远乎"。下文曰"失之己而反诸人,岂不亦迂哉",迂,即远也,是其证。今本"反"与"远"互误,则非其旨矣。《韩诗外传》正作"内疏而外亲,不亦反乎?身不善而怨他人,不亦远乎"。 ❸按:亲、人、天为韵;反、远,脱为韵。 ❹杨倞:源水,水之泉源也。雍,读为"壅"。大其辐,谓壮大其辐也。重大息,嗟叹之甚也。三者皆言不慎其初,追悔无及也。○王先谦:云益,有益也。说见《儒效》篇。○按:《说文》:"涓,小流也。"

【原文】

曾子病,曾元持足①。曾子曰:"元!志之!吾语汝。夫鱼鳖鼋鼍犹以渊为浅,而堀穴其中②;鹰鸢犹以山为卑,而增巢其上;及其得也,必以饵。故君子苟能无以利害义,

【译文】

曾子的病加重了,他的儿子曾元握着他的脚。曾子说:"元啊!你记着!我告诉给你。那鼋鳖之类以为渊池还浅,而在那里面掘窝;鹰鹞之类以为山林还低,而在那里面搭巢;到它们被人捉住的时候,必然是由于诱饵。所以,君子如果能够不以财利伤害正义,那耻

则耻辱亦无由至矣。"

辱也就无从到来了。"

注 释

❶ 杨倞：曾元，曾子之子也。○卢文弨：《大戴礼记》作"曾元抑首，曾华抱足"。○按：《说文》："病，疾加也。" ❷ "堀穴其中"本作"堀其中"。○俞樾："堀"下当有"穴"字。"堀穴其中""增巢其上"，相对为文。

【原 文】

子贡问于孔子曰："君子之所以贵玉而贱珉者①，何也？为夫玉之少而珉之多邪？"

孔子曰："恶②！赐，是何言也？夫君子岂多而贱之，少而贵之哉？夫玉者，君子比德焉。温润而泽，仁也；栗而理，知也③；坚刚而不屈，义也；廉而不刿，行也④；折而不挠，勇也；瑕适并见，情也⑤；扣之，其声清扬而远闻，其止辍然，辞也⑥。故虽有珉之雕雕，不若玉之章章⑦。《诗》曰：'言念君子，温其如玉⑧。'此之谓也。"

【译 文】

子贡问孔子说："君子之所以珍视宝玉而轻视珉石，是因为什么呢？是因为宝玉少而珉石多吗？"

孔子说："咳！赐啊！这是什么话呢？那君子岂是因为多了就轻视它，少了就珍视它吗？宝玉，君子用它来比方人的德操。温柔而润泽，合乎仁德；清晰而有文理，合乎明智；刚强而不屈，合乎正义；有棱角而不伤人，合乎品行；能折不屈，合乎勇敢；不掩饰污点，合乎诚实；敲它，声音发出，清脆远闻，声音停息，戛然而止，合乎辞令。所以，〔君子〕虽然具有珉石的文采，也不如具有宝玉的晖光。《诗经》中说：'我们思念君子的为人，温温和和的如同宝玉一般。'就是说的这个道理。"

注 释

❶ 杨倞：珉，石之似玉者。　❷ 按：王肃《家语》注："恶，何也。"
❸ 按：郑玄《诗》笺："栗，析也；古声'栗''裂'同也。"又《考工记》注："栗"读为"裂缛"之"裂"。栗而理，谓分析而有文理也。《家语》作"缜密以栗，智也"，与《礼记·聘义》篇同。　❹ 杨倞：刿，伤也。虽有廉棱，而不伤物，似有德行者不伤害人。　❺ 杨倞：瑕，玉之病也。○王念孙：适，读为"謫"。謫，亦瑕也。　❻ 杨倞：扣，与"叩"同。似有辞辨，言发言则人乐听之，言毕更无繁辞也。《礼记》作"叩之，其声清越以长，其终诎然，乐也"。○按：辍，亦止也；此疑借为"刟"。《说文》："刟，刊也。"刟然，言其止如刀削也。　❼ 杨倞：雕雕，谓雕饰文采也；章章，素质明著也。
❽ 杨倞：《诗经·秦风·小戎》之篇。引之喻君子比德。

【原文】

曾子曰："同游①而不见爱者，吾必不仁也；交而不见敬者，吾必不长也②；临财而不见信者，吾必不信也。三者在身，曷怨人？怨人者，穷；怨天者，无识。失之己，而反诸人，岂不亦迂哉③？"

【译文】

曾子说："同别人一起工作，而不被对方所喜爱，这必然是由于自己不仁德；同别人相互交往，而不被对方所尊敬，这必然是由于自己不忠厚；接近财物，而不被对方所信任，这必然是由于自己不信实。这三者在自己身上，怎么能埋怨别人呢？埋怨别人的人，自取穷困；埋怨上天的人，没有见识。过失在自己，反而追求别人，岂不是距离太远了吗？"

注 释

❶ 按：《毛诗传》："游，行也。"　❷ 杨倞：不长厚，故为人所轻。○按：尹知章《管子》注："长者，忠也。"又《广雅》："长，善也。"　❸ 按：《广

雅》："迁，远也。"

【原文】

南郭惠子问于子贡曰："夫子之门，何其杂也①？"

子贡曰："君子正身以俟，欲来者不距②，欲去者不止。且夫良医之门多病人，檃栝之侧多枉木③，是以杂也。"

【译文】

南郭惠子问子贡说："孔夫子的门下，怎么那么混杂啊？"

子贡回答说："君子端正身心，等着求教的人，愿意来的不拒绝，愿意走的不制止。况且，良医的门前病人多，正弓器的旁边弯木多，所以就混杂啊。"

注释

❶ 杨倞：南郭惠子，未详其姓名，盖居南郭，因以为号。《庄子》有南郭子綦。夫子，孔子也。杂，谓贤不肖相杂而至。 ❷ 按：距，与"拒"同，已见《仲尼》篇。 ❸ 郝懿行：《尚书大传·略说》及《说苑·杂言》篇并有"砥厉之旁多顽钝"句。

【原文】

孔子曰："君子有三恕①：有君不能事，有臣而求其使，非恕也；有亲不能报②，有子而求其孝，非恕也；有兄不能敬，有弟而求其听令，非恕也。士明于此三恕，可以端

【译文】

孔子说："君子有三种恕道：有君上不能够侍奉，有臣下却要求他们受指使，这不是恕道；有父母不能够报恩，有儿子却要求他们孝顺，这不是恕道；有哥哥不能够尊敬，有弟弟却要求他们听话，这不是恕道。士者明通于这三种恕道，就可以端正身

身矣。" 心了。"

注释

❶按：《贾子·道术》篇："以己量人，谓之恕。" ❷杨倞：报，孝养也。

【原文】

孔子曰："君子有三思，而不可不思也：少而不学，长无能也；老而不教，死无思也；有而不施，穷无与也。是故君子少思长则学，老思死则教，有思穷则施也。"

【译文】

孔子说："君子有三种需要思考的事，不可以不思考：少年不学习，长年就没有才能；老年不教人，死后就没有人怀念；富有而不布施，贫穷了就没有人周济。所以，君子少年考虑到长年，就需要学习；老年考虑到死后，就需要教人；富有考虑到贫穷，就需要布施。"

哀公篇第三十一

【原文】

鲁哀公问于孔子曰:"吾欲论吾国之士①,与之治国,敢问何如取之邪②?"

孔子对曰:"生今之世,志古之道;居今之俗,服古之服;舍③此而为非者,不亦鲜乎?"

哀公曰:"然则夫章甫、絇屦、绅带而搢笏者④,比贤乎⑤?"

孔子对曰:"不必然。夫端衣、玄裳、絻而乘路者,志不在于食荤⑥;斩衰、菅屦、杖而啜粥者,志不在于酒肉⑦。生今之世,志古之道;居今之俗,服古之服;舍此而为非者,虽有,不亦鲜乎?"

哀公曰:"善。"

【译文】

鲁哀公问孔子说:"我想着遴选我国的儒士,同他们治理国家,我请问得怎样录取呢?"

孔子回答说:"生在现代世界,志在古代道术;习惯现在的风俗,穿戴古代的服装;掌握了这个而做出不正确的事情的,虽然还有,不也就少了吗?"

哀公说:"那么,穿戴着礼帽、绚饰的鞋、束着大带而且腰上插着笏板的人,都是贤人吗?"

孔子回答说:"那不一定。那穿戴着朝衣朝帽,乘坐着大车的人,意志不在于吃荤;穿戴着孝衣孝屦,扶着苴杖而喝粥的人,意志不在于酒肉。生在现代世界,志在古代道术;习惯现在的风俗,穿戴古代的服装;掌握了这个而做出不正确的事情的,虽然还有,不也就少了吗?"

哀公说:"好。"

注释

❶按：高诱《吕氏春秋》注："论，犹择也。"论，借为"抡"，俗作"拣"。 ❷卢文弨：旧本脱"取"字，今据《大戴礼记·哀公问五义》《家语·五仪解》增。 ❸按：郑玄《诗》笺："舍，犹处也。" ❹"绅"下本无"带"字。○杨倞：章甫，殷冠。王肃云："絇，谓屦头有拘饰也。"郑康成曰："絇之言拘也，以为行戒，状如刀衣鼻，在屦头。"绅，大带也。搢笏于绅者也。 ❺"比贤"本作"此贤"。○按：郑玄《礼记》注："比，犹同也。" ❻杨倞：端衣、玄裳，即朝玄端也。絻，与"冕"同。郑玄："端者，取其正也。"路，王者之车，亦车之通名。荤，葱、薤之属也。 ❼按：杜预《左传》注："菅屦，草屦。"

【原文】

孔子曰："人有五仪①：有庸人，有士，有君子，有贤人，有大圣。"

哀公曰："敢问何如斯可谓庸人矣？"

孔子对曰："所谓庸人者，口不能道善言，心不知邑邑②；不知选贤人善士，托其身焉，以为己忧③；动行不知所务，止立不知所定④；日选择于物，不知所贵；从物如流⑤，不知所归；五凿为正⑥，心从而坏。如此，则可谓庸人矣。"

【译文】

孔子对鲁哀公说："人有五品：有庸人，有儒士，有君子，有贤人，有大圣。"

哀公问孔子说："我请问什么样的就可以叫作庸人呢？"

孔子回答说："所谓庸人，嘴不能说好话，心不知道忧虑；不知道选择贤人善士，把自己托付给他，来帮助自己克服忧虑；行动不知道做什么好，休息不知道在什么地方好；天天在选择事物，也不知道什么可贵；随从着外物向前流去，也不知道何处是个归宿；情欲指使着自己，心志随着趋于败坏。这样，就可以叫作庸人了。"

注 释

❶ 按：《管子·形势解》篇："仪者，万物之程式也。"《说文》："程，品也。"五仪，犹言五品也。 ❷ "邑邑"本作"色色"。○郝懿行："色"当为"邑"，字形之误。《大戴礼记》作"志不邑邑"。邑邑，与"悒悒"同。《曾子立事》篇云："终身守此悒悒。"○按：卢辩《大戴礼记》注："悒悒，忧念也。"李善《文选》注："邑邑，不乐也。"《说文》："悒悒，不安也。" ❸ 俞樾：此十五字为一句。《广雅》："为，愈也。"为己忧者，愈己忧也。得贤人善士，以托其身，则可愈己之忧。 ❹ "动行"本作"勤行"，"止立"本作"止交"。○郝懿行：《大戴礼记》"勤"作"动"，"交"作"立"，《韩诗外传》同。"动行"与"止立"对文。疑此皆形误。○王引之：作"止立"者是。"勤行"亦当依《大戴礼记》作"动行"。《外传》作"动作"。 ❺ 郝懿行：如，《大戴礼记》《韩诗外传》俱作"而"。而、如，古通用。 ❻ 杨倞：五凿，五情也。《庄子》曰："六凿相攘。"司马彪曰："六情相攘夺。"《韩诗外传》作"五藏为正"也。○卢文弨：《大戴礼记》作"五凿为政"。此"正"字义当与"政"同，古通用。

【原文】

哀公曰："善。敢问何如斯可谓士矣？"

孔子对曰："所谓士者，虽不能尽道术，必有率也①；虽不能遍美善，必有处也。是故知不务多，务审其所知；言不务多，务审其所谓；行②不务多，务审其所由。故知既已知之矣，言既已谓之矣，行既

【译文】

哀公说："好。我请问什么样的就可以叫作儒士呢？"

孔子回答说："所谓儒士，虽然不能穷尽道术，必定有所遵循；虽然不能把事事做得尽美尽善，必定有所安置。所以，知识不务求多，而务在审慎自己所知道的；言语不务求多，而务在审慎自己所说出的；行为不务求多，而务在审慎自己所实行的。所以，知识既然已经取得了，语言既然已经说出了，行为既然已经做过了，

已由之矣,则若性命、肌肤之不可易也。故富贵不足以益也,卑贱不足以损也。如此,则可谓士矣。"

就如同性命、肌肤的不可移易一样。所以,富贵不足以增加他,卑贱不足以减损他。这样,就可以叫作儒士了。"

【注释】

❶ 杨倞:率,循也。　❷ 按:《广雅》:"由,行也。"

【原文】

哀公曰:"善。敢问何如斯可谓之君子矣?"

孔子对曰:"所谓君子者,言忠信,而心不德①;仁义在身,而色不伐;思虑明通,而辞不争;故犹然②如将可及者,君子也。"

【译文】

哀公说:"好。我请问什么样的就可以叫作君子呢?"

孔子回答说:"所谓君子,出言忠信,而内心并不居德;身行仁义,而面色并不骄矜;思虑明通,而口头并不争论;所以,从从容容的,就如同人人可以赶得上他一样,这便是君子。"

【注释】

❶ 杨倞:不自以为有德。　❷ 杨倞:犹然,舒迟之貌。《家语》作"油然"。王肃曰:"不进貌也。"

【原文】

哀公曰："善。敢问何如斯可谓贤人矣？"

孔子对曰："所谓贤人者，行中规绳，而不伤于本①；言足法于天下，而不伤于身；富有天下，而无怨财②；布施天下，而不病贫。如此，则可谓贤人矣。"

【译文】

哀公说："好。我请问什么样的就可以叫作贤人呢？"

孔子回答说："所谓贤人，行动合乎规矩，而不伤害本性；语言足以为天下所取法，而不伤害本身；掌握着天下的财富，而没有储存；恩惠布施天下，而不忧虑贫困。这样，就可以叫作贤人了。"

注释

❶ 按：高诱《吕氏春秋》注："本，谓本性也。" ❷ 杨倞：富有天下，谓王者之佐也。怨，读为"蕴"。言虽富有天下，而无蕴蓄私财也。《家语》作"无宛"，《礼记》曰："事大积焉而不苑。"蕴、苑，古字通。

【原文】

哀公曰："善。敢问何如斯可谓之大圣矣？"

孔子对曰："所谓大圣者，知通乎大道、应变而不穷、辨乎万物之情性者也。大道者，所以变化、遂成万物也；情性者，所以理然不①、取舍也。是故其事，大辨乎天地，明察乎日月，总要

【译文】

哀公说："好。我请问什么样的就可以叫作大圣呢？"

孔子回答说："所谓大圣，他是明通大道、应变无穷、辨察万物情性的人。大道，就是变化、成全万物的法则；情性，就是条理事物如此不如此、取得与舍去的本能。所以，他的一切表现，辨别万物，如同天地；明察事物，如同日月；总领万物，如同风雨。纯纯和和的，他的行

万物于风雨②。缪缪肫肫③，其事不可循，若天之嗣；其事不可识④，百姓浅然不识其邻⑤。若此，则可谓大圣矣。"

哀公曰："善。"

为不可遵循，就如同上天主宰万物一样；他的行为不可认识，百姓浅薄得不可能认识到他所接近的一切。这样，就可以叫作大圣了。"

哀公说："好。"

注释

❶ 王先谦：然不，犹"然否"，与"取舍"对文。 ❷ 杨倞：言辨别万事，如天地之别万物；圣人之明察如日月；统领万物，如风雨之生成也。○按：杨训"乎""于"为"如"。 ❸ 郝懿行：《大戴礼记》作"穆穆纯纯，其莫之能循"。穆穆，和而美也；纯纯，精而密也。穆、缪，古字通。纯、肫，声相借耳。 ❹ 王念孙：嗣，读为"司"。《毛诗传》："司，主也。"言若天之主司万化，其事不可得而知也。司、嗣，古字通。《大戴礼记》正作"若天之司"。 ❺ 杨倞：邻，近也。○卢文弨：浅然，《大戴礼记》作"淡然"。○刘师培：不识其邻，《大戴礼记》作"莫知其善"。"邻"疑"类"讹。《尔雅》云："类，善也。"

【原文】

鲁哀公问舜冠于孔子，孔子不对。三问，不对。

哀公曰："寡人问舜冠于子，何以不言也？"

孔子对曰："古之王者，有务而拘领者矣①，其政好生而恶杀焉。是以凤在列树，

【译文】

鲁哀公向孔子询问大舜的冠冕，孔子不作回答。问了三次，都没有回答。

哀公说："寡人向你请问大舜的冠冕，你为什么不说话呢？"

孔子回答说："古代的王者，有戴帽子而垂到脖颈子上的，可是他的政治是喜好长养，而憎恶杀害。所以，凤凰落在树林之中，麒麟游在郊野之上；鸟类

麟在郊野，乌鹊之巢，可俯而窥也。君不此问而问舜冠，所以不对也。"

的窝，人都可以低着头去窥看。君上不询问这个而询问大舜的冠冕，所以我不回答。"

注 释

❶杨倞：务，读为"冒"。拘，与"句"同，曲领也。言虽冠衣拙朴，而行仁政也。《尚书大传》曰："古之人，衣上有冒而句领。"郑康成注云："言在德不在服也。古之人，三皇时也。冒，覆项也。"礼，正服、方领也。

【原文】

鲁哀公问于孔子曰："寡人生于深宫之中，长于妇人之手；寡人未尝知哀也，未尝知忧也，未尝知劳也，未尝知惧也，未尝知危也。"

孔子曰："君之所问，圣君之问也。丘，小人也，何足以知之？"

曰："非吾子，无所闻之也。"

【译文】

鲁哀公问孔子说："寡人出生在深宫之中，长养在妇人之手；寡人从来不知道什么是悲哀，从来不知道什么是忧愁，从来不知道什么是劳苦，从来不知道什么是恐惧，从来不知道什么是危困。"

孔子回答说："君上所询问的，乃是圣君的询问。丘，是卑贱之人，怎么能懂得呢？"

鲁哀公说："除非是您，别人是没有地方听说过的。"

【原文】

孔子曰："君入庙门而

【译文】

孔子说："君上进入宗庙的大门，向

右，登自阼阶，仰视榱栋①，俯见几筵，其器存，其人亡。君以此思哀，则哀将焉而不至矣②？君昧爽③而栉冠，平明而听朝，一物不应，乱之端也。君以此思忧，则忧将焉而不至矣？君平明而听朝，日昃而退，诸侯之子孙，必有在君之末庭者。君以此思劳，则劳将焉而不至矣④？君出鲁之四门，以望鲁四郊，亡国之虚列，必有数盖焉⑤。君以此思惧，则惧将焉而不至矣？且丘闻之：君者，舟也；庶人者，水也；水则载舟，水则覆舟。君以此思危，则危将焉不至矣？"

右，登上东阶，仰望上方的榱栋，低头看看下方的筵席，那些器物还在，可是那些人都不在了。君上从这些上面来想到悲哀，那悲哀的念头怎么能不即时到来呢？君上黎明起来，梳头加冠；在平明时刻，听取朝政；一件事情不顺应，便是紊乱的开端。君上从这些上面来想到忧愁，那忧愁的念头怎么能不即时到来呢？君上在平明时刻，听取朝政；到日斜之后，退出朝廷；别国诸侯的子孙，必然有在君上朝庭末位供职的。君上从这些上面来想到劳苦，那劳苦的念头怎么能不即时到来呢？君上走出鲁国的四门，去望望鲁国的四郊，亡国丘墟的行列，一定有好多堆。君上从这些上面来想到恐惧，那恐惧的念头怎么能不即时到来呢？况且，我听说过：君上，如同船；百姓，如同水；水可以载船，水也可以翻船。君上从这些上面来想到危困，那危困的念头怎么能不即时到来呢？"

注释

❶ 杨倞：谓祭祀时也。阼，与"祚"同。榱，亦椽也。○按：郑玄《仪礼》注："阼阶，东阶。" ❷ 杨倞：焉不至，言必至也。○按：《古书虚字集释》："而，犹为也。"焉而，犹何为也。 ❸ 杨倞：昧，暗。爽，明也。谓初晓尚暗之时。 ❹ 杨倞：诸侯之子孙，谓奔亡至鲁而仕者。自平明至日昃，在末庭而修臣礼。以喻哀公亦诸侯之子孙，不戒慎修德，亦将有此奔亡之劳也。 ❺ "虚列"本作"虚则"。○杨倞：虚，读为"墟"。《新序》作"亡国之墟列，必有数矣"。○按：盖，谓车盖。丘墟如盖，故以盖论之，犹今言堆也。

【原文】

鲁哀公问于孔子曰:"绅、委、章甫①,有益于仁乎?"

孔子蹴然②曰:"君号然也③?资衰、苴杖者不听乐④,非耳不能闻也,服使然也;黼衣、黻裳者不茹荤⑤,非口不能味也,服使然也。且丘闻之:好肆不守折,长者不为市⑥。窃其有益,与其无益⑦。君其知之矣。"

【译文】

鲁哀公问孔子说:"大带、委貌、章甫一类的服制,对于仁政有益处吗?"

孔子毕恭毕敬地说:"君上为什么这样说呢?穿齐衰、持竹杖(居丧)的人,不听音乐,并不是耳朵不能够听,而是由于身穿的衣服使他这样;穿黼衣、黻裳(主祭)的人,不吃荤菜,并不是由于嘴不能够辨味,而是由于身穿的衣服使他这样。况且,我听说过:善于经商的人,不守着赔钱的生意;忠厚长者,不做买卖。盗窃,就对财物有所添补;施与,就对财物没有添补。君上是知道的。"

注释

❶ 杨倞:委,委貌,周之冠也。章甫,殷冠也。郑注《仪礼》云:"委,安也,所以安正容貌。章,表明也。殷质,言所以表明丈夫也。" ❷ 按:郑玄《礼记》注:"蹴然,敬貌。"赵岐《孟子》注:"蹴然,犹蹴踖也。" ❸ 杨倞:号,读为"胡",声相近,字遂误耳。《家语》作"君胡然也"。 ❹ 杨倞:资,与"齐"同。苴杖,竹也;苴,谓苍白色自死之竹也。 ❺ 杨倞:黼衣、黻裳,祭服也;白与黑为黼,黑与青为黻。礼,祭致齐,不茹荤。 ❻ 杨倞:折,货财折耗。○按:郑玄《毛诗》笺:"好,犹善也。" ❼ 按,其,犹则也。见《古书虚字集释》。盗窃则财物有益,施与则财物有损。

【原文】

鲁哀公问于孔子曰："请问取人。"

孔子对曰："无取健，无取拑，无取口啍。健，骄也；拑，乱也；口啍，诞也①。故弓调，而后求劲焉；马服，而后求良焉；士信悫，而后求知能焉。士不信悫，而有多知能，譬之其豺狼也，不可以身尔也②。语曰：'桓公用其贼，文公用其盗③。'故明主任计不信怒，暗主信怒不任计④。计胜怒，则强；怒胜计，则亡。"

【译文】

鲁哀公问孔子说："我请问取人的方术。"

孔子回答说："不要取刚健的人，不要取胁持的人，不要取口才锐利的人。刚健，就是骄矜；胁持，就是悖乱；口才锐利，就是虚诞。所以，弓调顺了，然后再求取它的挺劲；马驯服了，然后再求取它的善良；学士忠信、恭谨了，然后再求取他的明智和才能。学士不忠信、恭谨，而又有许多明智和才能，那就如同豺狼一样，是不可以用身体接近它的。古语说：'齐桓公取用人的贼乱，晋文公取用人的寇盗。'所以，明主信用计谋，不伸张怒气；昏主伸张怒气，不信用计谋。计谋胜过怒气，就会强大；怒气胜过计谋，就会灭亡。"

注 释

❶ "拑"本作"詀"，"啍"本作"喑"，"骄"本作"贪"。○杨倞：无取詀，《家语》作"无取钳"。《说苑》曰："无取拑，捷者必兼人，不可为法也；口叡者，多诞而寡信，后恐不验也。"《韩诗外传》云："无取健，无取佞，无取口谗。健，骄也；佞，谄也；口谗，诞也。"○按：郝懿行说是也。今据改。"贪"或"矜"借字或讹字，今暂依《韩诗外传》作"骄"。 ❷ 杨倞：有，读为"又"。尔，与"迩"同。○按：《韩诗外传》四引"有"作"又"。 ❸ 杨倞：盗，亦贼也。谓管仲、寺人勃鞮也。 ❹ 郝懿行：贼谓管仲，盗谓里凫须，故云"任计不信怒"也。信，古以为"伸"字。

【原文】

定公问于颜渊曰："东野毕之善驭乎①？"

颜渊对曰："善则善矣，虽然，其马将失②。"

定公不悦。入，谓左右曰："君子固谗人乎？"

三日，而校③来谒曰："东野毕之马失。两骖列，两服入厩④。"

定公越席而起曰："趋驾⑤，召颜渊！"

颜渊至。定公曰："前日，寡人问吾子。吾子曰：'东野毕之驭，善则善矣，虽然，其马将失。'不识吾子何以知之？"

【译文】

鲁定公问颜渊说："东野毕驾车的技术好吗？"

颜渊回答说："好倒是好，可是他的马将要惊车。"

鲁定公不高兴。进入朝廷，对左右官员说："君子原来就是诽谤人吗？"

三天之后，马官进来对定公说："东野毕的马惊车了。外旁的两匹马断鞅跑了，只有中间的两匹马回到了马棚。"

鲁定公越过席位站立起来说："赶快套车，请颜渊入朝！"

颜渊来了。鲁定公说："前天，寡人请问您，您说：'东野毕的驾车，好倒是好，可是他的马将要惊车。'我不晓得您依据什么知道是这样的。"

注 释

❶"东野毕"本作"东野子"。○杨倞：东野，氏也。驭，与"御"同。○按：《太平御览》七四六引作"东野毕之御善乎"。　❷杨倞：失，读为"逸"，奔也。下同。《家语》作"马将佚"也。　❸杨倞：校人，掌养马之官也。　❹杨倞：两服，马在中；两骖，两服之外马。列，与"裂"同。○俞樾：两骖列者，两骖断鞅而去也；两骖在外，故得自绝而去。于是止存两服马还入厩中矣。　❺杨倞：趋，读为"促"，速也。

【原文】

颜渊对曰:"臣以政知之。昔舜巧于使民,而造父巧于使马。舜不穷其民,造父不穷其马。是以①舜无失民,造父无失马也。今东野毕之驭,上车执辔,衔体正矣;步骤驰骋,朝礼毕矣②;历险致远,马力尽矣,然犹求马不已。是以知之也。"

定公曰:"善。可得少进乎?"

颜渊对曰:"臣闻之,鸟穷,则啄;兽穷,则攫;人穷,则诈。自古及今,未有穷其下而能无危者也。"

【译文】

颜渊回答说:"为臣我是依据政治而知道的。从前,大舜巧于使用人民,而造父巧于使用马。大舜不穷迫他的人民,造父不穷迫他的马。所以,大舜没有惊车的人民,造父没有惊车的马。现在,东野毕的驾车,上了车,握起了马缰,马衔位置端正了;马或快或慢的步伐,调和得也周到了;越过险阻,奔向远方,马的力量已经用尽了,然而他还是要求起马来没有止境。我就是依据这个而知道的。"

鲁定公说:"好。您还可以稍微进一步谈谈这种道理吗?"

颜渊说:"为臣我听说过,鸟类遭受到穷迫,就啄人;兽类遭受到穷迫,就抓人;人民遭受到穷迫,就欺诈。从古到今,没有穷迫他的下民而能够不遭受危险的。"

注释

❶"是"下本无"以"字。○卢文弨:《新序》《家语》"是"下皆有"以"字。○王念孙:《太平御览》引此亦有"以"字,《韩诗外传》同。当据补。 ❷按:礼,即理也。见《乐论》篇。朝礼,即调理也。

尧问篇第三十二

【原文】

尧问于舜曰:"我欲致天下①,为之奈何?"

对曰:"执一无失②,行微无怠③,忠信无倦④,而天下自来。执一如天地⑤,行微如日月⑥;忠信盛于内⑦,贲于外,形于四海⑧。天下其在一隅邪?夫有⑨何足致也?"

【译文】

帝尧问大舜说:"我想着把天下人民都召集在一起,这得怎样做呢?"

大舜回答说:"专心一志,而不违失;行动隐幽,而不怠慢;忠信待人,而不疲倦;天下人民就自然来归顺。专心一志,就如同天地一样;行动幽暗,就如同日月一样;忠信充实在内心,文饰在外体,表现在普天之下。天下岂止在一个角落吗?这又有什么必须召集的呢?"

注释

❶ 按:郑玄《周礼》注:"致,犹聚众也。"又:"致万民,聚万民也。"颜师古《汉书》注:"致,谓引而至也。"致天下,即引聚天下之万民也。 ❷ 杨倞:执一,专意也。 ❸ 郝懿行:微者,隐也。《劝学》篇云:"行无隐而不形。"隐微,人所不见,而行之无怠心。下云"行微如日月",盖日月之行,人之所不见也。 ❹ 按:勌,"倦"本字。 ❺ 杨倞:如天地无变易时也。 ❻ 杨倞:日月之行,人所不见。 ❼ 按:"忠信"本作"忠诚",盖涉"信""诚"意近及"盛"字而误。此承上文"忠信无倦"而言,今以意改。 ❽ 杨倞:贲,饰也。形,见也。 ❾ 杨倞:有,读为"又"。

【原文】

魏武侯①谋事而当，群臣莫能逮②，退朝而有喜色。

吴起③进曰："亦尝有以楚庄王之语闻于左右者乎？"

武侯曰："楚庄王之语何如？"

吴起对曰："楚庄王谋事而当，群臣莫逮，退朝而有忧色。申公巫臣④进问曰：'王朝而有忧色，何也？'庄王曰：'不穀⑤谋事而当，群臣莫能逮，是以忧也。其在中蘬之言⑥也，曰：诸侯得师者⑦，王；得友者，霸；得疑者⑧，存；自为谋而莫己若者，亡⑨。今以不穀之不肖，而群臣莫吾逮；吾国几于亡乎！是以忧也！'楚庄王以忧，而君以憙⑩！"

武侯逡巡⑪，再拜曰："天使夫子振寡人之过也⑫！"

【译文】

魏武侯在朝廷之上，计划政务正当，群臣都不及他，退朝之后，自己表现出喜悦的面色。

吴起前来对武侯说："君王也曾经在左右之中听说过楚庄王的话没有呢？"

武侯说："楚庄王的话是怎么说的呢？"

吴起回答说："楚庄王在朝廷之上，计划政务正当，群臣都不及他，退朝之后，却表现出忧虑的面色。申公巫臣向前问庄王说：'君王退朝，表现出忧虑的面色，这是为什么呢？'庄王说：'寡人在朝廷之上，计划政务正当，群臣都不及我，所以我担忧啊。在仲虺有这样的话：诸侯得到导师的，就成为王者；得到朋友的，就成为霸者；得到辅佐的，就可以存在；自己以为谋划都没有如自己的，就遭到灭亡。现在，以寡人这个不才之人，而群臣都不及我；我国几乎要接近灭亡了！所以我担忧啊！'楚庄王因为这个而担忧，而君王却因为这个而喜悦！"

武侯倒退了几步，拱了两次手说："这是上天指使先生救止寡人的过失啊！"

注 释

❶ 杨倞：武侯，晋大夫毕万之后、文侯之子也。　❷ 按：《尔雅》："逮，及也。"　❸ 按：吴起，魏文侯时即为将。　❹ 杨倞：巫臣，楚申邑大夫也。　❺ 按：《老子》第三十九章："贵以贱为本，高以下为基；是以侯王自称孤、寡、不穀。"　❻ 杨倞：中䖒，与"仲虺"同，汤左相也。　❼ 按："得师者"上本有"自为"二字，涉下文"自为谋"而误衍，《艺文类聚》二三引无此二字，今据删。　❽ 杨倞：疑，谓博闻达识、可决疑惑者。〇按：《礼记·文王世子》篇："虞、夏、商、周有师保，有疑丞，设四辅及三公。"孔疏引《尚书大传》："古者，天子必有四邻：前曰疑，后曰丞，左曰辅，右曰弼。天子有问，无以对，责之疑；可志而不志，责之丞；可正而不正，责之辅，可扬而不扬，责之弼。"　❾ 郝懿行：《韩诗外传》六作"能自取师者王，能自取友者霸，而与居不若其身者亡"，《新序》一作"足己，而群臣莫之若者亡"，"取师""取友"，"取"皆作"择"，而俱无"得疑者存"一句。　❿ 按：《说文》："憙，说也。"《古微书》引《春秋元命苞》："心善者为憙。"　⓫ 按《尔雅》："逡，退也。"郭璞注："逡巡，却去也。"　⓬ 王念孙：振，救也。《说文》："振，举救也。"《史记·蒙恬传》曰："过可振而谏可觉。"

【原 文】

伯禽将归于鲁①。周公谓伯禽之傅曰："汝将行，盍志而子②美德乎？"

对曰："其为人，宽、好自用，以慎③。此三者，其美德已。"

周公曰："呜呼！以人恶为美德乎？君子好以道德④，

【译 文】

伯禽将要就封于鲁国。周公对伯禽的师傅说："你将要走了，何不估量估量你的主君的美德呢？"

师傅回答周公说："他的为人，宽宏大量，喜好自行己意，而且处事谨慎。这三者，便是他的美德。"

周公说："哎呀！你是把别人的过恶看作是美德吧？君子好施德于人，所以他的人民都归顺于道。他那样的宽宏发出之后，对人没有区别对待。你又把

故其民归道。彼其宽也,出⑤无辨矣,女又美之!彼其好自用也,是所以窭小⑥也。君子力如牛,不与牛争力;走如马,不与马争走;知如士,不与士争知。彼争者,均者之气也。女又美之!彼其慎也,是其所以浅也。闻之:无越日不见士⑦。见士,问曰:'无乃不察乎?'不问,即物少至⑧;少至,则浅。彼浅者,贱人之道也。女又美之!

这个看作是美德!他那样的喜好自行己意,便是他局促褊小的表现。君子的气力同牛一样,也不同牛较量气力;奔跑同马一样,也不同马较量奔跑;智慧同儒士一样,也不同儒士较量智慧。那种较量,便是求取与人均平的气愤。你又把这个看作是美德!他那样的谨慎,便是他浅薄无能的表现。我听说过:不要超过一天不接见儒士。见到儒士,就要询问道:'我是不是不明察呢?'不询问,事理就懂得的少,懂得的少就浅薄。那种浅薄,便是贱人之道。你又把这个看作是美德!

注释

❶ 杨倞:伯禽,周公子,成王封为鲁侯。将归,谓初之国也。 ❷ 按:盍,何不也。郑玄《礼记》注:"志,意所拟度也。"而,通"尔"。郑玄《仪礼》注:"子,男子之美称。"又《礼记》注:"子,嗣君也。"而子,谓伯禽也。 ❸ 按:《方言》:"用,行也。"《说文》:"用,可施行也。"自用,谓自行其意也。以,犹与也。 ❹ 按:以道德,谓行道德也。《公羊传·桓公十四年》:"以者何?行其意也。"杜预《左传》注:"以,犹为也。" ❺ 按:郑玄《礼记》注、高诱《淮南子》注:"出,犹作也。" ❻ 郝懿行:窭之为言局也。《释名》云:"窭数,犹局缩,皆小意也。" ❼ "闻之,无越日不见士"本作"闻之曰无越逾不见士"。○杨倞:周公闻之古也。越逾,谓过一日也。 ❽ 杨倞:物,事也。言不问则所知之事少也。○按:即,犹则也。韦昭《国语》注:"至,通也。"高诱《吕氏春秋》注:"至,犹得也。"

【原文】

"吾语女。我，文王之为子①，武王之为弟，成王之为叔父②。吾于天下，不贱矣。然而吾所执贽而见者，十人③；还贽而相见者，三十人④；貌执之士者，百有余人⑤；欲言而请毕事者，千有余人⑥。于是，吾仅得三士焉，以正吾身，以定天下。吾所以得三士者，亡⑦于十人与三十人中，乃在百人与千人之中。故上士，吾薄之为貌；下士，吾厚之为貌。人人皆以我为越逾⑧好士，然故⑨士至。士至，而后见物；见物⑩，然后知其是非之所在。戒之哉！女以鲁国骄人，几矣⑪！夫仰禄之士，犹可骄也；正身之士，不可骄也。彼正身之士，舍贵而为贱，舍富而为贫，舍佚而为劳，颜色黎黑，而不失其所。是以天下之纪不息，文章不废也！"

【译文】

"我告诉给你。我，是文王的儿子，是武王的弟弟，是成王的叔叔。我在天下，不算卑贱了。然而，我所要拿着礼物去求见的人，有十个人；回头拿着礼物再来见我的人，有三十个人；我所用礼貌接待的人，有一百多个人；愿意向我进言，我就请他们尽量说完的人，有一千多人。在这些人里面，我仅仅得到三个儒士，依靠他们来端正我的身心，依靠他们来平定天下。我得到的这三个儒士，并没有发现于十个人和三十个人当中，而是发现于一百个人和一千个人当中。所以，对于上流的儒士，我是略微对他们表示礼貌；对于下流的儒士，我要加重对他们表示礼貌。人人都以为我破格地爱好儒士，所以儒士都到我这里来了。儒士到了自己身边，然后事理就看得清晰；事理看得清晰，然后就懂得了它的是非所在。要戒备着啊！你借着鲁国来骄傲人，那就危殆了！那仰求俸禄的儒士，还可以向他们骄傲；端正身心的儒士，是不可以向他们骄傲的。那端正身心的儒士，舍掉尊贵，而自居卑贱；舍掉富有，而自居贫困；舍掉安逸，而自居劳苦；面色漆黑，而不失掉自己的身份。所以，天下的纲领从不绝断，天下的文章从不废止啊！"

注 释

❶ 杨倞：为文王之子也。　❷ 杨倞：周公先成王薨，未宜知成王之谥。此云成王，乃后人所加耳。　❸ 杨倞：周公自执贽请见者十人。礼，见其所尊敬者，虽君亦执贽，故哀公执贽请见周丰。〇按：王肃《家语》注："贽，所执以为礼也。"　❹ 杨倞：礼，臣见君，则不还贽；敌者不敢当，则还之。礼尚往来也。　❺ 杨倞：执，犹待也。以礼貌接待之士，百余人也。　❻ 杨倞：谓卑贱之士，恐其言之不尽，周公先请其毕辞也。《说苑》曰"周公践天子之位七年，布衣之士，所执贽而师见者十人，所友见者十二人，穷巷白屋先见者四十九人，时进善者百人，教士千人，朝者万人"也。　❼ 按：亡，通"无"。《经传释词》："无，犹未也。"　❽ 按：越逾：复词，谓逾乎常情也。　❾ 王念孙：然故，犹是故也。　❿ 杨倞：物，事也。　⓫ 杨倞：几，危也。

【原文】

语曰：缯丘之封人①见楚相孙叔敖曰："吾闻之也：'处官久者，士妒之；禄厚者，民怨之；位尊者，君恨之。'今相国有此三者，而不得罪楚之士民，何也？"

孙叔敖曰："吾三相楚，而心愈卑②；每益禄，而施愈博；位滋尊，而礼愈恭。是以不得罪于楚之士民也。"

【译文】

古书上记载：缯丘守边疆的人见到楚国的宰相孙叔敖说："我听说过：'官做得久的人，儒士都嫉妒他；俸禄丰厚的人，人民都怨恨他；地位尊贵的人，君上都愤恨他。'如今，相国具有这三种条件，可是你并没有得罪于楚国的士民，这是怎么回事呢？"

孙叔敖说："我做过三次楚国的宰相，而我的心情就越低落；每逢俸禄越增加，而我的布施就越广泛；地位越尊贵，而我的礼节就越谦恭。所以，我并没有得罪楚国的士民。"

注 释

❶ 杨倞：缯，与"鄫"同。鄫丘，故国。封人，掌疆界者。《汉书·地理志》：缯县，属东海也。○郝懿行：缯丘封人，《列子·说符》篇作"狐丘丈人"，《韩诗外传》七及《淮南子·道应训》并与《说符》同。孙叔敖语与此大意虽同，而文字异。　❷ 卢文弨：瘉，与"愈"同，元刻即作"愈"。

【原文】

子贡问于孔子曰："赐为人下①，而未知也。"

孔子曰："为人下者乎，其犹土也。深抇之②，而得甘泉焉；树之，而五谷蕃焉，草木殖焉，禽兽育焉。生，则立焉；死，则入焉。多其功，而不德③。为人下者，其犹土也。"

【译文】

子贡问孔子说："我对于为人谦下，还不懂得其中的道理。"

孔子说："为人谦下嘛，就如同土地一样。深掘它，就得到甘泉；种植它，就五谷丰茂，草木繁殖，禽兽滋育。活着的，就站立在它的上面；死掉的，就进入到它的里面；它多献出功劳，可是并不居功。为人谦下的，就如同土地一样。"

注 释

❶ 杨倞：下，谦下也。　❷ 杨倞：抇，掘也。○刘师培：《御览》三七引"抇"作"掘"。　❸ "不德"本作"不息"。○王引之：息，当为"悳"。悳，古"德"字。《系辞传》曰"有功而不德"是也。《韩诗外传》《春秋繁露》《说苑》作"不言"，意与"不德"同。悳，息，形似而误。《家语》作"不意"，亦"悳"字之误。《太平御览》正引作"不德"。

【原文】

昔，虞不用宫之奇，而晋并之；莱不用子马，而齐并之①；纣刳王子比干，而武王得之。不亲贤、用知，故身死国亡也。

【译文】

从前，虞国不用宫之奇，因而晋国兼并了它；莱国不用子马，因而齐国兼并了它；纣王挖了王子比干的心，因而武王擒获了他。不亲近贤人、起用智能，所以就本身死掉、国家灭亡。

注释

① 杨倞：宫之奇，虞贤臣，谏不从，以其族行。子马，未详其姓名。《说苑》："曹不用僖负羁，而宋并之；莱不用子猛，而齐并之。"○郝懿行：《说苑·正谏》篇"子马"作"子猛"，"猛""马"双声，疑即一人。

【原文】

为说者①曰："孙卿不及孔子。"是不然。

孙卿迫于乱世，鳅于严刑；上无贤主，下遇暴秦；礼义不行，教化不成；仁者绌约，天下冥冥；行全刺之，诸侯大倾②。当是时也，知者不得虑，能者不得治，贤者不得使。故君上蔽而无睹，贤人距而不受。然

【译文】

有些著书立说的人说："荀卿比不上孔子。"这观点不对。

荀卿被迫处在乱世之中，受到严刑威迫；在上没有遇到贤德君主，在下遇到暴虐的秦国；礼义不能推行，教化不能实施；仁人遭到罢免，受到束缚，天下昏暗；德行完备，反受讥讽，诸侯普遍暴戾。生活在如此时代，有智慧的人不能谋划政事，有能力的人不能参与治理国家，贤良之人得不到任用。所以，君主受到蒙蔽，看不见真实情况，贤能之人遭到拒绝，不被接纳。既然这样，荀卿抱着伟大

则孙卿怀将圣之心，蒙佯狂之色，视天下以愚。

《诗》曰："既明且哲，以保其身③。"此之谓也。

是其所以名声不白、徒与不众、光辉不博也。

的圣人志向，只能装疯卖傻，向世人展示愚昧。

《诗经》中说："既明智又聪慧，用来保全自身。"就是说的这个道理。

这就是他名声不显赫、门徒不多、思想光辉传播不广的原因。

注 释

❶ 杨倞：自"为说者"已下，荀卿弟子之辞。○按：此系乃后徒仿《正论》篇言，以论荀子者。　❷ 按：《说文》："剌，戾也。"音"辣"。以上十句，刑、秦（转音）、成、冥、倾，为韵。　❸ 按：《诗经·大雅·烝民》之篇。

【原文】

今之学者，得孙卿之遗言余教，足以为天下法式表仪。所存者神①，所过者化。观其善行，孔子弗过。世不详察，云非圣人，奈何？天下不治，孙卿不遇时也。德若尧、禹，世少知之；方术不用，为人所疑②。其知至明，循道正行，足以为纪纲。呜呼！贤哉，宜为帝王！天地不知，

【译文】

当今的学者，如能得到荀卿遗留下来的言论与教导，完全可以用作治理天下的法度准则。凡是荀子学说得以运用的地方，就会得到全面治理，凡是荀子学说教育过的地方，社会就会发生变化。看看荀卿的善良行为，就连孔子也不能超过。世人未详加考察，断言他不是圣人，这有什么办法呢？天下得不到治理，是因为荀卿没有遇到时机啊。荀卿的德行像尧、禹一样，世人却很少知道；荀卿的治国方略不被采用，反被人们所怀疑。荀卿的才智极为聪明，他遵循正道，端正德行，足以成为世人楷模。呜呼！贤明啊！荀卿应该成

善桀、纣,杀贤良。比干剖心,孔子拘匡;接舆避世,箕子佯狂;田常为乱,阖闾擅强;为恶得福,善者有殃③。今为说者,不察其实,乃信其名;时世不同,誉何由生?不得为政,功安能成④?志修、德厚,孰谓不贤乎?

为帝王!天地不知,竟然美化桀、纣,杀害贤良。比干被剖腹挖心,孔子被围困在匡地;接舆逃避社会,箕子被害,假装发疯;田常犯上作乱,阖闾放肆逞强;作恶之人得到幸福,行善之人反遭祸殃。现在那些著书立说的人不考察实际情况,竟然相信那些不切实际的虚名;时空不同了,荀卿的名誉应从哪里产生?荀卿不能执政,功业如何建成?荀卿志向美好、德行敦厚,谁说他没有德才呢?

注 释

❶梁启雄:《尔雅》:"神,治也。" ❷按:以上四句,之、疑,为韵。 ❸按:以上十六句,明、行、纲、王、良、匡、狂、强、殃,为韵。 ❹按:以上六句,名、生、成,为韵。

附　录

一、刘向校书序录

荀卿新书三十二篇：

劝学篇第一

修身篇第二

不苟篇第三

荣辱篇第四

非相篇第五

非十二子篇第六

仲尼篇第七

成相篇第八

儒效篇第九

王制篇第十

富国篇第十一

王霸篇第十二

君道篇第十三

臣道篇第十四

致仕篇第十五

议兵篇第十六

强国篇第十七

天论篇第十八

正论篇第十九

乐论篇第二十

解蔽篇第二十一

正名篇第二十二

礼论篇第二十三

宥坐篇第二十四

子道篇第二十五

性恶篇第二十六

法行篇第二十七

哀公篇第二十八

大略篇第二十九

尧问篇第三十

君子篇第三十一

赋篇第三十二

护左都水使者、光禄大夫臣向言：所校雠中《孙卿书》，凡三百二十二篇，以相校，除复重二百九十篇，定著三十二篇，皆以定杀青简，书可缮写。

【原文】

孙卿，赵人，名况。方齐威王、宣王之时①，聚天下贤士于稷下，尊宠之。若邹衍、田骈、淳于髡之属，甚众，号曰列大夫，皆世所称，咸作书刺世。是时，孙卿有秀才，年十五②，始来游学。

诸子之事，皆以为非先王之法也。孙卿善为《诗》《礼》《易》《春秋》。至齐襄王时，孙卿最为老师。齐尚修列大夫之缺，而孙卿三为祭酒焉。

注释

❶"威王宣王"本作"宣王威王"。○卢文弨：案《史记》，威王在宣王之前，《风俗通·穷通》篇作"齐威、宣王之时"，是也。 ❷"十五"本作"五十"。○卢文弨：案《史记》亦作"年五十"，误，当从《风俗通》作"年十五"。晁公武《读书志》所引亦同。

【原文】

齐人或谗孙卿。孙卿乃适楚。楚相春申君，以为兰陵令。人或谓春申君曰："汤以七十里，文王以百里。孙卿，贤者也；今与之百里地，楚其危乎！"春申君谢之。孙卿去，之赵。后，客谓春申君曰："伊尹去夏，入殷，殷王而夏亡；管仲去鲁，入齐，鲁弱而齐强。故贤者所在，君尊国安。今孙卿，天下贤人，所去之国，其不安乎！"春申君使人聘❶孙卿。孙卿遗春申君书，刺楚国，因为歌赋，以遗春申君。春申君恨，复固谢孙卿。孙卿乃行，复为兰陵令。春申君死，而孙卿废，因家兰陵。

注释

❶卢文弨：案《楚策》四、《韩诗外传》四，"聘"俱作"请"。

【原文】

李斯尝为弟子，已而相秦。及韩非号韩子，又浮丘伯，皆受业，为名儒。

孙卿之应聘于诸侯，见秦昭王。昭王方喜战伐，而孙卿以三王之法说之。及秦相应侯，皆不能用也。至赵，与孙膑议兵赵孝成王前，孙膑为变诈之兵，孙卿以王兵难之，不能对也。卒不能用。

【原文】

孙卿道守礼义，行应绳墨，安贫贱。孟子者，亦大儒，以人之性善。孙卿后孟子百余年。孙卿以为人性恶，故作《性恶》一篇，以非孟子。苏秦，张仪以邪道说诸侯，以大贵显。孙卿退而笑之曰："夫不以其道进者，必不以其道亡。"

【原文】

孙卿卒不用于世，老于兰陵。疾浊世之政，亡国乱君相属，不遂大道，而营乎巫祝，信机祥。鄙儒小拘，如庄周等，又滑稽乱俗。于是推儒、墨、道德之行事。兴坏序列，著数万言而卒，葬兰陵。而赵亦有公孙龙，为坚白、异同之辞，处子之言①。魏有李悝，尽地力之教。楚有尸子、长卢子、芋子，皆著书，然非先王之法也，皆不循孔氏之术。惟孟轲、孙卿为能尊仲尼。兰陵多善为学，盖以孙卿也。长老至今称之，曰：兰陵人喜字为卿，盖以法孙卿也。

注 释

❶ 卢文弨：案《史记》作"剧子之言"。徐广曰："应劭《氏姓注》直云'处子'。"

【原 文】

至汉兴，江都相董仲舒，亦大儒，作书美孙卿①。孟子、孙卿、董先生，皆小五伯，以为仲尼之门，五尺之童，皆羞称五伯。如人君能用孙卿，庶几于王。然世终莫能用，而六国之君残灭，秦国大乱，卒以亡。

注 释

❶ "至汉兴"以下十七字，本在上文"必不以其道亡"下。○卢文弨："至汉兴"以下十七字，似不当在此，应在下文"盖以法孙卿也"句下。

【原 文】

观孙卿之书，其陈王道甚易行，疾世莫能用，其言凄怆，甚可痛也。呜呼！使斯人卒终于闾巷，而功业不得见于世。哀哉！可为寘涕。其书比于记传，可以为法。

谨第录。臣向昧死上言。

护左都水使者、光禄大夫臣向言，所校雠中《孙卿书录》。

将仕郎、守秘书省著作郎、充御史台主簿臣王子韶同校。

朝奉郎、尚书兵部员外郎、知制诰、上骑都尉、赐紫金鱼袋臣吕夏卿重校。

二、《战国策·楚策四》荀卿遗春申君书诗

客说春申君曰："汤以亳，武王以鄗，皆不过百里，以有天下。今孙子，天下贤人也；君籍之以百里之势，臣窃以为不便于君。何如？"春申君曰："善。"于是使人谢孙子。孙子去，之赵。赵以为上卿。（《后语》作"上客"。）客又说春申君曰："昔伊尹去夏入殷，殷王而夏亡；管仲去鲁入齐，鲁弱而齐强。夫贤者之所在，其君未尝不尊，国未尝不荣也。今孙子，天下贤人也；君何辞之？"春申君又曰："善。"于是使人请孙子于赵。

孙子为书谢曰："疠人怜王（《韩诗外传》四作"鄙语曰：'疠人怜王'。"），此不恭之语也。虽然（吴师道曰：一本此下有"古无虚谚"四字。），不可不审察也。此为劫弑死亡之主言也。夫人主年少而矜材，无法术以知奸，则大臣主断国私，以禁诛于己也。故弑贤长而立幼弱，废正嫡而立不义。

《春秋》戒之曰（《外传》作"《春秋》之志曰"。）：楚王子围聘于郑，未出竟，闻王病，反，问疾，遂以冠缨绞王，杀之，因自立也。齐崔杼之妻美，庄公通之。崔杼帅其君党而攻。庄公请与分国，崔杼不许；欲自刃于庙，崔杼不许。庄公走出，逾于外墙，射中其股，遂杀之，而立其弟景公。

近代所见，李兑用赵，饿主父于沙丘，百日而杀之。淖齿用齐，擢闵王之筋，县于其庙梁，宿夕而死。夫疠虽臃肿胞疾，上比前世，未至绞缨、射股；下比近代，未至擢筋而饿死也。夫劫弑死亡之主也，心之忧劳，形之困苦，必甚于疠矣。由此观之，疠虽怜王，可也。"

因为赋曰："宝珍隋珠，不知佩兮；杂布与丝，不知异兮；闾姝子奢，莫知媒兮；嫫母求之，又甚喜之兮。以瞽为明，以聋为聪，以是为非，以吉为凶。呜呼上天，曷惟其同？"《诗》曰："上天甚神，无自瘵也。"（《外传》所载赋与荀书略同，"嘉"字依两书皆作"喜"。《外传》末引诗作"上帝甚慆，无自瘵焉"。）

三、王念孙《读书杂志》所录《荀子》佚文四条

【原文】

桃李蒨粲①于一时，时至而后杀，至于松柏，经隆冬而不凋，蒙霜雪而不变，可谓得其真矣②。

注　释

❶ 按：李善《文选》注："蒨蒨，鲜明貌。"《诗经·硕人》篇："巧笑倩兮。"释文："倩，本作'蒨'。"《晋书音义》："倩，美也。"　❷ 王念孙原注：右三十四字，见《文选·左思〈招隐诗〉》注；又分见于《蜀都赋》注、《上林赋》注、欧阳坚《临终诗》注、《艺文类聚·果部》上、《木部》上、《太平御览·木部》三。

【原文】

有人道我善者，是吾贼也；道我恶者，是吾师也。①

【注 释】

❶ 王念孙原注：右十八字，见《文选·曹植〈与杨德祖书〉》注。

【原 文】

天下无二道，圣人无两心。神人无功，圣人无名。圣人者，天下利器也①。

【注 释】

❶ 王念孙原注：右二十六字，见《太平御览·人事部》四十二，又分见于《艺文类聚·人部》四、《初学记·人事部》上。案："天下无二道"二句，见今本《解蔽》篇；《御览》此下有"神人无功"四句，《类聚》亦有"神人无功"二句。《初学记》亦有"圣人者"二句，而今本无之；且细绎下文文义，亦不当有此四句，则《御览》诸书所引，当别是一篇，非《解蔽》篇文也。

【原 文】

何世之无才？何才之无施？良匠提斤斧造山林，梁栋阿衡①之才，栌柱楣橼②之朴，森然③陈于目前，大厦④之器具矣⑤。

【注 释】

❶ 按：郑玄《考工记》注："阿，栋也。"又："四阿，若今四柱屋。"李善《文选》注："衡，四阿之长衡也。"《史记集解》引如淳："衡，楼殿边阑楯也。"阿衡，殷官名。郑玄《诗》笺："阿，依也；衡，平也。"亦当谓此也。

❷按：高诱《淮南子》注："栌，柱上枅。"即梁上短柱也。《尔雅》："楣，谓之梁。"　❸按：《说文》："森，木多貌。"　❹按：高诱《淮南子》注："大夏，大屋也。"亦作"大厦"。　❺王念孙原注：右四十二字，见《太平御览·器物部》九，又分见于《文选·左思〈咏史诗〉》注。